CPGC

China Publishing
Group Corporation
YEARBOOK (2013)

中国出版集团公司
年鉴 (2013)

中国大百科全书出版社

图书在版编目（CIP）数据

中国出版集团公司年鉴．2013/中国出版集团公司年鉴编委会编．—北京：中国大百科全书出版社，2014.4
ISBN 978－7－5000－9323－7

Ⅰ．①中…　Ⅱ．①中…　Ⅲ．①出版工作－中国－2013－年鉴　Ⅳ．①G239.2-54

中国版本图书馆 CIP 数据核字（2014）第 051390 号

责任编辑：盛　力
美术编辑：张辰五
封面设计：春天书装工作室
责任印制：徐继康

中国大百科全书出版社 出版
（北京阜成门北大街 17 号　邮政编码：100037　电话：010－68315606）
网址：http：//www. ecph. com. cn
北京鑫联必升文化发展有限公司排版
北京鹏润伟业印刷有限公司印刷
开本：880 毫米×1230 毫米　1/16　印张：31　字数：842 千字　彩插：32 面
2014 年 4 月第 1 版　2014 年 4 月第 1 次印刷
ISBN 978－7－5000－9323－7
定价：138.00 元

2012年4月9日，中国出版集团公司成立十周年庆祝大会举行。中宣部副部长翟卫华（前排左四）、新闻出版总署副署长蒋建国（前排左五）出席。

2012年2月8日，中国出版集团公司2012年度工作会议召开。新闻出版总署副署长邬书林（左四）出席。

2012年4月9日，中国出版集团公司总裁谭跃在中国出版集团公司成立十周年庆祝大会上作报告。

2012年8月28日，中国出版集团公司总裁谭跃在2012北京国际出版论坛上作主题演讲。

2012年5月4日，中国出版集团公司纪念五四青年节座谈会举行。集团公司党组书记王涛出席会议并与青年亲切座谈。

2012年5月8日，中国出版集团公司举行公开选拔中层管理岗位后备干部考试。集团公司党组书记王涛视察考试现场。

2012年6月1～4日，中国出版集团公司参加第22届全国图书交易博览会。集团公司副总裁宋晓红（右二）视察集团公司数字出版展区。

2012年7月23日，中国出版集团公司召开上半年经营工作会。集团公司副总裁王俊国出席会议并讲话。

2012年3月29日，“中国图书对外推广计划”工作小组第八次工作会议举行。集团公司副总裁刘伯根出席会议并作主题发言。

2012年11月21日，中国出版集团公司学习贯彻党的十八大精神座谈会举行。集团公司副总裁林弋主持会议。

2012年9月26日，中国出版集团公司迎接党的十八大主题出版工作新闻发布会举行。集团公司副总裁李岩出席会议并讲话。

2012年11月9日，中国出版集团公司新版官网上线发布会举行。集团公司副总裁潘凯雄出席会议并讲话。

2012年9月12日，人民文学出版社“《白鹿原》出版二十周年庆典暨名家学术研讨会”举行。中国出版集团公司副总裁、人民文学出版社社长潘凯雄（右）与作家陈忠实签署“白鹿当代文学编辑奖”协议书。

2012年10月29日，人民文学出版社《中国诗歌通史》新书发布暨出版座谈会举行。中国出版集团公司副总裁李岩（主席台左三）出席。

2012年12月12日，人民文学出版社“21世纪年度最佳外国小说2012·微山湖奖”颁奖典礼举行。

2012年8月29日，商务印书馆与德国德古意特出版社签署战略合作协议。中国出版集团公司党组书记王涛（后排左四）出席仪式。

2012年7月15日，商务印刷馆《现代汉语词典》（第6版）出版座谈会举行。中国社会科学院语言所党委书记、副所长蔡文兰（左一），原中国社会科学院副院长、中国辞书学会会长江蓝生（右二）出席会议并讲话。

2012年8月28日，荷兰威科集团总裁Nancy女士一行访问商务印书馆。

2012年3月22日，中华书局成立100周年庆祝大会在人民大会堂举行。

2012年3月16日，中华书局百年历程暨珍贵图书文献展在国家图书馆举行。中国出版集团公司总裁谭跃（右二）参观展览。

2012年9月28日，中华书局、光明日报社、中央电视台等共同主办，中国移动通信集团协办的首届“诗词中国”传统诗词创作大赛启动仪式举行。

2012年1月9日，《“科学大爆炸”——中国国家地理博物百科丛书》出版高峰论坛举行。

2012年11月16日，中国大百科全书出版社成立34周年纪念活动举行。

2012年5月18日，中国大百科全书出版社江南分社揭牌仪式举行。

2012年4月6日，《中国美术研究年度报告2010》新书发布会暨研讨会举行。

2012年12月，“连环画在新时代的创作与发展研讨会”举行。

2012年4月13日，中国美术出版社总社全体职工参加“绿色蓝天行动”京郊植树活动。

2012年4月17日，人民音乐出版社承办“出版与音乐”高端对话。

2012年10~11月，人民音乐出版社在北京、上海等地举办《钢琴之旅·儿童钢琴教育新视野》系列讲座活动。

2012年11月10日，中国教育学会音乐教育分会、中国音乐教育杂志社主办的“长江钢琴第六届全国中小学音乐教育基本功比赛”举行。

2012年7月26日，生活·读书·新知三联书店创建八十周年庆祝大会在人民大会堂举行。

2012年7月16日，生活·读书·新知三联书店韬奋图书馆开馆仪式举行。原中共中央政治局委员、全国人大常委会副委员长、国务院副总理邹家华（右四），中共中央宣传部副部长蔡名照（左三），新闻出版总署副署长邬书林（左二），中国出版集团公司党组书记王涛（右三）参加开馆仪式并为韬奋图书馆揭牌。

2012年1月11日，生活·读书·新知三联书店举行“大家庭、大团圆、大发展——三联书店2011年总结表彰联欢会”。

2012年11月23日，中国对外翻译出版公司与第二届夏季青年奥林匹克运动会语言服务类别供应商签约发布会举行。

2012年1月11日，中国对外翻译出版公司向刚果共和国驻华大使馆参赞赠送《非洲通史》丛书。

2012年10月，中国对外翻译出版公司举行迎接十八大羽毛球比赛。

2012年3月20日，中国出版集团公司党组书记王涛（中）在东方出版中心宣布领导班子调整决定。

2012年7月14日，中国出版集团公司领导班子到东方出版中心召开现场调研会。

2012年5月10日，东方出版中心举办中国出版集团公司2012年“香山论坛”分论坛。

2012年5月19日，中国出版集团公司总裁谭跃（左三），中国出版集团公司副总裁、中国图书进出口（集团）总公司总经理刘伯根视察中国图书进出口深圳公司。

2012年9月19日，中国图书进出口（集团）总公司图书文献事业部支部荣获中组部“全国创先争优先进基层党组织”称号奖牌揭牌仪式举行。中国出版集团公司党组书记王涛（后排左五），中直机关工委组织部副巡视员崔志江（后排左四）等出席揭牌仪式。

2012年7月31日～8月1日，中国图书进出口（集团）总公司召开中层干部及分支机构总经理会议。

2012年1月9日，中国出版集团公司总裁谭跃（右）视察2012年北京图书订货会现代教育出版社展区。

2012年6月1日，《国学》教材新书推介会举行。

2012年11月，《国学百家讲坛·儒学》出版。

2012年3月2～8日，荣宝斋“倪萍国画作品展”举行。

2012年8月21日，荣宝斋（呼和浩特）有限公司开业。

2012年9月1~10日，荣宝斋举办“苦禅·大课堂——大写意书画宗师李苦禅先生亲授体验展”。

2012年7月17日，中国图书商报社第一届工会会员大会举行。

2012年7月11日，法兰克福国际书展主席尤根·博思（右一）一行访问中国图书商报社。

2012年5月18日，中国图书商报社与新华网携手推出的“2012年度好书”颁奖会举行。

2012年10月19日，《真实的罗姆尼》首发式举行。

2012年8月29日，中国民主法制出版社“国宝档案系列”版权输出仪式举行。

2012年10月20日，中国民主法制出版社工会摄影小组郊游合影。

2012年2月22日，华文出版社《雷锋全集》出版座谈会举行。新闻出版总署副署长邬书林（左三），中宣部出版局巡视员、副局长郭义强（左二），中国出版集团公司党组书记王涛（右三）、副总裁刘伯根（右二）出席。

2012年2月29日，华文出版社《和尚·微博——北京龙泉寺的365天》新书发布会举行。

2012年6月30日，华文出版社“品味《文章选读》 向往高远境界”文化沙龙举行。

世界图书出版公司

2012年8月29日，世界图书出版公司北京公司《潘基文英文演讲集》新书发布会举行。中国出版集团公司总裁谭跃（左）出席并与韩国驻华大使李揆亨（右）互赠图书。

2012年7月，世界图书出版广东有限公司学术图书业务学习班合影。

2012年7月20日，世界图书出版上海有限公司《在中国把经验化为利润》首发式举行。

2012年8月30日，世界图书出版西安有限公司“西安文物精华系列丛书”版权输出签约仪式举行。韩国学术情报（株）法人代表蔡钟俊（右）出席。

2012年8月8日，现代出版社与吉林人民出版社共同投资成立中吉联合文化传媒（北京）有限公司签约仪式举行。新闻出版总署副署长邬书林（后排左五），中国出版集团公司总裁谭跃（后排左四）、中国出版集团公司党组书记王涛（后排右三）、中国出版集团公司副总裁刘伯根（后排右二）出席。

2012年8月30日，《我和郎朗30年》新书发布会举行。中国出版集团公司党组书记王涛（左二）出席。

2012年8月，现代出版社《那些年，我们一起追的女孩》作者签售会举行。

北京中新联科技股份有限公司

2012年7月3日，中国出版集团公司党组书记王涛（中）参观北京中新联科技股份有限公司光盘生产厂区。

2012年11月8日，北京中新联科技股份有限公司、中国民主法制出版社与顺义区北小营镇上辇村党支部结成“新农村共建单位”。

中版联印刷物资有限公司

2012年11月4日，中版联印刷物资有限公司组织中国出版集团公司所属出版社，参加2012中国国际造纸和装备博览会暨全国纸张订货交易会。

2012年5月6日，中版联印刷物资有限公司客户到印刷厂进行产品质量回访。

中版集团数字传媒有限公司

2012年1月6日，“共建、共享、共赢——2011年度大佳网合作伙伴答谢会”举行。

2012年6月1日，在第22届全国图书交易博览会上，美国著名作家依兰·斯塔文斯（中）、中国作家史国强（左）做客大佳网直播间。

中版教材有限公司

2012年4月，中版教材有限公司等联合举办2012年全国高中历史教学研讨会。

2012年8月，中版教材有限公司组织全体党员、团员参加“文化之旅”活动。

中版国际传媒有限公司

2012年10月10~14日，中版国际传媒有限公司组织中国出版集团公司所属单位参加第64届法兰克福国际书展。

2012年4月16~18日，2012伦敦书展期间，中国出版集团公司总裁谭跃（前排中）参加中国出版集团公司举办的出版交流活动。

中版集团数字设备有限公司

2012年4月16~18日，在2012伦敦书展上，美国全球按需出版集团总裁罗伯特·弗莱彻先生参观“中版闪印王”。

2012年6月，中宣部出版局巡视员、副局长郭义强（左四）在第22届全国图书交易博览会上参观“中版闪印王”，中国出版集团公司副总裁刘伯根（左一）陪同。

中国出版集团公司年鉴（2013）
编 辑 委 员 会

编 委 会 办 公 室

出版说明

《中国出版集团公司年鉴》是真实记录中国出版集团公司改革发展历程，系统反映集团公司战略举措、出版主业、基本建设等方面情况的资料性工具书。编写年鉴，对于全面真实保存集团公司历史资料、深入研究把握集团公司各项工作规律、全面宣传集团公司整体形象，具有重要基础意义。

《中国出版集团公司年鉴（2013）》采用记述文体，客观记载集团公司自2012年1月1日至12月31日期间发生的事实。全书采用篇目、栏目、条目三级结构体例编纂，设置了“特载”、“工作综述”、“重大活动”、“重大项目”等11个篇目，篇目下设栏目，栏目下设条目；各栏目之中，根据不同内容和情况，分别按照时间、单位次序或人物姓氏笔画等不同标准，对条目进行排序。正文后编制了“条目汉语音序索引”。

《中国出版集团公司年鉴（2013）》的编辑出版工作得到了集团公司各部门和各有关单位的大力支持。各级领导高度重视，联络人、供稿人高度负责，确保了收录内容的权威性、系统性和丰富性。中国大百科全书出版社承担了本次年鉴的编辑出版任务，编辑人员在稿件收集和编辑加工方面付出了大量心血。在此，编委会办公室谨向参与本书编写的全体工作人员表达诚挚的谢意！

由于编辑经验不足，本书疏漏错误之处在所难免，恳请广大读者批评指正。

《中国出版集团公司年鉴》编委会办公室

目　　录

特　　载

领导关怀

重大活动

战略发展

出版工作

营销活动

"走出去"工作

会展工作

人力资源工作

经营管理

文体活动

公益活动

党群工作

重大项目

国家级重大项目

集团公司重大项目

集团公司所属单位重大项目

人事任免

规章制度

集团公司部分重要规章制度

集团公司所属单位部分重要规章制度

媒体关注

部分重要媒体对集团公司的报道

部分重要媒体对集团公司所属单位的报道

公司荣誉

获奖（荣誉）名单

部分获奖（荣誉）人物简介

出版人

2012 年获得编审资格人员名单

2012 年去世编审简介

资料统计

编辑、出版、发行

财　务

对外贸易

著作、论文、书评

大事记

2012 大事记

索　引

条目汉语音序索引

特 载

TEZAI

领导关怀

胡锦涛致信祝贺中华书局成立100周年

2012年3月21日，中共中央总书记、国家主席、中央军委主席胡锦涛致信祝贺中华书局成立100周年，贺信全文如下：

“中华书局：

值此中华书局成立100周年之际，我谨向全体员工和离退休同志表示热烈的祝贺和诚挚的问候！

百年来，中华书局恪守传承文明职责，秉持守正出新宗旨，在一代又一代员工的不懈努力下，整理、出版了一大批古籍经典和学术新著，受到广大读者的普遍赞誉和充分信任，为弘扬中华文化、促进学术繁荣、提高民族素质、推动社会进步作出了重要贡献。

我也是中华书局的一名忠实读者。你们出版的许多书籍，都给了我有益熏陶和深刻启迪。

优秀传统文化是中华民族的宝贵精神财富，是发展社会主义先进文化的深厚基础。希望中华书局以成立百年为新的起点，认真贯彻党的十七届六中全会精神，大力推进体制和机制创新，始终坚持古为今用、推陈出新的出版方向，继续保持笃实谨严、精审细校的科学态度，不断推出更多代表国家最高水准的优秀出版物，在传播中华民族优秀传统文化、建设社会主义文化强国的进程中再创新的辉煌。”

（梁　彦）

胡锦涛致信祝贺生活·读书·新知三联书店创建80周年

2012年7月25日，中共中央总书记、国家主席、中央军委主席胡锦涛致信祝贺生活·读书·新知三联书店创建80周年，贺信全文如下：

“值此三联书店创建80周年之际，我谨向全体员工和离退休老同志表示热烈的祝贺和诚挚的问候！

80年来，三联书店始终秉持爱国进步立场，在我国革命、建设、改革各个历史时期，编辑出版了一大批优秀图书和刊物，赢得了一大批忠实读者，为传播先进思想、弘扬优秀文化、促进社会发展作出了积极贡献。

在深化文化体制改革、推动社会主义文化大发展大繁荣的新形势新任务面前，希望三联书店坚持走中国特色社会主义文化发展道路，以创建80周年为契机，创新体制机制，发挥特色优势，不断推出思想性、知识性、可读性有机统一的精品出版物，为建设社会主义文化强国贡献新的力量。”

（鞠晓辉）

吴邦国题词祝贺生活·读书·新知三联书店创建80周年

2012年7月14日，中共中央政治局常委、全国人大常委会委员长吴邦国题词祝贺生活·读书·新知三联书店创建80周年，题词内容如下：

“恪守‘人文精神、思想智慧’理念，继承为人民服务优良传统，为时代发展再作新的贡献。祝贺三联书店成立八十周年。” （鞠晓辉）

温家宝题词祝贺中华书局成立100周年

2012年3月，中共中央政治局常委、国务院总理温家宝题词祝贺中华书局成立100周年，题词内容如下：

“守正出新，益精传远。” （梁 彦）

温家宝题词祝贺生活·读书·新知三联书店创建80周年

2012年6月，中共中央政治局常委、国务院总理温家宝题词祝贺生活·读书·新知三联书店创建80周年，题词内容如下：

“求索真理，启迪民智，传播新知，泽被后世。” （鞠晓辉）

李长春看望中华书局原总编辑傅璇琮并参观中华书局

2012年1月18日下午，中共中央政治局常委李长春到中华书局看望了原中华书局总编辑、古籍整理出版专家傅璇琮，并送上鲜花和贺卡，与其亲切交谈。随后还参观了中华书局局史陈列，听取中华书局总经理李岩所作的情况介绍。

李长春说，党的十六大以来，每年春节前夕我都要来看望各界专家学者，转达胡锦涛总书记和党中央对他们的关心和问候，表达敬意和感谢，听取意见和建议。李长春嘱咐随行的有关部门负责同志，要充分发挥老一辈文化工作者的独特作用，把他们德艺双馨的崇高精神和良好作风发扬光大；要热情帮助他们解决实际困难，把党和政府的温暖送到他们心坎上。

李长春指出，当前全国文化界的形势很好，党的十七届六中全会是我们党在领导文化建设历史进程中一件具有里程碑意义的大事，标志着我国文化建设迎来了繁荣发展的黄金期。2012年是党的十八大召开的喜庆之年，是贯彻落实党的十七届六中全会精神的关键一年。希望广大文化工作者牢牢把握历史机遇，进一步兴起贯彻落实党的十七届六中全会精神新高潮，以优异成绩迎接党的十八大胜利召开。

李长春还对中华书局的工作作了指示。他说，现在中华书局要培养一批新生力量，编辑要进一步走出去。在原来的体制下，整个国家是封闭的，中华书局难免也是封闭的。现在国家开放了，体制健全了，中华书局要加快走出去的步伐，扩大中华文化在世界的影响力。作为一百年从屈辱衰弱走向复兴的历史见证者，中华书局应该把这一百年有代表性的书籍出版好。反映在学术领域，就一定要十年磨一剑，耐得住寂寞，既有人格魅力，又有学术魅力，希望中华书局能够形成这样的局风。李长春还希望傅璇琮为培养古籍整理方面的专业人才多作贡献。

傅璇琮对胡锦涛总书记和党中央的关怀表示衷心感谢，对党的十六大以来文化建设取得的成就表示深受鼓舞。他针对古籍整理和出版创新等方面提出了建议。

中共中央政治局委员、中央书记处书记、中央宣传部部长刘云山一同看望。新闻出版总署署长柳斌杰、中宣部副部长翟卫华、中宣部出版局局长陶骅、中国出版集团公司总裁谭跃等陪同看望。

（梁　彦）

李长春接见参加中华书局成立100周年庆祝大会部分与会代表并发表重要讲话

2012年3月22日，中共中央政治局常委李长春在人民大会堂三层陕西厅亲切接见参加中华书局成立100周年庆祝大会部分与会代表，听取中华书局总经理李岩关于中华书局局庆情况的简要汇报并讲话。李长春指出，胡锦涛总书记的贺信充分肯定了中华书局长期以来作出的重要贡献，殷切希望中华书局进一步做好新形势下的出版工作，体现了党中央对中华书局的高度重视和亲切关怀。这也是对全国出版战线的巨大鼓舞和鞭策。李长春希望全国出版界，特别是中国出版集团公司和中华书局以学习贯彻胡锦涛总书记贺信为契机，兴起深入贯彻落实党的十七届六中全会精神新热潮，高举旗帜、围绕大局、服务人民、改革创新，坚持先进文化前进方向，不断创新体制机制，推进文化与科技相融合，进一步增强整体实力和市场竞争力，出版更多思想性、知识性、可读性相统一的优秀作品，更好地弘扬中华优秀文化，增强时代感和吸引力，推动中华文化走出去，在新的起点上再接再厉，以优异成绩迎接党的十八大胜利召开。之后，李长春在小礼堂南过厅和与会代表亲切合影。

（梁　彦）

李长春致信祝贺生活·读书·新知三联书店创建80周年并接见参加“三联书店创建80周年庆祝大会”部分与会代表

2012年6月26日，中共中央政治局常委李长春致信祝贺生活·读书·新知三联书店创建80周年，贺信全文如下：

“值此三联书店创建八十周年之际，谨表示热烈祝贺，并向全店干部员工致以亲切问候！

三联书店是在中国共产党领导下创立的进步出版企业。八十年来，三联书店始终秉承“竭诚为读者服务”的店训，自觉融入时代进步的洪流，积极宣传先进思想理论，传播科学文化知识，编辑出版了大量优秀出版物，涌现出一批成就卓著的出版编辑人才，在传承人类文明、提高民族素质、繁荣学术文化等方面，发挥了积极作用。特别是党的十六大以来，三联书店认真贯彻中央关于深化文化体制改革的决策部署，不断推进体制机制创新，面向市场，服务读者，为加快发展注入了新的生机活力。

希望三联书店以八十年店庆为契机，认真学习贯彻党的十七届六中全会精神，坚持正确出版方向，抓住机遇，加快发展，推出更多思想性、知识性、可读性相统一的优秀出版物，在服务读者的过程中赢得市场、壮大实力，努力建成具有较强竞争力和影响力的国际一流出版传媒企业，为繁荣发展我国出版事业做出新的更大贡献，以优异成绩迎接党的十八大胜利召开。”

7月26日下午15时，李长春在人民大会堂三层陕西厅亲切接见了参加大会的部分与会代

表，听取三联书店总经理樊希安关于三联书店店庆情况的简要汇报。之后，李长春在小礼堂南过厅和与会代表亲切合影。（鞠晓辉）

习近平致信祝贺生活·读书·新知三联书店创建80周年

2012年7月21日，中共中央政治局常委、中央书记处书记、国家副主席、中央军委副主席习近平致信祝贺生活·读书·新知三联书店创建80周年，贺信全文如下：

“值此三联书店创办80周年之际，谨向你们表示热烈祝贺和诚挚问候！

80年来，三联书店积极宣传先进思想理论，传播科学文化知识，出版了大量精品力作，为繁荣文化出版事业、丰富人民精神生活发挥了突出作用。希望你们抓住机遇、开拓进取，坚持为人民服务、为社会主义服务方向，弘扬三联品牌，继承三联传统，多出好书，多出精品，为推进社会主义文化大发展大繁荣作出新的更大贡献。”

（鞠晓辉）

李克强致信祝贺生活·读书·新知三联书店创建80周年

2012年6月8日，中共中央政治局常委、国务院副总理李克强致信祝贺生活·读书·新知三联书店创建80周年，贺信全文如下：

“我是三联书店多年的读者，也曾经常在三联韬奋书店的书丛中流连并购书，自然有一份情感。在此，谨祝生活·读书·新知三联书店八十华诞。生活中不能没有读书，读书总会得到新知，即便是温故亦可知新。希望三联书店秉持传承，面向未来，努力打造读者喜爱、积淀深厚的百年文化品牌。”（鞠晓辉）

刘云山出席中华书局成立100周年庆祝大会并作重要讲话

2012年3月22日下午，中共中央政治局委员、中央书记处书记、中央宣传部部长刘云山出席中华书局成立100周年庆祝大会并作重要讲话。

刘云山在讲话中希望中华书局和出版界按照胡锦涛总书记贺信提出的要求，认真贯彻党的十七届六中全会精神，树立高度的文化自觉和文化自信，以强烈的责任感、使命感，推动出版业实现新的发展、新的跨越。要坚守民族文化立场，珍视厚重的文化传统，更好地肩负起传播和弘扬中华优秀传统文化的历史责任。要把推进社会主义核心价值体系建设作为根本任务，塑造兴国之魂，礼赞高尚情操，更好地发挥引领社会发展进步的独特作用。要坚持以人民为中心的出版导向，推出更多思想性、知识性、可读性相统一的优秀出版物，更好地满足人民群众多样化的需求。要大力推进体制机制改革创新，加快转变发展方式，优化出版结构，合理配置资源，拓展发展优势和发展空间，不断增强出版业可持续发展能力。要进一步深化“走基层、转作风、改文风”活动，引导出版工作者在深入基层、深入群众中不断开阔视野、汲取营养、提升境界，弘扬职业精神和职业道德，为人民做出版、为社会出好书。（梁　彦）

刘云山出席生活·读书·新知三联书店创建80周年庆祝大会并作重要讲话

2012年7月26日下午，中共中央政治局委员、中央书记处书记、中央宣传部部长刘云山出席生活·读书·新知三联书店创建80周年庆祝大会并作重要讲话。

刘云山在讲话中充分肯定了三联书店创建80年来取得的显著成绩和作出的重要贡献，对三联书店创建80周年表示热烈祝贺，希望三联书店和出版界深入贯彻落实党的十七届六中全会精神，按照胡锦涛总书记在贺信中提出的要求，弘扬优良传统，坚持特色品位，不懈开拓创新，自觉肩负起传播社会主义先进文化的重要责任，推动出版业实现新的跨越。

刘云山同志在讲话中勉励三联书店和全国出版界：一、牢记出版使命，把建设社会主义核心价值体系作为根本任务，宣传先进思想理论，倡导文明道德风尚，更好地以先进文化引领社会发展进步；二、竭诚服务读者，深入研究读者多层次多样化的阅读需求，丰富题材种类，降低消费门槛，更好地满足人民群众日益增长的精神文化需求；三、坚持一流水准，着眼世界学术文化发展前沿，立足中国哲学社会科学发展实际，更好地创作生产高质量高品位的学术文化精品；四、锐意改革创新，大力推进体制机制、内容形式和传播方式创新，推动出版业与现代信息技术融合，更好地激发出版业的创造活力和发展动力；五、加强队伍建设，遵循人才成长规律，着力培养一批学术造诣深厚的编辑人才、一批懂经营善管理的复合型人才、一批适应出版业“走出去”的国际化人才，更好地构筑出版业繁荣发展的人才支撑。

（鞠晓辉）

刘云山对中国出版集团公司2012年度工作报告作出重要批示

2012年2月11日，中共中央政治局委员、中央书记处书记、中央宣传部部长刘云山对中国出版集团公司2012年度工作报告作出重要批示。批示内容如下：

“谭跃同志工作报告好，视野开阔、思考深邃，符合六中全会精神。形势分析抓住要领深刻透彻，发展战略清晰，符合时代要求。2012年工作安排也可操作。望抓好落实，争取2012年的各项工作有大的进步。”

（张　婧）

刘延东出席生活·读书·新知三联书店创建80周年庆祝大会并致信祝贺

2012年7月26日，中共中央政治局委员、国务委员刘延东出席生活·读书·新知三联书店创建80周年庆祝大会。6月6日，刘延东致信祝贺，贺信全文如下：

“值此三联书店成立八十周年之际，谨致热烈祝贺！并向全体三联人致以诚挚的问候！

八十年来，在党的正确领导下，三联书店始终秉承邹韬奋先生“竭诚为读者服务”的宗旨，恪守“人文精神，思想智慧”的理念，坚持“一流、新锐”的标准，薪火相传、发展壮大，成为广大作者与读者沟通交流的纽带和桥梁。八十年来，经过一代又一代三联人的不懈追求和努力，三联书店推出了大量涉及经济、政治、文化、社会等领域、具有鲜明时代特征的精品力作，集古今中外优秀文明成果之大成，宣传先进思想、传播科学知识、彰显人文关怀，为求索真理、启迪民智，丰富人民群众精神文化生活、繁荣发展社会主义文化，为中国革命、建设和改革事业做出了积极贡献。

党的十七届六中全会吹响了推动社会主义文化大发展大繁荣、建设社会主义文化强国的号角，新闻出版业迎来了前所未有的历史机遇。三联书店作为具有优秀历史和光荣传统的出版机构，肩负着光荣使命，责任重大。希望三联书店站在新的起点上，大力弘扬社会主义核心价值体系，传承韬奋精神，坚守社会责任，继往开来，改革创新，充分发挥三联品牌优势和影响力，坚持经济效益和社会效益相统一，贴近实际、贴近生活、贴近群众，不断推出更多更好引领风尚、教育人民、服务社会、推动发展的有中国品格、国际视野的优秀出版物，为建设社会主义文化强国、实现中华民族伟大复兴做出新的更大贡献！”

（鞠晓辉）

马凯参加首届“诗词中国”创作大赛启动仪式并发表讲话

2012 年 9 月 28 日，首届“诗词中国”创作大赛在北京正式启动。国务委员兼国务院秘书长马凯到会祝贺并发表讲话。

马凯在讲话中说，9 月 28 日恰逢是孔子诞辰 2563 周年，在孔子诞辰日启动“诗词中国”传统诗词创作大赛，再次向世人展示，尽管经过历史曲折，但先贤们创造的中国诗教文化传统并没有断失，相反仍在延续和发展。几千年过去了，中华民族一代又一代人创作了大量脍炙人口的光辉诗篇，在记载历史、传承文化、启迪思想、陶冶情操、交流情感、享受艺术、丰富人们的精神世界、提升中华民族凝聚力、推动社会文明进步等方面发挥了重要作用。中华诗词正在从复苏走向复兴。现在全国各省、直辖市、自治区都成立了诗词学会，不少市、县也成立了诗词学会，许多机关、学校、企事业单位、部队也成立了各种诗社，各类诗词学会会员、诗友以数百万计，公开和内部发行的诗词刊物有数百种，每年刊登的诗词新作也以十万计，其中不乏精品力作。中华诗词在社会主义文化大发展大繁荣的浪潮中，在中国诗歌的百花园中，争相绽放，形势喜人，令人振奋。

马凯指出，本次“诗词中国”传统诗词创作大赛的开展，将会对方兴未艾的中华诗词热潮发挥积极的推动作用。他还提出了许多希望，期待着更多的工人、农民、知识分子、学生、官兵和其他社会各界人士关注中华诗词、热爱中华诗词、吟诵中华诗词、享受中华诗词，期待着人们创作出更多贴近生活、表现新境、反映时代、抒发真情的优秀诗作，期待着中华诗词更为广泛、更加深入地走进学校、企业、农村、部队、机关，走上报刊、书籍、广播、电视、网络、视频、微博、手机短信，为推动中华诗词事业和弘扬中华民族优秀传统文化，为满足人民群众精神文化需求，为构建和谐社会和促进社会主义文化大发展大繁荣作出应有的贡献。首届“诗词中国”创作大赛是由中华书局发起，光明日报社、中央电视台、中华诗词研究院、中华诗词学会共同主办，中国移动通信集团协办的。

（梁 彦）

李瑞环题词祝贺中华书局成立100周年

2012年3月，原中共中央政治局常委、全国政协主席李瑞环题词祝贺中华书局成立100周年，题词内容如下：

“铸古镕今，与时俱进；守正出新，继往开来。”

（梁　彦）

李瑞环致信祝贺生活·读书·新知三联书店创建80周年

2012年7月10日，原中共中央政治局常委、全国政协主席李瑞环题词祝贺生活·读书·新知三联书店创建80周年，题词内容如下：

“传承文明，服务社会，功在千秋。”

（鞠晓辉）

李岚清题词并治印祝贺生活·读书·新知三联书店创建80周年

2012年6月，原中共中央政治局常委、国务院副总理李岚清题词并治印祝贺生活·读书·新知三联书店创建80周年，印文内容如下：

“传播真理百折不挠，唤起民众抗战救国，弘扬韬奋精神。赠生活·读书·新知三联书店”

（鞠晓辉）

严隽琪题词祝贺生活·读书·新知三联书店创建80周年

2012年7月10日，全国人大常委会副委员长、民进中央主席严隽琪题词祝贺生活·读书·新知三联书店创建80周年，题词内容如下：

“出版重镇，精神家园。祝贺三联书店创建八十周年。”

（鞠晓辉）

严隽琪一行视察生活·读书·新知三联书店

2012年10月16日，全国人大常委会副委员长、民进中央主席严隽琪，全国人大常委、民进中央副主席兼秘书长朱永新等一行视察了生活·读书·新知三联书店。他们先后视察了三联韬奋书店、韬奋图书馆、三联读者俱乐部、书香巷并在韬奋图书馆举行座谈会，会议由中国出版集团公司副总裁李岩主持。严隽琪分别听取了中国出版集团公司党组书记、副总裁王涛，生活·读书·新知三联书店总经理樊希安的汇报后发表了讲话，她指出中国出版集团公司作为出版的“国家队”，在体现国家出版意志、文化自觉和文化自信方面起到了良好引领作用。三联书店始终保持着强烈的社会责任心，始终追求真理传播新知，始终保持书香格调，始终走在出版业前沿，为出版事业发展作出了重要贡献，希望三联书店出版更多好书，促进出版主业、弘扬先进文化。

（鞠晓辉）

严隽琪、邬书林出席三联时空国际文化传播（北京）有限公司挂牌仪式

2012年11月29日上午，全国人大常委会副委员长、民进中央主席严隽琪，国家新闻出版总署副署长邬书林，出席三联时空国际文化传播（北京）有限公司挂牌仪式并为之揭牌。三联时空国际文化传播（北京）有限公司是由生活·读书·新知三联书店和上海三联书店有限公司、三联书店（香港）有限公司共同出资、由生活·读书·新知三联书店控股的合资文化企业。

新闻出版总署副署长邬书林发表讲话，代表新闻出版总署对三联时空国际文化传播（北京）有限公司的成立表示热烈祝贺。他指出，三联时空国际文化传播（北京）有限公司的成立是推动中国文化“走出去”的重要举措，是贯彻落实党的十八大精神、推进文化大发展、大繁荣的具体行动，对扩大三联品牌的知名度，提高中华文化影响力具有重要的意义。希望三联书店牢记文化使命，传播先进文化；继承光荣传统，弘扬三联品牌；拓展海外市场，提高文化影响力。

（鞠晓辉）

陈奎元出席生活·读书·新知三联书店创建80周年庆祝大会并题词祝贺

2012年7月26日，全国政协副主席、中国社会科学院院长陈奎元出席三联书店创建80周年庆祝大会。6月20日，陈奎元题词祝贺，题词内容如下：

“祝贺三联书店成立八十周年：弘扬先进文化，服务人民大众。”（鞠晓辉）

孙家正题词祝贺生活·读书·新知三联书店创建80周年

2012年5月29日，全国政协副主席、中国文学艺术界联合会主席孙家正题词祝贺生活·读书·新知三联书店创建80周年，题词内容如下：

“当代文化建设需要弘扬真诚敬业的三联精神。文化如水滋润万物，悄然无声，正因为如此，一切从事文化职业的人都应有一种至真至善至精至诚的文化情怀和敬业精神。当我们纪念三联书店创办八十周年的时候，我们又想起了这种精神，时光的冲刷并未令它淡去光彩，时代的需要和社会的呼唤令它倍加珍贵。”（鞠晓辉）

孙家正、邬书林出席《李瑞环谈京剧艺术》出版暨京剧艺术发展座谈会并讲话

2012年12月19日上午，由全国政协京昆室和中国出版集团公司联合举办的《李瑞环谈京剧艺术》出版暨京剧艺术发展座谈会在全国政协礼堂举行。全国政协副主席、京昆室主任、中国文联主席孙家正，全国政协常委、副秘书长蒋作君，新闻出版总署副署长邬书林出席了座谈

会并发表讲话。

孙家正在讲话中高度肯定了《李瑞环谈京剧艺术》的出版意义。他强调，李瑞环同志是真心喜欢京剧，发自内心对民族文化精粹的热爱，已经超出个人爱好的范畴，变为对国家、民族、人民的大爱。从本书中我得到的最大启示是，不能仅仅停留在热爱上，在产生热爱、珍惜之情的同时，必须要非常清醒地意识到我们自己应该担当的责任。要明确自己对国家、人民的这份责任，把这份责任担当起来。要以务实的精神传承民族文化。

邬书林代表新闻出版总署对《李瑞环谈京剧艺术》一书的出版表示热烈祝贺，他指出，三联书店多年来致力于传统文化题材的发掘和先进文化的传播。《李瑞环谈京剧艺术》是三联书店全力打造的精品力作，相信该书的出版对于弘扬优秀民族文化、继承和创新京剧艺术、培养京剧人才队伍、深化文化体制改革都具有重要意义。希望出版单位能够充分挖掘优秀传统题材，继承民族文化遗产；大力弘扬文化品牌，出版更多文化精品；积极推动文化创新，形成良好运行机制；真正把改革的成果变成发展的强大动力，实现出版业的健康快速发展。（鞠晓辉）

邹家华出席生活·读书·新知三联书店创建80周年庆祝大会并题词祝贺

2012年7月26日，原中共中央政治局委员、全国人大常委会副委员长、国务院副总理邹家华出席三联书店创建80周年庆祝大会。3月，邹家华题词祝贺，题词内容如下：

"继往开来锐意创新，繁荣文化服务人民，祝贺三联书店成立八十周年。"（鞠晓辉）

邹家华听取生活·读书·新知三联书店80周年店庆工作汇报

2012年5月25日上午，原中共中央政治局委员、全国人大常委会副委员长、国务院副总理邹家华在家中接见了中国出版集团公司副总裁刘伯根、三联书店总经理樊希安一行。邹家华听取了刘伯根、樊希安关于三联书店80周年店庆工作情况的汇报，对三联书店近几年的发展成就、店庆工作的有关安排予以了充分肯定，应允出席7月26日在人民大会堂举办的三联书店80周年店庆大会，并就店庆工作和宣传韬奋精神等事项，提出了重要指导意见。

樊希安代表全店员工感谢邹老为三联书店周年店庆的题词，并汇报了三联书店近些年尤其是最近3年来的发展情况和主要成绩、三联书店80周年店庆系列活动的进展情况。刘伯根副总裁主持汇报并补充了汇报内容，强调三联书店不同于一般出版社，是在我党直接领导下创立的最早期的红色出版机构，为传播革命思想、传播学术文化作出了巨大贡献，在全国出版系统中有强烈的示范作用，店庆活动的开展有重要的政治意义。

邹家华在听取汇报后，指出四点。一、邹韬奋先生的一生是宣扬革命思想、致力于社会进步的一生。他之所以从事新闻出版工作、之所以出版了大量进步书刊，不是简单地搞出版，不是为了出版而出版，而是把出版作为一个平台，是为了实现他的共产主义信念和革命理想。韬奋精神起到了匡扶后世的作用。要宣传这条道路、这种思想。宣传韬奋不是为了韬奋本人，而是为了下一代，为了今后，为了这个社会。二、弘扬韬奋精神并不是虚的，要把韬奋精神具体化，要一起总结，按照毛主席、周总理等领导人的题词内容，把韬奋精神概括为具体的几条。三、举办庆祝大会，三联书店提出的意见都是合理的，我支持这件事。要按照程序继续推动会议筹备，最后按中央意见来定。四、办韬奋图书馆，我很赞成，也是对社会作贡献的一件事。韬奋图书馆要和在江西省余江县建立的韬奋书屋联系起来，扩大影响。（鞠晓辉）

邹家华、蔡名照、邬书林参加韬奋图书馆开馆仪式并为韬奋图书馆揭牌

2012 年 7 月 16 日上午，原中共中央政治局委员、全国人大常委会副委员长、国务院副总理邹家华出席了由生活·读书·新知三联书店举办的韬奋图书馆开馆仪式，邹家华宣布韬奋图书馆开馆并为韬奋图书馆揭牌。仪式结束后，邹家华在三联书店总经理樊希安等人陪同下，视察了三联书店办公楼、三联韬奋书店、书香巷和读者俱乐部。

中共中央宣传部副部长蔡名照为韬奋图书馆揭牌并讲话。蔡名照指出，韬奋图书馆开馆不仅是三联书店的一件喜事，也是我国出版界、文化界的一件盛事，对深化韬奋学术思想研究，传承韬奋精神，服务广大读者，具有重要意义。希望韬奋图书馆秉承韬奋先生“竭诚为读者服务”的理念，明确宗旨，突出特色，健全机制，完善服务，依靠社会各方面力量，办出水平，办成品牌，使韬奋图书馆成为推动韬奋生平业绩研究的重要基地、弘扬韬奋精神的有效载体、联系和团结新闻出版工作者的精神家园，为推动社会主义文化大发展大繁荣奉献智慧和力量。

新闻出版总署副署长邬书林为韬奋图书馆揭牌并讲话。他指出，邹韬奋先生是中国现代史上优秀的出版家和卓越的社会活动家，是中国现代进步出版事业的优秀代表。希望继承弘扬韬奋先生的优良传统，勇于承担出版人的光荣职责，推动社会主义先进文化建设；努力提升三联书店和韬奋精神的品牌，把优秀文化品牌不断发扬光大；时刻牢记“竭诚为读者服务”的宗旨，使“爱生活、好读书、求新知”的理念深入人心；不断深化内部机制改革，加强三联书店和韬奋图书馆建设。（鞠晓辉）

许嘉璐题词祝贺生活·读书·新知三联书店创建 80 周年

2012 年 6 月，原全国人大常委会副委员长许嘉璐题词祝贺生活·读书·新知三联书店创建 80 周年，题词内容如下：

“不尽新知岂待寻，生活万变妙而深。读书恰似登高处，掩卷犹聆圣哲音。

——俚句记三联版书读后感，书以贺三联八秩华诞。”（鞠晓辉）

柳斌杰出席生活·读书·新知三联书店创建 80 周年庆祝大会并讲话

2012 年 7 月 26 日下午，国家新闻出版总署署长、党组书记柳斌杰出席三联书店创建 80 周年庆祝大会并讲话。

柳斌杰代表国家新闻出版总署向三联书店创建 80 周年表示热烈的祝贺，向三联书店的全体员工致意，他高度评价了三联书店的历史功绩和

文化贡献，充分肯定了三联书店深化改革、创新发展的新成就。

柳斌杰指出，三联书店出版了大量具有重要思想文化价值和广泛社会影响的精品力作，凝聚和培养了一大批人才，赢得了读者的广泛赞誉，形成了中国出版的“三联精神”：一是追求真理的精神；二是崇尚新知的精神；三是服务读者的精神；四是开拓创新的精神。

柳斌杰对三联书店和出版界提出了四点要求：一要大力弘扬三联优良传统，自觉肩负起中华民族伟大复兴的历史使命；二要努力出版更多传世精品，不断丰富中华民族的文化宝库；三要始终坚持与时俱进、改革创新，不断激发出版社发展的内在活力；四要积极推动中华文化走出去，切实增强中华文化在世界上的感召力和影响力。

（鞠晓辉）

柳斌杰出席《三联经典文库》（第一辑）出版座谈会并讲话

2012 年 6 月 29 日，新闻出版总署署长柳斌杰出席《三联经典文库》（第一辑）出版座谈会并讲话。座谈会在中国出版集团公司 11 层会议室召开，由中国出版集团主办，生活·读书·新知三联书店承办。

柳斌杰在讲话中指出，传播真理，追求光明，支持进步事业，是三联书店突出的优秀传统。通过《三联经典文库》（第一辑）的图书，能够深刻体会到老一辈文化先驱向往光明、追求社会进步的强烈忧患意识和使命意识。这些好传统、好作风，需要认真继承、发扬光大。要牢记出版业的宗旨，自觉承担起传播优秀文化、服务社会大众的使命；要深化出版体制机制改革，不断促进出版生产力的提高；要擦亮文化品牌，不断提升文化企业的综合实力和社会影响力；要把推出传世文化精品作为一种文化自觉，全力打造代表国家水平、国家形象、时代精神的精品力作，为弘扬中华文化、建设文化强国作出新的更大贡献，以优异成绩迎接党的十八大胜利召开。

（鞠晓辉）

蔡名照出席中国出版集团公司 2012 年度工作会议并讲话

2012 年 2 月 9 日，中共中央宣传部副部长蔡名照出席中国出版集团 2012 年度工作会议并讲话。

蔡名照对中国出版集团公司 2011 年的工作成绩给予高度评价和充分肯定。蔡名照指出，中国出版集团成立 10 年来不辱使命，锐意进取，始终坚持正确的出版方向，自觉服务党和国家工作大局，在体制改革上不断取得新突破，在机制创新上不断迈出新步伐，一批老品牌焕发新的生机和活力，一批大型国有出版社实力竞争力有了明显增强。在海外的影响力不断扩展，以高品味、高质量、高产出在国内大众出版领域始终居于领先地位，在出版规模上也进入世界前列，成为出版行业繁荣发展的重要标志，文化产业名副其实的主力军。中国出版集团要结合自己的工作实际，做好下面五项工作。一是紧紧围绕迎接宣传贯彻党的十八大，精心做好主题出版和主题宣传，推出一批有影响有分量的图书和文章，宣传我们党的辉煌业绩、宣传科学发展道路，引导人们加深对党的认识，对中国特色社会主义道路的认同，对改革开放的信心。二是深化体制机制改革，积极探索建立具有文化企业特点的现代企业制度，确定科学有效的管理模式，探索集约化经营方式，提高集团经营管理能力。三是积极拓展海外市场，打造国际品牌，推出更多优秀作品向世界讲述好中国故事、中国理念、中国观点，建立国际版权贸易平台，大力发展本土化企业，提升出版的国际传播能力。四是牢牢把握数字化对出版战略布局的深刻影响，发挥国有大型文化企业集团的优势，加快出版业态的创新，提高数字化发展能力。五是加强出版队伍素质建设，深入持久开展“走基层、转作风、改文风”活动，加强企业文化建设，营造有利于优秀人才成长的环境，努力培养出版名家大家和青年骨干，提高队伍的凝聚力创造力。 （张 婧）

邬书林出席中国出版集团公司2012年度工作会议并讲话

2012年2月8日，新闻出版总署副署长邬书林出席中国出版集团公司2012年度工作会议并讲话。邬书林强调，围绕贯彻落实十七届六中全会精神，集团公司要做好六个方面工作。一是要通过学习，明确在我国从出版大国迈向出版强国过程中中国出版集团应当承担的责任，明确奋斗目标，认清形势差距，毫不动摇地按照中央建设出版强国的要求，坚定信心，真抓实干。二是要找准工作着力点，挖掘新的经济增长点，在国家文化战略布局和文化产业重大部署中，将重大项目、重要图书、重要工程嵌入到国家工程中，彰显出版人在建设文化强国中的地位和作用。三是要在改革上迈出新步伐，建立健全集团化管理模式，努力打造具有国际一流水准的大型出版传媒集团，在我国出版业集团化建设中发挥领军作用。四是要在体现出版功能、思想创新和产品创新上作出新的贡献。面临数字化浪潮，要加大适应经济社会发展需求的出版产品创新力度，使出版更好地与经济、社会、科技、教育、文化有机结合起来，将更多好的图书推向世界，生产更多占领思想政治制高点、承载经济社会发展重要信息以及引领科技创新的出版物。五是要积极营造人才辈出的良好氛围，立足于现有的基础力量，在创造精品力作的同时造就培养一批出版大家。六是要在出版国家标准制定中树立标杆，发挥表率作用。

邬书林对集团公司做好2012年工作提出五点要求。一是努力为十八大的胜利召开营造良好舆论氛围，加强出版管理，坚持正确出版导向。二是切实加强精品力作的创作生产，推出一批在国内和国外都有重要影响的重要出版物，达到社会效益与经济效益的有机统一。三是在股改上市特别是集团化机制建设方面取得新的成效。四是在出版“走出去”方面要继续发挥带头作用，做好2012伦敦书展中国主宾国活动，版权输出继续保持良好态势。五是高度重视人才队伍建设和培养。 （张 婧）

孙寿山参加“中华字库”工程古文字包节点评审会并发表重要讲话

2012年5月24日，“中华字库”工程古文字包系列节点评审会在上海启动。新闻出版总署副署长、新闻出版重大科技工程项目领导小组副组长孙寿山出席会议并发表重要讲话。

孙寿山指出，评审会的顺利召开，对于“中华字库”工程意义重大，希望大家进一步统一认识，认真履行职责，切实做好阶段性评审工作。孙寿山强调，“中华字库”工程列入了国家“十一五”、“十二五”文化发展规划纲要，是国家级重点文化建设工程，同时也是国家财政资金全额支持的文化创新类项目，这就要求大家必须站在国家利益的高度，履行好各自的职责。孙寿山希望工程总体组与项目承担单位高度重视评审工作，认真吸取专家意见，评审会后要慎重考虑、逐条对照调整，进一步完善工程节点成果。

对于如何做好“中华字库”工程建设与评审

工作，孙寿山提出了四点要求。第一，要在建设实施中处处体现国家利益最大化；第二，要实现各分包之间的有机统一与相互协调；第三，要利用信息技术服务好学术研究，同时学术研究也要用好信息技术；第四，工程管理要为学术研究提供良好的工作环境，学术研究也要配合工程管理各项要求。

新闻出版总署科技与数字出版司司长张毅君、副司长谢俊旗，“中华字库”工程总体组组长、中国出版集团公司副总裁宋晓红，“中华字库”工程首席专家裘锡圭教授等也一同出席了会议。

（严　可）

重要庆典

中华书局成立100周年庆祝大会隆重召开

2012年3月22日下午，中华书局成立100周年庆祝大会在人民大会堂小礼堂隆重召开。中共中央总书记、国家主席、中央军委主席胡锦涛致信中华书局，向全体员工和离退休老同志表示热烈祝贺和诚挚问候。中共中央政治局常委、国务院总理温家宝也向中华书局成立100周年表示祝贺。

会前，李长春亲切会见了与会代表，并同大家合影留念。中共中央政治局委员、中央书记处书记、中共中央宣传部部长刘云山出席庆祝大会并讲话。中共中央政治局委员、国务委员刘延东出席庆祝大会。李瑞环、周铁农、陈奎元等现任和原任党和国家领导人也以不同方式对中华书局成立100周年表示祝贺。

胡锦涛在贺信中指出，百年来，中华书局恪守传承文明职责，秉持守正出新宗旨，在一代又一代员工的不懈努力下，整理、出版了一大批古籍经典和学术新著，受到广大读者的普遍赞誉和充分信任，为弘扬中华文化、促进学术繁荣、提高民族素质、推动社会进步作出了重要贡献。胡锦涛强调，优秀传统文化是中华民族的宝贵精神财富，是发展社会主义先进文化的深厚基础。希望中华书局以成立百年为新的起点，认真贯彻党的十七届六中全会精神，大力推进体制和机制创新，始终坚持古为今用、推陈出新的出版方向，继续保持笃实谨严、精审细校的科学态度，不断推出更多代表国家最高水准的优秀出版物，在传播中华民族优秀传统文化、建设社会主义文化强国的进程中再创新的辉煌。

下午，李长春在人民大会堂三层陕西厅亲切接见了部分与会代表，听取中华书局总经理李岩关于中华书局局庆情况的简要汇报。之后，李长春在小礼堂南过厅和与会代表亲切合影。

下午15时30分，中华书局成立100周年庆祝大会准时召开，大会由中国出版集团公司党组书记王涛主持。庆祝大会上，刘延东宣读了中央领导同志的题词、贺信；新闻出版总署署长柳斌杰、中国出版集团公司总裁谭跃、中华书局总经理李岩、中华书局作者代表袁行霈、中华书局（香港）有限公司董事长陈万雄分别发言；刘云山最后发表重要讲话。

刘云山在讲话中充分肯定了中华书局成立100年来取得的显著成绩和作出的重要贡献，希望中华书局和出版界按照胡锦涛总书记贺信提出的要求，认真贯彻党的十七届六中全会精神，树立高度的文化自觉和文化自信，以强烈的责任感、使命感，推动出版业实现新的发展、新的跨越。要坚守民族文化立场，珍视厚重的文化传统，更好地肩负起传播和弘扬中华优秀传统文化的历史责任。要把推进社会主义核心价值体系建设作为根本任务，塑造兴国之魂，礼赞高尚情操，更好地发挥引领社会发展进步的独特作用。要坚持以人民为中心的出版导向，推出更多思想性、知识性、可读性相统一的优秀出版物，更好地满足人民群众多样化的需求。要大力推进体制机制改革创新，加快转变发展方式，优化出版结构，合理配置资源，拓展发展优势和发展空间，不断增强出版业可持续发展能力。要进一步深化“走基层、转作风、改文风”活动，引导出版工作者在深入基层、深入群众中不断开阔视野、汲取营养、提升境界，弘扬职业精神和职业道德，为人民做出版、为社会出好书。

出席大会的还有全国人大常委会副委员长周铁农，全国政协副主席、中国社会科学院院长陈奎元，中央宣传思想工作领导小组其他成员，中宣部相关领导、新闻出版总署相关领导、中央和国家机关有关部门领导，中国出版集团公司领导班子，中国出版集团公司所属各单位负责人、各部门负责人，中华书局在职及离退休员工、作者代表、读者代表，中华书局领导班子，各地发行集团代表、出版集团及出版社代表、书店代表，中央及北京市新闻媒体记者等九百余人。

庆祝大会取得了空前的成功，收到了良好的宣传效果和社会反响，进一步强化了中华书局的品牌影响力，使中华书局这个老字号深入人心。中央电视台《新闻联播》节目当天以头条新闻播出了5分钟；《人民日报》、《光明日报》、《中国新闻出版报》等重要报纸均在头版头条予以报道；新华社播发了多条通稿；中央人民广播电台、北京电视台等多家重要媒体均予以报道。

（梁　彦）

生活·读书·新知三联书店
创建80周年庆祝大会隆重召开

2012年7月26日下午，生活·读书·新知三联书店创建80周年庆祝大会在人民大会堂小礼堂召开。中共中央总书记、国家主席、中央军委主席胡锦涛致信三联书店，向全体员工和离退休老同志表示热烈祝贺和诚挚问候。党和国家领导人吴邦国、温家宝、李长春、习近平、李克强等分别题词或致贺信，向三联书店创建80周年表示祝贺。

会前，李长春亲切会见了与会代表，听取了三联书店总经理樊希安关于三联书店店庆情况的简要汇报，并同大家合影留念。中共中央政治局委员、中央书记处书记、中央宣传部部长刘云山出席庆祝大会并讲话。中共中央政治局委员、国务委员刘延东致信祝贺三联书店创建80周年并出席庆祝大会。李瑞环、李岚清、严隽琪、陈奎元、孙家正、邹家华、许嘉璐等现任和原任党和国家领导人也以不同方式对三联书店创建80周年表示祝贺。

三联书店创建80周年庆祝大会由中国出版集团公司党组书记王涛主持。刘延东宣读了中央领导同志的题词、贺信；新闻出版总署署长柳斌杰、中国出版集团公司总裁谭跃、三联书店总经理樊希安、三联书店作者代表金冲及、三联书店老员工代表吴道弘分别发言；刘云山最后发表重要讲话。

刘云山在讲话中充分肯定了三联书店创建80年来取得的显著成绩和作出的重要贡献，希望三联书店和出版界深入贯彻落实党的十七届六中全会精神，按照胡锦涛总书记在贺信中提出的要求，推动出版业实现新的跨越。要牢记出版使命，把建设社会主义核心价值体系作为根本任务，宣传先进思想理论，倡导文明道德风尚，更好地以先进文化引领社会发展进步。要竭诚服务读者，深入研究读者多层次多样化的阅读需求，丰富题材种类，降低消费门槛，为人民群众提供更好更多的精神食粮。要坚持一流水准，着眼世界学术文化发展前沿，立足中国哲学社会科学发展实际，推出更多体现中国视角、具有中国气派的学术文化精品。要继续深化改革，大力推进体制机制、内容形式和传播方式创新，推动出版业与现代信息技术融合，更好地激发出版业的创造活力和发展动力。要加强队伍建设，遵循人才成长规律，着力培养一批学术造诣深厚的编辑人才、一批懂经营善管理的复合型人才、一批适应出版业“走出去”的国际化人才，为出版业繁荣发展提供有力支撑。

参加大会的有邹家华、陈奎元，中央宣传思想工作领导小组其他成员，中宣部相关领导、新闻出版总署相关领导、中央和国家机关有关部门领导，中国出版集团公司领导班子，中国出版集团公司所属各单位负责人、各部门负责人，三联书店老前辈代表、作者代表、读者代表，三联书店领导班子，上海三联书店、香港三联书店负责人，各地发行集团代表、出版集团及出版社代表，中央及北京市新闻媒体记者等七百余人。

（鞠晓辉）

集团公司领导讲话

实施六大战略 开辟新的征程
为实现“三化目标”而努力奋斗

——在中国出版集团公司成立十周年庆祝大会上的讲话

中国出版集团公司总裁 谭 跃

（2012 年 4 月 9 日）

同志们：

今天我们在这里隆重集会，庆祝中国出版集团公司成立十周年。十年来，集团公司始终坚持以邓小平理论和“三个代表”重要思想为指导，深入贯彻落实科学发展观，全面贯彻落实中央关于深化文化体制改革的重要部署，在胡锦涛、温家宝、李长春、习近平、刘云山、刘延东等中央领导同志的亲切关怀下，在中宣部的直接领导和新闻出版总署、财政部、中央文化企业国有资产监督管理领导小组办公室等部门的指导帮助下，始终坚持正确导向，积极推进体制机制改革，不断提升企业综合实力，较好地完成了改革发展各项任务，为推动社会主义文化大发展大繁荣作出了应有的贡献。今天，我们站在承前启后、继往开来的重要历史节点上，认真回顾总结改革发展经验，进一步明确未来发展战略，以理性的思考和昂扬的精神开启新的历史征程，具有特殊重要的意义。

一、认真回顾十年发展历程，注意总结改革发展经验

一是顺利实现体制转换，成功组建全国大众和专业出版实力最强、规模最大、最具影响的出版产业集团。按照中央部署，于 2002 年 4 月组建集团，成为第一批中央文化体制改革试点单位；2004 年成立中国出版集团公司，全面实行“事转企”的企业化改革，管理体制实现历史性、根本性变化；2011 年又正式成立股份公司，向主营业务的股份化、市场化迈出了重要一步。十年来，中国出版集团公司不断完善两级法人治理结构，不断深化计划决策、经营管理、绩效考核、责任审计和资产管理等方面的机制创新，切实做好员工身份转换和权益保障等各种复杂的具体工作，促进集团内部由“物理变化”向“化学变化”转变。现在我们已经初步建立起企业化、公司化的基本体制，正在构建符合上市公司要求和文化企业特点的现代企业制度。这一基本制度的转换，已经带来了集团公司各项工作发展的重大变化，也必将更深刻地影响集团的长期发展。

二是精品力作硕果累累，充分发挥了出版“国家队”的示范作用。坚持把内容生产作为立身之本，精心打造一批代表国家最高水准的优秀出版物。十年来，集团入选国家“十五”、“十一五”、“十二五”规划及新闻出版专项规划的重点出版项目多达六百余种，其中“汉译世界名著丛书”、“中华现代学术名著丛书”、《中国大百科全书》（第二版简明版）、点校本“二十四史”及《清史稿》修订工程、“辞源”修订工程、“中国美术全集”、“中国当代作曲家曲库”等国家级的标志性重大出版工程，充分展示了“国家队”的使命意识和强大实力。在历届中国出版政府奖、中华优秀出版物奖、“五个一”工程奖等国家级奖项中，集团累计获奖200多项，《顾颉刚全集》、《中华民国史》、《长征》等一大批精品图书受到表彰，获奖数量和奖项分量始终居于全国出版集团首位。集团连续十年以7%的市场占有率名列全国图书零售市场第一，策划推出了一大批畅销书、常销书，其中《于丹〈论语〉心得》累计发行560万册。同时，集团在推进数字出版资源建设、承担国家重大数字出版工程等方面也走在了国内出版界前列。

三是产业规模逐步扩大，企业综合实力显著增强。从出版规模来看，集团的图书年出版总量从4 663种增长到12 901种，增幅176%；其中新书从2 996种增长到6 356种，增幅112%；重印书从1 667种增长到6 545种，增幅292%。从业务板块来看，集团已经形成了出版发行、文化产品进出口、文化艺术品经营三大主营业务，产业结构不断优化。从经济总量来看，集团的二级单位由13家增长到27家；营业收入从24.34亿元增长到59.34亿元，增幅143.8%；利润总额从1.64亿元增长到4.16亿元，增幅153.7%；资产总额从46.15亿元增长到96.29亿元，增幅108.6%；所有者权益从13.01亿元增长到36.87亿元，增幅183.4%。同时，集团各单位员工收入和福利待遇也与企业效益同步提升，在岗员工平均年收入从4.35万元增长到8.4万元，增幅93.1%。

四是“走出去”工作成效显著，国际传播能力不断增强。十年来，集团的版权输出总量由年72项增长到年493项，增长近6倍。出版物进口由9 027万美元增长到17 116.16万美元，增长89.61%；出口由702万美元增长到1 080.94万美元，增长54.42%。海外分支机构数量由23家调整增加到29家，初步形成了跨国、跨所有制海外出版发行网络。

五是“三支队伍”建设稳步推进，人才工作水平不断提高。在实践中逐步确立了抓好管理人才、经营人才、专业技术人才“三支队伍”的工作思路和管理办法，建立了集团第一批人才梯队，各类人才数量和质量大幅度提升。目前由集团直接管理的各单位高级管理人员由最初的64人增长到112人；各单位经营管理人才1 900多人，专业技术人才2 700多人；特别是高端人才在业内占有明显优势，在“新中国60年百名优秀出版人物”、“中国百名优秀企业家”、“韬奋出版奖”、“宣传文化系统四个一批人才”、“全国新闻出版系统领军人才”等国家级人才评选中，集团入选人数均居于行业首位。新员工考试录用和培训工作取得可喜成果，十年间共举办培训班20次，参训1 200多人次，全集团具有研究生以上学历的员工由不足200人增长到近千人。

六是企业文化建设蓬勃开展，基层组织的凝聚力、战斗力进一步增强。精心组织了学习实践科学发展观、创先争优、建设学习型组织、“走转改”等主题实践活动，在抗震救灾、承办国家大型活动、履行社会责任等方面做好表率。紧紧围绕解放思想、深化改革、固本求新、弘文致远等主题开展企业文化活动，在全集团树立强烈的改革意识、竞争意识和使命意识。不断健全各级群团组织，加强职工思想政治工作，积极开展精神文明创建和群众性文化活动，突出文化企业的文化特色，营造团结奋斗、稳定和谐的良好氛围。

总之，经过十年的发展，集团公司在体制改革和现代企业制度建设上实现了新跨越，在文化创造和文化导向上作出了新贡献，在产业规模和综合实力上实现了新发展，在经营管理和内部建设上开创了新局面。我们在艰苦奋斗、探索开拓的进程中，积累了一些基本经验：一是要始终坚持正确出版导向，切实担负起弘扬核心价值体系、维护国家文化安全、履行社会责任等一系列

“国家队”使命；二是要始终坚持优秀的文化传统和高尚的文化品位，把服务大局与服务读者统一起来，不断为社会奉献“双效”俱佳的精神文化产品；三是要始终坚持以改革创新为动力，坚定不移地推进体制改革和机制创新，大胆探索、勇于实践，不断实现文化生产力的新解放、新发展；四是要始终坚持走集团化发展道路，不断壮大资产规模、提升综合实力、扩大竞争优势，推动企业做强做大；五是要始终坚持科学管理，遵循文化产业发展规律和现代企业管理特点，不断提高经营决策和管理考核的规范化、科学化水平；六是要始终坚持以人为本，把人才资源作为企业发展第一资源，把干部队伍作为改革发展的骨干力量，把广大员工作为文化创新的智慧源泉。这六条经验，继承了集团品牌单位的优良传统，体现了集团十年来的实践探索，反映了文化企业发展的本质规律。我们一定要长期坚持、大力发扬，并在实践中不断丰富和发展。

同志们，十年的成就来之不易，积累的经验弥足珍贵。这些成就和经验的取得，是各级领导部门高度重视、支持帮助的结果，是集团几届、各级领导班子和广大干部员工团结奋斗、真抓实干的结果。在此，我代表集团领导班子，向获得“编辑名家”和“十佳”称号的各位老专家和同志们表示热烈祝贺，向关心支持集团改革发展的领导部门和社会各界表示衷心感谢！向为集团改革发展付出辛勤劳动、作出突出贡献的广大干部员工致以崇高敬意！

二、深入贯彻落实中央精神，精心组织实施发展战略

同志们，中国出版集团有着悠久的历史渊源和光荣的文化传统，我们的出版源头在1897年，经营活动更是发端于300多年前，我们的历史悠久、文化积累和品牌影响力有着明显的优势。党和国家对集团高度重视，前不久，在中华书局成立100周年之际，胡锦涛总书记特致贺信，温家宝总理题词祝贺，李长春同志亲切会见庆祝大会代表并发表重要讲话，刘云山、刘延东等中央领导同志也向集团及中华书局提出了改革发展的更高要求。这是对中华书局也是对我们整个集团长期以来所作贡献的充分肯定，是对集团上下全体干部员工的巨大激励和鼓舞，更是一种鞭策和期待。面向新十年的发展，我们要认真学习贯彻中央精神，坚持做到“三个力争”：

一是力争推出更多代表国家最高水准的优秀出版物。要按照胡锦涛总书记贺信要求，牢记使命、把握根本，不断推出更多反映国家意志和时代精神，思想性、知识性、可读性相统一的代表国家最高水准的优秀出版物，为人民做出版，为社会出好书。二是力争做到“四个示范”。要按照李长春同志提出的要求，在坚持先进文化前进方向上做示范，在推进体制机制创新上做示范，在推进文化与科技融合上做示范，在推动中华文化“走出去”上做示范，当好文化出版业的排头兵和主力军。三是力争实现“五点希望”。要认真落实刘云山提出的五点希望，继承和弘扬中华民族优秀文化传统，积极推进社会主义核心价值体系建设，坚持以人民为中心的出版导向，大力推进体制机制改革创新，进一步深入开展“走转改”活动。要以学习贯彻中央精神为强大动力，认真落实集团改革发展战略措施，抓住机遇、乘势而上，解放思想、锐意创新，做强做大、走向世界，以更加强烈的责任感和紧迫感做好集团各项工作。

在2012年召开的集团年度工作会议上，集团领导班子在过去发展和思考的基础上提出了“六大战略”。这是我们贯彻落实党的十七届六中全会精神的实际举措，是贯彻落实总书记及中央领导同志指示精神的有力抓手，也是指导集团科学发展、实现“现代化、大型化、国际化”发展目标的路径选择。战略问题对一个企业集团、对我们未来十年的发展至关重要。战略是关于全局性和长期性的思考，是关于主要矛盾和矛盾主要方面的思考，是关于企业使命、主要优势、潜在优势和自身局限的思考，也是关于发展空间、发展方向和发展动力的思考。战略不仅带有全局性和长期性，还应具有前瞻性和指导性，具有动作性和可操作性。有了战略就有了方向，就抓住了关键、抓住了要点，但没有战术性的动作和可操作性的措施，必然会成为一纸空文。我们要的战略不是书本的战略，而是实践的战略，战略的立足点是时代环境与自身实际，战略的要害是抓住重中之重，战略的生命在于动作的支撑。因此，当我们明确六大战略以后，着力点要始终放在战略的动作性、战术性和具体的落实举措上。

1. 关于内容创新战略

这是我们的企业使命，也是我们的核心竞争力。形式上我们是在做图书，而本质上我们是在做内容。内容选择、内容生产、内容创新、内容提供，这是出版产业区别于其他产业的本质所在；不断向社会大众提供优质内容产品，这是我们出版“国家队”的使命和价值所在。集团的主要生产经营活动都要围绕这个根本，努力建设出版高地，构筑内容高峰。一是抓好以社会主义核心价值体系为中心的重大出版工程，推出更多代表国家最高水准的优秀出版物。二是抓好集团图书产品线建设，不断优化出版结构，努力实现一级产品线全部名列全国前三名。三是抓好原创精品基地，通过建立“优秀作者出版基金”和作者资源数据库，长期扶植和聚拢一批全国一流作者的原创作品。四是抓好骨干编辑队伍，培养一批视野开阔、反应敏锐、策划运作能力强的名编辑。五是抓好产品运营机制创新，大力推行事业部制和二级独立核算制，进一步激发创新活力。六是统筹内容资源，促进图书与报刊、传统出版与数字出版之间的互动。

2. 关于品牌经营战略

这是集团发展的独特优势，也是谋求差异化竞争的主要方略。我们拥有的优秀文化品牌，是我们全部历史资源、文化资源、出版资源、经营资源、社会资源和人才资源的集合体。进一步经营品牌，是最有效率的发挥优势，也是最有效益的无形资产投入。一是品牌激活，即以公众阅读为切入点，多版本、多角度、多形态地盘活品牌资源，变资源的历史存量为现实的经营增量。二是品牌创新，不断优化品牌企业的产品结构，实现高、精、尖产品与大众化、普及化产品的有机结合。三是品牌连锁，以品牌单位为核心，开展跨地区、跨媒体、跨所有制和跨国经营。四是品牌兼并，以品牌企业为龙头，整合同类资源和渠道，以品牌影响力带动产业规模扩张。五是品牌营销，充分发挥品牌在市场竞争中的作用。六是在做响一批老字号、国字头、人字牌的基础上，做亮中国出版集团公司这个整体品牌。

3. 关于集团化战略

这是集团发展的主要动力和形成整体竞争力的资源和要素组织的重要方式。集团化的本质是整合，而整合的本质则是改革。没有改革就没有整合，就没有持续发展的动力，也谈不上集团的凝聚力和整体竞争力。我们要始终保持改革创新的精神状态，加大力度、加快进度，坚定不移推进集团化进程。一是深化体制改革，稳步推进企业化进程，建立符合文化企业特点的现代企业制度。二是推进机制创新，进一步完善企业的决策机制、用人机制、营销机制、投资机制、分配激励机制、财务管控机制。三是稳步推进以资金、资源、资产、业务为主的内部整合，把生产要素整合到强势生产力上，把出版资源整合到专业优势上。四是推进各子公司的专业化发展，进一步提升专业化竞争优势，强化专业领域特别是主业的核心竞争力。五是稳步推进规模化发展，谋求产业链整体竞争和产业生态圈竞争的新优势，谋求集团公司适度多元、规模扩张的新突破。六是建立健全集团化的管控模式，做强集团总部，做实上市公司，做活各子公司、分公司，形成既管到位，又放到位，既有分散的独立性、灵活性和竞争性，又有集中管控的资源整合能力、整体发展合力和风险防控能力。

4. 关于数字化战略

这是集团未来竞争的制高点，也是当下实现出版业态创新的主要突破口。数字出版正在对传统出版形成巨大冲击，也正在成为产业资金和产业资源的新的集聚方向。我们必须直面挑战、顺应潮流、抢占先机，掌握未来发展的主动权。一是研究制定集团数字化工作的中长期发展规划，理清思路、找准方向、明确重点、谋求突破。二是加强集团办公、财务、出版这“三大信息管理平台”建设，实现办公、出版、发行、进出口及财务等业务的全面数字化管理。三是加强数字出版资源总库、《大百科全书》（第三版）网络版、大佳网这“三项重点”建设，加强对出版资源的统一整理和加工，推进专业平台和网站集群建设。四是加强数字出版产品、数字服务产品、数字科技产品这“三类产品”开发，做好“中华字库”、“数字复合出版工程”、“电子书内容标准”等国家工程。五是提升门户媒介的宣传能力，开发多种形式的数字投送传播渠道，探索有效的商业运营模式和赢利模式。六是以数字化平台和数据库方式逐步实现中国图书进出口（集团）总公司进出口业务的数字化转型。

5. 关于国际化战略

这是集团作为国家队的历史责任，也是出版产业逐步发展扩张的必然走向。基于我们对未来国际出版交流趋势的总体判断，基于我们对扩大中华文化影响力所负的特殊责任，积极而稳健地实施国际化发展战略，势在必行。一是加强外向型产品线建设和版权输出能力，打造更多具有国际影响力的图书产品，扩大版权输出数量，提高版权输出质量。二是加大和海外知名出版机构合作出版力度，根据不同地区、不同文化圈的特点，策划更多的合作出版项目。三是提高外向型图书和外文版图书的国际市场适应能力，进一步加强实物出口的渠道建设，特别是加强借助国际网络渠道将内容产品推向海外市场的能力，逐步使集团公司的出版物进入国际主流社会。四是提高国际会展的策划能力和承办水平，做强集团公司在国际会展和翻译业务等领域的特色优势，形成新的品牌和经济增长点。五是推进海外机构股份化改造和本土化运营，探索兼并重组、资本合作等海外投资路径。六是加强组织和领导工作，建立既发挥单兵作战又强化统筹运作的“走出去”工作机制，努力构建具有国际化视野、熟悉国际惯例、知晓海外需求，具有境外运作能力的国际化人才队伍。

6. 关于人才强企战略

这是集团的核心战略，也是基础性战略。企业的一切问题、一切战略的根本在人，出版企业具有极强的创意特征，从这个角度讲，人才强企也可以说是第一战略。人才是企业的第一资源，是在战略方向确定之后，决定企业兴衰成败的关键所在。做好人才工作，是集团当前的头等大事、当务之急。一是加强人才培养机制，办好各类培训班次，重视岗位培训、平台培训和实践锻炼。二是创新人才选用机制，大力推行竞争性选拔方式，组织开展全集团范围内的竞争上岗。加强各级领导班子建设，加大中青年人才选拔力度，充实管理、专业、经营等各类人才后备力量。三是逐步形成人才交流机制，加大人才交流使用力度，在全集团范围内有计划、有步骤、有秩序地推动人才交流轮岗。四是创新人才评价机制，坚持以德为先、德才兼备的用人原则，强化重实际业绩和群众公认的评价导向，逐步建立符合实际、合理有效的人才评价指标体系。五是完善人才激励机制，逐步健全薪酬分配制度和各种激励机制，对作出突出贡献的优秀人才给予重奖。六是健全人才引进机制，通过公开招聘等多种方式，引进支撑数字化、国际化、产业化发展的各种专业人才。

同志们，“六大战略”是我们对党的十七届六中全会和中央领导同志一系列重要指示精神的学习心得，对当前经济社会发展形势和国内出版业状况的综合判断、对集团改革发展的历史经验和现实状况研究思考的集中概括，因而是我们当前和今后一个时期做好集团各方面工作的行动纲领。我们一定要深入贯彻落实党的十七届六中全会精神，始终牢记“国家队”使命和科学发展第一要务，始终把握我们的战略定位、战略目标和主体战略思路，始终保持改革创新、奋发有为、扎实进取、勤勉务实的精神状态和工作作风，在推进“三化目标”，推进社会主义文化大发展大繁荣的新征程中创造新业绩、作出新贡献，谱写中国出版集团公司改革发展的新篇章！

实施六大战略　加强六个建设 为打造现代化、大型化、国际化 出版传媒集团而努力奋斗

——在中国出版集团公司2012年度工作会议上的报告

中国出版集团公司总裁　谭　跃

2012年2月8日

同志们：

2012年工作会议的主要任务是，深入贯彻落实党的十七届六中全会及全国宣传部长会议、全国新闻出版工作会议精神，总结2011年工作，部署2012年工作，以高度的文化自觉和文化自信，全面组织实施集团“六大战略”，认真扎实推进今年“六个建设”，以改革发展的新成就迎接党的十八大胜利召开。

下面，我代表集团公司领导班子作工作报告。

一、过去一年的工作

2011年中国出版集团在中宣部、总署和财政部的领导、关心、支持下，按照年初的工作部署，团结奋斗，积极进取，圆满出色地完成了全年工作任务。

（一）优秀作品不断涌现，内容生产成效显著

一是唱响主旋律，进一步发挥“国家队”的示范作用。为庆祝中国共产党成立90周年，全集团共计策划出版重点图书100种，品种数量全国第一，其中《庆祝中国共产党成立90周年百种红色经典连环画》、《唱响中国——群众最喜爱的新创作歌曲36首集锦》等重点图书的出版消息，在中央电视台《新闻联播》和《焦点访谈》栏目多次播出。为纪念辛亥革命100周年，出版了收录102种图书的《中国文库·纪念辛亥革命100周年专辑》以及《1911》、《中华民国史》等60种重点图书。为纪念汶川灾后重建3周年和西藏和平解放60周年，出版了《羌山采风录》、《百年西藏——20世纪的人和事》，中宣部出版局专门为此采写了长达2 000字的内参资料。

二是连获七个第一，进一步强化“国家队”的出版地位。在国家“十二五”重点出版物出版规划中，有103项入选，比“十一五”增长32.05%，入选数据全国第一；在2011年国家出版基金项目、国家古籍出版项目资助评选中，有40项入选，入选数和资助金额居全国第一；在第二届中国出版政府奖评选中，获39个奖项，获奖总量居全国第一；在第八届茅盾文学奖评选中，《天行者》和《推拿》获奖，获奖数居全国第一；在新闻出版总署第三届“三个一百”原创图书出版工程评选中，15种图书入选，入选数居全国第一；在新闻出版总署2011年“农家书屋必备书目”遴选中，303种出版物入选，入选数居全国第一。

三是强化重点项目，进一步彰显“国家队”的品牌影响力。2011年，《中国大百科全书》（第三版）经国务院批准正式立项；《辞源》（第三版）、“汉译世界学术名著丛书”（2 000种）、点校本“二十四史”暨《清史稿》修订工程等重大工程取得阶段性成果；“茅盾文学奖系列图书”、“汉译世界学术名著丛书”（分科版）、《中华民国史》、《中国京剧百科全书》、“中国当代作曲家曲库”、《新华字典》（第11版）出版发行。集团公司13条一级产品线结构不断优化，文学、工具书、古籍、百科、音乐、成人绘本等产品线继续在全国大众细分市场名列第一。中小学《音乐》和《美术》教材的市场份额分别达

到80%和50%，《书法》教材在6个省份作为唯一版本使用。《走向辉煌》、《1911》、《古炉》、《姥姥语录》等列入畅销书排行榜。全年图书零售市场占有率为7.16%，动销品种近5万种，这两项指标均保持全国第一。

（二）经营管理逐步加强，股改上市进展顺利

一是主营业务效益显著提高。根据财务快报统计，2011年全年实现销售收入59.34亿元，同比增长17%，其中主营收入56.32亿元，同比增长17.51%；实现利润4.16亿元，同比增长38.8%；资产总额96.29亿元，同比增长17.87%；所有者权益36.87亿元，同比增长23.89%；资产负债率61.71%，同比下降1.86%。

从销售收入看，中国图书进出口（集团）总公司实现销售收入23.2亿元，同比增长11%；荣宝斋实现销售收入7.68亿元，同比增长91.62%；14家出版企业实现销售收入18.47亿元，同比增长12.44%。商务印书馆、世界图书出版公司、生活·读书·新知三联书店、人民文学出版社、中华书局、中国美术出版总社、人民音乐出版社、中国大百科全书出版社8家出版企业销售收入分别超亿元，其中商务印书馆增长5 122万元，人民音乐出版社增长5 070万元，生活·读书·新知三联书店增长3 318万元，增长额度在集团公司出版企业中名列前三位。在新办企业中，中版教材有限公司全年实现销售收入1.63亿元，同比增长31.16%；北京中版联印刷物资有限公司实现销售收入4.01亿元，同比增长22.68%。

集团所属27家子公司中有23家实现赢利，其中14家出版企业全部实现赢利。利润达到1 000万元以上的企业分别是：荣宝斋1.39亿元，中国图书进出口（集团）总公司7 700万元，商务印书馆7 648万元，人民音乐出版社4 171万元，生活·读书·新知三联书店3 316万元，中华书局2 520万元，人民文学出版社2 440万元，中版教材有限公司1 692万元。

二是基础设施建设稳步推进。以中国出版传媒创意中心为龙头的五大中心建设，得到中央领导和中宣部、北京市市委、中央文化企业国有资产监督管理领导小组办公室的高度重视和充分肯定，目前在北京市和西城区的关心支持下，项目进展顺利。占地340亩、建筑面积20万平方米、投资约10亿元的出版物流中心，前期工作基本就绪，将于4月上旬开工建设。与江西新华发行集团共同出资4.5亿元重组的股份公司即将注册。上海蓝桥创意产业园区工程全部竣工，商务印书馆、生活·读书·新知三联书店、人民音乐出版社、荣宝斋在沪新组建公司已入驻园区。

三是股改上市工作进展顺利。经过长期努力，2011年12月18日，召开了股份公司创立大会，12月28日，中国出版传媒股份有限公司正式揭牌。各有关单位严格按照时间节点和上市要求，完成了制定改制方案、专项资产审计评估、土地资产评估、三类人员精算、30家全民所有制企业改制等一系列艰巨繁重的任务。目前，上市之前的各项准备工作正在抓紧进行。与此同时，战略重组工作继续推进，商务印书馆、中华书局、生活·读书·新知三联书店、荣宝斋等单位跨地区发展取得进展。

（三）数字出版逐步展开，重点项目实施有序

一是集团公司承担的国家重大数字出版项目“中华字库”工程、“国家数字复合出版”工程、中国图书对外推广网（CBI网）、“电子书内容标准”项目等按计划稳步推进。全国出版物发行标准委员会秘书处协同行业内30多家出版发行集团共同制定了29项数字出版国家或行业标准，为行业发展作出贡献。

二是正式启动数字出版资源总库项目，8 696种图书、574期报刊完成入库工作，其中2 358种图书资源完成数字转换。大佳网上线以来，已经聚集了五千余部电子书、3.5万幅漫画在线可供阅读，点击量持续上升。中版集团数字传媒有限公司的“中国可供书目数据库”、中国大百科全书出版社的“百科全书自动标引及问答式知识服务”项目和《中国大百科全书》（1+2数据库版）、商务印书馆的“百种精品工具书”、中华书局的“《资治通鉴》知识分析系

统”和“中华经典古籍库”等项目以及一批基于集团公司出版资源开发的IPAD应用类产品都已上线运营，有的已经实现赢利。

（四）“走出去”工作日益加强，主要指标全国领先

一是版权输出498种，同比增长22.36%；引进和输出比为1.82：1，同比缩小逆差0.12。其中，荣宝斋、中国美术出版总社、商务印书馆分别输出68、57、41种，位列前三名。在第63届法兰克福国际书展上，集团公司以版权输出275种位居全国第一。全年海外机构共策划出版“中国主题”图书二百余种，创历史新高。在进出口业务方面，中国图书进出口（集团）总公司全年出版物进口17 116.16万美元，同比增长5.53%；出口1 006.03万美元，同比增长6.53%；此外，中华书局出口同比增长106.36%，荣宝斋出口实现零的突破。

二是53种图书获得“中国图书对外推广计划”翻译资助，资助金额增长50%。商务印书馆、中国对外翻译出版公司两个系列图书获得“中国文化著作翻译出版工程”资助，资助金额增长214%。6家单位9个项目获得“经典中国国际出版工程”资助，占全国20%，居全国第一。在商务部牵头组织的“2011年度文化出口支持资金申报工作”中，中国图书进出口（集团）总公司、中国对外翻译出版公司、中华书局因实物出口和服务出口（翻译服务和版权贸易）获得奖励总额增长233%。

三是中国图书进出口（集团）总公司圆满完成第18届北京国际图书博览会的承办工作，集团公司在第18届北京国际图书博览会上成功举办京港出版G2高层交流会、中日出版交流会等活动。策划组织了海峡两岸纪念辛亥革命100周年精品图书展、国际穆斯林出版机构版权贸易洽谈会。统一组团参加首届2011中国—东盟出版博览会、第43届开罗国际书展中国主宾国等20多个国际书展。首次设立独立展台参加第64届法兰克福国际书展。第23届香港书展销售增长61.54%。中国图书进出口（集团）总公司和中国对外翻译出版公司分别完成大学生运动会书报亭和口笔译项目。

（五）考核机制逐步健全，队伍建设得到强化

一是根据需要对14家所属单位领导班子进行了调整补充，任免干部47人次，在工作中加大民主推荐力度，谈话500多人次，发放民主推荐表、测评表1 200多份，广泛听取民意，保证了干部调整工作稳定有序进行。

二是先后组织以“日本出版企业的创新之路”和“内容创新与品牌经营”为主题的赴日及国内培训班，102名人才梯队成员参加培训。生活·读书·新知三联书店、人民音乐出版社、中国大百科全书出版社等单位组织了丰富多彩的专业培训。组织“高端人才引进与博士后招收培养工作”专题调研。选派3名年轻干部到新疆新闻出版系统挂职锻炼。人民文学出版社通过全员竞聘上岗，中层干部中“70后”占比例已经超过45%。

三是研究出台《三年任期双效考核补充规定》，初步解决了部分所属企业2011年的薪酬考核问题；完善考评方式，在中国美术出版总社、人民音乐出版社、东方出版中心、中国图书进出口（集团）总公司等4家单位进行了试点。关注普通员工的利益诉求，建立员工收入增长机制。集团公司2011年在岗员工平均工资约为8.4万元，同比增长7.6%。

（六）党群工作扎实开展，企业文化得到彰显

一是开展庆祝建党90周年系列活动。组织开展主题征文和党史知识答卷活动，举办了“颂歌献给党”歌咏比赛和书画邀请展，举办“老同志讲传统”讲座，评选表彰了一批先进基层党组织、优秀党员和优秀党务工作者，广大党员和员工“知党、爱党、兴党”意识普遍增强。

二是深入开展“创先争优”和“走基层、转作风、改文风”活动。按照“五个好”、“五带头”的要求，建立“党员承诺制”，集团“创先争优”活动的群众满意率达到99%。人民音乐出版社和中国图书进出口（集团）总公司图书文献部的经验，受到中直机关工作委员会肯

定。扎实开展“走基层、转作风、改文风”活动，领导班子带头深入基层一线，对23家子公司进行调研，集团组织召开了改革发展座谈会。《三联生活周刊》、《当代》、《中国图书商报》等抽调22名骨干记者组成3个记者团，分赴安徽、河北、山西等地的乡镇农村，采访报道了基层文化需求和民间文化创新情况。

三是积极推进企业文化建设。集团公司编辑印发了《中国出版集团公司企业文化手册》，认真宣传集团公司核心理念，各单位也积极探索建立各具特色的经营管理理念和企业价值观。人民文学出版社、中国美术出版总社成功举办60周年社庆活动；荣宝斋积极参加“两岸万名青年大交流主题联欢会活动”，受到中央领导同志的关怀和肯定；人民音乐出版社承办了2011年第二届中国出版政府奖颁奖典礼，得到新闻出版总署领导和业内同行的好评。

同志们，在全集团各级领导班子和广大干部员工的共同努力下，我们的改革发展各项工作取得了新成就，社会效益和经济效益获得了新丰收，为我国文化大发展大繁荣作出了新贡献，我们应当为此感到骄傲和自豪！在此，我代表集团公司领导班子，向在座各位所付出的智慧和辛劳表示深深的敬意！并通过你们，向全集团广大干部员工表示衷心的感谢！

在总结成绩的同时，我们也要清醒地看到：一是我们的品牌优势明显，影响力越来越大，但要更好地转化为市场和产业扩张的优势，仍然面临着新考验；二是我们的专业出版和大众出版优势突出，期刊众多，但要做开教育出版，更好地形成出版整体的规模效益转化为产业优势，仍然面临着新考验；三是我们的海外机构较多，但要逐步向企业化、市场化转型，增强效益，增强国际传播力，仍然面临着新考验；四是我们的数字出版有了较好基础，但要找到成功的运营和赢利模式，实现出版业态创新，仍然面临着新考验；五是我们的出版、艺术品、进出口和翻译等专业人才优势明显，但要适应集团产业发展，形成合理的人才结构，仍然面临着新考验；六是我们的转企改制已经完成，但进一步深化体制、机制改革，形成大而强的产业基础和规模，激发企业化、集团化的制度和资本的竞争优势，仍然面临着新考验。这六个新考验，是集团公司现阶段带有全局性、基础性和战略性的重大问题，需要我们沉下心来，认真研究，开拓进取，脚踏实地，攻坚克难，逐一逐步地、切实有效地加以破解。

二、形势分析和战略思考

形势分析至关重要。把握形势有两个关键，一是找准观察点，否则将眼花缭乱、纷繁无序，不得要领；二是察形以观势，通过已经发生的形，参透蕴藏其间的势，在形与势的联系中把握形势的本质。当前我们需要特别关注、研究和把握的，是以下五个观察点。

（一）全球化

这是由四五百年前欧洲几个岛国向外扩张所启动，随后由两次工业革命所推动，又被两次世界大战所阻断，再由二战以来商品跨国、市场跨国、资本跨国、产业跨国所催化，最后由数字网络技术加速度，从而成为不可逆转的全球性经济互通、文化互融、观念碰撞的世界潮流。这一潮流，浩浩荡荡，顺之则昌，逆之则亡。其中，展示了一出出民族的兴衰，演绎了一幕幕公司的神话。就国际出版业来看，其跨国并购的浪潮此起彼伏，持续不断。值得回味的是，作为出版大国强国的美国，在其排名前5位的大众出版商中，竟有3家为外国资本持有。贝塔斯曼通过并购兰登书屋，一举从欧洲跨入北美，成为世界最大的大众图书出版商。值得注意的是，在全球出版前50强中，已有$\frac{1}{3}$的公司在中国设立了各种形式的机构。美国《出版商周刊》公布的2010年全球出版业50强榜单中，培生集团、爱思唯尔等一大批出版巨头纷纷在中国进行了战略布局。2011年，培生集团以1.55亿美元收购了中国的环球天下教育，使培生集团在中国的业务范围由8个城市延展到60个。

在全球化近五百年的发展过程中，资本的逐利性是其基本动力，资本以商品、企业、金融等不同形式打通了不同民族、跨越了不同国度、联结了不同文化。可以说，古代社会以战争统一国家，现代社会以资本融合世界，这是我们时代的主题——“和平与发展”所决定的。正是在这个趋势中，中华民族看到了自己的战略机遇期，中国出版业也由此看到了自己的未来。

现实地看，整个世界的文化状况仍然是“西强我弱”，对中国文化的需求虽有明显增长但并不广泛，因此，出版“走出去”必须积极而审慎，国际化的路子必须要更多地研究“借船出海”、资本联合、项目合作的方式。要在合作中“结缘”，在合作中“借力”，在合作中积累经验，培养人才，逐步打开国际市场，形成文化传播和影响力。

但是，世界文化交流史告诉我们：在古代社会，文化主要是跟着战争走；到了近代，文化主要是跟着商品走；而到现代，文化则主要是跟着资本、资产走。随着中国经济的强势崛起，随着中国资本和产业的跨国扩张，中国文化“走出去”必将成为国际文化交流的大潮，中国现代化的独特性和中国文化的独特性必将成为国际社会关注的热点；对中国文化的了解，对中国思想的研究，对中国现代化的借鉴必将成为国际社会日益广泛的需求。这是我们出版“走出去”的底气所在，是我们对未来国际出版交流趋势的总体判断。

（二）城市化

城市化的推动力是工业化，城市化的本质是农民市民化、市民知识化。这个本质所揭示的是蕴含在这一潮流中的物质与精神的广泛需求。没有人能够测量七八亿农民跨越这一门槛后，其需求的广度与深度，因为在世界已有案例中，可以找到的只是数百万、数千万、最大两亿人口城市化的样本。可以测量的是，发达国家城市化历程一般在一二百年左右，所以经济学家们预测中国的城市化至少还得 30 年。30 年城市化的时间和七八亿农民所要求的城市化空间，这个广阔的时空，是在同一全球化背景下的中国和西方根本不同的观察点，也是中国出版业看清自己走向的一个须臾不可偏离的宏观背景。在这个背景中，教育的需求、阅读的需求、文化的需求被培育起来；在这个进程中，现代书业、内容产业、文化产业被催化起来；在这个阶段里，思想的创新、观念的变革、创意的冲动被激发出来。一句话，创作、创意、创新的活力在城市化中将会越来越生机勃勃，图书出版、内容生产、文化产业，可谓得其时、获其位，必将登上自己繁荣的舞台。

（三）产业化

全球化是看中华民族的世界背景，城市化是看中国出版的社会特征，产业化则是深入到出版业自身的走向。纵观中国书业，各种条件、各种力量正在酝酿着大变局。如果我们用眼睛看，可以看到外国机构的进入对出版格局的影响，看到民营资本的活跃对书业利润的挤压，看到各大集团的市场份额在竞争中的消长，看到数字出版对传统出版的挑战，等等。而当我们用脑子来看，则可以看到这一切背后的本质，是产业的规模化和市场的集中度。这一本质揭示了市场经济的内在要求，就是打破行政壁垒，消解计划模式，让生产要素在更大的范围流动起来，让出版资源在更广阔的空间整合起来，让图书市场在充分的竞争中统一起来。美国十大出版企业的市场占有率稳定在 70% 上下，英国八大出版企业的市场占有率稳定在 60% 左右，几家大型出版企业占据了主要出版市场，这是产业发展的自身规律。而在我国，31 家出版集团拥有全国 37.7% 的出版机构，但码洋占有率仅为 43.97%，动销品种占有率仅为 36.7%，产业集中度明显偏低。发达国家的出版业已经走完数轮国内整合的路程，中国出版业的国内整合则刚刚破题，即将步入兼并、重组、联合等多种形式的产业化的路程。市场整合的历史告诉我们，行政壁垒的破除离不开行政力量的推动，但市场最终还要靠资本的长剑来切割。目前，政策的导向已经十分鲜明，资本的长剑在一些集团也已经出炉。

但是，文化产业的本质是文化，而不是产业，出版企业的本质是内容创新，而不是经济增长。我们要把产业做大，但我们的战略眼光是把文化做强，我们要把企业做强，但我们的根本追求是把出版做优。在企业化、股份化、市场化的过程中，我们应该有这样的志向，就是要努力成为出版商，更要努力成为出版家。我们应该有这样的意识，就是出版产业集团的内核不是经济数字，而是一批好书，是一批能够传之久远的好书。我们应该有这样的追求，就是坚定不移地打造大型出版航母，但同时更要坚定不移地高举先进文化的旗帜，努力构筑出版高地，奋力搭建文化高峰。

文化企业的社会效益不能在产业化中弱化甚至消亡，而应该在产业化中强化进而放大。纵观世界范围的文化领域，意识形态的作用从来就没有因为产业化而消亡过。在产业化过程中，改变的不是意识形态、文化导向的作用，而是这一作用的表达方式。美国人的价值观，正是通过美式大片、网络动漫、商业畅销书等多种形式经常地艺术地大众化地表达出来，从而影响更加深广。客观地、历史地考察文化产业化的历程，我们发现，文化没有在产业化中消亡，而是在产业化中丰富了表达方式，贴近了欣赏需求，在艺术化和市场化中扩大了精神感染力和思想凝聚力；我们发现，在文化产业化中，文化是魂，产业是体，产业得文化而有魅力，文化也因产业而更具影响力。

（四）集团化

对于中国出版集团来说，集团化是一个长期的艰巨的复杂的难题。我们的行政捏合先于业务重组，资本联合慢于组织构造，分兵作战强于整体竞争，整体战略弱于局部战术，总之，各种资源尚处于集团化整合初始阶段的分散形态。非集团化无以应对产业化，产业化的竞争必然导致集团化。集团化的本质是什么，是整合，是资金、资源、人才、市场、业务、战略、文化等多领域、多环节、多层次、多角度的整合。整合的路径，一是内部重组，实现各种要素的合理配置；二是外部联合，实现目标资源的优势互补。在扑面而来的联合重组并购的浪潮中，一个集团只有在资产的置换中才能更加专业化，只有在资本的重组中才能更好地规模化和集约化。

据统计，从 20 世纪 60 年代到 2001 年，美国出版业共发生 1 000 多次并购，仅 20 世纪 90 年代到 2001 年间就发生了 600 多次并购。问题是重组为什么、兼并图什么？在人民文学出版社的“出版人书系”中，《我与兰登书屋》和《特立独行的企鹅》告诉我们，兰登书屋的崛起，是从收购《现代文库》开始的。企鹅出版集团和兰登书屋，影响其市场价值的核心要素，不是一时的市场表现和资产规模，而是拥有版权的数量和质量，这是西方市场并购重组中的最重要考量。在目前的产业转型期，内容资源成为传统出版商和新型出版商的竞争焦点。亚马逊公司和苹果公司强势介入出版产业，他们的主要关注点是内容资源。亚马逊公司不仅积极拓展电子书市场，绕开出版社直接签约作者，还加大投入收购图书版权，出版纸质图书。2012 年，亚马逊公司收购马歇尔 · 卡文迪什 450 多种少儿图书版权；在版权拍卖会上不惜以 85 万美元的高价拍下佩妮 · 马歇尔的回忆录，比第二位出价高出整整 10 万美元。目前为止，亚马逊公司已经形成 6 个独立的出版品牌，签约了大批知名作者。国际经验显示，内容资源始终都是产业竞争的核心，兼并的指向是专业化，专业化的目标是规模化、品牌化，最终落笔在市场的版图上。

在中国，正是因为集团化的推进，出版业在原有的产品、市场、人才、品牌竞争的同时，兴起了新的三大竞争，即资本、制度和数字化的竞争。欧美出版的历程告诉我们，在集团化的过程中，是资本的长剑在切割着资产与市场，是数字化的重炮在轰开未来出版的大门，是制度的盾牌在确保着企业的长治久安。

中国出版业的当代改革，正在演化着一个百年未遇的重大机遇，近 600 家的出版机构和数十家出版集团将会在未来十年内，由于行政力量、资本实力和市场因素的共同作用，实现大分化、大重组、大整合。目前，国内各主要出版集团，经过近十年的企业化和集团化改造，占据着区域市场，积聚了扩张能量，总体上呈现着大而不强、强中有弱、各具特长的状态。未来十年是见高下的十年，是重新划分市场的十年，也是大小分化、强弱分野、趋向于重组，最终落笔在联合的十年。这种联合，从微观层面看，是企业在利益驱动下生产要素的重新配置；从宏观层面看，是经济规律驱动的产业集中度和市场集中度的提升；而从历史的高度看，则是中国从出版大国走向出版强国的伟大历史潮流。

（五）数字化

数字化潮流正在迅速地并且是以加速度的方式席卷人类社会的各个领域。它从发达国家跨越到发展中国家，由科技领域拓展到工业制造以至整个商业社会。它不仅改变着人们获取信息的方式，也改变着人们阅读内容的方式，它不仅支撑着跨国公司的管理经营，也影响着人们的购物、娱乐、学习、生活甚至思维方式。手机、互联网等新兴媒体，冲击了报刊，震撼了广电，也形成了对传统出版的巨大压力。2000 年，畅销书《骑弹飞行》在网上独立出版，当天就被下载 40 万次，作者斯蒂芬·金随即与西蒙·舒斯特分手。这是黎明时的一个信号，是没有宣言书的一次挑战。这一标志性的事件，说明数字出版已经成为一个独立的存在，说明电子屏幕不再构成广泛阅读的障碍，说明传统出版已经面临数字出版的严峻挑战。

在国外，爱思唯尔和威科集团等一批出版大鳄，纷纷投入巨资，收购在某一技术领域具有领先专长的小公司，抢占数字出版先机，从而在相关数字化产品领域掌握绝对话语权。目前，美国有 76% 的出版商制造电子书，42% 的出版商销售的图书中电子书占到 76% 以上，超过两成的出版商收入来源中电子书占比超过 10%，正在或计划将实体书与电子书同步生产的出版商占 87%，更有 10% 的出版商生产电子书以取代实体书。数字出版已经成为产业资金和产业资源的集聚方向。2010 年，我国数字出版产业的整体规模已达 1 051 亿元，近几年总体上保持着 50% 以上的增速，发展速度十分惊人，规模逼近传统出版。毋庸置疑，数字化流程管理已越来越成为传统出版的重要支撑，数字化内容已越来越成为未来发展的战略储备，数字化出版也越来越成为出版业未来竞争的制高点。

但是，数字化改变的不是阅读本身，而是阅读方式；冲击的不是出版内容，而是出版形式；提升的不仅是图书生产发行的业态，更重要的是图书内容的传播方式。出版数字化的本质不是数字技术的引入，而是数字内容的整合。基础是流程数字化，核心是内容数字化，关键是商业传播方式的数字化。对传统出版业而言，这是严峻的挑战，更是内容创新的机遇，是艰难的转型，更是产业发展的空间。出版数字化的现实途径是内容提供与科技手段的结合，这是一次内容与技术的新的融合。在这一融合的过程中，技术服务商在寻找内容资源，内容提供商也在寻找技术平台。现实的经济的有效的方法是内容提供商与技术服务商在资本层面、业务层面、市场层面的融合。数字化的方向一定是市场化，出版人才与技术人才、营销人才的融合是出版数字化取得突破的关键因素。

综上所述，在出版业各种纷繁复杂的“形”的背后，贯穿着全球化、城市化、产业化、集团化、数字化这五股“势”，这是分析形势的观察点，也是形势中的本质。正是这五种趋势决定着中国出版业的总体走向。司马迁说得好，“无财作力，少有斗智，既饶争时”，中国出版集团发展到今天这样的规模，“争时”尤为重要，“争时”就是“争势”，就是抢抓机遇、敢夺机遇、善谋机遇。企业发展的历史告诉我们，往往把握了重大历史机遇，就可能赢得一个历史阶段。我们的正确选择必须是察形观势，顺势而为，乘势而进，争势而上。

立于五种趋势的产业背景下，身处群雄并起的竞争格局中，需要我们以科学发展观为统领，认真思考关于未来发展的若干重大问题。结合现阶段集团的实际，就是要坚持以发展为第一要务，坚持以人为本这个核心，坚持经济增长、内容创新、品牌创新、业态创新、人才和企业文化建设这些主要方面的全面协调可持续，坚持在工作方法上努力做到“六个统筹”：统筹出版、进出口和艺术品经营；统筹传统品牌和新创品牌；统筹传统出版与数字出版；统筹编印发供出版产业链；统筹内部整合与对外扩张；统筹国内竞争与海外拓展。要通过“六个统筹”，进一步拉开我们的产业格局，进一步增强集团的综合竞争力。在科学发展观的指导下，结合形势分析和集团特点，我们对未来发展的总体战略思考包括：

第一，未来长远的战略定位是，努力成为国际一流的出版传媒集团。

第二，今后十年的战略目标是，努力成为综合竞争力、文化影响力、国际传播力领先，在国内出版业导向示范作用和发展引领作用突出，国际影响力日益彰显的现代化、大型化、国际化出版传媒集团。

第三，“十二五”期间的主体战略是，内容创新战略、品牌经营战略、集团化战略、数字化战略、国际化战略、人才强企战略。

第四，产业发展的战略思路：一要坚持正确出版导向，坚持文化价值追求，坚持两个效益统一；二要明确聚焦书业，聚焦传媒，聚焦文化产业的投资方向；三要探索跨国、跨地区、跨媒体、跨行业、跨所有制的发展路径；四要打造资本运营、品牌影响和高端人才的竞争优势；五要形成体制创新、机制创新和组织创新的内生动力；六要构建结构调整型、投入拉动型、数字技术提升型的增长方式。

三、2012 年的主要任务

2012 年工作的总体要求是，深入贯彻落实中央和上级领导部门的一系列重要精神和部署，围绕“三化目标”，实施“六大战略”，加强“六个建设”，推进“十二五”规划，谋划长远，狠抓当年，突出重点，强化落实，为实现国际一流大型出版传媒集团的战略定位，不断夯实牢固的基础。

根据中央 2012 年工作稳中求进的总方针，结合集团实际发展状况，2012 年集团的主要经济指标是，力争销售收入增长 10%，力争利润总额增长 10%，力争销售收入早日跃上 80 亿元平台。

（一）大力加强出版主业建设

一是抓导向管理。内容生产是集团产业发展的主导和主体，是全集团工作的重中之重。出版工作必须始终以文化导向为灵魂，坚守大道正途；必须以市场导向为度量，坚持做大做强；必须充分发挥“国家队”的示范作用，把政治导向、文化导向和市场导向有机结合起来，实现社会效益和经济效益的统一。2012 年，要以为党的十八大的召开营造良好舆论环境为中心，加强选题把关力度，严格执行选题论证、重大选题备案、书号实名申领、出版物编校质量检查，尤其是要落实好“三审制”，社长、总编要切实成为导向正确、内容健康的“把关人”。在双效考核中坚持导向问题一票否决制。

二是抓重大工程。要围绕中心、服务大局，唱响主旋律，打好主动仗。以组织出版“中国发展道路丛书”、“中国复兴之路丛书”、“中国文化丛书”为契机，组织好一系列以社会主义核心价值体系为重点的重大主题出版工程，组织好《中国大百科全书》（第三版）等一批具有重大文化积累和文化创新价值的出版工程，组织好点校本“二十四史”暨《清史稿》修订工程首批图书的营销工作。做好“五个一工程”奖、国家出版基金等国家级项目的参评、申报工作。

三是抓内容创新。充分发挥现有资源优势，加大内容创新力度。每家出版社每年至少应该出版一本有影响的图书，三年出版一本有重大影响的图书，五年出版一本扛鼎之作、压卷之作。要设立“原创著作出版基金”，鼓励各社成立专门的内容创新工作室、项目组，集团对创新产品择优予以资金扶持。上半年出台《中国出版集团内容创新奖励制度》，对获得国家级奖励、入围国家级目录、得到国家级资助的出版社予以奖励，对策划出版优秀畅销书和“走出去”产品的项目负责人予以重奖。要积极筹备召开全集团内容创新大会，以内容创新为抓手，全面推进出版社生产决策机制、管理机制、市场营销机制的创新。

四是抓结构调整。在保持各社出版特色和出版传统的前提下，推动、加强各社出版工作的专业化，在出版内容的选择上坚持格调、强调择优、善于扶重、敢于取舍，不断增强在细分领域的出版竞争力。上半年出台集团图书产品线第三版规划，进一步加强出版业务的统筹协调能力，进一步明确各社出版主营业务方向，完善产品线建设评估机制，争取更多的一级产品线排名全国第一。

要进一步做精专业出版、做强大众出版、做开教育出版。目前，全集团中小学教材年销售收入3.5亿元，约占集团出版业务收入的$\frac{1}{5}$；年利润7 000万元，约占集团出版业务利润的$\frac{1}{4}$；年销售码洋12亿元，仅占全国市场的6%左右。要高度关注最近国家教材教辅“新政”中的潜在商机，人民音乐出版社和中国美术出版总社要保持既有竞争优势，积极研发配套产品，不断提高利润率；中版教材有限公司要并购新的教材品种，加大自主研发力度，打造知名教材出版机构；现代教育出版社要积极吸纳民营机构，广泛开展合作，用好出版资质，尽快在教材出版上取得重大突破。

五是抓品牌建设。要充分挖掘品牌潜力，激活内部机制，激发创新活力，在现有品牌影响力的基础上，进一步增强品牌的市场竞争力和扩张力。推进副牌社、报刊社实体化进程，年内物色1～2家进行试点。鼓励各社跨地区发展，年内设立京外分社1～2家。支持各单位选择生产能力强、出版资源优、业内信誉好的民营机构开展合作，年内选择1～2家合作企业进行经验总结和成效评估。鼓励各社通过兼并重组等方式，积极吸纳优质资源，扩大品牌影响。2012年是中华书局成立100周年、生活·读书·新知三联书店成立80周年，要把庆典活动上升到国家重大文化活动的层面，集中力量，认真办好。

六是抓市场营销。以集团层面的“双推计划”和各社重点出版物营销为抓手，做好常规营销；与国家公共文化体系建设相结合，积极参与农家书屋、社区文化站等各项工程，做好项目营销；与国家重大活动、社会热点相结合，做好跟踪营销。鼓励各社加强营销团队建设、营销体系创新，通过营销能力建设，带动出版实力整体上升。国内零售市场占有率要在年内争取突破8%，出版业务收入争取达到22亿元，增长速度高于集团公司平均水平。

（二）大力加强集团化建设

一是着力推进体制机制改革。进一步建立符合文化企业特点的现代企业制度，完善公司法人治理结构，完善企业决策、用工、营销、分配和财务管控机制。完成股份公司部门设置、定岗定员，力争股份公司尽早、健康运行，为年内上市作好充分准备。

二是着力健全管控模式。首先，要做强集团总部。要对重大战略、投资、项目、资产、资源和重要的管理干部、专业人才高度集中，统一管理，形成总部战略层面的统筹力、重大问题的控制力和新兴产业的投资力。要高度重视集团总部建设。集团总部建设的重心是做大产业投资，做好资本运作，做强全局统筹，重点是提高领导水平、管理水平、服务水平。其次，要做实上市公司。要增强其对上市资产、业务、资金、经营和管理的统筹运营能力，努力成为符合现代企业制度的社会公众公司，实现在文化上市企业中的领先地位。再次，要做活经营单位。坚持对各类各级生产经营主体放开放活，增强法人单位在生产经营领域的充分有效的自主权，分清集团总部、上市公司本部与经营单位的管理边界、权限边际和职责范围，使经营单位肩上有责，手中有权，释放活力和竞争力，发挥主动性和积极性。要特别重视商务印书馆、中华书局、生活·读书·新知三联书店、中国图书进出口（集团）总公司、荣宝斋、人民文学出版社、人民音乐出版社、中国美术出版总社、中国大百科全书出版社、中国对外翻译出版公司和《中国图书商报》等品牌单位建设，进一步加强研究做强、做大、做出更大影响力和品牌扩张力的思路、项目和举措，注意将集团的重要资源和生产要素配置到优质生产力上。

三是着力夯实产业基础。要按照中央领导的要求，敢于设想、积极争取、克服困难、善于谋划，努力推进中国出版传媒创意中心、中国数码印务中心、中国数字出版研发中心、中国艺术品交易中心、中国发行物流中心等“五个中心”的建设，为集团“十二五”的发展夯实产业基础。加强中国出版蓝桥创意产业园工程验收和决算审计工作，加强驻园企业的经营管理，努力使其成为集团发展的助推器。推进美术、文学办公楼等建设项目。

积极探索兼并重组的发展路径，对重要资源、重要市场、重要团队、重要品牌等重组项目，要积极争取，力求成功。要重视重组质量，加强风险防控。要通过“五跨”延伸产业链，推进专业化基础上的适度多元，构建集团产业链竞争和规模化发展新优势。集团内各子公司要坚持专业化方向，通过内部裂变和外部扩张提升专业化竞争优势，增强专业化的核心竞争力。

四是着力加强经营管理。配合新的三年任期考核，完善财务预算管理，细化任期和年度经营业绩考评指标体系；加强投资管理力度，严格控制高风险投资项目；做好资金集中管理的制度建设、平台建设、网银合作等工作；加强财务监督，通过法定代表人离任经济责任审计、财务决算审计及内部审计、建立财务信息平台、委派财务总监等办法，切实加强经营管理，防范和控制风险。

五是着力推进内部整合。大力推进以资金、资源、资产、业务为主的内部整合，把生产要素整合到优势生产力上，把出版资源整合到专业优势上，实现各种要素的合理配置和集约化经营，促进集团整体利益最大化，增强集团整体竞争力。新华联合发行有限公司要在加快物流基地建设的同时，提前规划安排好今后的经营工作；北京中版联印刷物资有限公司纸张供应要在价格、时间、质量、服务上体现专业优势，确保整合有利于增强出版竞争力，各出版单位要在纸张供应结算、使用方面严格执行合同；中版教材有限公司要积极开发新的教材资源，加强对原有教材和市场营销的开发力度；印务资源和数字内容资源要按照集团统一要求，探索整合模式。

（三）大力加强数字化建设

一是加强发展规划研究。适时召开数字化建设工作座谈会，进一步理清思路、明确路径、突出重点、分解任务、完善举措。在调查研究基础上，制定下发集团数字化工作的中长期发展规划。集团要进一步加强对数字出版的管理和指导；各单位领导尤其是一把手要充分重视数字化工作，加强学习和研究，积极推进，务求实效。

二是加强三大平台建设。要加大集团办公管理平台、财务管理信息平台、出版管理信息平台的推进力度，确保年内完成。各单位要及时全面准确地提供各种业务数据和财务数据。集团将制定相应的管理办法，确保项目顺利实施，落实到位。

三是加强三项重点建设。第一，数字出版资源总库建设，要通过对出版资源的统一整理和加工，形成统一的数字化存储结构，建立总部和各单位两级存储模式。集团要制定切实可行的办法，协助各单位建立数字资源存储分库；各单位要高度重视资源的上缴工作，专人负责，确保及时完整报送。

第二，《中国大百科全书》（第三版）网络版建设，2012 年要完成有关标准和数字化编纂平台的建设，为网络版的发布和纸版书的出版打下良好的基础。

第三，大佳网的建设，要为各出版单位提供“数字在线编辑系统”。要强化电子商务功能。要加大内容资源建设力度，争取可上线图书增加 5 万册，免费试读内容增加 2 万册，录制有声图书 2 000 部。要提升门户媒介的宣传能力，探索运营模式和赢利模式，努力成为有内容支撑、有传播渠道、有落地方式、有支付手段、有国内外影响的内容推送平台。

四是加强三类产品开发。第一，在数字出版产品方面，有关单位要加大工具书、中国大百科全书出版社、人民音乐出版社、中国美术出版总社等资源的开发力度，形成有竞争力、有影响力的数字品牌产品；其他单位也要结合各自的出版业务，积极开发电子图书、手机读物、有声读物等数字出版产品。

第二，在数字服务产品方面，中国图书进出口（集团）总公司要进一步研究数字转型问题，在原有“中图链接服务”和“海外图书采选系统”的基础上，抓紧开展“中图书苑”数字化业务平台的建设。

第三，在数字科技产品方面，重点抓好

"中版闪印王"的生产和营销工作，完成集团确定的20台销售指标。

五是加强国家工程推进。集团承担的"中华字库"要按计划如期开展；"数字复合出版工程"要抓紧制定有关工作方案；"电子书内容标准"项目，要做好"数字版权保护"子项目的牵头工作；集团承担的"全国出版物发行标准委员会秘书处"工作要继续做好做实。

（四）大力加强国际传播能力建设

一是强化领导和工作机制。一季度成立集团"走出去"工作小组，由集团领导、有关单位、相关部门和部分外籍专家共同参加，研究制定"走出去"战略和重大项目，增强对"走出去"工作的规划、统筹和指导。

二是强化版权输出领先地位。2012年年内完善各单位版权贸易机构建设，版权输出工作基本实现"工作日常化、人员专业化、机构实体化"，强化外向型选题策划，将国际书展作为培养版权专业人员的重要平台，各单位要优先保证版权专业人员参加国际书展，积极与知名版权中介机构建立战略合作关系。争取版权输出同比增长20%以上。

三是强化中国图书进出口（集团）总公司主力军作用。中国图书进出口（集团）总公司要在做好内容审查、捍卫国家文化安全的前提下，积极应对出版数字化挑战，认真研究、及时调整进口产品结构和服务模式，不断开拓新渠道、新市场，培育新的经济增长点。要尽快适应国内竞争不断加剧、国际需求发生变化等新局面，不断加大产品出口力度。要认真承办好第41届伦敦国际书展中国主宾国活动、第19届北京国际图书博览会及海外书展的参展工作，加快会展业务的拓展，充分发挥会展对进出口业务的积极带动效应。要集中全力，保持在进出口领域的领先优势，不断提升国际影响力，打造国际知名品牌，实现经济效益和社会效益的双丰收。

四是强化国际战略合作。在出版发行、翻译、会展、艺术品经营等方面，加强与相关国际知名机构的项目和业务合作，2012年年内与1～2家机构签署战略合作协议，通过战略合作进入国际主流市场。在对现有海外机构进行梳理、评估的基础上，在南美、南亚、东南亚、南部非洲等地，选择1～2家机构进行资本合作。

五是强化运作和服务能力。组织策划大型外向型项目，积极争取各项政策和资金支持，借助"经典中国国际出版工程"、"中国图书对外推广计划"等政府资助项目，大力推动产品"走出去"。组织好2012伦敦书展、第64届法兰克福国际书展、第19届北京国际图书博览会、第23届香港书展、海峡两岸图书交易会等五大书展的参展工作，提高国际交流的深度和广度。

（五）大力加强队伍建设

一是加强各级领导班子建设。要确立为"六大战略"点将，为"三化目标"选人的指导思想，把出以公心、大胆管理，有激情、敢担当，想做事、能做事、能成事的干部选拔配备到关键岗位上。要坚持德才兼备、以德为先的用人标准，坚持公开公平公正的选人方法，注重德才、业绩、党性，选准用好干部。2012年年内着力做好有关单位领导班子的调整充实工作。领导班子要加强政治理论和经营管理等方面知识的学习，不断提高领导干部的素质和能力。改进领导班子考核工作，加强德能勤绩廉的全面考核，做好对干部的日常管理，建立健全干部诫勉谈话制度。科学设置集团总部和股份公司的组织机构和岗位职能，做好人员配备工作。

二是加强后备干部队伍建设。召开人才工作大会，制定中长期人才发展规划，搭建引进、招聘紧缺人才的工作平台。通过公开竞争方式选拔一大批后备干部，建立集团百人后备干部库，加强后备干部的教育和培养。改进和加强新进人员考试录用工作，提高这项工作的科学化、规范化水平。

三是加强干部培训工作。干部培训要立足自身，努力办好新任职领导干部、中青年干部、人才梯队和新员工等4个主体培训班次，做出特色，做出实效。要利用高校和社会培训机构的资源，结合集团工作重点开设专题培训班次，努力提升培训效果。根据中央部委的学员选调要求，准确把握集团需求、岗位需求和干部成长需要，做好学员选调工作。

四是加强干部交流工作。建立干部交流激励机制，形成上下左右、纵向横向科学合理的干部交流模式。围绕集团内财务、人事等关键岗位，加大干部交流力度。建立干部交流管理平台，鼓励用人单位和干部进行双向选择。

五是加强分配制度改革。完善企业负责人“双效”业绩考核办法和薪酬决定机制，启动企业负责人第二轮三年任期考核。研究出台工资总额管理办法，加强全集团人工成本的管理。研究制定《集团公司收入分配制度改革指导意见》，推动各企业建立健全现代企业薪酬福利制度，做好企业年金工作。坚持绩效导向原则，处理好效率与公平的关系，形成激励到位、保障有力的激励机制。同时注重分配向低收入人群倾斜，关注和解决好困难群体的实际问题。

六是加强老干部工作。按照中央要求，落实好老干部的政治待遇和生活待遇。加强老干部工作队伍建设，明确归口管理部门，认真研究解决转企改制后离退休人员的保障工作。

（六）大力加强企业文化建设

一是把加强党的建设作为企业文化建设的核心。2012 年要认真做好党的十八大代表候选人的推荐工作和中直机关党代表的选举工作。组织开展“为党的十八大作贡献”主题实践活动，建立完善学习型党组织建设的考核评价机制。继续开展“我是党员我带头”活动，建立完善“党员承诺制”，建立“创先争优、为民服务”党员联系点，完善“创先争优”领导点评和群众评议制度，建立“创先争优”长效机制。以纪念“七一”为契机，召开“创先争优”活动和“学习型党组织建设”活动总结表彰大会。

二是把加强和改进思想政治工作作为企业文化建设的关键。各级领导要切实加强对思想政治工作的领导，做好解疑释惑、理顺情绪、化解矛盾工作，旗帜鲜明地反对歪风邪气，确保企业风清气正、和谐稳定。要及时研究职工思想状况和合理利益诉求，尊重人、理解人、关心人、教育人、造就人，把思想政治工作与解决实际问题结合起来。要创新企业文化，发挥凝聚人心和动员力量的特殊作用。围绕集团改革发展创新的主题，办好“香山论坛”。围绕集团成立十周年，开展“新十年、新征程，新发展、新高峰”的主题大讨论，不断地明确发展方向、统一集团意志、凝聚各方力量、激发创造活力。

三是把加强领导干部廉洁从业工作作为企业文化建设的重点。贯彻中纪委十七届七次全会精神，在各级领导干部中加强党的政治纪律教育，加强党的先进性和纯洁性教育。贯彻《国有企业领导人员廉洁从业若干规定》，强化党员领导干部廉洁自律意识。开展廉洁文化建设，继续开展“正作风、做表率、促发展”活动。加强反腐倡廉制度建设，对企业经营的各个环节进行廉洁从业风险排查和评估，提出防控措施，从源头上治理和预防腐败。要建立完善党务公开制度，落实党员对党内事务的知情权、参与权、选举权和监督权。

四是把加强群团组织工作作为企业文化建设的主体。要建立集团层面的职工代表大会制度，规范各单位职工代表大会的工作程序，建立职工代表提案、办理及通报制度，提高职工代表大会的工作质量。把深化“职工之家”建设与动员职工参与“创先争优、建功立业”活动结合起来，开展“以人为本、真情关爱”和“送温暖”活动，提高工会组织的影响力和凝聚力。充分发挥共青团组织组织青年、引导青年、服务青年、维护青年合法权益的重要职能，更好地为青年服务。以纪念“五四”运动为契机，开展各类活动，引导青年为集团发展凝心聚力，把自身成长与集团发展紧密联系起来，在为发展作贡献的过程中成长成才。

同志们，根据党的十七届六中全会精神以及全国宣传部长会议和新闻出版工作会议的要求，在广泛调研讨论和集团“十二五”规划的基础上，中国出版集团未来发展的战略定位、“三化目标”、战略思路，“六大战略”和 2012 年“六个建设”的主要任务已进一步明确。安排落实好 2012 年的工作任务，要坚持解放思想、转变观念的创新精神，坚持稳中求进、不骄不躁的发展心态，坚持知己知彼、扬长补短的竞争意识，坚持百折不挠、认真勤勉的工作作风。我们相信，只要各级领导干部全神贯注、脚踏实地，咬定目标、狠抓落实，沉下心来、多办实务，团结奋斗、苦干实干，不图虚名、但求实效，中国出版集团就一定能够积跬步以达高峰，聚众智终成大业，为出版强国和文化强国的宏伟目标，履行“国家队”应尽的责任，作出更大的贡献！

在中国出版集团公司 2012 年度工作会议上的总结讲话

中国出版集团公司党组书记　王　涛

2012 年 2 月 9 日

同志们，2012 年的工作会议，是在集团公司改革发展处于关键时期召开的一次重要会议。党的十七届六中全会提出了建设文化强国的历史性任务，全国宣传部长会议、新闻出版局长会议对推动社会主义文化大发展大繁荣作出了全面部署，迎接十八大、宣传十八大、贯彻十八大的任务光荣而艰巨。集团公司已经成立十年了，新十年，新征程，有许多新问题需要正视，新难题需要破解，新挑战需要应对。在这种历史条件下，集中全集团干部职工的智慧，认真谋划好今年的工作和今后十年的发展，有着与往年不同的要求与战略意义。中央宣传部、新闻出版总署、中央文化企业国有资产监督管理领导小组办公室对我们这次会议非常重视，蔡名照部长、邬书林署长到会并作了十分重要的讲话，既肯定了集团公司成立十年来改革发展取得的新进展、新成绩，也提出了新的更高要求。通过他们的重要讲话，我们对中央文化发展，对新闻出版业发展的总体思路和全面部署有了深入把握。刚才 4 个小组召集人的汇报和 5 位同志的典型发言，从不同的侧面反映了这次会议生动活泼、群情激奋的氛围，也表达了集团公司广大干部员工对历史使命的新认识和新承担。

蔡名照部长作了十分重要的讲话，他既肯定了集团公司十年来改革发展取得的成绩，又提出了新的要求，特别是对 2012 年的工作提出了 5 项要求。他要求我们紧紧围绕迎接、宣传、贯彻党的十八大精心做好主题出版和主题宣传；要深化体制改革，提高集团经营管理能力；积极拓展海外市场，提高国际传播能力；加快出版业态转型，提高数字化发展能力；加强出版队伍素质建设，提高队伍的凝聚力创造力。蔡名照部长的讲话既是政治要求，也是业务部署，希望各级领导班子认真学习讨论，结合工作实际认真贯彻落实到各项工作中去。

邬书林署长在讲话中要求我们在新的历史起点上要更有责任感和使命感，在建设文化强国的进程中找准自己的位置，更加自觉地发挥“国家队”的中坚作用，思考改革发展问题时要有国家意识和国家标准，在国家文化发展的大战略中找到工作的着力点，在新一轮集团化建设中上层次、上水平。这些要求，对加强和改进集团公司的各项工作，有着很强的针对性和指导意义，我们要很好地学习领会，深入贯彻落实。

在昨天的会议上，谭跃代表领导班子作了一个立意高远、逼人深思、催人奋进的工作报告。在昨天下午的讨论中，大家普遍反映，工作报告主题新、视角新、思考深、措施实。报告对 2011 年工作的总结，凝聚人心，提振士气；形势分析和战略思考，视野开阔，入理入心；2012 年的工作安排，慎密周详，具体可行。报告在总结集团公司十年发展的基础上，展望未来十年发展，提出努力成为国际一流的出版传媒集团的长远战略目标，努力成为现代化、大型化、国际化出版传媒集团的十年目标以及内容创新、品牌经营、集团化、数字化、国际化、人才强企等六大主体战略。这是集团公司领导班子在谭跃的带领下，在广泛调研的基础上，集全集团干部员工智慧、思想认识形成的新共识，达到的新高度。“三化目标”和“六大战略”得到了蔡名照部长和邬书林署长的充分肯定。

各级领导班子要向全体干部职工进行认真的传达并展开深入讨论，使之了解“三化目标”和“六大战略”提出的历史背景和历史条件，把握“三化目标”和“六大战略”的具体内涵，并根据“三化目标”和“六大战略”来调整和改进我们的工作思路和工作措施。我们要把全集团公司干部职工的关于改革发展的思想统一到“三化目标”和“六大战略”上来，使广大干部职工了解之，熟悉之，认同之，实践之，遵循之，长期坚持下去，不变调，不走调，不犹豫，不游移，“咬定青山不放松”，表现出更加的文化自信、文化自省和文化自觉。在实践“三化目标”和“六大战略”以及“六个建设”工作中，要特别强调党的建设和企业文化建设，谭跃在报告中指出，“各级领导要切实加强对思想政治工作的领导，做好解疑释惑、理顺情绪、化解矛盾工作，旗帜鲜明的反对歪风邪气”，在实际工作中，要紧紧围绕改革发展的主线，凝神聚气，一心一意谋发展，确保中国出版集团风清气正，和谐稳定。

只要我们认真按照领导同志提出的要求，坚持做下去、扎实做下去，中国出版集团公司的面貌一定会发生新的更大变化，一定能够在建设文化强国的征程中找准自己的定位，发挥应有的作用，中国出版集团公司的明天一定会如这次会议已经传达出来的强烈信息所蕴含的那样，必将更加充满希望。

努力将数字化战略
化为实招、落在实处、取得实效

中国出版集团公司总裁　谭　跃

2012 年 8 月 23 日

同志们：

2012 年的年度工作会正式将数字化列入集团发展的六大战略，这表明集团公司将数字出版工作放到了更加重要的战略位置，也表明数字化工作在集团整体工作中越来越具有基础性、长期性和全局性，表明中国出版集团公司对数字化的高度自觉并感到了十分紧迫。

我们先后组织了不同类型、不同层次、综合性和专题性的多种调研会、座谈会、研讨会和论证会，深入了解情况，广泛听取意见和建议，也比较深入地论证了多种方案。经过几个月的紧张工作，形成了《中国出版集团公司数字出版发展规划（征求意见稿）》，在某种意义上可说是前一段系列工作的小结，是大家智慧的结晶。综合大家的思考成果，我讲三个问题。

一、在分析案例中把握成功要素

数字出版的国内外现象纷繁缭乱，可谓仁者见仁，莫衷一是。总结起来，一是怎么看的争论，二是怎么办的犹豫。至于怎么看，结论是数字化乃大势所趋，是客观存在，是客观的、必然的，不可逆转且不断奔腾向前的全球化大趋势。现在的问题是怎么办？我们的基本思路是格物致知，实事求是。我们的基本方法是研究典型案例，找到成功要素；分析自身优势，找准基本定位，从而明确思路和任务。

抓住典型案例其实就抓住了数字出版的基本格局，就抓住了它的基本趋势，也就抓住了发展思路。

现在来看几个案例：

一是亚马逊公司。亚马逊公司作为美国电子

书行业的主导者，主要扮演的是零售商的角色。它采取内容＋平台＋终端的运营模式，集聚了包括美国各出版集团出版的2 600多万种畅销书和常销书的内容，构成了一个完整的电子书运营的网络销售渠道。2011年，亚马逊公司几乎占据了电子阅读器市场的垄断地位，其电子书的销售额已经超过了纸质书，成为读者购书的首选渠道。

亚马逊公司模式成功的秘诀就在于："三个自主"，即自主平台、自主定价和自主运营；两个体系，即高效的配送体系、完备的支付体系；两个"海量"，即海量内容和海量客户群体。

二是苹果公司。苹果公司本身不做内容，他首先利用终端设备迅速占领读者市场，再通过打造开放的运营平台，采取软件分成销售的模式，迅速吸引了众多出版商在其平台上投放电子图书和打造自己的移动书城，通过共同分享收益，达到共建、共赢，这种方式帮助苹果公司从中获取的收益超过数十亿美元。2012年，苹果公司电子书的市场份额已达到10%至15%，发展势头十分迅猛。

苹果公司模式的成功秘诀显然不同于亚马逊公司，它表现在：第一，自主研发性能优异的终端设备；第二，成熟的开放性运营平台；第三，技术储备雄厚，科技创新走在世界前列。

三是谷歌公司。谷歌公司本身不生产价值，他只是建构了一个具有上千万册图书的数字图书馆，通过其强大的搜索引擎把客户最需要的内容送到客户手中，客户可以非常便捷地搜索到想要的图书。谷歌公司在与出版商的合作中，只提取10%的分成，90%的收入归出版商，这使其在与苹果公司等争夺内容资源方面具备了一定的优势。与直接从数字出版内容上获取收益的模式不同，谷歌公司数字图书馆基本采取免费模式，通过强大的服务手段吸引用户数量，依靠其广告获得巨额收入。

谷歌公司开拓出又一条成功之道：一是海量的内容资源存储；二是强大的搜索引擎；三是强大的增值服务能力。

四是施普林格科技图书出版集团。施普林格科技图书出版集团牢牢把自身定位在科学、技术、医学等专业出版领域，通过"在线优先出版"的概念，把所有出版的期刊、图书的内容都进行结构化，并且对二者进行了有机链接，形成了集中的大型数据库，通过其数字出版平台进行服务，实现了大规模的专业内容大规模的使用，这成为其数字出版实现赢利的关键。其全文下载量平均每年以100%的速度在增加。目前，其收益已经占到总收入75%以上。

施普林格科技图书出版集团的成功在于：第一，专业化的海量内容；第二，经过深度加工碎片化了的专业数据库；第三，专业客户群的高认同度。

五是中国电信天翼阅读。中国电信天翼阅读由浙江电信负责建设，打造了一个能支持600万人同时在线阅读、容量达100万册图书的综合性阅读平台。平台于2010年9月在杭州上线运营，2011年5月对全部移动网络用户开放，用户可随时随地利用手机等移动设备便捷地实现网络阅读。中国电信天翼阅读采取合作方自主定价的方式，收益按照45%属于合作伙伴方、55%属于电信方的分成比例，至今已和160多家出版机构进行合作。据统计，天翼阅读平台上的产品价格区间在1至8元之间，其中2至5元居多。2011年信息费收入超过1.5亿元，预计2013年突破盈亏平衡点，实现赢利。

天翼阅读的成功差不多是手机阅读成功模式的缩影，它的特色就在于：第一，强大的电信网络渠道的支撑；第二，便捷的支付方式；第三，低价位的营销策略。

六是盛大文学。盛大文学通过大量融资收购了起点中文、晋江文学、红袖添香等众多文学原创网站，吸引了众多网络写手，拥有海量原创网络文学作品和以青少年为主的庞大读者群体，目前已占据中国网络文学80%以上的市场份额。盛大文学原创作品中以玄幻、穿越、鬼怪、言情为主，品质通常不高，不能够占据主流读者阅读市场。基于此，2010年年底盛大文学开始转型建设"云中书城"，它采取"店中店"模式，通过云中书城开放平台，所有出版单位均可自主经营。同时，推出低价格的“锦书”电子书阅读器，依靠终端宣传、内容赚钱的策略，目前取得了一定的市场优势，其发展前景还有待进一步观察。

盛大文学的典型特点一是独特的在线出版模式；二是通过集团化经营，多渠道融资获得强大的资本支撑；三是逐步呈现多元化出版发展态势。

七是当当网。当当网基本在复制亚马逊公司的经营模式，也是在占据了纸介书零售市场的领先地位和部分话语权后，开始进入数字出版领域。2011 年 12 月当当网正式推出拥有 5 万册电子书的数字图书馆，随后逐步扩充电子书的内容资源，目前已拥有 10 万册左右的电子书，定价基本为纸介的 30% 左右，采用与出版商四六分成方式。就目前情况看，尽管其利用纸介图书销售的强势地位，拥有获取电子书内容相对容易的优势，但由于内容质量的参差不齐，侵权事件时有发生，一些品牌出版社与之合作率较低，这些都影响了当当网电子书销售的增长。

当当网的数字化转型是否成功，目前还难以定论，但其依靠纸介图书销售的强势地位换取进入电子书经营领域和拥有较好的品牌知名度的特点还是值得注意的。

八是汉王科技股份有限公司。2008 年，汉王科技股份有限公司成为中国首先推出电子书的企业，开始进入数字出版市场。最初，汉王科技股份有限公司采取预装公版电子书的形式销售电子书阅读器，后由于电子书市场竞争加剧，2009 年，汉王科技股份有限公司开始打造电子书城，实行以终端带动内容消费的经营思路，采取 80% 的利润归出版社，20% 留给汉王科技股份有限公司的“二八”分账模式吸引出版商的合作。此举固然吸引了一些出版社和民营工作室的出版内容，但由于与大型出版单位的合作很少，内容缺乏唯一性，加之跟风而上的电子书盗版现象严重，导致其市场占有一直不理想。2010 年汉王科技股份有限公司的营业总收入同比下降了约 57%，净亏损 4.97 亿元。

汉王科技股份有限公司值得引起我们警惕的，一是资源既内容相对匮乏，又缺乏特色；二是技术缺乏核心竞争力且结构相对单一。

归结以上案例，成功的数字出版企业都离不开 6 个关键要素：即一，优质、海量的内容，如亚马逊公司；二，科技创新，如苹果公司；三，资本，上述企业无一不是上市公司，具有突出的融资能力；四，组织架构的集团化，如中国电信；五，特色运营，如上述公司的运营特色各不相同；六，人才，如乔布斯的苹果公司。当然，这六大要素基本上又都是通过聚合发挥作用，只不过不同企业中的主导要素不尽相同。

上述 6 个成功要素不仅是不同赢利模式的代表，更彰显出数字出版发展的基本趋势：内容越来越集中、要素越来越集合、资本越来越集聚、企业越来越集团化。归结起来说，在集聚中融合，在融合中创新，越来越成为数字出版发展的基本方向。

二、在分析现状中明确战略要点

两年前，集团在上海召开了第一次数字出版工作会议，标志着集团数字出版工作的正式启动。从那次会议以来，总部和各所属单位做了大量工作，开展了积极的探索，取得了阶段性成果，形成了一些比较优势。但在基本定位、赢利模式、资源集中、机制政策和专业队伍等一些重大问题上，还需要做艰辛的努力，还有大量工作要认真研究，要明实招、落实处、求实效。

在现阶段，我们特别要清醒地意识到自身所拥有的优势，这些既是我们实施数字化战略的信心和动力，也是争取成功的物质基础。只有清醒地把握优势、充分地开发优势，才能形成我们的核心竞争力。这些优势归结起来：

一是资源优势。我们的数字出版资源虽不够海量，但品质不错，在一些专业领域，我们的品质、数量和市场占有率都处于较强优势。我们还初步建成了特色鲜明、具有一定规模的资源库集群。如“辞书语料数据库”、“百科术语数据库”等一批专业资源库，这些资源不仅特色与专业突出，质量在国内也处于一流地位，有的还辅有配套的服务平台。

二是平台优势。我们的一些数字出版平台已雏形初现，规模和影响力也逐步形成。如“中国可供书目数据库”可以提供200多万条书目数据服务；“中图链接服务”和“海外图书采选系统”成为进出口业务发展的重要支撑平台；中国数字出版网（大佳网）对集团电子书的集约运营初步形成了共享资源、共赢收益的数字出版氛围；“中国数字音乐出版与发行平台”、“智慧语联网服务平台”等平台潜在竞争力明显。

三是项目优势。我们承担了若干国家级的重大数字出版工程，如：“中华字库”、“数字复合出版工程”、“电子书内容标准项目”和全国出版物发行标准化技术委员会的标准建设等。通过建设这些国家级项目，我们开阔了新视野、掌握了新技术、了解了市场行为、培养了专业队伍。

四是地位和品牌优势。我们作为出版业的“国家队”，地处北京这个政治、文化中心，具有政治、政策和区位上的比较优势，加上历史和现实出版中所形成的一批优质品牌，形成了较强的市场竞争优势和公众认同度。

五是资金优势。集团公司成立以来，国家已先后投入了累计两个多亿的数字化专项资金，接下来我们将在进一步争取国家资金的同时，通过上市融资等不同方式筹措更多的资金以确保各个重大项目的顺利建设，形成更强的资金优势。

这5个优势已经程度不同地浮出了水面，即将浮出水面的还有《中国大百科全书》（第三版）的数字化建设。这将是中国大百科全书出版社，也是集团数字化的一件大事、一个重要机遇，把握得好，也可能转化为全集团数字化发展的重大契机。

推进数字化战略，我们想的第一个问题是成功要素、发展趋势，第二个问题就是自身条件或者叫资源优势，而这一切都指向研究并明确定位、方向和总的目标。

对全集团来说，我们的基本定位是建设以集团公司优势内容资源为基础，开放式、国际化、延展性的内容集聚、传播、交易和服务功能的综合平台。

这个定位的要点，一是优势内容资源，指的是以权威性、精品化为主导，走专业化、高端化发展之路；二是开放式、国际化和延展性，说的是资源的拓展和多形态呈现；三是内容集聚、传播、交易和服务功能，这是最终要实现的四大功能。

我们的基本思路是，以综合平台建设为基本定位和战略目标，以体制机制和业态创新为基本动力，以内容资源库建设为基础，以内容投送和交易平台为突破，逐步实现传统出版的内容集聚数字化，流程管理数字化和传播方式数字化。

这个思路的内涵是实现（1+6）×4的总体架构。

所谓“1”指的是综合平台。计划将中国数字出版网（大佳网）打造成全集团集约化数字内容投送和运营平台，使之成为全集团开展数字出版业务的主体。大佳网未来要担起两个重任：一是对集团公司的各个平台实现互联互通，构建集约化服务运营体系；二是实现精品电子图书的投放和数据库的线上营销，面向社会提供全方位的资源服务。

所谓“6”指的是5个特色鲜明的专业平台加1个内部管理平台，他们分别是：

工具书平台。重点以“辞书语料库”和“百科术语数据库”等为基础，以《中国大百科全书》（第三版）立项为契机，建立数字工具书的编纂、发布平台，以多渠道、多载体、多形态提供社会化服务，构建最具权威的专业化数字工具书服务平台。

大众平台。集团公司将加强人文社科类电子图书的运营平台的建设，实施精品化、高端化路线。通过自主平台，自主定价和运营，拓宽集团公司电子图书的销售渠道，扩大电子图书的销售数量，形成规模效应。

国际平台。国际平台是集团公司数字出版实现国际化的重要渠道，对于全面提高我国对全球数字出版资源的聚合、保存和利用具有重要意义，是集团公司打造数字资源进出口“中盘”的重要手段。

音乐平台。音乐平台通过“在线听音乐、

在线看音乐、在线写音乐、在线学音乐、在线买音乐”的发展路径，逐步实现音乐出版的数字化转型。

智慧语联网平台。中国对外翻译出版公司通过智慧语联网平台运营、以高新技术为手段，多功能地整合语言服务，从而进一步巩固和扩大在翻译市场的占有率。

ERP 平台。建设全集团管理信息系统和办公自动化系统，加快实现办公、出版、发行、财务的一体化流程，规范各所属单位的传统出版和数字出版业务流程，提高工作效率、降低经营成本，完善内部控制系统，提升管理、经营水平和综合竞争力。

所谓“4”指的是上述平台最终要实现的数字化内容集聚、传播、交易和服务的四大功能。

在这 7 个平台中，流程管理的数字化是基础，内容资源库包括各种数据库是核心，传播方式的商业化是关键。在这 7 个平台中，综合平台强调集聚和枢纽作用，而专业平台则强调延伸和支撑作用。它们互为里表，相互依托，产权不变，共同开发，功能互补，总体融合。

此外，集团公司还将通过中国出版蓝桥创意产业园和东方—虹桥国际创意出版产业园两大园区的建设，积极探索数字出版产业集聚的升值之路。利用集团公司在国内出版文化产业链中的资源优势，形成以文化为内容、以科技为载体、以创意为核心的创意产业发展模式，努力打造成立足上海、辐射长三角乃至中国的具有知名度的文化创意产业园。

以上 7 个平台和两个园区建设是集团公司未来 3 ~5 年的重点项目，将全面推动集团的产业转型和升级，推进集团数字化战略的实施，实现集团数字出版的可持续发展。

三、在机制创新中落实规划

我们要深刻认识到数字出版是整个内容产业正在经历的一次重大变革，集团公司必须利用一切条件进行业务转型和产业升级，在这一点上，大家要有充分的信心和决心，快速扎实地行动起来。针对下一步的具体工作，我提几点要求：

1. 切实加强领导，将数字化工作真正提升为“一把手工程”

现阶段的工作实践证明，哪个单位的一把手重视，哪个单位的数字化工作就能够落实到位。因此，切实加强领导，既是强调领导班子分工合作的统一领导，更是指主要领导的高度重视、切实组织和扎实推动。具体来说：

一是要深化思想认识。作为领导同志，特别是主要负责同志，要有危机感和紧迫感，尤其是要将这种危机感与紧迫感转化为切实落实数字化战略的实际行动，要分析本单位实施数字化战略的资源条件是什么？相对优势是什么？定位方向是什么？重点项目是什么？把握着眼点，找准着力点。

二是要健全领导机制。要建立分工协作权责明确的领导机制。集团公司将组建数字出版工作领导小组，对集团公司的数字出版工作实施统一管理，包括制订规划、审核项目、监督落实、验收考核等；与此同时，在数字出版工作领导小组领导下，相关重点项目负责人实行定期联席会议制，包括通报各自进展、协调相关问题、统筹各方关系等。各级单位要实行一把手负责制，领导班子中要有专人分工负责具体管理工作，要有专职部门负责具体实施工作。

三是要加强运行机制。各级单位要按照规划分年度制定工作方案，明确主要任务、重大项目、重点工程、重要工作等。要加强项目规划和管理，将项目建设和产品研发纳入集团公司数字出版发展的总体规划中来，推行重点项目专人负责制、项目跟踪制和目标责任制，对项目实行考核奖励机制。要加大对各单位数字出版工作的考核力度，设置数字出版专项考核指标，并将其纳入年度和三年任期“双效”业绩考核体系，实现科学、严谨的数字出版工作考核体系。

2. 切实创新体制机制，探索聚分有序的数字出版格局

一是在工作上要实现统分结合。这次会议进一步明确了总部是集团数字出版的管理、规划和决策中心；各所属单位是集团数字出版的实施主体；数字传媒公司是集团数字出版工作的集约化

运营中心和数字出版工作的枢纽。根据各自的职能定位，要在坚持全集团一盘棋的前提下，充分发挥各所属单位的主动性、创造性和特色性优势，形成齐抓共管、统分有序，既整体运作，又独立运行的目标统一、步调一致的局面。

二是在经营上要做聚分有序。要坚定不移地全方位推动数字出版资源的集约整合，加大各个平台的融合力度，在实际建设和运营中必须注意把握好5个“聚和分”的辩证关系，即目标要聚，项目要分；规划要聚，运作要分；资源要聚，利益要分；平台要聚，团队要分；机制政策要聚，赢利模式要分。

三是在体制上要推行股份制改造。在重点项目运作上，要全面推行以市场化、股份化为核心的公司化运作，促进内容与技术、内容与资本、内容与金融的多点融合，具体方式上可以是集团公司内各成员单位的相互参股，也可以是与社会力量的股份制合作。对于优质资源、优秀团队要探索重组联合、共谋发展的新路径。

四是在管理上要做到标准先行。实现集团数字化发展，首先要切实改变目前集团公司数字化产品格式混杂、标准不一、平台难以互通的现状，标准要先行，相关部门要尽快组织相关专家制定与市场接轨的数据、格式和运营等标准，形成较完备的集团数字出版标准规范体系。

3. 切实发挥资金扶持的杠杆作用，推动重点项目建设

集团总部将通过积极争取中央政策和资金支持、上市融资、引入投资等多种融资渠道，进一步加大对数字出版项目的资金支持力度，切实发挥资金扶持的杠杆作用。要全面改进过去科技专项发展资金分配的办法，加强对科技与数字出版项目的论证，集中资金，对那些能够推进集团数字化战略、促进传统核心业务转型、有较好市场前景、有良好团队的重点项目在资金和有关政策上进行倾斜。

4. 切实加强人才培养引进工作，全面推动数字出版队伍建设

人才的培养、引进是做好数字出版工作的关键。我们要加大培养力度、加大引进力度、加大选拔力度、加大择优扶重的力度。

在重点项目上要实行首席专家负责制，项目建设过程中要大胆起用新人，建立科学合理的奖励激励机制，激发项目团队的积极性和创造性，通过实践，锻炼培养选拔引进一批既懂出版又懂技术的复合型出版人才。

对于贡献突出和重点培养的人才，集团将通过海外培训的方式，帮助他们掌握先进的管理理念和技术方法。最近，集团正在筹划赴美专题培训的计划，争取2013年上半年实施第一批培训。

同志们，面对全球性的数字化大潮，国内外同行群雄逐鹿、新招叠出：具有244年历史的大英百科全书公司宣布停止纸版书的印刷，全面转向发展在线版和电子版业务；培生集团来自数字服务的营业收入2011年较上年增长了18%，达到31.7亿美元；兰登书屋在美国电子书销售额已经占总体销售的21%。与之产生对比的是，2011年美国实体书销售额下降19%，2012年1~6月，全国图书零售市场增速仅为0.27%，这一切不得不引起我们充分的警觉和积极的思考。在这样的背景下，我想特别强调的是传统出版不是风声鹤戾，危机四伏，即将终结，但数字化的现实挑战在内容、制作、阅读、传播、销售、增值服务等重要出版环节上的趋向越来越明显，势头越来越猛烈，范围越来越扩大，影响也越来越深刻。在这历史性的转型关头，我们既不能惊慌失措，丢弃传统出版，相反要在别人萎缩的同时努力拓展增量；也不能反应迟钝，失去数字出版的发展机遇；更不能叶公好龙，手足无措，最终望洋兴叹。

数字化既是挑战也是商机，既是危机也是重大的发展契机。问题是我们有没有“无敌国外患者，国恒亡”的忧患，有没有“君子终日乾乾，夕惕若，厉无咎”的心态，有没有“君子坐而论道不如起而行”的作风。今天的会议，我们初步探讨了集团数字化关于成功要素、资源条件、基本定位、总体思路、重点项目、重要举措这6个重大问题，希望大家认清形势、厘清定位、理清思路，团结起来，共同将集团数字化战略化为实招、落在实处、取得实效。

工作综述

GONGZUOZONGSHU

中国出版集团公司2012年工作综述

2012年在中宣部、新闻出版总署和中央文化企业国有资产监督管理小组办公室的领导和支持下，全集团按照中央领导关于“争取今年的各项工作有大的进步”的总要求，围绕“实施六大战略、加强六个建设”的年度部署，团结奋斗，扎实工作，在出版主业、经营管理、品牌经营、集团化、数字化、企业文化等6个重点方面取得了新的进展。

（一）出版主业取得新成果

围绕十八大主题，出版《国家救援：一切为了人民》、《微观西藏》（汉英版）等80种重点图书，发行数量位居全国之首；围绕学雷锋活动，出版全国销量最多（近30万册）的《雷锋全集》；围绕社会主义核心价值体系，策划“中国发展道路丛书”等50多种重点选题。8项出版工作名列全国第一：一是两种图书荣获第十二届精神文明建设“五个一工程奖”；二是两种图书入选中宣部构建社会主义核心价值体系重点图书；三是12个项目入选“经典中国国际出版工程”；四是13个项目获国家出版基金资助；五是15个项目获国家古籍出版项目资助；六是365种出版物入选新闻出版总署2012年农家书屋必备书目；七是以498项版权输出在“中国图书对外推广计划”2012年度综合考核中名列首位；八是7.04%的图书零售市场占有率领跑全国。

同时，《中国大百科全书》（第三版）列入中央财政预算编制；《新华字典》（第11版）纳入“国家免费提供教科书范畴”，成为国家文化惠民工程的最新亮点；“诗词中国”品牌推广活动1 190万人参与，转发6 400万次；2012伦敦书展中国主宾国活动圆满承办，荣获主宾国活动9个大奖；成功中标联合国新一轮文件翻译业务，海外机构全年出书206种；与荷兰、德国、印度、新加坡等国重要出版发行商建立战略合作关系，与英国诺丁汉特伦特大学合作开展同声传译和出版硕士学历教育。

（二）经营绩效获得新增长

根据2012年年底快报，集团公司全年实现营业收入68.84亿元，同比增长22.21%；实现利润5.85亿元，同比增长36.18%；资产总额101.42亿元，同比增长10.35%；资产负债率58.71%，同比下降3.27%；所有者权益41.87亿元，同比增长19.82%。营业收入和利润总额增长10%的年度目标超额完成。

营业收入前三名是中国图书进出口（集团）总公司（27.81亿元）、北京中版联印刷物资有限公司（8.5亿元）、荣宝斋（8.38亿元）。出版企业中，营业收入增加额前三名是商务印书馆（增加5 516万元）、中华书局（增加3 518万元）、中国大百科全书出版社（增加3 303万元）。其他企业中，营业收入增加额前三名是北京中版联印刷物资有限公司（增加44 874万元）、中国图书进出口（集团）总公司（增加36 802万元）、中版教材有限公司（增加8 613万元）。

利润总额前三名是荣宝斋（1.58亿元）、商务印书馆（9 269万元）、中国图书进出口（集团）总公司（7 716万元）。出版企业中，利润增加额前三名是生活·读书·新知三联书店（增加1 902万元）、人民音乐出版社（增加

1 602万元)、东方出版中心（增加1 447 万元)。其他企业中，利润增加额前三名是中版教材有限公司（增加4 464 万元)、荣宝斋（增加3 134 万元)、中国图书进出口（集团）总公司（增加1 023 万元)。

中国图书进出口（集团）总公司克服国际金融危机的影响，实现进口出版物销售收入2 亿美元，逆势增长12%；全年审查进口各类出版物合计60 万份/册，有力保障了国家文化安全。荣宝斋克服国内市场趋冷的困难，实现艺术品经营逆势上扬，营业收入同比增长8.4%，利润同比增长13.66%。

（三）品牌经营展现新亮点

中华书局纪念100 周年庆典、生活·读书·新知三联书店纪念80 周年庆典成功举办，胡锦涛、习近平等多位党和国家领导人发来贺信或题词，增强了全集团的集体荣誉感和文化自豪感，扩大了全集团的品牌影响力和文化传播力。集团公司与吉林出版集团合资组建中吉联合文化传媒公司，商务印书馆、中华书局、中国大百科全书出版社、人民音乐出版社、生活·读书·新知三联书店、荣宝斋纷纷设立京外分支机构，中国对外翻译出版公司积极参与国家文化贸易翻译基地建设，进一步延伸了出版产业链，提高了品牌竞争力。

（四）集团化建设取得新进展

完成集团公司总部与股份公司本部的机构分立、人员定岗和财务分账，股份公司上市迈出至为关键的一步。顺义物流中心完成奠基、土地证变更审核，吸引国内多家重要战略投资者；马连道中国出版创意中心规划方案取得积极进展；中国出版蓝桥创意产业园工程已竣工并投入使用；中国图书进出口（集团）总公司国际出版交流基地启动开工前手续审批；东方虹桥创意出版产业基地建设积极展开。股份公司的实体化运营和基础工程的有效推进，更加夯实了集团战略性增长的产业基础。

（五）数字化建设呈现新变化

集团数字化战略推进会，明确了“（1+6）×4”的总体发展架构，初步厘清了数字化思路。重点产品和项目初见成效：中国图书进出口（集团）总公司建成大容量、高备份、强容灾的数据中心，引进100 万种海外电子书资源，实现进口数据库业务收入2.7 亿元，同比增长15%；《掌上百科》上线运营并开始赢利。智慧语联网获得7 项软件著作权；百种工具书数据库二期通过验收；“中华字库”工程完成节点任务；“大佳网”实现29.9 万种图书在线试读；集团数字影像出版拓展中心落户上海。

（六）企业文化显现新气象

以集团公司十周年为契机，隆重表彰屠岸、沈鹏、傅璇琮等16 位编辑名家和40 名“十佳编辑”、“十佳营销”、“十佳管理工作者”、“十佳党群工作者”，营造出尊重知识、尊重人才的浓厚氛围。以人才大会为开端，下发集团公司第一个《中长期人才发展规划纲要（2012 ~2020)》，启动中层管理岗位后备干部选拔工作，并通过笔试、面试、推荐、考察、讨论、公示等一系列公开透明的工作程序，首次建立了百人后备干部人才库。入库人才平均年龄40.4 岁，半数以上具有高级职称和研究生学历，其中25 人已提拔使用。以主题活动为载体，开展“为党的十八大作贡献”、“科学发展　成就辉煌”、“三六构想”征文、青年演讲和“香山论坛”等多项活动，进一步形成想干事、能干事、干成事的企业文化。

集团公司所属单位2012年工作综述

人民文学出版社2012年工作综述

2012年人民文学出版社圆满完成年初集团公司布置的各项任务指标，取得了一定成绩，为2013年各项工作的开展打下了一定的基础。

一、社会效益

社会效益方面，在服务大局、做好迎接党的十八大图书出版、申报国家重点和集团公司重大项目等方面做了大量工作。如为纪念雷锋诞辰70周年，出版了长篇小说《雷锋》；为纪念《在延安文艺座谈会上的讲话》发表70周年，出版了《群星闪耀延河边》，收录了所有参加延安文艺座谈会的人员名单和介绍；为迎接党的十八大召开，出版了《农民家书》、《农民账本》、《农民家史》等一系列图书。《少数民族文学史》被补选入国家“十二五”出版规划；《王世贞集校注》等10多种选题被列入《2010～2020年国家古籍整理规划》；《另一半中国史》入选全国党员培训教材，中华人民共和国国家民族事务委员会向各少数民族聚居省份作了专门推荐。另外，人民文学出版社有多项丛书、套书申报了国家和集团公司重大项目，如《香港新诗发展史》、天天出版社“很久很久以前”系列申请到了国家出版基金资助；《新编宋濂全集》得到古籍整理专项资金资助；《国朝闺秀诗柳絮集》、《列夫·托尔斯泰文集》、《韦君宜文集》、“21世纪年度最佳外国小说·2011年度”、《话剧百年典藏》和天天出版社的“中国当代儿童文学典藏大系”、“院士推荐外国新科普书系”等获得集团公司出版基金资助。

同时，一些重大项目如《中国诗歌通史》、《韩国诗话全编校注》已经出版。得到国家出版基金支持的《大中华文库》多语种对照版，进展比较顺利。完成国家哲学社科成果文库3项，清史纂修领导小组办公室项目1项。在十八大召开后，人民文学出版社立即组织了《美丽中国》的选题，响应建设“美丽中国”的号召。

2012年人民文学出版社多种图书获得了国家级和地方级奖项。《解放战争》、《武昌城》荣获第十二届“五个一”工程奖，人民文学出版社成为全国文艺出版社里唯一一家有两部作品获奖的单位；《智的教育》及天天出版社的《雨雨的桃花源》等共8种图书被列入新闻出版总署向全国青少年推荐的百种优秀图书；《天香》荣获第四届红楼梦奖世界华文长篇小说奖。人民文学出版社还被评为2009～2011年度中央直属机关文明单位，荣获2012年中国儿童慈善奖突出贡献奖，荣获2010～2012年度北京市新闻出版先进集体荣誉称号，荣获东城区经济建设突出贡献奖，并被评为上海书展中最有影响力的十佳出版社之一。

二、经济效益

2012年，人民文学出版社各项工作均保持了平稳发展，取得了良好的双效。全年出版图书1 131种，其中新书552种，占总数的48.8%；重印书579种，占总数的51.2%。2012年营业收入、发货码洋、回款等再创新高。

2012年，根据北京开卷信息技术有限公司的统计，人民文学出版社在全国图书零售市场占有率为1.07%，排名第十七；在全国文学图书零售市场占有率为5.34%，排名第二；文艺图书动销品种3 976种，排名第一。

三、重点工作

1. 做好出版主业，重点抓资源重组产品、重点单品种营销

充分利用既有资源，加大资源重组力度，加大产品线纵向开发是人民文学出版社2012年的工作重点之一。2012年，人民文学出版社对"语文新课标必读"丛书进行改版，并组织了一系列市场推广工作。在电影《白鹿原》上映之际，推出了《白鹿原》（20周年纪念版）和《白鹿原》（手稿版），并成功组织了《白鹿原》出版20周年庆典暨名家学术研讨会，新版《白鹿原》在短短几个月销售近20万册，手稿限量版销售势头不错，充分证明了人民文学出版社资源重组的成功。同时，人民文学出版社还推出了《白鹿原》原版复刻版，销售良好。加上原来的"茅盾文学奖获奖丛书"版本，《白鹿原》的4个版本在市场上齐头并进，充分发挥了资源优势。在得到莫言荣获诺贝尔文学奖消息之前，人民文学出版社事先做好准备工作，加印了3个版本的《红高粱家族》，确保了图书及时铺货上市。青年读物编辑室还适时推出莫言短篇小说集《蓝色城堡》，效果也不错。对拥有专有版权的《围城》进行新的开发，推出了精装版，与平装本在市场上同样受欢迎。对既有资源多层次开发，在2012年比较突出，包括"金版蓝星诗库"、《洗澡》（精装版）、《老舍作品名家插图系列》等。我们还论证推出了"朝内166人文文库·外国文学"部分，市场表现不错，"朝内166人文文库·当代文学"部分也已陆续上市。

在重点单品种营销上，人民文学出版社推出了《哈利·波特》作者J. K. 罗琳的新作《偶发空缺》，首印80万册，并在北京、上海、成都等地同时举行了首发式，市场反响很不错。此外，重点推广的图书还有《一个孩子的战争》、"末代皇族纪实"系列图文书、《隐身衣》、《我住宝岛一村》、《路上父子》、《陈独秀江津晚歌》、《另一半中国史》、《父亲的一九四二》、《共和国震撼瞬间》、《毛泽东重整旧河山》等。

将文学出版、图书营销与文学活动相结合是人民文学出版社的一个优良传统，人民文学出版社在2012年举办了不同类型的各种活动，起到了团结作者、凝聚读者的良好作用。除了上面提到的《白鹿原》出版20周年庆典暨名家学术研讨会外，还继续组织了"21世纪年度最佳外国小说"评选活动和"《当代》年度最佳长篇小说"评选活动，为《中国诗歌通史》、《韩国诗话全编》这两个古籍类项目召开了新书发布和出版座谈会。在第19届北京国际图书博览会上，举办了"个人叙事与历史叙事——李洱对话玛丽·昂波施曼"活动，增进了中德作家的交流。其他有代表性的创新营销活动还有"《偶发空缺》三地同步首发"、"格非小说《隐身衣》饕餮音乐盛宴"；在北京大学举办"北京·台湾，我在这里长大——王伟忠、英达对谈两岸文化"活动，发布新书《我住宝岛一村》；跨界举行青年亚文化漫画偶像"古怪小姐·爱米莉"主题图书推广活动——"爱米莉摇滚之夜"，《1950：香港谍战》、《父亲的一九四二》、《带我走——90后的抗日纪念碑》、《武士会》等新书首发式。天天出版社举办的"中外出版深度合作（瑞典站）活动"效果很好，天天出版社儿童文学编辑室与市场部在2012年全年开展全国范围进校园活动共73场，建立"中国儿童阅读优化基地"69个，销售码洋达到115万元，受到教师、学生的欢迎。

2012年，人民文学出版社在维护版权、维护自己合法利益方面作出了努力，主要是针对有关出版社侵害《古炉》、《白鹿原》专有出版权的行为，采取法律手段进行维权，收到很好的效果。

2. 数字出版工作开始起步，"走出去"工作取得新成效

人民文学出版社对数字出版的基本工作方针是"厘清家底、蓄势待发"。2012年，人民文学

出版社在厘清版权合同的基础上，建立了数字资源管理平台，将人民文学出版社图书的数字资源进行统一、标准化的管理，已将1 800多种图书已有数字资源内容上传至数字资源管理平台。目前共采集图书数字资源350多种，向中国出版集团公司上交数字资源380多种。全年电子图书销售回款595 671.3元，其中支付作者报酬135 400元。

在“走出去”工作方面，顺利完成中国出版集团公司部署的“走出去”任务。此外，还完成国家新闻出版总署“经典中国国际出版工程”2012年度的申报工作，获批4本图书的资助金额共计41.8万元；完成国务院新闻办公室与新闻出版署“中国图书对外推广计划”本年度的申报工作，申请资助共计80万元。

3. 推动体制机制创新，逐步提高管理水平

（1）两个工作室成立

7月11日下午，在人民文学出版社半年工作总结大会上，社长与脚印、王瑞琴分别签订了《中国出版集团公司骨干编辑人员选题创新计划补充协议》，脚印工作室、王瑞琴工作室正式成立。

在自愿申请的基础上，经中国出版集团公司批准，人民文学出版社骨干编辑脚印、王瑞琴工作室正式成立并开始运营，两个工作室组建后，脚印工作室出版了《陈独秀江津晚歌》、《知青日记及后记水·魅》等图书，王瑞琴工作室出版了“世界儿童文学经典美绘本”系列等图书，市场反响强烈。

（2）加大对市场数据使用力度，加强选题论证建设，提高决策科学化水平

2012年工作的一个创新点就是加大对市场数据的使用力度，加强选题论证建设，在选题决策时，要求编辑人员充分做好市场调研、分析竞争对手。

2012年坚持了月度选题论证制度，使月度选题论证与年度选题论证互为补充，共同构成了人民文学出版社比较科学的选题论证体系。年度选题论证更多地着眼结构调整和全年产品线的布局，而月度选题论证则更关注市场效益明显、需要及时捕捉的选题。与月度选题论证相比，年度选题的论证需要更集中时间与精力。在2013年年度选题论证会召开之前，组织编辑室主任和编辑人员考察了人民文学出版社图书库房，对库存图书结构作了分析；请副社长李春凯就人民文学出版社图书销售、出版等情况作了重点分析；请北京开卷信息技术有限公司副总经理蒋艳萍分析了图书市场情况和人民文学出版社图书的市场表现及优劣之处。在此基础上，各部门多次组织员工开会研究。所有的编辑室主任还专门到北京各大书店了解市场和竞争对手情况。在选题论证会上，随时调阅相关图书数据，分析同类型同作者的图书市场表现情况，为选题决策的科学化水平提供了保障。

（3）修订生产流程，理顺各个生产环节的关系

人民文学出版社自2003年实施图书生产流程管理以来，经过多年探索实践，管理制度不断完善，已先后制定人民文学出版社图书几种常用开本形式、印前报审程序等相关标准及措施，发布《图书外排校、外设计管理制度》、《关于图书生产计划申报及书号申领的管理办法》等相关文件，保证了人民文学出版社图书生产平稳运行，并取得了良好效果。但在实际工作过程中，仍然存在操作不规范、执行不严格的现象，诸如编辑发稿做不到“齐清定”，有的早已完成图书设计工作，但报审很久也未退回。生产部门有时缺乏科学的生产计划，这造成了许多生产环节的浪费和拖延现象。为进一步规范操作程序，人民文学出版社在2012年11月通过了《关于加强图书生产相关环节管理的补充规定》，对发稿程序、生产程序和营销规划进行严格要求，一定程度上理顺了各部门之间的关系，提高了生产效率。

（4）加强内部管理，加强年终考核工作

在做好经营工作的同时，人民文学出版社2012年重点加强了内部管理和内部考核工作，并以此作为提高经营管理水平的重要手段。12月10~11日，全社所有部门都参加了年终总结述职工作。人事教育部根据各部门岗位职责，对

考核指标进行了细化，中层干部和职工代表大会成员对各部门工作分别打分。这项工作一方面促使编辑室主任总结工作理清思路，并根据打分情况改善工作中的薄弱环节；另一方面也提高了出版社的管理水平，将考核与年终奖金密切挂钩，进一步打破了大锅饭思维，充分体现奖勤罚懒的原则。

2012年第一次尝试做这项工作，可能在各部门考核指标、考核方式上还有种种不足，但毕竟迈出了第一步，为我们以后改进提高提供了参考。

4. 大力加强人才工作，实施导师制

2012年，人民文学出版社有8位员工经过集团公司组织的笔试、面试和群众评议入选集团中层管理岗位后备干部，并参加了集团公司在中国浦东干部学院组织的学习，这对人民文学出版社人才工作是一个很大的推动。

人民文学出版社大力推动导师制，下发了《关于对新编辑实行导师制的暂行办法》和《关于聘任周绚隆等七位同志为青年编辑导师的通知》（人文人字〔2012〕02号）文件，聘任周绚隆、王培元、杨柳、刘稚、马爱农、周昌义、叶显林等7位为青年编辑导师。

对新编辑（新编辑主要是指在出版社编辑部从事编辑工作不足三年的人员）实行导师制的目的主要是帮助新编辑提高编辑业务素质。对新编辑实施导师制，同时也是为了继承和发扬人民文学出版社的优良传统，为人民文学出版社实施品牌经营战略、精品出版战略提供人才保障。

5. 党政工团共同努力，推动企业文化建设

在党务工作方面，2012年按照要求重新制定了党费缴纳标准，组织了党支部书记和入党积极分子参加集团公司的培训，2012年入党新党员1名，预备党员转正2名。4月，组织安排了全体党员和员工赴北京市海淀区北京航天城参观学习，并召开了党员大会，进行了纪委委员选举。在党的十八大之后，及时购买了十八大报告《坚定不移沿着中国特色社会主义道路前进，为全面建成小康社会而奋斗——在中国共产党第十八次全国代表大会上的报告》下发给每一个党员，并组织部分党员参加了新闻出版总署在北京印刷学院的宣讲会；党委办公室还与工会办公室共同发起了学习党的十八大征文活动，掀起了学习十八大精神的热潮。

在企业文化建设方面，组织了许多活动。例如庆祝建社61周年之际，党办组织了经典名篇诵读会，邀请社内老中青员工及老同志屠岸先生参加。策划部还利用人民文学出版社新浪与腾讯官方微博，组织了“人文社过生日”活动，让社内员工和社外读者共同参与，提高了活动效果。社里还组织了香山论坛分论坛，邀请年轻员工对出版社的工作提出自己的设想和建议，并派郑强和李俊参加了集团公司的香山论坛，分别获得了二等奖和三等奖，人民文学出版社还获得最佳组织奖。社里的观影活动也受到大家欢迎，专门邀请北京电影学院苏牧教授来社讲课，提高了大家对电影艺术的认识。青年沙龙活动也组织得有声有色，邀请脚印传授编辑工作经验，邀请文珍、胡文俊、杜丽讲述新疆文化，受到了青年员工的欢迎。工会和团支部还组织员工参加了朝阳门街道运动会、与兄弟单位的篮球友谊赛等体育活动，丰富了大家的业余生活。

另外，老干部服务部积极做好老干部工作，使老同志在安享晚年的同时，还能为出版社的全面发展和企业文化建设作出力所能及的贡献。

6. 建立健全合理的收入增长机制，员工收入持续提高

2012年，继续坚持共建共享的原则，在企业利润增长的同时持续提高员工的收入水平，建立健全合理的员工收入增长机制。2012年1月起，全社在职员工岗位工资平均增长4.5%；7月开始，在职员工岗位工资平均增长8%。

另外，人事教育部等有关部门通力合作，妥善解决了部分退休同志的事企差问题和合同工补缴养老保险等问题，一方面使有关同志得到了应得的待遇，也保证了出版社稳定的大局。

7. 天天出版社工作

2012年，天天出版社继续努力出版精品图书，力求提高资金使用率，集中有限人力资源，用品牌、精品来完善自己的产品线。截至2012

年形成了以儿童文学、经典读物、低幼读物、科普读物、引进版图书为主要板块的图书产品架构。

（宋　强）

商务印书馆2012年工作综述

2012年是全面实施“十二五”规划的关键年，也是商务印书馆转企改制深入推进的重要年。党的十八大明确提出扎实推进社会主义文化强国建设，勾画了从“文化大国”走向“文化强国”的宏伟蓝图。商务印书馆认真贯彻学习十八大精神，在中宣部和中国出版集团公司的领导下，经过全体员工的共同努力，各项工作都取得了进步，在商务印书馆创立115周年之际，社会效益和经济效益再上新台阶。

一、经营绩效再创历史新高

2012年列选选题1 321个，新书发稿900种，出版图书1 347种。其中，新书689种，重印书658种。2012年生产码洋11.68亿元，比2011年增长15.76%；发货码洋8.76亿元，比2011年增长9.36%；销售收入4.837 4亿元，实现利润9 265万元。在全国图书零售市场年度首度出现负增长的大环境下，依然保持0.28%的增长，实现2.54%的市场占有率，坐稳第一的位置。

二、图书出版成绩显著

2012年，商务印书馆在挺拔主业，强化品牌，丰富产品线建设等诸多方面成绩显著。在图书产品内容的思想性方面，进一步强调导向责任意识，将被动的完成政治任务变成了自觉的文化担当。

1.50多种图书获得各类奖项

2012年，《现代汉语词典》（第6版）、《发现之旅——历史上最伟大的十次自然探险》获中国出版集团公司2012年度优秀畅销书奖；《主流——谁将打赢全球文化战争》、《旧制度与大革命》获中国出版集团公司2012年度优秀常销书奖；《精选西汉汉西词典》获中国出版协会2011年度输出版优秀图书奖；《牛津初阶英汉双解词典》（第三版）、《人权的发明：一部历史》获中国出版协会2011年度引进版社科类优秀图书奖；《罗马—拜占庭经济史》获第六届吴玉章人文社会科学奖特等奖（经济学），《中国城市化道路新论》、《简明汉语史》（修订本）获优秀奖；《国家、市民社会与法治》获提名奖，《洪承畴与明清易代研究》获第四届郭沫若中国历史学奖提名奖；《发现之旅——历史上最伟大的十次自然探险》荣获“2012年度影响力图书生活科普类第二名”，并入选新闻出版署2012年度“大众喜爱的50种图书”书目。

2012年，商务印书馆成功申报并获批国家基金项目两个，新闻出版总署迎接十八大重大选题项目1个，中国出版集团专项出版基金项目4个，中宣部社科成果文库、后期资助、外译项目9个，两个项目入选第二批国家“十二五”规划项目。

2012年，商务印书馆被评为“2011～2012年度国家文化出口重点企业”。

2.重大项目和十八大主题出版项目收获双效

（1）商务印书馆承担的国家出版基金项目“中华现代学术名著丛书”第一批（100种）以96分的高分获国家出版基金优秀项目。

（2）“汉译世界学术名著丛书”第十三、第十四辑（100种）基本顺利出版，完成2012年600种的出版计划，向2 000种的出版目标又迈进一步。“汉译世界学术名著丛书”第十五辑入选书目也开始进行专家论证，陆续进入可操作层面。

（3）国家出版基金项目《中国设计全集》（全20卷）顺利完成出版，在编撰规模、研究深度和学术高度上均为国内学术界之首。《中国设计全集》是一部设计思想史。在丛书装帧设计方面，经过细心打磨，改易几十稿，最终确定了与其内容水准相匹配的精美封面套装。

（4）国家出版基金项目“18种小语种汉外分类词典全媒体出版”项目，体现了辞书出版的一种创新思路：第一，与中国国际广播电台合作，利用其平台与队伍优势；第二，采用分类词典的形态，打破词典常规模式；第三，首次在立项之初即确定了全媒体出版战略。此项目囊括了18个小语种项目，以日常生活为线索，以大量新词为特色，充分反映了语汇飞速变化的时代特征。

（5）其他国家“十二五”规划项目和国家出版基金项目，如《辞源》（第三版）的修订工作、《全球华语大辞典》的编撰工作、《综合英汉科技大词典》的修订工作进展顺利。

（6）十八大主题出版项目《微观西藏》（中英文对照本），以“微博体”的新颖形式，发掘西藏人的日常生活及其内心世界。在众多的十八大献礼图书中，是唯一涉藏的外宣图书，在内容和形式上的创新获得了业内的一致好评，赢得了社会效益和经济效益。

3. 以大项目带动产品线建设取得成就

（1）工具书产品线继续得到加强

《现代汉语词典》（第6版）经过7年修订后顺利出版，它不仅融汇学界新成果，更反映了社会语言生活的新变化，出版后反响热烈。当字母词危机出现后，商务印书馆同中国社会科学院语言研究所一起召开座谈会，请专家从学术上和理论上阐明观点，澄清事实，有力地维护了这一品牌产品的权威地位。

《牛津高阶英语词典》（第8版）正式出版，延续了商务印书馆与牛津大学出版社长期以来的强势合作。《牛津高阶英语词典》（第8版）除继续突出“牛津高阶英语词典系列”注重学习性这一招牌特色外，尤其体现了近年来英语世界的新变化、新特点和新趋势，帮助读者窥见英语世界的方方面面，从他者的角度反观自身。

此外，其他重点辞书品种也完成了版本的升级与更新，推出《新华成语大词典》、《朗文当代英语大辞典》（新版）、《精选英汉汉英词典》（第4版）等新品种。与此同时，策划出版“外汉微词典”系列，捕捉“微时代”新脉搏，推广全新辞书概念——微词典。将学习过程化繁为简，变刻板为生动，引导外语学习新理念，先期推出《西汉微词典》。“商务馆小学生系列”辞书品种不断增加，瞄准教育类辞书细分市场，继续推出《商务馆小学生汉字部首图解字典》、《商务馆小学生同义词近义词反义词组词造句词典》等新品种。

（2）学术出版形成较为完备的体系

2012年，商务印书馆学术出版以“汉译世界学术名著丛书”和“中华现代学术名著丛书”两大丛书为核心，以大师文集和名人传记丛书为侧翼，形成了一个较为完备的体系。出版了《卢梭全集》、《罗素文集》的全品种以及《黑尔格全集》和《赵元任全集》部分品种。以萨缪尔森《经济学》（第19版）的出版为契机，推出了“最后的告别”系列。此外，《钱锺书手稿集·外文笔记》、《维特根斯坦文集》、《亚当·斯密文集》、《李嘉图著作集》、《海德格尔文集》、《方显廷文集》、《厉以宁经济史文集》等大型项目全部展开。具有良好市场口碑的“世界名人传记丛书”进行重新选辑和编校，汇为政治军事、思想文化、文学艺术、科学发明四大领域，分类辑印，计划2013年完成第一辑的出版工作。

2012年，“国际文化版图研究文库”已先后推出了《主流——谁将打赢全球文化战争》和《论美国的文化》。这套丛书有望成为文化大发展大繁荣时期的新经典。打造这一文库的目的是力图站在复兴中华民族文化的战略高度，深入系统地介绍各文化大国在国际文化版图中的兴盛与衰落，以唤醒国民的文化自觉、自省和自信。

（3）大众文化图书关注品位，追求品质

2012年，大众文化和大众学术产品线建设的重点继续放在关注品位，追求品质上，在短时间内形成了商务印书馆大众文化和大众学术这条与众不同的产品线。

《发现之旅——历史上最伟大的十次自然探险》一经上市，便被读者惊呼为“最美的书”，引发阅读热潮。2012年印行6次，累计印数达到7万册，荣获2012年“读书盛典”年度影响力图书科普类大奖，入选“2012年度中国影响力图书评选”候选书目和“《新京报》年度好书100本”候选书目，新闻出版总署“2012年读者喜爱的50种大众文化图书”。

《百家讲坛》系列继续推出《大话西游》、《千年一笔谈》、《战国七雄》等图书；推出多种双语文化读本，如包括《哈姆莱特》、《简·爱》、《名利场》等10个品种的“名著名译英汉对照读本系列”、《古罗马宗教读本》等；此外，诸如《杨德昌的电影世界》、《巴赫的烟斗》、《好看的是灵魂》、《城市·建筑·思想：库哈斯与奥布里斯特中国访谈录》、“寻城记”系列、《我爸我妈》、《把情商当回事》等图书也都产生了良好的社会影响，受到了读者的好评。

三、子公司建设进入精耕细作阶段

1. 分馆建设取得新进展

2012年，分馆建设取得新的进展。商务印书馆（杭州）有限公司、商务印书馆（太原）有限公司、商务印书馆（深圳）有限公司成为商务新成员。

2. 分馆取得了新业绩，业绩开始显现

2012年，各分馆共通过选题533种，同比增长8.55%；发稿359种，出版新书283种。分馆的选题、发稿和出书品种分别占全馆的选题、发稿和出图品种的40%、40%和21%。分馆的生产码洋1.38亿元，销售收入4 849万元，实现利润458万元，分别占全馆生产码洋、销售收入和利润总量的12%、10%、5%。

3. 分馆建设进入精耕细作阶段

商务印书馆国际有限公司、商印文津文化（北京）有限责任公司、北京涵芬楼文化传播有限公司、商务印书馆（成都）有限责任公司、商务印书馆（南宁）有限责任公司、商务印书馆（上海）有限公司等在品牌定位、产品规模和利润上都有了长足的进步。2012年召开了分馆工作会议，果断提出分馆建设进入精耕细作阶段。

分馆建设是一项战略举措，是商务印书馆在跨地区、跨行业、跨所有制合作经营上进行的探索，目的在于努力使分馆成为巩固和丰富商务产品线建设的重要力量，成为商务经济规模和经营业绩的有力支撑，成为商务品牌建设与传播的重要力量。各分馆在经历一年多的草创阶段后，逐步步入正轨，结合自身特点，明晰选题发展方向，遵循“商务品牌”和“分馆特色”的经营思路，逐步形成独具竞争力的特色产品。

2012年，分馆管理工作的重点是制度建设。一是建立了编印发一体化管理制度；二是建立了有效的财务监管制度，包括财务委派制度与财务审批制度，由计划财务处对分馆相关人员进行统一的培训和管理，短时间内建立起规范的财务秩序。

四、数字出版提速，全媒体出版路径明晰

2012年，商务印书馆全媒体出版已初具规模、初见成效，有了实质性的内容和形式方面的突破。

一是百种精品工具书数据库一期工程验收并获专家一致好评，在工具书混合出版乃至全媒体出版方面有了更加深入的探索。二是工具书进行XML化基本完成，使开发在线网络版、手机版、光盘版、手持阅读器版等多种载体数字工具书产品有了坚实基础。三是基本完成了国家出版基金项目“18种小语种汉外分类词典全媒体出版项目”。四是先后与亚马逊（中国）、亚马逊（美国）、京东商城、圣智学习出版集团等多家单位开展了电子书业务合作。此外，商务印书馆所承担的国家级“中华字库”项目也在有条不紊地进行。

根据确定的全媒体出版时间表和路线图，10年之内商务印书馆要实现真正意义上的全流程复合出版，即全媒体出版，形成在数字出版领域的知名品牌，数字出版收入占全部收入的10%～15%；5年内要打造4条数字出版生产线，即工具书数字出版生产线、历史资源数字出版生产线、学术著作数字出版生产线、大众文化生活数字出版生产线；5年内完成辞书编辑编纂数字化“三库两平台”的建设，即辞书语料库、辞书数据库、辞书资源库和编辑编纂平台、排版平台。

在数字出版转型的过程中，商务印书馆将坚守内容质量和内容创新，这是出版乃至文化产业的核心和规律；以满足用户需求为根本目标，不

搞数字化的大跃进工程。

五、作为战略管理工具的ERP建设取得突破性进展

ERP是企业最重要的战略管理工具。企业发展规模的不断扩大，市场竞争日趋激烈，信息日趋变化，经营的图书品种信息越来越多，ERP的重要性越发突显。ERP建设关系到企业的经营效率，从而关系到企业的核心竞争力。

2012年商务印书馆的ERP建设整体推进，完成了发稿、美编、设计的全线贯通；完成包括分馆在内的所有选题的在线申报；优化了图书在线提印（包括新书和重印书）；完成版权新签合同的在线审批；继续建设、完善版权合同数据库，2012年数据库中已包含8142份合同的完整信息，居于出版行业领先地位。不断拓展ERP服务领域，分馆ERP开始运行；网上发行系统与多家书店及电商完成对接；开发完成成本核算模块；完成分馆与总馆的结账模块。

六、明确匹配大产品的大营销策略，做好文化营销和公益营销

在做好具体产品细节营销的同时，强调大营销策略，大营销包括文化营销和公益营销。通过大营销带动大时代、大作品，反映大思想。

2012年，商务印书馆重点工具书发货指标上升明显，二线工具书产品平稳销售，三线工具书逐步下滑，大众人文图书如《主流——谁打赢全球文化战争》、《发现之旅——历史上最伟大的十次自然探险》等市场反应不俗。2012年营销工作的最大亮点是用大营销迎合大时代，反映大思想。一是公益营销，如举办《新华字典》（第11版）“小字典、大文化”的系列公益活动，使得重要的出版活动成为影响全国的文化活动——国家免费赠送计划，也带动了文化产业的发展；资助了湖北省大学生“青春梦想”DV大赛；资助了北京大学模拟联合国大会活动等。二是品牌营销，如举办“汉语盘点”活动，连续7年充分地向国人展示了汉字的魅力，展示汉字所具有的中华文化在世界上产生的重要影响；成立中语会阅读推广中心；举办商务印书馆学术大讲堂、菊生大讲堂、涵芬楼免费学术讲座等。三是新媒体营销。从营销中心到各编辑部、分馆，都开通了新浪官方微博、博客，有的在豆瓣网、人人网建立小站或小组，使新媒体营销互相关联，同步反映商务印书馆的文化理念、出版动态和学术活动，取得了良好的宣传效果。在新媒体营销活动中，探索大营销机制，尝试利用新媒体覆盖全品种，同时开展书评、电视访谈、网络访谈等活动，形成立体化的大营销模式。商务印书馆将继续开展文化营销和公益营销，这些营销模式和营销理念将贯穿到商务印书馆所有的营销活动当中。

七、政治思想建设和精神文明建设常抓不懈

2012年，商务印书馆认真学习党的十八大精神，继续贯彻学习“创先争优”活动，组织学习全国“两会”精神，努力提高党员的政治觉悟和政治敏感性。党务工作取得优异成绩，商务印书馆被首都精神文明建设委员会评选为“2011年首都文明单位标兵”。注重加强思想理论建设、学习党风廉政建设，多次组织支部书记参加中国出版集团直属机关党委的讲座、培训。党员培养卓有成效，全年发展党员4名，4人在集团开展的“解放思想、转变观念、创新发展”大讨论征文活动中获奖，15人参加集团公司2012年“香山论坛”商务印书馆分论坛演讲，3人入选集团公司“香山论坛”总论坛。组织党员赴湖北、湖南参观学习，先后参观了北伐汀泗桥战役纪念馆、向阳湖五七干校原址、武昌起义纪念馆和湘鄂西革命根据地旧址瞿家湾等爱国主义教育基地。

八、企业文化建设硕果累累

2012年是商务印书馆企业文化建设的巩固发展年，主要开展企业文化创新年活动。制作了《企业文化手册》及视觉识别系统，形成了较为完整的企业文化体系；编辑出版了《职工摄影作品挂历》和《我眼中的世界——商务印书馆职工摄影年历》等深受员工喜爱的宣传品；对

《商务印书馆规章制度汇编》进行了修订；创办了编辑沙龙，创刊《编辑沙龙》杂志；修订了馆史宣传片，制作了英文版；举办员工业务培训系列讲座；商务印书馆创立115周年的活动之一是组织全馆职工前往浙江海盐参观商务印书馆奠基人张元济先生的家乡，并召开《张元济全集》出版座谈会暨第四届张元济学术思想研讨会，让员工加深对商务文化和商务前辈的认识；《中国图书商报》8个专版刊载了商务印书馆创立115周年相关内容。

文体活动方面，举办了商务印书馆第一届职工运动会，以后将每两年举办一次。商务印书馆在北京市广播体操比赛中获得二等奖；获得“和谐东华杯”乒乓球比赛团体第一名；取得东华门地区社区运动会团体总分第二名的成绩。此外，利用业余时间开展乒乓球、足球、羽毛球等文体活动，专门聘请教练教授瑜伽和健身操。

企业文化建设的开展，增加了企业的向心力和凝聚力。商务印书馆的企业文化建设在中国出版集团公司企业文化建设小组的检查中获得一致好评。（冯　雪）

中华书局2012年工作综述

2012年，对中华书局来说，有着特别的意义。在中华书局走过100周年的时候，中华书局在社会效益和经济效益两个方面，都达到了改革开放30多年来前所未有的高度，它凝聚了几代中华人的奋斗和奉献，更是300多位在职员工共同努力的结果。

一、双效业绩概述

（一）社会效益

2012年，中华书局（以下简称“书局”）图书在全国古籍和社科图书市场上的品牌知名度继续巩固和提升，并被人力资源和社会保障部、新闻出版总署联合评选为“全国新闻出版系统先进集体”，入选2011～2012年度国家文化出口重点企业名录，被评为2011年度中直机关精神文明单位，并因出版《中国古籍总目》受到新闻出版总署特别表彰。书局入选2012年上海书展“最有号召力的十佳出版社”，这是自2010年以来连续三年入选。

书局基础图书分社被评为中国出版集团公司2011年度优秀女工集体，营销中心市场部被评为中国出版集团公司2011～2012年度青年文明号。

徐俊、黄松、冯宝志、刘彦捷、王楠、张进、李森、张宇因在《中国古籍总目》编辑出版中所作的贡献受到新闻出版总署特别表彰。冯宝志被北京市新闻出版（版权）局、北京市人力资源和社会保障局评为2010～2012年度新闻出版（版权）工作先进个人。傅璇琮、程毅中被评为中国出版集团公司首批“编辑名家”；俞国林被评为中国出版集团公司“十佳编辑”；张宇被评为中国出版集团公司“十佳管理工作者”。俞国林被评为中国出版集团公司第三届青年岗位能手。马峥被评为中国出版集团公司2011～2012年度优秀共青团干部。在中国出版集团公司“新十年、新征程、新发展、新高峰”征文评比中，杨帆撰写的《潮平岸阔竞百舸，风正帆悬自争流——浅议“十七届六中全会精神”之关键词与出版主业创新之关键点》一文获一等奖，马峥撰写的《新形势下人才强企战略的解读》一文获二等奖；在征文演讲决赛中，李天飞获第三名，马峥获优秀奖。李忠良被评为上海书展“最有成效的十佳营销明星”。

在国家出版基金已结项目绩效考评情况通报中，书局《中华民国史》位列第五名，被评为优秀。《于丹〈论语〉心得》获世界知识产权组织版权金奖。《陶渊明影像》被选定为韩国文化观光部优秀图书。《文史通义校注》获中国出版协会等颁发的2011年度优秀图书·输出版奖；《印顺法师佛学著作》获中国出版协会颁发的2011年度社科类优秀图书·引进版奖。《姥姥语录》入选新闻出版总署出版管理司组织评选的2011年度“大众喜爱的50种图书”。

在中国文学艺术界联合会、中国人民对外友好协会联合主办，郭沫若纪念馆承办的第四届郭沫若中国历史学奖评比中，书局《中国的早期近代经济——1820年代华亭—娄县地区GDP研究》、

《天一阁藏明钞本天圣令校证》获三等奖，《民间文书与明清东南族商研究》、《俄藏黑水城所出宋西北边境军政文书整理与研究》获提名奖。

在中国出版协会古籍出版工作委员会主办的“第27届全国古籍出版社社长年会暨2011年度全国优秀古籍图书评奖会”上，书局多种图书获奖。其中，《中国国家图书馆藏清宫升平署档案集成》、《文献通考》、《书目答问汇补》获“全国优秀古籍图书一等奖”，《刘克庄集笺校》、《中国文化遗产研究院藏西域文献遗珍》、《日本藏西夏文文献》、《说苑校理　新序校理》、《张籍集系年校注》获“全国优秀古籍图书二等奖”，《唐诗排行榜》、“中华生活经典丛书”获“全国优秀古籍图书普及读物奖”。

此外，书局《余英时访谈录》、《中国人生哲学》、《昨日之河》获《中华读书报》颁发的“2012年度百佳图书”称号。《中华书局藏徐悲鸿书札》新书发布会获上海书展暨“书香中国”上海周活动策划奖。《文史》入选中国人民大学人文社会科学学术成果评价研究中心和书报资料中心评议的2012年版“复印报刊资料”重要转载来源期刊。

（二）经济效益

1. 编务统计数据

2012年出版图书1 442种，同比增加84种，其中新书484种，重印书958种，新书所占比例为33.6%。输出版权84种，年度版税收入262.7万元，图书外贸出口额68.96万美元。

2. 生产经营数据

2012年图书发货4.002亿元，回款1.71亿元。图书生产用纸共计21.20万令。

3. 市场占有率排名情况

全年总体排名维持在全国市场第50名左右的水平上。最高排名是在10月份，为第33名；最低排名是2月份，为第78名。

二、出版主业情况

（一）国家出版基金资助项目等继续有条不紊地开展

点校本“二十四史”及《清史稿》修订工程坚持抓好进度管理、资金管理、信息交流、资料积累各项工作，已进入编辑审稿阶段，《史记》等首批修订版图书计划2013年出版。其他国家出版基金资助项目稳步推进，2012年出版《龙泉司法档案选编·第一辑·晚清时期》，《全元诗》、《中国地域文化通览》、《马王堆简帛文献集成》等计划于2013年出版。此外，国家出版基金资助项目新立项《王力全集》、《商周金文辞类纂》、《中国南海史料文献集》、《中国钓鱼岛主权文献集》共4种，基金资助总额779.64万元；国家古籍整理出版资助项目立项13种，连同每年拨付的固定专项补贴100万元，资助总额共计292万元。

（二）百年局庆工作

在中宣部、新闻出版总署、中国出版集团公司领导的高度重视和大力支持指导下，书局百年局庆工作圆满完成，《人民日报》、《光明日报》、《三联生活周刊》等媒体作了大量采访报道，极大地提升了中华书局的品牌影响力。

局庆出版物方面，《百年中华》纪念画册、《中华书局百年大事记》、《中华书局百年总书目》、《中华书局收藏现代名人书信手迹》、《中华书局藏徐悲鸿书札》、《岁月书香——百年中华的书人书事》如期推出，受到读者和业内人士的好评。

另外，征集了大量名家题词，制作了局史宣传片、局庆专题网页，内容翔实丰富，给读者留下了深刻的印象。营销中心组织了部分城市参与的局庆主题促销活动，受到读者的欢迎。

（三）各板块打造多条出版产品线，成绩斐然

1. 古籍学术出版两个效益显著

2012年，古籍学术出版板块发货码洋1.67亿元，同比增长1 200万元。基础古籍如一些大型丛书——“中国古典文学基本丛书”（《欧阳修诗编年笺注》、《李长吉歌诗编年笺注》）、“唐宋史料笔记丛刊”（《苏氏演义》外三种、《教坊记》）、“中国史学基本典籍丛刊”（《隆平集校正》）、“中国近代人物日记丛刊”（《林一厂日记》）、“道教典籍选刊”（《道德经注释》）、“新

编诸子集成续编”（《政论校注　昌言校注》）等以及“中华国学文库”都增加了新的重要品种。

学术板块方面，《余英时访谈录》、《读史阅世六十年》、《红楼梦新证》（增订本）、《道家的人文精神》及“方东美作品系列”、《朱光潜全集》、《张政烺文集》、《朱希祖文集》、《王应麟著作集成》、“生命医疗史系列”体现了书局出版大家名家文集和高端学术著作的定位。

此外，书局出版国家哲学社会科学成果文库7种、国家社科基金后期资助项目5种及国家古籍整理出版资助项目等。

2. 大众普及板块继续稳步发展

由基础图书分社、大众图书分社和新阅读分社组成的大众普及板块，全年发货码洋1.64亿元，同比增长900万元。

2012年，大众普及板块出版了《1942：饥饿中国》、《我是人间惆怅客：听杨雨讲纳兰》、《福尔摩斯探案全集》、“中华名人传系列”等新书，“跟大师学国学”、“国民阅读经典”、“视觉历史”、“中华经典名著全本全注全译”、“中华生活经典”等丛书也增添了新品种，但畅销书依旧缺乏。

基础图书分社大码洋礼品书的运作初露峥嵘。年初的《资治通鉴》（文白对照，礼品装）、“中华经典藏书”（盒装本），年中的“四大名著”（绣像线装典藏本）、《启功三绝》（线装本），这四部书的发货码洋达到770万元，占2012年新书发货码洋（1 941万元）的39.6%。

新成立的人文图书工作室以内容有品位、装帧有特色的人文思想类图书为主要方向，出版了《读书十年》、《旧日红》、《昨日之河》及“园田文库”新品种，受到读者的欢迎与好评。

首届“诗词中国”传统诗词创作大赛正式启动。大赛通过手机短信、彩信、飞信和网络等途径征集原创诗词作品，并通过网络论坛、电视、视频、微博、报纸、期刊、图书等全媒体形式对大赛进行全程播报，这是书局第一次利用全媒体方式进行的传统文化传播活动。2012年12月，书局还成功举办了“我心光明天下岳阳楼”大型诗词吟唱晚会。

3. 艺术类图书坚持高端、高品位

2012年，文化遗产分社出版了《江南明清建筑木雕》、《千载一时——时大彬汉方壶拓本题咏册考》、《中国古典家具私房观点》、《亚鲁王》、《燕京画旧》（后两种为大众图书分社出版）等书，内容精良，装帧精致，印制精美。尽管规模不是很大，但单品种质量高，为中华书局在业界和读者中赢得了良好的声誉。

4. 期刊及教育板块稳中有升

《文史知识》除出版2012年12期正刊外，还配合“诗词中国”活动出版增刊2期，全年完成发行量41.50万册，期刊造货码洋415万元，发货实洋244万元，月发行册数和发货实洋均比上年增长10%。2012年新书、重印书造货码洋337万元，发货实洋128万元。图书、期刊整体利润率较上年增长20%。

《中华活页文选》杂志全年发货4 310万元，比上年增加300万元，再上新台阶，利润率大幅增长。

《月读》2012年获得正式刊号，并将邮发转到北京局，其定位和内容品质得到进一步肯定。2012年月均发行1.5万册，全年发货码洋122万元。

阳光润智公司2012年发货码洋965万元，利润在200万元左右。教材类《中华诵·经典义理教程》、《中华诵·经典素读教程》、“名师对话系列”、“经典诵读”读本、地方定制类《道德经口袋本》等，市场反响良好；组织了第六和第七届“中华诵经典教育论坛”、中小学生作文大赛和暑期师资研修班等活动，影响力日趋扩大。

5. 数字出版工作进入关键阶段

2012年，根据数字化出版的形势，书局数字出版中心由古籍资源部、平台运营部、网络信息部组成，已经具备数字出版产品研发、产品加工、合作运营的雏形。

2012年，数字出版中心还正式启动《中华经典古籍库》产品研发项目，获得中国出版集团公司专项发展资金60万元支持；2009年中国出版集团公司专项资金支持的古籍数字化用字规范项目顺利结项；北京市创新文化产业发展资金项目、与武汉大学合作的中华基本史籍分析系统通过了湖北省科技专家鉴定会评定。

与数字出版相关的另一重大事件是，书局诉北京国学时代文化传播股份有限公司侵犯点校本“二十四史”及《清史稿》著作权的9起案件全部胜诉。9月一审判决，12月终审裁定。经过细致的比对工作，法院认定，国学时代本“二十四史”及《清史稿》与书局本“二十四史”及《清史稿》构成实质性相似。法院认定被告侵权行为违法，并判决被告自判决生效之日起，停止生产、销售含有点校本“二十四史”及《清史稿》的电子书。同时，判决被告赔偿书局经济损失及合理支出共计17万元。

6. 营销工作

2012年，书局在营销工作方面，以强化管理和重点营销为抓手，加强折扣管理，清理渠道冲突，理顺营销关系，取得可喜的成效。大库搬迁之后，重新明确了库房管理制度，加大投入，并着力清理积压退货，使库房工作上了新的台阶。在营销方面，狠抓重印品种和中小学图书馆装备、馆配市场，理顺地面店与网店的关系，顺利完成了全年的任务。

三、管理工作情况

2012年取得的各项成绩，和全局强调管理、提升执行力密不可分。

（一）改革管理体制和运行机制，提升各环节执行力

①为继续提升品牌影响力和壮大经济实力，在《中华书局“十二五”规划》的基础上，明确发展方向和实施路径，2012年12月3日，研究通过并正式颁布《中华书局产品发展战略规划（2013～2015）》，规划中华书局各类产品经营的主要经济指标以年均10%的速度稳健增长，到2015年年末，营业收入达到2.2亿元，利润总额突破4 000万元，销售码洋稳定在5.3亿元左右。

②为适应转企需要，进一步强化奖励激励机制，提升管理水平，聘请正略钧策管理顾问有限公司，从第三方角度为中华书局薪酬管理制度的调整提供管理咨询方案，工作自2012年8月1日启动，11月15日完成，最终就岗位设置、绩效指标和薪酬体系等方面提交了300多页的咨询报告。报告框架方案于2012年12月26日经职工代表大会讨论通过。计划自2013年1月起，陆续做好岗位管理、绩效管理、薪酬管理等前期测算工作并制定细则，之后模拟运行，视实际情况考虑落地。

③为了加强中华书局对所属分社和所属公司的支持、指导和管理，激发企业活力，提升经营能力，有效控制经营风险，保护中华书局整体权益，中华书局制定了《中华书局实施分社制暂行管理办法》和《中华书局所属企业暂行管理办法》。经过起草小组的工作和全体中层干部研讨，《中华书局实施分社制暂行管理办法》日前已颁布实施，《中华书局所属企业暂行管理办法》也即将颁布实施。

④为更好地提升流程管理，完成ERP管理系统的升级，使之涵盖编辑、印刷、发行业务及财务核算管理一体化，中华书局组建了全流程信息管理系统（ERP）调研小组，负责对云因软件及其他备选系统的调研。

⑤继续实行部门目标任务考核。2012年，围绕发货码洋4亿元的目标，针对下属中心、分社、编辑室不同情况，继续实行发货实洋考核和利润考核、考核结果与年终效益奖直接挂钩、发货实洋考核再细分为新书实洋考核和旧书实洋考核的管理模式，简化了年终核算的方式。

⑥新闻出版总署管理部门对国家出版基金项目、国家古籍整理出版资助项目加强了资金使用和进度的管理。2012年，中华书局资金使用更加规范、时间控制更加及时，《中国古籍总目》、《龙泉司法档案选编·第一辑·晚清时期》、《武义南宋徐谓礼文书》等陆续出版，确保按时完成。

总的来看，2012年，管理体制和运行机制得到进一步完善，生产效率有较大提升。从局领导到各部室主任，逐渐形成积极管理、强调执行力的观念，为书局建立现代企业制度进行了有益

的探索。

（二）加强企业文化建设，做好党团群工及人力资源工作

①书局党政领导班子有意识地将党建工作、精神文明建设、企业文化建设与生产经营工作相结合，注意发挥党委的政治核心作用，促进中心工作，形成了团结和谐、稳定发展的工作局面。为更好地学习贯彻党的十八大会议精神，把思想行动统一到中央的战略决策上来，党办拟定了《中华书局学习贯彻落实党的十八大精神学习计划》，号召中华书局广大党员深刻认识、学习、领会党的十八大精神的重要性，增强贯彻落实的自觉性，紧密联系实际进行深入研讨，以改革创新精神推进中华书局各项工作。

2012 年，书局发展预备党员 3 人，转正 3 人。在职党员人数已达到 80 人，占在职员工人数的 30.1%。

②为宣传贯彻集团公司“三化目标”和“六大战略”，团委在团员和青年员工中间开展学习讨论，组织征集“解放思想、改革发展、人才强企”征文，收到征文二十余篇。2012 年 4 月中旬，书局举行香山论坛分论坛，共有十余名员工上台演讲。团委还利用 QQ 群在网上开展“我读好书我分享”的交流活动，推荐自己近期读过的好书，大家自由讨论。团委还组织团员和青年员工开展多项文体活动。

③2012 年，工会紧紧围绕书局中心工作，积极发挥企业工会作用，切实保障职工合法权益，努力构建和谐稳定的劳动关系。全局 329 名职工分别进入 13 个工作小组，做到全员入会；健全职工代表大会制度，2012 年 6 月和 12 月相继召开职代会，讨论并通过购买马连道联建办公用房、购买上海蓝桥文化创意产业园办公用房、工会房产置换和薪酬方案整体框架；开展文体活动和搭建企业文化建设平台，八大文体协会开展了丰富多彩的文体活动，2012 年 11 月还成功组织了“爱我中华”有奖竞猜活动，共 210 名员工参加；开展“献爱心”、“送温暖”活动，向灾区人民捐款 2 万元，建立“送温暖”助困基金，2012 年为病困职工发放病困补助资金 2.3 万元，救助病困家庭 3 户。

④人力资源工作在书局党政领导班子的领导下正常有序地开展，坚持党管干部的原则，严格遵守干部选拔任用工作的有关规定，搞好干部队伍建设，注意培养年轻干部，为中华书局发展储备人才。

在人才招聘和培训工作方面，严把进人关，规范招聘录用程序，精心组织实施了 2012 年接收应届生及社会公开招聘工作，并对入局新员工进行了培训，同时为了保证人才培养和可持续发展，使新员工尽快提高业务水平和实际工作能力，继续实施导师制。为提高中层干部的政治思想素质和业务素质，利用各种形式，组织中层干部学习理论和专业知识，如组织相关分社社长、编辑室主任参加专业学习和培训，鼓励青年干部参加高校经营管理知识或技能培训等。2012 年，还借助薪酬管理体系调整工作的开展，聘请专业人员为中层干部进行多次与现代企业管理相关的培训。与此同时，启动了与香港中华书局互派编辑进行业务交流的工作，该项工作拟在 2013 年上半年正式实施。

2012 年，书局有 5 名年轻干部入选中国出版集团公司后备干部人才库，其中两人被提拔为中华书局总经理助理。同时书局加强了对财务管理人才的引进工作，一方面聘请了财务顾问，帮助指导书局财务管理水平的提升；另一方面积极物色财务负责人，加快财务管理规范化工作，目前这一工作已取得实质性进展。

⑤2010 年年底从各部门抽出骨干力量，成立企业文化建设手册编写小组。截至 2012 年，成员各司其职，在广大员工的支持配合下，经过反复沟通、讨论、修改，2012 年 10 月完成《中华书局企业文化手册》编制工作。书局以改制为契机，树立员工对企业发展的共同愿景：以“家”文化为核心，营造亲如一家、团结和谐的企业文化；以“心”文化为目标，打造用心、细心服务理念；以员工为中心，营造以人为本、关爱员工的企业氛围；以丰富的文化活动为依托，将企业文化落到实处。（梁　彦）

中国大百科全书出版社 2012 年工作综述

2012 年，中国大百科全书出版社积极贯彻落实中国出版集团公司“三六构想”的战略目标和发展措施，围绕“三六构想”，结合中国大百科全书出版社实际情况，以发展为主线，在实践中开拓创新，全力推进出版社改革发展和各项工作，较好地完成了既定的目标和任务。

一、2012 年工作基本情况

（一）工作基本情况

1. 有效推进，重大出版工程取得新进展

《中国大百科全书》（第三版）2011 年年底立项，2012 年调研、总体设计、编纂平台设计、相关标准、样条制作、资金筹措等各项工作逐步展开。中共中央交办的《台湾百科全书》已全面进入组稿纂稿阶段。《中印文化交流百科全书》条目框架已成型合拢，交付中印联合编审委员会。“走出去”项目《中华百科全书》（中文版）即将出版，英文版也在翻译中。

2. 服务大局，做好“十八大”等主题出版工作

2012 年，中国大百科全书出版社按照中国出版集团公司的工作部署，在社委会的高度重视下，经过编辑们的紧张工作，最终按时、高质量出版了《文化强国战略 30 问》、《社会生活的变迁》（英文版）、《霍懋征传》三种主题出版物，迎接党的十八大胜利召开。

3. 实施品牌管理，发展核心和优势项目

（1）大百科全书系列化取得实效。2012 年年内即将出版《中国大百科全书》（第二版）精粹本，同时推进《大不列颠百科全书》和《不列颠百科全书》（简明版）。

2012 年还出版了《中国战略导弹百科全书》、《中国大百科全书·电子电工》、《新疆地名大词典》以及《中国少数民族古籍纲要》等大型百科全书及工具书。

儿童百科全书实行原创和引进双线模式发展，实现产品系列化。

（2）学生工具书不断推出《周计划阅读丛书》和彩图版工具书等新品，保持了良好的发展后劲。英语工具书以引进《韦氏大学英语辞典》为契机，逐步实现系列化、规模化经营。

（3）学术著作板块保持百科史学“五大品牌”外，还向经济学、传播学、法律等延伸发展。2012 年新品有《红楼心境》、《寿芹心稿》等。

（4）大众读物板块，经过几年的调整优化，逐步优化为社科人文、科技科普、百科地图、生活休闲、文学文艺、少儿读物几类，形成百科名家文库、文明史话、国家地理、魅力优品等优秀产品线。2012 年，少儿科普读物成为亮点，出版了《科学与未来》（第二辑）、《阿基米德科普绘本》等新品。

4. 与时俱进，推动数字出版发展

第一，全社统一思想，群策群力，研讨规划，敢于实践，真正把数字出版做起来。第二，以数字运营部为主导，为全社搭建数字运营平台，并利用全社百科资源和精品出版物，开拓数字出版。重点出版物《掌上百科》、《美丽西藏》即将上线。第三，鼓励编辑部大胆尝试，积极响应，利用手机、网络、电子阅读器、APP 等数字运营平台，进行数字出版物的规划和出版尝试。《昆虫记》和《布达拉宫》的出版成为这方面的代表。第四，寻求合作的同时，加大版权保护力度，打击盗版，推广正版，扩大百科影响力。诉苹果公司一案，取得一审胜诉。

5.“走出去”工作获得肯定

2012 年，中国大百科全书出版社入选国家文化出口重点企业，成为不断探索版权经营模式的一次突破。2012 年，中国大百科全书出版社有《中国幼儿百科全书》等 62 种版权输出至蒙古国、美国、英国。

6. 生产经营正常有序发展

根据 2012 年年初集团公司双十增长的经营部署，在《中国大百科全书》（第二版）销售大幅回落、农家书屋图书配送工作接近尾声的情况下，对经营进行了相应的谋划，2012 年年内已见成效。2012 年，全社图书发稿 2 285 种，比

2011 年同期增长 65%。2012 年新书发稿 1 348 种，占 59%；重印书发稿 897 种，占 41%；百科版 618 种，知识版 1 667 种。全年主营业务收入 1.6 亿元，比 2011 年同期相比增长 20.47%，利润首次破千万，主要指标完成率符合整体序时进度。

7. 党建工作，企业文化建设和发展紧密结合

党委中心组学习贯彻“十八大”精神，围绕集团公司“三六构想”，结合内容创新和中国大百科全书出版社工作实际，展开讨论和探讨，在全社开展“我为百科、集团发展献一计”活动。在党的十八大胜利召开之际，迎来了建社 34 周年纪念日。11 月 16 日，中国大百科全书出版社组织了以“数字助力发展，绿色引领未来”为主题的建社 34 周年纪念日活动，开阔视野，振奋精神面貌，凝聚企业向心力。

（二）主要创新点

1.《中国大百科全书》的创新

通过《中国大百科全书》（三版）工作，实施中国大百科全书的全面创新。三版是数字化环境下的新一代百科全书，根本的命题就是如何创新。社委会进行广泛的调研和考察工作，包括组团专题考察了加拿大百科全书公司、不列颠百科全书公司、维基百科公司、谷歌公司、Facebook 公司、未来研究所、IBM 等国际知名的出版公司、互联网企业，通过与一流企业对话，学习经验，更新思想观念，了解动态。经过国内外广泛调研，结合中国国情和中国大百科全书的具体情况，在总体设计、编纂模式和运营模式这些全局性问题上的创新思考逐步深入，框架基本成形。

2. 体制机制创新

与互联网公司联手，按照股份制组建易雅公司，为加快传统出版业融入互联网产业，实现业务融合，促进管理水平，寻求新的发展模式。与无锡广电传媒中心合作成立“中国大百科全书出版社江南分社”，迈出了中国大百科全书出版社跨行业合作跨区域发展战略的重要一步。

3. 内容创新

中国大百科全书出版社在 2012 年 10 月底召开了 2013 年度内容创新及选题工作会议，规划了一批彰显百科特色，弘扬民族文化，反映时代特点、关注热点问题的选题。如百科全书领域，加强规划大型重点项目，有《中国昆曲百科全书》。在少儿百科领域，推陈出新。原创打造安全、数学等专题百科，引进方面改变合作模式，以我为主，实施引进高端产品的战略模式。策划了如《家庭医疗指南》、《美丽中国》等切合民生幸福、生态文明方面的选题。

4. 营销创新

（1）在中小学馆配项目中，中国大百科全书出版社采取与各省教育系统相关负责部门联系，并辅以地区差异化馆配商信息管理，针对不同地区的不同项目，优先选择相关合作商，取得了较好成绩，累计中标码洋约 3 000 万元。（2）设立专门机构负责中国大百科全书数据库的发行工作，积累经验，培养数字出版营销队伍。

5. 人才工作创新

（1）劳务派遣人员在薪酬福利、编辑资质、党团工会活动等方面享受与在职职工同一待遇。（2）坚持“学在当下，每月开讲”的培训制度，并丰富培训学习形式，针对不同人群组织各项专题培训。（3）“导师制”结出新成果，上一届学员交出合格的出版项目和出版论文结业，新入职的员工则拜师开始了一帮一的学习。（4）重视青年职工的交流与相互学习，举办青年职工业务座谈会和沙龙。

（三）工作体会

集团公司“三六构想”的战略布置，是集团公司未来十年的发展之路，是我们开展工作的重点和方向，为中国大百科全书出版社的发展提供了良好的战略机遇和发展动力，具有现实的指导意义。在实践中，不仅向全社人员宣传集团“三六构想”，统一认识，统一行动，更重要的是把“三六构想”具体为一个个规划（战略规划、选题优化规划、数字化出版规划、国际合作规划、人才培养规划等），一个个骨干性项目如：《中国大百科全书》（第三版）等，使构想转化为看得见、摸得着、可操作的事项；同时，组建相应的责任团队和领头人，配套相应的政策

和机制（如数字出版的结算时点和口径可区别于传统出版等）使之落在实处，考核实际成效。

（四）主要不足

1. 科学发展的认知水平和工作成效还有相当大的欠缺

结合“十八大”精神，继续加强学习，不断提高认识水平和实践能力，逐步理解、清晰化，落实到实际工作中。

2. 谋求市场化发展与承担国家重大公益性项目的矛盾突出

《中国大百科全书》（第三版）工作全面展开以后，百科将进入一个新的周期，面临双线作战，要确保其全面创新、高质量完成，又面临浩大繁杂、相当长时期只有大量人力、物力、财力投入而无产出的局面，真正确保生产经营经济增长，有相当大的难度。

3. 人才队伍建设亟待加强

其中最为突出紧迫的是《中国大百科全书》（三版）专业队伍的建设。

4. 品牌优势转化为市场优势尚未充分

需要在开展内容创新同时，不断加强营销方式的创新，把重点书发行到位，提高单品发行量等。（任其忻）

中国美术出版总社 2012 年工作综述

2012 年对中国美术出版总社来说是比较特殊的一年，一是领导班子进行了新的调整，二是办公地点搬迁到新址。更重要的是党的十八大召开，新的中央领导集体一上任就表现出改变作风、雄心勃勃、勇于挑战社会现实问题的态势，而中国出版集团经过 10 年的摸索，进一步明确了发展路径。可以说，国家和集团公司都处于大发展的新阶段，我们身在其间，当然不应例外。新班子上任和新址办公给大家一种新的感觉和期望，而这种期望实际上就是压力，就是动力。

一、编辑出版工作稳定发展

人民美术出版社图书中心全年共出版图书 520 种，其中本版新书 160 种，再版书 200 种，自费书 160 种。出版了重点书《从延安走来——纪念毛泽东延安文艺座谈会讲话 70 周年》、《庆祝中国共产党建党 90 周年美术作品集》，继续出版“中国近现代名家画集”系列、“中国当代名家画集”系列。《剪纸的故事》获 2011 年度德国莱比锡“世界最美图书奖”银奖；《中国现代美术理论批评文丛（10 卷）》等图书获得中国编辑学会颁发的第二十一届优秀美术图书“金牛杯”金奖、银奖和铜奖。高校艺术教材的销售数量从 2009 年的不足 4 万册，增长到 2012 年的 19.9 万册。连环画出版社共出版图书 472 种，其中本版新书 61 种，再版书 166 种（包括馆配、农家书屋），合作书 245 种。出版的重点书有连环画《血战河西》、五六十年代《连环画报》影印本等。《漫画中国历史》获得了中国文化艺术政府奖“首届动漫奖”最佳动漫出版物奖和中国出版协会等颁发的“2011 年度输出版优秀图书奖”。

教材中心进行了全国版、北京版两套共 36 种美术教材的修订送审等工作，编辑出版了与教材配套的教学光盘和 12 个省市区春秋两季地方教材 48 种，同时配合各省市教育教研部门组织协调教师培训，保障了中国美术出版总社教材市场占有率基本稳定；10 种期刊也比较稳定地出版，并举办了一些活动，产生了积极影响。

二、经济效益明显提升

2012 年中国美术出版总社总营业收入15 496 万元，比 2011 年（14 085 万元）增长 1 411 万元，增幅为 10%；实现利润总额 1 000 万元，比 2011 年（853 万元）增长 147 万元，增幅为 17%。这两项指标都完成了集团公司下达的任务。

2012 年对全社职工收入进行了调整，加上年年底考核兑现，预计职工收入平均增长 10% ~15%。

三、顺利进行了中国美术出版总社办公地点搬迁

中国美术出版总社北总布胡同 32 号办公地点土地置换项目签约已一年半，总社党政联席会

根据协议规定和华润集团协调关于中国美术出版总社新址建设工作进展情况，提出在不交原社址的前提下，先将大部分人员搬至中转的富力新址办公的方案，并根据职工代表大会提出的意见，与华润集团签订了补充协议。在全社职工的辛勤劳动和细心操作下，基本顺利完成了搬迁工作。尤其是出台了各种安全保障规章制度，使国有财产未发生流失损坏，而且通过搬迁对财产进行了整理和登记。（汤　锐）

人民音乐出版社2012年工作综述

一、双效业绩情况

营业利润：2012年实现利润5 261万元，比2011年增加780万元，同比增长17%。在利润增长的同时，员工收入在原有的基础上又有较大幅度的提高。

销售收入：2012年实现营业收入18 287万元，比2011年的17 674万元增加了613万元，同比增长3.5%。

图书市场：在2012年的全国音乐类图书市场上，实现了销售册数、销售码洋、动销品种的三个“第一”。

教材市场：2012年中小学音乐教材市场占有率在原有60%的基础上稳中略升；高中教材继续保持80%的占有率，稳坐第一。

《音乐研究》杂志入选首批国家社科基金第一批学术期刊资助。（全国艺术学科门类期刊入选3种，每年40万专项基金。）

二、出版主业情况

（一）图书出版

2012年出版了重点图书《赞歌献给党》，并入选“全国百种十八大献礼重点出版物”。完成国家出版基金资助项目《中国音乐百年典藏》（40卷）的曲目确定、封面设计等前期工作。9月底出版《菲伯尔钢琴基础教程》的4个品种，截至12月底发售过万册。《声乐曲选集》全套12册顺利面世，包括6册外国作品，6册中国作品，同时附赠高质量的配套光盘，已成为面向市场的拳头产品之一。产品结构方面，图书出版较好地体现了系列化思路，分别推出了“音乐入门”系列、“高等学校艺术类共同课教材”系列、“德奥近现代小总谱”系列、“中国琴学丛书”系列等，品种丰富，不拘一格。选题论证方面，更加贴近市场、贴近用户，对市场化选题制定了严格的刚性标准。策划营销方面，通过开通官方微博、通过重点图书《菲伯尔钢琴教程》的培训营销、通过建立全国管乐团、民乐团等渠道的终端读者数据库等措施，探了路、练了兵，在工作模式、工作经验上有了一定的积累。

（二）教材出版

2012年完成了《义务教育教科书·音乐》36册的送审工作。其中，起始年级的8本教材已经先期通过审查，获得专家一致好评。完成了《义务教育教科书·音乐》北京版18册教材的编写和送审工作。坚持一贯的“编最好的教材，做最大的市场，创最高的利润”的思路。在教材编写上，2012年向教育部送审了两套中小学音乐教材，一套全国版教材共36册，一套北京版教材共18册。在市场拓展上，一方面调整经营策略，优化选择更有活力、更有能力、更有诚意的代理机构，另一方面加强与合作方的信息共享、资源共享、利益共享。

（三）期刊出版

2012年期刊出版坚持编好杂志、办好活动、创好效益的思路，提升了品牌影响力。《中国音乐教育》杂志主办了第三届音乐教育名师大讲堂、第六届全国中小学音乐教师基本功比赛；《歌唱艺术》杂志承办了纪念沈湘教授诞辰90周年的学术研讨会、上海音乐学院建校85周年庆典系列活动；《钢琴艺术》杂志参与了第二届中国长春国际钢琴艺术节、第三届全国钢琴专业教学研讨会；《音乐研究》杂志一是在国内各学术评定机构最新的期刊评定中，依然位居艺术类榜首，二是被中国人民大学人文社会科学学术成果评价研究中心、书报资料中心评为“2012年版复印报刊资料重要转载来源期刊”，三是入选首批国家社科基金资助学术期刊。

（四）电子音像与数字出版

2012年音像出版一是圆满完成了以中宣部“四个一批”人才作品文库《月光和影子》为代表的重大题材制作，二是承接了中央音乐学院、中国音乐学院、交响乐发展基金会等重要合作单位的重要项目。数字出版则较好地把握了“音乐数字平台”的建设质量与进度要求，开展了比较细致的项目调研，编写了较为完善的需求说明书，完成了项目演示版的制作，收集与整理了社内1 200多种图书的数字资源，扎实开展了项目前期工作。

三、国际合作与版权工作

随着出版社国际业务进一步扩大，2012年与美国、德国及中国台湾地区的出版社签订了40本书的版权输出合同，超额完成了集团公司下达的输出任务。乐谱租赁业务实现了连续5年高速增长，2012年总收入79万元，同比增长25%。原版书销售年回款21.5万元。此外，还圆满完成了2011法兰克福国际乐器博览会、2012伦敦书展、第19届北京国际图书博览会、2012中国（上海）国际乐器展览会的筹备组织工作。打击盗版取得成效，实现了打击常态化、手段多样化。

四、党建工作

“创先争优”工作树立了典型。在“全国妇女创先争优先进集体”的评选中，教材中心以突出的业绩、感人的事迹获得了此项殊荣。

企业文化建设做出了特色。在中国出版集团企业文化综合测评中，人民音乐出版社的经验和做法获得好评。作为“2012中国企业文化管理年会”的示范单位，获得“中国企业文化建设先进单位”称号。

党的基层建设取得了实效。中直工委领导调研时对人民音乐出版社党建工作给予充分肯定，认为很好地体现了“党建工作的尺度、角度和高度”。在中直系统支部书记培训班上，人民音乐出版社“从业务出发抓党建，从党建入手抓业务”的经验得到宣传推广。（吴明静）

生活·读书·新知三联书店 2012年工作综述

一、企业总体经营情况

2012年是生活·读书·新知三联书店（以下简称“三联书店”）改革持续深化、发展突飞猛进、成就引人瞩目的一年。全年大事多、喜事多，在三联书店发展史上具有标志性意义。三联书店在集团公司领导的大力支持下，在领导班子的正确领导下，以科学发展观统领全局，依靠全店员工开拓创新，按照做强做开的基本思路，继续大力实施品牌、人才、企业文化三大战略，取得了社会效益和经济效益双丰收。全年书刊合计实现销售收入突破2亿元，达到2.25亿元，比上年增长14%，实现利润突破4000万元，达到4 500万元，比上年增长35.7%。

二、重点工作完成情况

1. 实施品牌战略有新突破

2012年是三联书店创建80周年，三联书店领导班子在集团领导的全力支持下，紧抓机遇，克服困难，创造条件，在三联品牌建设上倾尽心血，将三联书店80年店庆活动打造成国家层面的文化庆典，收到了非常良好的社会反响。清明节前夕，三联书店代表前往上海龙华烈士公墓，祭扫三联书店主要创办人之一邹韬奋烈士墓，拉开店庆序幕。6月29日，在集团公司组织下，召开了《三联经典文库》（第一辑）出版座谈会。7月16日，举行了韬奋图书馆开馆仪式，邹家华等领导同志出席开馆仪式并为图书馆揭牌。7月26日，作为店庆活动高潮的三联书店创建80周年庆祝大会在人民大会堂隆重召开。胡锦涛总书记致信三联书店，表示热烈祝贺和诚挚慰问。党和国家领导人吴邦国、温家宝、李长春、习近平、李克强等分别题词或致贺信，表示祝贺。刘云山同志出席庆祝大会并讲话。店庆大会收到了良好的宣传效果和社会反响，进一步强化了三联品牌影响力。

2. 体制创新有新突破

2012年伊始，经过充分准备，三联书店正式实施分社制，称为“分社元年”，学术出版分社、文化出版分社、综合出版分社、大众出版分社陆续成立，这是三联书店基于“做强做开、加快发展”战略考量而实施的重大体制创新。实施分社制，极大地解放和促进了图书出版生产力，取得了良好的经济效益：全年出版图书701种，比上年增长35%，造货码洋达到2.1亿元，入库码洋达到2.09亿元。有《暴风雨的记忆》、《中国经济改革二十讲》、《拾年》、《傅斯年》、《新论语》、《不朽的林泉》、《经典通识讲稿》、《叫魂》、《李瑞环谈京剧艺术》等一批好书问世。

图书营销中心实行承包制，发行人员的工作积极性大大增强，发货码洋达到2.125亿元，增长15.66%，发货率达到101.54%，回款1.14亿元，同比增长63%。《三联生活周刊》、《读书》杂志呈现良好的发展势头，《三联生活周刊》依然是我们的经济支柱，在新媒体方面有新的开拓，书刊互动开始收到成效。

三、国际化发展有新突破

11月29日上午，三联时空国际文化传播（北京）有限公司揭牌仪式在三联书店隆重举行，全国人大副委员长严隽琪、新闻出版总署副署长邬书林、中宣部出版局局长郭义强等领导出席了揭牌仪式。三联时空国际文化传播（北京）有限公司的成立，标志着在集团公司国际化战略布局中，三联书店迈出了重要一步。三联书店将通过控股三联时空国际文化传播（北京）有限公司，整合京、沪、港三联的高端人才、独有资源、出版创意，努力创新合作模式、经营理念和经营模式。长远上，将主要从事纸质图书、电子音像出版物、动漫游戏、电子商务、网络出版与传播、期刊的出版和销售、出版咨询与代理、版权贸易以及各类文化商务咨询、展览、展示等业务。近期主要集中精力打造绘本漫画和生活时尚类型的大众读物等数条主力产品线，迅速形成规模。部分图书将同时在京、港两地以中文简、繁体字双版推出，在全球图书市场发行，实现“走出去”和整合大中华中文图书市场的目标。

此外，三联书店积极和国际知名出版机构合作，策划出版大型系列丛书。8月30日上午，在第19届北京国际图书博览会上，三联书店与企鹅出版集团就双方合作出版“企鹅人生”系列图书举行了合作签字仪式。企鹅出版集团隶属于英国培生集团，是世界上产品最丰富的大众图书出版商之一。此次合作堪称强强联合，备受各方关注，中央电视台《新闻联播》予以报道。

由三联书店和日本平凡社合作出版的《鲁迅箴言》（中日双语版）国际出版项目，先后获得多项大奖：获得集团2010年度畅销书奖；2012年6月获得由日本书籍出版协会颁发的日本第46届装帧印制大赛日本书籍出版协会理事长奖；2012年11月获得由亚太出版商联合会颁发的18届“亚太出版商联合会图书奖”金奖。已经出版了中日双语版、中文版、中文繁体字版，现在正在组织出版英文版、韩文版、维吾尔文版。

四、重大项目出版有新突破

三联书店是以出版小书见长的出版社，没有像中华书局的“二十四史”、商务印书馆的“西方学术文库”、大百科全书出版社的“百科全书”这样的镇社之宝，为填补空白和为每年图书营销奠定基础，店领导亲自挂帅，经过精心准备，全店人员协同作战，在2012年6月份推出了《三联经典文库》（第一辑），开创了三联出版大部头、大项目的历史。《三联经典文库》（第一辑）100种，集中收录了三联书店及其前身出版机构于1932～1951年间出版的代表性出版物，内容涉及政治、经济、社会、军事、思想文化诸领域，涵盖专著、文集、散文、小说、诗歌、传记等体裁，既有直面现实、追求真理、讴歌真善美、抨击假丑恶的原创作品，又有引介世界各国先进文化、传播新知、开启民智的迻译之作，真实记录了那一代知识分子对中华民族文化传承与创新所作出的努力与贡献，具有重要的史料价值和珍贵的版本价值，得到了新闻出版总署主要领导的高度肯定。《三联经典文库》（第一辑）出版后，当当网包销3 000套，码洋1194万元。11月21日，国家出版基金办公室到三联书店验收，《三联经典文库》（第一辑）获得92分，被评为优秀项目。目前第二辑（100种）正在运作中，在2013年年底前正式出版；第三辑（100种）也在积极筹划中。

五、资产购置和改善民生有新突破

在经济效益增长的同时，三联书店出资2 670万元购买中国印刷总公司1 080平方米办公楼，2012年资金全部到位，两家交割清楚，在此基础上，办下了全楼7 500平方米的产权证，结束了16年来三联书店编辑业务综合楼有房无证的局面，实现了国有资产的保值增值。

在原定购买集团开发的马连道综合业务楼两层楼面7 500平方米的基础上，随集团开发力度的扩大，拟将购买楼面面积增加到1万平米，每平方米1.1万元，总投入1.1亿元，目前已交付2 900万元。2015年投入使用后，就实现了在实体上再造一个三联书店的目标，为今后若干年发展奠定坚实的物质基础。

在经济效益大幅增长的基础上，着力提高员工收入，2012年年初下发2011年年终奖，店本部发放总额达到587万元，创历史新高。除正常发放过节费，因为获得了全国出版系统先进集体和80年店庆，为每位职工增加了5 000元收入，还调整提高了库房储运人员工资，提高了《三联生活周刊》员工缴纳“五险一金”的基数，增加了离退休人员离退休费，并为原事业身份退休职工补发了转制后2年的工资补贴差额，为全店员工发放店庆公交卡等。

六、热心社会公益事业有新突破

三联书店作为著名出版品牌，有着热心公益事业、注重回馈社会的优良传统。坚持“竭诚为读者服务”的店训，2012年以来在公益事业投入上较多，收到了良好的社会反响。收回租借给祥生行的一层铺面，创办了国内出版社第一家面向社会公众开放的图书馆——韬奋图书馆。捐助30万元现金重建云南彝良县被地震震毁的云落希望小学，现在已经开工建设。捐出30万元图书，帮助韬奋家乡建设7个韬奋书屋，还由全店员工捐款15.8万元复建韬奋祖居，作为村民学习科学技术文化的场所。积极致力于出版援疆，和新疆地区最艰苦的塔县新华书店结成帮扶对子，接待其全店员工来京参观学习，还将向他们捐赠一批三联版图书。（鞠晓辉）

中国对外翻译出版公司2012年工作综述

2012年中国对外翻译出版公司（简称“中译公司”）认真贯彻落实集团公司的“三化目标”和“六大战略”，在集团公司总裁班子、党组的关怀支持下，紧紧围绕科学发展这个主题，团结带领全体干部职工，全神贯注、咬定目标、扎实工作，有效推动了各项经济指标和工作任务的完成。

一、总体经营情况

2012年，营业总收入8 918万元（上年7 967万元），同比增长951万元，增幅11.94%，实现利润610万元，同比增长15%。其中，翻译收入4 540万元（含上海中版翻译有限公司360万元），比上年增加246万，增幅5.73%；出版收入3 934万元，比上年增加461万，增幅13.27%。

二、2012年重要工作

（一）全面认真学习贯彻党的十八大精神

中译公司党政领导班子按照上级要求，全面认真组织学习贯彻胡锦涛同志在党的十八大上作的工作报告以及十八届一中全会精神：组织收看党的十八大开、闭幕式；为全体党员干部、积极分子配发《十八大报告》、《中国共产党章程》，为领导干部和党支部配发《十八大文件汇编》、《十八大报告辅导百问》、《党员干部党章学习读本》、《十八大报告辅导读本》等相关资料；制定了全面贯彻党的十八大的学习工作计划。

中译公司党委中心组认真学习胡锦涛同志2012年7月23日在省部级主要领导干部专题研讨班上发表的重要讲话，深入学习党的十七届六中全会审议通过的《中共中央关于深化文化体制改革推动社会主义文化大发展大繁荣若干重大问题的决定》。

（二）认真贯彻落实“三化目标”、“六大战略”

学习贯彻集团公司2012年工作会议精神，提高认识，认真把思想统一到“三化目标”和“六大战略”部署上来。中译公司结合实际提出做好翻译和出版两业分类指导，努力开拓翻译市场，提高翻译产能，力争实现出版加速发展的阶段性目标。研究确定了2012年的12项重点经营管理工作、8项翻译工作、9项出版工作和3项其他工作；确定了公司2012年的经济目标任务，具体分解落实到各个部门，并与经营部门签订了目标责任书。

（三）中标联合国文件翻译业务

联合国文件翻译业务是中译公司翻译业务中利润最大、影响力最大的一个板块。本轮竞标从2011年一直延续到2012年，竞标过程异常曲折。作为专门为翻译联合国文件而组建的中译，我们凭借实力、经验、价格等多种优势，在联合国纽约总部、联合国维也纳办事处和联合国日内瓦办事处新一轮竞标中成功中标，为今后几年的翻译业务打下了良好基础。

2012年，接待了联合国教科文组织、联合国维也纳办事处、联合国日内瓦办事处的多批官员，进一步加强了交流合作。

（四）创新项目建设迈出实质性步伐

中译语通科技（北京）有限公司是中译公司控股子公司。中译语通科技（北京）有限公司自主研发、即将投入运营的智慧语联网，以网络技术、数字技术（智能翻译云平台）为核心，创造全新商业模式，实现传统翻译服务向现代语言服务转型。集团公司高度重视智慧语联网项目建设，将其定位为集团公司数字出版打开局面的重要项目之一，在财政部中央文化企业国有资产监督管理领导小组办公室立项，12月下旬财政资金拨付到位。集团公司主要领导、分管领导多次听取智慧语联网项目进展汇报，给予了许多具体指导。项目已完成一期开发，总部建设正紧锣密鼓争分夺秒地进行中，并已向国家有关部门提交了7项软件著作权、6项专利技术的申请。

为使中译语通科技（北京）有限公司具有基础业务，中译公司决定将会议口译、培训中心两块业务划入中译语通科技（北京）有限公司管理运行。为在全国布局，先期确定青岛市作为主基地，注册成立了青岛中译翻译有限公司、中译青岛分公司。在上海，中译公司作为发起单位之一参与商务部、上海市商委国家级文化服务产业翻译基地的建设，中译语通（上海）公司将落户虹口文化创意产业园。该项目已经获得集团公司批准，投资建设翻译基地。

（五）为2012伦敦书展中国主宾国活动提供翻译服务

在2012伦敦书展主宾国系列活动中，中译公司口译团队出色完成了多场同声传译和交替传译任务，并为集团公司领导访问活动提供翻译。中译公司还派出得力翻译骨干承担新闻出版总署交办的重要任务，为集团公司和中国出版界成功参展发挥了重要作用。

为新世界出版社出版的《中国共产党为什么能》提供多语种翻译，在20天内完成了法语、西班牙语、俄语、意大利语、葡萄牙语、日语共6个语种约20万字的译稿，为保证该书亮相第41届伦敦书展发挥了重要作用。

（六）其他重要翻译工作

中译公司正式签约成为2014年青岛世界园艺博览会独家语言服务供应商，正式签约第二届夏季青年奥林匹克运动会语言服务类别供应商，中标北京奥运城市发展促进会翻译定点服务商项目和中国工商银行总行翻译服务项目。上海中版翻译有限公司与上海国际主题乐园有限公司签署《上海迪士尼项目翻译服务合同》。

为一些重要客户提供了语言服务。在文化领域有美国纽约时报公司、日本东洋经济新报社等；在国际组织驻华机构和驻华使领馆领域有联合国儿童基金会、国际劳工组织、美国驻华大使馆、英国驻华大使馆等；在金融领域有国家税务局、中国银行等；在政府和科研机构领域有中国发展研究基金会、民政部国家减灾中心等；在大型企业领域有西门子（中国）有限公司、联想（北京）有限公司等。

协办第二届中译杯全国口译大赛。与国际关系学院、中国石油大学、外交学院三所大学英语系合作建立了教学实习基地，截至2012年，共与9所高校合作建立了教学实习基地。

（七）其他重要出版工作

教育出版被出版界称为兵家必争之地，其战略意义十分重要。在各方支持下，中译公司通过努力，在新闻出版总署清理整顿教材教辅出版秩序过程中重新申请获得了教材教辅出版资质，为中译出版可持续发展维护和稳定了一条重要的产品线。在保持住现有教辅产品规模的情况下，重视开发非同步类教辅及地方教材。例如《青少年法制教育读本》、《中小学传统文化教育实验教科书》等，已经为地方学校选用，对中译公司进一步开拓地方教材市场打下了良好基础。

“智慧语联网——下一代文化沟通的智慧网络”和《多媒体中国通史》（古代史4卷本）入选新闻出版总署2012年新闻出版改革发展项目库；《阅读中国丛书》（第一辑）入选新闻出版总署2012年“经典中国国际出版工程”出版项目；“图说马克思主义经典”系列丛书、《中国阳光工程——世界最大规模的农村劳动力转移培训》、“中华传统美德与当代青少年”系列丛书入选首都出版发行联盟“三个一百”重点出版项目。

引进加拿大KCP出版公司（Kids Can Press）“动物行为”系列11种图书已经出版，并实现月销售1 000套的好成绩。“中国传统文化精粹丛书”中的6种图书实现了版权输出。

2012年《多媒体中国通史》、“阅读中国·五彩霓裳丛书”、《阳光工程》、《中国人权保障制度》（英文版）等出版物获得了国务院新闻办公室、新闻出版署等单位的资金补贴，共计162.7万元。

2012年集团公司图书专项质量检查，中译被抽检到4种图书，3种优秀，1种合格。

（八）其他工作

为减轻青年职工生活负担，落实人才强企战略，公司投入资金，在宿舍楼原锅炉房基础上改建了宿舍，内设公用厨房、浴室、卫生间等生活设施，现已投入使用，获得职工好评。

三、业务情况

（一）翻译方面

①继续承接来自联合国纽约总部、联合国日内瓦办事处、联合国维也纳办事处、国际货币基金组织、经济合作与发展组织、联合国教科文组织的各类稿件。完成联合国文件翻译约1.6万千字。

②国内翻译业务稳增长，整体经营状况良好。营业额比上年增长24%。

③会议口译195场次，458人次。

④开培训班十二期，培训总人数约500人。

⑤参加中国翻译协会成立30周年座谈会。主持翻译服务委员会三届四次主任秘书长联席会议和全体委员会议。参加由翻译服务委员会主办，北京思必锐翻译公司承办的部分在京企业会员沙龙交流活动。参加人力资源和社会保障部组织、外文局实施与管理的翻译资格（水平）考试阅卷以及质检工作。

（二）出版方面

①重点出版项目。《多媒体中国通史》（古代卷4种）、《非洲通史》（修订版）、《中亚文明史》（第6卷）、“中译翻译文库·理论和教材”10种、双语名著10～20种、幼儿双语分阶读物150种、《中华传统文化精粹》（5种）、学生课外阅读文学名著20种、外语学习类图书80种、英语考试类图书30种、人文经典系列——伟大的思想、大学生人文读本、原版世界文学名著等60种。

②年度选题计划共列选431种选题。截至2012年12月13日，出版了182种，选题总实现率为42%。申请新书号268个，新书发稿为318种（其中有50个系使用去年剩余书号），重印图书265种。

③印制图书388种，总印数184万册；光盘复制24种，9万张；电子图书89种。

④参加各种书展。分别参加了第64届法兰克福国际书展、第19届北京国际图书博览会、第22届全国图书交易博览会、2012年上海书展、2012年北京图书订货会和各地图书馆配书订货会以及图书推介会。

⑤累计向贫困地区捐赠图书码洋50万元。

⑥《长三角》杂志出版稳定，坚持原有的办刊风格及导向，发行量保持在每期2.2万~2.3万册。《动感》杂志是一本不同质化的生活类汽车文化杂志，每期发行量为2.2万~2.3万册。《东方壹周》经过一年半的出版磨合，现运营良好，每期发行量达到2.5万册。

四、完成的其他工作

①中译公司领导班子年度考核。参与集团公司后备干部人才推荐选拔工作，6位中层干部进入集团公司后备干部人才库；选拔副总经理2人、副总编辑1人。全员签订劳动合同。2012年应届毕业生招聘及培训。中层干部聘任和部门调整。中层干部考核测评等。

②制定《法律事务管理办法》、《经济合同管理规定》、《信息报送工作办法》、《移动电话话费补贴办法》、《翻译岗位工作量化考核办法》、《翻译产品质量评定及管理办法》；修订了《中译公司图书出版管理办法》、《中译图书营销中心绩效考核办法》。

③完成ISO9001体系审核工作。接受国家审计署审计。

④编印《企业文化手册》和《vi手册》。完成企业文化建设三年工作验收。初步形成公司精神文化、制度文化、行为文化、环境文化的基本框架。

⑤获得“2011~2012年度国家文化重点出口企业”称号，国家奖励71万元。获得中国翻译协会“优秀企业会员”称号。

⑥中译网站改版上线。

⑦完成了出版部门和口译部、培训中心搬迁新址工作。

五、党群工作

①全面认真学习贯彻党的十八大精神。

②深入开展“创先争优”活动。

一是继续开展党员承诺活动，让全体党员接受广大群众监督。二是结合年终总结考核，表彰了2011年度优秀个人、先进集体、优秀党员、优秀党团组织和优秀团员以及多个专项集体和专项个人。

③进一步加强党建工作。召开10次党委会议，集中精力研究党建的重大问题，采取得力措施，加强党的组织、思想、作风和制度建设。召开中心组专题学习会两次、民主生活会1次，领导干部带头进行理论学习，提高政治素养。组织开展“解放思想、转变观念、创新发展”大讨论，开展基层组织建设年工作和“基层党组织党员满意度测评”，开展党的政治纪律专项检查，参加集团向周恩义同志学习座谈会，参加集团党支部书记培训班，参加集团公司2012年“香山论坛”分论坛和演讲比赛，组织党员代表参加集团党代会，组织积极分子参加集团入党培训，网上投票推荐优秀共产党员，参观“科学发展大型图片展览”。组织部分党员去井冈山、中国浦东干部管理学院参加学习，接受党性教育，提高理论水平。参加集团公司“为民服务共建文化新农村”活动，公司党委与顺义区北小营镇西府村结为帮扶对子。

2012年，中译有4名同志按期转正，1名同志被吸收为预备党员，5人被确定为重点发展对象进入发展环节。12人参加集团公司开展的入党培训，8名同志向党组织提交申请书。

④支持工青妇工作。8名团员提交入党申请，参加培训成为入党积极分子。积极推进职工之家建设，向职工发放生日卡、新婚礼金、慰问金、电影票，举办羽毛球赛、摄影比赛，为职工办理福利储备卡。（卜晓艳）

东方出版中心2012年工作综述

一、东方出版中心干部群众齐心协力，确保工作大局平稳有序

2012年年初，东方出版中心（以下简称“中心”）经历了一个特殊时期。根据东方出版中心的实际情况，中国出版集团公司党组和总裁班子决定，由原东方出版中心领导班子中三位成员组成过渡班子，负责东方出版中心日常工作。过渡班子的同志们受集团公司领导重托，坚持以工作大局为重，以事业发展为重，以员工利益为重，做到思想上不懈怠、工作上不放松、要求上不降低，班子同志团结一心、殚精竭虑，克服了各种困难和挑战，完成了年度工作任务。同时，班子同志以强烈的忧患意识和危机意识，针对发展中面临的困难和问题，认真思考未来可持续发展的问题，以创新的思维和创新的理念，提出了创新发展的新思路、新设想，为发展走出困局、开辟新路径寻找到了新的突破口。2012 年 3 月份，领导班子调整后，班子同志更是以新的精神面貌和新的工作状态，找准工作突破口，全力推进年度各项工作的落实和新的发展目标的实施，东方出版中心发展呈现出了积极向上的可喜局面。领导班子的工作得到了集团公司领导的充分肯定。

广大中层干部和普通员工，表现出了很强的政治意识和良好的职业精神，积极支持和配合领导班子工作，认真贯彻落实领导班子各项工作部署和要求。大家尽心尽职，克服困难，努力做好自己的本职工作，确保了2012 年各项工作任务的有效落实和顺利完成。广大干部、群众还积极参加“解放思想、转变观念、创新发展”大讨论和“香山论坛——中心分论坛”，为集团公司和中心的未来发展建言献策，贡献智慧。

集团公司领导对东方出版中心发展给予了高度关注、关心和关爱。总裁谭跃等领导同志多次听取领导班子和主要领导的工作汇报，与领导班子成员面对面进行交流沟通，就发展作出明确指示，提出具体要求。特别是 2012 年 7 月中旬，集团公司领导集体来东方出版中心现场办公，为发展把脉诊断，不仅现场解决了面临的急需解决的问题，而且还表示要举全集团公司之力，支持东方出版中心发展，谭总提出的“振兴东方，打造一流”要求，增强了大家做好各项工作，加快中心发展的信心和决心。

二、落实“振兴东方、打造一流”要求，全力推进“两个建设”

2012 年，东方出版中心在进行了深入的思考、充分的调研和认真的谋划，提出了“两个建设”的发展规划，即建设财金、经管图书产品线、建设东方虹桥国际创意出版产业基地和中国出版集团数字影像拓展中心，也可称作建设产品线、建设产业园，简称“两个建设”。

1. 开展了制定建设东方出版中心财金、经管图书产品线规划工作

按照谭跃 2010 年 10 月考察调研时提出的要走出与集团公司在北京单位不同的，有着鲜明上海区域特点的发展之路的要求，领导班子在努力把握上海区域特点和优势以及深入了解上海各大出版单位出版特点和主要产品的基础上，提出了所属出版主业近远期发展目标和发展策略，明确了以财金、经管类图书为拓展重点，既解决集团公司图书出版中目前存在的短板，也努力形成出版新的内容、新的亮点和新的产品线。从资金、管理、人才、项目上给予重点的扶持，并确定了做好财金、经管类图书的原则，即从引进版权着手，以财经研究机构为合作伙伴，以合作出版为主要方式，以金融机构、政府、院校和企事业单位为主要服务对象，用最少的投入，最短的时间打造具有东方特色的财金、经管类图书产品线。

2. 开展了制定建设出版产业园区和数字影像拓展中心规划工作

东方出版中心领导班子根据上海长宁区政府“十二五”期间对中心所在区域——虹桥商务区文化、服务功能深度开发的总体构想以及中国出版集团公司新十年实施“三六构想”的发展战略，立足中心实际，着眼促进图书主业升级，提升房产经营层级，提出了建设出版创意产业园区和数字影像拓展中心的设想，找到了融入上海市大虹桥发展战略以及长宁区对虹桥商务区进行新一轮开发的切入点，也找到了推进中心创新发展的突破口。2012 年 7 月中旬，在集团公司领导班子见证下，中心与长宁区人民政府共同签署了关于联手推进东方虹桥国际创意出版产业基地、中国出版集团数字影像出版拓展中心建设的战略

合作框架协议。在集团公司领导班子中心现场办公会上，谭跃代表集团公司领导班子表示，将举全集团公司之力支持建设产业园区，并提出2012年是准备年，2013年要初见成效，三年要基本建成。按照这一要求，中心正在稳步推进产业园建设。中心成立了园区建设领导小组和工作小组，全面负责和处理园区建设各项具体事项，并且制定了《产业园区建设领导小组和工作小组工作推进机制》、《产业园区建设项目监管方案》、《产业园区建设首期资金募集方案》、《产业园区定位及招商控制方案》和《产业园区制版楼腾退等相关事项的方案》、《产业园一期建设规划方案》等6个文件，确保产业园区建设有序进行。截至2012年，产业园区建设一期规划——建设立体车库、连廊平台已形成规划方案，正在积极与区规划部门协调。一期规划所需的资金，在集团公司领导的关心下，在集团公司有关成员单位支持下，已基本解决，现在争取尽快投入建设。在集团公司的大力支持下，建设中国出版集团公司数字影像拓展中心的工作也在稳步推进。集团公司已批复同意在上海设立中国出版集团数字出版影像拓展中心，由东方出版中心代管。这个项目的建设规划已入选新闻出版总署“改革与发展重大项目库”。截至2012年，拓展中心的场地已经落实，启动资金业已基本解决。所需专业人员将按照新的用人机制，以市场化方式运作。

三、积极调整，加大投入，图书出版主业呈现平稳有序发展

2012年，在中心领导班子的关心下，出版主业重点在几个方面进行了总体的规划和调整：一是修订了编辑考核办法，完善激励机制，提高编辑生产效率；二是梳理现有产品线，积极推进财金、经管类选题的开发；三是加强对合作出版的规范管理，加大合作出版的推动力度；四是着力提高编辑部门对2012年上海书展、第22届全国图书交易博览会、2012年北京图书订货会、第19届北京国际图书博览会等几大图书活动的参与度；五是积极调整总编办等管理部门的角色，以便更好地为编辑、发行等业务部门服务；六是充分利用北京开卷信息技术有限公司、微博、豆瓣网等网络工具，全方位、多角度地开展图书宣传营销工作。七是对数字出版、影像出版进行充分调研和整体规划，形成成熟的数字化发展战略报告，得到集团公司领导的充分肯定。

尽管2012年中心主业面临许多困难和挑战，全年工作仍取得了一定的进展。总出书品种161种，初版书84种，重版书77种。印数133.428万册，总印张11 407.7万印张。生产总码洋2 743.99万元。发货码洋5 485万元，销售收入3 043万元，图书回款3 047万元。概括起来，2012年出版工作取得了如下成绩：

第一是围绕重大活动出版工作成效明显，出版了迎接十八大召开和纪念宋庆龄诞辰120周年等书籍。第二是常规图书出版成绩不俗。中心承担的集团公司重点出版项目“世界历史文库”丛书，2012年出版了7种新书。还出版了具有较高学术价值和史料价值的学术著作《中国当代民间史料集刊》（第一辑）等书。第三是《中华民族道德生活史》入选中宣部、财政部主持的“社会主义核心价值体系”重大出版项目，获资助78万元。数字影像美术作品阅读终端器2.0项目获得中国出版集团公司460多万元资助。此外，一批图书年内获得各种荣誉奖项。《中国共产党反腐倡廉文化史》一书，荣获中纪委、中宣部、新闻出版总署颁发的首届廉政文化优秀出版物奖。《中国科举史》荣获第四届全国教育科学研究优秀成果奖。《曹禺：戏里戏外》被评为2012年度中国影响力图书。第四是数字出版基础建设扎实推进。为了更好地落实集团公司数字化战略要求，中心成立了数字化战略领导小组，下设数字化战略领导小组办公室，全面负责和全力推进中心数字化出版工作，并确定要重点要抓好的几个方面的工作。第五是2012年上海书展再创佳绩。中心共有四百余种图书参展，共销售图书6 651册，销售码洋85.66万元，实洋69.27万元，再创参展以来新高。第六是杂志出版发展稳健。《大都市》和《中国广告》两种杂志2012年合计总印数108.2万份，总印张857

万印张，总码洋3 890万元。

四、齐心协力，攻坚克难，较好完成了年度各项经营指标

2012年，中心经济比较困难，特别是年底出现的资金极度紧张的情况下，中心上下齐心协力，想方设法，积极克服面临的困难和挑战，确保了各项经营工作的正常进行，较好地完成了年度各项经营指标。

2012年中心营业收入7 672万元，完成年度预算7 616万元的100.74%。其中图书主业营业收入2 878万元，完成年度预算2 870万元的100.28%。东昊物业管理有限公司完成731万元，完成年度预算700万元的104.43%，利润61万元。东怡房地产经纪有限公司完成1 727万元，完成年度预算1 680万元的102.80%，上交中心租赁收入及利润1 569万元，完成年度预算1 514万元（含补贴收入17万元）的103.63%。东方世纪宾馆完成596万元，完成年度预算920万元的64.78%。上交中心租赁收入及利润165万元，完成年度预算375万元的44%。这主要是宾馆关闭而未完成年度经营指标。《中国广告》杂志营业收入688万元，完成年度预算662万元的103.93%，比上一年667万元增长3.15%。利润54万元，完成年度预算54万元的100%。

2012年中心利润完成1 629万，完成年度预算810万元的200.74%，比2011年858万元增长89.51%。在中国出版集团公司2012年利润总额增加的成员单位中名列前三位，在中心历史上也是前所未有的。这是通过艰难努力，彻底解决东方维京文化发展有限公司监管无力历史问题带来的明显成效。

2012年费用支出3 908万元，为年度预算4 042万元的96.68%，比2011年3 680万元增长6.20%。造成增长的主要原因是中心辞退福利、财务费用调整数的增长。

在报表以外，中心投资的东方维京大厦2012年全年出租率超过90%；营业收入10 019万元，比2011年6 693万元增长49.69%；净利润5 125万元，比2011年2 506万元增长104.51%。投资收入明显高于2011年。

五、解决沉疴，推进转型，为东方出版中心可持续发展和长治久安奠定扎实基础

①彻底解决了东方维京文化发展有限公司国有资产监管失控的历史问题。2012年，中心在集团公司的大力支持和在国家审计署的配合下，利用东方维京文化发展有限公司董事长、法人代表更换的机会，采取各种有效措施，切实强化对公司日常经营活动的参与和监管。针对东方维京文化发展有限公司的对方股东有严重的违规经营行为的情况，在集团公司领导的关心和支持下，中心成立了处理东方维京公司问题工作小组。在中心班子的领导下，工作小组经过与对方股东的代表反复谈判，激烈交锋，斗智斗勇，艰难博弈，最终迫使对方股东同意无偿转让他们持有的部分股权，形成了现在中心股东持股57%，对方股东持股43%的股权比例，取得了对公司的绝对控股权，彻底解决了东方维京文化发展有限公司监管不到位、经营不受控、收益不透明的历史问题，确保了国有资产的安全，也为中心的长治久安和持续稳定发展及改善员工生活提供了有利条件。

②顺利完成了东方世纪宾馆经营转型。为了配合中心产业园区建设，同时也为了进一步提高中心经济效益，中心领导班子决定关闭东方世纪宾馆，将宾馆原有五个楼面的房屋全部用于产业园区用房，对外招租。在集团公司关心支持下，在中心班子的统一领导下，在宾馆上下的积极配合下，宾馆于2012年9月30日顺利结束营业，员工得到了很好的安置，整个转型过程平稳有序。宾馆腾出的楼层，有关部门正在积极招租，其中20层已整体出租。其余4个楼层正在紧锣密鼓地进行改建，争取尽快出租。

③芙蓉江路77弄1号楼底层房产已签约出售，首批房款已经到账。集团公司批准同意出售芙蓉江路77弄1号楼底层房产后，中心领导班子即抓紧做好出售的相关工作，中心有关部门对内对外积极寻找买家。前不久与区内一家国资企

业签订了出售协议。截至2012年，首批房款已经到账。这块中心非核心房产的出售，对缓解中心制版楼整体改造的资金压力起到了积极的作用。

④积极推进人才队伍建设和人才培养。中心认真贯彻集团公司人才工作大会的精神和要求，根据中心事业发展的总体目标，制定了人才队伍建设和人才培养规划。同时，根据中心建设出版产业园区和数字影像拓展中心的需要，制定了专门的人才引进、使用机制和措施，重要人员引进、使用由中心领导班子研究决定，专业人员引进、使用由园区和拓展中心管理部门按照市场运作规则，决定引进、使用，以此更好地提供人才支撑和保证。

六、关心群众，凝聚人心，为职工排忧解难多做实事

①解决中心员工身份转换出现积极势头。中心事业编制员工身份转换工作是事关中心员工切身利益的大事，也是事关中心安定团结的大事。这些年，虽经集团公司领导和有关部门、上海市委宣传部关心，中心领导班子和有关部门多方寻求解决办法，但毫无进展。随着时间的推移，解决这一问题越来越紧迫。2012年，中心新班子把这项工作作为一项重大工作，摆在议事日程上，倾尽全力予以解决。根据中心的要求，十八大召开之前，中国出版集团公司、上海市委宣传部及上海市有关部门的领导和有关人员在中心召开了专题会议，研究如何尽快解决中心事业编制员工身份转换问题，并提出了具体的解决方法。前不久，中宣部、新闻出版总署、人力资源和社会保障部以及中央机构编制委员会办公室就中心转企改制员工身份转换问题召开了专题会议并达成共识。有关的会议纪要已送达上海有关部门，解决这一问题出现了积极势头。

②关心职工生活，千方百计增加员工收入。新班子组建以来，十分关心在职职工的收入情况，在中心经济好转，经济条件允许的情况下，积极考虑提高员工收入水平。随着东方维京公司问题的彻底解决，不仅强化了中心对东方维京公司的经营管理，同时也为中心增加了实实在在的经济收益。在这种背景下，本着关心职工生活的精神，经领导班子研究决定，在2011年增发绩效工资的基础上，继续增发绩效工资。同时，年终奖金总量在2011年年终奖总量的基础上再做增加。应该说，2012年是在岗员工收入增长最大的一年。

③做好东方世纪宾馆员工安置工作。尽管东方世纪宾馆员工不是中心编制内员工，但他们为中心经济发展辛勤工作，作出了自己的一份贡献。现在由于中心发展的需要，宾馆要经营转型，不再需要他们了。但我们要善待他们，让他们离开的时候愉快。为此，中心领导班子和宾馆领导反复商议，最终确定了较为合理的补偿方案。方案公布后，宾馆员工普遍表示满意，感谢领导的关心。宾馆领导还通过业内关系，为员工重新就业牵线搭桥。宾馆整个转型过程中，未出现一件因处理不当或矛盾激化影响稳定的事件。

七、推进企业文化建设，不断提升东方出版中心发展的文化力量

①企业文化建设取得显著成效。经过中心广大干部、员工的集思广益，确定了中心企业文化核心理念和“五心”企业精神。在此基础上，编制完成了中心《企业文化手册》。为了更好地学习、宣传、践行中心企业文化，分别对支部书记、工会、团总支委员，各部门、单位负责人以及全体员工进行专题培训，努力把企业文化建设变为全体员工的自觉意识和自觉行动。前不久，集团公司党群工作部领导和集团公司企业文化建设顾问来中心检查企业文化建设情况，对中心这项工作给予了较高的评价。

②精神文明创建活动深入扎实。2012年是中心精神文明创建活动五年规划的完成年。结合年度精神文明创建活动检查评比，中心召开了精神文明建设推进大会，用PPT、展板以及工作台账等形式，对中心精神文明建设成果集中进行了展示。会上对年度精神文明创建活动成绩显著的5个部门、单位授予了“精神文明创建活动流动红旗”。中心领导班子成员还分别与分管部门、

单位的负责人签订了“2013～2014 年精神文明建设责任书”。

③确保了内部安全稳定。2012 年是十八大召开之年，安全稳定工作要求很高，任务很重。坚持抓会议制度落实，定期研究部署安全维稳工作，落实相关保障手段和措施；坚持不懈抓好安全防范工作检查，及时消除和化解影响安全稳定的因素和隐患。2012 年员工身份转换工作和宾馆经营转型工作都面临了稳定的压力和维稳的考验，中心领导班子和有关部门的同志高度重视，坚持把工作做在前，做深做细，防患于未然，确保了工作的顺利推进，也确保了内部的稳定和谐。

（张洁民）

新华书店总店 2012 年工作综述

2012 年，新华书店整体经济情况持续良好，企业总体状况保持稳定。在中国出版集团公司领导的关注、关心和集团各部门积极支持下，在总店总经理室的得力领导下，企业坚持以保持企业稳定、保持干部职工心态平稳，在平稳中恢复业务和振奋精神为最大目标。依靠全店上下团结，艰苦奋斗，克服困难，继续前进，连续第二年实现账面赢利，为总店下一步平稳发展奠定较好基础。

一、主要经营指标

2012 年新华书店总店总计实现营业收入 11 333 万元，比上年减少 1 984 万元，降幅 14.90%。利润总额为 668 万元，比去年 325 万元，增长 343 万元，超额完成集团下达的指标任务。

2012 年新华书店总店主营业务收入 7 633 万元，其他业务收入 3 700 万元。三项费用总计为 7 127 万元，比上年的 8 401 万元减少 1 274 万元，其中销售费用支出 1 650 万元，比上年4 220 万元减少 2 570 万元；管理费用 3 978 万元，比上年 5 484 万元减少 1 506 万元；财务费用 -7 万元，比上年 203 万元减少 210 万元，这主要是完成还贷的结果。

2012 年，新华书店总店图书批发主营业务继续停顿，流动资金压力已迫使企业难于恢复传统的图书批发业务。总经理室认真学习贯彻党的十七届六中全会精神和十八大会议精神，注重新华书店总店品牌效应和影响，根据企业具体情况从寻求新的业务增长点入手，整体考虑新华书店总店业务布局，着力加大物业租赁投入与开发，提高物业收入，在保证企业运转的前提下，压缩经营与办公成本，降低开支，带领企业稳定前行，确保企业、职工双稳定。2012 年，经过总经理室与全店干部、职工的共同努力，重点完成了以下几方面工作：

（一）积极做好企业维护和稳定，处理好店内干部和群众的关系

由于企业前期遗留的问题，2012 年总经理室把企业与职工的稳定仍放在各项工作的第一位，以减少干扰，让集团公司领导放心。近年来，总店业务基本停顿，职工心态不稳。为保持企业局面稳定，平稳情绪，总经理室建立了与一线员工直接交流的畅通渠道，定期联系职工，收集信息，充分做好对职工的思想工作；同时，要求各部门中层干部把职工的事情放在重要位置上，适时作出解决企业及职工关心问题的具体行动。由于沟通及时，职工了解企业基本状况，理解企业目前困难，干部和群众的关系趋向和谐，企业局面基本平稳。

企业现处在一个特殊敏感期，对企业的任何问题，总经理室都给予高度重视，积极研究并制定相应方案，主要事项及时向上级请示、汇报。特别是在配合集团公司马连道工程开发准备和新华出版物流通公司股权转让等重大问题上，预案在前，效率为先。为开发工程和股权变更工作的准备就序提供了保证。为使上情下达，把上级领导的批示全面布置安排，以文件或通知形式向全店下发，使工作有布置，落实有监督，进度有检查，保证了企业在非常时期，稳定有序，同心协力做好工作。

（二）2012 年新华书店总店信息中心的经营持续发展

几年来，新华书店总店信息中心按照“打

造行业完整信息产业链，建设行业信息大中盘”的战略目标，不间断地朝建设信息服务系统平台，扩大信息服务内容和品质，建设信息服务专业队伍的方向而努力。按照集团现代化、大型化、国际化的战略目标，着手对原有的报、刊、盘、网立体化的信息传播体系进行升级改造，走向专业化道路。目前，新华书店总店信息中心已向全国最大的出版信息加工发布平台这一目标迈出坚实的一步。

2012 年，新华书店总店信息中心图书征订及信息发布 183 000 多种，约占全国当年出版总品种的 60%，进一步明确业务主体不再仅限“信息传播”一个项目，信息的数字化加工业务、信息传播中新媒体的使用及其市场价值的实现、规范化、标准化电子信息的服务以及读者、行业、产品信息的分析与反馈等都已成为新华书店总店信息中心业务主体，成为新华书店总店信息中心主营业务收入的几个重要方面。

新华书店总店信息中心重视加强市场推广力度，扩大行业品牌影响力。2012 年成功举办了北京图书订货会馆社高峰论坛、全国图书馆媒体阅读年会、全国大中专教材公共论坛等一系列活动。

新华书店总店信息中心发行及广告业务在艰苦营销中不断强化并在回款困难加大的情况下，保持稳定发展。新华书店总店信息中心全年完成销售收入 2035 万元，比上年 1978 万元同期增加了 57 万元，增幅为 2.88%；实现利润 780 万元，增幅为 6.41%。

（三）为增加新华书店总店收入积极想方设法挖掘潜力，提高有限房屋使用率

继续对长年库存图书进行清理，共清理盘存图书 6 000 多万元，并向集团公司申请进行报废处理。总店拟将清理出的近 7 000 平方米库房进行改造，争取良性出租，为企业增加收入，奠定企业发展基础。

2012 年，新华书店总店对外出租物业已完成 7.2 万平方米，年租金收入达到 4 200 万元。尽管 135 号院受到了租期短的限制，但物业部门经过与各方租户艰苦谈判，平均租价仍达到较好水平。物业收入目前已成为新华书店总店收入的重要的来源。由于新华书店总店所属房屋建筑大部分（135 号院）均为 20 世纪 50 年代建筑，年久质差，物业出租后，还要有大量的维护和管理工作。物业管理部门在保证企业利益，完成企业下达的任务同时，在物业管理上有新的发展：一是规范化管理；二是对出租收入计划性加强；三是用法律武器维权；四是积极利用国家政策的支持对所属宿舍区进行维修。2012 年的物业工作比以往有所提高，在极端困难的情况下为企业提供了重要的资金支持。

（四）继续认真解决出版社欠款问题

新华书店总店、新华出版物流有限公司在运营期间沉淀下的欠款甚巨。为此出版社因欠款常将新华出版物流有限公司告上法庭。针对此种情况，总经理室认真研究，抓紧清理现有库存书的可以退还各出版社图书。在双方确认可退图书基础上，重新核对欠款，努力减少应付款余额。同时，继续试行打折付款。2012 年，与新华书店总店新签订付款打折协议的出版社有 46 家，协议解决付款额 4 100 万元，新华书店总店需支付资金 1 076 万元左右，为应付款的 26.33%。2012 年新华书店总店实际对出版社执行付款 1 239万元，解决债务 4 159 万元，实付为应付比例的 29.53%，为总店创造较大利润空间。

（五）坚决贯彻落实集团要求，完成新华出版物流通有限公司的股权收购工作

按照集团领导、新华书店总店总经理室安排，新华书店总店对回购新华出版物流通有限公司非国有股东股权事宜进行多轮谈判。在近半年时间里，完成对博恒、派克多、紫禁城三家股东股权的收购工作，变更工商登记和偿付股东收购款。此项工作于 11 月底全面结束。新华书店总店成为 97.75% 绝对控股的大股东，股东从以前 11 家变成现在 8 家，成为完全的国有资产的有限公司。目前公司所有股权转让手续和工商变更登记全部完成，款项也已付清，在集团公司要求的既定时间内完成了这项工作。

（六）加强人事管理，促进减员增效

2012 年 12 月底，新华书店总店共有在册员

工119人，外聘工49人，内退员工203人，公司在岗人员199人，合计570人。2012年人力资源部门在落实集团人才发展规划，全面履行规定程序，为集团公司输送进入人才库人员方面做了大量工作。及时上报各种人事报表和文件，高效完成各类社保工作，出台系列奖励与管理文件，有效地履行人力资源部的管理职责。人事教育处老龄工作科在人员较少的条件下，全心全意为老同志服务，不分时间，不论早晚，把关心和慰问及时送到，赢得了老同志们的理解和感谢。特别在企业困难之际，老同志的支持与理解对稳定企业尤为重要。

（七）提高经营管理水平

为配合集团公司统一财务管理制度，进一步提高企业经营管理水平，提高管理效率，降低经营成本，新华书店总店长期坚持统一办公用品采购，节约各项费用开支，严格执行固定资产管理规定，在企业赢利后，继续过紧日子、苦日子，保证了企业资金的周转。进一步强化计划财务处对新华书店总店及新华出版物流通有限公司的宏观经营与财务的调控，行使全店资金统筹运作和财务监督的管理职能，严格规范各部门、各级领导的审批权限，为总店合理调配资金，维持企业基本运转，发挥了保障作用。

（八）积极配合集团公司审计组的工作，加强对外投资的管理

在长达5个月的时间里配合审计组工作，为其审计工作提供各项便利，使审计组顺利完成任务。新华书店总店的诚心相待，赢得审计部门的同情与支持，主动提出向中央反映新华书店总店的困难，争取到上级支持。

加强对外投资的管理，对总店下属投资公司定期检查，对严重亏损和没有市场前景的公司坚决予以关闭，并妥善做好关闭公司人员的安排。年内，完成注销新华音像租赁发行有限公司法律手续。

新华书店总店所属书香园宾馆在连续亏损5年，于2012年年初重新选派宾馆法人和总经理。宾馆经营班子在各方面积极想办法节支增收，加强管理，激励员工工作积极性，在市场环境未改变的情况下，减亏三十余万元，2012年实现了赢利，取得了较好业绩。

（九）做好企业精神文明建设，调动职工的积极性和参与意识

精神文明建设工作是保证企业发展的重要基础。坚持以经济工作为中心，坚持以加强和改进思想政治工作，提高职工队伍素质为基点，积极组织职工参加新华书店协会主办的全国新华书店业务技能大赛，努力练兵，并在大赛中获得了一个项目二等奖、一个项目三等奖，为企业争得了荣誉。同时，在企业文化建设中，把工作落在实处，踊跃参加集团组织的香山论坛征文活动，并取得一等奖的优异成绩。在企业困难时期，通过文化活动带动职工的集体荣誉感和企业主人翁精神，是总店党委的工作宗旨。在企业困难时期，更加重视年轻人对企业的信心和对组织信赖的思想培育。年内，经过积极培养，发展4名年轻同志入党。新华书店总店党委组织学习十七届六中全会文件和十八大文件精神，结合企业现状，研究新华书店总店今后的发展方向。同时，新华书店总店党办和工会还对店内困难职工发起职工捐款活动，使受捐职工在企业困难情况下，感受到组织的关心和爱护。

（十）强化法制观念和意识，利用法律武器保障企业合法权益

2012年，新华书店总店充分利用法律武器为企业争取和保障权益。重视延聘常年法律顾问，还在各部门特别是对外业务部门普及法律常识，严格店内所有合同、协议的签定手续，重要文件等都要经过律师审核。　（张　倩）

中国图书进出口（集团）总公司 2012年工作综述

2012年，中国图书进出口（集团）总公司深入贯彻中国出版集团公司“三六构想”和总裁谭跃7月27日在中国图书进出口（集团）总公司召开的总裁现场办公会上的讲话精神，制定实施了“56119”改革发展思路，进一步明确了发展定位和发展目标，着力推进战略转型和业务

发展，超额、圆满地完成了全年工作任务，为中国出版集团公司乃至出版行业的改革发展作出了重要贡献。

一、双效业绩概述

（一）社会效益

2012年，中国图书进出口（集团）总公司坚持社会效益为首位，积极发挥“走出去”主力军作用，总公司、中国图书进出口上海公司、中国图书进出口广州公司获得国家“2011～2012年度国家文化出口重点企业”称号，获得出口专项资金奖励91万元；承办的北京国际图书博览会获得国家“2011～2012年度国家文化出口重点项目”称号。2012年5月，因出色完成2012伦敦书展中国主宾国近300场活动组织承办工作，赢得了政府颁发的主宾国活动先进单位等9个奖项。

（二）经济效益

2012年，中国图书进出口（集团）总公司上下动员，戮力同心，圆满完成了双10%增长和跨台阶增长目标。全年共实现营业收入27.79亿元，利润总额7 362万元，同比增长均超过10%；资产总额达到29.78亿元，同比增长10%；所有者权益达到11.1亿元，同比增长3.74%；国有资产保值增值率达到104.1%。

二、进出口主业情况

（一）深挖市场潜力，强化激励机制，出版物进口总体上逆势增长，保持了行业绝对领先地位

在国际出版业数字转型加快、进口主业成本加大的背景下，坚持挺拔主业不放松，完善实施了营销增收专项奖励办法，制定实施了数字化经营倍增计划，巩固报刊进口和图书进口在大专院校、科研院所、公共图书馆等团体客户的市场份额，开拓电商等大众营销渠道，全年实现出版物进口2.14亿美元，同比增长22.29%。其中，纸质出版物进口1.66亿美元，同比增长21%；数字出版物进口4 737万美元，同比增长26.49%。

（二）加强渠道拓展，提高国际合作和发展能力，荣获国家文化出口重点企业称号

与英国最大连锁书店史密斯连锁书店和日本纪伊国屋书店合作，设立中文专柜，进入了英、日两国的主流销售渠道。按新闻出版总署出口业务统计数据，2012年实现出版物出口1 172万美元，同比增长10.39%。若加入万迅国际运输公司承接孔子学院代理出口项目，全年实现出版物出口1 408万美元。同时，加强海外出版选题策划，加大合作出版推广，全年共实现合作出版图书206种。

（三）加快基础建设，加速资源聚合，夯实了数字进口中盘基础

成立数字发展中心，制定实施“全球数字资源聚合与服务工程”。以大容量、高备份、强容灾为标准，完成中图数据中心一期建设，数据中心容量达到了1.5 PB，为开展数字资源聚合与服务奠定了高效的物理环境基础。完成国际数字资源交易与服务平台开发设计、数据迁移与本地部署工作。加速聚集数字资源，加强上游数字资源聚合，与英国科技出版集团等集成商与渠道商进行合作，聚集了100万种海外电子书资源。

（四）圆满承办重大会展，完成组团参展任务，提升了国际书展参展开拓能力

圆满完成2012伦敦书展“市场焦点”中国主宾国近300场活动组织承办工作。圆满完成第19届北京国际图书博览会承办工作，参展国家同比增长25%，实现版权输出同比增长13%。圆满完成祖国大陆图书展等12个国际性书展的组团参展工作。成功开拓了巴西圣保罗国际图书双年展组团参展，实现了在南美洲的拓展；首次成功承办了国际动漫博览会（北京2012），实现了书业外会展的拓展。开展与湖北省、中国期刊协会联合承办中国（武汉）国际期刊交易博览会的筹备工作。充分发挥子公司地域优势，圆满完成承办南国书香节·海外华文馆、主办2012上海国际音响大展暨第四届国际音响格兰披治颁奖盛会、第23届香港书展大陆出版社组团参展等工作。

（五）布局“三南一中”，大力发展大文化国际贸易，国际经营能力增强

发挥“走出去”先遣队作用，制定并实施了“中国出版国际传播能力建设工程”。与印度UBS签署进出口合作意向书，与阿联酋海湾新闻集团达成进出口合作意向，国际布局在这两地即“一南一中”有所突破。加大大文化贸易开拓力度，大文化贸易收入突破人民币10亿元大关，同比增长21%。成立海外拓展部，整合海外出版发行和国际版权贸易业务，制定了海外出版公司和书店管理办法。

（六）加强管理，盘活存量，开发增量，资产效益有所提高

成立资产管理与审计部，负责全集团资产管理，为提高资产效益奠定了管理基础。提高金融资产运营水平，完成了深圳市兴中图投资有限公司的干部调整，并制定了新的投资管理办法。加强产业园区经营与开发。1月初，商务印书馆等4家品牌企业入驻中国出版蓝桥文化创意产业园；10月份，蓝桥园区成为首批7个“上海市知名品牌示范区”创建区域之一。加快兼并重组，总公司正在与有关按需印刷企业洽谈股权收购。

三、管理工作情况

（一）注重调查研究、求真务实，努力形成气正风清、开拓进取的改革发展环境

新领导班子通过深入调查研究，广泛听取广大干部职工的意见和建议，围绕制定“56119”改革发展思路，激发大家的创造力和凝聚力。努力营造班子正、中层正、党员正、群众正的，决策透明、管理有效、执行有力、意见通达、环境和谐的工作局面；努力营造倡导敬业、鼓励竞争、奖励有为的工作环境；努力营造认识危机、临危思变、勇于担当、开拓进取的工作状态，形成了良好的改革发展意识和环境。

（二）注重找准定位、明确目标，努力形成战略清晰、重点突出、措施管用的改革发展共识

中国图书进出口（集团）总公司的业务是中国出版集团公司的三大主业之一，是中国出版集团公司改革发展的重要方面军。由此，确定了未来5年发展“三重三队”和“五化”定位，明确了“五先一支”六大战略的实施路径、十一个重大项目和九大保障措施，力争用5年左右的时间实现从传统产品提供商向全媒体信息服务商的转型。同时，通过召开中层干部和分支机构总经理会议、总公司（本部）十届二次职工代表大会、总公司各部门和各子公司研讨会及印发宣传册等各种形式，宣传、动员和落实改革发展思路，凝聚改革发展共识，汇聚改革发展力量，为推进改革发展提供了思想保障和行动基点。

（三）注重机制改革，以机构调整和干部竞聘为切入点，推进资源整合和业务重组，形成了较为清晰的改革发展模式

制定实施了《中图总公司机构调整及中层管理人员聘任方案》，按照分类、分层、兼顾、归并、效益优先等原则，形成了总公司5个职能部门、5个业务部门、5个业务中心以及中心下设的14个二级部门为架构的机构设置方案；按照德才兼备、注重业绩的原则，通过公开竞争、择优选拔，分两个批次，完成了中层管理岗位和科级岗位的竞聘和聘任工作，为推进六大战略的实施提供了资源保障和组织保障，为加快转型发展提供了机制基础和干部准备。

（四）注重发挥党委的政治核心保障作用，积极推动科学发展、和谐发展，为改革发展提供了有力的政治保障

党委以“与业务同行，与群众同心，与发展同辉”为党建工作目标，发挥政治核心和组织保障作用，企业文化建设和精神文明建设取得了新的成绩。图书文献事业党支部荣获“全国创先争优先进基层党组织”荣誉称号。组织召开第二十一届党建思想政治工作研讨会，深入贯彻落实十八大精神。纪委坚持通过开办廉政网络课堂、定期发放学习读本、组织观看廉政警示教育片等方式，加强党员干部廉洁自律建设，2012年来无重大违法违纪行为，党员群众、干部群众关系日趋和谐。

（五）注重政策支持，适时调整完善内部规章制度，积极争取外部政策条件，为改革发展提供了有力的制度保障和政策支撑

组织开展了对国内子公司的经济审计和干部摸底调查，加强了对总公司各部门和子公司的考核管理。制定了《总经理班子工作规程》、《外事出访管理规定》、《深圳兴中图投资有限公司对外投资管理暂行办法》多项管理规定。制定了经营双10%增长特别奖励办法、数字化经营倍增计划，完善了营销增收专项奖励办法和鼓励出口奖励措施。积极开展政府政策公关，“全球数字资源聚合与服务工程”等4个重大项目均通过了政府有关部门评审。

（六）注重提高职工收入水平，不断提高改革发展的内生动力和创造活力

从增强内生动力和创造活力出发，积极开展出版物进口等多种业务培训，通过发放学习卡、促进学习型组织建设，通过组织“快乐生活，健康工作”健康月活动、集体休假、集体过生日等各类文体活动，努力丰富员工精神生活。努力提高职工收入和维护职工利益，2012年职工平均收入增加11%左右。（朱宝元）

现代教育出版社2012年工作综述

2012年，在集团公司的正确领导和支持下，现代教育出版社干部职工认真贯彻落实中央和集团公司的工作部署和要求，参考《中国出版集团公司“十二五”规划》的发展思路和发展方向，制定及修改了《现代教育出版社“十二五”规划》，加快改革创新，真抓实干，积极落实各项工作任务，在工作中取得了较好的发展业绩，实现了预定的发展目标，为“十二五”的良好发展奠定了基础。

一、主要经营情况

截至2012年12月，现代教育出版社资产总额达到2 594万元，同比增长了11.72%；营业收入达到了3 036万元，同比增长了32.03%；利润总额157万元，同比增长了32.03%。

2012年，现代教育出版社的经营情况比2011年有了很大的改善，各项经济指标有了显著的提高，资金情况明显好转，完成了集团公司下达的利润指标。

二、图书出版

2012年，现代教育出版社全年出版图书812种。其中，教材类图书217种，占全社出版总数的26.72%；少儿类图书31种，占全社出版总数的3.82%；教辅类图书129种，占全社出版总数的15.89%；传统文化及“走出去”图书40种，占全社出版总数的4.92%；学术著作类图书123种，占全社出版总数的15.15%；其他类图书47种，占全社出版总数的5.79%；重印版图书225种，重印率27.71%。现代教育出版社充分发挥了自身出版特色，出版了一批优秀图书，在社会及同行业中产生了很好的影响。

作为教育出版社应充分利用社会资源，利用现代教育出版社优势，坚持特色、树立品牌、实施精品战略，在可持续发展上狠下工夫，为此提出了“五张牌、一盘棋”的整体思路。2012年，现代教育出版社在教育类图书、少儿类图书、传统文化的现代诠释类图书、“走出去”图书和数字出版上屡建佳绩。

（一）教育类图书

教材图书方面，现代教育出版社在大中专教材的出版上逐步形成了出版规模，形成了具有自主知识产权的高校教材拳头产品。2012年出版的大中专教材93种，涵盖了“高职、高专公共课”、“大学计算机”系列、“财务管理”系列、“大学体育”系列、“大学生心理健康教育”等。

为提高中小学生对国学的认识与理解，出版社通过现代的语言及插图、注释等教育手段，编写了一套国学教材，特邀海内外国学名家，对中华文化进行审定、梳理和筛选，使教材更加体现中国国学的完整性、科学性、系统性和精华性。教材内容涵盖小学一年级至高中年级，意在分阶段加强中小学生国学基础，使传统的国学启蒙教育在新时代中发挥它的教育功能。该套教材目前已进入山东、黑龙江、浙江、湖北、河北、江

苏、宁夏、贵州等8省教材领域，并已进入征订环节。同时，为配合教材还编写了一套国学系列教程教师用书，该系列图书结合国学教材内容，系统地概述了国学教材中的重点，总结了几千年国学中的精华，同时，对教师教学设计和教学内容提供全方位的指导和相关资源。

2012年6月，现代教育出版社出版的“朗文快乐学习与成长”系列教材是与英国培生集团建立合作关系后出版的第一部面向幼儿园的教材。该教材在编排上，以集策略和意义的综合课程为主，通过学生、教师和家长的互动，达到教学目的。出版社期望通过该套教材的出版加快我国幼儿教育与国际接轨的步伐。为此，现代教育出版社专门成立了培生幼儿园教材研发中心，以期在此基础上开发自主知识产权的幼儿教材，进一步提高出版社在幼儿园教材领域的知名度。

教辅图书方面，2012年4月，新闻出版总署出版管理司对现代教育出版社中小学教辅材料出版资质核准了科目，分别是政治、语文、历史、地理、英语、数学、物理、化学、生物。另外，除继续坚持以市场为依托的出版理念，出版符合读者需求的教辅读物外，现代教育出版社还对已出版教辅图书进行了重新整合，并在此基础上编写一套带有自主知识产权的《小学生寒暑假作业》，该系列图书由长期奋战在一线的特高级教师、教研员和教育考试专家，依据最新考试大纲编写而成，具有权威性和指导性。

（二）少儿类图书

2012年，现代教育出版社除维护已有的少儿读物品牌外，还陆续出版了“漫画世界文学名著文库”、“新概念科普系列”，完善出版了“牛津经典童书系列”、“国际大师绘本文库系列”、“萤火虫绘本系列”等。其中，“漫画世界文学名著文库”是国内手绘作家将中外世界名著故事通过多格漫画的形式呈现给读者。“漫画世界文学名著文库”包括了《不莱梅城的乐师》和“甜甜公主梦系列”。《不莱梅城的乐师》通过对毛驴、猎狗、老猫和大公鸡前往不莱梅城的奇特旅程的描述，结合风趣幽默的语言、生动诙谐的画面，告诉孩子们团结起来，发挥各自所长，才能实现自己的梦想。该书通过别具风格的设计，让孩子们在游戏中爱上阅读，享受阅读。

“甜甜公主梦系列”，共6种，是专为女孩量身打造的精品漫画系列图书，是每个女孩必读的书，必做的梦。它为可爱女生打开一扇神奇浪漫的童话之门，带领小公主们走进真正的公主专属魔幻城堡，与童话中的公主一起完成独特的心灵成长之旅，感受她们的勇敢、坚强、友善、自信，分享她们的快乐与烦恼，收获一份属于自己的心灵启迪。这套书能够实现在有限的时间内增大阅读量，并能整体、全面地掌握每部著作的故事情节及精华文字，满足人们快速阅读名著的愿望。

（三）传统文化的现代诠释类图书

为使青少年读者更深入地了解和熟悉国学文化，现代教育出版社特邀国内相关领域顶尖学者共同打造了“国学百家讲坛丛书”，共48册，采用文图结合的方式，分儒、道、兵、佛四卷出版。

2012年率先推出《儒学》分卷，该卷共12册，以儒家为核心，荟萃历史文化典籍，通过影响中华文化乃至世界文明的思想家的思想，以古鉴今，深入浅出，全方位讲解儒家十二大核心命题：仁、义、礼、智、信、诚、孝、恕、廉、忠、中庸、知行。书中采用文图结合的方式，以直观和形象的阅读形式，为展示中华博大精深的儒学打开一扇窗。该书的出版对于弘扬传统儒学文化，延续传统，播撒文明，增强学生及阅读者的文化修养具有重要的作用。

（四）“走出去”图书

2012年，现代教育出版社在“走出去”图书上加大投入力度，抽调专人组建相关部门，策划、出版、宣传“走出去”图书，取得可喜成绩。

《英汉世界中国国学基础知识读本·儒学》是现代教育出版社2012年重点推出的外向型图书。该读本通过中英对照的形式，对中华文化进行梳理和筛选，凸显了中国国学的完整性、科学性和精华性，向海外普及中国国学。2012年4月17日，在2012伦敦书展上，现代教育出版社策划出版的《英汉世界中国国学基础知识读本·儒学》（汉英版）与美国伍德伯里出版公司进行了版权输出签约仪式。

三、产品营销

2012年，现代教育出版社充分发挥品牌的力量，围绕出版社的重点图书开展营销宣传，组织多种形式的活动，取得了良好的效果。

2012年12月9日，现代教育出版社与亚运村图书大厦在亚运村图书大厦联手举办“好习惯养成”阅读分享会第一期。本次分享阅读会共分享了两个故事，分别是《猫咪和她的朋友们》和《奶奶的梨树》。通过这次分享阅读会，家长与孩子一起共同赏绘本，读故事，做游戏，在寓教于乐中增进亲子关系，帮助孩子们养成好的阅读习惯。

四、党群工作

（一）加强理论学习和培训，增强政治意识、大局意识

2012年11月，现代教育出版社党委组织全社职工通过自学和集中学习方式，专题学习党的十八大报告精神。学习贯彻好十八大精神，一要全面领会，从而把握宏观、围绕中心、服务大局。二要结合实际，找准结合点，从而指引企业发展。

（二）加强党建工作，建设学习型组织

2012年在集团公司党委、现代教育出版社党委的领导下，坚持以十八大精神和科学发展观为指引，为顺利完成现代教育出版社出版工作提供有力组织支持和思想保证。主要工作如下：

1. 参加集团公司组织的活动，在调动职工参与积极性的同时，也取得了良好成绩

在参加集团公司开展的征文活动中有两人获三等奖，7人获优秀奖；组织召开集团公司2012年“香山论坛”分论坛，会上共4人发言，他们从出版形势、传统文化、人才战略等方面阐述了自己的观点，会后党委决定选派王春霞参加集团公司的“香山论坛”。

2. 加强思想教育是做好出版工作的中心环节

按照集团党委及现代教育出版社党委的统一部署，通过参加集团直属机关党委开办学习辅导班或是组织学习讨论等形式，使职工加强了政治意识、责任意识和大局意识；利用党费为大家购买了学习材料以加强党建学习，建立学习型组织；学习集团领导及社领导讲话，深刻领会讲话精神，明确发展方向，指导实际工作。

五、改革和创新

2012年是现代教育出版社推进全面改革的一年，现代教育出版社本着求真、务实的原则，在充分考虑实际状况的前提下，在充分听取各个部门领导、员工意见的基础上，进行了一系列的改革和创新。

（一）积极利用一切社会力量，加速现代教育出版社发展

作为一个国家级的教育出版社如何在激烈的市场竞争中体现自身价值，发挥自身优势，重新思考职业教育教材、教辅图书的出版定位，探索适合当下市场需求的销售方式和策略，已到了刻不容缓的地步。2012年，现代教育出版社在中小学国学教材、“朗文快乐学习与成长”系列教材的开发上均取得了不错的成绩。

另外，2012年，新闻出版总署提出将大力整顿教辅图书出版发行资质，这对现代教育出版社来讲既是机遇，也是挑战。现代教育出版社要充分利用现有资源，从体制和机制方面建立由我们控股的分公司，实行股份制，吸收民营教辅公司构成下属有限股份制公司，完成现代教育出版社跨越式发展的道路。

（二）重新部署现代教育出版社的机构设置

为了配合现代教育出版社的长远规划，适应市场经济的发展，同时为了整合资源、充分调动个人积极性，现代教育出版社将编辑部门调整为少儿中心、基础教育中心、高等教育中心、重点项目中心、国学一分社、国学二分社、幼儿研发中心共7个编辑部门。（杨　静）

荣宝斋2012年工作综述

2012年，荣宝斋实现营业收入8.38亿元，利润总额1.58亿元，净利润1.1亿元。在荣宝斋的历史上，营业收入、利润总额和净利润3项主要经济指标同时超过亿元尚属首次。2012年，在国际国内宏观经济和艺术品市场持续低迷、深度回调的情况下，荣宝斋的生产经营特别是书画经营主业遭遇了前所未有的困局和压力。但广大干部职工在领导班子的带领下，正确研判，积极谋划，在逆境中积极应对市场竞争，共同赢得了荣宝斋2012年度新的增长，实现了社会效益和经济效益的双丰收。各项经济指标表明：荣宝斋自2009年与中国美术出版总社分立重组后，上升通道已经打开，经过3年的快速增长，多元化发展的规模效应已经显现。

一、重点工作开展情况

（一）完成荣宝斋大厦综合验收工作

荣宝斋大厦是荣宝斋“十一五”规划重点工程，于2009年9月29日建成并投入使用。由于验收工作非常复杂，整个大厦的验收工作持续了两年多的时间。期间，荣宝斋相关部门与规划、设计、建筑、消防、环保、人防、文物等10多个政府部门进行了多次沟通、协调，最终在2012年12月25日顺利通过了验收。

（二）加强专业人才培养，实现职工技能考核规范化、制度化，让人才战略落到实处

书画经营、文房用品、木版水印、装裱修复业务历来是荣宝斋经济效益的主要支柱，为荣宝斋培养和造就了一大批专业的生产和销售人才。为了进一步加强专业技术人才的培养，提高专业技术人才的技能水平和薪酬福利待遇，荣宝斋与劳动管理部门多次协调沟通，最终取得了北京市职业技能鉴定中心的审批，建立了木版水印、装裱修复和商品营业员3个考核平台，彻底解决了长期以来职工技能考核评定需要挂靠其他单位的难题，取得了技能考评的主动权。

（三）完成职工工资改革，改变了原有的事业工资模式

为了适应企业发展的需要，2012年7月荣宝斋成立了工资改革专项工作领导小组，下设办公室负责职工岗位的设计、职称的核定和工资改革方案的拟定等具体事宜。改革后新的《荣宝斋职工工资管理办法》经职工代表大会讨论通过，自2013年1月1日起执行。此次改革改变了原有的事业工资模式，重点向专业技术人员倾斜，合理拉开分配差距，涉及人员共有319人。

（四）完成职工补充养老保险平转企业年金工作

随着企业赢利能力逐年递增、职工收入逐年增加以及国家政策的出台，荣宝斋也更加关注职工退休后的收入水平，并于2012年启动了企业年金计划。该计划采取由荣宝斋企业年金管理委员会统一领导、集中管理、专户储存、专款专用、所属企业执行统一年金计划的管理模式，确定补充养老保险平转企业年金的基准日为2013年1月1日。截至2012年年底，荣宝斋300名职工已自愿办理了补充养老保险平转企业年金手续，并于2013年1月开始实施企业年金制度。

（五）以艺术为通用语言，加大“走出去”的步伐

2012年，荣宝斋积极响应中央和集团公司的号召，加大“走出去”的工作力度，促进了文化传播与交流，提升了品牌影响力，同时也取得了可观的经济效益。书画艺术“走出去”方面：荣宝斋与中国美术家协会等机构合作，组织当代著名画家赴瑞士、德国进行艺术交流和写生创作活动。荣宝斋的木版水印技艺也在阿尔巴尼亚和德国科隆精彩亮相。图书“走出去”方面：进一步加强版权输出，2012伦敦书展期间，版权输出41种；第64届法兰克福国际书展期间，输出版权10种，新增合作伙伴7家。外贸代理方面：2012年，外贸部完善了“出版物进口许可证”等外贸手续，建立了“三级审读”监管体制。积极探索图书进出口市场，完善渠道建设，全年完成进口图书8批，共计三千余种，价值12万美元。充分挖掘潜力，加大发展外贸代

理业务的力度，全年实现贸易代理额 8 000 多万元。

（六）积极推进数字化战略的实施

荣宝斋高度重视数字化工作，充分认识到数字化发展战略是荣宝斋占领艺术品网络市场制高点的使命和责任，并为此制定了一系列数字化发展规划。一是改版升级荣宝斋官网，全方位展示荣宝斋的形象、理念、产品和服务，为下一步开展商业化运营奠定坚实的基础。二是积极推进出版数字化工作，加快数字化资源的整理和商业模式的开发进度。三是加大投入，搭建数字化运营实体。2012 年荣宝斋将北京银冠电子出版公司重组并更名为北京荣宝电子出版公司，承接荣宝斋数字化工作，打造艺术品数字化综合运营平台。

二、艺术品生产经营情况

（一）书画经营部（一部和二部）

2012 年艺术品市场的回调，给荣宝斋书画经营业务的发展造成了较大的不利影响。面对困难，书画经营一部和二部齐心协力，密切配合，采取有效措施，全年共实现销售收入 4.67 亿元，占荣宝斋全年销售收入的 55.7%。

书画经营部一方面深度挖掘高端资源，利用与书画家的良好关系，把优势转化成胜势，成功举办了“龙年范曾迎春新作展”、“范扬新年画展”、“倪萍国画作品展”、“马海方古都风情人物画展”等展销活动。另一方面利用多元化进货渠道，加大收购力度，提高库存量。积极参加各地的拍卖会，加强同国内外藏家的联系，购进名作精品。2012 年全年共收购近现代及当代名家精品书画 150 多件。

（二）文房用品部

文房用品部在主打商品“红星宣纸”出现前所未有的货源危机情况下，及时调整营销策略，加大其他品牌宣纸的进货力度，保证了宣纸销售的正常运行。文房用品部重视职工的业务学习，将文房四宝专家请过来为职工讲授业务知识，以提高他们的营销能力。通过培训使得职工熟练掌握了商品进销存的计算机管理系统，提高了工作效率，并配合计划财务部完成了荣宝斋全部文房商品的盘点工作。2012 年，文房用品部实现销售收入 3 292 万元，比预期增长 17.6%。

（三）木版水印工艺坊

木版水印工艺坊是集表演、展示、互动和销售于一体的综合平台。2012 年，木版水印工艺坊积极参加了“中国非物质文化遗产生产性保护成果大展”、“第八届中国（深圳）国际文化产业博览交易会”、德国“2012 科隆中国年”、“2012 北京·中国文物国际展览会”、“北京老字号非物质文化遗产保护成果展”等展销活动。木版水印工艺坊注重商品的包装设计，定位于高端市场，在高质量基础上提高利润，并以销定产，扩大原作遴选范围，充实木版水印后备库，为将来更新和丰富现有木版水印艺术品品种提供素材。2012 年工艺坊实现销售收入 2 075 万元，比预期增长 15.3%。

（四）木版水印中心

木版水印中心 2012 年全年共印制完成木版水印作品 101 版次，其中包括范曾《清奇古怪对弈图》、《钟馗幽林神威》、启功书法《瑞气集门》、白雪石《千峰竞秀》等 10 个新品种，较好地满足了市场需求。中心在努力提高产量的同时，从宣纸、墨、颜色三方面进行细化管理，加强过程控制，降低成本，全年共完成产值 1 597 万元，比预期增长 6.5%。

（五）装裱修复中心

装裱修复中心为完成 2012 年加工任务，职工的每周工作日基本都是 6 天。在职工的共同努力下，裱件周期由 2012 年年初的两个月逐步缩短为 20 天。中心注重装裱人才队伍的建设，继续开展传承授徒培训工作。2012 年全年完成产值 587 万元，比预期增长 17.4%。

（六）新产品研发中心和礼品店

新产品研发中心集新艺术产品的设计、开发、生产、销售为一体。2012 年开发台北故宫书画高仿复制品 30 种，旅游纪念品五十余种，并创立“木工工艺”品牌，全年完成产值 1 004 万元。礼品店经营二百余种商品，其中“荣宝制作”商品 122 种，非遗类商品 77 种。新品店于2012年12月举办国家级非遗传承人任星航制作的“星航钧瓷”展销，取得了较好的销售业绩。

三、出版业务情况

2012年是荣宝斋出版社与《荣宝斋》期刊、《艺术品》期刊合并重组后发展完善的一年。出版社坚持正确的文化导向，积极探索“以继承为动力，以品牌为引领，以特色为专业出版”的发展之路，全年完成销售收入2 043万元，比预算增长27.69%。

图书出版方面，努力提高选题策划与图书编辑、审校能力，坚持精品意识，做好《荣宝斋珍藏》、《百年雄才》、《荣宝斋书谱》、《老一辈革命家书法艺术精选》等重点图书项目。其中《老一辈革命家书法艺术精选》是向党的十八大献礼的重点图书，得到了中央领导的好评，并于2012年11月9日被中央电视台《新闻联播》报道。

荣宝斋出版社重视版权工作，通过第41届伦敦国际书展、第64届法兰克福国际书展和第19届北京国际书展等平台，输出版权109种，超额完成中国出版集团公司年度考核指标，并获集团公司版权输出第一名。同时积极争取国家项目资助，获得65万元的资金支持。

期刊出版方面亦呈现欣欣向荣态势。2012年1月，《艺术品》期刊正式创刊，该刊定位精准，坚持以学术为本，注重艺术性与趣味性相结合，创刊一年来，已得到业内外广泛认可及好评。国家艺术类核心期刊《荣宝斋》注重深入挖掘绘画风格及美术形态，宣传当代艺术家，成为艺术界学术研究的集中展示平台，全年刊登重点学术文章320篇。

四、所属公司生产经营情况

截至2012年年底，荣宝斋控股并纳入财务合并范围的企业共计13家。这些所属公司是荣宝斋拓展经营范围、完善经营结构的成果，对企业经济效益的快速提高发挥了重要作用。

（一）拍卖业务

2012年荣宝斋的拍卖业务南北呼应，在扩大规模的基础上提升市场份额，以弥补因市场回落造成的影响，取得了良好的效果。2012年，北京和上海两家拍卖公司在原定拍卖计划基础上，增加了两场四季拍卖会，增加了佣金收入。全年拍卖业务年成交额15.4亿元，实现营业收入1.3亿元。

（二）典当业务

2012年北京荣宝斋典当公司在成功打开艺术品典当市场的基础上平稳发展，全年共承接典当抵押业务三十余笔，完成营业收入4 208万元，利润3 709万元。淄博荣宝典当公司保持稳健发展，实现营业收入563万元，利润总额292万元。

（三）分店业务

截至2012年年底，荣宝斋已在淄博、天津、呼和浩特开设3家分店。2012年，各分店根据当地特色和具体情况，积极谋划，打开局面，增加收入。天津分店举办了首届百扇展、倪萍国画作品展等活动，全年实现销售收入283万元。8月呼和浩特分店开业，举办了精品书画展销和倪萍国画作品展等活动，截至2012年年底，4个多月实现销售收入179万元。

（四）荣宝斋画院

2012年荣宝斋画院春秋两季招生200多人，全年总收入299万元，比2011年增长8.33%；利润总额52万元，比2011年增长10.6%。画院开设了刘大为、程大利、郭石夫、范扬等15位名家工作室，为社会输送了大批美术人才，对提高荣宝斋的品牌影响力起到了促进作用。

（五）北京荣宝电子出版公司

2012年，荣宝斋将北京银冠电子出版公司重组为北京荣宝电子出版公司，并推进其主营业务发展转型。转型后的主营业务由电子出版、荣宝斋官网、电子商务3个板块组成。全年出版电子出版物15种，监管网络游戏5种。荣宝斋官网2012年的年点击量达到60万人次，并保持关键字“荣宝斋”在百度搜索中全年始终排名第一。9月，电子商务板块正式启动，截至2012

年年底，上线经营的前期准备工作正在有序推进。

五、党的工作和精神文明建设工作

2012年，荣宝斋党委在创建和谐企业、改进和提升党建工作方面做了大量工作，为企业的改革、发展、稳定提供了坚强的政治保证。党的十八大召开以后，荣宝斋党委组织全体干部职工掀起学习的热潮，相关材料人手一册，领导做主题宣讲，各部门组织学习讨论，大家结合工作实际，提出了许多很有价值的建议和设想。

2012年3月，荣宝斋成立了“爱心助困基金”，旨在关心和帮助有困难的职工，广大干部职工踊跃参与，共募集资金147 170元。该项基金为首批7名职工发放助困基金15 000元，充分体现了荣宝斋人的友爱互助精神和企业的人文关怀。

2012年，荣宝斋美术馆策划并举办了“近现代绘画人物部分”、“清代书法部分”、“近现代扇画部分”、“古代山水册页部分（二）”等展览，共展出馆藏珍品327件。全年观众超过7万人次，发放宣传页1.7万份，提高了企业声誉。

积极开展公益活动，用实际行动回报社会，是荣宝斋精神文明建设工作的重要内容。2012年9月，荣宝斋向四川德阳地区所援建的3所学校赠送了价值30万元的图书，并与当地师生开展艺术交流活动。在“送温暖、献爱心”和“冬衣送暖”等活动中，荣宝斋干部职工共捐款30多万元，捐衣物近400件。（刘　芳）

中国图书商报社2012年工作综述

2012年是中国图书商报社全力贯彻中国出版集团公司提出的“三六构想”的一年，是全力打造集团公司总裁谭跃2011年11月25日到中国图书商报社调研时帮助中国图书商报社设计的“三个平台”的一年，是全社上下为完成集团首次提出营销、利润两个指标，营销额增长10%新目标而努力奋斗的一年。在国内外平面媒体普遍萎缩、经济持续下滑的大环境下，中国图书商报社经全社同仁坚持不懈的努力，顺利完成集团下达的考核指标。继2011年10月，在由中国人民大学、复旦大学、北京大学、清华大学、中国传媒大学等10所大学新闻学院主办的中国品牌媒体高峰论坛上，获膺“2010～2011中国品牌媒体百强”、“全国商报媒体十强”之后，2012年在第五届中国品牌媒体高峰论坛上，《中国图书商报》又被评为“2011～2012中国品牌媒体百强·行业报品牌十强”称号。同时，中国图书商报社还获得“中直机关文明单位”称号、新闻出版总署颁发的“2012伦敦书展中国主宾国优秀新闻报道奖”、新闻出版总署“全民阅读报刊行”全国集体组织奖第一名、“中国新闻摄影作品奖”。中国图书商报社与河北卫视共同主办的“2012读书盛典”活动，被广电总局《监听监看日报》以“河北卫视‘2012读书盛典’立足品牌，彰显品位”为题，予以通报表彰。

一、确立以贯彻“三六构想”为宗旨，以搭建“三个平台”为目标，开启新征程，建设新商报

2012年2月22日，中国图书商报社党委、社委会召开全社会议，传达集团公司党委、纪检、工会工作会议精神和刘云山在总裁谭跃工作报告上作的重要批示，传达了总裁谭跃工作报告中关于“三化”、“六大战略”构想的具体内容，“学习贯彻云山同志重要讲话精神，部署落实集团工作会议精神，切实打造三个平台，推进品牌单位建设”的主题，并作出具体部署：①学习领会；②结合内化；③要点突破；④敬业主动；⑤优质高效；⑥只争朝夕。会议决定把这一学习讨论活动贯穿到中国图书商报社全年工作当中。

2011年11月25日，中国出版集团公司领导班子到中国图书商报社调研时，总裁谭跃和其他领导共同帮助报社把脉，研判报社在全国书业领域和集团公司领域做好公共媒体平台、传媒整合平台和有效信息提供平台的战略定位。商报把贯彻集团“三六构想”和打造“三个平台”要求紧密结合起来，在2012年年初用两个月时间

开展了大学习大讨论活动。在此基础上，商报在全体员工中开展的“落实三六构想，拓展创新思维”为题的征文活动。全社50多名员工，有42人参加活动，共写出44篇文章，表达了大家对集团战略思想的理解，为打造商报的三个平台贡献出个人的智慧和力量的决心。报社党委、社委会在集思广益基础上，形成了贯彻集团意图，打造三个平台的报告上交集团公司领导。

中国图书商报社本着先易后难原则，为落实总裁谭跃提出的第一个平台——信息提供平台，从2011年年底开始，就组织精干队伍，群筹划信息平台建设，从2012年1月开始，正式编辑发行了《决策参考》，每月1期，每期44页，约2.5万字，开办思想·观点、方针·政策、战略·决策、热点·争议、方案·企划、数据·案例等专栏，发挥本报信息资源优势，用简讯形式，把国内外出版业热点、前沿问题汇集报道出来，为集团公司下属各单位领导层提供决策参考。到2012年年底已经编印11期，得到集团公司领导和相关单位领导好评。

为了落实总裁谭跃打造第二个平台——媒体整合平台的构想，突破商报单一办报瓶颈，商报用2012年整年时间，调动一切积极因素，抓紧一切机会，对集团内外报刊资源进行整合尝试。一个平面媒体整合报刊资源，特别是进行资本运作，是一件大事、难事。本报先后同北京、重庆、山西、四川、山东、江西、浙江、内蒙古等多家表示有整合愿望的报刊进行洽谈，到2012年年底，对浙江一家、北京两家报刊的谈判已经出现柳暗花明的形势，整合的前景较为乐观。

总裁谭跃提出的打造第三个平台——全国公共媒体平台，是希望本报在全国出版业媒体中，占有独立、主导、领军的地位。这是对本报的信任，也是对本报的期许。这是要经过长期努力才能够实现的目标。本报在自己的企业文化愿景中，明确提出“持续打造中国书业第一媒体”、“持续打造中国出版传媒业第一全媒体传媒（群）”，就是在朝着这个方向努力。由于考虑到“中国图书商报”报名的局限性，有碍于集团要求和本报目标的实现，经过集团公司领导同意，在与新闻出版总署领导沟通后，本报已着手更改报名为“中国出版传媒商报”的各项工作。报社改名后，将有助于出版平台扩展，有助于经营平台拓宽，距离打造“全国公共媒体平台”的希望也会更近。

二、以迎接十八大为契机，全力推进基层党组织建设、企业文化建设，把“创先争优”工作推向新阶段

2012年是迎接党的十八大胜利召开和贯彻落实十八大精神的一年，是开展基层党组织建设年，是“创新争优”活动持续推进年，是集团公司开展企业文化建设三年规划的收官年。报社紧紧抓住这一有利形势，把党的建设、队伍建设、企业文化建设和提高办报质量、坚持正确导向、提高品牌影响力紧密结合起来，用思想政治工作带动企业建设的全面推进。

进入2012年下半年，《中国图书商报》从媒体宣传角度提前进入迎接党的十八大召开的准备工作。

10月11日，商报召开社委会、党委会以及中层以上干部会议，学习贯彻中宣部27号文件精神，由社长、总编辑孙月沐原原本本、逐条逐项传达了中国出版集团公司党组书记王涛传达的中宣部27号文件精神，还传达了中国出版集团公司副总裁李岩的讲话精神和具体要求，部署继续深入开展打击新闻敲诈，治理有偿新闻专项行动，以优异成绩迎接党的十八大。

早在十八大召开之前，报社领导班子就多次召开编前会，认真研究新闻报道方案。社委会多次强调，必须以高度政治敏感性和政治自觉，做好十八大精神的宣传工作，要关口前移，策划到位，确保优质高效。9月25日，《中国图书商报》以40个版的篇幅，编辑出版了《一五一十数说中国出版发展轨迹》专刊，对十六大特别是十七大以来的中国书业改革发展成就、典型进行全景式宽领域的报道，为十八大召开营造良好舆论氛围。商报倾全社之力，策划了60个版篇幅的以“打造新实力，献礼十八大”为题的大型专刊“中国书业2012实力版图”，于11月9

日出版发行。为了体现十七届六中全会关于创新思维、转变发展方式主题，《中国图书商报》创新“实力版图”品牌，以主报告、分报告形式，分别突出了出版和发行集团、出版内容、出版机构、营销渠道、国际化等方面创新思维、拓展路径的特点，使商报原有品牌与时俱进，创新发展。

十八大会议期间，商报组织精兵强将，第一时间采访出版业十八大代表以及业界人士，从出版产业改革发展角度，畅谈“十八大将给书业带来什么”主题。十八大代表、中国出版集团公司总裁谭跃围绕“增强全民族文化创造活力”的十八大精神，就思想观念创新、体制机制创新、出版内容创新、管理模式创新、出版业态创新、发展方式创新、文化“走出去”创新等关乎出版业发展前途的话题，发表了深刻见解。出版业十八大代表周明伟、于殿利、丁一平等围绕“文化走出去要‘求同存异’‘知己知彼’”、“世界第二大经济体的文化寓意”、“弘扬主流价值观，推动产业快速发展”等话题表达了各自认识。业界知名人士王亚非、童健、龚次敏、钟制宪、管士光、李学谦等就文化强国战略、建成小康社会、五位一体布局等十八大精神推动出版业快速发展的趋势作了分析。

11月23日，《中国图书商报》又拿出一、二、三版篇幅，详细报道中宣部、新闻出版总署学习宣传贯彻十八大精神专题会，报道了11月16日中国出版集团公司召开的，由十八大代表、集团公司总裁谭跃传达十八大会议精神、集团领导部署落实的会议，报道了11月20日集团公司领导以及部分集团下属单位领导参加的集团公司学习宣传贯彻十八大精神座谈会，浓墨重彩地反映中国出版集团公司作为国家级大型出版传媒集团学习宣传贯彻十八大精神动手快、力度大、措施实、求实效的真实情况，特别是报道其着眼于理论联系实际，求真务实，指导和推动当前年终总结和部署明年工作的显著特点，以期对整个出版界形成带动之势。

报社响应中组部、中直机关、中国出版集团公司直属机关党委关于开展基层党组织建设年的号召，编制了商报基层组织建设年实施方案，要求各支部按方案的节点完成并结合实际情况制定实施办法，要求全体党员、干部、入党积极分子积极投入“解放思想、转变观念、创新发展”大讨论，共征文32篇。

4月初，报社党委召开民主生活会，集团公司直属机关纪委副书记柏万良亲临指导，党委和党委成员分别对2011年党的工作和每个人的工作做了总结梳理，开展了批评和自我批评，提出具体整改措施。

6月下旬，商报开展了“创先争优暨党员承诺制”民主评议工作，评议分优、良、中、差四个等级，采取群众自愿无记名投票的形式评价党员和党委工作。全社90%以上的员工投了票。评价结果：党委会工作总体评价优占90.91%，良占9.09%，中和差没有；党员总体评价优占91.00%，良占7.80%，中占0.20%，差没有。

七一前后，报社3个党支部分别带领党员和入党积极分子，参观了“没有共产党就没有新中国”纪念馆，开展红色主题教育；参观卢沟桥抗日战争纪念馆，开展爱国主义教育；深入北京市平谷区新华书店，开展“走转改”教育活动。还发展3名先进青年加入党的队伍，充实了党的血液。

围绕集团公司企业文化建设三年验收工作，报社成立领导小组和办公机构，美化办公环境，更新办公设备，展示企业文化要素，完善员工手册，健全规章制度，撰写企业文化三年工作总结报告，按集团公司6方面验收要求，配套了将近100万字的附件材料，做好了充分准备。11月2日，中国图书商报社迎接以集团公司直属机关党委常务副书记王云武带队的集团验收小组，由党政两套班子共同向验收小组作了三年工作汇报。集团验收小组和集团企业文化建设顾问对中国图书商报的企业文化建议工作给以了高度评价。

在集团公司党组、集团公司直属机关党委、集团公司工会联合会的高度重视和积极推动下，7月17日，报社召开工会会员大会，选举产生了第一届工会委员会，部署了工会中长期工作计划。中国出版集团公司工会联合会主席王云武、办公室主任汪武等出席大会。从此，中国图书商报社有了正式工会组织，工会建设与团队建设、企业文化建设结合得更加紧密和有效。

11月6日，按照集团公司要求，报社党委、工会联合派人，到一对一帮扶对象顺义区北小营镇榆林村，就开展“宣传十八大会议精神，为民服务，共建文化新村”事项进行了实地考察，并就如何开展活动与村党政领导交换了意见。

三、创新思维、转变方式，充分利用自身媒体平台，使报纸质量与经营指标获得双丰收

2012年是中国出版集团公司首次提出营销、利润两个指标，营销额增长10%新目标的一年。盘子小、积累少、实力弱，又面临媒体竞争日趋激烈，90%以上书业媒体都严重亏损的大背景，能够保住现有经营规模已实属不易，完成新的指标增长任务十分艰巨，压力十分巨大。

但是反过来，压力大也是促进企业创新思维，勇于开拓，积极进取的动力。接收新的指标任务以后，报社慎重研究，全面调研，权衡利弊，确立了自己的战略定位和实施策略。

根据近年书业媒体竞争态势和基本规律，广告主投放广告越来越理智，对媒体的投放，完全在于媒体的质量和影响力。这提醒中国图书商报社同仁，经营媒体没有捷径可走，唯一一条就是办好报纸，取得广告主的价值认同。但是办好报纸又不等于只是做好新闻报道。事实证明，近年来，随着新闻报道投放的常规广告，已不足广告总量的$\frac{1}{3}$，另外的$\frac{2}{3}$来自于专题报道和推展活动。2012年中国图书商报社能够克服重重困难完成集团公司确定的指标任务，在于常规报道、专题报道和推展活动三位一体，相互依存。三个方面都要“第一”，都要过硬，才能够“人无我有，人有我新，人新我优”。中国图书商报社提出“惟优唯新，立业立世”的企业文化和价值观念，支持商报在市场竞争中不断发展壮大自己。

一是以“第一”的目标做好常规报道。商报本着行业媒体主流化、新闻化、专业化、实用化、精品化原则，进行选题革命、文风革命和传播革命。一年来一系列具有新闻敏感、实际效益的选题，给书业界留下深刻印象。如首次提出政经产经财经的书业“二元时代”理念的元旦社论、香山论坛报道、两会报道、书业十大风潮、十问2012中国出版兴奋点、三问教辅管理新规、新创刊的“印业中国”绿色印刷专刊、热词十年文化缺位、教育出版转型年、民营股权激励制度、跳出北上广办分社、畅销书的13条军规、畅销书的11条谬误、营销九大趋势、价格双轨制、逆势开店、海外出版商调查、十年书业数据分析、是是非非进场费、中国图书世界馆藏影响力报告、引进版图书三年市场分析报告等选题，观察视角新鲜敏锐，选题深刻独到，成为很多书业人士阅读的兴奋点和交流的话题，在业内产生广泛影响。《中国图书商报》关于图书价格、教辅发行等话题的分析判断，历来受到新闻出版总署主要领导的重视，有的报道成为总署与国家发改委谈话的依据。

二是以“第一”的目标做好专题报道。《中国图书商报》本着新闻选择性、集成性、整合性原则，对重大新闻和新闻中的热点、难点话题，经常进行集成、整合，加大新闻报道的广度和深度。

每年书业三大会展（北京图书订货会、全国图书博览会、北京国际图书博览会）是中国书业三大盛事，也是书业媒体营销的黄金季。由于设计精心、主题突出、宣传到位，这三大展会专题报道带给《中国图书商报》的营业额，占到年总收入的$\frac{1}{2}$以上。广告的版数和收入，连续几年占到书业媒体之首。有时《中国图书商报》一家广告超过其他几十家媒体总和。近年在三大会展之外，《中国图书商报》又关注并拓展上海书展、广州书展等区域书展。2012年，《中国图书商报》除三大会展专刊外，又成功打造了上海书展专刊（已连续4年）、南国书香节专刊（2012年首年）。下一步《中国图书商报》还要关注并扩展到香港书展和其他区域性书展，拓宽营销渠道，丰富广告资源。除上述专刊，商报2012年还创办和出版了宁夏专刊、人教社教辅专刊、英文版法兰克福专刊、华东少儿专刊、教辅专刊、三联书店和中华书局店庆专刊等专刊。

三是以“第一”的目标做好文化推展活动。《中国图书商报》本着价值力、竞争力、影响力“三力工程”原则，采用独家创办、联合主办、协助举办等多种方式，广泛开展书业文化推展活动。办活动能够展示企业品牌影响力，能够锻炼团队组织应变能力，能够广泛结交朋友，拓宽经营渠道，直接或间接带来营销效果。

北京图书订货会三场主论坛——订货会高峰论坛、营销创新论坛、中国民营高峰论坛都是由商报发起或承办，已经举办几年或多年，品牌效应越来越成长放大。除此之外，中国图书商报社2012年在图书订货会期间还举办了独立书店论坛和出版物供应链论坛，一一受到业内追捧。2012年最值得关注的活动，是4月16日晚，在第17个世界读书日前夕，中国图书商报社跨界与河北卫视联手举办了一场公益阅读推广活动——“2012读书盛典”大型电视晚会，节目于4月22日晚10：40在河北卫视播出。4月24日中国图书商报社又推出4个版的电视晚会报道，出版了“世界阅读日”专刊，成为电视晚会的延伸产品。此次活动受到国家广播电影电视总局发文表彰及新闻出版总署颁发的“全民阅读报刊行”全国集体组织奖第一名，这与联合举办好这台晚会和延伸报道有直接关系。

中国图书商报社2012年举办的其他活动还包括：4月底与山东世纪金榜书业有限公司联合主办了新闻出版业创新发展座谈会；5月与法兰克福书展公司联合举办了“2012中国创意工业奖”启动仪式，7月11日，中国图书商报社社长、总编辑孙月沐与法兰克福书展主席岳根·博斯在北京签署“2012中国创意工业创新奖”合作框架协议，并于当日15：00在新浪网进行了微访谈；6月20日，商报主办了第一期“编客学堂”，“编客学堂”随即成为商报品牌，截至2012年年底已经举办5期，期期人数爆满，第五期编客学堂“畅销书的选题策划及运作”，由著名出版人白冰主讲；8月13日，商报与新东方教育集团等单位共同举办了“儿童教育品牌与儿童文学的交融创新”研讨会；8月，上海书展举办期间，《中国图书商报》与上海书展组委会等单位联合主办“双十佳”评选活动，评出2012上海书展“十佳营销明星”与“十佳服务明星”；8月24、28日《中国图书商报》陆续推出北京国际图书博览会专刊，重点推出《中国图书世界馆藏影响力报告》、《引进版图书三年市场分析报告》等文章；9月中旬，商报与中国教育学会家庭教育专业委员会等单位联合主办的第二届“亲子阅读·书香中国”激励计划启动；9月27日，在天津举办的首届中国国际新闻出版装备博览会上，《中国图书商报》与中国印刷及设备器材工业协会等单位联合主办了“首届中国按需出版论坛”。

正是这一系列活动，让业内人士与《中国图书商报》取得价值认同，让业外人士看到出版业与文化大发展大繁荣息息相关的联系，使《中国图书商报》坚持的新闻报道“五结合、五转变”，即新闻发布和新闻整合相结合，由发布向整合转变；刊载新闻和观点相结合，由新闻向观点转变；传播和服务相结合，由传播向服务转变；发布平台和营销推广渠道相结合，由平台向渠道转变；定位 B to B 和定位 B to B + C 相结合，由 B to B 向 B to B + C 转变成为可能。

中国图书商报社能够在极其艰难的形势下，基本完成集团公司确定的指标，与中国图书商报社将做好报道、做好专刊、做好活动取得的不俗业绩分不开。

（郭是海）

中国民主法制出版社2012年工作综述

2012年，中国民主法制出版社在党的十八大精神指引下，积极贯彻集团公司“三六”构想精神，实施“十二五”时期发展规划，顺利完成了集团公司下达的经济指标，各方面工作也都取得了一定的成绩。

一、出版内容上有了稳步提升

1. 主题出版，彰显了中国民主法制出版社的使命意识和责任担当

2012年年初，《旗帜是怎样诞生的》一书的

出版，揭开了中国民主法制出版社2012年主题出版的序幕。2012北京图书订货会上，集团公司主要领导出席《旗帜是怎样诞生的》的新书发布会，体现了集团公司领导对主题出版的重视。5月份在纪念《毛泽东同志在延安文艺座谈会上的讲话》发表70周年之际，我们出版了《大鲁艺》解说词。因为和中央电视台的合作，《大鲁艺》在播出的时候，每一集的后面都打出中国民主法制出版社的字幕，对宣传中国民主法制出版社，起到了很好的作用。

在迎接党的十八大重点图书中，《铸法：中国特色社会主义法律体系形成纪实》脱颖而出，不仅为中国民主法制出版社，而且还为中国出版集团争得了荣誉。

2. 精品图书的出版，显示了中国民主法制出版社的品质和追求

2012年年初，王汉斌的《社会主义民主法制文集》和《王汉斌访谈录——亲历新时期社会主义民主法制建设》两本书的出版，特别是在人民大会堂召开的出版座谈会，在全国人大和集团公司上层，得到了普遍的好评。这是“委员长书系”的最早的硕果。

2012年特别值得自豪的是《为了人的尊严——中国古典政治哲学批判与重构》、《法治与宗教：国内、国际和比较法的视角》、《宗教与美国宪法——自由活动与公正》、《海洋权益论——中日东海争议解决机制研究》、《我国域外海洋执法问题研究》等一批学术图书的出版，为出版社带来了良好的形象。其中《为了人的尊严——中国古典政治哲学批评与重构》入选《新京报》2012年度好书评选百种候选图书和《中华读书报》4月推荐好书；《法治与宗教：国内、国际和比较法的视角》登上《出版广角》2012年国内引进版类优秀图书热书榜。

另外，《郦波评说曾国藩家训》一书入选《光明日报》5月光明书榜，同时入选《中国新闻出版报》2012年2月和3月“全国优秀畅销书排行榜社科分榜”，北京开卷信息术有限公司2012年3月、5月、6月全国学术文化类畅销图书排行榜，《出版商务周报》2012年风云图书提名奖；《真实的罗姆尼》获《出版商务周报》2012年风云图书提名奖，并入选2012年10月凤凰一周好书榜；《在路上——〈赢在中国〉首赛季12强创业启示录》登上北京开卷信息技术有限公司2012年7月全国经济与管理类畅销图书排行榜。

3. 重大项目的立项申请工作成绩斐然

2012年，入选国家出版基金资助项目有两个。一个《中国特色社会主义法律体系立法纪实》，获得资金1256万元；另一个是《铸法：中国特色社会主义法律体系形成纪实》，获得资金66.3万元。加上2011年获得资助的项目《人民代表大会制度文献集成》，中国民主法制出版社获得国家出版基金资助的项目共3个，获得合同金额1 422.3万元，随着项目的进展，这些资助款将陆续拨付给出版社。除了国家出版基金资助项目之外，还有“人大代表培训”丛书、“中国特色社会主义理论体系重要论著导读”丛书、“建设学习型机关博学文库之宗教文明品析”丛书、《中国复兴之路》等项目分别获得财政部和集团公司资助。截至2012年年底，中国民主法制出版社共获得政府资助合同金额1 512.3万元。

2012年，出版社依托自己全国百佳出版社的有利条件，按照国家出版基金办公室的申报要求，在500万元以上项目、20万~500万元项目和20万元项目三个级别上各申报了一个项目。国家资助的重大项目的运作，将有力地带动出版社的经营，加快出版社的快速发展。

二、数字出版取得长足进步

2012年是中国民主法制出版社数字化建设积极推进，并取得长足发展的一年。主要体现在：

①对云因系统平台的利用程度越来越高，操作越来越熟练。云因系统开始显现数字化管理的优势。

②出版社网站、数字资源库等大型项目陆续完成。《中华人民共和国法律法规信息系统》已于2012年6月结项。该系统是2011年集团公司

重点科技项目，收录了我国现行有效的法律240多件，行政法规700多件，地方性法规8 600多件以及部门规章、规范化性文件、两高案例、法律文书等。

③除了原有的数字产品销售外，图书数字版还开通了当当网、卓越网和京东网以及大佳网等网站数字产品销售渠道，并签订了手机阅读平台上线协议等。

④法律应用分社的《领导干部无纸化学法及考试系统》已经成功获得多个省市普法办的认可，而山西、湖南、广西等省（自治区）司法厅已经下发文件进行推广，2012年已经产生了2 000多万元的销售收入。

2012年年末，召开了第二次数字出版工作会议，以集团公司数字出版发展规划为指针，全面分析了目前数字出版的现状、面临的问题，对今后数字出版发展趋势进行研判，制定了新的数字出版规划，部署了下一步数字出版工作重点，为今后大力发展数字出版工作统一了认识，凝聚了智慧，指明了道路。

三、生产经营整体状况良好，资产状况改善，员工收入稳步增长

2012年出版社共出版图书342种（含内部图书），171万册，其中新书250种，107万册，重印书92种，64万册；图书发货码洋3 955.74万元，发货数量147.22万册；电子出版物（法律应用分社）13种；图书版权贸易7种，其中引进4种，输出3种。

2012年出版社的营业收入3 975万元，超过集团公司下达指标的18%；利润总额544万元，超过集团公司下达的指标16%。

2012年年末资产总额为3 427万元，比年初增加554万元，增长19%。净资产由年初的－216万元增加到年末的327万元，增加543万元。净资产由负转正，结束了资不抵债历史，实现了历史性的跨越，为出版社今后的快速发展带来了转机。

在较好的完成各项经济指标，资产状况好转的同时，职工年平均工资也由2011年9.1万元增加至10.1万元，实现了出版社年初提出2012年职工工资增长10%的目标。

四、发行管理和市场开拓上进行了有益的探索

2012年年初，发行中心调整了岗位设置，将直销和针对政府采购项目销售的工作单列，并进行了岗位竞聘。通过竞聘，发行中心的工作人员进一步强化了岗位职责，明确了工作目标。

面对纸质图书市场销售，尤其是地面店的销售越来越艰难的状况，发行中心从销售渠道上进行了卓有成效的探索。

①利用在农家书屋等政府采购图书销售积累的人脉资源，采取有重点有针对性地了解政府采购项目图书的市场需求，根据需求来定制产品，将我们原有的产品进行改造，在编辑部门的密切配合下，在很短的时间内，推出一批适应馆配市场的图书。《复兴之路》、《大国崛起》、《日志中国》、《中国特色社会主义政治制度》等书的改造取得很大成功。

②与兄弟出版社合作改造产品，迅速推向市场。和人民出版社合作推出的《复兴之路》一卷本，就是盘活出版资源的成果。

③和民营公司合作，利用他人的编辑力量，策划出版适合政府采购项目的图书。

以上3种方式的共同特点，就是先找市场，再找产品。这种以销定产的思路，是市场意识的良好表现。

五、出版社内部管理日益成熟

每周的社长办公会，每月的生产经营协调会、选题论证会，每季度的财务分析会、编校质量分析总结会，构成出版社的运行机制，基本保证了各项工作的正常进行。

①成本管理方面

因为图书的成本，涉及出版流程的所有环节，所以以利润为导向的编辑考核方案的实施，大大强化编辑的成本意识。财务部、出版部的精细化管理，提高了全社员工的整体成本意识。

②编校质量管理有条不紊地进行

保证了出版社产品的编校质量的基本水平。

在集团公司编校质量抽查中，我们社的名次居中，比出版社人数规模影响力在集团公司的排名更靠前。

③在人才队伍建设和人力资源管理方面，2012年颁布培训管理办法，鼓励员工继续学习；修定考勤制度；建立企业年金制度；补充职工社会保险；制定和完善了员工职级、薪资管理办法；确立了企业发展和职工收入同步增长的劳动报酬分配机制，职、级分开，打通职工晋升通道。这一系列举措对出版社吸引人才和稳定队伍，激发员工工作的创新力、主动性，提高企业的核心竞争力，实现企业的核心价值观起到了重要的作用。

六、企业文化建设成果丰硕

2012年，党、团和工会工作风生水起，企业文化建设取得了长足进步。2012年11月，集团公司对中国民主法制出版社企业文化建设进行综合考评，对中国民主法制出版社从事业型向企业型转型阶段的企业文化建设给予了肯定，对中国民主法制出版社确立的“民主法制构建和谐社会、人文阅读启迪智慧人生”的理念，把企业文化建设融入思想教育、生产经营等日常工作中等做法给予高度评价。

出版是理想者的事业，实现理想需要有激情，创先争优需要有霸气。准确把握“势”态，找准定位，是出版社发展的关键。中国民主法制出版社将以产品线建设为抓手，坚定地把专业化的道路走下去。（邵　力）

华文出版社2012年工作综述

2012年是华文出版社（以下简称“华文社”）加入中国出版集团公司（以下简称“集团公司”）后真正起步的一年。一年来，华文社的各项工作都取得了较快发展，基本解决了转企改制过程中的遗留问题，为下一步的发展打下了较好的基础。

一、出版经营情况

（一）超额完成考核指标

2012年华文社实现营业收入4 575万同比增长40.7%；利润总额905万，同比增长20.67%。其中，书法教材等教育图书实现营业收入2 500万元，利润650万元；其他类图书实现营业收入1 500多万元，利润250多万元。被集团公司授予“2012年度经营特别贡献奖”。

（二）出版结构趋于合理

华文社出版结构两年两次大调整，2011年将“门类齐全”的出版机构压缩为8条产品线，2012年把2011年的8条产品线调整为4条，确立了“2+2”的出版结构，即大力做好书法教材等教育图书和“华文传记”图书两条经济支柱产品线，使之成为全社的经济支撑；努力做好统战文化和宗教文化两条特色产品线，做出特色。

（三）品牌经营效果显著

围绕“人文教育”的出版定位，华文社编辑出版了一系列双效俱佳的精品力作，涌现了一批畅销图书，彰显和突出了品牌。其中，《雷锋全集》发行近30万册；《文章选读》发行6万册；《〈中共中央关于加强新形势下党外代表人士队伍建设的意见〉学习问答》上市2个月发行4万册；《笔尖上的成长》上市第一个月，在开卷数据调查中列高中语文类排名第一，在北京市新华书店连续两个月位居畅销书排行榜前列。

此外，华文社在2012年的主题出版工作中取得了重大突破。其中，《吴孟超传》和《党政干部统一战线知识读本》入选新闻出版总署社会主义核心价值体系建设“双百”出版工程重点出版物，同时获2012年度国家出版基金资助；《雷锋全集》入选2012年中宣部、中央文明办、新闻出版总署100种优秀思想道德读物，荣获中国出版集团公司2012年度优秀畅销书奖，入选《新京报》2012年度好书非虚构类榜单TOP10；《统一战线100个由来》入围2012年中宣部第四届优秀通俗理论读物；《台湾村纪事》获选国务院台湾事务办公室对台宣传重点项目并获资助；

《文章选读》荣获中国出版集团公司 2012 年度优秀常销书奖。

（四）版权输出跨越式发展

华文社版权输出数量由 2010 年前的空白到 2011 年的 14 种，增长到 2012 年的超 30 种，涉及英语、法语、韩语、阿拉伯语等多个语种，实现了跨越式的发展。其中，《雷锋全集》成功输出阿拉伯语版权，新闻出版总署领导多次对此提出表扬；《人民语录Ⅰ》、《人民语录Ⅱ》分别输出 6 个语种；书法教材输出英文版；《Born to Reform》输出 2 个语种；《达赖喇嘛传》输出 2 个语种；《百年西藏——20 世纪的人和事》输出 2 个语种。版权输出的跨越式发展有力地提升了华文社的品牌美誉度。

二、管理工作情况

（一）规章立制，加强企业制度管理

2012 年，按照转企改制要求，华文社完成了工商、税务各项手续变更，正式更名为“华文出版社有限公司”，完善了与有限公司适配的规章制度和工作流程：制定“再造出版流程、规范出版管理、提高工作效率”的相关办法，制定“优化绩效考核、强化目标管理”的办法；制定社委会成员薪酬的弹性系数方案，在集团公司的子公司领导班子考核中率先明确副职和其他社委会成员的薪酬与其分管工作业绩挂钩，而不是一个固定系数。

（二）以人为本，加强企业文化建设

华文社一直把人才强企作为出版社发展的核心理念，加强人才引进和培养，截至 2012 年年底，华文社共有员工 49 人，新进员工中 80% 具有研究生以上学历，正高职称者达 7 人。伴随着人才队伍建设的推进，企业文化建设工作也有明显改善，最大的变化是绝大多数员工把精力放在了工作上，考虑最多的是如何把工作做好。

（三）妥善处理遗留问题

华文社在转企改制重组过程中，许多遗留问题纷纷浮出水面，主要集中在 3 个方面：一是原来内退、病退员工的待遇问题；二是新内退和新退休员工的待遇问题；三是各种版权纠纷和债务纠纷。对此，华文社一一予以妥善处理。退休待遇方面，在集团公司领导的关心下，经反复交涉，华文社有两位同志已退休回中央统战部，并办理完相关手续，其他同志按国家政策办理了退休手续。版权纠纷方面，案由都是转企改制重组前的遗留问题，华文社积极处理，具体情况具体分析，找到相关责任方，找到直接责任人，履行相应责任，承担相应义务，维护合法权益。华文社在解决遗留问题的过程中总结经验，吸取教训，让“遗留问题”不再“遗留”、类似问题不再重犯。令人欣慰的是，自从加入集团公司以来，华文社没有发生一起类似新问题。

（陆虹宇）

世界图书出版公司 2012 年工作综述

2012 年是世界图书出版有限公司剥离后真正独立运作的第一年，其领导体制、组织结构、经营管理、职责任务都发生了很大的变化。2012 年年初集团总裁谭跃提出了集团的“三化目标”和“六大战略”，使我们既感到压力大，又看到机遇。面对新形势、新任务，世界图书出版公司领导班子提出了“振奋精神、凝心聚气、真抓实干、迎头赶上”的 16 字工作方针。一年来在集团公司领导的支持帮助下，在世界图书出版公司全体干部员工的共同努力下，坚持正确出版导向，努力完成任务指标，保持了队伍的稳定，保证了业务的发展，各方面的工作都取得了新的进展。

一、凝心聚气，固本求创新

1. 固本求新，提升现有优势

创新是时代的强音，也是企业发展的生命力。世界图书出版公司一无资产经营，二无教材皇粮，编辑队伍和出版资源也相对比较薄弱。这些年主要靠市场图书和购权期刊竞争打拼。面对此现状，我们认为世界图书出版公司要在激烈的竞争中生存发展，首先要发挥特长，集中优势，提升品牌。具体来讲就是固本求新。固本求新就是要始终不渝地坚持专业出版的发展道路，在先做好、做精、做强专业出版的基础上，向相关多元化的方向创新发展。为此，我们在发展思路上做了如下6个方面的结构优化与调整：

（1）集中优势，强化医学图书品牌

医学图书出版一直是公司的优势产品，多年来在市场上有一定的影响力。如何进一步细化市场瞄准专业群体读者的需求？我们采3项强化措施：①集中优势，加大医学图书的出版质量和数量；②巩固拓展，加强拓展现有的医学图书系列图书的品种和市场份额；③努力开发新的医学图书品种领域。

（2）优化外语板块，突出特色教材

外语图书出版一直是世界图书出版公司的核心产品线，而“大众英语”、“小语种及其工具书”、“考研英语”是世界图书出版公司的优势。我们将这3类书进行了“三位一体”的整体规划，这3类图书通过多年的积累，不仅拥有一批优秀的作者，还培养了一支经验丰富的外语图书编辑队伍，在此基础上我们一边保持已有的市场份额，一边逐步向专业教材方面进行战略转移。以世界图书出版社有限公司为例：已开发完成了越南、泰国、缅甸、印度尼西亚、马来西亚等东南亚国家小语种培训教材出版，为东南亚国家非通用语教材建设走出了关键步伐，并成为西南地区培训机构和高职、中职院校必备基础入门教材。此外还正在组织出版亚非、中东欧、中亚40多个国家小语种培训教材，规模将超过120种。目前通过教材销售进一步巩固高端市场、扩大社会影响，非通用语图书市场占有率已经排名第一，已成为广东外语外贸大学等20多院校非通用语教材主要提供商。下一步拟联合解放军外语学院、北京外国语大学、广西民族大学出版16个非通用语专业教材200种。

（3）进一步加强学术著作出版

世界图书出版公司坚守“科教兴国，书兴科教，服务科研，服务高校”的经营理念，为了有效规避市场经营风险，刷新世界图书出版公司科技图书出版品牌，打造专业出版平台，提升公司核心竞争力，世界图书出版公司把实施“中国当代优秀学术研究文库”和“博士文库”出版项目作为公司“十二五”期间的重点项目。“中国当代优秀学术研究文库”已策划、出版各学科学术专著300多种，其中“东南亚研究丛书”被列入“十二五”国家重点图书出版规划项目，获得国家出版基金资助，计划在“十二五”期间将此项目打造成具有重要学术价值、系列化、规模化的大型学术文库。

（4）拓展“经典世界名著”，使之成为特色常销品种

世界图书出版公司自2000年出版的“世界名著阅读典藏”系列，经过10多年的积累，目前已出版了美国小说卷、英国小说卷、英美散文卷、欧洲文学卷、童话神话卷、学术经典卷、流行畅销卷、大师文库卷8个系列，在市场上也已产生了一定的品牌效应。借助品牌优势，我们决定再推出新的“中英对照全译本”系列。为了与其他出版社有所区别，2012年又开发了“美国百年畅销书”系列和“学术经典”系列，精选了近100年来美国的近代畅销书14种，“学术经典”系列精选了《物种起源》、《乌托邦》、《忏悔录》等15本哲学、社会学必读的经典作品。我们希望在将最原汁原味的学术经典带给读者的同时，有计划、有规模地占领相关资源，使之成为世图公司拥有稳定性读者群的常销书。

（5）发挥地域优势，开发职业教育系列教材

世界图书出版西安有限公司的医学高职、高专教材和世界图书出版广东有限公司的职业教育教材，是我们这几年辛苦开发的新领域。广东省一直是职业教育最发达的地区，现有高职院校39所，中职学校132所，在校学生多、专业门类多，但教材建设相对薄弱。世界图书出版广东有限公司联合广东省职业技术教研室建设职业教育教材产品线。已开发了中职层次的机电类、电子商务、物流、动漫、服装制作和文秘专业的教材，相关专业的鉴定考试复习指导教材以及全校公共课教材共计35种，计划2013年拓展为100种。由于东南沿海地区的产业结构调整，对技能型人才的需求不断增大，我们将在未来3年配合地方产业发展对人力资源的需求，深入扩展职业

教育教材产品线。计划开发机械类、电学类、机电一体类、管理类、计算机、服装设计与制作、会计等专业的教材。在教材层次上，将会更有针对性地划分为中等职业教育类教材和高等职业教育类教材；在课程类型上，将会重点发展公共课和专业基础课教材。计划3年内职业教育系列教材的品种数量将达到300种，以期形成新的、稳定的利润增长点。

（6）死保硬守购权影印科技期刊

购权重印海外科技期刊是世界图书出版公司2002年开始打造的重点工程，这项业务10年来一直是世图公司的核心业务。不但无一本库存，无一本退货，而且充分地解决了发展中的资金运作问题。2007年购权期刊最高达6 500多种，征订码洋达1.2亿元。由于近几年电子期刊的不断冲击，2012年虽然品种上升到7 315种，而征订码洋下降了一半，为6 644万元。尽管如此，但这项业务仍然占世界图书出版公司销售收入的$\frac{1}{4}$，依然支撑着现金流。因此，我们对这项业务死保硬守，希望这块业务能够“延年益寿”，但我们也做好了这块业务“停摆”的思想准备。现在的关键问题是如何开发新的替代产品，寻找新的增长点，保住这个直销渠道，保住这个销售份额，保住这项特色业务。

总之，我们从固本求新的战略发展角度将世界图书出版公司原有的10条生产线，集中在这6个方面，目的是为了进一步的集中优势、扩大规模、提升品质、打造品牌。

2. 数字转型，探索创新发展新途径

数字时代的大潮，迫使我们的传统出版进行转型，我们认为转型与创新，应一边扮演“借船下海、借鸡下蛋”的数字内容提供商，一边发挥自身传统出版优势，积极地建设自己的数字化平台。具体思路如下：

（1）加快“世界医学书库”网站建设

2008～2009年世界图书出版西安有限公司就开始建设自己的“世界医学书库”网站（http：//www.med－books.com.cn），这是一个专业的医学图书及其数据销售的网站。按照医学学科分类上传图书信息，现在网站已有上万个图书品种，目前以销售最新的引进外版医学图书为主。我们计划接下来以此为基础，在网站平台上将我们世界图书出版公司20年来翻译出版的近百种世界医学经典名著全文上传，开展信息内容的服务与销售，目前正在解决有偿阅读的有关技术问题。下一步我们还计划拓展延伸为“万种疾病诊疗系统”网站。

（2）尝试创办医学数字期刊

世界图书出版公司经过20多年的坚持和积累，已经拥有7000多种购权影印科技期刊和上万种医学专著、实用临床、医师教育、医学科普以及多种医学工具书，内容数字规模已经过亿字，为了在数字出版产业链中找到更具控制力的位置，获得在数字出版中的主导权与话语权，必须结合已有传统出版的资源优势主动求变，让数字出版产品与传统出版产品联结起来比翼双飞。

数字期刊是近年来比较流行的基于互联网传播的一种新兴的媒体传播形式，但其中的内容来源无保证，缺乏权威机构认证，加之许多网站管理不正规，普遍存在夸大、片面、混淆概念的现象，甚至只是变相提供软性广告，令广大读者难以分辨其中良莠，无所适从。世界图书出版上海有限公司将通过以数字期刊集群的形式发布科学、权威的专业内容，为用户提供不同类型、不同需求层次、不同使用环境、有针对性的知识服务，谋求数字出版产品的新蓝海。

（3）创办“妈妈爸爸在线”数字期刊

世界图书出版上海有限公司的“妈妈爸爸在线”数字期刊于2011年8月上线，目前已经出版了4期，该项目自上线以来获得了上级领导及出版同行的关注和好评。世界图书出版上海有限公司通过该项目与大佳网结为数字出版战略合作伙伴，签订了共建大佳网亲子分站的战略合作协议。

（4）积极参与电子书包开发，以期获得未来成功的红利

教育信息化是21世纪教育改革和发展的重要途径。教育部最新颁布的《国家中长期教育改革和发展规划纲要（2010～2020年）》明确提

出要“加快教育信息化进程”，而电子书包这一致力于提高教育信息化、提高家庭和学校的配合效率的电子产品，必将大力推动这一改革进程。电子书包项目是国家“十二五”规划新闻出版产业的重要项目，新闻出版总署、教育部、工业和信息化部及地方政府均多次出台相关文件，将电子书包项目列为其“十二五”规划重点发展项目之一，世界图书出版上海有限公司目前参与开发了“面向基础教育的电子书包关键技术研究”项目以及电子书包开发项目，如获成功，其市场前景将非常可观。

（5）着手投资建设“外语非通用语学习网”

随着我国综合实力的提升，国际影响力增加，非通用语人才需求大幅增加，泰语、越南语、印尼语、缅甸语、阿拉伯语、波斯语、土耳其语、葡萄牙语、西班牙语等语种的民间交流、商贸和社会培训的需求越来越大，非通用语学习人员每年以30%的速度增长。特别是亚洲、非洲国家的非通用语人才需要更为紧缺。相关高校已经不能满足社会和企业发展对非通用语人才的需要，高校和社会的非通用语人才培养方式的也越来越受到人才、时间、地点的限制。为了改变广大非通用语学习者学习无门的窘境，世界图书出版广东有限公司着手投资建设“外语非通用语学习网”。该网络平台主要利用中国非通用语教学研究会的教学资源，依托解放军外语学院的网络教学平台，前期提供31个非通用语种的教学内容，并在平台建设过程中增加到50个语种，最终为学习者提供一个多语种可互动的网络学习平台。这既为世界图书出版公司切入数字出版时代，建设数字出版赢利模式打下良好基础，又为非通用语专业教材宣传推广开辟新天地，实现数字出版与传统教材出版相互补充、相互促进。

（6）支持“借船下海”，积极探索股份合作方式

世界图书出版西安有限公司的医学工具书在线是利用清华同方现有的技术平台。清华知网兴建的超大规模学术期刊、文献的数据库，收入国内学术期刊6 642种，品种上占了同类期刊的93%，学术论文占了整个学术论文的99%。资源库已经被国内外1.7万个机构，2 600多万人使用，同时远销到30多个国家和地区，500多家机构，全年下载量已经超过1.2亿篇。

世界图书出版公司北京公司手机杂志《心理悦读》运行良好，并将根据已有艺术类产品开发动漫、电影的数字产品。

中国科学文化音像出版社音像社的“科文在线”也在运作扩展中。

总之，在集团公司“三六构想”战略的推动下，世界图书出版公司各子公司无论在创新发展和数字化转型方面都在积极思考探索并付诸实际行动。也许我们因人才、资金的困扰而放不开手脚，也许我们的这些项目微不足道，但我们相信只要迈开了创新的脚步，发展的路子就会越走越宽。

二、真抓实干，稳定求发展

2012年尽管困难很多，压力很大，但在全体领导班子成员的共同努力下，我们在稳定与发展方面效果明显。2012年世界图书出版公司6家子公司400多名干部职工思想稳定、业务稳定，创新进步、发展稳步。各项指标运营良好，完成了全年指标。

2012年共出版各种类图书2 374种（其中新书880种，重印书1 494种），出版各种音像制品700种、电子出版物136种，购权引进海外科技期刊7 315种，共计出版、营销各种出版物10 525种，没有出任何导向和内容问题，确实应该感谢我们全体干部与编辑们的努力。

世界图书出版公司多年来一直坚持“专业化、精品化”的出版发展战略。2012年世界图书出版公司入选国家“十二五”规划项目和获国家出版基金支持的项目7种，入选中国出版集团“十二五”规划项目6种，共计13种，占2012年新书出版的14%。世界图书出版公司下属中国科学文化音像出版社2012年在中央电视台播出了5部大型记录片：《走向海洋》、《望海南》、《当卢浮宫遇见紫禁城》、《公司的力量》、《货币》，5部纪录片涉及文化传播、经济发展的大题材，对中国出版集团公司的影响力，对国家

的文化建设和经济发展作出了突出的贡献。

2012年，出版的《拾贝集》获得国家图书馆“第七届文津图书奖”。《功夫熊猫就是我》入选2012年度新闻出版总署向全国青少年推荐百种优秀图书。下属中国科学文化音像出版社被中国音乐著作权协会推选为“合法音乐使用者公示单位”。

可以说，在坚持正确导向、坚持社会效益、坚持精品战略方面，世界图书出版公司2012年好戏连台、成果显著。

任何一个人和一个企业，在前进与发展的历程中，都不可能是一马平川、一帆风顺的。我们从白手起家到艰苦创业，从快速发展到规模经营，曾创造过“三千工程”的神话，也曾创造过销售码洋连续3年每年增长1个亿的传奇。由于上市公司剥离，在新的改革进程中，我们是遇到了一些矛盾与困难，但我们应该清醒地看到，虽然基础薄弱，但充满活力；虽然积累薄弱，但独具特色。何况6家子公司，雄居全国4个大城市，其结构优势、地域优势、资源优势，自有得天独厚的条件和长袖善舞的空间。我们更应清醒地认识到，只有发展，才是解决一切问题的关键！只有创新，才是走出困境的唯一出路！只要我们继承发扬“自加压力，自信自强，永不服输，永往直前”的精神，就一定会走出困境，我们也一定会再创辉煌！（陈　雷）

现代出版社2012年工作综述

2012年，现代出版社认真贯彻落实国家出版方针、政策、法规和各项规章制度，加强机构建设，充实人才队伍，集中优势资源，挺拔主业，深挖潜力，巩固了传统优势板块的图书市场优势地位，打造畅销产品，实现了新业务板块增长和奠定优势地位的重大突破，战略合作和品牌建设水平也有了显著提升。2012年，现代出版社在2009～2011年度三年持续增长的基础上实现了跨越发展，营业收入达到了历史最高水平，显著提高了职工收入水平，为下一步发展夯实了基础。

一、抓住战略发展的新契机，努力实现又好又快发展

2012年现代出版社顺应文化产业深化改革的总体趋势，对业务发展模式、内部激励机制和核心管理部门整合及职能细分做了相应调整，取得了好的效果。现代出版社的经营规模在持续增长了三年后，进一步增长，应收应付比重达到了历史最好水平。现代出版社的战略合作及资源整合有了新突破，与吉林出版集团吉林人民出版社深度合作，成立中吉联合文化传媒（北京）有限公司，走出了中国出版集团与吉林出版集团战略合作的坚实一步。现代出版社的产品线建设得到了进一步优化。除了既有的漫画绘本产品线、文学产品线、大众社科产品线和音乐图书产品线之外，社领导班子根据目前的图书市场现状和现代出版社品牌的实际，发挥畅销书的带动效应，总结出适合自身的畅销书出版和营销模式，《那些年，我们一起追的女孩》销量超过60万册。经过一年的准备，2012年现代出版社新增的少儿图书产品线迅速扩展选题思路，推出了一批适销对路的少儿出版产品，取得了良好的市场效果，保证了新产品线的巩固和发展。

二、加速机构和体制创新，适应和提升应对新发展的能力

面对文化产业深化改革的总体形势，特别是十八大提出的对文化产业发展的总体要求，现代出版社在2012年深化机构建设和选题建设的创新，形成了高效优质、针对性强的产品研发和生产模式。

第一，创建了根据产品线划分的事业部制。新的管理职能划分带来了创新和效率，在畅销书生产和营销方面取得了立竿见影的效果。现代出版社出版了《那些年，我们一起追的女孩》、《上课不要烤香肠》、《上课不要看小说》、《妈，亲一下》、《我和郎朗30年》等一系列畅销书。其中，《那些年，我们一起追的女孩》以五十余万册的销售业绩成为大畅销书。《我和郎朗30年》社会影响巨大，为提升现代出版社的知名

度作出了贡献。

第二，通过机制的创新促进选题积累和人才队伍建设，具备了承担国家级出版项目的运作能力。为迎接党的十八大，出版了《国家救援——一切为了人民》、《漫画科学发展观》、《阳光路上》等图书。其中，《国家救援——一切为了人民》被新闻出版总署列为迎接党的十八大的重点图书，同时入选国家出版基金资助项目。另外，"走出去"项目"中国企业家传记"丛书8本完成出版，获得了国务院新闻办公室的支持。这两类图书的出版，使现代出版社获得了良好的社会效益，对现代出版社的品牌建设起到了推进作用。

第三，通过机制创新实现既有产品线改造和新产品线的建设和巩固。2012年，传统优势板块继续得到加强，如《蜡笔小新成人怀旧绘本》、"百年中国儿童文学名家点评书系"、音乐书产品线等，都取得了良好的业绩。《蜡笔小新成人怀旧绘本》是从日本双叶社引进的一套漫画书，经我们改造成成人怀旧绘本后，在市场上表现良好，这套书的发货码洋已达到950万元。"百年中国儿童文学名家点评书系"是进入少儿书出版领域所做的一个尝试，该系列上市后受到了专家的好评和读者的喜爱。这套书的成功，增强了做好少儿书出版的信心。音乐类图书2012年增长速度较快，完成发货码洋四百余万元，相对于上年翻了一番。这得益于我们对音乐类图书的更清晰的定位。前几年所做的音乐书主要是歌本，包括歌曲集和明星个人歌本。通过认真的分析，意识到明星个人歌本的性价比较低，所以销售不好，退货率高。于是将音乐书的选题方向调整为歌曲合集和音乐技巧类，突出实用性和性价比。经过这样的思路转换，音乐书重新焕发了青春，增长势头明显，退货明显下降。这为未来更大的发展做好了思路和品牌上的准备。

现代出版社在图书出版上取得的成绩获得了中国出版集团的认可，在集团评出的年度十大畅销书中，《那些年，我们一起追的女孩》排名第三；在二十大常销书中，《我和郎朗30年》、《伟大作品的隐秘结构》名列其中。

三、稳步提升企业竞争力，经营状况达到历史新高

2012年，出版社全年经营销售回款3 796万元，相比于上年3 257万元增长了16.5%；利润182万元，同比增长了53万元，增幅40%；发货总码洋10 073万元，相比于上年同期9 156万元，增长了10%。现代出版社2012年取得的良好业绩，源于坚决贯彻落实集团的产品线战略。现代出版社始终坚持"产品线即生命线"的出版策略，心无旁骛，举全社之力打造核心产品线。核心产品线的建设在带来经济效益的同时增强了品牌美誉度和读者的忠诚度，增强了品牌作者对现代出版社的信任程度。核心产品线的引领作用有效弥补了小型出版机构能力不足的短板，形成了社会效益和经济效益齐头并进的好局面。

四、加强人才队伍建设，建立科学和持续发展的人才激励模式

企业的发展靠人才队伍的建设，人才的成长和发展要靠科学的培养和激励机制。随着优秀人才的逐步引进，人才发展激励政策创新也在2012年的工作中成为重中之重。为了让更多人才脱颖而出，也为了让优秀人才的劳动价值合理体现，2012年现代出版社领导班子在事业部制的基础上进一步细化绩效考评和奖励制度，结合市场因素客观评估社会效益和经济效益指数，让每位创造效益的员工都得到应有的经济回报。2012年领导班子更加重视加强全员培训和学习。在管理人员的培养和提升方面，积极推荐符合条件的骨干参加中国出版集团后备干部评选，对德才兼备的同志积极向集团推荐；在专业人才的培养和使用方面，给有想法有能力的年轻人更大的发挥空间，将资源配置有效地向他们倾斜，让他们多挑担子、多闯路子，实现自身价值。同时现代出版社也进一步加强了用人机制的建设，能者上庸者下，在企业内部形成了争当人才、勇于担当的良好氛围，打破了"好不好都管一辈子"的陈旧思维。

（李　鹏）

北京中新联科技股份有限公司 2012 年工作综述

一、生产经营情况

2012 年是北京中新联科技股份有限公司（以下简称“中新联公司”）成立以来形势最为严峻的一年，由于经营环境的恶化，公司面临着生产成本高涨、资金短缺等诸多困难。在这样的情况下，2012 年年初，中国出版集团公司确定的“三化目标”和“六大战略”给中新联公司指明了努力方向和具体的突破重点。根据公司的实际情况，中新联公司领导班子经过缜密的思考和充分的讨论，制定了“确保生存，伺机突破；多种尝试，开拓未来”的经营思路。经过一年的努力，2012 年中新联公司共生产光盘 4 715 万片，同比增长 12.64%；全年营业收入 4 165 万元，同比增长 17.53%。具体工作情况如下：

（一）积极优化光盘产能资源，擦亮国家光盘生产基地品牌

2012 年年初，北京光盘加工行业发生了重大变化。1 月份和 3 月份，北京光盘加工的两大厂家——中影克莱斯德数字媒介有限责任公司和北京中联光碟有限公司先后宣布退出光盘加工行业。这两家公司拥有每年过亿片光盘的生产能力，他们退出后的市场份额将由其余的光盘加工企业瓜分。经过反复讨论，中新联公司领导班子认为，中新联这面国家光盘生产基地旗帜不能倒，尽管光盘复制经营环境艰难，但中新联公司能够通过努力，在逆境中崛起，真正成为光盘复制行业的王者。在中国出版集团公司领导和兄弟单位的支持下，中新联公司于 2012 年 4 月收购了原北京中联光碟有限公司的全部设备并租用原厂房，将石景山厂区的光盘设备向马驹桥厂区集中，在短期内，实现了低成本扩张。在收购、挪移以及恢复生产过程中，中新联公司工程技术人员、操作人员、市场销售人员和后勤保障人员勤奋工作，做到数十吨的设备拆卸、挪移、安装、调试不减产，用最小的代价实现了光盘生产产能资源的集聚，使中新联的光盘生产在 2012 年年底前达到了预期的产量，成为中国北方产能最大的光盘生产企业。

同时，中新联公司继续加大光盘销售的推动力度，参加外语教学与研究出版社和中央广播电视大学出版社的招标工作，并成功中标，使得订单量在一定程度上得到保证。

（二）克服困难，满足客户订单需求

由于光盘行业各环节都在压缩成本，客户为降低成本，把过去属于其他公司工作范畴的工作交给中新联公司，并将其作为给订单的条件。比如光盘包装，过去是专业包装厂的工作，现在也成为中新联公司承接订单时派生的附加工作。由于包装工作必须手工去做，客户又不支付足够的包装费用，且任务不连续，针对这种情况，中新联公司常常需要全体总动员，在包装任务紧急时，非生产部门同志连同领导干部必须在正常工作之余义务劳动，限时限量完成定额任务，以辛勤的劳动去节省每一分开支。

（三）艰苦奋斗，稳步推进锂离子电池制造、销售业务

由于光盘制造业已处于夕阳行业，未雨绸缪，中新联公司早在 2007 年年底已开始投资新能源项目，以期在国家支持的绿色环保大政策下开辟新的经济增长点。中新联公司为了在新能源行业取得领先地位，在中国出版集团公司大力支持下，组织公司科研人员建立新电池材料研发基地，通过和高等院校的合作，引进先进的实验设备同时做了大量实验，技术水平得到了专家的认可，终于使中新联公司的实验室在 2012 年成为国家 863 项目新电池材料指定实验室，获得了国家的资金支持。中新联公司在通信储能方面投入了大量的资源，谋求打开市场。随着环保意识的深入人心，耗能企业对绿色电源逐渐重视，2012 年锂离子电池市场明显活跃。中新联公司电池板块全体员工，以坚定的信念积极工作，在艰苦条件下，坚持生产、销售、开发同时推进，取得了比上年更好的业绩，为迎接新能源市场的春天做好了准备。

（四）通过设备人员挪移，完成房产资源的集聚，创造新的收入机会

中新联公司在收购新厂、集中设备的同时，积极推动空间布局的调整，人员物品大搬移，最大限度整合空间资源，尽快让空间产生利益。经过大量工作和各方面协调努力，中新联公司成功于2012年8月出租石景山厂区南楼3～6层，使得集聚的资源产生了效益。

二、管理工作情况

2012年，面对资金短缺和生产成本的持续上涨，中新联公司继续坚持“紧缩支出、精简人员”等措施，管理工作取得新进展。

（一）光盘板块向马驹桥厂区搬迁工作圆满完成

2012年，中新联公司处于搬迁状态，面临着宿舍租用、新厂装修、设备吊装、库房搬动、人员安置等一系列的困难。中新联公司领导班子通过多次深入研究，制定了最大限度节省花费的搬迁方案，新厂装修、办公室搬迁、宿舍安排一切从简，并通过对员工做细致的思想工作，尽量解决员工生活上的困难，使中新联公司顺利度过长达数月的搬迁时期。

（二）紧缩支出，节约能源资源

为了紧缩支出，中新联公司进行了一系列的改造，并对成本进行严格控制。在光盘板块搬迁工作结束之后，中新联公司开始逐步对生产设备进行节能改造，并在马驹桥厂区和石景山厂区分别停开一路变压器，合理有效地利用电能。为节约开支，中新联公司严控差旅费和餐费，重申《关于办公室空调使用注意事项》，控制办公场所空调的使用。

（三）适时补充人员，人力资源工作效果显著

2012年，由于生产生活环境的改变，中新联公司面临着公司员工的流失和更替。光盘板块搬迁期间，中新联公司共有37人离职。面对大量人力资源的流失，中新联公司在收购北京中联光碟有限公司生产设备和租用原厂房的同时，聘用了32名原中联光碟员工，解决了生产用工的紧缺问题。人事部门对新上岗人员进行了岗前培训、公司规章制度和安全生产操作规程培训，使新员工能更快地融入到公司的体系之中。同时，中新联公司对中层干部进行了调整，人尽其才，使中层人员能在更合适的岗位发挥更好的作用。

（黄　靖）

北京中版联印刷物资有限公司 2012年工作综述

2012年，在中国出版集团公司的正确领导下，在各出版社的支持下，北京中版联印刷物资有限公司（以下简称“中版联公司”）坚持以科学发展观为总揽，以“发展方式与管理模式创新”为工作抓手，对内改革公司管理体制，对外提高服务质量，探索多种营销方式，较好地完成了各项目标任务。公司全年共实现销售收入8.5亿元，比2011年增长112%。

一、主营业务情况

（一）强化服务意识，始终将提高服务质量放在首位

中版联公司始终将提高服务质量放在首要位置，以高质量的服务提升市场竞争力。一是及时了解客户需求，适时备货。定期向客户了解一段时间的需求，制订备货表，提前向生产企业和供应商订货及约定价格，既有效降低了纸张的采购成本，又充分保证了客户的生产用纸。二是信息共享，使客户了解市场动态。利用公司每月出版的《纸张印务资讯》发布纸张、纸浆等相关信息，为出版单位和用户提供一手的信息。三是为客户提供仓储、配送、裁切等服务。2012年，中版联公司着力在扩大仓储面积、增强后续加工能力上下工夫，跟一些仓储公司签订长期稳定的服务合同，将裁切、配送等服务或整合或分解外包给相应公司，以提高中版联公司的服务宽度。四是建立售后质量回访制度，承诺质量问题24小时内解决。中版联公司由总经理助理全面负责客户回访工作并负责客诉问题，公司还向所有客户作出24小时处理售后问题的承诺，包括：24

小时实现退、换货；24 小时出具客户认同的解决方案；24 小时出具客户认同的补偿方案。售后服务水平的提高，显著增强了公司的市场竞争能力。

（二）积极开拓集团外市场，千方百计提高经济效益

2012 年，中版联公司继续大力实施“走出去”战略，以市场部为主，制定激励政策，将中国出版集团公司以外的销售效益与员工奖金挂钩，充分调动了员工的积极性，全年集团外客户销售大幅增长，纸张销售首次突破 5 万吨。采取的主要措施有：一是稳定老客户。对用量较大、信誉良好的集团外大客户进行定期访问，用服务、质量、价格、信誉换取更大销量。二是积极开拓京外市场。依托北京市场形成的议价能力，着眼于京城外各省市场的开拓。2012 年，新增的京城外客户有：湖南省印刷物资有限公司、湖南天舟文化股份有限公司、云南教育出版社等。三是争取信誉良好的中小客户，如具有一定实力的书商。较稳定的长期合作书商客户有：墨人图书有限公司、世纪浩然文化传播有限公司、时代天宇国际文化传媒有限公司等。

（三）创新融资方式，向资金周转效率要红利

纸制品因具有单价高、占用资金量大的特点，使得纸张贸易企业对资金的饥渴程度更高，一旦资金流断裂将严重影响公司的正常经营。中版联公司为了解决流动资金持续紧张的问题，创新融资方式，在集团公司内部单位欠款问题严重的情况下保证了集团内各单位的生产用纸供应，并取得了集团外 5 万吨的销售业绩。一是通过银行承兑、贷款、兄弟单位拆借、联合进货等多种方式融资，全年共累计融资 1.2 亿元，此举从根本上保证了中版联公司的资金需求。二是采取有效措施，加快资金周转效率。对集团外客户进行分类，一类优质客户给予 3 个月回款周期，二类客户给予两个月回款周期。具体催款由每笔业务的销售人员负责并与其奖金挂钩。公司每月召开回款座谈会，向全部一线销售人员通报回款状况，就滞后回款采取相应措施。各项措施的齐头并进，有效加快了资金周转速度，提高了公司效益。

（四）加强风险管控体系建设，控制销售风险

随着集团外销售额的逐步扩大，营销风险也随之而来，为了防范风险，保证资金安全，中版联公司采取了一系列的措施。一是合同审查制度。公司法律顾问负责对合同进行审查，从合同内容是否符合法律规定，重要条款有无遗漏，形式是否符合规定要求，文字是否准确、严谨，约定是否明确等方面予以审查，并提出审核修改意见。二是应收账款超期责任人跟踪制度。由各笔业务责任人对应收账款进行跟踪，对超账期的客户进入催款程序；如果超期一个月没有回款报部门负责人，由部门负责人催款；如果在两个月内没有催回全部款项，则报告企业负责人，由公司领导班子办公会决定下一步措施。三是应收账款超期诉讼制度。如果应收账款超期半年，且半年内无任何回款，则由公司领导班子办公会决定是否进行法律诉讼。若进入诉讼程序，则由业务责任人提供订单、销售合同、催款函等相关文件，配合企业法律顾问向有管辖权的人民法院提起诉讼。

二、管理工作情况

（一）制度建设和流程管理再上新台阶

2012 年，为增强经营管理能力，中版联公司在制度建设和流程管理上狠下工夫。5 月，国家审计署对集团公司进行审计，中版联公司坚持以这次审计为契机，完善公司的管理规章制度，坚持边审计边整改，对待审计出的问题做到了反应迅速，改革及时。中版联公司对原有的收发文登记、会议纪要存档、财务数据核查制度等进行了梳理，重新公布实施，并新建《北京中版联印刷物资有限公司风险防范暂行规定》等规章制度，这些制度的建立使得公司的各项工作均有据可查、有章可循，使得企业的科学管理能力、民主决策能力大大提高，增强了企业的软实力。

（二）党政工团各项工作取得新突破

2012 年，中版联公司党工团齐心合力，开

展了各具特色的活动，取得了显著的成效。党支部工作以党建工作、文化建设、服务企业、党风廉政四大工作为重点，统筹推进党的建设，使党的工作和党的建设更加符合科学发展观要求，充分发挥了党员先锋模范、基层党组织的战斗堡垒作用。

工会工作围绕服务企业发展大局、建设员工信赖之家为宗旨，履行工会职能，维护员工权益，创建和谐劳动关系，在创新工作思路、优化活动方式上取得了新的突破。通过召开总经理与工会主席、总经理与员工代表沟通会，对员工关心的薪酬福利、同工同酬等问题进行了解答安排。建立公共小药房，关爱员工身心健康，对于常规病痛，公司员工可以足不出户免费获得药品。为员工提供多种培训机会，包括管理能力及专业技能培训等，为员工价值的自我实现提供机会。

团委工作主要围绕带动青年、服务青年、促进青年成长成才等主题开展工作，注重青年素质的培养。例如组织公司青年职工进行羽毛球比赛、观看励志电影等，这些活动的举办提高了职工锻炼身体的自觉性，在公司内部营造了积极向上的工作氛围，为青年员工的成长提供了保障。

（三）企业文化建设成效显著

2012 年，中版联公司遵循“以人为本、和谐共进”的指导方针，以丰富多彩的参观培训、娱乐活动为载体，全面推进公司企业文化建设。一是突出人文关怀。定期开展员工思想状况调查，以员工心理减压、培育阳光心态、进行情绪管理为重点，帮助员工减轻工作压力，焕发工作激情，培养积极心态面对日常工作；组织开展全员健康体检，把温暖和关爱送到每一位员工身边；建立公司图书馆，为员工营造学习的机会与氛围。二是举办“优秀员工”评选活动，树立学习楷模。评选出一批思想作风好，工作业绩突出的优秀员工，作为广大员工学习的楷模，激发员工的自身潜能和创新意识。三是丰富职工业余文化生活。通过职工喜闻乐见的娱乐活动，激发干部职工干事创业的工作热情。例如，中版联公司组织全体员工开展“迎五一羽毛球比赛”等活动，这些活动的举办，不仅让大家的心情得到了放松，缓解了工作的枯燥和压力，同时也开拓了眼界，增进了员工之间的凝聚力。（高　洁）

中版集团数字传媒有限公司 2012 年工作综述

2012 年是中版集团数字传媒有限公司确定数字出版战略的一年，也是大力推进集团公司数字出版工作的一年。集团公司从全局高度组织了多次调研会、讨论会和研讨会，形成了《中国出版集团公司数字出版发展规划》，提出了“1 +6”×4 的数字出版总体架构，为中版集团数字传媒有限公司各项业务开展指明了方向，奠定了基础。

中版集团数字传媒有限公司领导班子和全体员工在集团公司领导的关心和支持下，以“规范年”的经营思路，践行着集团公司的数字出版战略。规范项目研发流程，规范招投标、采购流程，规范项目成果转化，规范部门职责，规范各项规章制度的执行；在公司内部建设、项目建设、产品研发、商业模式实践、市场推广合作等方面均取得了突破。

一、优化组织结构，加强人才培养，改善办公环境，企业运行渐步规范化

根据业务发展规划，2012 年年初设立了有声书事业部，全面启动有声书业务的建设和市场推广；充分论证研究了数据部的资源建设和市场推广模式后，对数据部业务进行了方向性调整；根据业务经营规划，抽调和选拔业务骨干扩充版权部力量，并将部门的业务与资源部以及数据部的发展统筹考虑，形成公司资源中心的雏形。经过对公司组织架构和部门的调整与完善，公司基本形成了以经营为中心的组织架构。

为了贯彻落实集团公司人才强企战略，挖掘行业优秀人才，2012 年新入职员工 35 人；强化对现有员工的培训，以公司内部各部门培训为主，结合专业机构的技能培训，大大提升了员工的职业技能和整体素质；同时，鼓励各个部门走

出去，通过与出版社进行交流、沟通，熟悉对方数字出版发展的现状，开拓了业务，找到了工作方向，逐渐建立起业务团队。

为适应公司发展需要，在集团公司各级领导的关心和支持下，2012 年 2 月正式启动了数字传媒公司新办公区装修事宜。为了保证工程质量，确保装修工程合理、合规、合法地进行，公司成立了装修工程专家组，由集团公司办公室、计划财务部、资产部领导，集团公司大楼设计所领导组成专家组；同时，成立了由公司办公室人员和北京建筑设计院的注册监理工程师组成的工程监理组，对装修过程的各环节进行了监督和监理。装修工程采取邀标方式进行，经专家组严格评标，最终选定施工机构，启动装修工程。9 月，所有装修工程全部通过竣工验收，新办公区投入使用。新办公区的启用，首次实现了公司人员合并办公，为公司在 2012 年各业务的开展奠定了坚实的硬件基础，切实改善了员工的办公环境和办公条件，得到了员工们的认可和好评。

二、大佳网建设不断升级，积极探索运营模式创新

通过一系列创新性的运营，大佳网在平台建设、品牌知名度、网站流量、行业影响力、名家资源积累等几方面全面增长，在出版社服务、营销支持、商业模式探索上进行了大胆尝试。

2012 年大佳网进行了全面改版，增加了大佳商城与部分运营支撑、电子书 PC 阅读器、书客社区等功能，推出了《文坛开卷》、《大佳面对面》、《史航说书》、读点等重要内容产品。新版大佳网削弱了新闻资讯的比重，强化了电子书的推荐，突出“引导精品阅读”目标。

截至 2012 年 12 月底，大佳网平均日流量为 86.4 万，峰值达 95.8 万；日均访客数 25.3 万，日访客数峰值 53.4 万。与 2011 年同期相比，日均浏览量（PV）提升 67.8%；日均访客数提升 11.5%。Alexa 排名由 2011 年末的国内 4 161 名，提升至 2012 年末的国内 2 230 名。

大佳网利用 2012 年北京图书订货会等业内重要活动，对集团领导、集团活动进行了全程报道，同时策划一系列专题采访、推送活动，全面配合与服务集团公司的宣传工作，并与集团官网形成了高效联动。2012 年度，大佳网新增专题近百个，增幅近 80%，仅第 19 届北京国际图书博览会期间，《大佳面对面》以集团所属出版社为核心，做了十余场高端访谈，在业内取得了良好反响。大佳网还利用“读点”、“集团双推”等系列专题，凸显了“精品图书”定位，为集团公司各所属单位提供纸书、电子书营销推广服务，其中《佳人魔术馆》总点击量超过 1 400 万次。大佳网与读书·生活·新知三联书店网店实现对接，将实体图书与电子书销售关联；与中国民主法制出版社共同申报信息化项目，促进集团公司内数据库产品的建设。透过深度合作，为资源运营与盘活提供了渠道。

大佳网加大主动推送的力度，针对潜力用户策划相关专题，通过微博、邮件营销等定期推送。建立“书客”社区产品，打造集社区、互动、微博功能于一体的社交性数字阅读社区。利用在线广告、版权经营、重点书网络营销，实现了销售收益。

通过自主策划活动、行业展会落地、合作联动等方式，网站拓展媒体 67 家，实现媒体落地 1 260 次，初步建立以大佳网为中心，以书客、视频等子品牌为支撑的品牌矩阵。通过名家主播《史航说书》，与新浪网合作设立高端视频访谈栏目新版《文坛开卷》，与山东卫视合拍《新杏坛》等方式，大佳网打造了品牌，扩大了网站在读者中的影响力。大佳网针对《真实的罗姆尼》一书的网络宣传策划了专题，发了 50 条相关微博，引起 40 多家媒体转发，影响到 2 600 万微博粉丝，在营销手段上实现了创新。大佳网通过主动策划热点话题，配合活动参与、热点讨论、有奖转发微博等诸多营销方式，调动起作者、读者与出版社的积极性，形成大众、行业人士等对该内容的关注，形成线上线下立体专题，取得了很好的效果，得到该书出版机构中国民主法制出版社的好评。

截至 2012 年年底，大佳网已拥有用户 11.8 万，年度新增 7 万用户，全站注册用户 9.7 万，大佳网微博矩阵粉丝 27 万。实现了年度读者增长 52%，合作作者增长 340%，合作出版社增长 76% 的良好业绩。

三、创新内容运营方式，推出大佳移动出版平台

大佳移动采用创新的运营模式，提供出版社自主制作、发布平台，建立自有专区运营环境。出版社可跨移动客户端共享运营，实现多终端分享营销。平台以共享共赢为核心理念，提供销售分成、年费等付费方式及定制、推广等多种服务模式。

截至 2012 年年底，大佳移动出版平台建设初步完成，在渠道建设上进行了三方面的拓展合作：一是完成了移动、联通阅读基地的资质审核与接入工作；二是电子书销售渠道建设方面，通过与腾讯无线、网易读书、多看阅读、亚马逊 kindle、云中书城等知名销售渠道洽谈，获取高比例分成；三是客户端内销售渠道方面，对内完成了大佳书城客户端并成功上线，对外承接了石油出版社一揽子移动产品建设与运营服务。

四、资源积累稳步推进，原创资源建设实现突破

中版集团数字传媒有限公司内容资源建设思路，是以版权资源建设为核心，以集团公司所属单位资源为主体，并加强外部资源拓展，多方聚集资源。

2012 年，公司深入出版社，积极主动洽谈版权，对优质畅销书、重点书，采用市场化手段去竞争版权。同时，转换思路，以服务为主导交换版权。截至 2012 年年末，洽谈版权图书品种 8.11 万种，签约 2.62 万种，签约平均费用在 80 元/种以内，经加工整理，已有 1.2 万种数据进入运营。自 11 月开始，公司尝试直接得到作者授权，截至 12 月底，在已签约的 51 部作品中获得 32 部作品的影视改编权，并已累积作者资源五百余位，以备下一步版权引进。

中版集团数字传媒有限公司将原创资源与出版资源并重，通过开辟原创栏目，运营原创作品资源等方式，实现了原创资源量的突破。成为中国作家协会网络文学联席会议的成员；3 部原创作品申报中国作家协会重点扶持作品成功；3 位作者选送参加 2013 年第六届鲁院作家培训班；签约上线原创作品 245 部、原创作者 9 名，备签作者 200 名。

利用建设完成的资源管理系统，实现了数字资源的全方位管理。2012 年度共加工电子样本 4.8 万余种，标准书目 9 万余种。截至 2012 年年底，入库全本图书资源 1.5 万余种，电子样本 31 万余种，书目数据 220 万余条。2012 年，收到集团公司所属单位上缴资源 1 000 种，对集团成员单位 6 700 种纸质书进行了数字化加工，对 5 000 余种上缴数字资源进行了处理。

五、中华动漫资源库向产品研发与运营过渡

中华动漫资源库项目作为集团公司数字出版全媒体形态的布局点，截至 2012 年年底，已收录 100 余位漫画家、1 200 部漫画作品，共计 5 万余幅动漫作品，实现了一定数量的资源集聚。自主研发 APP 动漫应用产品，推出了如《红色经典》等 16 个 APP 应用，实现了销售收入。还尝试通过参与亚青赛、“漫动画”大赛等活动，实现动漫资源的运营，在亚青赛第一届“漫动画”大赛试水产品，取得了较好的市场反响。策划研发的“漫动画”自出版系统，得到多家企业合作意向。

六、有声书系列产品起步并走向市场

作为公司业务上的新增长点，有声书产品先期瞄准白领与婴幼儿市场，设置了自己的内容策划制作团队，从 6 月份开始投产，至年底，已完成 2 011 部（1 600 小时左右）有声产品、儿童故事的制作，实现年度 2 000 部作品的计划。同时，拓展了电台等发行渠道，获取了初步销售收益。

七、围绕集团信息化进行项目建设与运维

根据集团公司统一部署，集团公司官网改版工作于 2012 年 9 月 24 日正式启动，在一个月的建设周期内，数字传媒公司项目组加班加点全力以赴，从策划、设计、开发、到数据迁移、内容采编、审核发布，新版网站按时保质上线，进入运行维护阶段。新版网站突出了集团公司的宣传门户功能，已成为集团公司的重要的宣传媒体。网站在第一时间报道集团动态，传递集团发展信息，得到了集团公司领导和集团公司所属各单位的高度评价。2012 年 6 月，集团公司网站策划制作的“中国出版集团公司庆祝中国共产党建立 90 周年专题”获得第二届全国网络编辑技能竞赛专业组二等奖；12 月，集团公司网站获得“新闻出版业网站百强——出版发行集团十强”称号。

八、积极参与国家项目开发工作，提升公司能力与资质

公司除承担了集团公司信息化建设项目外，还继续承担了新闻出版总署“中华字库”、“数字版权保护技术研发工程”，国务院新闻办公室“中国图书对外推广网”，科技部“数字出版内容传播平台”等项目的实施工作，各项工程按预定计划顺利推进。

九、承担全国出版物发行标准化技术委员会秘书处工作

2012 年，数字传媒公司继续在集团公司科技与数字出版部具体领导下，负责管理发行技术标准委员会秘书处各项工作，完成了十余项出版物物流行业标准的报批，多次受到新闻出版总署科技与数字司的肯定与表扬；“中国出版物在线信息交换图书产品信息格式”等标准已经按照原计划起草完毕，正在抓紧时间进行制定。

（祁兰柱）

中版教材有限公司 2012 年工作综述

2012 年中版教材公司按集团“做开教育出版”的指示，确立了“开阔视野，开放思维，开启新整合，开发新产品，开辟新渠道，开拓新市场”的指导思想，经营管理工作开始发力。2012 年，自主经营的较成熟的教材系列达到 7 个（分属集团内外 5 个出版社）；新开发同步教辅 3 整套和非同步教辅两整套。2012 年秋、2013 年春实现发行总码洋 4.5 亿元，销售收入 2.6 亿元，利润 6 000 万元。

（一）立足市场需求开发新产品

2012 年，在原有 5 个系列教材的基础上，根据市场需求开发完善书法教材体系。在 2011 年开发小学《书法》教材、当年获利基础上，乘胜追击，进一步开发初中、高中书法教材，整套书法教材按弹性结构设计，分标准版和提升版，贯穿从小学到高中的各个阶段，集知识性、实用性、创新性于一身，能满足不同省份中小学开展书法教育的不同需求，完善了书法教材体系，形成了完整系列。

2012 年，抓住国家“教辅新政”的有利时机，结合现有教材使用情况和市场需求，在同步教辅研发方面取得突破，与有关出版社合作开发了人民版《思想品德》、中华版《历史》、商务星球版《地理》、华文版《书法》配套教辅，有效地推进了配套产品线建设。

此外，组织国内著名一线学科教学专家和一线教师共同策划“第一线”系列教辅、“快乐”系列培训教材，主打“第一线”品牌和“快乐”品牌。

（二）抓住各种机遇开辟新渠道、开拓新市场

2012 年，继续扩张现有教材、教辅产品的占有省区。截至 2012 年营销网络已遍布 26 个省，全国的空白省区市只有 5 个。

2012 年，继续扩大现有教材、教辅产品的市场总量。在《书法》教材 2011 年已有 6 个省份使用的基础上，2012 年新增安徽、辽宁等省份使用，截至 2012 年全国使用省份已达 11 个，并实现新疆维吾尔自治区、四川省全省统一使用，新增发行总码洋 7 000 万元，发行总码洋达 1.5 亿元，市场占有率继续保持全国领先。高中《历史》在全国最后一个课改省广西壮族自治区，市场份额突破 50%。新开发的同步教辅第一年上市即突破6 000万元码洋。非同步教辅等新上市即获得1 000万元码洋。

另外，还努力尝试开辟新的营销渠道。高中历史教辅通过竞争性授权谈判进行授权经营，直

接获利700万元。以控股的人民东方书业公司为投标主体，首度尝试图书馆配、薄弱学校改造等项目，在云南、河南、北京等多个省、市取得突破，发行码洋超2 000万元。

（三）依靠优质的专业化服务做开教育品牌

2012年，在集团领导的重视和支持下，致力于提供优质的专业化服务，建设了一支专业化的员工队伍。现有员工57人中，大部分具有专业编辑、专任教师的从业资质，其中博士后1人，博士和在读博士5人，硕士18人，在教育图书专业营销公司中整体学历层次是比较高的。从2012年开始对员工进行专业培训，时间超过15天。

2012年，建立了专业化的服务体系。创建了“教师培训、教学回访、教材评估、课题研究、基地交流、网络支撑”梯次推进的专业化的教材服务体系，为使用我们教材的教师提供全面、系统、优质的专业服务，推动集团公司有关教材在全国市场的快速扩张，并成为集团新增的、重要的业态。

此外，还组建了专业化的培训队伍。组建了由全国一流学科专家、教研专家、骨干教师150人组成的培训队伍。成功组织了全国市场各级各类教师培训和教学回访，培训八十余场次，近万名教师参加。

（四）注重实效推动党群组织建设、人才队伍建设和企业文化建设

充分发挥党群组织的桥梁纽带作用，党总支、工会、团支部分别开展“红色之旅”、“人文之旅”、健康体检、登山等活动。2012年，在党群组织建设工作方面成绩显著，连续三年荣获中直工委“青年文明号”称号、集团公司“五四红旗基层团组织”称号，三名同事分获集团颁发的“十佳管理”、“十佳营销”、“优秀女职工”称号。

2012年，针对公司实际贯彻集团“三六构想”，在人才队伍建设方面进行了新探索。一方面以“专家讲授+模拟演练+行家点评”的形式对现有员工进行培训，成效显著；另一方面，加大人才引进力度，特殊人才甚至采用协议薪酬制度；内部建立员工良好的成长阶梯，一般情况下，员工按阶梯逐级晋升，但对特别优秀者或为公司的发展作出特别重大贡献者可以越级晋升。

严格掌握用人标准的导向作用。坚持“业绩突出、德才兼备、群众公认”的原则选人用人，推行“业绩公开、评价公开、薪酬公开、任职公开”的管理理念，促进了员工队伍的成长，形成了以“公开、公平、公正”为核心的企业文化。

（星昕昕）

新华联合发行有限公司 2012年工作综述

2012年，新华联合发行有限公司以“三六构想”为主线，围绕物流中心建设这一核心任务主要开展了以下几方面工作。

一、明确了企业定位和发展方向

作为新设企业，贯彻落实“三六构想”首要问题是明确自身在中国出版集团公司“三六构想”这盘大棋中的定位。

中国出版集团公司的核心竞争力是内容生产，新华联合发行有限公司作为发行企业，也必须围绕内容生产开展工作，服务于出版主业。与地方出版集团相比，中国出版集团公司有相对强势的产品资源，但在发行环节上先天不足，缺乏牢固的渠道做保障。发行环节的薄弱在一定程度上制约了中国出版集团公司产品竞争力的释放，靠个别强势产品推动销售业绩并非权宜之计，新华联合发行有限公司的任务就是要在发行环节下大力气，将局部优势转化为整体优势，将强势出版、弱势发行的单兵种作战转化为出版与发行两线突围的兵团作战格局，这也是加强集团公司集团化建设的必然选择。

在未来的发展方向上，新华联合发行有限公司统一了认识，即以规划中的物流中心为载体，创新出版物传播手段和渠道，以专业化、集约化促产业化，加快文化与产业的融合，努力打造跨地区的、在行业内具有较大市场影响力的图书中盘商。通过规模优势和提供专业化服务增强中国

集团公司出版物在市场的整体竞争力。

二、完成物流中心规划方案设计

按照中国出版集团公司对物流中心建设提出的“功能第一、效益第一、规模第一、形象第一”的要求，新华联合发行有限公司对物流中心的规划设计立足高起点、谋求高品质。既考虑总投资的经济性，又考虑设计的科学性、前瞻性。既考虑对出版物流的需求，又考虑为应对数字出版对纸质出版的冲击，给予第三方物流一定的发展空间。

2012 年 4 月，在严格遵循公开公平公正的原则下，完成设计单位公开招标，中国中元国际工程公司中标。这是一家国家级设计单位，设有机场物流设计所，在北京、上海、广州等国内大中城市的机场物流设计上有丰富的行业经验，为高质量、高水平完成物流中心的设计提供了可靠保障。同时，中国中元国际工程公司承诺在其设计团队完成双方合同约定的设计任务后，将额外提供设备与系统管理团队跟进此项目，并作为免费的增值服务持续性地提供专业意见和建议，保障结构设计与工艺流程、设备选用的无缝衔接。

经物流规划顾问北京伍强科技有限公司、设计单位中国中元国际工程公司、代建公司北京乐群房地产有限公司、合作单位江西新华发行集团有限公司以及集团公司资产经营部和新华联合发行有限公司多次共同沟通、反复调整，于 2012 年 5 月 30 日总裁办公会议研究通过了规划方案，并于 2012 年 6 月 30 日取得北京市重大项目绿色审批通道资质。

根据规划方案，物流中心占地 340 亩，总建筑面积 20.5 万平方米，包含仓储及行政配套设施，其中图书仓储面积 10.6 万平方米。一期建设的图书物流中心年发货设计能力为 80 亿码洋。

此外，新华联合发行有限公司在对中央及北京市政府在物流业发展的政策进行研判，并对北京市的物流市场进行调研后，在对物流中心进行规划时并不局限于出版物流，而是考虑充分利用空间拓展盈利能力，因此预留了近 8 万平米发展第三方物流，截至 2012 年底已有安利等客户提出了进驻园区的愿望。

三、资本和业务合作取得新进展

2012 年 1 月，中国出版传媒股份有限公司与江西新华发行集团有限公司就重组新华联合发行有限公司签署合作协议，江西新华发行集团有限公司为此注资 2 亿元。江西新华发行集团的进入不仅充实了新华联合发行有限公司物流中心项目的建设资金，还带来了其在出版物流及第三方物流领域的先进经验和管理团队，同时，地方发行集团先天的网络优势可为未来物流中心的发展提供技术支持和渠道保障。

2012 年 4 月，中国科技出版传媒股份有限公司、人民出版社、江苏凤凰出版传媒集团等有关单位的领导实地考察了物流基地，大家对项目的规划建设及未来的前景予以高度认可，并对合作共建的方式已基本形成共识。各方均表示愿以资本合作为纽带，加强业务层面的跨地区合作。此外，中国人民大学出版社、化学工业出版社和一些民营出版发行单位也对物流中心项目表现出浓厚兴趣。

在与国内出版发行机构谋求合作共赢的同时，新华联合发行有限公司与海外出版发行商也在探讨可能的合作方式。其中，在图书发行领域有着国际领先水平的日本东贩株式会社对物流中心项目给予了高度关注与迫切参与的愿望。日方多次来华了解项目规划与实施情况，并与新华联合发行有限公司在技术应用、物流中心的管理运营方面进行了深入细致的交流，这些交流为物流中心的规划提供了可贵的国际经验。

四、完成物流中心信息系统初步方案的制定

在规划物流中心的同时，新华联合发行有限公司充分重视信息系统建设在企业发展中的作用。物流信息管理平台是整合集团公司出版发行业务、物流配送业务，并依托整个集团公司的出版资源，深入挖掘物流发行的基础数据，以信息技术为纽带，形成一个对内提升企业运行效率，节约运行成本，对外提供统一图书发行信息的管理平台。在平台设计上，既要着眼于以先进的信息系统提升企业管理水平、为经营决策提供科学依据，同时保证未来发展的需要，又要充分评估

集团公司下属各出版社现有管理水平对先进系统的适用性，避免两者冲突制约企业发展。为此，新华联合发行有限公司技术部人员携物流规划顾问数次深入到各出版社库房与系统管理人员及物流作业人员交流探讨，收集第一手数据，并对数据进行全面的分析整理。

在初步制定的方案中，物流信息管理平台包括内外部两个管理信息平台。内部仓储管理平台以满足新华联合物流中心日常的生产运营为主要目标，采用先进的信息技术和主流的仓储管理（WMS）系统，满足物流中心日常的收货、库存、发货和分拣等业务。信息系统通过合理调度物流中心的硬件设备，平衡分配各种资源使物流中心高速高效运转。信息系统通过程序级数据接口与上游出版进行订单数据交换，保证订单及时、准确配送到目标客户。

外部信息管理平台包括信息发布和数据交换平台、网上发行平台、客户关系管理平台、图书电子商务交易平台。在信息发布平台和网上发行平台的开发和建设过程中，新华联合发行有限公司将加强与集团公司所属单位的合作，充分发挥资源整合效益，同时探索如何以强大信息平台为支撑，推动集团公司发行整合的新路径。该平台同时兼顾了电子商务的发展趋势，为未来的拓展预留了接口。

五、加强人才队伍建设

2012年新华联合发行有限公司强化了对员工的培训力度，号召员工下到生产一线去学习，并与江西新华发行集团有限公司达成一致，将其新启动的物流中心作为员工的培训基地。截至2012年底，新华联合发行有限公司已派出三名青年骨干赴江西新华发行集团物流中心生产车间工作半个月，员工全面了解了物流作业流程及信息系统的实施情况，取得了良好的学习效果。

（吴　挺）

中版集团数字设备有限公司 2012年工作综述

2012年，中版集团数字设备有限公司（简称“数字设备公司”）以“三化目标”和“六大战略”重要思想为指导，紧贴设备生产和销售工作实际，围绕经济效益，进行了深入而广泛的探索和实践。着力提升设备技术竞争力，大力开拓销售市场，克服困难，迈开步伐，为实现“中版闪印王”按需印刷设备的销售目标进行了不懈的努力。从资产情况来看，2012年公司流动资产2823万元，其中未收回贷款89万元，预付设备制造款493万元，以及1000万元借款。非流动资产44万元，同比减少152万元主要用于摊销技术使用费用。实现销售收入503万元，较同期零收入取得了一定的突破。利润方面，虽然尚亏损201万元，但较同期减少了208万元。这一态势为公司的持续健康发展奠定了扎实的基础。

1. 设备销售方面

2012年上半年就数字设备公司年度考核指标做了任务分工和销售动员之后，主要完成了浙江大学和中国对外翻译出版公司英国设备交付验收，并以2012伦敦书展、第八届中国（深圳）国际文化产业博览交易会和第22届全国图书交易博览会为契机，积极开展推广工作。确定了以销售为核心的工作目标，统一思想，创新管理模式。首先是展开了全面、深入的市场调研，多次召开销售会议，制定销售计划以及奖励政策，大大激励了员工的销售积极性，也指明了大家努力的方向。同时，加强内部培训，提高人员的专业素质。市场、营销、宣传、服务、售后等环节围绕销售中心展开，形成完整的经营链。一改销售发展缓滞的情况，给全公司注入了新的活力。

10月，与代理商配合完成了“宁夏新闻出版局少数民族新闻出版东风工程印刷设备采购项目”的设备交付使用。11月，与代理商配合完成了东莞市政府设备交付，同月实现了对公安部京安印刷厂的直接销售。12月与代理商配合实现了内蒙古图书馆的设备销售，同月实现对商务印书馆的直接销售。截至2012年正在商谈的有人民出版社、贵州出版集团、新疆出版总社、山西人民出版社、青岛经济技术开发区等政府机构和出版机构。

2. 设备优化方面

2012年完成了20台销售机种整体硬件结构的组装工作，编制出了电气控制软件与图书数据库程序，实现了从EBM 2.1机型样机到自主品牌“中版闪印王一书一印”V4.0机型的重大转变。故障提示装置、整体外观、零部件实现国内采购。性能方面内容全彩打印、宣纸打印、低成本打印等方面均取得了良好的效果，为实施设备国产化、工业化、实用化打下了较好的前期基础。

围绕提升设备质量和加强售后服务开展了大量的工作，理顺了与青云公司的合作关系，改善了选用配件质量一般、设备稳定性欠佳的状况。技术和销售团队多次主动上门调研已购买客户设备存在的各项问题，并且主动与青云公司一起解决设备存在的问题，为设备安装、维修等问题和青云公司加强合作，这一点也得到了青云公司的充分认可，大大提升了双方间合作的融洽度。同时，在技术上进行了革新与探索，多次组织专家研讨，对设备本身进行改进和创新，强化了设备的测试工作，更换零部件，大大提高了设备的稳定性。另外，与青云公司的合作，根据协议也已经到了进行验收的阶段，数字设备公司将在近期组织专家进行第三方验收。

同时，二次技改方案的设计工作也顺利开展，将争取把二次技改方案作为数字印刷设备项目上报给新闻出版总署，取得相关的资金支持。优化设备，降低造价，尽快量产，开拓占领市场。

3. 品牌推广方面

瞄准闪印王的潜在市场，逐步开展建设闪印王品牌的相关工作，扩充专业人才，更新并丰富了设备及公司相关宣传品的种类和内容，并先后参加了中国（深圳）国际文化产业博览交易会、第22届全国图书交易博览会、中国国际新闻出版技术装备博览会、第五届海峡两岸（厦门）文化产业博览交易会、中国图书馆年会等全国各种大型图书文化展览，为做好设备销售开展了很多品牌宣传工作。同时，整体品牌推广方案也正在草拟中，将迅速形成公司品牌经营战略的行动指南，努力将闪印王打造成为国内按需印刷设备的领导品牌。

4. 企业管理方面

为实现企业管理工作“标准化、规范化、制度化、精细化、人性化”，设备公司不断完善制度建设，随着会议制度、考勤制度、文件签发管理制度、合同审批流程等制度的完善和执行，形成了运行畅通、执行有力的企业运作管理体系。

同时，进一步加强了对组织建设的重视，培养积极分子，并与传媒公司党组织建立联系，参加与顺义区北小营镇后鲁村的共建帮扶活动。充分发挥工会作用，组织了体育健身、观影等多项有益员工身心健康的活动，极大地丰富了员工的业余文化生活，也营造出一个健康和谐的企业环境。

5. 其他主要工作

在设备的销售和优化稳步展开的同时，也制定销售回访计划，落实客户回访工作，并且形成用户使用案例，不断提升客户满意度。进一步加快品牌战略规划，通过提升产品和服务的质量打造好闪印王的这块牌子，再以品牌营销为着力点，充分发挥品牌在市场竞争中的作用，使品牌的文化影响和市场影响更为深广。

另外，考虑与中国印研所或中国施乐联合创建数字化、网络化、技术化数码印刷连锁的专业机构，将集团公司历史图书资源与闪印王积累的核心技术结合，为印刷企业提供数码应用解决方案。

总之，我们坚信闪印王设备是具有广阔市场前景的，在按需印刷呈现出较大市场前景的今天，中版数字设备公司将会有很好的发展壮大的前景，未来也将为集团的多元化发展作出贡献。在集团大力推进数字出版的进程中，按需印刷技术与设备对于中国出版集团旗下拥有百年历史的善本、孤本等历史史料的传承与推广也将具有重要意义。同时，它作为实现纸质阅读的印刷终端，将与大佳网等数字出版平台形成良好的链接，组成数字出版的完整系统。（祁兰柱）

中版国际传媒有限公司2012年工作综述

2012年，中版国际传媒有限公司在中国出版集团公司领导下，紧紧围绕谭跃总裁在集团公司2012年度工作会议报告中提出的“大力加强国际传播能力建设”开展工作，在战略合作、国际项目合作与会展服务方面取得了较好的成绩。

一、主要业务工作

（一）版权输出

2012年，中版国际传媒有限公司协助集团公司下属各出版单位共计输出版权485种。

（二）战略合作

2012年，中版国际传媒有限公司在战略合作方面开展了两项重点工作：一是与法兰克福书展旗下的子品牌法兰克福学院签订了战略合作框架协议。双方将在会展、培训以及并购咨询、出版顾问等方面开展战略合作。二是协助中国美术出版总社与英国菲登出版公司开展了项目合作和资本合作洽谈。2012年3月，菲登出版公司CEO大卫·戴维斯应中版国际传媒有限公司的邀请访华，拜访了集团公司和中国美术出版总社，并与人民美术出版社就美术图书的版权贸易、合作出版进行了洽谈。在伦敦书展期间，中版国际传媒有限公司和人民美术出版社有关人员与菲登出版公司执行董事李道特进行了洽谈，并参观了该公司。截至2012年年底，在中版国际传媒有限公司的协助下，人民美术出版社与菲登出版公司已达成数种图书的版权输出和合作出版意向，资本合作洽谈也在进行中。

（三）国际选题策划与项目合作

2012年，在国际选题策划方面，中版国际传媒有限公司策划引进了美国著名地缘政治学家、经济学家恩道尔的著作《目标：中国》。

2012年，中版国际传媒有限公司还协助集团公司与剑桥大学出版社开展合作、合资洽谈：2月15日，协助集团公司有关人员与剑桥大学出版社《剑桥中国文库》主编莱茵博士就遴选集团公司组织出版的《中国文库》（第5辑）纳入《剑桥中国文库》事宜以及一些重大选题的合作进行了洽谈。5月30日，联系安排剑桥大学出版社全球总裁潘仕勋一行访问集团公司；7月4日，联系安排该社全球教育总监拜访商务印书馆。

（四）会展服务

2012年，中版国际传媒有限公司受集团公司委托组团参加第42届伦敦国际书展，圆满完成了集团公司在伦敦书展的组团、布展、洽谈、考察、宣传、版权输出的具体承办工作。中版国际传媒有限公司为集团公司独立设置的展台凸显了集团公司的整体形象；参展项目除了传统图书外，还展示了“中版闪印王”、苹果iPad应用等数字产品，扩大了集团公司的影响；展会期间中版国际传媒有限公司为集团公司策划的媒体报道有声有色，安排活动策划精彩纷呈；此次展会版权交易成果丰盛。

中版国际传媒有限公司还受集团公司委托组团参加了第64届法兰克福国际书展，亦取得圆满成功。

（五）会议组织

2月7日，中版国际传媒有限公司组织集团公司所属商务印书馆、中华书局、中国大百科全书出版社、民主法制出版社等单位领导参加了“移动出版与阅读”研讨会。

3月15日，中版国际传媒有限公司组织集团公司下属单位领导和版权经理人约20人参加参加了“中澳出版论坛”。

5月29～30日，中版国际传媒有限公司组织集团公司下属单位10多位社领导和版权人员参加“故事驱动中国”大会。大会上，来自中国内地、香港地区和欧美的近30位创作、出版、影视、游戏和动漫领域的专家围绕“内容创新和全媒体出版”进行了讲演。

二、企业文化建设

2012年，中版国际传媒有限公司积极推进企业文化建设，进一步强化员工对企业核心价值观的理解和核心经营理念的学习，制定了企业文化发展规划，安排了一系列有声有色的活动：安排员工参加“全国版权经理人培训班”；组织员工参加英国大使馆举办的文化交流酒会等等。在轻松愉快的交流学习活动中，企业增强了凝聚力，取得了预期的效果。（李　鹰）

重大活动

ZHONGDAHUODONG

战略发展

中国出版传媒股份有限公司与江西新华发行集团有限公司签署战略合作协议

2012年1月7日，中国出版传媒股份有限公司与江西新华发行集团有限公司在北京签署战略合作协议，双方将重组中国出版传媒股份有限公司旗下的出版发行业务平台——新华联合发行有限公司。重组后的新华联合发行有限公司由中国出版集团公司旗下的中国出版传媒股份有限公司控股51%，江西新华发行集团有限公司持股49%，公司注册资本增至4亿元。（吴　挺）

中国出版集团公司所属出版企业重返上海庆典活动举行

2012年1月，集团公司所属商务印书馆、人民音乐出版社、生活·读书·新知三联书店和荣宝斋四家出版企业重返上海，中国出版集团在上海中国出版蓝桥创意产业园区举办以“回家”为主题的系列庆典活动。此次庆典活动包括3项主要内容：入驻新家仪式、“我们与上海”图片展、“回家真好”座谈会。

集团公司副总裁刘伯根在产业园入驻仪式上表示，中国出版集团公司所属的商务印书馆、生活·读书·新知、三联书店、人民音乐出版社、荣宝斋4家出版企业都是发源于上海或与上海有着密切的联系，是承载着中国出版业发展历史的著名品牌。上海在中国近代出版史上扮演着非常重要的角色，许多新思路、新方法是从上海孕育发展的，选择在上海建设以数字出版为特色的中国出版蓝桥创意产业园，四家出版社在上海建立分支机构，是集团公司跨地域、跨行业发展的一项重要布局。

座谈会上，四家“回家”出版企业的领导分别介绍了企业的基本情况、主营业务、经营模式、企业文化等以及入驻产业园后将开展的一系列经营活动。

与会专家、作者、读者代表也分别从各自的角度表达了对这些出版企业回归上海的欢迎与热切期望。（宛晶晶）

上海市长宁区政府领导到中国出版集团公司驻上海办事处和东方出版中心考察调研

2012年2月20日下午，中共长宁区委副书记、区长李耀新带领区商务委、文化局、规土局、税务分局、区政府办公室、政策研究室、合作交流办等区政府部门负责人一行10余人，到中国出版集团公司驻上海办事处和东方出版中心，就建设文化创意产业园区，推进长宁虹桥地区文化产业发展开展专题考察调研。集团公司驻上海办事处主任、东方出版中心总编辑宋焕起，东方出版中心副总编辑祝新刚，东方出版中心党委副书记、纪委书记、副总经理董玲参加了调研座谈。宋焕起首先代表集团公司驻上海办事处、东方出版中心对长宁区政府领导及有关部门负责人在百忙之中来东方出版中心考察调研表示热烈欢迎，并对长宁区政府及有关部门一直以来对集团公司驻上海办事处和东方出版中心工作的关心和支持表示衷心的感谢。他向区领导介绍了集团公司、东方出版中心的基本情况以及东方出版中心近期发展的一些思路和设想，包括依托中国出版集团公司品牌影响力和号召力，依靠长宁区政府支持，利用中心现有楼宇建立长宁文化出版创意产业园区以及改建现有部分楼宇，扩大中心房产增量的设想。李耀新代表区政府作了讲话。他说，长宁区配合上海大虹桥发展战略，正着力打造虹桥地区的文化产业。按照长宁区“十二五”发展规划，区政府要对虹桥地区进行深度规划和开发，在原来商务商贸的基础上建立和完善文化、创意等高端服务功能。听了中国出版集团公司和东方出版中心发展思路和规划的介绍，感到与长宁区文化产业发展思路和规划不谋而合，区政府在大方向上予以确认和支持。他希望中国出版集团公司和东方出版中心要发挥在出版界科技创新的引领作用，把数字出版的智慧高地同中国出版集团公司自身的优势结合起来，一定会形成以中国出版集团为龙头的现代文化出版产业链。

（张洁民）

中国出版集团公司成立十周年庆祝大会举行

2012年4月9日，中国出版集团公司成立十周年庆祝大会在北京举行。会议的主题是，回顾总结中国出版集团公司成立十年来的发展历程和主要经验，表彰为集团公司发展作出突出贡献的优秀员工，全面部署集团公司未来改革发展“六大战略”。

中宣部副部长翟卫华，新闻出版总署副署长蒋建国出席大会并讲话。中央文化企业国有资产监督管理领导小组办公室副主任胡帆，中宣部出版局局长陶骅，副局长郭义强，干部局副局长杨小平，改革办主任黄志坚，副巡视员纪存，新闻出版署出版管理司司长吴尚之，集团公司老领导杨牧之、周洪立出席大会。中国出版集团公司总裁谭跃作大会的主旨报告，党组书记王涛主持大会。集团公司总裁班子，各所属单位领导班子成员及中层干部，部分离退休老同志和青年员工代表，集团总部全体人员共五百余人参加了大会。

谭跃在讲话中对集团公司十年来取得的六大成就进行了回顾，总结了中国出版集团在艰苦奋斗、探索开拓的进程中积累的6条基本经验，并对集团未来发展的“六大战略”进行了集中阐述。

大会表彰了集团公司首批“编辑名家”、“十佳编辑”、“十佳营销”、“十佳管理工作者”以及“十佳党群工作者”。会议号召集团公司全体员工以受表彰的同志为榜样，团结进取，开拓创新，为全面实施集团公司六大战略、实现集团“三化”目标而努力奋斗。（张 婧）

人民音乐出版社举办中国出版集团公司2012年“香山论坛”分论坛

2012年5月7日，人民音乐出版社在集团公司11楼会议室举行了“提升企业竞争力全员培训班暨香山分论坛”，总编辑莫蕴慧主持并作了开班动员，党委书记、社长吴斌作了“学习集团会议精神，落实企业战略目标”的主题报告。

莫蕴慧在开班动员中，从课程设置、时间安排及讲课教师等方面介绍了全员培训计划。在分析了国际国内和出版行业形势后，强调了全员培训的必要性和紧迫感，并勉励大家从思想上高度重视，要转变观念、珍惜机会、合理安排、认真学习，努力提高自身能力，在越来越激烈的市场竞争中获得更大的发展和进步。

吴斌首先阐释了集团公司的战略规划，传达解读了集团公司“三化目标”、“六大战略”、“六大建设”的内涵，在分析概括人民音乐出版社近年来取得的经验和当前面临的形势后，向全体员工介绍解读了人民音乐出版社“十二五”战略规划。

在“香山分论坛”中，人民音乐出版社邀请了集团公司直属机关党委常务副书记王云武和集团工会副主任汪武，与社领导和其他5名同志，共同组成了评委团，对演讲人员进行了现场打分。人民音乐出版社14名员工，围绕集团公司总裁谭跃的讲话精神，结合实际工作，从出版、财务、人力资源、发行等多角度依次进行了演讲，进一步阐述了“实施六大战略、加强六个建设、实现三化目标”的意见和建议。

（吴明静）

上海中版翻译有限公司与上海国际主题乐园有限公司等共同签署《上海迪士尼项目翻译服务合同》战略合作协议

2012年5月7日，上海中版翻译有限公司（中国对外翻译出版公司华东分公司）与上海国际主题乐园有限公司、上海国际主题乐园配套设施有限公司共同签署《上海迪士尼项目翻译服务合同》协议，正式承担上海迪士尼度假区项目翻译工作。

（卜晓艳）

华文出版社举办中国出版集团公司2012年“香山论坛”分论坛

2012年5月7日，华文出版社组织召开了中国出版集团公司2012年“香山论坛”分论坛。中国出版集团公司直属机关党委常务副书记、纪委书记、集团工会联合会主席王云武，党群工作部群工处副处长、集团工会办公室主任汪武出席了会议。会议由华文出版社社长罗争玉主持，华文出版社全体员工参加会议。

会上，各位演讲者围绕中国出版集团公司内容创新、品牌经营、集团化、数字化、国际化、人才强企的“六大战略”和现代化、大型化、国际化的“三化目标”，立足于集团公司改革发展的实际，着眼于集团公司的大发展大繁荣，针对集团公司和华文出版社面临的发展机遇和挑战，畅所欲言，畅论加快改革发展的新思路、新举措。他们的演讲，或充满激情，或立意深刻，或铿锵有力，或娓娓道来，以点带面，点面结合，将宏观把握与微观分析相结合，将集团公司改革与华文出版社发展相呼应，一致认同集团公司的“六大战略”和“三化目标”，坚定决心为集团公司的“新十年、新征程，新发展、新高峰”贡献力量。

（陆虹宇）

中国出版集团公司与吉林出版集团有限责任公司战略合作暨中吉联合文化传媒（北京）有限公司成立仪式举行

2012年5月8日下午，中国出版集团公司与吉林出版集团有限责任公司在北京举行“中国出版集团公司与吉林出版集团有限责任公司战略合作暨中吉联合文化传媒（北京）有限公司成立仪式”。新闻出版总署副署长邬书林、吉林省副省长王化文、中国出版集团公司总裁谭跃、吉林出版集团有限责任公司董事长刘丛星出席仪式并讲话。会议由中国出版集团公司党组书记王涛主持。

中国出版集团公司总裁谭跃、吉林出版集团有限公司董事长刘丛星签署了《中国出版集团公司与吉林出版集团有限责任公司战略合作协议》，现代出版社总编辑臧永清、吉林人民出版社社长王新签署了《投资设立中吉联合文化传媒（北京）有限公司的协议》。两项协议的签订，标志着中国出版集团和吉林出版集团这两家大型国有出版企业开始建立战略合作关系、构建战略合作体制机制。今后双方将在多角度战略互惠、数字出版平台共建、物流合作、“走出去”战略合作、印刷材料购销合作、人才培训等领域开展全面战略合作。中吉联合文化传媒（北京）有限公司就是两大集团共同投资设立的经营实体。

吉林出版集团有限责任公司董事长刘丛星在讲话中高度评价中国出版集团在全国出版市场的领军地位，介绍了吉林出版集团优势和市场领先的产品板块，表示吉林出版集团与中国出版集团将本着优势互补、互利双赢、创新发展、面向未来的原则开展战略合作，共同为做强做大中国出版产业作出贡献。

中国出版集团公司总裁谭跃在讲话中指出，目前我国出版业迎来了10年改革之后的一个新的历史机遇期，在党的十七届六中全会精神的指引下，在政府各种高频率的利好政策和行业自身内驱力的双重作用之下，我国出版业的市场化、资本化、数字化和国际化进程将进一步提速，并将伴随着中国经济的成功转型，走上一条涵盖不同所有制、不同资本形态、不同运作方式、不同传播方式的包容性增长之路。谭跃从产业经济规律、产业发展格局、国际出版态势3个方面，系统分析了国内和国际出版产业“进一步突破市场壁垒和区域阻隔，互相借力、合作共赢的非零和博弈，进行资源配置和市场重构，不断增强市场的控制力和引导力”的发展趋势，指出以市场为导向、以资源为依托、以资本为纽带的跨地域、跨媒体、跨所有制、跨国经营的集团化经营模式，正在成为行业发展的主流模式，也是打造现代化、大型化、国际化出版集团的必由之路。两大集团建立全面战略合作伙伴关系，就是要在资源整合、数字出版、物流合作等6个方面为合作方在北京和东北地区的发展提供必要支持，从而在激烈的市场竞争和行业变革中实现共同成长、共同繁荣。他还特别指出，双方共同成立的中吉联合文化传媒（北京）有限公司，将积极选择与国内有实力、有品牌的优秀民营文化企业合作，在生产经营机制、人才使用机制、内部治理机制、收入分配机制等方面探索一系列更大的制度创新，为国有企业的体制改革增添发展活力。

吉林省副省长王化文讲话表示，吉林省政府将对吉林出版集团及其与中国出版集团的这项合作给予大力支持，同时也希望两集团抓住合作机遇，加快发展。

新闻出版总署副署长邬书林在讲话中指出，此次签约仪式见证了中国出版集团公司和吉林出版集团以资本联结为纽带，以出版主业为核心，以资源整合为路径，以改革创新为主线构建战略合作关系。他同时对双方签署具有行业创新价值的全面战略合作协议，表示由衷的高兴。他在讲话中指出，中国出版集团和吉林出版集团的战略合作，从出版主业入手，通过资本联结，构建适合市场规律的新的企业运行机制，有眼光、有新意、有担当。他还对两大集团的合作提出几点期望：一是要坚持做好出版主业，时刻以发展繁荣出版主业为重点，围绕中心、服务大局，推出更多、更好的出版产品和出版服务；二是要坚持推进机制创新，希望中吉联合文化传媒（北京）有限公司这个新成立的企业，能够在机制创新上有新的突破；三是要坚持实施资源整合，希望两大集团在资源整合上能够做出新文章、取得新成就。

中共中央宣传部、吉林省新闻出版局有关部门负责人，中国出版集团公司所属18家出版机构负责人，《人民日报》、《新华社》、《光明日报》、《新京报》等媒体记者参加了签约仪式。

（何　奎）

人民文学出版社举办中国出版集团公司2012年“香山论坛”分论坛

2012年5月9日下午，人民文学出版社举办了中国出版集团公司2012年“香山论坛”分论坛，社长潘凯雄、总编辑管士光、副总编辑曹剑和副社长李春凯，机关党委党群工作部副处长、工会办公室主任汪武出席了论坛。论坛由李春凯主持。刘鑫、廉萍、陈建宾、王一珂等十余位同志在论坛上发言。

参加论坛的人员以“新十年、新征程、新发展、新高峰”为主题，围绕实现集团公司确定的“三化目标”（大型化、现代化、国际化）和“六大战略”（内容创新战略、品牌经营战略、集团化战略、数字化战略、国际化战略、人才强企战略），并从人民文学出版社和集团公司改革发展的实际出发，畅所欲言，分析面临的机遇和挑战。此次分论坛选择在五四青年节前后举行，同时也是为了纪念五四运动93周年，希望激发青年员工爱岗敬业的热情。（宋　强）

东方出版中心举办中国出版集团公司2012年“香山论坛”分论坛

2012年5月10日下午，东方出版中心中国出版集团公司2012年“香山论坛”分论坛在报告厅隆重举行。东方出版中心党委书记、总经理宋焕起，总编辑李智平出席并分别作了讲话和主旨发言。分论坛由副总编辑祝新刚主持。

按照中国出版集团公司的要求，分论坛以“新十年、新征程，新发展、新高峰”为主题，以主旨发言、邀请发言、自由发言和点评发言四个板块展开论述。与会者围绕集团公司“六大战略”、“三化目标”和中心实际，畅所欲言，共话加快改革发展的新思路、新举措。

李智平首先作了主旨发言。他说，论坛的意义在于没有现成的“教义”可以参考，大家可以充分发表各自的看法和见解，仁者见仁、智者见智，集思广益。他指出，论坛活动要做到常态化、持续化，要将分论坛与集团公司的“香山论坛”打通，让分论坛真正成为东方出版中心议论风生，意气风发、风生水起的平台。他还阐述了自己对出版业发展趋势的看法。

在邀请发言环节中，发言的同志从自己的本职工作的角度，谈了如何做好编辑工作、发行工作以及经营管理工作，提出了不少很有见地的思路和建议。

进入自由发言环节，现场气氛更加热烈。各部门负责人及青年员工继续围绕论坛主题，就主业发展、数字出版、企业文化等问题，踊跃发表自己的见解。大家各抒己见，妙语迭出。

最后，宋焕起作了点评总结。中心各部门、单位负责人，出版主业全体人员60余人参加了论坛活动。（张洁民）

商务印书馆举办中国出版集团公司2012年“香山论坛”分论坛

2012年5月16日，商务印书馆举办中国出版集团公司2012年“香山论坛”分论坛。本次论坛的主题为“新十年、新征程，新发展、新高峰”。中国出版集团公司直属机关党委书记汪武，商务印书馆党委书记孟传良，总经理助理陈小文，总经办主任刘禹，总编室主任刘祚臣，党办、人力资源部主任于汝文，党办副主任连启里，团支部书记刘波以及各部门负责人和员工代表参加了研讨。

来自营销中心、总编室、英语室、出版部、汉语中心等部门的13名员工代表以“新十年、新征程，新发展、新高峰”为主题，围绕实现集团公司确定的“三化目标”和“六大战略”，从集团公司和商务印书馆改革发展的实际出发，分别从人才战略、大项目带动出版业发展、数字出版、“走出去”新路等方面，畅谈了各自在加快改革发展方面的新思路、新见解。（冯　雪）

中华书局（香港）有限公司举办中华书局百年局庆活动

2012年5月16日，中华书局总经理李岩、副总经理黄松和编辑部有关人员前往香港，参加中华书局（香港）有限公司举办的中华书局百年局庆活动。

2012年5月17日上午，北京、香港两地中华书局同人到香港仔华人永远坟场，祭拜中华书局创始人陆费逵。祭拜仪式由中华书局（香港）有限公司总经理赵东晓主持；李岩诵读祭文，奉清香，进鲜花，表示将继承先贤遗志，再创中华书局新百年之辉煌。下午，两地中华书局同人就版权交易、人员互访、教育培训、重设新加坡分局等战略合作议题，进行座谈协商。

2012年5月18日上午，中华书局百年局史展在中华书局（香港）有限公司油麻地门市部举行开幕仪式，李岩，香港联合出版集团有限公司总裁、中华书局（香港）有限公司董事长陈万雄，赵东晓，中华书局（香港）有限公司总编辑李占领，香港浸会大学历史系教授周佳荣，浙江省桐乡市市长盛勇军，以及两地中华书局同人、香港学术界和出版界近百人出席。此次展览展出了多幅珍贵的历史图片及多件中华书局创办初期的经典印刷品。下午，中华书局（香港）有限公司在铜锣湾世贸中心举办“中华书局百周年志庆酒会”。中央人民政府驻香港特别行政区联络办公室副主任李刚、香港特别行政区政府民政事务局局长曾德成、中国工程院院士李焯芬、香港联合出版集团有限公司董事长文宏武及陈万雄、李岩担任主礼嘉宾。香港出版界、文化界、教育界、传媒界等300多位嘉宾出席。酒会现场宣读了新闻出版总署署长柳斌杰的贺信，中国出版集团公司总裁谭跃专函题赋表达对中华书局百年的由衷敬意与祝贺。陈万雄、李岩、李焯芬分别致辞。大会后播放《中华书局百年回眸》短片，引领全场嘉宾重温中华书局百年来走过的精彩历程。出席会议的还有香港报业公会会长李祖泽、原全国人大代表吴康民、全国政协委员施子清等。（梁　彦）

中国对外翻译出版公司与国际关系学院共同举办教学实习基地签约仪式

2012 年 5 月 16 日上午，中国对外翻译出版公司与国际关系学院在国际关系学院交流中心共同举办了教学实习基地签约仪式。

国际关系学院是有着悠久外语教学历史的院校，培养了共和国第一代大使和外交官，而中国对外翻译出版公司是经国务院批准成立的国家级大型翻译出版机构，是翻译领域的“国家队”。翻译教学实习基地的创建，为外语院校的学子们提供了一个非常好的实习平台，是双方的强强联合、优势互补、互利双赢的长期合作的开始。

随着我国国际地位的不断提高和对外交往的不断发展，增强国家文化软实力、提高对外传播能力越来越重要而紧迫。中国对外翻译出版公司长期关注翻译学科的建设，支持翻译人才的培养事业。近年来，与国内多所重点外语院校相继建立了教学实习基地，校企合作对培养翻译人才发挥了积极而富有成效的作用。

国际关系学院的老师和学生代表也在会上分别做了发言，表达了共筑教学实习基地，实现合作共赢的美好愿望。最后，双方领导进行了翻译教学实习基地的揭牌仪式。（卜晓艳）

现代教育出版社举办中国出版集团公司2012 年“香山论坛”分论坛

2012 年 5 月 17 日，现代教育出版社召开中国出版集团公司 2012 年“香山论坛”分论坛大会，出版社领导班子及全体员工参加。大会由社长宋一夫主持，集团公司党群工作部汪武应邀参加。此次分论坛上共 4 人发言，他们从出版形势、传统文化、人才战略等方面阐述了自己的观点。汪武对发言者给予充分肯定并提出修改意见。（杨　静）

中国出版集团公司获第八届中国（深圳）国际文化产业博览交易会优秀展示奖

2012 年 5 月 18～21 日，中国出版集团公司组织参加第八届中国（深圳）国际文化产业博览交易会，并获组委会颁发的优秀展示奖。集团公司此次参展活动主要分为五大部分：展板展出（展示集团总部及部分所属单位 10 年改革发展成就）、实物展出（相关出版社重要出版物，包括图书和期刊）、工艺展示（荣宝斋木板水印和数字设备公司的中版闪印王）、现场表演（人民音乐出版社组织小乐队现场表演《当代作曲家曲库》作品）和视频展播（所属单位电视宣传片等联播）。集团公司总部的展板位于中央位置，主要展示上级领导对集团公司的关怀、集团公司成立 10 年来的成就以及“十二五”时期的发展目标和发展思路等。所属单位的展板，主要突出单位特色，重点展示加入集团 10 年来的重要改革发展成就。展场设有 4 个书柜，展示集团 10 年来出版的重点图书，尤其是大型套书、丛书和获奖图书，展出图书品种 200 种左右近千册。参展的单位有人民文学出版社、商务印书馆、中华书局、中国大百科全书出版社、中国美术出版总社、人民音乐出版社、生活·读书·新知三联书店、中国图书进出口（集团）总公司、荣宝斋、中版数字设备有限公司等。各单位有 2～3 人参展。18 日下午，参展人员还参加了“文化企业 30 强”颁奖仪式、新闻发布会等。（仝冠军）

中国出版集团公司入选第四届“文化企业 30 强”

2012 年 5 月 18 日，在文化和科技融合座谈会上，光明日报社和经济日报社联合发布了第四届中国“文化企业30强”名单，中国出版集团公司榜上有名。

中国“文化企业30强”是综合评估企业的社会效益和经济效益确定的。较之往年，2012年“文化企业30强”的推荐标准进一步提高。在经济效益指标中首次增加纳税总额项，文化艺术类别的税前利润项入围标准从过去要求过百万元提高到过千万元。在指标标准提高的情况下，2012年入围企业总数达到67家，比2011年增加14家，显现出各地文化企业迅猛发展的良好态势。

2012年的“文化企业30强”，既有文化艺术、广播影视、出版发行等传统文化企业，也有动漫游戏、网络文化、主题公园等新兴业态的文化企业；既有中国出版集团公司、中国电影集团公司等老字号的国有或国有控股企业，也有杭州宋城旅游发展股份有限公司、上海盛大网络发展有限公司等民营企业，反映了当前我国文化产业多种门类、多种所有制竞相发展的良好格局。

2012年“文化企业30强”企业呈现出总体实力更强、规模更大的特点。据主办方介绍，2012年“文化企业30强”企业总的主营收入、税前利润和净资产分别为1595亿元、225亿元和1693亿元，与2011年相比，三项指标分别增长29.3%、64.2%和44.1%。

尤其值得关注的是，从30强企业的评选中反映出转制国有文化企业优势更加凸显，文化体制改革对培育市场主体、解放和发展文化生产力发挥了重要作用。在2012年““30强”30强”企业中，2003年以来转企改制的企业共19家，占总数的63.3%。国有或国有控股有24家，占总数的80%。（仝冠军）

中国大百科全书出版社江南分社揭牌仪式暨中国大百科全书出版社《江南文库》座谈会举行

2012年5月18日上午，中国大百科全书出版社江南分社揭牌仪式暨中国大百科全书出版社“江南文库”系列座谈会在无锡广电传媒中心举行。中国大百科全书出版社社长龚莉及学术分社社长郭银星、数字出版中心运营部主任张新智出席了揭牌仪式，无锡市委市政府相关领导，无锡广电集团总裁严克勤、副总裁郭王及相关专家学者参加了揭牌仪式。双方领导正式签署战略合作协议，并为中国大百科全书出版社江南分社揭牌。领导和专家们就中国大百科全书出版社江南分社立项实施的大型文化出版工程“江南文库”系列进行了深层次座谈。江南分社落地无锡广电传媒中心，迈出了中国大百科全书出版社跨行业合作跨区域发展战略的重要一步。（郭银星）

中国出版集团公司总裁谭跃到中国图书进出口广州公司、中国图书进出口深圳公司调研

2012年5月19日，中国出版集团公司总裁谭跃到中国图书进出口深圳公司、中国图书进出口广州公司和世界图书出版广东有限公司进行视察，中国出版集团公司副总裁、中国图书进出口（集团）总公司总经理刘伯根及中国出版集团公司、中国图书进出口（集团）总公司有关部门负责人陪同视察。

在中国图书进出口深圳公司，谭跃一行认真听取了总经理林宏雄对企业经营管理情况的汇报，看望了公司全体员工，并与公司领导班子及中层干部进行了座谈。

谭跃指出，思路稳妥、业务稳定、基础稳固、发展稳健是中国图书进出口深圳公司给他的4点突出印象，这体现了中国图书进出口深圳公司的团队是有思考的团队、有忧患意识的团队、有团结合作精神的团队、稳中求进的团队。谭跃指出，中国图书进出口深圳公司地处深圳，研究好深圳是进一步发展的基础，要充分利用深圳的区位优势、信息优势、人才优势、率先优势、国际交往优势，寻求商机，取得与中国图书进出口（集团）总公司其他分支机构的差异化发展。中国图书进出口深圳公司今后的发展，要重点研究好数字化、国际化、多元化、股份化等重点课题，一方面坚持实践证明了的企业定位，另一方

面研究新情况、新形势下的企业定位，积聚企业资源，寻求优势所在。

刘伯根在讲话中指出，中国图书进出口深圳公司是中国出版集团公司和中国图书进出口（集团）总公司唯一在特区设立的企业，希望进一步发挥沟通连接内地和香港地区的优势，加强新产品、新产业的开拓，加大“走出去”的力度。

在中国图书进出口广州公司和世界图书出版广东有限公司，谭跃一行认真听取了中国图书进出口广州公司总经理刘凯、世界图书出版广东有限公司总经理陈岩关于企业经营管理情况的汇报，与两家公司的领导班子及中层干部进行了座谈。

谭跃指出，要进一步研究中国图书进出口（集团）总公司、世界图书出版公司的分支机构在中国出版集团公司中的战略地位和战略作为。结合中国出版集团公司现代化、大型化、国际化的发展目标，中国图书进出口（集团）总公司在中国出版集团公司的重要战略地位和战略作为就是要加强国际化，从“跟国家外交政策走、跟经济投资走”重点研究“走出去”的手段与布局，实现中国出版集团公司出版业务和进出口业务的战略融合，成为中国出版集团公司“走出去”的主力军。谭跃就如何领导企业发展与大家进行了交流，提出了领导好企业最根本的是“四用”，即用心、用力、用资源、用人才。

刘伯根指出，中国图书进出口广州公司要在原有发展基础上，团结一心，平衡好企业发展中的各种关系，开拓新的局面，取得新的成绩。世界图书出版广东有限公司今后发展中要进一步细化产品线，不断推出品牌产品，开展多种形式合作。

（朱宝元）

中华书局2012年产品发展战略研讨会举行

2012年5月25～26日，中华书局2012年产品发展战略研讨会在景明园宾馆举行，中华书局领导和部分中层干部及编辑代表出席。本次会议对中华书局近期工作进行了全面回顾，相关部门负责人从单位改革发展的实际出发，分析机遇和挑战，探讨问题，总结经验和教训，畅论加快改革发展的新思路、新举措。

25日的会议由中华书局副总编辑顾青主持，中华书局总经理李岩作了动员报告。之后，各部门主任根据中华书局“十二五”时期产品发展战略和目标的要求，就各部门工作中遇到的实际问题进行了专题发言。发言从古籍学术、经典文本普及、文教读物、分社制、品牌营销等方面对产品发展战略的定位、目标、发展途径和规划提出了各自的想法、思路，并对近期工作进行了汇报和总结。

26日上午，所有参会人员进行分组讨论，结合自身工作的实际问题，就产品发展战略提出了意见和建议。下午，各小组就分组讨论成果作汇报，中华书局总编辑徐俊作大会总结。在肯定各部门工作所取得的成绩的基础上，分析了当前工作中存在的问题，同时提出了新的思路和建议，为中华书局未来的发展明确了方向。

（梁　彦）

中国出版集团公司策划“中国文化丛书”等四大核心价值书系

2012年5月，中国出版集团公司启动了“中国文化丛书”等四大核心价值书系的策划工作。集团公司制定四大“核心价值书系”规划之后，各所属单位积极响应，进行了认真的筹备和规划工作。集团公司本着公平、公正、公开的原则，优中选优，最终确定由中华书局、中国大百科全书出版社、中国民主法制出版社3家单位来承担。

四大“核心价值书系”包括“中国文化丛书”、“中国国际战略丛书”、“中国发展道路丛书”、“中国复兴之路丛书”四大系列，分别从文化自信、制度自信、理论自信、道路自信等方面阐释中国梦。

彰显文化自信的“中国文化丛书”由中华书局承担，将分“经典济世”和“书礼传家”

两个套系出版。前者以“大家文笔、大众视角”为选目准则，拟选取20世纪以来百年间有关中国文化的大师经典著作60种；后者以“实物仿真+文本解读”的立体阅读方式创新性地解读中国文化，选目约20种。

解读制度自信的“中国国际战略丛书”由中华书局承担，计划从实际调研、历史梳理、理论提炼3个角度来选目出版。中国作为世界上最大的发展中国家，迫切需要重新认识世界，重新认识自己所处的国际环境以及中国文明与国际环境的冲突与融合。所以说，“认识”要强调“重新”，进而来寻找与外部世界的相处、相安之道。

阐释理论自信的“中国发展道路丛书”由中国大百科全书出版社承担，分经济卷、党建卷、政治卷、国际关系卷、文化卷和生态卷6种，全面、科学地阐述中国特色社会主义道路的光辉历程和未来方向，特别是对中国共产党领导下中国发展道路各个阶段各种重大问题予以新的富于说服力的解读，使这套丛书从整体上反映学术界在全球化背景下对中国发展道路的深入探讨和科学界定。

表明道路自信的“中国复兴之路丛书”由中国民主法制出版社承担，分《千年巨变》、《峥嵘岁月》、《中国新生》、《改革新局》、《世纪跨越》、《复兴伟业》共6册，凸显“探索”与“复兴”两大主题，突出百年探索，展望伟大复兴，以重大历史事件为脉络，以历史发展为节点，再现民族独立、国家富强的光辉历程，深刻认识从1840年鸦片战争到2012年党的十八大召开这一百七十余年间中华民族的复兴探索之路。

（姜锐刚）

商务印书馆（杭州）有限公司揭牌仪式举行

2012年6月5日，商务印书馆（杭州）有限公司揭牌仪式在杭州举行，标志着商务印书馆（杭州）有限公司正式成立。揭牌仪式上，杭州市人大常委会副主任徐苏宾，杭州市政协主席叶明、副主席汪小玫，副市长陈小平，西湖区委书记王立华以及著名漫画家蔡志忠出席，商务印书馆总经理于殿利与杭州市副市长陈小平、市政协副主席汪小玫共同为商务印书馆（杭州）有限公司揭牌。

商务印书馆（杭州）有限公司由商务印书馆有限公司与之江巧克力（杭州）动漫有限公司、山西无界文化产业有限公司共同投资组建。2012年4月29~30日，三方签署了共同出资成立商务印书馆（杭州）有限公司的合作协议。2012年6月4日，商务印书馆（杭州）有限公司取得企业法人营业执照。公司成立后，以数字出版为主，在数字出版技术开发、动漫设计、文化创意策划等方面开展业务，致力于搭建国际一流的动漫电子图书商城平台。

（冯　雪）

中华书局“百年再出发”座谈会暨中华书局西南编辑所挂牌仪式举行

2012年6月13日，中华书局“百年再出发”座谈会暨中华书局西南编辑所挂牌仪式在四川大学博物馆学术报告厅举行。四川大学副校长晏世经，四川师范大学党委副书记钟仕伦，川内知名学者赵振铎、项楚先生，以及中华书局总编辑徐俊等参加座谈。座谈会由中华书局副总编辑顾青主持。另外，晏世经、项楚、四川大学历史文化学院院长霍巍和徐俊一起为中华书局西南编辑所揭牌。《四川日报》、《成都日报》、《华西都市报》、《成都商报》、四川电视台、成都电视台等媒体进行了报道。

（梁　彦）

中国出版集团公司举办“香山论坛”选拔赛

2012年6月19日，中国出版集团公司在总部11楼多功能厅举办“香山论坛”选拔赛决赛。集团公司副总裁宋晓红、刘伯根出席并担任选拔赛评委会主任，评委会成员由集团公司办公室主任路英勇，计划财务部主任徐凤君，出版业务部主任张贤明，战略发展部主任茅院生，科技与数字出版部主任周清华，直属机关党委常务副书记、纪委书记、工会联合会主席王云武，办公室副主任王丹石，计划财务部副主任李学焦组成。集团下属各单位党办、工会办、团组织负责同志及集团公司总部青年员工观摩。

集团公司2012年“香山论坛”活动自3月份开始筹办，4～5月，各单位先后举办了分论坛。在各单位推荐的基础上，集团公司组织了“香山论坛”选拔赛，选拔赛分初赛和决赛两个阶段。初赛阶段，采取了由各单位推荐的31名选手送交演讲录像、组织评委进行审看打分的方式，评选出17名选手进入决赛。

在决赛现场，选手们紧紧围绕“新十年、新征程，新发展、新高峰”这一主题，结合本单位以及个人工作实际，从不同方面探讨了集团公司未来十年的发展构想。选手们的演讲充满激情，既有对“三六构想”深刻的理解、精辟的剖析，也有深入的思考、真挚的建言，表达了广大员工对集团公司未来发展的期待和祝愿。

经评委打分，获得“香山论坛”选拔赛一等奖的是：集团公司总部温存、新华书店总店李漪；二等奖的是：商务印书馆何光宇、刘玥妍，中国美术出版总社白凤鹍、中国图书进出口（集团）总公司刘洋；三等奖的是（按得分多少为序）：东方出版中心张芝佳、中国对外翻译出版公司卜晓艳、中版数字传媒有限公司尹文竹、中版教材有限公司周磊、中华书局李天飞、人民音乐出版社吴明静、中国大百科全书出版社乔赫、人民文学出版社郑强、荣宝斋王紫贤、中国图书商报社田丽丽、生活·读书·新知三联书店鞠晓辉。获得优秀奖的是（按单位排序）：人民文学出版社李俊，商务印书馆金鸥，中华书局马峥，中国大百科全书出版社刘哲，中国美术出版总社王犊戎，人民音乐出版社徐亮，中国对外翻译出版公司梁绪，中国图书进出口（集团）总公司杨希艳，现代教育出版社王春霞，荣宝斋李晓坤，中国民主法制出版社闫亚静，华文出版社李庆，世界图书出版公司吴和松、刘涛。

（温　存）

东方出版中心与上海市长宁区共同商议推进出版创意产业园区建设事项

2013年6月26日，东方出版中心总经理、党委书记宋焕起，总编辑李智平专程前往长宁区人民政府，与区长李耀新及区政府相关部门负责人共同商议推进东方出版中心出版创意产业园区建设事项，受到了区政府领导和有关部门负责人的接待。双方坦诚交换意见，并达成共识，进一步增强了加快推进建设中心出版产业创意园区的信心和决心。

宋焕起说，根据区政府领导的意见，东方出版中心领导和相关部门的同志在学习、调研的基础上制定了建设出版创意产业园区的规划草案。其间，中心领导班子集体还先后两次向集团公司领导汇报了推进产业园区建设的情况，得到了集团公司领导的高度评价，并把这个规划称为“振兴东方”的规划。

李智平在会上概括地介绍了中心建设出版创意产业园区的基本定位、主要功能和实施路径。

李耀新区长在讲话中表示，长宁区委、长宁区人民政府将全力支持中国出版集团公司和东方出版中心建设出版产业创意园区。促进长宁区和东方出版中心的发展水平进一步提升。参加会谈的有长宁区发展和改革委员会、上海市规划和国土资源资理局等负责人。（张洁民）

中国出版集团公司召开庆祝中国共产党成立91周年暨2012年“香山论坛”大会

2012年6月29日，中国出版集团公司召开庆祝中国共产党成立91周年暨2012年“香山论坛”大会。集团公司总裁谭跃、集团公司党组书记王涛、集团公司副总裁王俊国、刘伯根、林弋、潘凯雄出席大会。集团公司所属各单位领导班子成员、中层干部和员工代表共450人参加会议。王涛发表讲话，林弋主持大会。

王涛在讲话中首先总结了举办“香山论坛”

活动的情况。他说，在“七一”即将来临之际，集团公司以举办“香山论坛”的方式庆祝中国共产党成立91周年，具有十分重要的特殊意义。2012年初，集团公司提出了未来十年发展的“三六构想”，即“三化目标、六大战略”。2012年的“香山论坛”，采取集团公司所属各单位先举办分论坛、集团公司举办总论坛的方式进行，在全集团引发了一场思想大讨论，发挥了为推进“三六构想”凝心聚力的作用。此次论坛有三个显著特点：一是思想敏锐；二是激情昂然；三是会风清新。

王涛就积极推进“三六构想”，实现集团又好又快发展提出五点要求。一是围绕推进“三六构想”，形成改革发展共识；二是进一步深化改革，建立健全现代企业制度；三是加大整合力度，推进集团化发展；四是突出内容创新，提升集团品牌集群价值；五是大力推进人才强企战略。

此次论坛以“新十年、新征程，新发展、新高峰”和大力推进“三六构想”为主题。商务印书馆总经理于殿利，读书·生活·新知三联书店总经理、党委书记樊希安，荣宝斋总经理、党委书记马五一，华文出版社社长、中版教材有限公司总经理罗争玉，集团公司战略发展部主任茅院生，集团公司科技与数字出版部主任周清华，集团公司总部温存，商务印书馆刘玥妍，中国美术出版总社白凤鹍，中国对外翻译出版公司卜晓艳，新华书店总店李漪，中国图书进出口（集团）总公司刘洋等12位同志作大会主题发言，分别从不同角度，结合本单位本部门以及本人的工作实际，谈了对集团公司“三六构想”的理解，提出了推进公司“三六构想”的思路和对策，表达了干部员工对集团公司未来发展的热切期盼和实现“三六构想”的坚定信心及决心。

在论坛上，集团公司直属机关党委常务副书记、纪委书记王云武宣读了《集团公司关于开展“新十年、新征程，新发展、新高峰”征文活动情况的通报》。会上给获得一等奖的10名作者和获得优秀组织奖的5个单位颁发了证书和奖牌。10名一等奖作者是：集团公司总部王金鑫、温存、钟经武，中华书局杨帆，人民音乐出版社胡健、李烨，生活·读书·新知三联书店戴云波，新书书店总店龚克、李漪，荣宝斋申丽娟；5个优秀组织奖单位是：人民文学出版社、人民音乐出版社、中国对外翻译出版公司、新华书店总店、世界图书出版公司。（温　存）

中央文化企业国有资产监督管理领导小组到大百科全书出版社调研

2012年7月3日，中央文化企业国有资产监督管理领导小组办公室常务副主任王家新、副主任董德刚等到中国大百科全书出版社，就《中国大百科全书》（第三版）经费等问题进行座谈调研。集团公司总裁谭跃、副总裁王俊国、副总裁李岩，中宣部出版局副巡视员张拥军及集团公司相关部门负责人参加了座谈会。座谈会上，《中国大百科全书》（第三版）执行总主编杨牧之、中国大百科全书出版社社长龚莉及社委会全体成员汇报了国家重点工程《中国大百科全书》（第三版）编撰工作的基本情况和具体工作中遇到的问题和困难。在全面了解项目工作进度、项目预算方案、项目整体设计、《中国大百科全书》（第三版）平台建设情况以及《中国大百科全书》（第三版）工作配套的基本硬件保障等情况后，王家新对未来的工作提出明确要求：一是尽快完善现有的规划和方案，认真搭建顶层设计；二是完善项目预算，其中包括项目总预算、分年预算、今年具体预算、分项预算等；三是尽快建立网络版平台；四是尽快发送基础保障，提高出版社能力，适应《中国大百科全书》（第三版）编纂的环境条件要求。

（徐凤君　凌　燕）

中国出版集团公司领导班子一行赴上海学习考察

2012年7月12～14日，集团公司总裁谭跃、党组书记王涛率领集团总裁班子及总部各部门负责人一行16人，到上海进行学习考察。此次学习考察的主题是，紧紧围绕“新十年、新征程、新发展、新高峰”，加强集团总部建设，提高领导能力，以优异成绩迎接党的十八大胜利召开。

考察团一行先后考察了位于上海长宁区内的德必易园创意产业园，金桥网络文化产业基地内的天翼视讯传媒有限公司、联芯科技有限公司、上海网达软件股份有限公司、上海动漫公共技术服务平台等，与长宁区区长李耀新、区政府领导班子成员进行了座谈。长宁区政府和东方出版中心签订了战略合作框架协议。考察团还参观了“中共一大”会址，并在现场组织召开座谈会，缅怀革命先辈，交流学习心得。集团领导班子及有关部门落实中央关于“走基层、转作风、改文风”的要求，深入东方出版中心召开现场办公会，研究解决相关问题。

学习考察期间，上海市委常委、浦东新区区委书记徐麟及上海市委宣传部、上海市新闻出版局相关领导与考察团一行会面，就文化产业发展问题交换意见。（张　婧）

东方出版中心与上海市长宁区人民政府战略合作框架协议签署仪式举行

2012年7月13日上午，东方出版中心与上海市长宁区人民政府关于联手推进东方虹桥国际创意出版产业基地、中国出版集团数字影像出版拓展东方出版中心建设的战略合作框架协议签署仪式在长宁区人民政府机关大厦会议室举行。正在上海考察的中国出版集团公司总裁谭跃、党组书记王涛，长宁区人民政府区长李耀新、副区长张旺耀、杲云、张连城，东方出版中心总经理、党委书记宋焕起，总编辑李智平、副总编辑祝新刚，党委副书记、纪委书记、副总经理董玲等出席了签约仪式。长宁区副区长杲云主持签约仪式。

签约前，东方出版中心总编辑李智平向与会领导简要介绍了东方出版中心关于创建国际创意出版产业基地和数字影像出版拓展中心的规划设想。宋焕起和李耀新分别代表中国出版集团公司东方出版中心和上海市长宁区人民政府签署了《上海市长宁区人民政府与中国出版集团公司东方出版中心关于联手推进东方虹桥国际创意出版产业基地、中国出版集团数字影像出版拓展中心建设的战略合作框架协议》。

签约后，李耀新和谭跃先后讲话。中国出版集团公司赴上海考察团其他成员、长宁区人民政府各有委办局负责人、东方出版中心有关部门负责人出席了签约仪式。（张洁民）

中国出版集团公司领导班子在东方出版中心召开现场办公会

2012年7月14日下午，中国出版集团公司领导班子在东方出版中心第二会议室召开现场办公会。总裁谭跃出席会议并作重要讲话。集团公司党组书记王涛主持会议。集团公司副总裁王俊国、刘伯根、李岩、潘凯雄及集团公司各部门负责人出席会议。东方出版中心总经理、党委书记宋焕起，总编辑李智平、副总编辑祝新刚，党委书记、纪委书记、副总经理董玲出席会议。

会议首先听取了宋焕起代表东方出版中心领导班子作的工作报告以及未来发展的规划设想。观看了李智平作的关于创建东方虹桥国际创意出版产业基地、中国出版集团数字影像出版拓展东方出版中心的规划方案的演示。祝新刚、董玲就分管工作作了发言。

集团公司领导对新班子组建以来所做的各项工作给予充分肯定，对创建产业园区规划方案以及做好东方出版中心当前及今后各项工作进行了深入细致的分析研判，提出了许多中肯、宝贵的建议。（张洁民）

中国出版集团公司在中国图书进出口（集团）总公司召开现场总裁办公会

2012年7月27日，中国出版集团公司总裁现场办公会在中国图书进出口（集团）总公司召开。中国出版集团公司总裁班子成员谭跃、宋晓红、王俊国、刘伯根、李岩、潘凯雄出席会议，中国出版集团公司各部门负责人、有关成员单位领导以及中国图书进出口（集团）总公司领导班子和部门负责人共50多人参加会议。中国出版集团公司副总裁王俊国主持了会议。

会议听取了中国出版集团公司副总裁、中国图书进出口（集团）总公司总经理刘伯根代表中国图书进出口（集团）总公司领导班子作的《中国图书进出口（集团）总公司改革发展思路》报告。报告在介绍中国图书进出口（集团）总公司基本情况和发展形势的基础上，提出了未来5年发展的“五化定位”、“六大战略”、十一个重大项目、九大保障措施——“56119”改革发展思路。

谭跃发表了重要讲话。他指出，中国图书进出口（集团）总公司是中国出版集团公司实施数字化、国际化的重要支撑，今天的现场办公就是要现场了解、现场学习，加强中国图书进出口（集团）总公司与中国出版集团公司发展思路和发展战略的融合，进一步充分认识中国图书进出口（集团）总公司、准确把握形势，把发展的思路进一步明确起来，把干部的思想进一步统一起来，把目标任务进一步凸显出来，把创新发展的斗志充分鼓舞起来。

他说，在听完报告后有4个印象。一是中国图书进出口（集团）总公司的基本情况介绍得全面、清晰、翔实、管用；二是报告对于内外形势的分析抓住了关键，抓住了要点，也抓住了特点；三是定位、目标和发展战略的确定，符合我们行业的发展趋势，符合中国出版集团的未来战略，也符合中国图书进出口（集团）总公司实际的情况；四是重大项目和保障措施思考周详、重点突出、切实可行，有力度、有亮点、有希望，体现了中国图书进出口（集团）总公司领导班子务实的发展意识，也反映了中国图书进出口（集团）总公司一盘棋的大局意识。

谭跃讲了3个方面的意见。

第一，要充分认识到中国图书进出口（集团）总公司的特点。他指出，中国图书进出口（集团）总公司和整个中国出版集团都面临着4个考验，即市场化竞争越来越激烈的竞争考验、传统向现代转型的考验、国际空间的新考验、每一层都面临着领导力的考验。而这些考验的核心在于领导力的考验。中国图书进出口（集团）总公司的领导班子要通过加强领导力和战略整合，让干部和员工都能参与到我们的共同目标中为之奋斗。

第二，结合中国图书进出口（集团）总公司的发展，抓紧学习胡锦涛总书记7月23日讲话。中国图书进出口（集团）总公司要把讲话精神认真贯彻到企业发展中去，进一步明确发展方向和目标，团结广大干部员工，坚定不移，攻坚克难，实现我们的发展目标。

第三，他对中国图书进出口（集团）总公司的改革发展提出了8个坚定不移的要求：一是坚定不移地推进数字化的转型；二是坚定不移地做大国际文化贸易；三是坚定不移地打开海外文化市场；四是坚定不移地深化体制机制改革；五是坚定不移地建立政治强、素质高、能战斗、成大事的国际化产业队伍；六是坚定不移地建设好鼓励创新、促进发展、增进团结的企业文化；七是坚定不移地推进中国图书进出口（集团）总公司提出的“五先一支”的六大战略，以实现中国图书进出口（集团）总公司提出的“三重三队”战略定位，实现在总资产、净资产、销售、利润4个方面的奋斗目标；八是坚定不移地确保我们所承担的国家文化安全。

中国出版集团公司副总裁宋晓红、李岩、潘凯雄、王俊国先后作了发言，充分肯定了“56119”改革发展思路对发展形势的分析和下一步改革发展的定位、目标、战略、重大项目和保障措施。

刘伯根最后表示，我们将坚决贯彻谭跃代表中国出版集团公司所作的指示，传达贯彻好谭跃的讲话精神，切实落实好中国图书进出口（集团）总公司改革发展思路。（朱宝元）

中国出版集团公司数字化战略推进会召开

2012年8月23日，“中国出版集团公司数字化战略推进会”在中国出版集团举行。会议就集团公司数字化战略的进一步推进实施、发展规划和有关重点项目建设进行了安排和部署。集团公司总裁谭跃、集团公司党组书记王涛及总裁班子全体领导参加了会议。集团公司总部各部门负责人、各单位主要负责人、分管数字出版工作负责人和数字出版部门负责人等70余人出席了会议。

会议通过对集团公司比较优势的分析，明确了集团公司数字化战略的基本定位和基本思路，即“以综合平台建设为基本定位和战略目标，以体制机制和业态创新为基本动力，以内容资源库建设为基础，以内容投送和交易平台为突破，逐步实现传统出版的内容集聚数字化，流程管理数字化和传播方式数字化”。

谭跃提出，希望集团公司各单位认清形势，厘清定位、厘清思路，团结起来，共同将集团公司数字化战略化为实招、落在实处、取得实效。

（唐贾军）

商务印书馆与德国德古意特出版社举行战略合作签约仪式

2012年8月29日，商务印书馆与德国德古意特出版社在第19届北京国际书展上举行战略合作签约仪式。中国出版集团公司党组书记、副总裁王涛到会祝贺，商务印书馆总经理于殿利和德古意特出版社执行总裁冯守望出席签约仪式。根据协议，双方将携手开发选题，组织编辑和作者的国际化团队，针对全球市场合作出版新书。此外，双方约定定期举行讨论会，加强交流与互访。

成立于1749年的德古意特出版社是德国历史最悠久的高端学术出版社之一。此次战略合作协议的签署是中德高端学术出版社之间全方位合作的开端。2012年双方已经在语言学、哲学图书领域展开了项目合作。（张仲彬）

中国出版集团公司到中国民主法制出版社进行内容创新调研

2012年9月6日，集团公司副总裁李岩带队，出版部主任张贤明、对外合作部主任周群、中版国际总经理刘忠以及相关的负责人等一行9人，到中国民主法制出版社进行内容创新调研。社长肖启明、副总编辑刘海涛以及总编室、办公室和发行中心的负责人参加了调研活动。调研活动由张贤明主持。张贤明首先表示这次调研是围绕集团公司即将召开的内容创新大会进行的，并简要说明调研活动的议程和发言顺序。社长肖启明作了中国民主法制出版社内容创新工作报告，副总编辑刘海涛进行了补充发言。副总裁李岩对报告谈了几点感受。一、社领导对经营数据非常熟悉，具有较强的市场营销信息意识。二、在产品线建设上，更加关注专业出版。没有专业化就不能最终形成品牌，出版社人大、法律资源和专业特色，对集团公司的产品线建设也起到了支持作用。三、以营销结果作为考核办法的依据，适应发展需要。四、有效地开展与民营公司的合作，扩大资源利用率。最后，李岩就加强办公自动化和信息化建设、成立职称评定委员会、改革薪酬分配机制和奖励机制以及加强与民营公司合作等问题提出了几点建议。（邵　力）

商务印书馆召开子公司专项工作会议

2012年9月24日，商务印书馆召开子公司专项工作会议。商务印书馆本部相关部门及下属14家子公司主要负责人、财务负责人及人力资源负责人参加了会议。总经理于殿利就下属子公司加强制度化建设和会计主管实行委派制作了讲话。

于殿利指出，这是一次重要会议，不仅关系到各下属子公司的发展，也关系到商务印书馆今后的发展。财务、人力资源、薪酬管理等方面的建设，是企业制度化建设的重要内容，是公司实现制度化、规范化发展的需要。制度建设是商务印书馆一体化发展战略的需要，是商务总体品牌战略的需要，更是专业人员队伍建设的需要。

会上宣布了《商务印书馆下属公司财务管理暂行规定》，通报了各子公司制度化建设的进展情况。会议还要求下属子公司实施工资总额管

理、进一步完善岗位描述、进行岗位价值评估、进行薪酬体系设定等。（冯　雪）

中国出版集团公司等联合发出应用推广“中国出版物在线信息交换标准”倡议书

2012年9月26日，中国出版集团公司等联合科学出版社、新华文轩出版传媒公司等21家出版、发行、信息技术服务单位，向全国新闻出版业各单位发出了应用推广“中国出版物在线信息交换标准”的倡议书，倡议书中表示将不遗余力地支持标准的推广和应用。中国出版物在线信息交换标准是采用国际先进的书业标准，在国际上有着十年的成功运营经验。新闻出版总署对集团公司牵头承担该标准的应用推广工作表示肯定，认为这将是我国出版发行领域内一项规模庞大的基础设施工程。未来的推广应用工作可能会涉及传统出版信息化模式的改造、市场模式的改造、信息传播模式的改造，乃至全产业链信息平台的升级改造。

中国出版物在线信息交换标准已列入新闻出版总署“十二五”发展规划纲要。该标准的实施将解决长久以来我国图书产业链中信息交换人工成本高、差错率高、上下游信息不对称的问题，实现全产业链上图书信息的互联互通，加速产品信息流动，促进图书产品的流通效率。同时又可通过产品信息的一次制作、多方应用，降低行业信息的应用成本。（唐贯军）

中国出版集团公司总裁谭跃、党组书记王涛视察中国图书进出口（集团）总公司通州基建项目

2012年10月17日，中国出版集团公司总裁谭跃、党组书记王涛、副总裁兼中国图书进出口（集团）总公司总经理刘伯根一行实地视察了中国图书进出口（集团）总公司通州基建项目。中国出版集团公司有关部门负责人及中国图书进出口（集团）总公司部分领导班子成员陪同视察。

谭跃一行听取了关于通州基建项目的报告，刘伯根就项目规划和设计方案作了详细说明。

谭跃指出，通州基建项目无论从建设角度，还是从发展角度，都要与我们的发展紧密结合，功能定位要有发展眼光。他对项目建设提出了4点要求：一是突出项目建设的文化概念，要把概念做好，与我们的产业发展相关，并对我们的产业发展起到带动作用；二是积极争取各级政府支持；三是在政府支持前提下，努力提高容积率；四是同意中国图书进出口（集团）总公司调研后得出的建设写字楼的基本方向，同时要加强项目文化产业性质的功能定位和设计研究，进一步突出与中国出版集团公司和中国图书进出口（集团）总公司发展的关联性，使项目建成后成为具有代表性和集聚力的产业园区。

王涛强调，通州基建项目要积极争取新闻出版总署、北京市政府和通州区政府的支持，将基建项目建设成为文化产业园。

刘伯根表示，中国图书进出口（集团）总公司将根据中国出版集团公司的指导意见，组织进一步调研，加强项目的功能研究，完善设计方案，并积极与新闻出版总署、北京市人民政府、通州区人民政府沟通协商，争取支持，结合通州区发展规划，把项目建设成通州区的文化中心。

（朱宝元）

中华书局2012年深化改革工作会议举行

2012年10月26～27日，中华书局2012年深化改革工作会议在北京郁金香温泉度假村举行，中国出版集团公司副总裁李岩、新华联合发行有限公司总经理沈致金应邀出席，中华书局全体领导、中层干部及各部门主任助理参加会议。

会议由正略钧策管理顾问有限公司项目小组负责人对薪改方案思路及框架进行宣讲；顾青通报中华书局产品发展战略及分社制改革的构想与方案；之后分组讨论并汇报讨论情况；徐俊对会议进行了总结。最后，李岩、沈致金分别作了讲话。

会上还举行了礼聘财务顾问仪式，包卫国被

聘为财务顾问。（梁　彦）

中译语通科技（北京）有限公司与上海亚太地区经济和信息化人才培训中心共同签署“国际语言培训认证项目”战略合作协议

2012年10月30日，中译语通科技（北京）有限公司（中国对外翻译出版公司子公司）与联合国训练研究所亚太地区唯一成员单位——上海亚太地区经济和信息化人才培训中心，在上海市静安区希尔顿酒店签署了联合国训练研究所在亚太地区唯一国际语言专业人才认证体系——“国际语言培训认证项目”战略合作协议。中国对外翻译出版公司副总经理、中译语通科技（北京）有限公司总经理于洋与上海亚太地区经济和信息化人才培训中心主任王根祥共同在战略合作协议上签字。中国对外翻译出版公司总经理林国夫、波兰普沃茨克市副市长Buczkowski先生、联合国训练研究所普沃茨克经济和信息化人才培训中心主任Berent先生等出席仪式致辞并见证战略合作协议签署仪式。

“国际语言培训认证项目”旨在通过引进联合国在语言专业人才认证方面的先进经验，打造系列全新的国际语言专业人才培训认证模式和管理平台，利用全面的培训与科学认证的方式，培养具有国际竞争优势的专业型、职业型、实用型的国际语言专业人才，满足社会经济高速发展在国际语言人才方面的迫切需求，真正发挥语言在国际化进程中的经济推动力量。

“国际语言培训认证项目”依托联合国训练研究所和中国对外翻译出版公司的品牌优势，将被打造成为国际一流的高端语言培训认证体系，为中国积极融入国际社会，充分参与国际竞争，培养出更多具有国际视野的合格、专业、高端的语言专业人才。（卜晓艳）

商务印书馆完成“商务印书馆”商标注册工作

2012年10月，商务印书馆完成“商务印书馆”商标注册工作。2012年2月，商务印书馆向国家工商行政管理总局商标局提出了注册申请。经商标局审查，10月核准了“商务印书馆”商标的注册登记，商务印书馆取得了商标注册证。核定使用商品为第16类，注册号为第9792656号。

商务印书馆已经走过了115年的历程，经过100多年的发展，成为了中国著名的出版和文化机构，“商务印书馆”也成为独特的文化品牌。“商务印书馆”商标注册成功，使商务印书馆获得了商标所有权，品牌名称和品牌标志受到法律保护。（冯　雪）

中国对外翻译出版公司与第二届夏季青年奥林匹克运动会组织委员会签署翻译服务协议

2012年11月23日，第二届夏季青年奥林匹克运动会组织委员会（简称“南京青奥组委”）与中国对外翻译出版公司在南京签署协议，中国对外翻译出版公司正式成为第二届夏季青年奥林匹克运动会语言服务供应商。中国对外翻译出版公司提供的最高质量的语言服务支持将为青年奥林匹克运动会搭建起沟通的桥梁，使各国青年运动健儿实现无障碍交流。南京青年奥林匹克运动会组委会副秘书长戚鲁、匡导球出席并见证签约仪式。南京青年奥林匹克运动会组委会国际联络部部长李保平与中国对外翻译出版公司副总经理贾砚丽分别代表双方签署合作协议。

戚鲁表示，青年奥林匹克运动会的筹备、组织管理和营运离不开语言翻译的支持。中国对外翻译出版公司最终以厚重的实力、经验丰富的团队、业内公认的美誉度和强烈的社会责任感脱颖而出。希望中国对外翻译出版公司成为南京青年奥林匹克运动会项目语言服务供应商之后，充分发挥其在人才、经验等各方面的优势，为南京青年奥林匹克运动会筹办贡献力量。中国对外翻译出版公司副总经理贾砚丽表示，此次与南京青年奥林匹克运动会组委会的合作，是继中国对外翻译出版公司为联合国提供语言服务以及服务2008年北京奥运会、2010年上海世博会、2010

年广州亚运会、深圳第26届世界大学生夏季运动会、2011上海游泳世锦赛之后，迈出的又一重要步伐。作为南京青年奥林匹克运动会语言服务供应商，中国对外翻译出版会司将提供最全面的高质量的语言服务，全力构建南京青年奥林匹克运动会语言沟通的桥梁。（卜晓艳）

三联时空国际文化传播（北京）有限公司挂牌仪式举行

2012年11月29日上午，三联时空国际文化传播（北京）有限公司揭牌仪式在北京举行。全国人大常委会副委员长、民进中央主席严隽琪，新闻出版总署副署长邬书林，中宣部出版局局长郭义强，全国人大常委、民进中央副主席兼秘书长朱永新，中国出版协会常务副理事长兼秘书长刘建国，中国出版集团公司总裁谭跃、副总裁李岩等出席了仪式，并为三联时空国际文化传播（北京）有限公司揭牌。

三联时空国际文化传播（北京）有限公司是由生活·读书·新知三联书店和上海三联书店有限公司、三联书店（香港）有限公司共同出资、由生活·读书·新知三联书店控股的合资文化企业。京沪港三家三联同根同源，是三联品牌的共同承继者，多年来在不同地区为不同层次的读者服务，形成了各自的出版特色，产生了重要社会影响，共同弘扬光大了三联品牌。三家三联凝聚三地力量，整合三地资源，发挥各自优势，不仅在内地和香港地区，而且在全球图书市场打造“大三联品牌”，大力推动中国文化“走出去”。（鞠晓辉）

全国出版物发行标准化技术委员会举行第二届全国出版物供应链论坛

2012年12月3日，全国出版物发行标准化技术委员会（中国出版集团公司承担）举行第二届全国出版物供应链论坛。本届论坛以“互联网经济下的信息化建设”为主题，聚焦网络环境下的信息技术发展，探讨出版物供应链的现状，展望未来的信息化建设与出版物供应链技术，为促进我国出版发行业信息化建设出谋划策。中国出版集团副总裁潘凯雄出席论坛并讲话，认为这次论坛的议题紧扣行业的信息化建设背景，充分得到了行业内各领域的专家学才们的响应。论坛将进一步提高行业对供应链信息化管理的认识理念，同时，分别从政府管理层面、企业自身层面以及跨地区合作互补等不同层面更好地探求产业转型、升级与实现共赢。（唐贯军）

出版工作

手机杂志《心理悦读》上线

2012年1月1日，世界图书出版公司北京公司策划编辑的手机杂志《心理悦读》在国内最大规模移动终端VIVA畅读手机杂志首次上线。它的上线，为都市年轻群体提供一个了解并掌握心理学知识却不用花时间去读长篇大作的渠道。

《心理悦读》杂志为双月刊，内容以心理学书摘为主，每期主题都结合当下热点。比如：七月份的“留学与心理”、九月份的“旅游和心理”、十一月份的“年终奖与心理”等。这些主题十分应景当下的社会现象，以专业的心理知识来解答社会现象，取得了很好的社会反响，每期的点击率都在百万次以上。

世界图书出版公司北京公司创办《心理悦读》杂志，一是世界图书出版公司北京公司出版心理学图书多年，积累了大批读者资源、版权资源，在专业群体里享有一定知名度，公司希望通过电子杂志能更好更快地和读者建立沟通，把相关的图书信息传达到这些群体。二是随着数字化出版趋势愈加明显，世界图书出版公司北京公司要利用自己的优势资源联合外界的优质平台，进行强强合作，进行数字化出版探索。

（吴和松　刘　薇）

“2012中青年语言学者沙龙”举行

2012年1月8日，商务印书馆举办“2012中青年语言学者沙龙”。上午主题为“当今社会发展中的语言学问题”。国家语言文学工作委员会副主任、教育部语言文学信息管理司司长李宇明致辞，人民网舆情监测室秘书长祝华新，安徽科大讯飞信息科技股份有限公司副总裁胡郁，北京外国语大学中国外语教育研究中心主任文秋芳，北京语言大学副校长曹志耘分别作了主题发言。下午主题为“中国语言学书院揭牌仪式暨研讨会”。中国社科院学部委员、语言所学术委员会主任沈家煊与北京大学陆俭明教授为中国语言学书院揭牌并讲话。中国社科院语言所研究员胡建华、香港中文大学教授李行德、美国威斯康星大学教授张洪明、香港城市大学教授潘海华先后作了主题发言。来自教育部语言文学信息管理司、中国社科院语言所、中国社科院民族所、教育部语言文学应用研究所、国家汉办、北京大学、清华大学、北京师范大学、中国人民大学、北京语言大学、北京外国语大学、中央民族大学、中国传媒大学、首都师范大学、北京邮电大学、南开大学、香港中文大学、香港城市大学、美国威斯康星大学等机构的56位专家学者出席。商务印书馆总经理于殿利到会并致辞。

（蔡长虹）

中华书局“新的百年，我们一起出发”——出版界同庆中华书局百年华诞峰会举行

2012年1月8日，“新的百年，我们一起出发”——出版界同庆中华书局百年华诞峰会在

北京举行，全国各大出版发行集团领导、部分书店负责人等出版界人士济济一堂，回顾历史，畅叙友情，表达对百年来坚守传承中华文化精神命脉的中华书局的敬意，展望中华书局新的百年发展愿景。新闻出版总署副署长阎晓宏、中国出版集团公司总裁谭跃及原总裁杨牧之出席峰会。

阎晓宏在峰会上作了讲话，他指出，中华书局、商务印书馆作为中国近现代出版的双子星座，是中国现代文化史上的骄傲，为中国优秀传统文化的积淀作出了不可磨灭的贡献。从上海到北京，中华书局名家云集，名编辈出，墨香四溢，声誉日隆，点校本“二十四史”及《清史稿》等一大批代表新中国古籍整理最高水平的图书相继出版，在传承中华文化、传播中国文化方面发挥了不可替代的重要作用。

关于古籍整理出版工作，阎晓宏说，新闻出版总署将进一步完善国家古籍整理出版规划，加强对古籍整理出版重点项目、大型工程的扶持力度，引领古籍整理出版导向，严抓质量，做好服务，促进更多高质量精品力作的涌现，不断推动我国古籍整理出版事业健康发展。（梁　彦）

中国出版集团公司“双推计划”新书推介暨2011年度优秀图书表彰大会举行

2012年1月9日，中国出版集团公司在北京皇家大饭店举办“双推计划”新书推介暨2011年度优秀图书表彰大会。大会表彰了集团公司2011年度10本优秀畅销书和20本优秀常销书的出版工作者，集中展示了集团公司2011年出版主业成就，并向广大读者推荐了2012年度最新出版的28种重点图书。这些精品图书为中国出版传媒股份有限公司的成立献上一份厚重的贺礼。会议由商务印书馆总经理于殿利主持。

集团公司副总裁刘伯根宣读了2011年优秀畅销书、常销书获奖名单。《古炉》、《1911》、《新华字典》（第11版）、《姥姥语录》、《走向辉煌》（插图本）、《唱响中国——群众最喜爱的新创作歌曲36首集锦》、《一路走来一路读》（增补本）、《希腊神话故事》、《郦波评说曾国藩家训》（上）、《星空仰望》等10种图书荣膺“中国出版集团公司2011年度优秀畅销书奖”；《推拿》（插图本）、《囚徒天子光绪皇帝》、《现代中国的历程》、《中国大百科全书》（第二版简明版）、《范本传真·石涛小品山水画》、《罗摩桥》、《牛津经典童书》等20种图书获“中国出版集团公司2011年度优秀常销书奖”。

中国出版集团公司出版业务部主任张贤明介绍了《杨振宁传》、《朗文当代英语大辞典》、《国文国史三十年》、《西藏的战争》、《中国国家地理博物百科丛书》等28种2012年重点推荐图书的基本情况。《漫画中国历史》一书的绘者，我国台湾地区漫画家孙家裕先生以及《郦波评说曾国藩家训》一书的作者，中央电视台《百家讲坛》著名主讲人郦波先生分别对各自的创作情况作了介绍；获奖图书《古炉》、《姥姥语录》的责任编辑也就各自的编辑出版情况分别发表感言。

2011年下半年，“双推计划”继续响应中共中央宣传部、中央精神文明办公室和新闻出版总署开展“全民阅读”活动的号召，不断开辟渠道，面向新读者，首次进入中国人民大学、中国矿业大学和北京信息科技大学等知名大学，举行“‘双推计划’书香校园”活动，受到广大师生的热烈欢迎。集团公司所属出版单位为三所大学捐赠近1000册畅销书和常销书，著名作家王树增、安意如，著名学者杨风池参加了活动，并在现场与广大在校学生交流互动。“双推计划”书香校园活动真正地将开展“全民阅读”活动落到了实处。

截至2012年1月，集团公司连续9年保持全国图书零售市场占有率第一名，在近3年国家级出版奖励活动中始终名列全国第一。荣获2011年度集团公司优秀畅销书奖和优秀常销书奖的30本图书正是2011年集团公司主业挺拔的有力见证。“双推计划”不仅帮助集团公司有意识、有目的、系统化地开发出诸如《哈利·波特》、《新华字典》（第11版）、《牛津初阶英汉双解词典》（第3版）、《于丹〈论语〉心得》等一批全国知名的畅销书和常销书，还通过市场需求引导图书出版方向，通过资源合理配置优化集团各出版单位的出版结构，培养锻炼了一支业务精、作风正的编辑发行队伍，提高了集团公司的内容创新能力和产业引导力，进一步发挥了集团公司作为出版“国家队”的旗舰作用。

（何　奎）

中国美术出版总社承办全国美术出版社社长联谊会

2012年1月9日，由中国美术出版总社承办的全国美术出版社社长联谊会在北京华侨大厦举行，中国美术出版总社领导常汝吉、汪家明、林阳、欧京海、胡建斌及各地美术出版社社长约50人参加。中国美术出版总社社长常汝吉在会上致辞。

（汤　锐）

“中华现代学术名著丛书”出版座谈会举行

2012年1月10日，商务印书馆在人民大会堂举行“中华现代学术名著丛书”出版座谈会，正式宣告该丛书第一批100种全部按计划出版。全国人大常委会副委员长严隽琪，中宣部出版局局长陶骅，新闻出版总署图书出版管理司司长吴尚之，国家出版基金规划管理办公室主任李潞，新闻出版总署原副署长、中国编辑学会会长桂晓风，中国出版集团党组书记、副总裁王涛出席会议，著名学者厉以宁、陈祖武、陈来等专家作主题发言。

商务印书馆总经理于殿利介绍了丛书出版情况。与会的领导和专家对“中华现代学术名著丛书”的学术价值与出版意义给予了高度评价。严隽琪肯定了丛书的出版价值，并进一步提出：“总结现代中国百年学术成果，提供了一套富有中国特色、体现中国精神、包含中国智慧的思想文化成果。”陶骅在会上提出期望：“通过卓有成效的学术出版，为繁荣发展我国哲学社会科学，巩固壮大主流思想舆论，提升我国国际学术话语权，扩大中华文化的国际影响力，作出更大的新的贡献。”厉以宁教授提出：“商务印书馆‘中华现代学术名著丛书’的出版，是一件值得学术界庆贺的大事，为中华学术的传承和进步作出了巨大的贡献。”李潞主任肯定了商务印书馆丛书出版的良好情况，表彰商务印书馆“最终向社会呈现了一份入选丛书学术性经典性一流，编辑出版水平精良，装帧印制效果优美的优秀成果”。

新华社、中新社、中央电视台、中央人民广播电台、《人民日报》、《光明日报》、《中国青年报》、人民网、新华网、新浪网、腾讯网等近40家媒体到场报道。

（倪咏娟）

《社会主义民主法制文集》（上、下）、《王汉斌访谈录》出版暨《王汉斌文集》出版座谈会举行

2012年1月16日上午，中国民主法制出版社新书《社会主义民主法制文集》（上、下）《王汉斌访谈录》出版暨《王汉斌文集》出版座谈会在人民大会堂北京厅举行。全国人民代表大会有关部门领导，集团公司领导，著名学者，出版社领导、工作人员及媒体等相关人员出席活动。

（邵　力）

人民文学出版社6种图书入选2011年度“大众喜爱的50种图书”

2012年1月17日，2011年度“大众喜爱的50种图书”在北京揭晓。人民文学出版社出版的《推拿》、《1911》、《天香》、《白雪乌鸦》、《武昌城》、《农民家书》等6种图书入选，占入选图书的12%，人民文学出版社是入选图书最多的出版社。

2011年度“大众喜爱的50种图书”评选活动是由新闻出版总署全民阅读活动组织协调办公室组织《人民日报》、《光明日报》、《经济日报》、新华社、中央人民广播电台、中央电视台等15家中央媒体宣传和有关门户网站推荐，并在此基础上进行网民投票产生。此次推

荐活动得到媒体和读者的广泛认可，社会影响力较大。（宋　强）

中国美术出版总社黄苗子追思会暨《黄苗子集》启动仪式举行

2012年1月18日，中国美术出版总社在中国出版集团公司举行黄苗子先生追思会暨《黄苗子集》启动仪式。中共中央政治局委员、中央书记处书记、中宣部部长刘云山送来花篮，国务委员兼国务院秘书长马凯发表书面讲话。中宣部副部长蔡名照、新闻出版总署副署长邬书林与中国出版集团公司总裁谭跃、副总裁刘伯根、林弋及中国美术出版总社社长常汝吉、党委书记汪家明、总编辑林阳同文化艺术界、出版界代表、黄苗子先生生前的亲朋好友八十余人出席。中国出版集团公司党组书记王涛主持会议。

马凯的书面讲话，以及蔡名照、邬书林的发言，都对这位百岁艺术家热爱中国传统文化、努力将传统与现代融汇一体的艺术创新及其对中国文化作出的巨大贡献给予了充分的肯定和高度的赞赏。谭跃回顾了黄苗子先生编辑出版工作方面的业绩，阐述他作为中国出版集团所属多家出版社重要作者的价值和意义。韩美林、王明明、李辉等则回忆与老先生探讨艺术的乐趣和感悟。会上还宣读了人民美术出版社原副总编辑、中国书法家协会名誉主席、著名书法家沈鹏的书面发言和三民书局总裁刘振强先生的祭文。（汤　锐）

中国出版集团公司组织策划一批学雷锋活动重点图书

2012年1月，适逢雷锋同志逝世50周年之际，中国出版集团公司在全国率先组织策划了《雷锋全集》等一批重点图书。

集团公司领导班子高度重视学习弘扬雷锋选题的策划和出版工作。集团公司总裁谭跃、党组书记王涛要求把学习弘扬雷锋精神和建构社会主义核心价值体系有机结合起来，推动广大读者在新的历史条件下更加坚定地树立正确的世界观、人生观和价值观。集团公司分管出版工作副总裁刘伯根要求集团所属各单位精心策划，精心编选，精心宣传，精心营销。集团公司出版业务部认真组织有关出版单位积极策划学习弘扬雷锋精神的重点选题。

截至2012年2月底，集团公司共有华文出版社、生活·读书·新知三联书店、知识出版社、人民文学出版社、现代出版社等5家单位策划的9个重点选题，其中3种已出版，5种正在紧张印制。这些选题具有4个特点：第一，有的以全集形式全面展现雷锋的工作、学习、生活情况。华文出版社在1月份出版的《雷锋全集》，由70多位雷锋生前部队战友、雷锋照片摄影人以及雷锋研究专家，以雷锋手迹为底本，历经数十年整理而成，收录其生前创作的330多篇日记、眉批、诗歌、小说、散文、书信、赠言等。第二，有的以文学作品的形式还原了一个有血有肉的雷锋形象。人民文学出版社的长篇小说《雷锋》，由著名“市长作家”谭仲池创作，通过大量新近采访，以平视的角度塑造了一个血肉丰满、个性突出的雷锋形象。生活·读书·新知三联书店出版的纪实文学《雷锋（1940～1962）》（第二版），由著名作家师永刚等编撰，汇聚了近140幅首次公开的雷锋照片，让读者看到一个有激情、有理想、时尚、真实的雷锋。第三，有的以普及读本的形式表现出雷锋精神对加强青少年思想道德建设的重要意义。华文出版社推出了《雷锋精神读本》（4种），包括小学低年级版、小学高年级版、初中生版、高中生版4个版本，通俗易懂，图文并茂，适合广大中小学生阅读。知识出版社在2月底出版的《向雷锋叔叔学习》，立足于20世纪60年代《中国少年报》记者的实地采访报道，增加了朱伯儒、郭明义等新时期活雷锋的事迹，使内容主题更契合时代精神。第四，有的以轻松幽默的漫画形式讲述雷锋小故事。。

集团公司学习弘扬雷锋的选题获得了有关部门和社会各界的好评。在2月22日的《雷锋全集》出版座谈会上，新闻出版总署副署长邬书林指出，要通过学习弘扬雷锋精神，推动各行各业的人认认真真做事、老老实实做人、兢兢业业工作。中宣部出版局巡视员、副局长郭义强指出，《雷锋全集》的出版，将有力带动2012年我国主题出版的第一个高潮，充分体现了集团公司自觉围绕中心、服务大局的政治意识、大局意识和责任意识。2月24日，新华社记者还刊发了名为“中国出版集团推出雷锋精神系列图书”的专门报道。（何　奎）

商务印书馆开展稿件清理工作

2012年1月，商务印书馆开展稿件清理工作。并为此专门召开了“清理积压选题和稿件专项整治工作会议”，将2012年定位为“清理年”，成立了馆选题、书稿、项目清理领导小组和工作小组，全面清理3年以上未完成的选题、书稿和重点项目。

此次清理工作主要分选题、书稿、项目三部分。清理选题1051个，其中撤销选题773个，保留选题278个；清理书稿87部，其中撤销书稿16部，保留书稿71部；对承担的85个各种项目进行了梳理，制定了出版时间表。针对清理情况制定了一系列相关措施，对需要撤销的项目履行相关手续，合理合法的完成善后工作；对需要继续出版的项目，责成相关部门制定出版计划，科学管理。（刘　兰）

《中国音乐教育》杂志入选“中文社会科学引文索引”（CSSCI（2012～2013））扩展版来源期刊目录

2012年1月，《中国音乐教育》杂志入选“中文社会科学引文索引”（CSSCI（2012～2013））扩展版来源期刊目录。

CSSCI为南京大学研制的“中文社会科学引文索引”的缩写，是教育部重点研究项目。教育部已将CSSCI数据作为全国高校机构与基地评估、成果评奖、项目立项、人才培养等方面的重要考核指标。北京大学、清华大学、中国人民大学等100多个单位已将CSSCI数据作为地区、机构、学术、学科、职称、项目、成果评价与评审的重要依据。CSSCI来源期刊为目前国内权威的核心期刊遴选体系，自2008～2009年起增设扩展版，其遴选依据是：期刊出版的规范性、期刊被引用情况和专家的意见。（吴明静）

人民文学出版社精品重组项目专题论证会召开

2012年2月2日，人民文学出版社在社内召开精品重组项目专题论证会。除了社领导班子全部出席以外，部分编辑部门、生产经营部门的负责同志和部分资深编辑参加会议。

作为拥有大量优质资源的品牌名社，如何守住家底、充分挖掘、利用优势资源加速发展是人民文学出版社面对的重要课题。因此，人民文学出版社把精品出版当作2012年的重点工作来抓。经过几次论证，人民文学出版社准备推出自己的“文库”系列。从项目名称到规模数量、从生产能力到装帧设计、从宣传概念到销售渠道，与会者讨论热烈，从不同的角度发表见解。经过本次专题会议的充分论证和积极沟通，在项目推进、协调、定位等方面达成了共识，并做了相应的工作布置。（宋　强）

中国出版集团公司2012年主题出版工作会议召开

2012年2月15日，中国出版集团公司召开主题出版工作会议。集团公司副总裁刘伯根出席会议并讲话，集团公司出版业务部主任张贤明主持会议并布置2012年有关重点出版工作。集团公司各出版单位分管选题工作的负责人、总编室主任参加会议。

刘伯根指出，按照中宣部和新闻出版总署领导在集团公司2012年工作会议上的指示精神，根据总裁谭跃作的《集团公司2012年工作报告》的明确要求，做好迎接宣传贯彻党的十八大出版工作，是2012年集团出版工作的重中之重。作为出版“国家队”，集团公司要有所作为，有所建树，要从6个方面抓好主题出版工作。第一，要紧紧围绕“科学发展、成就辉煌”的主题，生动反映党的十七大以来党和国家走过的不平凡历程，宣传以胡锦涛同志为总书记的党中央驾驭复杂局面、带领全国人民奋力开创中国特色社会主义新局面的伟大成就。第二，要宣传我国经济建设、政治建设、文化建设、社会建设、生态文明建设和党的建设取得的伟大成就和宝贵经验；宣传坚持科学发展、加快转变经济发展方式、促进社会和谐取得的显著成效；宣传党在理论创新方面取得的一系列重大成果，在创先争优活动和学习型党组织建设中涌现出来的先进典型；向世界讲述好中国故事，展示好中国共产党形象，阐明中国道路、中国经验。第三，要根据当前我国业已取得的辉煌成就，积极展望、认真描绘党领导全国各族人民建设社会主义伟大事业的宏伟蓝图和美好前景。第四，各单位的选题开发和出版营销工作要早做准备，未雨绸缪，认真学习、宣传和贯彻好党的十八大精神。第五，要始终严格履行三审制和重大选题备案制，坚持导向问题一票否决制，确保集团公司各类出版物不出任何导向错误，为党的十八胜利召开营造良好的社会舆论氛围。第六，要认真贯彻、紧密结合中宣部、新闻出版总署等出版行政管理的有关要求，积极争取各种出版经费资助，实现主题出版物社会效益和经济效益双丰收。

刘伯根强调，根据总裁谭跃的部署，集团公司2012年将启动“中国发展道路丛书”、“中国复兴之路丛书”、“中国文化丛书”。这三大书系受到中央领导同志高度重视，是集团公司参与建构社会主义核心价值体系的重大出版工程。希望各出版单位积极参与，集团公司将组织专家论证并择优遴选出版单位，力争“中国发展道路丛书”、在党的十八大召开前出版，“中国文化丛书”在2012年底前有一批阶段性出版成果。

刘伯根指出，集团公司产品线建设规划自2007年启动、2009年首次修订以来，取得了显著成效，推出了一批畅销书，对提高各单位专业化水平，提升市场占有率，发挥品牌优势和竞争优势起到重要作用。各单位要按照《中国出版集团公司2012年工作报告》的要求，顺应图书市场的新变化和集团改革发展的新形势，再次修订本单位的产品线建设规划。希望各单位产品线建设在题材上相对集中，体裁上丰富多样，做到产品线评价体系和市场评价相吻合。

张贤明对做好迎接宣传贯彻党的十八大出版工作、三套丛书的编辑出版工作、集团产品线规划修订再版工作予以具体布置，要求各单位于2月底之前向集团报送迎接党的十八大重点选题以及三套丛书的编写出版方案，3月底之前报送本单位产品线规划修订方案。

会议还学习了中宣部出版局《关于做好迎接党的十八大重点图书选题申报工作的通知》精神，传达了新闻出版总署近期召开的中央在京出版单位负责人座谈会精神。目前，集团公司已经开发了近20种迎接党的十八大的重点选题，其中包括《邓小平时代》、《历史的见证：习仲勋与经济特区》、《文化强国30问》、《铺满鲜花的路——第10届中国少年儿童歌曲卡拉OK电视大赛歌曲123首》等。（何　奎）

中国出版集团公司制定2012年图书出版计划

2012年2月16日，集团公司制定了2012年度图书出版计划，并向中宣部出版局、新闻出版总署报送。

《2012年度图书出版计划》包括如下几个部分：

（一）指导思想和总体思路

根据新闻出版总署《关于制定和报送2012年图书和音像、电子出版物出版计划的通知》精神，按照集团公司总裁办公会关于做好2012年选题论证和编辑出版工作，为集团公司全面实施六大战略、实现“十二五”宏伟战略目标打下厚实基础的指示精神，结合集团公司深化产品线建设、挺拔出版主业的实际要求，搞好2012年图书出版工作。

（二）出版规模

2012年，17家出版单位拟出版新书7105种，拟重印图书3760多种，重印率53%左右，年内将根据生产经营情况适当增补。出版计划中共有国家“十一五”规划、国家“十二五”规划、古籍整理“十一五”规划重点选题160多种，省部级选题300多种，各单位重点选题1000余种。

（三）重点选题和需备案的重大选题

重点选题有“中国发展道路丛书”、“中国复兴之路丛书”、“中国文化丛书”、《鲁迅全集》（编年版）、《新中国经典长篇小说书系》、《166号名家长篇书系》、《中国近代小说编年史》、“汉译世界学术名著丛书”（第十三辑）、《新华字典》（11版大字本）、《辞源》（第三版）、《现代汉语学习词典》（缩印本）、《全球华语大辞典》、《牛津高阶英语词典》（第8版）、《全元诗》、点教本“二十四史”修订本、《长沙马王堆汉墓简帛集成》、《中国地域文化通览》、《中国古籍总目》、《朱光潜全集》、《中国大百科全书》（第三版）、《中印文化交流百科全书》、《台湾百科全书》、《中国儿童百科全书》（第三版）、“中华文化百科丛书”（英文版）、《世界现代艺术大辞典》、《中国美术研究年度报告》、《中国印谱全书》、《中国重点美术学院系列教材》、《中国音乐百年作品典藏》、《21世纪中国音乐学文库》、《外国学术经典译著文库》、《中国现代社会科学思想丛编》、《中学图书馆文库》、《中国艺术科学大系》、《三联经典文库》（第二辑）、《中国经济改革20讲》、《中译历史文库》、《中译翻译文库》、《世界历史文库》、《图说前四史系列》、《国学》、《中国特色社会主义法律体系立法纪实》、《人民代表大会制度文献集成》、“东南亚研究丛书”、“世界遗产在中国丛书”、《中国民族百科全书》、《那些年，我们一起追的女孩》、《余秋雨作品系列》、《纪晓岚全集》、《沈从文传》、《张大千全集》、《毛泽东手书墨迹选》、《当代汉语词典》、《中国古代文化图典》、《中国当代获奖儿童文学作品系列》（第四辑）、《很久很久以前系列》等。同时，需要履行重大选题备案的选题有314种。

（四）2012年选题计划的特点

（1）围绕中心，服务大局，学习贯彻党的十七届六中全会精神、迎接党的十八大胜利召开。集团公司组织策划了“中国发展道路丛书”、“中国复兴之路丛书”、“中国文化丛书”等三套重点书系，着重剖析中国模式、中国道路和中国经验。生活·读书·新知三联书店组织策划了吴敬琏先生的《中国经济改革二十讲》，深刻解读中国经济体制改革30多年来取得的巨大成就。中国大百科全书出版社策划了《文化强国战略30问》，重点分析文化建设领域的30个焦点、热点和难点问题。华文出版社策划了《毛泽东的“南方决策”》、《雷锋全集》（最新版）和《吴孟超传》。中国民主法制出版社策划了《旗帜，是这样诞生的》、《环球同此凉热》等影视同步主题图书。人民音乐出版社策划了《铺满鲜花的路——中国少年儿童经典歌曲180首》（珍藏版）。此外，围绕邓小平南方谈话20周年，生活·读书·新知三联书店将引进美国著名学者、哈佛大学教授傅高义先生的《邓小平时代》。

（2）积极打造标志性工程，彰显“国家队”出版硬实力。围绕积累和传承中华民族传统文化，推出《全元诗》、《中国地域文化通览》、《纪晓岚全集》等。围绕我国人文科学和社会科学界的经典作品，将推出《朱光潜全集》、《吴作人全集》、《王世襄集》等大师名家的全集以及《三联经典文库》（第二辑）、《中国音乐百年作品典藏》、《中国书法全集》、《中国设计全集》等集大成性的出版工程。围绕借鉴西方学术文化领域的智慧成果，将推出“汉译世界学术名著丛书”（第13辑）、《黑格尔著作集》、《凯恩斯著作集》、《维特根斯坦文集》等。围绕加强青少年的思想道德教育，将推出《中国小学生百科全书》（第三版）、《中国儿童好问题百科全书》等。围绕普及科学文化知识，将推出《中华科技史话》、《实物拍摄儿童版昆虫记》等。

（3）选题结构不断优化，注重开发新兴产品线。一方面，各单位聚集核心业务板块，并逐步形成鲜明特色。例如，人民文学出版社虚构类全国形成较强的核心竞争力。中华书局古籍整理、学术出版和大众出版形成三驾马车。商务印书馆在工具书、学术书、大众文化书方面形成了三大板块。中国大百科全书出版社初步形成百科工具书、学术著作、教材教辅、大众图书以及数字出版等“4+1”板块。人民音乐出版社形成教材、普通图书、期刊、音像电子制品四大主营业务板块。中国美术出版总社形成教材、论著、画册、书法篆刻、美术技法、设计图书六大板块。生活·读书·新知三联书店形成学术出版、文化出版和大众出版的基本格局。中国对外翻译出版公司在双语图书和外语学习领域上形成明显优势。另一方面，一些单位积极进入新领域，注重开发新的产品线。中华书局成立人文阅读工作室，探讨新锐的思想文化作品。商务印书馆加大对大众文化图书的开发力度，积极打造畅销书。中国美术出版社和人民音乐出版社都积极开发面向大众、面向普通读者的专业鉴赏类、普及类图书。现代教育社积极开发传统历史文化图书。

（五）着力“理论普及”和“文化普及”，继续在全国引领传统历史文化阅读热潮

一方面，中华书局等单位高度重视“理论普及”工作，着力面向党政领导干部介绍修身养性、治国理政方面的传统文化经典，特别邀请团中央书记处书记卢雍政同志撰写党政干部自修读物《提个醒》，邀请中央党校副校长李书磊撰写《领导干部读史指南》，邀请著名学者韩毓海等撰写《资政新编——中国政治思想史精讲速读》。另一方面，也高度重视“文化普及”，注重将传统文化与现代生活相结合，或者继续与中央电视台《百家讲坛》栏目合作，推出《康震评说唐宋八大家王安石》、《郦波评说曾国藩家训》等影视同步书；或者联袂连阔如等国内名家推出《江湖丛谈》等文化普及读物，继续引领全国传统历史文化热潮。

（六）2012 年选题计划的倾向性问题

①选题内容反映现实不够，回溯历史过多，面向当代热点、社会焦点、国家难点的选题有待加强。②整体出版规模有待增加，集团市场占有率徘徊不前。③畅销书持续跟进乏力，激励力度还不够大。④少数单位作者资源有所流失，内容创新水平有待提高。⑤整体板块不够合理，教材资源有待进一步规模化开发。

（七）选题保障措施

①认真履行重大选题备案制度，严把出版物政治导向关；②全面履行三审三校制度，严把出版物编校质量关；③加大内容创新力度，精心培育一批代表国家意志、体现国家水平的标志性出版工程；④加大宣传推广力度，大力建构立体化、多元化营销网络；⑤加大专项资金支持力度，努力打造一批开风气之先、居全国之先的精品力作。⑥狠抓选题执行力，确保高质量完成全年出版计划。（何　奎）

商务印书馆 2012 年编辑大会召开

2012 年 2 月 21～23 日，商务印书馆召开 2012 年编辑大会。252 人参加了大会。中国出版集团公司党组书记、副总裁王涛、中国出版集团公司副总裁刘伯根到会并作重要讲话。王涛的讲话主题是“商务编辑的责任与担当”，他对商务的编辑提出四点要求：第一要有社会责任；第二要有文化理想，这是一种文化担当；第三，要有危机意识；第四要有创新能力。刘伯根讲话的主题是“做文化强国的大编辑”，全面阐述了编辑的核心功能以及编辑工作者需要具备的素养和能力。

本次编辑大会主题为“新形势下编辑的重新定位”。围绕这一主题，总经理于殿利作了题为“从选题策划到产品设计”的报告。报告指出，我们已经进入了产业时代，作为全媒体时代的新型编辑要有从产品功能价值、内容价值一直到营销全过程的设计观念。同时新形势下的编辑要具备 6 项能力和 5 种情商（世情、国情、行情、物情、人情）。

会议特邀生活·读书·新知三联书店总编辑李昕作了题为“编辑的策划能力”的讲座，亚马逊（中国）网络营销负责人作了题为“编辑与网络营销”的讲座。此外，大会还安排了“编辑与市场营销”、“编辑与装帧设计”、“编辑与版权经营”、“编辑与文档管理”的专题报告，同时以“编辑与项目管理”、“选题、书稿管理”

为主题对有关工作进行通报并作出安排。会议期间共进行了两次分组讨论，形成了很多具有建设性的意见。 （刘 兰）

人民文学出版社组织第五期“青年沙龙”活动

2012 年 2 月 22 日下午，人民文学出版社组织的第五期“青年沙龙”活动在四楼会议室举行。本次沙龙主题为“一本书的旅程之源头篇”，邀请人民文学出版社资深编辑脚印作主题发言。脚印从《尘埃落定》、《长征》等图书的出版过程谈起，畅谈了做好编辑工作的经验和应注意的问题，并就大家的提问进行回答。

社长潘凯雄也参加沙龙并结合自己的编辑实践与年轻员工进行深入交流，他勉励大家要多学习、多积累、多思考，要与作家做到坦诚与专业的交流；而且要磨练意志、增长才干，踏踏实实做事，为出版社发展贡献自己的力量。

（宋 强）

中国图书商报社全面部署 2012 年重点工作

2012 年 2 月 22 日，中国图书商报社召开全社员工大会，全面部署 2012 年重点工作。报社社长、总编辑、党委书记孙月沐在会上传达了中共中央政治局委员、中央书记处书记、中宣部部长刘云山近日在中国出版集团公司总裁谭跃同志所作的集团公司 2012 年度工作报告上的重要批示以及谭跃总裁报告的主要精神，结合谭跃报告中提出的加强集团各品牌建设的重要部署，明确提出中国图书商报社将以着力打造三个平台，推进品牌单位建设为重点，全面贯彻落实刘云山批示和集团工作会议精神。

社长孙月沐从 6 个方面作出具体部署。①学习领会。认真学习刘云山重要批示，深刻领会其“抓好落实，争取 2012 年的各项工作有大的进步”所表达的对中国出版集团的厚望，同时把谭跃总裁所做的工作报告反复研习。②结合内化。在学习刘云山重要批示和谭跃总裁集团工作报告的基础上，结合报社实际，吃透、消化批示和报告的核心要义，认真思考报社应如何落实、如何作为、如何发展，做好内化文章，特别是要将报告中关于建设品牌单位的部署贯彻落实好，抓好《中国图书商报》作为品牌单位的各项建设，切实推进。③重点突破。贯彻落实刘云山重要批示和集团报告，在重点领域、重点板块和重大项目上取得突破。当下报社首先要在集团领导“走转改”考察商报时提出的打造三个平台方面有所突破。报社领导班子成员和中层干部，每人都要从抓项目入手，实现突破，每个员工自身也要有所突破。④精业主动。报社全员人人都要精于自身专业，精益求精。同时对任何工作都要增强主动性，主动是求精的前提。⑤优质高效。对日常工作既要优质，又要高效，二者相辅相成。将二者有机地统一起来，是报社对全员的工作要求。⑥只争朝夕。经过调研，看准的项目就要尽快上马，并快马加鞭，确保成功。 （方 菲）

《雷锋全集》出版座谈会举行

2012 年 2 月 22 日，在雷锋同志逝世 50 周年之际，华文出版社在北京举行《雷锋全集》出版座谈会暨向抚顺、长沙、沈阳军区等三家雷锋纪念馆赠书仪式。新闻出版总署副署长邬书林，中宣部出版局巡视员、副局长郭义强，中国出版集团公司党组书记王涛出席会议并讲话，中国出版集团公司副总裁刘伯根主持会议。

《雷锋全集》是华文出版社贯彻落实党的十七届六中全会精神，响应中央学雷锋活动号召，按照中国出版集团公司的统一部署，于 2011 年 5 月启动、2012 年 2 月推出的重点出版物，书中收集整理雷锋生前所著 330 多篇文章，丰富全面，资料珍贵，是一本独一无二的雷锋个人文集。

邬书林在会上指出，雷锋精神是共产主义理想和传统美德的有机结合，值得深入学习；雷锋现象是有深刻思想内涵的文化现象，值得深入研究。他希望出版界怀着极大的责任精神做好学雷锋活动，在深入学习、研究的基础上，用高远的立意传承雷锋精神，在全社会形成学习雷锋的感召力，全方位地倡导学雷锋活动，推动各行各业的人以雷锋为榜样认认真真做事、老老实实做人、兢兢业业工作、朝气蓬勃向上走。

王涛在讲话中指出，2012年是雷锋同志因公殉职50周年，党中央把学雷锋活动作为推进社会主义核心价值体系建设的一项重要工作来抓。华文出版社在全国出版界率先推出学雷锋读物，而且在全国学雷锋活动的宣传报道中率先见报，这种出版热忱、宣传力度值得肯定。王涛代表中国出版集团公司和华文出版社向辽宁省抚顺市雷锋纪念馆、湖南省长沙市雷锋纪念馆和沈阳军区雷锋纪念馆各赠送《雷锋全集》500册。

与会专家就雷锋精神进行了深入研讨，普遍认为雷锋以其短暂的一生诠释了怎样做“一个纯粹的人”，为当代人的道德重建、世界观和价值观的调整，树立了重要的标杆，一致认为《雷锋全集》是学雷锋活动中的代表性出版物。

（陆虹宇）

《西藏的战争》专家研讨会召开

2012年2月23日上午，人民文学出版社在四楼会议室召开《西藏的战争》专家研讨会。著名文学评论家何西来、何镇邦、朱晖、孟繁华、贺绍俊，中国作家协会创作研究部主任胡平、副主任梁鸿鹰等参加。社长潘凯雄与会并发言。

《西藏的战争》是一部以英国十字军入侵西藏为背景的历史小说。与会专家对《西藏的战争》给予充分肯定，一致认为在各种关于西藏的文学书写中，作者杨志军以深厚的藏学功底和独特的藏区经验，形成了独具特色的百科全书式的写作风格。（宋　强）

中国出版集团公司2012年出版物质量管理年专项检查活动受到新闻出版总署表彰

2012年2月24日，新闻出版总署在广西召开了全国新闻出版局出版管理工作会议，会上通报了2011年出版物质量管理年专项检查活动情况，中国出版集团公司等两家中央出版单位主管部门和15家省（市）新闻出版局荣获“2011年出版物质量管理年活动先进单位”的称号，并授牌予以表彰。

为进一步加强出版质量管理，更好地满足人民群众不断增长的文化需求，新闻出版总署将2011年确定为“出版物质量管理年”。2011年4月下发了《关于开展以文艺作品、少儿读物、教辅读物为重点的图书质量专项检查活动的通知》，要求以文艺作品、少儿读物、教辅读物为重点开展图书质量专项检查活动。检查范围包括2010年1～12月出版的文艺作品、少儿读物、教辅读物。

集团公司出版部紧紧围绕通知要求，召开专项会议，传达精神，认真部署，在集团公司范围内开展了一次全面、细致、深入的检查活动。为保证检查质量，集团公司聘请了一批政治素质高、业务能力强、工作态度认真的专家组成检查小组，依据《出版管理条例》、《图书质量管理规定》等较好地完成了这次专项质量检查工作。检查分两个阶段进行：4～5月，各出版单位按10%的比例对本社出版的图书质量进行自查。6月，集团公司结合各单位的产品线结构，又按每个单位5种的抽查指标，随机抽查了85种图书。经查，集团公司所属出版单位均能认真履行三审三校制度，并制定了严格的编校质量管理规定，整体图书编校质量良好，抽检合格率为96.2%。新闻出版总署随后又在集团公司严格抽查的基础上，进行了抽查，全部合格，居全国各出版集团之首。

集团公司长期坚持“质量至上”的品牌战略，严格执行《出版管理条例》、《图书质量管理规定》等相关法律法规及有关标准，严把质量关，多出书、出好书，以优质出版物服务读者。近几年来，集团公司聘请了一批具有丰富出版、编校工作经验的专家组成专门机构，协助集团公司对所属出版单位的出版物，从内容质量、编校质量、印装质量等全范围进行监督检查。集团公司将出版物的质量管理纳入了社会效益考核体系和评奖体系，通过考核及评奖等进行奖惩。对抽查中发现的不合格出版物，及时进行通报，要求相关单位制定相应的整改措施，及时采取措施，降低影响。同时，不断加强年轻编辑及专业人员的培训，提高编校水平。从集团公司和出版单位两个层面推动整体出版质量的提高，现已取得了很好的成效。（何　奎）

《台湾百科全书》第一次编纂工作会议召开

2012年2月24日，《台湾百科全书》第一次编纂工作会议在北京市顺义区召开。中国大百科全书出版社社长龚莉，国务院台湾事务办公室新闻局（宣传局）副局长范丽青，担任《台湾百科全书》各门类主编、副主编的各科研院所和高等院校中研究台湾各领域的专家学者及中国大百科全书编辑部编辑，共四十余人出席会议。会议由中国大百科全书出版社副总编辑阿去克主持。此次会议由中国大百科全书出版社主办，国务院台湾事务办公室新闻局、中国社会科学院台湾研究所以及全国各科研院所及高等院校给予指导并大力支持配合，会议主要就《台湾百科全书》编纂工作方案、框架设计、编写体例和分工草案等有关事宜进行研究讨论。

（王　瑜）

《一个孩子的战争》首发式暨读者沙龙“你和我不一样”亲子关系讨论会举行

2012年3月4日，人民文学出版社在北京雨枫书馆举办《一个孩子的战争》首发式暨读者沙龙“你和我不一样”亲子关系讨论会。现场读者与该书作者徐世立及嘉宾宜昌少年西点阳光学校校长陈锋就孩子教育问题进行了讨论和深入交流。

《一个孩子的战争》是人民文学出版社2012年重点图书之一。此书是一部家庭拯救纪实，在这场没有硝烟的对抗中，不仅折射出现代中国家庭的亲子问题，也反映出目前国内众多父母与处于青春期的儿女沟通交流的困境。（宋　强）

中版教材有限公司初中、高中《书法》教材立项准备研讨会召开

2012年3月5日，中版教材有限公司组织的“初中、高中《书法》教材立项准备研讨会”在首都师范大学召开。会议由中版教材有限公司总经理罗争玉主持，著名书法家、书法教育家、教材主编欧阳中石教授、教材副主编叶培贵教授及编写人员、编辑团队共30余人参加了会议。

会上，以欧阳中石教授为主编、叶培贵教授为副主编的编写团队，确定了该套教材“书法与生活结合”、“学习与应用结合”、“传统与创新结合”的三个编写原则，围绕“硬笔与毛笔”、“知识与技能”等关系构建了一个科学而又系统的书法学习和认知体系。整套书法教材按弹性结构设计，初步确定教材版本分为标准版和提升版，实现教材贯穿从小学到高中的各个阶段，计划2012年秋季投放市场。（星昕昕）

中国出版集团公司13个项目入选2012年国家出版基金项目

2012年3月6日，国家出版基金规划管理办公室公布了2012年国家出版基金资助项目名单。中国出版集团公司共有13个项目入选，占全部资助项目6.34%，资助额度同比增长210%，名列第一。其中，人民文学出版社、中华书局、商务印书馆、中国大百科全书出版社、世界图书出版公司各有两个项目入选。

获得资助的项目是人民文学出版社的《中国近代小说编年史》、《杜甫全集校注》，商务印书馆的“汉译世界学术名著丛书”（第13～14辑）、《18种小语种汉外分类词典》（全媒体出版），中华书局的《龙泉司法档案选编》（1～2辑）、《长沙马王堆汉墓简帛集成》，中国大百科全书出版社的《音乐百科全书》、《中印文化交

流百科全书》，人民音乐出版社的《中国音乐百年作品典藏》，生活·读书·新知三联书店的《三联经典文库》（第二辑），中国民主法制出版社的《铸法：中国特色社会主义法律体系形成纪实》，世界图书出版公司的“东南亚研究丛书”、《中国民族百科全书》。其中，《中印文化交流百科全书》等4个项目的资助额度都在1000万元上下。

入选项目紧密围绕集团公司“内容创新战略”，表现出4个特点：第一，围绕中心，服务大局。《铸法：中国特色社会主义法律体系形成纪实》对2011年初步形成的中国特色社会主义法律体系进行历史性回顾与全景式观照，着重彰显了改革开放与依法治国的有机统一。《中印文化交流百科全书》是2011“中印文化交流年”期间温家宝总理与印度总理辛格共同签署的重大文化合作项目，对促进中印两国文化交流，推动双边关系发展具有重要意义。第二，出版视野开阔，关注“中国模式”。“东南亚研究丛书”分析“东亚模式”背景下东南亚各国经济社会发展特征，为正确理解“中国模式”提供了有益参照。《中国民族百科全书》秉承“越是民族的就越是世界的”理念，着力体现了“中国模式”赖以生成的民族文化因子。第三，扣紧集团产品线，发挥品牌拉动效应。本次入选的13个项目，分别覆盖在集团公司的文学、工具书、古籍、百科、音乐、学术文化等6条一级产品线上，不仅对巩固其在全国领先地位意义重大，还有利于在全集团发挥骨干工程的品牌拉动效应。第四，突出原创性和开创性，注重文化积累传承。《长沙马王堆汉墓简帛集成》和《龙泉司法档案选编》，关注中华文化源流及其传承，填补了此类领域的学术空白和出版空白。

集团公司领导高度重视2012年国家出版基金项目的申报和入选项目的编辑出版工作。在2011年10月份项目申报期间，集团公司总裁谭跃指示，要按照体现国家意志、代表国家水平的标准，坚持优中选优、宁缺毋滥的原则，遴选最优秀的项目进行申报。副总裁刘伯根要求认真扎实地做好入选项目的编辑出版工作，确保集团公司所有入选项目最终能高质量高水平出版。根据集团公司领导指示精神，集团公司出版业务部一方面为项目申报和承担单位做好细致入微、优质高效的服务工作，一方面建立了三项基本制度，狠抓项目执行力和全面质量管理。一是建立项目进度月报制度，每月由专人对入选项目的出版进度进行跟踪、督促。2011年9月，集团公司下发《关于国家出版基金管理办公室检查集团公司有关项目完成情况的通报》，就进一步加强入选项目的编辑出版工作予以全面、及时、有效地监督。二是建立绿色通道制度，对于入选项目的内容审核、书号审批、重大选题备案予以优先安排。三是严格项目执行流程管理。按照“一个项目、三套办法”的原则，要求每个项目都要制定专门的质量保证办法、专项资金使用管理办法、廉政建设管理办法，确保项目出版质量过硬、资金使用规范、廉政监督安全。这些措施不仅较好保障了集团公司入选项目的出版进度和质量，也得到了国家出版基金规划管理办公室的积极肯定。

国家出版基金设立的前三年（2009～2011年），集团公司累计有26个出版项目（不含3个国家重大委托项目）获得国家出版基金资助，名列全国出版集团第一名。《中华民国史》、《鲁迅大辞典》、《任伯年全集》等项目在结项验收的绩效考评中获得“优秀”称号，多次被国家出版基金规划管理办公室以不同形式通报表扬。

（何　奎）

世界图书出版广东有限公司武汉学术图书出版中心成立

2012年3月10日，世界图书出版广东有限公司武汉学术图书出版中心成立。世界图书出版广东有限公司总经理陈岩、副总编辑陈洁、武汉三新书业有限公司总经理宋旅黄及武汉学术图书出版中心编辑参加了揭牌仪式。该中心以策划出版学术图书为主要业务。它的成立为开发华中及华东地区学术出版资源，夯实学术出版品牌，扩大学术出版规模奠定了良好基础，也是世界图书

出版广东公司创新管控模式的新探索和外延式发展的有益尝试，为公司经营管理注入了新的活力。（卢家彬）

中国大百科全书出版社数字出版工作专题会议召开

2012年3月13日上午，中国大百科全书出版社在十楼会议室召开了数字出版工作专题会议，各编辑部、出版部、总编室主任参加了会议。会议由副总编辑刘杭主持。会议主题是由数字出版中心对中国大百科全书出版社数字出版规章制度和相关情况进行解释说明，同时听取各编辑部的意见，共商中国大百科全书出版社数字出版业务发展的途径。技术部主任田野对中国大百科全书出版社内网、外网稿件的具体格式要求进行了说明；数据整理部主任郭继艳对图书数字资源上缴的具体要求进行了说明；数字出版运营部主任张新智对数字产品的运作模式和现状进行了介绍。最后，副总编辑刘杭作总结，中国大百科全书出版社要继续扩大数字出版所取得的成绩。需要全社重视数字出版。要尽量与作者签订信息网络传播权。全社各编辑部要尽快熟悉相关规章制度，熟悉运营流程，支持数字出版工作，尽快参与到全社的数字出版工作中来，创造出更好的业绩。（王　瑜）

世界图书出版西安有限公司参加“3.15”教材教辅质量监督检测活动

2012年3月15日，世界图书出版西安有限公司参加了陕西省新闻出版局关于开展2012年“3.15”教材教辅质量监督检测活动，围绕新闻出版总署和陕西省新闻出版局党组2012年工作部署，通过在全省范围内开展对教材教辅质量监督检查和技术检测，其目的进一步推动和促进关乎青少年学习成长的教材教辅产品质量水平的提高，推动绿色印刷技术的应用，完善质量管理体系。（薛春民　赵亚强）

《中国大百科全书·电工与电子技术》出版座谈会召开

2012年3月22日，《中国大百科全书·电工与电子技术》出版座谈会在北京市昌平区国家电网公司特高压直流试验基地召开。参加会议的领导和专家有原水利电力部副部长张凤祥，中国大百科全书出版社社长龚莉，中国电力科学研究院党组书记、副院长杨新法，中国电力科学研究院名誉院长、中国科学院院士周孝信，北京东辰科学技术研究所所长刘继，中国电力技术装备有限公司副总经理李光范，中国科学技术协会常委、中国发明协会副理事长张开逊，北京工业大学原副校长沈兰荪，中国大百科全书出版社副总编辑刘杭；30多位本书学科编委也出席了座谈会。与会领导和专家在发言中介绍了本书的编纂过程和条目设置的一些思考，充分肯定了本书出版的学术价值和意义，并表示了对未来更多学科单卷本出版的期待。（王　瑜）

人民文学出版社组织2012年经典名篇诵读会

2012年3月28日，人民文学出版社在会议室举办了2012年经典名篇诵读会。总编辑管士光、副社长李春凯参加了会议。

王培元、王海波、陈建宾等近20位员工以本社出版的各种名著为读本，分别朗诵了《春江花月夜》、《野草》等经典名篇，王一珂被现场观众选为最佳诵读者。诵读会还专门邀请了出版社原总编辑、著名诗人屠岸先生，屠岸先生现场表演了非物质文化遗产“常州吟诵”，吟诵了《闻官军收河南河北》、《滕王阁序》以及他自己创作的怀念韦君宜、聂绀弩等人民文学出版社前辈的诗作，赢得了大家的阵阵掌声。（宋　强）

京沪港三联书店祭扫韬奋烈士墓

2013年3月30日上午，清明节前夕，生活·读书·新知三联书店、上海三联书店、三联书店（香港）有限公司的领导及部分员工代表冒雨前往上海龙华烈士公墓祭扫三联书店主要创办人之一、著名出版家邹韬奋烈士墓。邹韬奋先生的女儿邹嘉骊和京沪港三联书店负责人樊希安、陈启甸、黄韬、李昕、李安等四十余人参加了祭扫活动。祭扫韬奋烈士墓拉开三联书店创建80年纪念活动的序幕。（鞠晓辉）

中版教材有限公司“第一线系列”、“快乐学习系列”教辅编写座谈会举行

2012年4月5日，中版教材有限公司“第一线系列”、“快乐学习系列”教辅编写座谈会举行。会议由中版教材有限公司教辅事业部主任焦清超主持，“第一线系列”及“快乐学习系列”主编连中国教授及编写、编辑团队十余人参加了会议。

编写团队确定了“第一线系列”以“经典、实用、人文、一线、创新”为五大亮点，从学生的视角出发，关注阅读与提高，着眼学习与考试，使学生学以致用，独创“2+2阅读模式”，将阅读一网打尽，使学生达到事半功倍的良好效果，真正体现了“快乐阅读”的精神。还确定了“快乐学习系列”生动活泼，以“趣味性”为特色的编写风格，编写内容上以夯实基础知识为主，注重学生学习兴趣的培养和经验的积累，鼓励学生积极进行科学探究活动。（星昕昕）

新版《王蒙文存》编辑顾问会举行

2012年4月8日，新版《王蒙文存》编辑顾问会在人民文学出版社二楼会议室举行。著名作家王蒙，出版家沈昌文，中国出版集团公司原总裁聂震宁和学者孙郁、於可训、何向阳及王安、彭世团等参加了会议。社长潘凯雄、副社长李春凯，责任编辑杨柳参加会议并发言。

人民文学出版社曾于2003年出版《王蒙文存》共23卷，2003至2012年约10年期间，王蒙又创作了《老子的帮助》、《庄子的享受》等大量作品。会上，大家一致肯定了新版《王蒙文存》编辑出版的重要意义，并就所收文章范围、照片使用、编辑、注释、索引等图书体例问题展开热烈讨论。人民文学出版社社长潘凯雄表示，王蒙作为中国当代文坛的最重要的作家之一，在2003年版基础上出版新版《王蒙文存》具有重要的研究价值和史料价值。（宋　强）

“马克思主义经典著作导读丛书”出版座谈会召开

2012年4月8日下午3点，由清华大学马克思主义学院和中国民主法制出版社联合举办的“马克思主义经典著作导读丛书”出版座谈会在清华大学召开。中国出版集团公司副总裁刘伯根出席并讲话。

作为中国出版集团社会主义核心价值体系重点出版工程，国内首套以单本经典为蓝本、逐部解读马克思主义经典内涵与精髓的精品力作，由中央马克思主义理论研究和建设工程首席专家、清华大学马克思主义学院院长艾四林教授领衔总主编的“马克思主义经典著作导读丛书”在经典诠释、鲜活解读的出版层面探索了一条新路径，既解决中央要求学原著路径和方法问题，又在解决什么问题层面给我们很好启示。通过专家层面的特色导读，把专业研究转化为大众通俗理论作品，把马克思主义基本理论转化为大众喜闻乐见的普及读物，更有效地强化理论经典的学习与应用，从而有力地推动了马克思主义中国化、时代化、大众化，对于学习、研究和传播、运用马克思主义具有重要意义。

丛书首推10种，即《〈自然辩证法〉导读》、《〈反杜林论〉导读》、《〈资本论〉（第一卷）导读》、《〈共产党宣言〉导读》、《〈1844年哲学经济学手稿〉导读》、《〈德意志意识形态〉导读》、《〈帝国主义是资本主义的最高阶段〉导读》、《〈论十大关系〉导读》、《〈新民主主义论〉导读》、《〈实践论〉〈矛盾论〉导读》。面世后，受到广泛关注，社会反响积极。

（邵　力）

商务印书馆举办“编辑沙龙”系列活动

2012 年 4～9 月，商务印书馆举办了“编辑沙龙”系列活动。

4 月 10 日，商务印书馆“编辑沙龙”第一期活动在涵芬楼书店举办。邀请生活·读书·新知三联书店原总经理沈昌文先生围绕“书情与人情——漫谈作译者资源的积累与维护”的主题与编辑进行交流。沈先生用幽默风趣的语言，与大家分享了他如何寻找合适的作译者，如何与他们打交道，如何增进了解直至结下友谊，如何悉心经营使得友谊日久弥深。一个半小时的精彩讲演后，沈先生与在场编辑进行了互动问答，并在活动结束后为部分编辑签名。

6 月 13 日，商务印书馆“编辑沙龙”第二期活动举办。邀请中国社会科学院原副院长、中国辞书学会会长“《现代汉语词典》（第 6 版）修订主持人汪蓝生就“现代汉语词典”（第 6 版）概述与编辑进行了交流。汪老师详细讲解了《现代汉语词典》（第 6 版）的修订情况，内容包括新词、新义、新用法的增收，义项排列的顺序，条目的注音，异形词的处理，同音同形词的调整，释义提示词的使用，释义及其相关问题等。会后，汪老师与在场编辑进行了互动问答。

9 月 11 日，商务印书馆“编辑沙龙”第三期活动在涵芬楼书店举办。邀请生活·读书·新知三联书店著名设计师蔡立国先生就“你好，设计！——讲讲、问问、谈谈、聊聊编辑与设计的那些事儿”的主题与编辑进行交流。蔡先生与大家分享了设计师对书籍设计的理解，好的书籍设计应具备的要素，如何与编辑沟通；编辑应该具备哪些设计意识与设计理念，如何参与设计，怎样与设计师交流。讲演后，蔡先生与在场编辑进行了互动问答。（任　赟）

纪念张政烺百年诞辰暨《张政烺文集》出版座谈会举行

2012 年 4 月 14 日，纪念张政烺百年诞辰暨《张政烺文集》出版座谈会在北京西苑饭店举行。来自北京大学、中国社科院等单位的 50 多名学者参会。著名学者丁伟志、张忠培、林沄、吴荣曾、严文明、李零、吴振武等作大会发言，李伯谦、孙机、杨泓、陈智超、王曾瑜等知名学者亦先后发言，缅怀张政烺的学术人生，高度评价他的人格境界和学术成就，认为他坚守的理念——“真诚求实是为人为学之本”，在当今学术界尤应得到重视和弘扬。徐俊、冯宝志等中华书局领导出席，古籍学术出版中心、市场部相关人员参加。

纪念会上同时展示了中华书局新版《张政烺文集》，收录了近年新发现的张先生的书信、讲话、讲义和散篇论著等，是迄今为止收文最全的张政烺作品集。这 5 种书分别是：《甲骨金文与商周史研究》、《文史丛考》、《论易丛稿》、《古史讲义》、《苑峰杂著》。（梁　彦）

“中华现代学术名著丛书”专家论证会召开

2012 年 4 月 14 日、4 月 21 日、5 月 24 日，商务印书馆分别召开“中华现代学术名著丛书”专家论证会。文学组邀请专家为中国社会科学院石昌渝、金惠敏，清华大学傅璇琮、孙明君，北京大学傅刚、陈泳超，北京师范大学郭英德，首都师范大学赵敏俐，南开大学宁稼雨，北京语言大学黄卓越；历史组邀请专家为中国社会科学院陈祖武、孟世凯、梁满仓、郭松义、商传、彭卫，北京大学李伯谦、张希清、李孝聪，北京师范大学瞿林东、宁欣、李帆；教育学组邀请专家为北京师范大学于述胜、中央教育科学研究院储朝晖教授、中国教育学会教育学分会秘书长刘立德到会。会上，专家就丛书文学、历史和教育学部分的选目、选本进行甄选讨论，提出宝贵建议。（倪咏娟）

中国出版集团公司入选 2012 年度国家古籍整理出版资助项目

2012 年 4 月 21 日，全国古籍整理出版规划领导小组公布了2012年度国家古籍整理出版资助项目名单，中国出版集团公司所属中华书局和人民文学出版社共有15个项目入选，名列全国出版集团第一；资助金额在全国名列前茅。

古籍出版是集团公司的优势出版板块，也是集团公司着力打造的13条一级产品线之一。入选项目涵盖了众多领域和各类题材，具有重要的文化传承和文化积累价值。此次入选项目有《日藏诗经古写本刻本汇编》、《王恽集》（整理本）、《契丹文字研究类编》、《新编宋濂全集》、《诗经覈诂》、《吕留良诗笺释》、《西夏书校补》、《苏过诗文编年笺注》、《南华雪心编》、《华严原人论校释》、《穀梁古义疏》等。

（何　奎）

《张元济全集》出版座谈暨第四届张元济学术思想研讨会召开

2012年4月25～27日，商务印书馆与上海市文史研究馆、中国社会科学报社、海盐县人民政府联合在张元济先生的故里浙江海盐召开《张元济全集》出版座谈暨第四届张元济学术思想研讨会。

中国出版集团党组书记、副总裁王涛到会并讲话。香港联合出版集团董事长兼总裁陈万雄，台湾商务印书馆副董事长王春申，商务印书馆总经理于殿利，上海市文史研究馆馆长沈祖炜，中国社会科学报社副总编辑王利民，海盐县委书记沈晓红先后致辞。张元济之孙张人凤介绍了《张元济全集》的编辑出版情况。会议分别由海盐县副县长唐晓青和商务印书馆副总编辑周洪波主持。会上，商务印书馆总经理于殿利向张元济图书馆捐赠了《张元济全集》。

会议期间，商务印书馆还组织全馆职工前往海盐进行了一次寻根之旅。（刘　兰）

人民文学出版社参加纪念柏杨逝世4周年学术研讨会

2012年4月29日，中国现代文学馆主办了纪念柏杨逝世4周年学术研讨会，陈建功、张炯、陈漱渝、张颐武等专家学者参加了会议。人民文学出版社社长潘凯雄与会并发言。

与会专家学者对柏杨在文学、史学等领域的成就与贡献进行了研讨，柏杨夫人张香华女士感谢中国现代文学馆以及柏杨研究中心在研究柏杨文学成就、整理柏杨文学史料、弘扬柏杨精神方面所作的努力，感谢人民文学出版社出版的《丑陋的中国人》等柏杨先生的著作单行本和25卷本《柏杨全集》，以及为系统整理柏杨先生的著作所作的重要贡献。

（宋　强）

“中华字库”工程完成第二节点主体研发任务并通过专家评审

2012年4月至6月，“中华字库”总体组在京沪两地如期组织召开了系列专家评审会，对“中华字库”工程第二节点主体研发成果进行评审验收。新闻出版总署与集团公司对此次评审工作予以高度重视。新闻出版总署副署长孙寿山亲赴上海参加古文字包的评审会并发表讲话，对评审工作提出了期望和要求；集团公司总裁谭跃也作出指示，要求“中华字库”总体组办公室切实抓好本阶段的评审工作，确保工程按原定计划进行；新闻出版总署科技与数字出版司司长张毅君、副司长谢俊旗等领导及科技与数字出版司各处室负责人出席了多个项目包的评审会议。集团公司副总裁，“中华字库”总体组组长宋晓红也多次到会并主持会议。

为本次评审会把关的专家，既有新闻出版总署特聘专家委员会成员，也有业内的权威学者。经过专家细致认真的审核与质询，工程最终顺利通过评审，这标志着该阶段的研发方式和技术路线得到了工程领导部门及学术界的认可。会后，各包根据专家意见对成果物进行修改完善，为下一阶段研发打下坚实基础。（严　可）

英语世界杂志社举办第三届“《英语世界》杯”翻译大赛

2012年5月1日～7月20日，英语世界杂志社举办第三届“《英语世界》杯”翻译大赛。在中国翻译协会、各地翻译协会、众多高校等组织的支持下，自2010年以来，该赛事渐已成为每年一度广受注目的活动。本届比赛共有3400多人参加，创同类赛事参赛人数的新记录。参赛者以在校大学生，研究生为主，兼有教师、医生、部队官兵、技术人员、翻译工作者及其他英语爱好者，涵盖大陆和香港、台湾地区以及英国、美国、加拿大等国的360多所高校。参赛者中年龄最长的是88岁高龄的退休老教师，90后的参赛选手约占总人数的60%以上。这一赛事极大地传播了《英语世界》的知名度和美誉度，强化了《英语世界》的品牌地位。（魏令查）

“主流文化与文化之争”高层论坛举行

2012年5月8日，“主流文化与文化之争”高层论坛在北京大学举行。本次论坛由商务印书馆和北京大学新闻与传播学院、北京大学文化产业研究院、《英才》杂志共同主办。全国人大常委会副委员长严隽琪出席了论坛并作了重要讲话。中国电影集团公司董事长韩三平，北京师范大学教授于丹，中国出版集团公司总裁谭跃，中国国际对外文化集团公司董事长张宇，中国出版集团公司党组书记、副总裁王涛，北京大学新闻与传播学院常务副院长徐泓，北京大学文化产业研究院副院长向勇，北京融达弘文文化艺术传播有限责任公司董事长颜子悦等众多来自文化产业界、学术界的代表，共同探讨了国际文化竞争格局，为中国文化如何成为世界主流出谋划策。

与会者认为，我们需要以宽广的国际视野，关注世界文化与地缘政治的基本格局和走向，各个领域之间需要整合各自的有效资源，系统而全面地研究、总结和学习美国等文化强国的产业运行机制、文化建设的有益经验以及文化传播的先进手段，贴近实际、贴近生活、贴近群众，创造出兼具民族特色和国际影响的文化品牌，形成适合中国文化产业发展的独特机制，为中国文化成为世界主流文化创造条件。（唐　敏）

《现代汉语词典》（第6版）印制成品下线仪式举行

2012年5月15日，《现代汉语词典》（第6版）印制成品下线仪式在河北新华第一印刷有限责任公司举行。经过7年的修订，9个校次的打磨，《现代汉语词典》（第6版）于2012年由商务印书馆正式出版。中国社会科学院江蓝生、蔡文兰、晁继周、韩敬体、谭景春、程荣，商务印书馆总经理于殿利、副总编辑周洪波出席，河北出版传媒集团副总经理张晨光，河北新华第一印刷有限责任公司总经理单继明到场，与商务印书馆相关人员共同见证了新版的诞生过程。截至2012年年底，《现代汉语词典》（第6版）总造货量310万册，码洋2.95亿元。（朱　丹）

东方出版中心编辑、印发、发行工作会议召开

2012年5月16日，东方出版中心召开编辑、印刷、发行工作会议，布置2012年年度出版任务。党委书记、总经理宋焕起、总编辑李智平出席并讲话。会议由副总编辑祝新刚主持。主业各部门人员参加了会议。

会上，宋焕起宣布了班子主管图书主业工作成员的分工。他强调出版主业是东方出版中心工作的核心，要求大家团结一致，齐心协力，按照“责任、目标、时间、质量”的八字方针，把主业的经营管理工作做出成绩。并就提高管理经营水平而推行的“年度工作进度表”办法，作出说明并提出落实要求。

李智平结合集团公司领导要求和实际，提出了六个方面的工作目标：一是按时按质完成重点图书出版工作。潜心研究，抓好重点项目。二是进一步打造图书产品线，构建学术大众、财经、都市文化三条产品线。三是完善合作出版的平台。加强合作出书的管理，使之逐步规范，做到健康、可持续性地发展。四是建立、拓展组合营销的模式及机制。要求编辑做好与营销人员的链

接、沟通、配合工作。五是开拓数字出版业务。努力建设数字化的作业环境。六是优化保障激励体系。要不断完善绩效考核制度，加强激励体系建设，落实各项保障措施，促进出版主业健康、持续发展。（张洁民）

《大鲁艺》系列同名图书出版发行

2012年5月16日，5集大型文献纪录片《大鲁艺》新闻发布会在中央电视台梅地亚中心隆重召开。中央电视台副台长罗明，陕西省委宣传部副部长任贤良，中央电视台总编导闫东，中国民主法制出版社社长肖启明、副总编辑赵卜慧出席。

由中央电视台、陕西省委宣传部、陕西省广播电影电视局、陕西广播电视台联合摄制的文献纪录片《大鲁艺》反映了延安文艺工作者走出“小鲁艺”走向“大鲁艺”的全过程，对当下文艺创作具有重要启示意义。

为完整、深刻地记录这段具有里程碑意义的珍贵历史，由中国民主法制出版社全程参与选题策划、跟踪拍摄、资料整理的同名图书《大鲁艺》，生动地再现了延安鲁迅艺术学院的成立、发展过程及其在我国文艺发展史上所作出的重要贡献，并以独到、新颖的视角，全面、准确、深刻地反映了毛泽东《在延安文艺座谈会上的讲话》的历史背景、主旨和精神。书中百位耄耋老人峥嵘岁月的精彩故事叙述，构成了一部鲜活的集体记忆。会议还邀请孟于、苏菲、贺敬之、于蓝、王琦5位特别嘉宾。（邵　力）

人民文学出版社与中央民族大学联合举办“《张枣随笔选》暨张枣诗歌研讨会”

2012年5月17日下午，人民文学出版社与中央民族大学文学与新闻传播学院联合举办“《张枣随笔选》暨张枣诗歌研讨会”，著名作家李洱，诗人柏桦、西渡、姜涛，学者刘淑玲、夏可君及人民文学出版社资深编辑脚印等出席并发言。

张枣1962年出生，2010年因肺癌在德国去世。人民文学出版社出版的《张枣随笔选》，是继《张枣的诗》之后又一本由张枣生前作品整理而成的书籍，荟萃了他生前为数不多的散文作品，其中包括散文诗、序跋、演讲稿、课堂讲稿、访谈和少许译文。有关专家认为，张枣的散文作品开创了一种儒雅而精确的新文风，而在精神内涵上，他力图因地制宜地在生活中萃取出那些最不可思议的、最能安慰人们的部分，按照他自己的话说，即“寻找内在于生活的秘密庆典”。（宋　强）

《中华民族道德生活史》（9卷）入选社会主义核心价值体系建设“双百”出版工程

2012年5月23日，东方出版中心编辑的《中华民族道德生活史》（9卷）入选社会主义核心价值体系建设“双百”出版工程。社会主义核心价值体系研究是当代道德文化建设的重大理论和现实课题，《中华民族道德生活史》（9卷）以不同历史时期中华民族的道德生活为载体，以民族道德传统的形成、发展、演变和弘扬为基本线索，研究民族精神的传承、演变和弘扬，为把社会主义核心价值体系的建设更好地落实到现实生活提供切实可行的途径和方法，为社会主义精神文明建设特别是公民道德建设提供重要的思想资源。该丛书系国家社会科学基金重点研究项目，已列入“十二五”国家重点图书出版规划。全书共9卷，约400万字。计划于2013年6月出版。（张洁民）

中国对外翻译出版公司3个系列图书入选北京市新闻出版局、首都出版发行联盟“三个一百”重点出版项目

2012年5月，中国对外翻译出版公司“图说马克思主义经典系列丛书”、《中国阳光工程——世界最大规模的农村劳动力转移培训》、“中华传统美德与当代青少年系列丛书”入选北

京市新闻出版局、首都出版发行联盟“三个一百”重点出版项目。

“图说马克思主义经典系列丛书”在中国革命和建设实践基础上，根据当代国际和国内形势，以专家的视角，将马克思主义的基本原理用深入浅出、通俗易懂的语言加以阐释，并结合历史史实以图文并茂的形式佐证马克思主义基本原理的科学性，以马克思主义基本原理与中国革命实际相结合的毛泽东思想、邓小平理论、“三个代表”和科学发展观及其伟大实践来阐述中国模式、中国道路，坚定理想信念。它将是在青少年中普及中国特色社会主义理论的一套具有深远影响的读物。

《中国阳光工程——世界最大规模的农村劳动力转移培训》由北京师范大学李晓西教授组织编写。过去 10 年间，中国农业部、财政部、人保部、教育部、科技部、住建部六大部委联合进行了约 1.4 亿农村劳动力的转移培训，这是世界上最大规模的培训，显示了中国政府发展农业、改善农村面貌的巨大决心和举措。全文从中国农村劳动力转移培训的历史必然性讲起，客观地讲述了中国农村劳动力转移培训的规划、实施、内容、形式、经费的投入和使用、整个培训的监管、以及所取得的成效。

“中华传统美德与当代青少年系列丛书”以图文并茂的形式，表述了中华民族的传统美德和值得称颂的感人事迹。本丛书以中华传统美德为经，以改革开放以来出现的感动国人的大量真人真事为纬，既有对传统美德的阐释，也通过感人的事例集中体现了新时期在中国共产党的领导下，广大民众在弘扬中国传统文化方面的杰出成就。

（范　伟）

人民文学出版社 3 种图书入选新闻出版总署第九次向全国青少年推荐百种优秀图书

2012 年 6 月 1 日，在第 22 届全国图书交易博览会期间，新闻出版总署第九次向全国青少年推荐百种优秀图书，共有 85 家出版社的图书入围 100 种好书。其中，人民文学出版社出版的《智的教育》，人民文学出版社和天天出版社联合出版的《雨雨的桃花源》、《莎拉公主》共 3 种图书入选。

《雨雨的桃花源》主要讲述了一只与同胞兄弟失散的小人头鼠雨雨渡过各种难关，一直寻找着自己的弟弟风风的故事。作者葛冰，是著名童话作家，中国作家协会会员。其作品曾荣获中国作家协会第二届优秀儿童文学作品奖、宋庆龄基金会文学大奖、国家“五个一工程”奖等多项大奖。“莎拉公主”的形象是由澳大利亚著名画家莎拉·凯创作出来的，这一形象可谓世界图书画苑的精粹之作，在评论界一向拥有“不可复制”的美誉。法国著名翻译家、儿童文学改编者丹尼尔·约里斯以“莎拉”为主人公，撰写了一个小女孩的童年生活和成长故事，在故事中，莎拉的父母不厌其烦地与她谈论那些经常令孩子困惑的比如爱、责任感等问题，这些都是孩子成长过程中不可回避的问题。

（宋　强）

中国出版集团公司第五届“读者大会”举行

2012 年 6 月 2 日，第五届“读者大会”在在银川神华宁夏煤业集团会议中心隆重召开。王蒙、张贤亮、于丹、叶永烈、依兰·斯塔文斯、郭文斌、石舒清、九把刀、阿舍等中外著名作家和知名学者到场，与现场 600 多名读者互动交流，受到广大读者热烈欢迎。

本届“读者大会”由新闻出版总署出版管理司、新闻出版总署印刷发行管理司、宁夏回族自治区党委宣传部、中国出版协会、中国出版集团公司、宁夏回族自治区新闻出版局、宁夏回族自治区文联、黄河出版传媒集团主办，中国出版集团公司、黄河出版传媒集团承办。

大会在银川唐徕回民小学学生的童声合唱中拉开序幕，新闻出版总署副署长阎晓宏，原新闻出版总署副署长、中国新闻文化促进会会长李东东，宁夏回族自治区政府副主席屈冬玉，中国出版集团公司总裁谭跃，宁夏回族自治区政府副秘书长李文华，中宣部出版局副巡视员张拥军，中国出版协会常务副理事长刘建国，宁夏回族自治区文联主席郑歌平，宁夏回族自治区新闻出版局局长朱昌平，黄河出版传媒集团有限公司总经理杨宏峰共同启动水晶球，为本届读者大会揭幕。

“读者大会”的主题是“读者至上，享受阅读”。中国出版集团公司总裁谭跃在致辞中说，“读者大会”旨在促进全民阅读、构建书香社会，是集团公司履行社会责任和文化责任的生动实践。当今世界正处于一个大变革大调整的时代，当下中国的文化产业正处于一个大发展大繁荣的时期。在一个充满变革、富有想象力的年代，思路决定出路，器局决定格局。只有爱读书、读好书、善读书，我们才能够拓宽视野、增长见识、开阔胸襟，才能更好地把握住时代精神和产业规律，才能够更好把握住人生的方向和企业的航向。只有不断学习，丰富自我，才能够成为事业的智者、生活的仁者和命运的勇者。

作家交流环节，王蒙和张贤亮两位文坛巨匠首先登场。王蒙结合他首发的新书《中国天机》与读者交流了创作感想，并就如何对待网络阅读和传统阅读谈了自己的观点。兼有作家和企业家双重身份的张贤亮，现场与读者交流了他投资影视城的原因，并为出版产业的经营者现场支招如何经营文化产业。

宁夏文联专业作家、中国作家协会全国委员会郭文斌，宁夏文联专业作家、中国作家协会全国委员会石舒清两位宁夏作家的访谈环节是本届“读者大会”的亮点之一。两位作家与读者交流了书博会在宁夏举办的特殊意义，并和现场读者交流了读书寄语。

著名学者、北京师范大学教授于丹谈到《于丹〈论语〉心得》受到西方读者欢迎的原因以及她个人对于“黄河文化”的理解。现场读者积极向于丹老师提问，于丹与读者分享了对于幸福的认识，她认为“幸福其实是把眼光放在当下，放在身边”。叶永烈介绍了他为本届书博会带来的“叶永烈看世界丛书”，并结合自己的成长经历就“如何写好作文”给了现场的小读者宝贵的建议。

我国台湾地区畅销书作家九把刀结合他的畅销书《那些年，我们一起追的女孩》以及刚刚推出的新书《上课不要烤香肠》，谈到他创作灵感的来源以及对纯美感情的理解等。美国作家依兰·斯塔文斯结合他的新作《加西亚·马尔克斯传：早年生活：1927～1970》谈到他的此次中国之行、“文学大爆炸”现象，并围绕《百年孤独》与现场读者作了交流。宁夏女作家阿舍讲述了她的长篇历史小说《乌孙》的创作过程，并畅谈她独到的创作心得和体验。

现场读者通过微博、提问等方式与作家互动交流，在抽奖环节，多位幸运读者获得中国出版集团公司赠送的作家签名作。

中国出版集团公司热心公益出版服务，在“读者大会”上还举行了“读者之家”图书馆捐建仪式，向宁夏回族自治区固原县官厅镇官厅小学、唐徕回民小学、唐徕回民中学、宁夏大学人文学院、西吉基层文学艺术协会、武警宁夏总队、神华宁煤集团等10多家单位捐赠了价值93万元的图书。新闻出版总署副署长阎晓宏、宁夏回族自治区主席屈冬玉、中国出版集团公司总裁谭跃、副总裁刘伯根向其中8家受赠单位的代表颁发了“读者之家”铜牌，集团公司副总裁王俊国等人为现场读者抽奖。（何　奎）

黄河三联书店揭牌仪式举行

2012年6月2日，黄河三联书店在宁夏回族自治区银川市解放街总店举行了隆重的揭牌仪式，中国出版集团公司总裁谭跃、生活·读书·新知三联书店总经理樊希安、黄河出版传媒集团总经理杨宏峰共同为黄河三联书店揭牌，仪式由黄河出版传媒集团副总经理闫智红主持。仪式结束后谭跃总裁、樊希安总经理、杨宏峰总经理等领导参观书店。同时揭牌的还有黄河三联书店悦海店、银川市图书馆店。

黄河三联书店是生活·读书·新知三联书店与黄河出版传媒集团为开拓宁夏回族自治区出版发行市场共同设立的书店。生活·读书·新知三联书店还将在宁夏陆续开设50家小型连锁书店，借助三联书店品牌优势，对现有发行渠道予以有益补充，为周边地区读者提供更多零售服务。

（鞠晓辉）

《隐身衣》新书发布会暨音乐饕餮活动举行

2012年6月9日，《隐身衣》新书发布暨音乐饕餮活动在北京举行，著名评论家李陀、诗人欧阳江河和作者格非参加活动，与媒体记者就小说内容、音乐和人生状态等话题展开讨论。

《隐身衣》的主人公是资深音乐发烧友，以为高端客户定制高级音响设备为生。一天，他接到了一个神秘人物的订单，从此陷入诡异莫测的谜局。书中设置了重重悬念，讲述了20世纪70年代至今，社会剧变中的人们追名逐利而起伏跌宕、凶险无着的命运。（宋　强）

“阅读中国丛书”（第一辑）获得新闻出版总署2012年“经典中国国际出版工程”资助

2012年6月14日，中国对外翻译出版公司“阅读中国丛书”（第一辑）获得新闻出版总署2012年“经典中国国际出版工程”资助，并与新闻出版总署签订资助协议。

“阅读中国丛书”（第一辑）是中国文化“走出去”的一种崭新和具有积极意义的探索。该丛书一改以往“走出去”图书由国外出版社挑选的被动局面。中国对外翻译出版公司自己组织相关专家挑选出近30年以来我国当代著名作家创作的反映当代中国各个方面巨大变化和近些年畅销的反映中华文化的优秀文学作品，与国外出版机构采取共同投资、共同营销、风险共担、利益共享的方式实现中华文化的“走出去”。选择坚持“民族风格、中华气派、世界眼光、百姓情怀”的标准。“阅读中国丛书”立足世界，关注人文，以中华文化对人类文明进步贡献的视角，将代表中国当代优秀文化的精品图书在第一时间介绍给海外读者，加深海外读者对当代中国的了解。这对消除海外读者与中国的隔膜，更客观公正地评价中国的深刻变化以及对人类的贡献都有重要意义。（范　伟）

《16天搞定留美申请文》首个网络课程沪江网上线

2012年6月15日，《16天搞定留美申请文》首个网络课程在沪江网上线。出国留学图书一直是世界图书出版公司北京公司的出版强项，多年来在广大作者和读者中具有很高的和名度和权威性。我们经过多方调研，于2012年初与国内最大的外语学习网站沪江网建立了课程合作关系。经过半年努力，课程在沪江网正式上线，向数百万注册用户进行推广销售，取得了良好的效果。

网络课程《16天搞定留美申请文》由世界图书出版公司北京公司联系《美英名校申请短文轻松写》的作者梁旺，把图书内容改编成16篇生动活泼又专业实用的课件，再请专业老师录制音频文件。之后由沪江网制作成网络课程，在线上推出，并由沪江网后台团队对学生的学习情况进行跟踪辅导。

此次合作是出版社把作者资源和内容资源进行二次利用的尝试，既为作者图书扩大了宣传渠道，也把内容转化成可销售、可盈利的一个课程，这种模式为出版社和专业网站的合作提供了一个良好的借鉴。（吴和松　刘　薇）

《漂二代》研讨会举行

2012年6月16日，由中国作家协会创作与研究部、文艺报社和人民文学出版社联合主办的长篇小说《漂二代》研讨会在北京举行。中国作协副主席、作协党组成员、书记处书记廖奔出席并讲话。雷达、胡平、叶梅、孙德全、张陵、曾镇南、白烨、彭学明、师力斌、李美皆、李朝全、崔艾真等评论家对该书进行了研讨。研讨会由中国作家协会创作与研究部副主任梁鸿鹰与文艺报副总编辑王山共同主持。

改革开放后出现的第一代打工者被称为“漂一代”，如今，打工第二代大部分已年近二十，面临工作、婚恋等诸多问题的困扰。他们生长在城市，但没有城市户口，被称为“漂二代”。《漂二代》展现了“漂二代”的生存状态和悲欢离合。这也是一部书写“官二代”、“富二代”与“漂二代”的相遇、相交、纠葛和碰撞的作品，涉及售楼小姐、地产商、律师、博士、小三、民警、风水先生以及宝马、高考、房价、高尔夫、天上人间等关键词。小说富含原生态的细腻生活情节以及对显规则、潜规则的知性总结，人物的爱与恨绵密地交织在一起。（宋　强）

“中华字库”总体组参加国际标准化组织表意文字工作组第38次会议

2012年6月18～22日，国际标准化组织表意文字工作组第38次会议在韩国庆州举行。“中华字库”总体组派出两名代表，与其他机构组成6人的中国代表团，全程参加会议。

国际标准化组织表意文字工作组负责世界各国汉字的统一认证和编码工作，“中华字库”的成果将通过提案的方式在国际标准中获得相应的编码地位。

本次会议的代表来自中国、日本、韩国、美国等国家。会议对汉字国际编码标准的重要问题进行了充分讨论，并达成了相关决议。在会议期间，“中华字体”总体组代表也与其他代表进行了充分的交流，在介绍“中华字库”工程的同时，为今后合作打下了良好基础。（严　可）

“智慧语联网——下一代文化沟通的智慧网络”和《多媒体中国通史》（古代史4卷本）入选新闻出版总署2012年新闻出版改革发展项目库

2012年6月19日，中国对外翻译出版公司“智慧语联网——下一代文化沟通的智慧网络”和《多媒体中国通史》（古代史4卷本）入选新闻出版总署2012年新闻出版改革发展项目库。

《多媒体中国通史》（古代史4卷本）以多媒体光盘和书籍两种形式呈现。整个项目以文字、图片、音乐、视频、动画等多媒体手法，直观而清晰地展现了中华文明五千年的发展变迁。《中国通史》，无论在国内还是国外，都有不少版本，可谓汗牛充栋。然而，多媒体版本是一片各自。当前市场上适合现代人求知方式和阅读趣味的产品太少，远远不能满足人们的多种需求。因此，制作一部集知识性、趣味性于一体的《多媒体中国通史》版本，一定会为在华夏大地普及中国历史文化知识，作出一份贡献。这是一件利国利民的大事，也是一项重大工程。（范　伟）

《文史知识》2012年度编委会暨《〈文史知识〉三十年》出版座谈会召开

2012年6月21日，《文史知识》2012年度编委会暨《〈文史知识〉三十年》出版座谈会在中华书局召开。《文史知识》编委代表杨牧之、田居俭、白化文、岳庆平、徐公持、黄克、董晓萍、臧嵘、瞿林东出席，李岩、余喆、黄松、冯宝志及《文史知识》编辑部全体人员参加。

会议由黄松主持。李岩在致辞中对《文史知识》近年来的发展表示肯定，并鼓励《文史知识》在接下来的工作中创新进步。会上，《文史知识》编辑部主任于涛作了2012年度工作报告，就2013年工作做了计划与展望，并介绍了编辑部的三名新同志。《文史知识》的编委们也针对近年来刊物的内容、体例，作了建设性的发言与讨论，并由编委代表杨牧之作总结讲话。编委们还结合《〈文史知识〉三十年》，回忆他们与《文史知识》的相伴历程。（梁　彦）

全国应用语言学研究暨《新时代大俄汉词典》编纂研讨会举行

2012年6月22～24日，全国应用语言学研究暨《新时代大俄汉词典》编纂研讨会在黑龙江大学举行。此次会议由商务印书馆和教育部人文社会科学重点研究基地黑龙江大学俄罗斯语言文学与文化研究中心联合主办。来自中国社会科学院、浙江大学等全国多个高校和科研机构的代表和《新时代大俄汉词典》编写组全体成员等30多人参加了本次研讨会，围绕2012年度教育部重点研究基地重大项目、商务印书馆重点项目《新时代大俄汉词典》的编纂与出版，开展应用语言学理论与实践研究，探讨俄汉双语词典编纂理论与实践问题。与会代表围绕会议中心议题展开了热烈、深入的交流、讨论，对词典编纂过程中遇到的实际问题达成了共识，为《新时代大俄汉词典》的顺利推进直至完成提供了保障。

（冯华英）

“中国地理百科丛书”专家论证会召开

2012年6月23日，世界图书出版广东有限公司“中国地理百科丛书”专家论证会在北京召开。会议由世界图书出版广东有限公司总经理陈岩主持，中国科学院地理与土地资源专家孙鸿烈院士、生态学家张新时院士、自然地理学家郑度院士、经济地理学家陆大道院士、遥感与地理信息系统学家郭东华院士参加了会议。

与会专家就“中国地理百丛书”的学术价值、读者定位、内容设置、出版规模等展开了讨论。专家认为，丛书应遵照“一方水土一方人”的理念，构建自然事物与人类关系格局，融自然科学与社会科学于一体，以具象的“地理”概念为切入点和线索，深入推及至广阔的“国家”范畴，感性展示国家地质、国家地貌、国家生态、国家历史、国家经济、国家文化、国家政治等多元内容，以中国自然地理的山川形胜，或地域文化的构成差异为基础，打破传统认识上的行政区划界线，重新将中国国土划分为数百个自然或文化小区，由此结集成数百册的特大型丛书。论证会为丛书的编写搭建了基本框架。 （卢家彬）

古籍整理作品版权保护——《著作权法》（修改草案）座谈会召开

2012年6月26～27日，由中华书局倡议、中国出版协会古籍出版工作委员会主办的“古籍整理作品版权保护——《著作权法》（修改草案）座谈会”在北京召开。来自新闻出版总署、国家版权局、全国古籍整理出版规划领导小组办公室，以及学术界、法律界、出版界的30位代表出席了座谈会。

与会代表围绕古籍整理作品的价值和学术规范、司法实践中的古籍整理作品版权纠纷、古籍整理作品版权保护与《著作权法》第三次修订等议题展开了热烈讨论。

中国出版协会古籍出版工作委员会主任李岩表示，古籍出版工作委员会之所以高度关注《著作权法》的修订，希望修订后的《著作权法》及其《实施条例》能够体现出对古籍整理工作的特殊保护，是因为古籍整理特别是原创的古籍整理工作，关乎我国优秀传统文化的继承和发扬，关乎我们中华民族的文化血脉。

新闻出版总署法规司司长王自强强调，古籍本身已经过了50年的版权保护期，但是根据古籍进行标点、校勘、注释、今译等整理行为产生的作品，具有独创性，受到《著作权法》的保护。对古籍整理作品的保护与对当代作品的保护完全一样，没有任何区别。

北京大学教授、全国高校古籍整理研究工作委员会主任安平秋认为，对古籍整理工作的价值不容置疑，1981年中共中央37号文件已经对古籍整理工作做出了根本指示。《著作权法》在修订中应保证语言表达的准确性，保持逻辑的清晰连贯性。《著作权法》应体现对古籍整理的保护。

针对网络环境下对古籍整理作品侵权、盗版不法行为的现象，来自北京大学法学院、最高人民法院民三庭的学者和法官表示，应拓展对古籍整理作品保护的路径。

中华书局徐俊、顾青、黄松、冯宝志、尹涛、任海涛等参加了座谈。《人民日报》、《光明日报》、《中国新闻出版报》、《法制日报》、《新京报》、《中国知识产权报》、《中华读书报》等新闻媒体对会议进行了报道。 （梁　彦）

《彩色全译本前四史》出版座谈会召开

2012年6月26日，现代教育出版社召开

《彩色全译本前四史》出版座谈会。会议由现代教育出版社副总编辑沈悦苓主持，社长宋一夫和著名历史专家张传玺先生分别致辞。出席座谈会的还有北京大学历史系教授岳庆平、中国人民大学历史系教授毛佩琦和著名史学专家宋德金、陈琳国等专家学者以及现代教育出版社相关编辑。

座谈会上，与会专家、学者一致认为，《彩色全译本前四史》是一套在整理前人研究成果基础上的新版本，也是一套通俗的历史读物。该书采用文白对照、图文结合的形式，体现了中华民族的团结和繁荣，使读者在阅读时不再困难。

（杨　静）

纪念卢梭诞辰三百周年暨《卢梭全集》出版座谈会举行

2012年6月28日，商务印书馆联合首都图书馆举办了纪念卢梭诞辰三百周年暨《卢梭全集》出版座谈会。活动当天是法国伟大的启蒙思想家、哲学家、教育家、文学家，18世纪法国大革命的思想先驱、启蒙运动最卓越的代表人物之一卢梭诞辰三百周年纪念日。座谈会邀请《卢梭全集》的主编兼译者李平沤先生、北京大学政府管理学院教授李强、北京大学哲学系教授李猛、北京航空航天大学教授高全喜作为论坛嘉宾，从卢梭思想在现代思想中的重要地位、卢梭思想在中国的流布和影响、卢梭中文翻译对中国学术的意义和价值等几个方面，畅谈卢梭生平，阐述卢梭思想对政治、哲学、教育、伦理、文学、艺术等领域的深远影响。此次出版座谈会得到了《人民日报》、《光明日报》、《中国青年报》、新浪网、网易等多家媒体现场报道，在学术界和读书界引起了较大反响。（王　曦）

《三联经典文库》（第一辑）出版座谈会召开

2012年6月29日上午，由中国出版集团主办、生活·读书·新知三联书店承办的《三联经典文库》（第一辑）出版座谈会在北京召开。新闻出版总署署长柳斌杰、中国出版集团总裁谭跃等领导同志出席会议并发表讲话。有关部委负责人，学术界、出版界代表，中国出版集团公司及生活·读书·新知三联书店员工代表一百余人参加会议。《三联经典文库》（第一辑）为100种，会议由中国出版集团公司党组书记王涛主持。国家出版基金规划管理办公室主任李璐，邹韬奋先生的孙女邹小桦，作者家属代表王岗，学者代表刘梦溪、肖东发等在会上发言。集中收录了生活·读书·新知三联书店及其前身出版机构于1932～1951年出版的代表性出版物，内容涉及政治、经济、社会、军事、思想文化诸领域，涵盖专著、文集、散文、小说、诗歌、传记、报道等体裁，具有重要的史料价值和珍贵的版本价值。

柳斌杰在讲话中指出，传播真理、追求光明、支持进步事业，是三联书店突出的优秀传统。通过《三联经典文库》（第一辑）的图书，我们能够深刻体会到老一辈文化先驱“与时代和人民同行，为社会现实服务”的文化品格，向往光明、追求社会进步的强烈忧患意识和使命意识，传播新知、严谨治学、为社会大众提供优秀精神食粮的顽强精神和扎实学风。要牢记出版业的宗旨，自觉承担起传播优秀文化、服务社会大众的使命；要深化出版体制机制改革，不断促进出版生产力的提高；要擦亮文化品牌，不断提升文化企业的综合实力和社会影响力；要把推出传世文化精品作为一种文化自觉，全力打造代表国家水平、国家形象、时代精神的精品力作，为弘扬中华文化、建设文化强国作出新的更大贡献，以优异成绩迎接党的十八大胜利召开。

谭跃在讲话中指出，生活·读书·新知三联书店是共和国“红色出版”的源头之一，共和国成立后又实现了向“学术文化出版”转型。80年来一以贯之的是竭诚为读者服务、传播进步文化思想的宝贵精神。今天我们继承弘扬三联精神，就是要始终坚持正确的方向导向、始终坚持高远的文化追求、始终坚守优秀的文化品牌。作为出版业“国家队”，一定要始终坚持“政治导向第一、社会责任第一、国家使命第一”，在这个前提下追求更好的传播效果；要做强文化、做优出版，做出一批惠及天下、传之久远的大书、好书；要处理好品牌传承与品牌创新的关系，既要继承传统、保持特色、发掘资源，更要与时俱进、壮大资源、抓好内容资源和体制机制方面的创新。

三联书店总经理樊希安在发言中谈到，三联书店在长期出版实践中，逐渐形成了独特的精神传统与文化品格，即通过积极、深刻的思考看清时代发展大方向，以大无畏精神追求真理，以厚重的人文关怀去关注现实，始终追求思想的新锐、一流，始终有极强的文化使命感与责任感。这些就是“三联传统”的核心内容。

（鞠晓辉）

中国出版集团公司11种项目入选国家“十二五”出版规划增补项目

2012年6月30日，新闻出版总署对《国家“十二五”重点图书、音像、电子出版物出版规划》进行调整和增补，集团公司共有11种项目增补入选项目。至此，集团公司累计有114个项目入选“国家十二五出版规划项目”，比“十一五”国家重点出版规划颁布时的78种增长46.1%，入选数量再创历史新高，在全国出版集团中名列第一。

本次增补项目分别是人民文学出版社的《中国少数民族文学史》，商务印书馆的“国际汉语教育史研究丛书”、《钱锺书手稿集·外文笔记》，中国大百科全书出版社的《中印文化交流百科全书》，人民美术出版社的《〈髹饰录〉及其前后髹饰工艺体系研究》，生活·读书·新知三联书店的《三联经典文库》（第二辑）、《公民、国家与治理研究丛书》，华文出版社的《黄炎培日记》，世界图书出版公司的《中古文学研究》，中国科学文化音像出版社的《大型海洋文化纪录片〈走向海洋〉》、《联合国教科文组织〈人与生物圈计划〉中国四十年系列专题片》。

（何　奎）

《辞源》（第三版）修订工作会议举行

2012年6月30日、12月7日，商务印书馆召开《辞源》（第三版）修订二审、三审工作会议。主编何九盈、王宁、董琨和来自北京、南京等地的赵克勤、殷国光、高小方等12位审稿专家出席。会议总结前一阶段的修订工作，听取审稿专家的意见和建议，讨论审稿安排和注意事项。王宁归纳了第三版修订的8大亮点：修订显误，补足欠缺；复查注音，古今沟通，音义契合；核查用字，遵循规范；核实书证，源流分明，义证契合；内部沟通，系统封闭；体例在一仍其旧的基础上，力争有所创新；突出文化，增强古代百科；有限修订，适当扩大篇幅。何九盈强调，审稿的重点是关注知识性错误，消灭显误，尽量不留问题、不留死角，有分歧的问题遵从《辞源（第三版）修订手册》和《辞源（第三版）修订手册续编》的规定。商务印书馆总经理于殿利到会讲话并为审稿专家颁发聘书。

（包诗林）

中华书局与中国近现代文化——第五届出版史国际学术研讨会举行

2012年6月30～7月1日，由中华书局与复旦大学历史系、中国近现代新闻出版博物馆、上海辞书出版社共同主办的“中华书局与中国近现代文化”——第五届出版史国际学术研讨会在上海举行。李岩出席闭幕式并作了讲话，上海市新闻出版局副局长祝君波，中华书局总编辑徐俊在开幕式上致辞，黄松、冯宝志、翁向红、梁彦、丛桂芹参加研讨，贾元苏、俞国林、李天飞提交论文并在会上作了发言。此外，来自美国、日本等国，中国内地、香港及台湾地区的60多位专家学者出席研讨会。

此次研讨会由大会主题报告、11场专题讨论及圆桌会议组成，议题广泛，既有对档案史料的挖掘，如《中华书局董事会档案概貌与价值》、《日据时期中华书局版图书流播韩国的研究》；又有对中华书局创始人陆费逵及学者型编辑沈颐、金兆梓、范源廉等生平与编辑思想的研究，同时关注了陈寅恪、梁启超、徐悲鸿等文化名人与中华书局的关系，并就中华书局的历史价值及对当今出版业的启迪、如何进一步推进中华书局历史的研究等议题展开了讨论。（梁　彦）

“品味《文章选读》向往高远境界”文化沙龙举行

2012年6月30日，华文出版社在北京大学燕南园51号院举办“品味《文章选读》向往高远境界”文化沙龙。来自北京大学、清华大学、北京师范大学、首都师范大学、武汉大学等大学的著名学者以及清华附中、北大附中、北京一零一中学、北京十一学校、苏州十中等中学的校长、教师聚会，共同品读由北京大学哲学社会科学资深教授叶朗先生编选、华文出版社出版的《文章选读》。

《文章选读》以收录国内现当代作者的文章为主，少量收录古代作者和国外作者的文章，共计77篇，涵盖古今中外不同文化背景下的名家名作，涉及政治、文化、哲学、艺术、科学等各个领域，皆为享誉世界的经典文章。同时，《文章选读》归纳、总结了现今人们熟知而又实用的14种文风文体的特点，其中包括抒情散文和哲理散文类、评论类、学术论文和学术札记类、书信类等类别。

北京大学副校长、著名经济学家刘伟在活动中指出，《文章选读》是基于强烈的责任感、深厚的学术功底、高深的审美情趣和高远的价值追求编选而成的，读后很让人感动。书中选了一些古代作者的文章，是一种历史的沉淀，对当代还有照耀；书中也选了一些当代学者的文章，这些学者写出这样经得住推敲的好文章，特别令人尊重。他表示《文章选读》在科学性与人文精神如何统一方面，对研究经济学的学者极有启发。

与会学者一致认为，《文章选读》的出版有助于帮助高中生、大学生以及研究生学习写好文章；有助于提倡一种文风，提倡一种趣味，造成一种新风气；有助于读者拓宽胸襟，涵养气象，提升人生境界。（陆虹宇）

商务印书馆与星球地图出版社共同举办商务版《地理》教科书培训研讨会

2012年7月5～9日，商务印书馆与星球地图出版社在解放军总政治部沙河培训基地共同举办商务版《地理》教科书培训研讨会，来自安徽、河南、江西、四川、山东、湖北、辽宁、重庆、云南、广西10个省市的47名教研员，商务印书馆、星球地图出版社、中国出版集团教材中心的有关领导和编辑与会。商务版《地理》教科书第一版于2004年经全国中小学教材审定委员会初审审查通过，并于2005年秋季起在全国各实验区推荐使用。根据2011年《教育部办公厅关于启动义务教育课程标准实验教材修订送审工作的通知》精神和2012年教育部《关于义务教育课程标准教材送审的通知》要求，商务版《地理》教科书开始修订送审工作，根据新课程标准，以及对教科书使用的信息反馈、建议和意见等对教科书进行了彻底修订。至2012年6月25日，七年级教科书正式通过教育部审查，2012年秋季起使用。本次会议主题是汇报交流教育部2011年对教科书修订的精神和2012年教科书的具体修订情况，具体包括地理课程标准修订解读、优质课观摩、课例分析、七年级上册教科书解读、交流讨论等内容。（田文祝）

中国出版集团公司2013年出版专项资金项目专家论证会召开

2012年7月10～11日，中国出版集团公司召开2013年出版专项资金专家论证会。经集团公司组织专家论证遴选、集团公司总裁办公会审定，共确定了19个出版单位的50多个项目。这些项目同时上报财政部审批。人民文学出版社的《屠岸诗文集》、《20世纪中国文学翻译家译丛》（第一辑），商务印书馆的《大卫·李嘉图全集》、《联绵词大词典》，中华书局的《中华国学文库》（第四辑）、《月读》杂志，中国大百科全书出版社的《中国儿童数学百科全书》、《中国幼儿百科全书》（0～3岁版），中国美术出版总社的《西藏美术之旅》、《当代中国新锐设计师》，人民音乐出版社的《音乐研究》杂志，生活·读活·新知三联书店的《经典通识讲稿》（10本）、“杜维明著作精选丛书”（第一批8种），中国对外翻译出版公司的“写作之夜丛书”（12卷），东方出版中心的“中国绿色城市系列丛书”（二卷本），中国民主法制出版社的“马克思主义经典著作导读丛书”（第二辑10种），现代教育出版社的《国学讲坛·儒学》（12册），新华书店总店的《教育与出版》月刊，华文出版社的“海峡两岸最佳文学作品年选系列”，现代出版社的《绘世界》系列原创动漫，世界图书出版公司购权重印科技图书（94种），荣宝斋的《鉴赏名家说收藏》（10册），中国图书商报社的《中国图书商报更名改版建设项目》，商务印书馆国际公司的《毛泽东诗词书法诗意画鉴赏》，天天出版社的《天天爱科学》（期刊）等项目入选。为便于各单位尽早统筹安排立项项目的出版进度，确保立项项目按时顺利完成，通知提出了4条要求：第一，立项项目基本参照了集团公司产品线及各单位出版特色。各单位要重点考虑安排这些项目，保证按时、保质、保量完成。第二，各单位不得擅自变更项目内容，要严格按照专款专用的原则使用项目资金，禁止随意调剂使用或挪作他用。因特殊情况需要变更项目的，必须严格履行报批手续。第三，各单位要本着节约、合理、有效的原则使用资金，不断提高资金的使用效率。要加强对专项资金使用情况的监督检查，实行追踪问效。第四，集团公司将组织专人对所有立项项目和资金使用情况检查和验收，评价其质量和效益。一旦发现有违反项目资金使用相关规定者，将严肃处理，并等量核减该单位下一年度项目资金总额。

（何　奎）

《现代汉语词典》（第6版）出版座谈会举行

2012年7月15日，《现代汉语词典》（第6版）出版座谈会在商务印书馆礼堂举行。会上，商务印书馆总经理于殿利和中国社会科学院语言所党委书记、副所长蔡文兰分别致辞。原中国社会科学院副院长、中国辞书学会会长江蓝生介绍了《现代汉语词典》（第6版）有关修订情况；专家代表北京语言大学党委书记李宇明、播音界代表中央电视台播音指导贺红梅、教师代表中国人民大学附属中学语文组长王艳先后发言。中国出版集团公司党组书记、副总裁王涛，教育部语言应用管理司司长姚喜双，中宣部出版局巡视员、副局长郭义强，新闻出版总署副署长邬书林出席并讲话，新闻出版总署出版管理司司长吴尚之出席。

中国社会科学院语言所沈家煊，教育部语言应用所陈章太、厉兵，全国科学技术名词审定委员会刘青，北京大学苏培成、郭锐，南京大学鲁国尧，北京师范大学王宁，北京语言大学张博，鲁东大学张志毅，中国大百科全书出版社黄鸿森，科学出版社周明鉴等专家先后发言。教育部语言应用所曹先擢，北京大学陆俭明，华中师范大学邢福义，河北师范大学苏宝荣，广东外语外贸大学章宜华，语文出版社李行健提交了书面发言。词典编写单位中国社会科学院语言所曹广顺、董琨、晁继周、韩敬体、张伯江、谭景春、程荣等专家出席。会议由商务印书馆副总编辑周洪波主持。

新华社、中国新闻社、中央电视台、中央人民广播电台、《人民日报》、《光明日报》、《中国青年报》、《中国教育报》、人民网、新华网、新浪网、《中国新闻出版报》、《中国图书商报》、《中国社会科学报》、《中华读书报》、北京电视台、《北京日报》、《北京晚报》等40多家媒体到会。

（余桂林）

韬奋图书馆开馆仪式举行

2012年7月16日上午，生活·读书·新知三联书店举办了韬奋图书馆开馆仪式。原中共中央政治局委员、国务院原副总理、九届全国人大原副委员长邹家华，中宣部副部长蔡名照，新闻出版总署副署长邬书林，中国出版集团党组书记王涛等出席了开馆仪式，并为开馆揭牌。

参加开馆仪式的有中宣部出版局巡视员、副局长郭义强，新闻出版总署出版管理司司长吴尚之，中国出版集团公司副总裁李岩，中国出版协会副理事长李宝中，人民出版社社长黄书元，商务印书馆总经理于殿利等。

韬奋图书馆是我国当今唯一一家由出版单位设立、以对社会公众为服务对象的公益性社区专题图书馆，将以近现代出版史和出版人物研究为特色专题，现有藏书两万五千余册。图书馆开馆后还将进一步完善各项服务设施，待条件成熟后将对公众开放。同时还将建设数字图书馆，并在韬奋家乡江西省余江县成立多家韬奋书屋，作为韬奋图书馆的延伸服务形式。（鞠晓辉）

世界图书出版广东有限公司学术出版专题工作会议召开

2012年7月16日，世界图书出版广东有限公司学术出版专题工作会议在广州召开。公司班子成员、中层干部和策划编辑参加了会议。

与会人员就开展学术出版的意义、方法、考核机制等展开了讨论。

总经理陈岩在总结发言中指出，选题策划重点向学术图书转移是为了突出“科教兴国，书兴科教，服务科研，服务高校”的经营理念，刷新世界图书出版公司多年来形成的科技图书出版品牌，实现出版战略转型，规避市场经营风险，增强自主创新，打造专业出版平台，提升公司核心竞争力。为了尽快形成出版规模，将把实施“中国当代优秀学术研究文库”出版项目作为“十二五”期间的重点工作。同时创新管控模式，在武汉等高校集中的地区设立编辑部，开展学术出版服务，并制定相应的考核激励机制，加强服务于学术出版的专业团队的培养，确保在“十二五”期间出版成系列、成品牌、上档次、上规模并长期系列化经营的大型文库。

（卢家彬）

中国教育学会中学语文教学专业委员会阅读推广中心成立

2012年7月19日，商务印书馆与中国教育学会中学语文教学专业委员会（下称“中语会”）在安徽池州举办“中国教育学会中学语文教学专业委员会阅读推广中心”成立大会。中语会理事长苏立康和商务印书馆副总编辑周洪波分别代表中语会、商务印书馆致辞，并主持揭牌仪式。中语会常务理事郑国民、孟素琴、杨桦等出席并讲话。著名语文教育家于漪发来贺信，祝贺全国中语会阅读推广中心隆重揭牌。阅读推广中心由商务印书馆和中语会共同创立，秘书组设在商务印书馆。这是全国中语会和商务印书馆共同创立的学术研究组织。该中心的宗旨是以阅读丰富人生为理念，倡导热爱阅读的风尚，努力提高中小学师生阅读水平，启迪智慧，丰富人生。以农村中小学师生为工作重点，促进全国中小学师生语文素养的全面发展。主要任务是：（1）开展阅读推广的教研活动；（2）推动阅读推广的公益事业。（吴满蓉）

第三届“商务印书馆·中语杯”中青年教师课堂教学观摩研讨会举行

2012年7月19～21日，由商务印书馆、中国教育学会中学语文教学专业委员会（下称“中语会”）、安徽省教育学会中学语文教学专业委员会、首都师范大学语文报刊社共同主办，池州市教育局承办的第三届“商务印书馆·中语杯”中青年教师课堂教学观摩研讨会在安徽省池州市举行。全国中语会理事长苏立康，池州市副市长夏月星，中国社会科学院语言研究所词典编辑室主任谭景春，安徽省教育科学研究院副院长张守祥，商务印书馆副总编辑周洪波等到会并讲话。出席会议的还有来自全国各地的教研员、学校领导、一线教师1300多人。与会专家、学者、一线教师共同探讨了新课程背景下课堂教学的方法与策略、阅读文本与自主探究的关系等大家关心的实际问题。

7月20日，《现代汉语词典》与中学语文教学论坛召开，中国社会科学院语言研究所词典编辑室主任谭景春、商务印书馆副总编辑周洪波等认真听取了与会的一线中学教师对《现代汉语词典》的宝贵建议，并就中学老师关心的问题进行了交流。（唐　敏）

《天香》获第四届红楼梦奖

2012年7月26日，第四届红楼梦奖在香港浸会大学揭晓，王安忆凭借《天香》获奖。评委会在授奖词中说："《天香》写出上海申姓士大夫家族四代人的故事，整部小说气势恢宏，几十位家族人物的塑造，皆有特色。此小说可说是江南文化的百科全书、女红文化的经典，生动表现四代人的日常生活和志趣节操的传世巨作。"

王安忆的这部小说首次涉及明清题材，以清雅而富情趣的细腻语言，描绘了明代的一幅清明上河图景，关注了时代变迁中的人物命运，同时试图从源头来梳理上海这个城市的文化来源。

此外，贾平凹的《古炉》、阎连科的《四书》和格非的《春尽江南》获得本届红楼梦奖决审团奖。马来西亚作家黎紫书的《告别的年代》和旅美作家严歌苓的《陆犯焉识》则获得专家推荐奖。（宋　强）

《千古奇葩——北雁山人绘世界文化遗产》出版

2012年7月，荣宝斋出版社《千古奇葩——北雁山人绘世界文化遗产》出版。此书收录了著名画家汤余铭十余年来以中国的世界文化遗产特别是石窟佛像艺术为主题的写生作品80余幅。为创作需要，画家踏访名山古刹，足迹遍布五台山、峨眉山、九华山、普陀山、山西大同、河南洛阳、甘肃敦煌等地。为深入了解和学习古人的石窟艺术，画家埋头研究佛理，把佛教故事、佛教人物、佛教圣地的山川河流等佛教题材，都作为创作的对象。画家融汇中西技法，在前人以勾线手法描绘佛像的基础上，探索用水墨在宣纸上描绘立体佛像，以有别于古代佛像的画法。其所画石窟佛像生动而有神韵，岩石肌理质感十分明显，独树一帜，受到海内外收藏者的喜爱。同时，画家以水墨或彩墨描绘这些世界文化遗产，也使佛教艺术在另一空间开拓出新的境界。（刘　芳）

"2012海内外中国语言学者联谊会——第三届学术论坛"举行

2012年8月11日，商务印书馆、北京语言大学、中国语言学书院联合举办"2012海内外中国语言学者联谊会——第三届学术论坛"。此次论坛的主题为"何谓语言学事实"。香港中文大学教授李行德、北京大学教授陆俭明、中国社会科学院语言所研究员沈家煊先后作了主题发言。商务印书馆总经理于殿利、北京语言大学党委书记李宇明分别致辞。来自美国，中国大陆、香港地区的24位语言学者出席，中国语言学书院核心课程班的30多位学员列席。商务印书馆副总编辑周洪波主持会议。（蔡长虹）

《鱼挂到臭　猫叫到瘦》出版座谈会举行

2012年8月18日，中国大百科全书出版社《鱼挂到臭　猫叫到瘦》出版座谈会在北京举行。张抗抗、孙郁、孟繁华、刘小萌、白烨、金虹、丁东、陈浩武、朱维毅等知名学者参会。座谈会上，专家们妙语连珠点评本书，并与媒体就知青文学、知青历史等话题展开互动。有的专家认为，本书与王小波《黄金时代》形成议题延续和风格对照，在嬉笑怒骂中完成了对上山下乡运动的批判；有的专家认为，本书是反批判的，是知青日常生活的真实写照，没有太多的戾气，因而更得人心。《北京晚报》、《北京青年报》、《北京晨报》、《新京报》、《中国新闻出版报》、新浪网、搜狐网等近30家媒体的记者在会上与专家展开热烈讨论。（郭银星）

《2011年全国31个省市自治区公共文化服务指数蓝皮书》出版座谈会召开

2012年8月28日，商务印书馆、上海高校都市文化E－研究院联合在人民大会堂召开《2011年全国31个省市自治区公共文化服务指数蓝皮书》出版座谈会。该书是全国首次出版的公共文化服务指数蓝皮书，在理论与实践方面均有所创新：第一，它构建了一套评价全国31个省市自治区公共文化服务的指数体系；第二，虽然是首次对全国31个省市自治区公共文化服务水平的总量与人均的排序以及对投入与产出绩效的排序，但已较客观合理地反映了全国31个省市自治区的公共文化服务体系建设的现状及其特点；第三，为全国31个省市自治区制定公共文化服务政策提供依据。

中国出版集团公司副总裁李岩、新闻出版总署出版管理司图书处处长洪勇刚到会并讲话，商务印书馆总经理于殿利致辞，课题组组长鲍宗豪教授介绍了有关情况，首都师范大学刘新成作为专家代表发言，中国社会科学院、北京大学、上海师范大学十余位专家参会。（刘　兰）

《文史》创办五十年暨出刊百辑纪念座谈会举行

2012年8月29日，中华书局“《文史》创办五十年暨出刊百辑纪念座谈会”在国谊宾馆举行，主编裘锡圭以及蔡美彪、李学勤、楼宇烈、安平秋等学术顾问，葛兆光、阎步克、王邦维、荣新江、辛德勇等《文史》编委，李零、王素等学者代表出席会议。

会上，专家学者们对《文史》创办五十年出刊百辑能够始终坚持扎实厚重的风格给予肯定，并对继续办好《文史》提出了很多中肯的建议，希望《文史》继续严格规范，坚持传统，做一流学术期刊，服务学术。

中华书局总编辑徐俊主持会议，徐真真作《文史》工作报告，黄松、冯宝志、尹涛、张继海、李静、翁向红参加。（梁　彦）

中国出版集团公司印发《关于印发中国出版集团公司产品线（2012）年的通知》

2012年8月30日，集团公司向所属各图书出版单位印发《关于印发中国出版集团公司产品线（2012版）的通知》。

为适应集团公司推进“三六构想”、挺拔出版主业的需要，根据集团总裁办公会精神和2012年年初工作安排，集团出版业务部将2009版集团公司产品线下发各单位广泛征求意见，并在此基础上，对集团现有产品线进行了多次调研和专家论证，最终提交中国出版集团公司产品线（2012版）上总裁办公会讨论。新修订的集团公司产品线（2012版），共计68条。其中，一级产品线17条，新增4条：政治、经济与管理、法律和传记类；二级产品线36条，新增5条：党建读物、时政、法律、经济与管理和传记类；有成长性子产品线15条。（杜　宇）

《韩国外交官谈中韩文化交流》出版交流会举行

2012年8月30日，《韩国外交官谈中韩文化交流》出版交流会在第19届北京国际图书博览会举行，图书作者、韩国前文化院院长金翼兼先生到场对图书进行推荐说明，并与到场读者进行了热烈互动。

《韩国外交官谈中韩文化交流》一书，收入作者在担任驻华韩国文化院院长期间（2009—2011）对外发表的演讲，回答记者提问及在著名刊物上发表过的有关中韩文化交流的文章等内容。作者以他独特的视角对中韩两国交流方面的多种问题进行了深入分析，并对韩民族所拥有的丰富的文化进行了诠释，作者在文中流露出希望中国人民能够正确、客观地看待韩国，并且希望中国能与韩国一道为发展两国关系而努力的美好愿望。（吴和松，刘　薇）

《龙尾石谱》出版

2012年8月，荣宝斋出版社《龙尾石谱》出版。龙尾石是制造歙砚的良材，作为中国砚石的代表，其独特魅力无可取代。该书图文并茂，阐述有关龙尾石的地理、坑口、石品、石质、色泽、石病、古籍，涉及有关龙尾石的人物、历史事件、传说等，以龙尾石为线索，进而研究中国人、中国文化和中国的社会进程。作者为了完成此书，常年深入龙尾石产区做田野考察，收集龙尾石标本，调查砚山村的文化生态资源，丰富的素材令读者阅读此书更具有现场感。该书所首倡的龙尾石研究是中国石学建立的一个突破口，既是龙尾石领域的重头戏，对后续的中国石研究也有很强的比照作用。（刘　芳）

“中美诗歌理解与交流”对话活动举行

2012年9月3日，著名诗人、翻译家、学者90高龄的屠岸先生同著名诗人西川、诗歌评论家唐晓渡一同做客搜狐网文化读书频道，以“中美诗歌理解与交流”为题，就王清平编选的英汉对照版《推开窗——中国当代诗选》（*Push Open the Window Contemporary Poetry from China*，美国铜谷出版社出版）和人民文学出版社出版的《当代美国诗选》展开精彩对谈。

作为新闻出版总署和美国国家艺术基金会组织的文化交流项目，人民文学出版社出版的《当代美国诗选》，共收录了40位于1945年以后出生的美国诗人的120首诗歌，每人三首。与此同时，美国铜谷出版社在美国同步推出《当代中国诗选》，收录了49位于1945年以后出生的中国诗人的102首诗作。本次著名诗人、评论家之间的对话与交流，深入探讨了中美诗歌交流的历程、翻译技巧、写作评价等方面的问题。（宋　强）

“雪峰讲坛”举行

2012年9月7日，人民文学出版社举行“雪峰讲坛”，邀请了北京电影学院教授苏牧讲课，全社员工参加了活动，活动由总编辑管士光主持。苏牧将电影分为探索电影、艺术电影和商业电影，并对它们的各自特点进行了分析。之后，他还对电影《两生花》中的镜头进行了深入分析。

苏牧，北京电影学院文学系教授、博士生导师，在人民文学出版社出版的电影专著《荣誉》曾获2004年中国高校影视学会第三届学会奖、优秀学术著作一等奖。（宋　强）

《八荒通神——卢禹舜》新书首发式暨国际学术研讨会举行

2012年9月9日，荣宝斋出版社《八荒通神——卢禹舜》新书首发式暨“八荒通神——新人文·卢禹舜”国际学术研讨会在北京华侨大厦举行。国内外美术理论家、文艺批评家、文化学者及艺术家等200余人参加了会议。《八荒通神——卢禹舜》一书收入卢禹舜代表作品约160幅，对卢禹舜近三十年绘画艺术创作与思考作了较为全面的总结与展示。同时，这种个体性的总结与回顾也作为一个典型案例，为总结、梳理、丰富和完善中国当代美术理论提供了资源和思考，并进而丰富和促进中国风格、中国气派的当代美术创作。（刘　芳）

《白鹿原》出版20周年庆典暨名家学术研讨会举行

2012年9月12日，由人民文学出版社举办的《白鹿原》出版20周年庆典暨名家学术研讨会在中国人民大学逸夫会议中心第一报告厅举行，《白鹿原》作者陈忠实，电影导演王全安，舞剧导演夏广兴，原人民文学出版社副总编辑何启治，中国出版集团副总裁、人民文学出版社社长潘凯雄，总编辑管士光等参加了本次活动。管士光代表出版社作了主旨发言，全面论述了《白鹿原》的文学价值和人民文学出版社在这部佳作出版过程中的作用，申明人民文学出版社拥有《白鹿原》的专有出版权，并宣布将与陈忠实先生合作设立"白鹿当代文学编辑奖"。

现场嘉宾围绕《白鹿原》的独特魅力与价值以及本书在中国当代文化史上的意义展开深入交流，作品内涵在各领域专家面前得到了充分而积极的解读、阐释，读者对《白鹿原》有了全新的理解和认识。庆典活动中，中国出版集团副总裁、人民文学出版社社长潘凯雄与作家陈忠实签署了"白鹿当代文学编辑奖"协议书，各位嘉宾还一起为人民文学出版社全新推出的《白鹿原》（出版20周年珍藏纪念版）、《白鹿原》（手稿限量珍藏版）揭开了神秘的面纱。

（宋　强）

"《中华名人传》丛书"新书发布暨"中国古代名人与中国文化精神"座谈会举行

2012年9月12日，"《中华名人传》丛书"新书发布暨"中国古代名人与中国文化精神"座谈会在中华书局举行，中国出版集团公司副总裁李岩，团中央学校部副部长杨松，中国红楼梦学会会长张庆善，中国社会科学院文学所研究员陶文鹏、刘扬忠，著名特级教师王大绩等出席。

座谈会由中华书局副总编辑顾青主持，他介绍了"《中华名人传》丛书"的整体情况。李岩回忆了这套丛书面世的经过，并强调，中华书局要把优秀传统文化以通俗的形式加以普及和推广，以名人传记的形式来传达传统人文精神，这是很重要的视角。此外，钱志熙、诸葛忆兵、樊志斌等丛书作者也分别发言。最后，徐俊做总结发言，中华书局既是传统文化热的参与和推动者，也是传统文化热的受益者，"中华名人传丛书"则是很重要的项目和成果。他表示，中华书局有足够的时间和耐心完成这个计划，保证它成为古代名人传记图书序列里最成功的作品。

（梁　彦）

商务印书馆——亚马逊内容合作签约仪式举行

2012年9月14日，商务印书馆——亚马逊内容合作签约仪式举行。商务印书馆与亚马逊（中国）经过沟通，就电子书内容合作达成协议，并举行签字仪式。亚马逊（中国）副总裁白驹逸、数字内容总监姜峰、图书内容总监杨文胜、数字内容经理陈晖，商务印书馆总经理于殿利、副总经理李平、数字出版部主任孙述学参加了仪式。签约仪式中，双方签署了电子书专项合同。双方对出版业将步入全媒体出版时代作出了预期，并一致认为，电子书将会成为出版业主要的产品形态。电子书是技术与内容的一个良好的结合体，是纸质图书的合理延续，内容的数字化是其最主要的标志。商务印书馆将来要从图书生产的源头解决同步出版电子书的问题，而不是出版纸书后再转成电子书。通过该项合作，商务印书馆将面向国际、国内两个市场通过亚马逊平台销售电子书。

（李　昊）

商务印书馆精品工具书数据库专家评审会举行

2012年9月18日，商务印书馆精品工具书数据库专家评审会在商务印书馆礼堂举行。中国出版集团公司副总裁潘凯雄出席并讲话，商务印书馆总经理于殿利、同方知网（北京）技术有限公司常务副总经理刘学东、中国出版集团公司科数部副处长周辉以及来自北京大学、中国人民大学、中国国家图书馆、国务院办公厅、北京市第八中学等机构的学者和专家出席了会议。会议由商务印书馆副总编辑李平主持。商务印书馆精品工具书数据库以《新华字典》、《现代汉语词典》、《新华词典》等29部精品工具书为基础，进行全新数字化整合，词条量高达35万。会议推举北京印刷学院数字出版研究所所长张志林为评审会组长。孙述学介绍项目整体情况，王永耀做产品演示，北京师范大学第二附属中学高级教师王翔、清华大学人文社科图书馆副馆长张秋作为用户代表做了用户体验报告。专家组围绕项目进行了深入的质询和讨论，一致认为商务印书馆精品工具书数据库在知识权威、智能检索、知识衔接和学习拓展等方面具有明显优势，是目前国内权威、专业、创新的工具书查询与知识学习平台，在内容和功能等方面具有独创的特色，是工具书数字出版的成功案例。专家组一致同意项目通过验收。新华社、中国新闻社、《光明日报》、《中国新闻出版报》、《中国教育报》、《中华读书报》、《中国图书商报》、《图书馆报》、《中国出版》、《科技新书目报》、腾讯网、大佳网、百道网等平面和网络媒体应邀出席了会议。

（王永耀）

2012年全国少儿阅读峰会举行

2012年9月19～24日，2012年全国少儿阅读峰会在吉林省长春市举行。峰会由新华书店总店《图书馆报》、中国图书馆学会、长春市文化广电新闻出版局联合主办，吉林省少年儿童图书馆与长春市少年儿童图书馆承办，共有全国各级各类图书馆、出版社的147人参与峰会活动。吉林省文化厅领导、长春市文化广电新闻出版局领导及中国图书馆学会副秘书长霍瑞娟出席开幕式。

峰会邀请到中国出版协会少儿读物工作委员会主任海飞、国际儿童读物促进会中国分会副主席张明舟、北京师范大学儿童阅读与教育领域的知名教授陈晖作大会报告，湖南省少年儿童图书馆副馆长杨柳、武汉市少年儿童图书馆借阅部主任林翔、天津市少年儿童图书馆采编部主任张岩敬、长春市少年儿童图书馆副馆长姚淑慧分别作主题发言。峰会期间，还举办了由中国图书馆学会主办的“全国未成年人图书馆服务提升计划优秀案例”的颁奖仪式。（张　倩）

人民文学出版社参加中国出版协会文学艺术工作委员会2012年工作年会

2012年9月21～23日，中国出版协会文学艺术工作委员会（以下简称文工委）2012年工作年会在长沙举行。此次工作会议是文工委成立后的第三次会议，由湖南文艺出版社承办。新闻出版总署副署长邬书林，文工委主任、中国出版集团副总裁、党组成员潘凯雄，湖南省新闻出版局局长朱建纲，湖南出版投资控股集团总经理张天明等参加会议并发言。会议由人民文学出版社社长管士光主持。

围绕大会的主题“数字化和市场化背景下传统文艺出版工作者的责任与担当”，全国各地40多家文艺出版社的社长、媒体记者、北京开卷信息技术有限公司代表、三大网上书店及经销商代表等参会并进行了积极的探讨和交流。

（宋　强）

《解放战争》、《武昌城》获第十二届“五个一”工程奖

2012年9月25日，中国出版集团选送，人民文学出版社出版的《解放战争》、《武昌城》获第十二届“五个一”工程奖。名列全国出版集团第一名。

《解放战争》是著名军旅作家王树增创作的“战争三部曲”之一。人民文学出版社出版。全书史料真实丰富，战争场面浩大壮观，洋洋130万字，详细再现了解放战争这一人类战争史上的伟大奇迹。作品具有宏阔的视角和入微的体察，包含着惊心动魄的人生沉浮和变幻莫测的战场胜负，尽展中国历史上规模最大的一场战争的丰饶内容，同时也是一部关于一个国家如何艰难新生的历史。

长篇小说《武昌城》由著名作家方方创作，由人民文学出版社出版，以1926年北伐战争中的武昌战役为中心，分上下两部，分别写城外北伐军的“攻”和城内北洋军的“守”，以追随北

伐军的青年学生梁克斯、罗以南和北伐军连长莫正奇等人的故事为线索，描写了战争中不同人物之间不同信念、不同性格的冲突和契合，反映了一群进步青年的崇高精神。

由中宣部组织实施的精神文明建设“五个一工程”评选活动是我国文艺最高奖，也是全国最具社会影响力的文艺奖项。本届评选共有电影、电视剧、动画片、戏剧、歌曲、广播剧和文艺类图书等7项176部作品获奖。（何　奎）

中国出版集团公司迎接党的十八大主题出版工作新闻发布会召开

2012年9月26日上午，中国出版集团公司召开迎接党的十八大主题出版工作新闻发布会。受集团公司总裁班子委托，集团公司副总裁李岩介绍了集团公司喜迎党的十八大主题出版工作的基本情况，集团公司出版业务部主任张贤明主持会议。集团公司各出版单位分管选题工作的负责人，总编室、发行部、营销策划部主任以及中央电视台、《人民日报》、《光明日报》、《中国新闻出版报》、《中国图书商报》20多家知名媒体的记者出席会议。

李岩指出，自2011年10月份以来，集团公司在中宣部和新闻出版总署的领导下，按照“高举旗帜，围绕大局，服务人民，改革创新”的总要求，围绕喜迎党的十八大这一主题，积极谋划、精心组织主题出版工作。集团公司总裁谭跃、党组书记王涛对此高度重视，多次就做好喜迎十八大主题出版工作作出重要指示，集团总裁班子也多次开会研究推进此项工作。集团出版业务部密切配合集团所属各出版单位，认真搞好各项服务，狠抓重点项目的出版进度。总体上，集团公司从图书出版、新闻报道、出版活动等3个领域，唱响主旋律，打好主动仗，为党的十八胜利召开营造昂扬向上、喜庆吉祥的舆论氛围，着力展示十六大以来我国经济、政治、文化和社会建设的辉煌成就和成功经验；着力反映十六大以来深入贯彻落实科学发展观，保障和改善民生的重大决策和实际成效；着力表现党的光辉历史、优良传统和共产党员的先锋模范作用。

李岩强调，此次发布的80种重点图书，涵盖理论、文学、历史、纪实、音乐、美术、文化生活、工具书等八大门类，其中《微观西藏》（汉英版）、《铸法：中国特色社会主义法律体系形成经实》、《国家救援——一切为了人民》、《赞歌献给党》等4种图书入选中宣部、新闻出版总署迎接党的十八大重点图书，并获得了2012年度国家出版基金专项资助。这些图书具有4个突出特点：第一，围绕主题，真情颂党。《国家救援——一切为了人民》讴歌十六大以来党中央和国务院在应对SARS、汶川大地震等重大自然灾害时表现出的大无畏精神和科学态度。《漫画科学发展观》以漫画形式表现我们党以人为本、科学发展的执政理念。《赞歌献给党》、《从延安走来》等以音乐和绘画的形式表达了对党的赞颂之情。第二，名家领衔，彰显成就。《中国经济改革二十讲》由吴敬琏撰写，《中国的位置——胡鞍钢与世界对话之二》由胡鞍钢执笔，《李瑞环谈京剧艺术》由李瑞环执笔，《文化强国战略30问》由许明担纲。《铸法：中国特色社会主义法律体系形成经实》展现了社会主义法制建设的最新成就，《微观西藏》（汉英版）以“微博体”反映了西藏人民日常生活和精神世界的巨大变化。第三，关注基层，凸显民生。《没有爱就没有教育》、《吴孟超传》记录了霍懋征、吴孟超两位模范人物扎根基层的感人故事；《农民系列三部曲》讲述了农村致富能手和乡亲们一起缔造幸福王国的传奇故事；《中国低收入住房：现状及政策设计》对完善中国保障性住房体系提出了建设性意见。第四，重现经典，回眸历史。《共产党宣言》（汉译纪念版）以原典影印的方式制作出版；《马克思主义经典著作导读》（第一辑）精选导读10多种马列经典著作；《共和国震撼瞬间》展现了解放军入城、开国大典等重大历史事件以及重大历史人物的动人故事。

李岩指出，集团公司所属报刊也踊跃刊发一批视角独特、影响广泛的新闻报道。《三联生活周刊》推出"知识分子的精神家园"专题，表现了我党历史上的优秀思想文化传统。《读书》杂志2012年连续刊发《科斯与中国》、《理念决定未来》、《市场过程的含义》等10多篇有分量的文章，深入剖析中国经济改革的实践经验和未来走向。《中国图书商报》推出"'一五一十'看书业"专刊，全面总结了党的十六大以来中国出版业的辉煌成就与巨大进步。《新华书目报》报道了全国多家出版机构的十八大主题出版活动。与此同时，集团公司还举办了第五届"读者大会"、"主流文化与文化之争"高层论坛、《现代汉语词典》（第六版）出版座谈会、《吴孟超传》读者见面会、《我和郎朗三十年》新书发布会、"中华名人传丛书"首发式、《白鹿原》出版二十周年庆典、三联生活周刊—UCCA文化节、《梦想与路径：1911～2011百年文萃》新书首发座谈会等10多个出版文化活动。

（何　李）

纪念张元济先生诞辰145周年座谈会举行

2012年9月26日，纪念张元济先生诞辰145周年座谈会在上海市委统战部举行。本次会议由商务印书馆与上海市文史馆、海盐县人民政府共同主办，上海社会科学界专家学者、文史馆馆员、张元济先生亲属和海盐县有关代表等一百余人参加会议。中共上海市委常委、统战部部长沙海林接见了与会人员，上海市副市长赵雯出席并讲话。商务印书馆总经理于殿利到会致辞。

上海社会科学院历史研究所研究员熊月之、复旦大学历史系教授邹振环和张元济先生之孙、上海市文史研究馆馆员张人凤先后作主题发言。文史专家柳和城、黄显功、承载、杨扬、林丽成等也作了专题发言。学者们从各自的学术研究角度，高度肯定了张元济先生在近代中西文化交流中作出的重要贡献，认为其精神与风骨难能可贵。座谈会上，商务印书馆还向上海图书馆赠送了由该馆编辑出版的十卷本《张元济全集》。

（刘元冰）

《全球华语大词典》编委会第一次会议举行

2012年9月28日，商务印书馆举行《全球华语大词典》编委会第一次会议。国家出版基金规划管理办公室副主任颜永刚，词典主编北京语言大学党委书记李宇明，词典学术顾问、新加坡南洋理工大学周清海，词典学术顾问、北京大学陆俭明，词典学术顾问、华中师范大学邢福义，港澳组主持人、香港教育学院邹嘉彦，新加坡组主持人、新加坡报业控股华文报集团语文顾问汪惠迪，词典编写组成员中国社会科学院语言研究所李志江、生活·读书·新知三联书店黄华、北京师范大学许小颖、珠海麒麟星公司邝丽环等出席。项目负责人从《全球华语大词典》运作思路、团队组建、学术调研、语料准备等方面介绍了情况，与会专家就此展开了讨论。商务印书馆总经理于殿利到会致辞，副总经理周洪波主持会议。

（朱俊玄）

首届"诗词中国"传统诗词创作大赛启动

2012年9月28日，由中华书局发起，《光明日报》、中央电视台、中华诗词研究院、中华诗词学会共同主办，中国移动通信集团协办的首届"诗词中国"传统诗词创作大赛正式启动。国务委员兼国务院秘书长马凯到会祝贺并发表讲话。新闻出版总署副署长邬书林、光明日报社总编辑何东平、中央电视台总编辑罗明、中国移动通信集团公司总裁李跃、中国出版集团公司副总裁李岩等出席。叶嘉莹、白化文、郑欣淼、林岫等著名学者和部分在京评委参加了启动仪式。

启动仪式上，大赛主办方的负责人分别致辞。徐俊作在发言中说，此次与各方联合举办"诗词中国"传统诗词创作大赛，也是中华书局探索出版创新之路的一个尝试。通过手机短信、彩信、飞信、网络等途径征集原创诗词作品，并通过网络论坛、电视、视频、微博、报纸、期刊、图书等全媒体形式对大赛进行全程播报，传播大赛作品，这是中华书局第一次利用全媒体方式进行的传统文化传播活动。在这次活动中，中华书局将建立“诗词中国”官方网站，开发手机格律检测软件，出版诗词普及读物，开展全国范围的“大家推荐诗词书”活动，举办诗词吟唱会、研讨会。通过全方位的努力，一定会有越来越多的人，尤其是“数字化生存”的年轻人爱上传统诗词。

此次大赛征集绝句、律诗、古风和词四类原创作品，字数上限为140字。2012年10月10日至2013年1月31日为大赛的作品征集阶段。2013年2月为专家评审阶段，2013年3月为公示阶段，而后将举办“诗词中国”颁奖晚会。

（梁　彦）

中国出版集团公司试行骨干编辑人员选题创新计划

2012年9月，集团公司设立了骨干编辑创新专项资金，开始试行骨干编辑人员选题创新计划。根据《骨干编辑人员选题创新计划实施方案》，在收益共享、风险共担原则下，集团公司支持各单位骨干编辑设立出版工作室、选题策划公司等实体机构，依托所在单位开展选题创新业务。

经过自主申报和两级遴选，人民文学出版社的脚印、王瑞琴获得骨干编辑创新计划投资。其中，脚印荣获集团首届“十佳编辑”称号，责编的《长征》、《国运——南方纪事》、《暗算》等图书多次获中宣部“五个一工程奖”和茅盾文学奖；王瑞琴是畅销书《哈利·波特系列》的责编，曾荣获“全国三八红旗手”称号。

根据实施方案，集团公司将与人民文学出版社、骨干编辑工作室负责人共同签署《中国出版集团公司骨干编辑人员选题创新计划实施合同》。根据该合同，集团公司作为甲方需向两个骨干编辑工作室分别投入25万元创新基金，人民文学出版社作为乙方需安排配套资金，骨干编辑作为丙方需分别出资至少30%。创新投入所产生利润的40%奖励给丙方，其余由甲方和乙方共同分配。工作室需每年将年度出版计划、经营管理和财务审计情况向集团报告一次，每三年进行一次利润考核。

（何　奎）

《贾又福全集》（8卷）出版

2012年9月，荣宝斋出版社出版了《贾又福全集》（8卷）。该书精选贾又福绘画作品数百幅，集中展示了画家从艺50年来的艺术创作成果。贾又福先生潜心山水画艺术创作和中国画理论研究数十年，三十多次深入太行山区体察感悟生活和自然，在长期从事山水画教学实践过程中逐步确立了一套适应时代发展要求的山水画教学体系。他提出的“观化”山水，渊源于传统，植根于造化，重视发展笔墨语言。其幽邃神秘的山水画审美风格和语言样式，超越了抒发小我乡绪和简单歌颂山河壮丽的审美范式，上升到广大无边的宇宙境界和精神层面，独具一格。该书的出版将对当代中国画坛的学术性探索产生积极的影响。

（刘　芳）

中版教材有限公司国际版《书法》教材立项工作会议召开

2012年10月15～16日，中版教材有限公司国际版《书法》教材立项工作会议在首都师范大学召开。会议由中版教材有限公司总经理罗争玉主持，教材副主编叶培贵教授、中版教材公司书法事业部主任尹兴、华文出版社国际合作部主任张立坤及编写人员、编辑团队共20余人参加了会议。

会上，编写团队初步确定了根据外国人的阅读习惯和接受能力，以及他们对中国传统文化的了解程度，去除国内版本中晦涩难懂的部分，将国内版本3～6年级改版为国际版初级，初中部分改编为国际版中级，高中部分改编为国际版高级，以便适用于不同程度的外国学习者。会上还确定了国际版《书法》版权输出相关事宜。

（星昕昕）

《知青日记及后记水·魅》作品研讨会举行

2012年10月19日下午，人民文学出版社与北京大学中国诗歌研究院在北京联合举办了骆英诗集《知青日记及后记水·魅》作品研讨会。北京大学教授谢冕、洪子诚、陈跃红、胡续冬、吴晓东，首都师范大学教授王光明，四川作协副主席、成都师范学院教授邓贤，《文艺报》主编阎晶明，著名书评人解玺璋，前歌德学院院长阿克曼，诗人林莽、熊光炯、雨田、李小雨和汪剑钊等参加了研讨会。人民文学出版社副社长李春凯参加会议并致辞。会议由著名诗人唐晓渡主持。

骆英诗集《知青日记及后记水·魅》是一部记述知青生活的诗集，作者以诗歌的方式回忆了自己做知青期间的诸多朋友以及许多有趣而难以磨灭的往事。会上，大家对这部诗集给予一致好评。（宋　强）

商务印书馆承办“中国辞书高层论坛——纪念中国辞书学会成立20周年”大会举行

2012年10月28日，由中国辞书学会主办、中国辞书学会辞书编辑出版专业委员会和商务印书馆承办的“中国辞书高层论坛——纪念中国辞书学会成立20周年”大会在商务印书馆礼堂召开。中国辞书学会会长江蓝生、教育部语言文学信息管理司司长张浩明分别致辞，江蓝生、学会副会长兼秘书长韩敬体分别作了题为《汉语词语书写形式的革新——谈谈字母词的身份与规范》、《中国辞书学会20周年的历史回顾》的专题报告。巢峰、晁继周、徐庆凯、苏培成、王维新、章宜华、周明鉴、郑述谱、左大成、李建国、张万起、张志毅等50多位来自全国各高校、科研机构和出版单位的专家学者出席。商务印书馆总经理于殿利主持会议。（余桂林）

世界图书出版西安有限公司参加2012年陕西省“出版杯”职业技能大赛

2012年10月28日至30日，世界图书出版西安有限公司选配赵亚强、冀彩霞、陈康宁3名编辑和陈岚、吴彦莉、刘小兰3名校对人员参加了由陕西省科文卫体工会主办、陕西出版集团承办、陕西省出版协会协办的2012年陕西省“出版杯”职业技能大赛。大赛共设文字编辑和校对2个工种，来自陕西省16家出版单位的90名选手参加了对决。经过激烈角逐，世界图书出版西安有限公司取得了优异的成绩，并获得了“优秀组织单位”的荣誉称号，其中，冀彩霞和吴彦莉分别获得了“优秀文字编辑”和“优秀校对工”的荣誉称号。

通过本次大赛，不仅加强了世界图书出版西安有限公司与其他出版社之间的交流与学习，而且充分展示了世界图书出版西安有限公司的行业形象及编辑风采，特别是参赛选手的职业技能得到了进一步的提高，对于激励广大职工不断努力学习新知识，提高岗位职业技能，推动公司更好更快的发展具有积极的现实意义。

（薛春民　赵亚强）

《中国诗歌通史》新书发布暨出版座谈会举行

2012年10月29日上午，由人民文学出版社和首都师范大学中国诗歌研究中心联合举办的《中国诗歌通史》新书发布暨出版座谈会在中国出版集团公司11楼会议室举行。中国出版集团副总裁、党组成员李岩，中国国家图书馆党委书记、常务副馆长詹福瑞，首都师范大学校长刘新成，北京市社会科学规划办公室副主任李建平，中央民族大学中国少数民族语言文学学院院长文日焕，首都师范大学中国诗歌研究中心教授赵敏俐、吴思敬等专家和学者参加了会议。社长管士光参加会议并讲话。会议由总编辑助理、古典文学编辑室主任周绚隆主持。

《中国诗歌通史》是由首都师范大学赵敏俐、吴思敬教授主持，国内十余位著名学者参加的国家社会科学基金重点项目，经过近8年的精心结撰，2012年6月由人民文学出版社正式出版。该书共计11卷，总字数817万。它贯通古今，包容汉民族诗歌和各少数民族诗歌，是迄今为止规模最大的一部名副其实的“中国诗歌通史”，它的编撰和出版，具有重要的学术意义和文化意义。在会上，专家学者对此书的出版给予一致好评。（宋　强）

中国大百科全书出版社举办专科词典编纂讲座

2012年10月29日，中国大百科全书出版社举办专科词典编纂讲座。邀请了全国辞书界的专家巢峰、徐庆凯两位先生为大家进行专科词典编纂方面的讲座。讲座中，巢峰首先为大家做了精彩的开场白，并介绍了百科全书的发展历史。此后，徐庆凯详细讲解了专科词典的编撰知识，包括专科词典的特征、类型与发展，与语文词典、综合性词典、百科全书的区别，着重讲解了专科词典的编撰理念——“十二意识”，等等。讲座涵盖的内容十分广泛，案例分析透彻，对编辑人员，特别是对于从事辞典编辑工作者提高自身的专业知识、业务水平有积极的促进作用。副社长刘晓东、副总编辑阿去克、马汝军出席了讲座，各部门领导和编辑人员参加。（王　瑜）

中国大百科全书出版社举办内容创新暨2013年度选题工作会议

2012年10月30～31日，中国大百科全书出版社内容创新暨2013年度选题工作会议召开，执行总主编杨牧之，中国出版集团公司副总裁李岩、出版部主任张贤明、对外合作部主任周群、出版部处长杜宇，中国大百科全书出版社社委会成员及各部门正副职、首席编辑、营销编辑人员共计六十余人参加会议。本次会议以内容创新为主题，各编辑部紧紧围绕这一主题和中国大百科全书出版社4+1选题板块、品牌产品线，对2012年1～10月本部门工作整体情况及本年度选题计划落实情况、对本部门相应板块的市场调研情况和2013年度本部门重点选题计划安排情况这三个方面做了详细的分析总结和介绍，共提出图书和数字化选题六百余种。会议专门安排了《中国大百科全书》（第三版）专题介绍，并展示了网络版部分样条，大家针对相关议题进行了热烈的讨论，为内容创新、选题开发、百科发展献计献策。（王　瑜）

《心远——一个教育世家的百年沧桑》作品研讨会举行

2012年10月31日，人民文学出版社在北京大学举办了《心远——一个教育世家的百年沧桑》作品研讨会。中国国际战略学会名誉会长、上将熊光楷，中国作家协会副主席陈建功，原解放军艺术学院院长、将军陆文虎，原总政艺术局局长、著名评论家汪守德，北京大学教授程郁缀、张颐武、戴锦华，人民大学文学院教授马相武，中国作家协会创联部理论处处长、研究员李朝全，中国报告文学协会副会长李炳银，著名评论家曾镇南，人民文学出版社社长管士光，副社长李春凯及作者熊光炯等参加了会议。

该书以江西南昌“教授村”月池村熊氏家族的百年办学为线索，串联了整个中国近现代史的各个历史节点。作者熊光炯本人就是月池村人，他对熊氏家族的历史做了大量调查，他希望通过对这段历史的追寻，对当今的中国教育事业也能产生积极影响。（宋　强）

《永恒的三峡记忆——伍必端写生画集》出版

2012年10月，荣宝斋出版社出版了《永恒的三峡记忆——伍必端写生画集》。画家伍必端一生曾多次到三峡写生，他用画笔将三峡沿岸的美丽景致一一记录下来。画集精选其创作的百余张真实再现三峡壮美风光的速写、彩墨写生作品，是一次全景展现三峡之美的艺术尝试，令人为之震撼。三峡大坝建成之后，很多历史遗迹都已淹没在江水之下。画集中记录的老三峡的点滴风貌，也就成为人们记忆中的珍贵图像。

（刘　芳）

《微观西藏》（汉英版）出版座谈会召开

2012年11月1日，商务印书馆召开《微观西藏》（汉英版）出版座谈会。《微观西藏》（汉英版）一书是党的十八大主题出版项目。中国藏学研究中心社会经济研究所副所长旦增伦珠、知名西藏题材女作家马丽华、中国西藏文化博物馆当增扎西博士、新华社对外部主任严文斌、人民网舆情监测室秘书长祝华新、商务印书馆总经理于殿利等十余位来自藏学界、文化界、新闻界、出版界的代表，共同就《微观西藏》（汉英版）的内容和形式创新进行了探讨。

（储丹丹）

“海德格尔《哲学论稿》（中文版）专题研讨会”召开

2012年11月2日，由中国人民大学哲学院承办的商务印书馆学术论坛——“海德格尔《哲学论稿》（中文版）专题研讨会”在北京召开。《哲学论稿：从本有而来》是海德格尔最重要的两部哲学著作之一，是海德格尔关于存在问题的首次全面尝试。2012年5月，孙周兴所译的该书中文版由商务印书馆出版。

研讨会上，来自全国各高校20多名专家学者针对《哲学论稿：从本有而来》展开热烈讨论。孙周兴教授作了主题发言，陈述了整个翻译过程以及他对《哲学论稿：从本有而来》的理解。张祥龙、倪梁康、丁耘、张旭、张志扬、陈春文、张庆熊、方向红等专家分别作了专题发言，集中探讨了海德格尔关键概念的翻译、翻译与哲学研究之间关系等问题。

（李　霞）

人民文学出版社等联合举行茨威格学术研讨会暨《茨威格读本》新书发布式

2012年11月5日，为纪念奥地利中短篇小说大师茨威格逝世70周年，由人民文学出版社与中国人民大学外国语学院、北京市新闻出版局、首都出版发行联盟和中德语言文学文化研究年刊《文学之路》编辑部联合举办的“国际视野中的斯·茨威格研究与接受”国际学术研讨会开幕式在中国人民大学隆重举行，同时举办了《茨威格读本》新书发布仪式。

来自奥地利、德国、以色列、英国、日本和国内各高校约50多名专家学者与会，其中包括斯·茨威格国际研究协会主席H. Holl教授，中国著名日耳曼学者、茨威格作品的重要翻译者张玉书教授等。奥地利驻华大使艾琳娜、中国人民大学校长陈雨露、人民文学出版社社长管士光出席并致辞。人民文学出版社副总编辑兼天天出版社总编辑肖丽媛出席了开幕式。著名作家余华也参加活动并在现场与大家交流了他阅读茨威格作品的心得感受。

《茨威格读本》由北京大学张玉书教授撰写导读文章，收入了茨威格中短篇小说名作、重要散文和书信，并附有名家点评、茨威格生平创作年表和推荐书目。

（宋　强）

生活·读书·新知三联书店2013年度选题研讨会召开

2012年11月8～10日，生活·读书·新知三联书店（以下简称“三联书店”）在河北省三河市燕龙生态度假酒店召开了2013年度选题研讨会。集团公司领导干部、店领导班子成员、各分社全体编辑、各部门负责同志及相关工作人员参加会议。

总经理樊希安在会议开始时作了动员报告，会议结束时又做了讲话，总结会议取得的具体成果与重要收获。他指出，三联书店在八十年辉煌之后再出发，需要总结成果、谋划未来，必须要有长远的选题规划和清晰的发展思路，要以强烈的责任感和使命感，切实抓好选题工作，坚持出版底线，狠抓图书营销，并明确2013年为“产品营销年”，编辑人员在重点选题规划的最初，就应该深层介入营销工作，创造出几个经典的营销案例，特别要注重出版节奏问题和时序问题。

集团出版业务部主任张贤明、中版国际传媒有限公司常务副总经理刘忠、集团对外合作部副主任周群、集团办公室何奎分别在会上发表讲话，积极评价了选题工作，指出了不足之处并提出了很多有益的建议。

集团公司副总裁李岩作重要讲话，他充分肯定了本次选题会的质量与成果，赞许三联书店的材料准备充分、发言切中实际，通报了集团公司2013年在选题方面的重要工作规划，并就产品规划与统筹、营销整合、创新能力和作者资源等方面的问题，对以后选题编辑出版工作提出了要求。

人民文学出版社2013年年度选题论证会召开

2012年11月9日上午，人民文学出版社召开2013年年度选题论证会，社领导班子成员和全体编辑人员等参加了会议。

首先，副社长李春凯介绍2012年1～11月的生产经营情况，重点分析了图书发行情况和各编辑室图书市场表现情况，并着重指出了目前生产流程中存在的突出问题和解决方案。之后，人民文学出版社邀请北京开卷信息技术有限公司副总经理蒋艳萍分析全国文艺图书市场整体情况，并有针对性地分析了文学、少儿图书各个门类及人民文学出版社图书的市场监控数据，为人民文学出版社做好年度选题论证会工作提供了参考。

最后，社长管士光作了会议总结。他指出，各编辑室在谋划年度选题时，要认真总结经验，争取在产品线建设和重点亮点图书出版方面有所突破。他同时要求发行部要认真做好回款工作，确保全年任务指标的顺利完成。（宋　强）

“中华字库”总体组参加国际标准化组织表意文字工作组第39次会议

2012年11月11～16日，国际标准化组织表意文字工作组第39次会议在越南河内举行。“中华字库”总体组派出两名代表，与工业和信息化部电子工业标准化研究院、北京师范大学、商务印书馆、上海华康计算机技术有限公司等机构的代表组成6人中国代表团，全程参加会议。

本次会议的代表来自日本、韩国、越南等国家，中国大陆和台湾地区的代表也参加了会议。会议讨论了CJK统一汉字扩充E的收尾阶段工作及CJK统一汉字扩充F的启动阶段工作，并达成了相应的决议。

在会议期间，“中华字库”总体组代表也与其他国家和地区的代表进行了充分的交流，在介绍“中华字库”工程的同时，为今后合作打下了良好基础。（严　可）

华文出版社召开2013年度选题计划工作会

2012年11月12日，华文出版社召开2013年度选题计划工作会。中国出版集团公司副总裁李岩出席会议并讲话。中国出版集团公司相关业务部门领导，中央统战部宣传办出版处处长齐连振，中关村图书大厦社科学术部经理孟相红出席会议。华文出版社社长罗争玉主持会议。华文出版社领导班子及发行部主任、全体编辑参加会议。

李岩在会上高度肯定了华文出版社2013年的选题计划制定工作，认为华文出版社产品线越来越清晰，能够按照“专业化、规模化、市场化、品牌化”的逻辑进行选题部署，传记类图书尤其凸显了其在集团公司中的独特优势。他对华文出版社的选题工作做了三点要求：一是选题任务量较大，要做进一步规划，细致划分读者群，仔细斟酌作者人选和装帧设计；二是从当前出版形势来看，要更加关注市场，关注营销，适当加大营销资源的配置，善于借鉴先进的营销经验，积极探索新的营销模式，开辟新的营销渠道；三是要把握好“战略”、“流程”和“人员”三个关键要素，明确发展战略，围绕清晰的产品线，加强流程重组和人员结构的调整，做出品牌。（陆虹宇）

中国新诗与《星河》办刊方向研讨会召开

2012年11月20日，由人民文学出版社主办、《星河》编辑部承办的的中国新诗与《星河》办刊方向研讨会在杭州举行。《星河》是人民文学出版社出版的大型新诗丛刊，2010年以来已出版十余期。浙江省作家协会有关领导，国内老、中、青新诗评论家和诗人共三十余人与会，社长管士光和编辑李明生参加了会议。管士光在发言中介绍了人民文学出版社新诗出版和《星河》编辑出版的有关情况，希望通过《星河》这个平台与国内诗歌界的朋友们建立良好的合作关系。

会议期间，管士光还与浙江省作协有关领导研究讨论了2013年举办冯雪峰同志百年诞辰纪念活动的合作项目及具体计划。（宋　强）

《红豆馆拍正词曲遗存》出版座谈会召开

2012年11月21日，《红豆馆拍正词曲遗存》出版座谈会在商务印书馆召开。2012年是红豆馆主爱新觉罗·溥侗诞辰135周年，为了纪念这位著名的京朝派昆曲大师，商务印书馆与北京戏曲艺术职业学院（北京市艺术研究所）联合，将该院珍藏的红豆馆主部分词曲原稿影印出版。《红豆馆拍正词曲遗存》中的大量曲谱均为红豆馆主亲自抄录，具有较高的曲学价值和书法价值。

座谈会特邀中国艺术研究院、中国戏曲学院、北京戏曲艺术职业学院等相关研究机构戏曲专家楼宇烈、程毅中、钮骠、欧阳启名等对昆曲艺术有深入研究的知名学者及媒体汇聚一堂，共同缅怀这位京朝派昆曲艺术大师。

中央美术学院滋兰昆曲社特别为本次研讨会精心编排了“红豆馆清音”，演唱的6首散曲均来自《红豆馆拍正词曲遗存》。与会专家充分肯定商务印书馆出版此影印本对推动昆曲艺术发展的意义。（赵　娟）

中国美术出版总社2013年度选题研讨会召开

2012年11月21日，中国美术出版总社召开2013年度选题研讨会，社领导汪家明、林阳、欧京海、胡建斌等以及全体图书编辑、总编室及营销中心负责人参加会议，中国出版集团公司副总裁李岩与对外合作部副主任周群等出席了会议。会上，中国美术出版总社新任社长汪家明分析了本社现有的优势、存在问题，并从“品牌经营、内容创新、人才强企、结构调整、数字化出版、团队建设”几个方面对下一步总社的选题及出版工作提出了独到的思考和工作部署。中国出版集团副总裁李岩在会上作了重要讲话，对中国美术出版总社下一步选题工作提出了若干要求。全体与会人员围绕李岩和汪家明的讲话，对2013年度的选题工作展开了热烈讨论，有信心以新的出版业绩回馈读者，完成上级交给的任务。（汤　锐）

《陈独秀江津晚歌》研讨会召开

2012年11月25日上午，由人民文学出版社和第四军医大学共同主办的《陈独秀江津晚歌》研讨会在北京举行。《解放军报》社长黄国柱、中国作协创研部主任梁鸿鹰、总政宣传部艺术局局长姜秀生、著名文艺评论家雷达等参加了研讨会。社长管士光参加会议并发言，对此书的出版价值与出版过程作了介绍。

《陈独秀江津晚歌》讲述陈独秀客居江津的困顿岁月。陈独秀用他的一生探寻民主与科学的理想之路。暮年，他却孤独无助，没有追随者，成为一个病痛和穷困缠身的老人。邓燮康一家拥有大量实业，富有平和，皆有古道热肠、急公好义之情怀，始终心系贫困大众，以悲悯之心帮助困窘中的人。在陈独秀流离江津的4年中、邓燮康给予他深切关照。该书的出版对了解陈独秀晚年岁月具有重要研究价值。（宋　强）

"你好，新疆"青年沙龙举行

2012年11月27日，人民文学出版社举办"你好，新疆"的青年沙龙。本次沙龙由出版社团委组织，邀请人民文学出版社两位先后赴新疆地区交流的青年编辑胡文骏、文珍和策划出版"新疆人文地理"系列图书的编辑杜丽，一起为社内青年员工作主题报告。

两位亲赴新疆地区的青年编辑结合100多幅图片，对在新疆交流期间的所见、所闻、所思、所感作了精彩演讲，杜丽则从"新疆人文地理"系列选题的出版缘起出发，以丰富的资料对特殊选题的运作作了精彩发言。社长管士光全程参加了活动并发言，他鼓励青年员工要放眼远方、开拓视野、充实知识、坚持理想，秉承出版人的责任感和使命感，继承和发扬人民文学出版社的优良传统，相互促进、相互激发，不断提高自己的工作能力和业务水平。

人民文学出版社青年沙龙是人民文学出版社团委组织的青年员工交流活动，已举办多次，分别从出版社的营销业务、编辑业务等方面进行研讨，促进了青年员工的互动交流，取得了良好效果。（宋　强）

《新时代汉西大词典》研讨会召开

2012年11月30日，商务印书馆与上海外国语大学共同主办的《新时代汉西大词典》研讨会在上海外国语大学会议中心召开。会议由上海外国语大学西方语学院副院长陆经生主持，商务印书馆总经理于殿利和上海外国语大学校长曹德明出席并致辞，《新时代汉西大词典》主编孙义桢作主题发言。来自上海外国语大学、外交部、中央编译局、北京第二外国语大学、中国国际广播电台、北京航空航天大学、上海外语教育出版社和上海译文出版社的近20名编委与会。与会代表一致肯定了编纂《新时代汉西大词典》的重要意义，确定了《新时代汉西大词典》的编写原则和主要体例，并就一些具体细节问题进行了充分讨论。（崔　燕）

《音乐研究》获得国家社科基金第一批学术期刊资助

2012年11月，国家社科基金第一批学术期刊资助申报公告于2011年12月发布，截至2012年2月中旬，共有347种期刊申报。最终经过专家评审和全国哲学社会科学规划领导小组批准，人民音乐出版社主办的《音乐研究》获得国家社科基金第一批学术期刊资助，每年资助40万元。

《音乐研究》1958年2月创刊，50多年来始终致力研究祖国传统的音乐艺术，关注国内外音乐学术最新发展，并发展成为全国性的大型音乐理论学术期刊。2008年在刊物创办五十周年之际重新恢复双月办刊，成为目前国内刊期最短的音乐学术刊物，并在全国社科类核心期刊（CSSCI来源期刊）评比中连续三年获得艺术学科排名第一的好成绩。（吴明静）

《国家救援：一切为了人民》入选新闻出版总署迎接党的十八大重点出版物

2012年11月，由现代出版社出版、原中国人民解放军总参谋部作战部应急办公室主任李海洋主编的大型报告文学《国家救援：一切为了人民》入选新闻出版总署迎接党的十八大重点出版物。

《国家救援：一切为了人民》是一部以迎战SARS病毒，抗击南方雨雪冰冻灾害，汶川、玉树抗震震救灾，舟曲特大泥石流抢险救灾，撤离利比亚中方人员行动为背景创作的一部大型报告文学。全书三十五万余字，收集珍贵图片一百五十余幅，描写救援过程点面结合，有波澜壮阔的救灾救援全景，也有受灾受困群众坚强自救的故事；既有决策层科学抉择的真实写照，也有救灾一线官兵、群众和志愿者的英勇事迹。本书全景再现了近10年间，我国发生的重大自然灾害和突发事件，全面反映了中国共产党在重大灾害和突发事件发生时，从容镇定、运筹帷幄，领导全国人民共赴时艰、力挽狂澜的光辉历程。

该书一经出版就引起了广泛的社会关注，人民网、共产党员网和各大平面媒体都进行了深入报道，被新闻出版总署列入全国80种迎接党的十八大重点出版物之一，同时该书的出版工作也列入了2012年国家出版基金支持项目。

（李　鹏）

《台湾村纪事》出版座谈会举行

2012年12月7日，华文出版社在北京举行《台湾村纪事》出版座谈会。国务院台湾事务办公室宣传局局长杨毅出席会议并讲话；《文艺报》主编、著名评论家阎晶明，茅盾文学奖获得者、著名作家周大新，北京市作家协会副主席、著名作家徐坤，茅盾文学奖获得者、八一电影制片厂副厂长柳建伟，《人民文学》副主编、著名作家邱华栋，中国出版集团公司出版业务部主任张贤明等在座谈会上发言；河南省邓州市委宣传部副部长刘法令，河南省南阳市台办主任徐朝炎，河南省邓州市台办副主任马黎，河南工业大学挂职邓州“台湾村”书记霍清廉，该书作者、邓州市文联主席闫俊玲等出席会议。著名作家二月河致电祝贺。中国作家协会书记处书记李敬泽、中国作家协会创作研究部主任梁鸿鹰专门发来了书面意见。华文出版社社长罗争玉主持会议。

《台湾村纪事》为国务院台湾事务办公室重点资助项目，由华文出版社出版，是一部记录河南“台湾村”高山族后裔的口述史作品，由著名作家二月河亲笔作序，邓州市文联主席闫俊玲历时两年创作完成。该书以乡民自述方式，叙述了他们历经300多年的身世之谜，讲述了改革开放30年来其民俗、生活及情感的变迁；融国事家情、民俗文化于一炉，堪称来自中原腹地和历史深处、沟通海峡两岸的另一部《我们台湾（村）这些年》。杨毅对《台湾村纪事》给予高度肯定，评价其为国情教育的好教材、对台宣传的好作品。

（陆虹宇）

“21世纪年度最佳外国小说（2012）·微山湖奖”颁奖典礼举行

2012年12月12日上午，由人民文学出版社与中国外国文学学会联合举办的“21世纪年度最佳外国小说（2012）·微山湖奖”颁奖典礼在北京举行。原中国出版集团公司总裁、韬奋基金会理事长、“21世纪年度最佳外国小说”评选活动主任聂震宁，人民文学出版社社长管士光、副总编辑肖丽媛、副社长李春凯，相关国家大使馆工作人员等参加了活动。本届获奖作品《阳光下的日子》的作者德国作家米夏埃尔·库普夫米勒专门抵京领奖，并在颁奖现场与读者分享了他的获奖感受和对自己作品的独特理解。

自2002年第一届评选揭晓至今，“21世纪年度最佳外国小说”评选活动已成功举办了11届，共有20个国家的69部优秀作品获奖。2012年德国作家米夏埃尔·库普夫米勒的《阳光下的日子》、俄罗斯作家弗拉基米尔·索罗金的《暴风雪》、西班牙作家哈维尔·莫罗的《帝国之王》、美国作家莉迪亚·米列特的《鬼火》、英国作家格雷厄姆·斯威夫特的《唯愿你在此》、瑞典作家谢什婷·埃克曼的《骗局的辉煌落幕》和法国安娜-杜芬妮·朱利安的《沙滩上的小脚印》等7部作品获奖。（宋　强）

现代教育出版社2013年度选题工作研讨会召开

2012年12月13日，现代教育出版社2013年度选题工作研讨会召开，会议由副总编辑沈悦苓主持，相关部门负责人参加会议。会上对2013年度选题计划作了说明，阐述了产品线建设的相关情况。会议最后，沈悦苓又对如何进一步完善出版计划、提高图书质量等问题，提出了具体意见和建议。中国出版集团公司出版业务部有关人员应邀参加。

（杨　静）

《中华大藏经（汉文部分）续编》编纂工作研讨会召开

2012年12月16日，中华书局《中华大藏经（汉文部分）续编》编纂工作研讨会在香山饭店举行，国家宗教局副局长蒋坚永及中国佛教协会副会长学诚法师等佛教界代表，来自北京、上海、南京、西安等地的编纂委员会的专家学者，以及国家出版基金会负责人等共30多人出席。会上，《中华大藏经（汉文部分）续编》编纂委员会负责人报告了编纂状况，并就该项目的规模、结构、实施阶段、编辑体例等问题进行了讨论。总编辑徐俊出席会议，总经理总编辑办公室、古籍学术出版中心相关同志参加。

（梁　彦）

《李瑞环谈京剧艺术》出版暨京剧艺术发展座谈会举行

2012年12月19日上午，由全国政协京昆室和中国出版集团公司联合举办的《李瑞环谈京剧艺术》出版暨京剧艺术发展座谈会在全国政协礼堂举行。全国政协副主席、京昆室主任、中国文联主席孙家正，全国政协常委、副秘书长蒋作君，新闻出版总署副署长邬书林，中宣部出版局副巡视员张凡，全国政协京昆室副主任张国祥、李世济、叶少兰，中国出版集团公司副总裁李岩，著名京剧表演艺术家谭元寿、杜近芳等全国政协京昆室成员以及戏曲、新闻出版等各界人士代表参加了座谈会。座谈会由中国出版集团公司副总裁李岩主持。生活·读书·新知三联书店总经理樊希安在座谈会上作了发言。

《李瑞环谈京剧艺术》一书集中收录了李瑞环同志从1986年11月19日~2009年4月12日有关京剧艺术的讲话、文稿50篇，很多内容系首次披露。从这本书中，可以看到李瑞环同志在京剧艺术领域的真知灼见，他对艺术院团的改革思路，他管理文化艺术工作时宽容、开明的态度，可以看到他在理论和实践两方面，为京剧艺术走出困境得以传承和健康发展作出的历史性贡献。书中凸现了李瑞环同志由衷地喜爱京剧艺术，倾注大量心血，为振兴京剧艺术作出了不可替代的贡献。该书由生活·读书·新知三联书店出版。

（鞠晓辉）

人民音乐出版社关于北京地区教材版本使用情况座谈会举行

12月20日，人民音乐出版社关于北京地区教材版本使用情况座谈会在北京市丰台区南宫宾馆举行。会议由发行二部主任张伯平主持，发行二部主管、业务员、北京市新华书店各区片教材销售经理共12人参加了会议。会上张伯平就2012年北京地区教材发行情况作了介绍，相关业务员也就各自分管工作发表了意见，并进一步与北京市新华书店各区片的经理进行了交流。

会上，人民音乐出版社发行二部介绍了人民音乐版教材的基本情况，如中小学起始年级的教材改版，是严格按照《基础教育课程改革纲要》的要求，以努力打造适应全国中小学音乐教学水平的教材为根本目标，新的教材使用了更加优良的纸张及更贴近学生审美情趣的设计，课程设置上体现普及性、基础性和发展性，融入了更加广泛的人文主题，更强调以教材为桥梁，建立互动式的师生教学关系。总体来讲，新版本教材在使学生获得知识的同时，更加注重提升学生的艺术素养，突出“学生发展为本”的主题。

北京市新华书店各区片的经理在听取介绍后，纷纷表示人民音乐版的音乐教材始终是他们的首选。整套教材的选材丰富而精当，技能涵盖重要经典，又独具创意；知识与技能的呈现方式形象直观，贴近学生的审美情趣；教材内容结构比较合理，符合学生的认知规律。北京地区的音乐老师普遍反映良好，可以说整套教材得到了一线教师的认可。

会议广泛听取了北京市新华书店各区片经理对自管区域的教材发行情况的介绍，基本了解了北京地区2011年的市场情况及未来的努力方向。张伯平特别针对人民音乐出版社教辅新产品，如中小学音响教学资源库，中小学音乐教育理论与实践研究资料等基本特点进行了宣传推广。

（吴明静）

人民美术出版社、连环画出版社联合举办“王叔晖与人民美术出版社暨纪念王叔晖百年诞辰”座谈会

2012年12月26日，人民美术出版社、连环画出版社在北京市东城区北总布胡同23号中国美术出版总社原址联合举办“王叔晖与人民美术出版社暨纪念王叔晖百年诞辰”座谈会，会议由中国美术出版总社社长汪家明主持，林阳、欧京海、胡建斌等以及中国出版协会连环画艺委会主任姜维朴、中国美术家协会连环画艺委会主任沈尧伊、北京工艺美术学校副教授任梦龙、连趣网CEO赵刚出席，参加会议者还有连环画名家陈惠冠、连环画收藏家王家龙以及蒋力、张立宪等有关专家、学者。与会人员畅谈王叔晖的绘画成就及其对中国画坛所作的重要贡献，并对中国美术出版总社及中国美术的未来做了积极的展望。

（汤　锐）

生活·读书·新知三联书店2012年新年作者聚谈会举行

2011年12月27日下午，生活·读书·新知三联书店在书店二楼的雕刻时光咖啡馆举办了2012年新年作者聚谈会。资中筠、刘梦溪、陈四益、章诒和、李零以及三联书店前总经理沈昌文、董秀玉等百余位嘉宾参加了这次聚谈会。总经理樊希安、总编辑李昕、副总经理潘振平以及三联书店的全体编辑人员参加了聚会。作者、译者和编辑们欢聚一堂，畅叙友谊，共谋发展。

三联书店建店八十年来，形成了编辑和作者、译者亲密合作的优良传统，一年一度的新春作者聚谈会作为编辑和作者沟通交流、增进感情的平台，在业内一直被津津乐道，誉为佳话。2012年将迎来三联书店八十周年店庆，本次座谈会回归三联书店的老传统——“一杯咖啡叙友情”，不安排领导讲话，不安排固定座位，不指定嘉宾发言，没有开头结尾仪式；大家随意落座，自由组合，畅所欲言，共谋多出好书。通过新春聚谈会，编辑和作者交换了思路，畅谈了友谊，对打造编者、作者、读者三位一体的三联文化有良好的促进作用。

（鞠晓辉）

《中国古籍总目》出版座谈会召开

2012年12月28日，由全国古籍整理出版规划领导小组主持编纂、中华书局和上海古籍出版社联合出版的《中国古籍总目》出版座谈会在新闻出版总署二层多功能厅召开，近百位学术界、图书馆界、出版界专家学者齐聚座谈会。新闻出版总署署长、全国古籍整理出版规划领导小组组长柳斌杰出席座谈会并讲话。座谈会由新闻出版总署副署长、全国古籍整理出版规划领导小组副组长邬书林主持。

柳斌杰在讲话中指出，《中国古籍总目》是我国古籍整理出版事业基础性、奠基性的工程，它的成功出版不仅标志着我国古籍整理工作取得重大成果，而且也标志着我国在目录学领域取得重要进展。这对于进一步推动我国古籍整理出版事业发展、建设优秀传统文化传承体系，具有十分重要的意义。他深入总结了《中国古籍总目》工程在实施过程中的五条成功经验，即国家重视、通力合作、依靠专家、确保质量和自觉担当，并对参与工程编纂出版的古籍整理出版工作者所体现出的无私奉献精神给予了高度评价。

结合党的十八大精神，柳斌杰对新时期进一步做好古籍整理出版工作提出了要求。他强调，要站在保存民族永恒记忆、传承中华优秀文化的高度，深刻认识新时期做好古籍整理出版工作的重大意义；要充分发挥古籍整理出版规划的引领作用，逐步完善脉络清晰、重点突出的古籍整理出版体系；要不断提高古籍整理出版的水平，为

中华民族文化宝库留下更多有价值的、民族的、优秀的传世经典；要努力依托专家加快培养高技术专门人才，以造就更多的古籍整理出版名家大师；要积极运用新技术，进一步构建古籍历史文明传承的新平台、新渠道，提升中华传统文化的影响力与传播力。

座谈会上，原新闻出版总署副署长、《中国古籍总目》工作委员会主任、编委会主编杨牧之介绍了编纂出版情况，北京大学教授、中央文史馆馆长、全国古籍整理出版规划领导小组副组长袁行霈及参与编纂、审稿的专家代表等分别作了重点发言。中宣部出版局局长郭义强参加座谈会并讲话。新闻出版总署出版管理司司长、全国古籍整理出版规划领导小组办公室主任吴尚之宣读了表扬通报。其中，中华书局冯宝志、刘彦捷等因《中国古籍总目》的出版作出突出贡献，获得新闻出版总署颁发的荣誉证书。（梁　彦）

商务印书馆与香港三联书店签署《微观西藏》繁体字版授权出版协议

2012 年 12 月，商务印书馆与香港三联书店签署《微观西藏》繁体字版授权出版协议，香港三联书店将在香港地区出版《微观西藏》繁体字版本。《微观西藏》（英汉版）是百余种迎接党的十八大主题出版重点出版物之一，也是唯一入选的涉藏图书。该书将新媒体的理念和精髓引入到传统图书出版中来，在表现力、吸引力、感染力等方面跃上了一个新的台阶，为创新涉藏外宣的思想观念和方式方法、提升涉藏外宣在国际传播中的吸引力和影响力作出了有益的探索。此次香港三联书店在香港地区出版该书的繁体字版本，将为香港地区读者构建起了一个更加细腻、真实的西藏。（张仲彬）

营销活动

人民音乐出版社首家音乐专业图书和音乐制品直营店成立

2012年1月1日，人民音乐出版社首家音乐专业图书和音乐制品直营店在“郎朗音乐世界”多功能厅成立。此天也是“郎朗音乐世界”开幕的日子作为中国音乐出版物发行联合体发起者和理事单位之一，人民音乐出版社联合上海音乐出版社、湖南文艺出版社设立了展台，展出了300多种钢琴图书、教材等产品。

深圳市副市长吴以环、人民音乐出版社社长吴斌以及艺术界众多知名人士出席了开幕式。开幕式上，社长吴斌致辞，并向副市长吴以环和郎朗先生介绍了人民音乐出版社及专业图书出版情况。

深圳直营店是人民音乐出版社多元化经营的一次探索，依靠郎朗的影响力与本社品牌的知名度结合而产生的聚合效应，人民音乐出版社将会在钢琴教育、培训领域中为广大学习爱好者提供更加丰富的资源，并使品牌影响力深入人心。“郎朗音乐世界”是集钢琴教育、大师课程、音乐会、钢琴比赛、郎朗品牌和郎朗教材、乐器、商品为一体的大型音乐综合机构。由国际钢琴巨星郎朗为教育领军人，多位国际钢琴大师和著名教授担任顾问。（吴明静）

中国图书商报社举办2012全国出版物供应链管理高峰论坛

2012年1月6日，中国图书商报社联合全国出版物发行标准化技术委员会、北京中启智源数字信息技术公司共同主办的2012全国出版物供应链管理高峰论坛，在北京长城饭店举行。

出版物供应链贯穿出版业全流程，关涉出版业各环节，可谓出版业的纲领。在信息技术高速发展，互联网、移动互联网覆盖全社会的当下，出版物供应链也不再是传统意义上的供应链。此次论坛集政府主管部门、行业技术标准机构、行业媒体、行业信息技术服务商、行业强势主体及业外专业人士智慧于一体，致力于打造一条数字化时代中国出版业科学、规范、通畅、高效的供应链，圆满实现中国出版业在中国文化大发展、大繁荣中的重要担当。

新闻出版总署科技与数字出版司副司长宋建新，全国出版物发行标准化技术委员会副主任、中国出版集团公司副总裁宋晓红，中国图书商报社社长、总编辑孙月沐，山东出版传媒股份有限公司总经理、山东新华书店集团有限公司董事长刘强，科学技术部高技术研究发展中心处长王元原出席论坛并发表演讲。新闻出版总署科技与数字出版司处长蔡京生，全国出版物发行标准化技术委员会秘书长、中国出版集团科技与数字出版部主任周清华，湖北省新华书店集团总经理方平，山西省新华书店集团总经理张隆光，甘肃省新华书店集团董事长、总经理王卫平等出席论坛。

中国图书商报社副总编辑陈斌和全国出版物发行标准化技术委员会委员、北京中启智源数字信息技术有限责任公司总经理曹仁杰分别主持了论坛。在论坛上发表演讲的还有全国出版物发行标准化技术委员会副秘书长唐贾军、北京京东世纪商贸有限公司规划部总监潘岩、北京中启智源数字信息技术有限责任公司副总经理李钢、Infor公司全球供应链资深专家韩纵横。（方　菲）

大佳网合作伙伴答谢会举行

2012年1月6日，由中国出版集团公司、中版集团数字传媒有限公司主办的“共建·共享·共赢——2011年度大佳网合作伙伴答谢会”在中国出版集团公司总部11楼多功能厅举办。答谢会重在梳理和总结网站自上线以来所取得的运营成果、最新进展以及2012年的重点规划、项目和与业界的各种合作模式，宣传推介大佳网的产品业务线，进一步深化网站在业界的品牌形象。这既是对业界的一个成果汇报会，也是一个推介和交流会，使嘉宾对大佳网有更为清晰的认知，进一步寻找双方的契合点，为后续的数字出版合作奠定基础。约有130位国内知名出版集团、出版社和文化公司的领导参会。本次答谢会取得了良好的沟通和交流效果，有些参会嘉宾在会后反映通过答谢会，他们无论对数字出版行业本身的发展，还是对大佳网的运营模式都有了更加透彻的了解，增强了进行数字出版的信心，开拓了与大佳网合作的思路。（祁兰柱）

生活·读书·新知三联书店 2012年社店新春联谊会召开

2012年1月7日上午，生活·读书·新知三联书店在北京金台饭店隆重举行了2012年社店新春联谊会。三联书店总经理樊希安、总编辑李昕、副总经理翟德芳和来自全国图书发行界和媒体界的一百多位嘉宾共聚一堂，回顾2011年的收获，展望2012年的美好前景，共商图书发行大计。联谊会由发行部主任张作珍主持，三联书店的中层干部、部分编辑和全体发行人员参加了会议。

总经理樊希安向来宾们介绍了三联书店2011年在图书营销和发行上取得的突出成绩，主营收入、净利润双增长，再创历史新高。

总编辑李昕在联谊会上回顾了2011年三联版重点图书，推介了2012年三联的重点新书。2011年有一大批取得社会效益和经济效益双丰收的品种，比如《中国文化史通释》、《万水朝东》、《我与八十年代》、《辛亥年》、《罗摩桥》、《车记》等。2012年拟推出的重点图书包括《文明·国家·大学》、《共和与经纶》、《中国古建筑调查报告》、《叫魂——1768年中国妖术大恐慌》、《暴风雨的记忆——1965～1970年的北京四中》、《对照记@1963》、《快乐使者乌普斯》、《普米森林》等。重点项目包括《钱锺书集》、(限量典藏版)、《陈寅恪集》(限量典藏版)、《金克木集》、《三联经典文库》(1932～1951)、《剑桥中国文学史》等。（鞠晓辉）

中国图书商报社举办 2012中国书业营销创新论坛

2012年1月7日，中国图书商报社联合中华全国工商联合会书业商会、北京向尚传媒机构，在北京中国国际中心综合服务楼成功举办2012中国书业营销创新论坛。

历经五载打磨，书业营销创新论坛已然成为书业开年聚焦营销创新的品牌盛典，其影响力与日俱增，每年要求参与主办或参与套牌活动的单位越来越多。2010年中国书业营销创新论坛申请国家工商总局商标注册后，内容形式不断丰富创新。2012年又创新造地将2011中国民营书业年度推展揭榜、中华工商联合会书业商会北京华图易和投资基金管理有限公司成立盛典、2011中国民营书业年度推展揭榜盛典、2011中国图书榜中榜揭榜盛典等活动融入其中，使国有民营书业同仁同台交流，互通有无，共创共赢。

2012年，书业进入后转制时代，直面图书营销市场挑战与洗礼，革新旧有营销模式和观念，将是业界无法回避的重大课题。这届论坛以“转变·共享·创未来”为主题，在书业期待的目光中，掀起2012书业营销创新“头脑风暴”。随着文化体制改革步入“深水区”，民营书业这支生力军创新发展的内外部环境正发生新的变化，把民营书业作为这届论坛的关键词之一，无疑是一大看点。这届论坛不仅延续了往届引领书业营销创新思潮的传统，更关注民营书业在资本市场上的创新之举，有利推介了民营书业的中坚力量。

中国图书商报社社长、总编辑孙月沐，中华全国工商业联合会书业商会会长、陕西天河文化有限责任公司董事长刘战等出席论坛并致辞。生活·读书·新知三联书店总经理樊希安、人民出版社副社长任超、大连出版社社长兼总编辑刘明辉、中广国际传媒（北京）有限公司总经理陆晓、盛大文学副总裁林华、中文在线总裁童之磊、北京新华大唐瑞德电子阅读有限公司市场部经理邓洁霖、上海童石网络科技有限公司战略副总裁高超，分别就书业营销创新的观念和转变、移动互联网时代书业整合营销新渠道、社交型内容交易引领数字营销新趋势等话题，前瞻产业宏观政策走向，解剖书企微观案例，为参会者带来了“智慧之光”。中国图书商报社副社长李际平，总编辑助理张维特、孟叶出席论坛，副社长任江哲主持论坛。

中国图书商报社联合新浪网作现场微博互动，使会场气氛空前活跃，广泛提升了会内会外业内人士的关注度。（方　菲）

中国图书商报社举办 2012 北京图书订货会高层论坛

2012 年 1 月 8 日，中国图书商报社联合北京图书订货会组委会、上海钟书实业有限公司，在北京皇家大饭店宴会厅第六次主办了被业界誉为“思想的流星雨，产业的风向标”的 2012 北京图书订货会高层论坛。论坛既务虚，更务实，既注重产业观察，又深挖细节与操作，关注政策走向，触摸行业热点，聚焦技术层面，为行业发展建言，也敢于直面实体书店生存困境，寻求突破与解决之道。高层论坛中外嘉宾云集，话题新锐，为业界高层与普通从业者搭建了良好的沟通平台。新闻出版总署副署长、国家版权局副局长阎晓宏出席论坛并作了主旨演讲，诸多利好信息令业界备感振奋。特别是阎晓宏代表新闻出版总署重申图书公平交易规则即将蕴酿出炉，给地面书店的繁荣发展带来希望。2012 年北京图书订货会组委会主任、新闻出版总署印刷发行司司长王岩镔致辞。中国出版工作者协会驻会副理事长李宝中、中国图书商报社社长兼总编辑孙月沐、中国出版工作者协会副秘书长黄国荣等业内外人士分别主持了论坛的演讲和对话环节。新闻出版总署印刷发行司副司长谭汶、发行与市场处处长吕晓清，中国出版工作者协会秘书长吴修书、中国出版工作者协会副秘书长沈建林、中国社会科学出版社总编辑助理纪宏等组委会相关负责人，中国图书商报社常务副总编辑伍旭升、副总编辑陈斌、总编辑助理张维特等出席论坛。

此届论坛以“数字化背景下出版产业科学发展”为主题，除出版发行政策走势发布外，关于实体书店命运、绿色出版、阅读产业全媒体开发、民营书业转型等话题，将论坛推向了一个又一个高潮。

中国图书商报社联合新浪网作现场微博互动，论坛的许多精彩片断、互动中的一些深刻的提问和评论，都通过微博形式，打动着会内会外人们的心灵。《人民日报》、《光明日报》、新华网、新浪网、天涯论坛，都对这一盛会作了详尽报道。中国图书商报社用 6 年之功打造了这一书业品牌，这一品牌同样反哺了《中国图书商报》，使《中国图书商报》的品牌影响力日益增强。（方　菲）

《科学大爆炸——中国国家地理博物百科丛书》出版高峰论坛举办

2012 年 1 月 9 日，中国大百科全书出版社在 2012 年北京图书订货会上推出《科学大爆炸——中国国家地理博物百科丛书》，并召开此书的出版高峰论坛，中国大百科全书出版社社长龚莉、中国科普作家协会理事长刘嘉麒院士、《中国国家地理》社长兼总编辑李栓科、《科学大爆炸——中国国家地理博物百科丛书》主编许秋汉等到场，讨论传媒大爆炸时期的科学传播，国际化视角下的青少百科出版，重返天地万物的世界，聚焦国内少儿科普市场何以具有如此大的潜力。本次论坛围绕“原创”、“科学”、“新媒体传播”等关键词，讨论了培养少年儿童探求知识的兴趣、找寻知识的方法和习惯的重要性，希望带给孩子们质朴的阅读幸福感。

（王　瑜）

《漫画中国历史》新书推介会举办

2012年1月9日，中国美术出版总社在2012年北京图书订货会中国出版集团展区举办了《漫画中国历史》新书推介会。中国美术出版总社总编辑林阳与该书作者孙家裕及著名儿童文学作家杨红樱在推介会上发言，介绍了该书的创作过程及其采用青少年读者喜闻乐见的漫画形式引导其了解中华民族五千年历史的出版意义。全国40多家新华书店及10家媒体代表到会。

（汤　锐）

2012年北京图书订货会馆社合作论坛暨2011年度全国优秀馆配商颁奖仪式举行

2012年1月9日下午，新华书店总店在北京皇家大饭店举行2012年北京图书订货会馆社合作论坛暨2011年度全国优秀馆配商颁奖仪式，共有130人参加。

本届论坛就“关注馆配服务，推动产业发展”这一主题进行了前沿、务实的探讨，增进了馆配产业链上中下游的交流与合作，凸显出服务北京图书订货会、服务全国图书馆新书现货看样采购会，打造图书馆、出版社、馆配商交流平台的专业作用，成为本届乃至历届北京图书订货会的一大亮点。

会议由北京图书订货会组委会秘书长、中国出版物发行协会副秘书长王成法主持。会上，北京大学图书馆馆长朱强，社会科学文献出版社社长谢寿光，中国大学出版社协会副秘书长、清华大学出版社数字出版中心主任毕研林，首都师范大学图书馆副馆长熊丽，英国出版科技集团中国区总裁孙赫男，浙江省新华书店集团信息总监吴键，江苏华茂博文书业公司副总经理丁秉中分别进行了演讲与互动交流。

随后，《图书馆报》总编辑赖雪梅宣读了“2011年度全国优秀馆配商评选”获奖名单。北京师范大学图书馆副馆长、教育部高等学校图书情报工作指导委员会秘书长王琼，北京大学信息管理系教授、中国图书馆学会理论研究委员会主任刘兹恒，北京邮电大学出版社社长代根兴，中国新华书店协会秘书长张雅山，北京东城区图书馆馆长肖佐刚为获奖单位颁奖。（张　倩）

中国图书商报社举办独立书店生存与发展解决之道研讨会

2012年1月9日，中国图书商报社联合金城出版社、北京蜜蜂智爱文化传媒有限公司主办的独立书店生存与发展解决之道研讨会，在北京国际展览中心综合服务楼举行。

从2010年开始，我国部分独立书店相继倒闭，2011年的独立书店走过的是更加艰难的一年，一些著名的独立书店如风入松、光合作用的关闭，引发了媒体铺天盖地关于“独立书店寒冬的报道”，更引发了国民大众对该问题的关注。这样的形势下，关注与探求独立书店的生存与解决之道成为行业、公众乃至社会的聚焦点。

此次论坛分三个环节进行。第一环节是独立书店现状与经营之道，中国新闻出版研究院院长郝振省结合中国新闻出版研究院长期调研的一些数据为与会嘉宾系统介绍了中国独立书店的现状，并且分析了独立书店存在的主客观问题；北京万圣书园总经理刘苏里、陕西万邦书城总经理魏红建、广州方所书店图书总监蒋磊等为与会嘉宾介绍了各自在独立书店经营中的一些成功的尝试和面临问题。《中国图书商报》专门研究海外出版产业的资深记者渠竞帆就英美独立书店的经营之道做了详细的案例分析。第二环节是独立书店现状的一些探讨，《晶报》总编辑胡洪侠、著名出版人杨小洲以及《独立书店，你好!》一书的编者薛原进行了精彩的互动。第三环节是《独立书店，你好!》（第二季）一书的首发式，蜜蜂出版总编辑张业宏向读者介绍了《独立书店，你好!》一书的成书始末，并且讲述了自己与独立书店之间的故事。（方　菲）

中国对外翻译出版公司参加亚马逊中国供货商大会

2012年1月10日，亚马逊中国供货商大会在北京举办，中国对外翻译出版公司出版营销人员参加。会上，亚马逊中国介绍了2011年发展概况：启动在线试读1.0；设置预售与预售低价保护；建设出版社品牌专卖店；启动第三方卖家开店；帮助中国图书“走出去”；促进图书选品增长加速，进口书增多。

此外，亚马逊中国还对其2012年工作进行展望，将坚持全品种配货的伙伴关系，为客户提供更多的阅读选择；促进优秀运营伙伴关系；服务于客户和出版社，继续创新和投资，提升客户体验；推出在线试读3.0。（郭宇佳）

《我为评书生——贾建国、连丽如口述自传》新书发布暨出版座谈会举行

2012年1月11日，中华书局《我为评书生——贾建国、连丽如口述自传》新书发布暨出版座谈会在湖广会馆大戏楼举行，中宣部出版局副局长刘建生，苏叔阳、单田芳、谭元寿、瞿弦和、姜昆、李金斗、胡文阁、英达、杨立新、李滨声、米南阳、娜仁花等各界嘉宾出席，中华书局李岩、顾青及总经理总编辑办公室、大众读物分社、市场部相关人员参加。本书是著名评书艺术家贾建国、连丽如夫妇口述自传，以他们五十余年的艺术人生为主线，通过他们对生活的真实还原，为读者展现出一幅评书艺术传承发展的美丽画卷。此书的出版，得到嘉宾的一致好评。（梁　彦）

《海泉的诗》、《泉·最美》新书发布暨签售会举行

2012年1月14日下午，人民文学出版社在北京图书大厦举行《海泉的诗》、《泉·最美》新书发布暨签售会，歌手胡海泉与其父胡世宗分别携新书与读者见面交流并签售。

《海泉的诗》、《泉·最美》两本书都由人民文学出版社出版。《海泉的诗》收录了海泉13～19岁创作的诗歌，字里行间流露出自己曾经青春年少的烦恼与忧愁以及对爱情与生活的憧憬。父亲胡世宗则以海泉的成长经历为主线，创作了《泉·最美》，讲述了儿子海泉从一个普通少年成长为著名音乐人的励志人生。（宋　强）

《花时间一起去旅行：名猫罗花花的幸福生活2》新书签售会举行

2012年1月14日，由世界图书出版公司出版的《花时间去旅行：名猫罗花花的幸福生活2》新书发布会在亚运村图书大厦三层举行，本书作者、出版社责任编辑、营销人员在现场与众多读者进行了丰富多彩的互动活动。

《花时间去旅行：名猫罗花花的幸福生活2》是一本关于中国旅行线路的笔记，又是一本饱含着作者的爱和向往的私绘本。作者从北京出发，以顺时针方向在中国大陆版图上走一圈，最后再回到北京。在每一个城市以照片为背景，手绘图案表述一个故事，传达一种情感。在鼓浪屿吃下午茶、在香港地区蹭哲学课、在西藏遇见特别的邂逅、在内蒙古开肉夹馍派对……它既是各地风土人情照片集，也是一本精美的原创绘本。

（吴和松　刘　薇）

《对照记@1963》新书剧场秀举行

2012年2月12日，生活·读书·新知三联书店和尤伦斯当代艺术中心联合在北京798艺术区尤伦斯当代艺术中心举行了一场特别的新书发

布会——《对照记@ 1963》新书剧场秀，以剧场演出的形式呈现和宣传了这本新书。

《对照记@ 1963》由台北地区的杨照、香港特区的马家辉、深圳的胡洪侠三人共同创作。他们三位都生于1963年，但成长环境、教育背景大为不同。在书中，他们精选华人社会50年来30个共同的日常词语作为话题，三人就每个话题各写一篇文章，以各自差异的历史和文化背景写出这些公共话题中的私人记忆，并于互相对照中折射出半个世纪的沧桑变化。导演徐楠、艺术指导臧宁贝一道为读者特别奉献了一场根据图书内容打造的剧场秀。这场演出根据《对照记@ 1963》的图书内容，进行了空间和脚本的再创作，将其重新编排成为一部四幕短剧。而三位作家亦成为此场演出的主演，在舞台上再现了他们的创意、写作过程，并在多媒体、灯光、道具舞美等多种戏剧设计手段的配合下，还原了书中诸多精彩内容，亲身演绎了一代人的集体记忆。

人民文学出版社与上海九久读书人文化实业有限公司联合举办“中国古典小说青少版”新书发布会

2012年2月14日下午，人民文学出版社与上海九久读书人文化实业有限公司在北京联合举办了“中国古典小说青少版”新书发布会。人民文学出版社社长潘凯雄参加活动并讲话。

此套丛书由人民文学出版社和上海九久读书人实业有限公司联合引进，共计33种42册。除“四大名著”外，还包括《今古奇观》、《儿女英雄传》、《刺客传奇》、《彭公案》、《前汉演义》、《镜花缘》和《中国神话》等中国古典文学的优秀读本。该丛书每本篇幅8万字上下，改写者由著名作家、学者和教育领域专家3部分组成。钱理群、苏立康、王泉根和雷根生等学术界、文学界、教育界专家与会，他们对这套丛书的推出给予高度评价，并就该书的推广提出了建设性建议。

（宋　强）

《知情识趣》新书见面暨签售会举行

2012年2月18～19日，中华书局《知情识趣》新书见面暨签售会分别在时尚廊、北京图书大厦举行，作者林夕到场与广大读者互动交流。中华书局李岩、顾青出席，大众读物分社人文图书工作室、发行部、市场部相关人员参加。本书是华语乐坛著名词人林夕的散文和小品文合集。

（梁　彦）

《和尚·微博——北京龙泉寺的365天》新书发布会举行

2012年2月29日，华文出版社在北京龙泉再举行《和尚·微博——北京龙泉寺的365天》新书发布会。当天是释迦牟尼佛出家日，也是该书作者，中国佛教协会副会长学诚法师出家30周年的纪念日。

学诚法师是大陆佛教界最早开展网络弘法的高僧大德之一，近年来非常重视佛教文化及中外多元文化的交流。2006年，学诚法师建立佛法翻译中心，开通学修并举的“和尚博客”；2008年，他建立中文、英语、日语龙泉之声传统文化网站；2009年，他建立当时名为“推客”的中文微博。2011年，学诚法师开通8种语言微博。

该书由学诚法师的微博辑录而成，是国内第一本由中文、英语、法语、德语、俄语、日语、韩语和西班牙语等8种语言著成的微博书，包含2011年学诚法师发布的365条微博，内容涉及民生、教育、文化、慈善、科技、艺术、国际交流等话题。

（陆虹宇）

《中国大百科全书》（第二版简明版）举办新疆维吾尔自治区营销培训

2012年3月，《中国大百科全书》（第二版简明版）举办新疆维吾尔自治区营销培训。应新疆维吾尔自治区新华书店的邀请，中国大百科全书出版社副总编辑阿去克在新疆维吾尔自治区巴音郭楞蒙古自治州库尔勒市新华书店、昌吉回族自治区新华书店、石河子市新华书店、乌鲁木齐市新华书店举行了多场《中国大百科全书》（第二版简明版）培训，共计六百余人参加。本次培训工作的最大亮点是行程安排紧，内容全面且富有针对性。从3月27日开始，至3月30日，一共进行了5场培训，行程2 000千米。其中3月28日至29日，不到24小时，进行了3场培训。由于各个地州的情况不同，本次培训针对不同地点准备了不同的培训材料。获得了良好反响，在省店培训工作结束以后，新疆维吾尔自治区新华书店副总经理马上和中国大百科全书出版社商讨代理基数，并强调在员工奖励的问题上一定落实到个人等问题。（王　瑜）

人民文学出版社联合举办长篇小说《雷锋》首发式暨电影《雷锋的青春岁月》新闻发布会

2012年3月5日下午，由人民文学出版社和湖南省文联等联合举办的长篇小说《雷锋》首发式暨电影《雷锋的青春岁月》新闻发布会在长沙市望城区雷锋纪念馆召开。湖南省委宣传部副部长魏委和省文联、省作协的领导、作家、艺术家，作者湖南省政协副主席、省文联主席谭仲池及彭海燕以及雷锋生前的好友、同事等参加会议。人民文学出版社社长潘凯雄讲话并和作者一道向雷锋纪念馆、雷锋小学及雷锋生前好友赠送了长篇小说《雷锋》。（宋　强）

《生活就是秘密》新书发布会举行

2012年3月8日，由商务印书馆成都分馆主办的四川女作家洁尘的散文随笔集《生活就是秘密》新书发布会在成都举行。新书发布会由新书介绍、作者访谈与签名售书3个部分组成。新书发布会现场，诗人钟鸣、何小竹、吉木狼格，四川大学教授易丹，《优雅》杂志总编郭彦，建筑师刘家琨、西门媚、西闪，王鹤等成都文艺界、艺术界的名人到场祝贺。

《生活就是秘密》收录了洁尘近年来有关读书、观影、旅行、持家等多方面内容的文章。这些文章潜行于日常生活各个层面，虽然是零碎的微妙的，但深刻影响着每个人的内心，文字一如既往地既精致又松弛，有着洁尘特有的独到表达和淋漓呈现。

在活动发言中，商务印书馆副总编辑李平表示：“尽管外界认为商务印书馆是以辞书与学术出版为主，但商务印书馆历来就有出版文化文学作品的传统。鲁迅先生的第一篇小说，冰心的第一部小说集和诗集都是商务印书馆推出的。因此，出版洁尘作品既是重拾传统，也是对商务印书馆既有品牌的延伸，希望借此告诉大家，商务印书馆是辞书品牌，是学术品牌，更是文化品牌。”（丛晓梅）

中国对外翻译出版公司首届口译精英培训班开班

2012年3月19～31日，中国对外翻译出版公司与北京语言大学高级翻译学院联合举办了首届口译精英培训班。授课团队由蒙特雷国际研究学院高级翻译学院鲍川运教授、Katrin Zimmermann女士及资深译员组成，内容涉及口译笔记、交/同传口译技巧、双语互译诀窍和实战演练，此次联合办班是校企合作形式方面的全新探索。（卜晓艳）

《把情商当回事——卓越人生必备的元技能》新书发布会举行

2012年3月21日，商务印书馆举行《把情商当回事——卓越人生必备的元技能》新书发布会。该书作者曾莉，商务印书馆副总编辑李平，中国心理学会、教育部留学服务中心、中国人民大学、中国企业联合会、财新传媒等单位的嘉宾和50多家媒体记者参会。

发布会以作者提倡的“维情学”为主题的“补课”演讲开始，介绍如何将最前沿的情商科研成果与本土化的素质教育和管理培训相结合，相关领域的嘉宾和读者代表对演讲进行了评论，媒体记者和听众与作者进行了提问和交流互动。商务印书馆副总编辑李平表示，商务印书馆策划出版该书，不仅看重它在国内情商领域的权威性，更看重它对提升国民素质所能产生的影响以及为建设和谐社会所能发挥的推动作用。（田文祝）

《印业中国周报》创刊

2012 年 3 月 30 日，中国图书商报社第一个出版物生产环节专刊——《印业中国周报》创刊。新创刊的《印业中国周报》，用轻涂纸全彩印刷，包括新闻、话题、关注、人物共 4 个版，对当下印刷行业中数字印刷、绿色印刷、印刷产业升级等热门话题给以充分关注。《印业中国周报》创刊初期每月出版一期，随着报道的深入发展，将随时调整周期和版面。

出版与印刷本有着血缘关系，在产业链上有诸多交集。中国图书商报社历来坚持出版业政经、产经与财经报道融为一体，创办印业专刊本属《中国图书商报》版面结构调整完善的必然要求。本着为印刷行业客户提供优质内容和上乘服务的宗旨，《印业中国周报》以整合传播印刷行业重要信息资讯、深度报道印业发展为己任，覆盖对象为印刷设备制造商、印刷服务提供商、全国各出版集团（社）、书店系统、各大传媒系统、企业管理层、技术人员、销售人员以及印刷院校师生等。秉承中国图书商报社一贯的专业、深度、前瞻的办刊风格，《印业中国周报》将为持续聚焦印业热点难点，服务印业各个环节、推动印业升级换代而努力。首期《印业中国周报》推出了《绿色印刷“钱途”光明？北京地区部分首批获得绿色印刷环保认证企业调查》、《出版集团印刷升级：做好“壳”，做强“芯”》等重磅文章，受到出版、印刷界人士及广大读者的好评。

（方　菲）

中版教材有限公司等联合举办“2012新疆中小学书法教材”培训

2012 年 3 月 30 日，由新疆维吾尔自治区教育厅联合中版教材有限公司、华文出版社举办的“2012 年新疆中小学书法教材”培训在乌鲁木齐市主会场和全疆 92 个分会场同步进行。这是新疆维吾尔自治区教育厅首次联合教材出版单位与通信运营商合作，通过电视电话会议远程直播方式开展的大规模培训。

培训通过新疆维吾尔自治区移动电视电话会议远程网络直播的形式，进行专家理论讲座、交流互动。培训过程中，主会场与分会场可互动交流。全疆 2000 多名担任书法教学的任课教师和具有书法功底的语文或美术教研员，以及教育行政部门负责人参加了主会场和分会场的培训。

培训由自治区教育厅副厅长海萨尔・夏班拜主持。培训会上，中版教材公司总经理、华文出版社社长罗争玉详细介绍了华文版《书法》教材的成书过程和使用情况。首都师范大学博士生导师、华文版《书法》教材副主编叶培贵教授，介绍了《书法》教材的编写思路、编写体例和特色。华文版《书法》教材编委尹兴讲解了中小学实施书法教学的方法及策略。新疆维吾尔自治区教研室书法教研员祁效沅介绍了新疆维吾尔自治区书法教育情况及近期规划。（星昕昕）

《银魂》中文版漫画书新闻发布会举行

2012 年 3 月 31 日，连环画出版社、中国人民大学艺术学院、中国人民大学文化艺术策划与推广研究所、日本株式会社集英社、北京中少动漫图书有限公司、日本风车影视公司多家单位在中国人民大学艺术学院举行了日本漫画故事《银魂》中文版漫画书新闻发布会暨学术交流会。连环画出版社相关负责人、有关编辑与日本集英社《少年跳跃》原主编茨木政彦、现任主编瓶子吉久、副主编矢作康介和中国人民大学艺术学院院长徐唯辛等以及中日两国数十家媒体记者、众多影迷到场。本次会议深入探讨了动漫发展中的特点和一些规律，意在更好地推动中国本土动漫产业的发展，尽快提高本土动漫作品的创作水平。

（汤　锐）

《中国美术研究年度报告2010》新书发布会暨研讨会召开

2012年4月6日，人民美术出版社在北京东城区赵家楼饭店召开《中国美术研究年度报告（2010）》新书发布会暨研讨会。《中国美术研究年度报告》由人民美术出版社和中国艺术研究院美术研究所联合推出，编选本年度有深度、有突破性研究的美术论文。文稿遴选坚持学术高端、权威、公正的评审标准，倡导学术规范。学术评议会由中央美术学院、中国美术学院、北京大学、清华大学、故宫博物院、中国艺术研究院、人民美术出版社等机构的专家、学者组成。中国美术出版总社总编辑林阳与中国艺术研究院的吴为山、牛克诚、王端廷，中国美术家协会的马新林，中国美术馆的刘曦林，北京大学艺术学院的丁宁、李淞等专家学者以及部分作者和我社的编辑人员出席，中国美术出版总社副总编辑胡建斌主持会议。

（汤　锐）

中版教材有限公司等联合举办2012年全国高中《历史》教学研讨会

2012年4月6～7日，由中版教材有限公司、人民出版社、高中历史教材编委会联合举办的“2012年全国高中《历史》教学研讨会”在江苏镇江举行。会议由中版教材有限公司总经理罗争玉主持。教育部课程教材中心相关领导、历史学科专家、教材编委会主要成员、各省教研室负责人、历史教研员等70余人参加会议。

人民出版社社长黄书元致开幕辞。江苏省教研室书记、副主任鞠文灿、镇江市教研室书记、副主任包云鹏代表主办方讲话。

会议主要就历史教学及教材建设等相关问题进行了专家讲座，讲座由人民出版社版高中历史教材主编、国家历史课程标准研制组核心成员朱汉国教授主持。教育部基础教育课程教材发展中心副主任曹志祥就如何看待高中历史教育以及高中历史课程对国家以及学生个人发展的意义做了专题讲座。高中历史教材编委郝瑞庭教授以《关于历史课程评价的若干问题》为题、华东师范大学聂幼犁教授以《改革、信心和追梦》为题为大家作了精彩的讲座。

会议还进行了听课、评课和历史教材建设座谈。与会代表观摩了镇江中学优秀历史教师瞿梅《走向整体的世界》的精彩一课，专家们从授课内容、教学方式等方面对讲课内容给予了高度评价，并就历史课程改革与教材建设等问题展开了热烈的探讨和交流。

（星昕昕）

《铺满鲜花的路——第10届中国少年儿童歌曲卡拉OK电视大赛歌曲123首》出版暨电视大赛新闻发布会举行

2012年4月10日上午《铺满鲜花的路——第10届中国少年儿童歌曲卡拉OK电视大赛歌曲123首》出版暨电视大赛新闻发布会在人民音乐出版社隆重举行。发布会由本次活动的主办方人民音乐出版社总编辑、副社长莫蕴慧主持，社长吴斌、大赛组委会副主任李幼容老师、科大讯飞信息科技股份有限公司副总裁江涛携手启动，顾晓丹、龚耀年、秦值国、李众等嘉宾亲临现场。这次的启动仪式得到了社会及媒体的大力支持，中国音乐家协会官网，《中国图书商报》等媒体对此次活动给予报道支持。

“快乐阳光”第10届中国少年儿童歌曲卡拉OK电视大赛决赛于8月在天津举行。本次活动由人民音乐出版社主办、北京晨歌文化艺术有限公司承办，安徽科大讯飞信息科技股份有限公司、天津青年京剧团中华剧院协办，并得到中国音乐家协会、《儿童音乐》编辑部、《歌曲》编辑部、《音乐生活》杂志、儿童音乐频道网及全国音乐报刊协作网等单位的大力支持。《铺满鲜花的路——第10届中国少年儿童歌曲卡拉OK电视大赛歌曲123首》歌集、CD光盘，已由人民音乐出版社编辑出版，并向全国发行。其中123首原创新歌，均由大赛艺委会专家从全国近千首投稿作品中精选而出，并由各地编曲、录制名家精心打造、各地优秀小歌手倾情演唱而圆满完成，其数量与质量堪称历届之最。

“快乐阳光”品牌是全国坚持最久、选手水平最高、推出好歌最多、评委阵容最强的童歌赛事。每两年一届的比赛从1994年推出以来，本着“一切为了孩子、为了一切孩子、为了孩子的一切”的宗旨，每届大赛都发动全国各地儿童音乐教育工作者、词曲作家，推出一批原创少儿新歌。这些歌曲题材丰富，风格多样，许多作品被收入到了中小学音乐教材，成为童歌经典，深入孩子们的心灵。“铺满鲜花的路”所选作品，是对近20年这十届比赛历程的一个回顾与总结，同时也是在近千首原创少儿歌曲精彩作品基础上的一个更高飞跃，更是当代少儿歌曲创作推广事业的一个全新起点。（吴明静）

《设计信仰——职业的力量》新书发布会举行

2012年4月15日，商务印书馆《设计信仰——职业的力量》一书在北京今日美术馆举行了新书发布会。本书的两位作者张子建和米士杰介绍了书中涉及的基于东方哲学及中国人特有思维习惯的“纵向思维广告理论”、基于北宋山水画的审美及布局原则的“气韵设计理论”、基于新商业环境下的商业设计发展观“战略研究型设计理论”以及从生物学角度对企业进行研究与剖析的“企业的生物学特性理论”。这些理论的提出，为我国宣传美术及商业广告领域开拓了崭新的学术方向。本书另一位作者姜奇平诙谐睿智的演讲为会场燃起了高潮。

本书以对谈形式达成新经济学理论与视觉设计思想之间的跨界碰撞，多角度剖析职业信仰与职业现实间的内在关系，利用大量实例与鲜活的叙事手法深入浅出地从各个层面解读行业本源、分析行业现状、探索行业未来，为视觉行业从业人员找到晋级途径、提升职业幸福感提供渠道与参考。

国际设计师联盟杂志社创始人 Laurence NG、中国营销界知名人士杨石头、著名设计师顾鹏、著名摄影师孔繁程等到场祝贺。北京电视台、《北京晨报》、《尚流》、《广告主》、搜狐文化频道、视觉中国、雅昌艺术网等20多家媒体到会。（范海燕）

《中国大百科全书》（第二版简明版）举办河南、河北、山西三省营销培训

2012年4月18～25日，值河南、河北、山西三省分别进行春季订货会之际，应各省新华书店邀请，中国大百科全书出版社在郑州、石家庄、太原进行了《中国大百科全书》（第二版简明版）的培训。参加培训的人员包括省店、市店的主要领导，各县店或者连锁公司的总经理或者销售经理，共计六百余人。本次培训的主要内容包括《中国大百科全书（第二版简明版）》的主要特色、它与《中国大百科全书》（第二版）的主要区别。另外，由于参加培训的人员均属于一线销售人员，增加了很多关于销售百科全书的主要经验，大家一致认为直销是最重要的销售方式，可以从哪些方面拓展市场、增加销售渠道，如何自上而下进行有效的百科全书销售管理等。解答通俗、结合实战经验案例是这次培训的主要特色。培训收到了良好效果，各省都与中国大百科全书出版社签订了购销合同，在确定代理基数的基础上，进一步对百科全书的销售方式有了明确认识，参考各省市的营销案例，大家也更进一步了解并熟悉了各种销售手段。（王　瑜）

《1950：香港谍战》读者见面会举行

2012年4月21日下午，由人民文学出版社与凤凰网读书会联合举办的何亮亮新作《1950：香港谍战》读者见面会在北京彼岸书店举行。凤凰卫视资深评论员何亮亮携新作《1950：香港谍战》与读者见面，以“谍战自由港”为主题，就“谍战文学”的现状与历史和众多读者展开了深入交流和热烈讨论。

该书以朝鲜战争为背景，呈现香港作为远东

自由港的情报斗争。作者何亮亮既是凤凰卫视知名主持人，也是国际问题专家，侧重研究中国外交、军事、俄罗斯和东北亚事务，于2001年加入凤凰卫视，任《新闻今日谈》、《时事直通车》、《亮亮电灯》的评论员及主持人，现任言论部副总监。（宋　强）

中国图书商报社举办“2012读书盛典”大型电视晚会

2012年4月22日，中国图书商报社与河北卫视跨媒体联手推出的大型电视晚会“2012读书盛典”。节目的播出，标志着中国图书商报社在贯彻定位B to B和定位B to B+C相结合，由B to B向B to B+C转变过程中走出最坚实的一步。

在国内电视读书类节目和纸媒读书板块起起落落的大环境中，这场晚会以“阅读年”为概念，巧妙地发挥两家媒体各自的优势，把好书与出版人、书店结合起来——评选“年度影响力图书”。晚会揭晓了由专家、媒体、图书营销人员和读者联合投票推选出的文学类、文化类、生活与科普类、少儿类等共40种年度好书（每类各10种）。《朱镕基讲话实录》、《资中筠自选集》、《百年孤独》、《史蒂夫·乔布斯传》、《长大不容易》、《冷浪漫》、《我的抗战Ⅱ》、《中国留守儿童日记》、《蒙曼说隋：隋文帝杨坚》等一大批有年度影响的图书包含在内。

“2012读书盛典”大型电视晚会得到了社会各界的肯定和良好反馈。知名出版人金马洛在观看了整台晚会的录制过程后感叹道：“每本书背后都有一个感人的故事……资中筠、梁晓声、郑渊洁、秦文君、蔡春猪等作者的真诚和拳拳之心，让人们觉得阅读和写作仍有永不枯竭的魅力。”

新闻出版总署署长柳斌杰以录制VCR的方式祝贺“2012读书盛典”大型电视晚会举办。中国出版集团公司副总裁刘伯根、河北省广播电影电视局副局长何振虎、中国图书商报社常务副总编辑伍旭升等出席晚会并为获奖者颁奖。河北电视台副台长杨扬、河北卫视频道总监刘丽萍，中国图书商报社副社长任江哲、李际平及总编辑助理张维特等出席。中国图书商报社社长、总编辑孙月沐表示，在多媒体并存的媒体市场上，跨媒体多媒体强强合作才能最大限度地为读者和业界服务，也才能更好地扩大彼此的影响力。

这台节目播出不久，国家广播电影电视总局《监听监看日报》以“河北卫视‘2012读书盛典’立足品牌，彰显品位”为题，对中国图书商报社与河北卫视推出的“2012读书盛典”给予充分肯定；2012年年底，新闻出版总署在“全国报刊行”活动评比中，以排名第一的位置，将这台晚会评为“2012年度全民阅读报刊行优秀活动”。（方　菲）

生活·读书·新知三联书店等共同举办第二届社店战略合作联席会

2012年4月25日，生活·读书·新知三联书店、江苏凤凰出版传媒股份有限公司等10家出版发行单位共同在无锡市举办了第二届社店战略合作联席会。江苏、山东、黑龙江、吉林、河南、深圳、青岛、宁波、无锡五省四市新华书店负责人和三联书店总经理樊希安、总编辑李昕、副总经理潘振平、副总经理翟德芳等参加会议并发言。中国书刊发行业协会会长杨牧之、中国新华书店协会会长王俊国等给会议发来了贺信，并对此次会议的召开作出高度评价和肯定。

会上，与会各家出版发行集团的董事长、总经理或代表都介绍了各自改革发展情况，并结合当下出版发行业改革发展的新形势发表了意见。经过会议讨论和各方磋商，与会一社九店最终达成共识，成立战略合作联盟，并签订了“社店战略合作协议书”，在协议书中他们表示：“我们‘一社九店’战略合作的目的，就是在原有密切合作的基础上更加紧密地合作，借助各自优势，为对方提供更优质更优惠的服务，使各方的利益达到最大化；就是以出好书发好书为共同宗旨，打破出版发行上下游、不同隶属关系、不同地域的诸多限制，谋求更广阔的合作与发展空间；就是以创新的姿态打造出版营销合作双向一体平台、努力形成出版运营到营销发行的全方位互动合作链，探索创造一种新的合作模式。”

（鞠晓辉）

《最新天文图志》、《最新地文图志》、《世界名人传略》首发式举行

2012年5月4日，《最新天文图志》、《最新地文图志》、《世界名人传略》3种中西学译著首发式在山西大学隆重举行。当日是山西大学建校110周年纪念，山西大学校长郭贵春、副校长刘维奇、山西省委宣传部规划办副处长杨建军、山西省改革发展委员会留学办公室副主任李宝民、山西省教育厅科研处副处长蒋志坚、山西省科技厅法律规划处处长张克军、山西省社科联科研部主任王纪山、山西省文化厅教研处处长陈燕萍、山西省教科所副主任卢红、商务印书馆李平出席了仪式。

光绪二十八年（1902年）山西大学堂成立之初，创始人岑春煊和李提摩太就在上海成立了山西大学堂译书院，它的成立开创了中国高等教育设立专门翻译机构的先河。《最新天文图志》、《最新地文图志》、《世界名人传略》正是由山西大学堂译书院编译发行的。其中《最新地文图志》、《世界名人传略》由当时的商务印书馆出版代印，3本书出版迄今已有100多年历史。

《最新天文图志》和《最新地文图志》出版于光绪三十二年（1906年），均由叶青译，朱葆琛述。《最新天文图志》的原著作者是爱丁堡皇家天文台的天文助理希特。《最新地文图志》的原著作者是英国世爵崎冀。两本译著原本图文并举、注释明晰、彩色配图十分精美，印刷质量上乘，丝毫不逊现代图书，为当时罕有佳本。《世界名人传略》出版于光绪三十四年（1908年），由英国人窦乐安主持，黄鼎、张在新、郭凤翰共同译述，许家惺校订并作序。该书从英国张伯尔的《世界名人字典》中选择重要名人千余人编译而成。

（龚婉洁）

《像画一样美丽》读者见面会举行

2012年5月4日，中华书局《像画一样美丽》读者见面会在时尚廊书店举行，作者刘墉出席，大众读物分社人文图书工作室、市场部相关人员参加。本书是作家刘墉首部“画传”，刘墉用精致细腻的笔触和独具特色的私房画，淋漓尽致地刻画了他的心灵世界，记录人生之路，分享岁月感悟和创作心得。

（梁　彦）

《赛纳河少女的面模》首发式举行

2012年5月13日，正值第三届北京南锣鼓巷戏剧节开幕之际，华文出版社在蓬蒿剧场举行了《赛纳河少女的面模》首发式和交流会。中国话剧研究会秘书长王福麟，著名戏剧评论家王育生、林克欢、杜清源、黄维钧、解玺璋，剧本杂志社副主编黎继德，著名作家万方，著名戏剧导演王晓鹰、李六乙，北京师范大学教授邹红，中央戏剧学院戏文系博士李亦男，青年戏剧人任明炀、李逸，华文出版社社长罗争玉和蓬蒿剧场创办人王翔等出席会议。

《赛纳河少女的面模》由著名翻译家、戏剧评论家、剧作家童道明创作。童道明先生是中国戏剧界公认的契诃夫研究专家，其剧作以“传承人文精神和悲悯情怀”为特色，在当前戏剧创作中别具一格。

整个交流会洋溢着温馨的气氛，温暖感人，与会嘉宾感动不已，纷纷畅所欲言。他们对童道明先生的作品表示衷心的感谢和由衷的赞美，认为其作品既做到了思想深刻又做到了感情细腻，能够从中深切地体会到知识分子的良知和尊严，强烈地感受到人文精神，真切地得到精神的滋养和灵魂的享受。他们一致认为本次活动意义重大，不仅是剧本发布会，更是一次文化含量很高的文化盛宴，是戏剧舞台回归文学、走向理性的一个重要里程碑，充分体现了人文关怀。

（陆虹宇）

《我为评书生——贾建国、连丽如口述自传》、《江湖丛谈》等图书签售活动举行

2012年5月20日，《我为评书生》、《江湖丛谈》等书签售活动在地坛书市期间举行，作者连丽如、贾建国出席。签售持续近两个小时，销售图书200余册。总经理总编辑办公室、大众读物分社、发行部相关人员参加。（梁　彦）

桃伯特有棉花心——绘本小说分享会举行

2012年5月25日，值北京地坛春季书市期间，人民文学出版社在地坛公园方泽坛北门名家签售区举办了桃伯特有棉花心——绘本小说分享会，《我们都爱桃伯特》绘本作者狸空与现场读者就此书的构思出版过程进行了交流，讲述了机器人桃伯特的诞生和一个漫画家的成长故事。《我们都爱桃伯特》是由人民文学出版社2012年年初推出的绘本小说，受到广大年轻读者喜爱。（宋　强）

《马骏点将：拿破仑》新书发布暨签售活动举行

2012年5月26日，《马骏点将：拿破仑》新书发布暨签售活动在地坛公园举行，作者马骏出席，大众读物分社、发行部相关同志参加。本书依据著名军事专家、国防大学教授马骏在中央电视台《百家讲坛》所做同名讲座整理润色而成。书中插配有关拿破仑的16幅精美油画，并附赠作者讲座光盘一张。签售销售图书100余册。（梁　彦）

《我住宝岛一村》媒体见面会举行

2012年5月27日晚，人民文学出版社在北京大学举办了“我住宝岛一村 & 我住胡同大院——王伟忠、英达畅谈会”，此次活动也是王伟忠新书《我住宝岛一村》媒体见面会。作者王伟忠和著名导演、演员、主持人英达就各自成长背景展开对话，并与现场大学生进行了深入交流。

作者王伟忠，台湾地区知名电视节目制作人，以节目创意著称，现任台湾金星娱乐事业股份有限公司总经理，他所制作或监制的电视节目《康熙来了》受到观众好评。《我住宝岛一村》分为6个篇章，童年回忆、生活、文创、娱乐圈、政事，是作者对自己的人生经历，对台湾地区的社会生活，对两岸娱乐圈以及文创工作的精彩解读。在每一个篇章开启前，通过文字与图片传达出王伟忠式的乐观、幽默、睿智、犀利，将他独特的生活态度与人生智慧传递给读者。

（宋　强）

中国大百科全书出版社举办第一届《中国儿童百科全书》知识竞赛

2012年5月月底，中国大百科全书出版社举办第一届中国儿童百科全书知识竞赛。出版社市场营销部、少儿百科分社，携手《北京少年报》、青少年阅读体验大世界，共同举办此次知识竞赛。此次知识竞赛的试题和答案全部来源于中国大百科全书出版社出版的《中国儿童百科全书》，此次活动旨在通过竞赛的形式，帮助小学生了解百科全书、学习使用百科全书，并从百科全书中收获三件珍贵的“宝中宝”：寻找知识的兴趣、寻找知识的方法、寻找知识的习惯。在每次竞赛正式开始之前，少儿百科分社的编辑都先用亲切、浅显易懂的语言和案例介绍百科全书的基本特点和使用方法，使孩子们在遇到问题后，除了问家长和老师、上网查资料等方式外，又获得了另一条便捷又可靠的解答途径。爱探索、爱思考的孩子通过学习从百科全书中寻找问题的答案，更加有利于他们独立思考和解决问题能力的养成。（王　瑜）

中国音乐教育杂志社等共同举办全国中小学歌唱教学优秀教案评选活动

2012年5月，由中国教育学会音乐教育分

会、中国音乐教育杂志社共同举办的全国中小学歌唱教学优秀教案评选活动在重庆举行。

本次教案评选活动组委会共收到来自全国各地的有效歌唱教案共894篇。本着公平、公正及独立打分的原则，组委会邀请专家对所有教案进行了初评和终评两个环节的认真评审。最终，在入围终评的448篇教案中，共评出一等奖84篇，二等奖175篇，三等奖189篇。其中，一等奖的获奖比例占终评教案总数的近20%，获奖者涵盖全国17个省、市、自治区。全国中小学歌唱教学优秀教案评选一、二、三等奖的获奖名单将在人民音乐出版社网站或中国音教网公布。

（吴明静）

中国大百科全书出版社举行少儿类、文教类图书暑期重点展销活动

2012年6月1日，中国大百科全书出版社举行少儿类、文教类图书暑期重点展销活动。经中国大百科全书出版社与北京西单图书大厦、北京花市新华书店沟通协调，两家单位对中国大百科全书出版社少儿类、文教类图书进行重点展销。位于西单图书大厦三层电梯口的是工具书专架，此专架从2011年年初设立，直至2012年，主要重点陈列中国大百科全书出版社彩图版工具书、小学生新双色版工具书，《高中数理化生公式定理手册》等中国大百科全书出版社的重点工具书，读者一上三楼就可以看到。另外，花市新华书店的橱窗也于2012年5月正式成为专门展示中国大百科全书出版社图书的窗口，橱窗长约6米，位置临街，展示中国大百科全书出版社重点系列图书以及新书，尤其是高码洋书、精品书，并每一个月更换一次。在西单图书大厦开设专架开始有效提升了中国大百科全书出版社工具书的销售，尤其是暑期，架前聚集了很多学生和家长。而花市新华书店的专架由于临街，从橱窗布置好展示开始，每天都有不少顾客驻足观看，为中国大百科全书出版社图书进行了有效的品牌宣传。

（王　瑜）

《国学》教材秋季新书推介会举行

2012年6月1日，现代教育出版社在第22届全国图书交易博览会期间举行了《国学》教材秋季新书推介会。会上，副社长仇正伟发言致辞，中国出版集团公司出版业务部张贤明应邀参加。该教材由北京大学、中国人民大学、北京师范大学、中国社会科学院等专家学者编写。

教材中对儒、道、兵、法等各家学术学说进行阐述，每个学术学说都从它的开创说起，如儒家命题从孔子说起，道家命题从老子说起，兵家命题从孙子说起，并一一介绍了各朝各代该命题发展演变的过程，每个命题后都配有一至二例历史故事，并根据故事绘制成精美的插图。这部教材对国学知识的普及与推广，对中小学素质的增强具有深远意义。

（杨　静）

《中国古代陶瓷文献影印辑刊》新书发布会举行

2012年6月1日，世界图书出版广东有限公司在第22届全国图书博览会上举办了《中国古代陶瓷文献辑刊》新书发布会。中国出版集团副总裁刘伯根、世界图书出版公司总经理李峰、世界图书出版广东有限公司总经理陈岩及相关专业人士近100人参加了本次活动。

发布会上，刘伯根对《中国古代陶瓷文献影印辑刊》的出版作了高度评价。他认为该书的出版，不仅是我国古代陶瓷文献全面挖掘、系统整理的重要成果，也是继承和发扬我国优秀传统文化的一项重要文化工程，在社会主义文化大发展大繁荣的要求下来观照这套文献的出版，其价值和意义更加凸显。《中国古代陶瓷文献影印辑刊》的出版将为陶瓷材料学、陶瓷工艺学、陶瓷经济学、陶瓷美学、陶瓷文化学及其他相关领域的研究人员和教学人员提供完整、全面的陶瓷古籍资料和线索，弥补之前陶瓷古籍整理很不全面、很不系统的缺陷，起到纠偏补漏、正本清源的作用，大力推动陶瓷工艺、陶瓷文化及其相

关领域的研究。（卢家彬）

第二届“中译杯全国口译大赛”全国总决赛落幕

2012年6月2日，第二届“中译杯全国口译大赛”全国总决赛在北京语言大学圆满落幕。此次大赛由中国翻译协会主办，中国对外翻译出版公司协办。历经两轮区级赛，从来自全国（含香港和澳门地区）380多所院校的1 000多名选手中决出42位选手参加总决赛，共评选出一等奖一名、二等奖两名、三等奖三名以及优秀奖和纪念奖若干名。中国对外翻译出版公司副总经理陈炳发出席了闭幕式颁奖仪式，培训中心在总决赛现场设置了新浪微博互动大屏幕，在场外设立展台，展示出版物，并开展了培训中心课程宣传活动。（卜晓艳）

中华书局百年再出发文化沙龙（银川站）活动举行

2012年6月3日，在第22届全国图书交易博览会召开期间，中华书局在宁夏出版大厦的图书博物馆里举办了中华书局百年再出发文化沙龙（银川站）活动。沙龙主要围绕“传承文明，恪守职责”这一主题进行。

宁夏回族自治区政协主席项宗西，新闻出版总署副署长阎晓宏，宁夏回族自治区党委常委、宣传部长蔡国英，自治区副主席屈冬玉，自治区人大常委会副主任冯炯华出席沙龙。沙龙由黄河出版传媒集团有限公司总经理杨宏峰主持。中华书局李岩、黄松及市场部相关人员参加沙龙。

阎晓宏在座谈时指出，出版和作者之间具有天然的紧密关系，没有作品就没有出版。现在出版的图书数量很多，将精品力作奉献给读者至关重要。走过百年的中华书局之所以能成为品牌，与其始终坚守“守正出新”的理念密切相关。目前，我们既需要以精品传承中华优秀传统文化，也需要将优秀传统文化以通俗的形式加以普及。在此方面，中华书局坚守得很好。阎晓宏还指出，目前出版“走出去”成绩喜人，但是与世界出版强国的目标还有差距。要缩短差距，不仅需要出版单位不断推出好的作品，还需要提高传播能力。

本次沙龙也受到文化界的密切关注。宁夏回族自治区文联副主席哈若蕙、宁夏作家协会副主席郭文斌、新华社宁夏分社社长杜晓明、北京师范大学艺术与传媒学院教授于丹等分别发言，充分肯定了中华书局对中华优秀文化传承作出的重要贡献。（梁　彦）

《生命——民间记忆史铁生》首发式举行

2012年6月6日，中国对外翻译出版公司在中国现代文学馆举办《生命——民间记忆史铁生》首发式。相关领导、部分编委、作者及媒体代表出席会议。该书由“写作之夜丛书”编委会主编，出版家岳建一担任执行主编，全书40万余字，160余幅珍贵图片，此书系解读史铁生的作品、体验史铁生生命精神的丛书，是“写作之夜系列”中的第一本。

《生命——民间记忆史铁生》集聚43位史铁生的朋友们对他的深情回忆，他们各自用个人化、个性化，甚至最私密的记忆，深入并讲述史铁生的生命真相，还原他在各个生命阶段的精神底蕴、哲思探索、生活细节、凄美爱情，直抵他的命运本真。此外，大量的真实史料、珍贵照片均为首次披露，这也使本书成为深具阅读价值、收藏价值的人文读本。

首发式上，中国对外翻译出版公司总经理林国夫、丛书编委会主任孙立哲、史铁生的亲朋好友们纷纷发言，分别讲述了《生命——民间记忆史铁生》的出版意义、出版缘起，回忆了与史铁生共同经历的往事。首发式结束之际，中国对外翻译出版公司和“写作之夜丛书”编委会共同向中国现代文学馆捐赠了《生命——民间记忆史铁生》。（郭宇佳）

世界图书出版公司北京公司参与“中国母亲读书运动”

2012年6月9日，由心理育儿杂志社主编下沙女士担当主持的一场读书沙龙在世界图书出版公司北京公司举办。此活动既是“心能量·新生活”心理读书沙龙中的一场，同时也是“中国母亲读书运动”的一次主题活动。

在本次活动中，世界图书出版公司北京公司利用自身平台进行宣传，心理育儿杂志社则是为本次活动配发了专题报道。双方进行的资源共享合作，取得了良好的效果，受到读者欢迎，实现了多赢的合作局面。

世界图书出版公司北京公司“心能量·新生活”心理读书沙龙举办两年以来，积累了数以千计的忠实粉丝，他们经常活跃在QQ、微博上，同时也是沙龙活动的积极参与者。

（吴和松　刘　薇）

时代与个人：吴亮《我的陀罗斯——上海七十年代》媒体见面会举行

2012年6月16日，由人民文学出版社和上海作家协会联合举办的“时代与个人：吴亮《我的陀罗斯——上海七十年代》”媒体见面会在上海举行，上海作家协会副主席、党组书记孙颙，著名学者黄子平、李庆西、蔡翔、陈子善，著名作家孙甘露、陈村、张旻，人民文学出版社社长潘凯雄和现代文学与文化编辑室主任王培元参加了会议。

作者吴亮是当代文学艺术评论家，80年代主要活动于文学批评领域，90年代后开始将目光转移至当代视觉艺术，其间始终保持着对城市和当代文化的关注。站在21世纪，向已经逝去的20世纪70年代投去远远一瞥，以当年自己的“地下阅读”为线索，描述与书有关的人与事、少年的理想、青春的悸动、激情的冷却、求知的渴望、模糊的怀疑、蠕动的不满……字里行间，流动着一种特有的缅怀、伤逝、追忆、怀旧的动人情调，引人遐思，感怀不已。（宋　强）

《路上父子》新书读者见面会举行

2012年6月17日，人民文学出版社《路上父子》新书读者见面会在彼岸书店举行。青年作家孙睿现身彼岸书店。

《路上父子》讲述了一对北京寻常父子的亲情历程。他们从互相依赖到分歧、对立，再经过一次偶然的共同上路，终于实现了和解，并对人生有了新的领悟。

（宋　强）

“千年悖论——张宏杰读史与论人”读者沙龙举行

2012年6月17日，人民文学出版社在北京的彼岸书店举办张宏杰新作“千年悖论——张宏杰读史与论人”读者沙龙。张宏杰与嘉宾史航一起与现场读者进行深入交流，深度解析历史人物的真实人生，并讲述“70后”一代曾经的文学青年生涯。

本书收录了作者谈论曾国藩、慈禧、袁世凯、朱元璋、柳如是、顾眉等历史人物和事件的文字以及回顾自己投稿生涯和不同阶段的生命体悟。

（宋　强）

“百年学脉——中华现代学术名著系列”讲座举行

2012年6月23日~7月21日，商务印书馆和首都图书馆合作举办了“百年学脉——中华现代学术名著”系列讲座，为读者奉上一系列学术的盛宴。

“百年学脉”系列讲座由商务印书馆总经理于殿利宣布拉开帷幕，由清华国学院副院长刘东主持第一讲。系列讲座共分为4讲：第一讲为“跨越与回归——清华国学院之魂”，主讲人为清华大学国学研究院副院长刘东；第二讲为“汉学杂家杨联陞”，主讲人为蒋力；第三讲为“援古证今——爱国史家陈垣先生的读书与治学”，主讲人为陈智超；第四讲为“整理千年衣柜——沈从文《中国古代服饰研究》是如何写成的”，主讲人为李之檀与王亚蓉。

此系列讲座场均上座人数二百余人。同时，商务印书馆通过微博直播和微博大屏幕互动的方式，将讲座与更多未到现场的读者朋友们分享。讲座在读者中间获得巨大反响。系列讲座也受到了媒体的关注，《北京晨报》、《新京报》等媒体发布了活动预告。《中国青年报》、《文汇报》、新华网、新浪读书、腾讯读书等也相继刊发采自现场的报道。（倪咏娟）

北京荣宝2012春季艺术品拍卖会举行

2012年6月24晚，北京荣宝2012春季艺术品拍卖会落幕，成交总额达到2.56亿元，成交率为68.91%。其中，书画部分480余件拍品成交额为1.57亿元；古董文玩及和田籽玉精品专场230余件拍品成交额为4500多万元；珠宝、钟表及烟斗专场290余件拍品成交额为3000多万元；油画雕塑及新水墨专场250余件拍品成交额为2200多万元。近现代书画部分依然是拍场的重头戏，傅抱石《千山云起》将大结构以大气磅礴之势倾泻于画纸，然后再细致收拾，小心着墨，并以具有点睛效果的色彩加以点缀，效果非凡，以840万元成交。当代书画表现平稳，其中吴冠中的《苏州园林》将中国的意境美和西方的形式美完美结合，厚重与轻盈形成强烈对比又完美统一，以高度概括的表现和优美的情趣感染观画者，表现了画家浓厚的家国情怀，以448万元成交。此次拍卖会因契合市场回调的大趋势，总体表现出一定的抗压性，与之前的预期基本相符，取得了可喜的成绩。（刘　芳）

中国音乐教育杂志社举行“第三届名师大讲堂”活动

2012年7月8~10日，中国音乐教育杂志社、中国教育学会音乐教育分会在北京举办“第三届名师大讲堂”活动，本次参会人数达到800多人。活动内容丰富多采，有唱歌课、欣赏课、综合课及舞蹈模块教学等各种课型，课例涵盖了小学、初中、高中的大部分学段，此外，北京、上海还报送了3节交流课，展示了他们多年的教研成果。还专门聘请澳大利亚莫那什大学的莎拉·布鲁克教授就“奥尔夫教学法在中国中小学课堂的运用”作专题讲座。点评专家对这些课例的授课理念、目标设置、环节安排、活动组织等进行深入、细致的剖析，还有来自听课教师的具体研讨，形成台上台下广泛的互动和真诚的交流。（吴明静）

第二届《帅作文》北京文学之旅夏令营举行

2012年7月9日和8月6日，人民文学出版社分别举办了第二届《帅作文》北京文学之旅夏令营两批四场活动。社长潘凯雄、总编辑管士光分别出席了两场活动的开营仪式，向营员致开营辞、颁发营旗，并向他们赠送了人民文学出版社出版的部分精品图书。开营仪式结束后，著名作家曹文轩为学员作了“关于写作的五句话”和“关于读书的七句话”的精彩授课。7月12日、8月9日，人民文学出版社分别邀请著名儿童文学作家安武林、李东华、金波、保冬妮，给营员们批改作文，并一对一、面对面地讲评作文，让孩子们零距离地与作家沟通交流，这堂别开生面的写作课受到孩子们欢迎。（宋　强）

爱米莉摇滚之夜暨《爱米莉·古怪小姐》新书发布会举行

2012年7月11日晚，爱米莉摇滚之夜暨《爱米莉·古怪小姐》的新书发布会在北京Mao live house酒吧举行。在连续推出“人文原创优秀绘本”系列之后，人民文学出版社与美国第一大漫画公司黑马漫画正式合作，引进了风靡欧美日韩及港台地区多年的《爱米莉·古怪小姐》系列漫画。

本次活动除请来3支优秀的北京本地乐队旋转保龄、LOLALOLI和初醒乐队演奏漫画书主角爱米莉最喜欢的朋克音乐之外，还邀请了著名女子摇滚乐队“挂在盒子上”、糖果怪兽和SUBS的主唱王悦、边琳和抗猫等担任嘉宾，向大家讲述了现实中摇滚女文青的心路历程。此次活动还邀请“造龙师”莲羊、温情治愈系代表绘本作家李冰、黑荔枝和木木荣等动漫达人，他们入场即兴作画，与现场观众进行热情互动。整场活动气氛热烈，为《爱米莉·古怪小姐》一书的营销宣传拉开了序幕。（宋　强）

中版教材有限公司举办2012年重庆市普通高中新课程历史学科骨干教师集中培训

2012年7月17日~19日，中版教材有限公司2012年重庆市普通高中新课程历史学科骨干教师集中培训在重庆市求精中学举办。来自全市的高中历史教研员和教师120余人参加了此次培训。活动特邀人民出版社版高中《历史》副主编、南开大学教授马世力对高中历史新课标进行了解读。来自江苏镇江实验高中的老师刘喜山介绍了先行省区的实验经验，并进行示范课讲解。重庆教科院的项军、黄开红老师分别进行了学科教学指导意见、模块教学要求讲解和教学设计、课堂教学评价、课程资源开发方面的讲座。会后，与会教师还进行了优质示范课观摩及分组讨论。（星昕昕）

《在中国把经验化为利润》首发式举行

2012年7月20日，第23届香港书展期间，《在中国把经验化为利润》首发式在香港郑裕彤亚洲经济研究中心举行，参加首发式的嘉宾有香港金融管理学院院长、香港教育局学术评审委员会委员、香港大学终身荣誉教授、北京国际儒学学会副会长、中国史学会会员、皇家亚洲学会香港分会终身会员赵令扬教授，SBS太平绅士、香港立法会议员（建筑、测量及都市规划界）、著名建筑学家刘秀成教授及部分国家驻香港领事、多家企业的CEO等总计40人左右。

《在中国把经验化为利润》一书是作者根据多年为外商提供咨询服务的实践工作，集合了外资公司设立、财务、税务、劳动法与签证等相关资料，为外商进驻中国市场提供了可靠、具体的实务参考。（章　怡）

点校本“二十四史”（精装版）赠书仪式举行

2012年7月28日，中华书局向中共中央办公厅中直管理局捐赠点校本“二十四史”（精装版）仪式在北戴河举行。中共中央办公厅副主任张建平，中直管理局局长许士平，中直管理局副局长、北戴河服务局局长白海琴，中央文化企业国有资产监督管理领导小组办公室常务副主任王家新，中国出版集团公司总裁谭跃，中国出版集团公司副总裁、中华书局总经理李岩，中华书局总编辑徐俊和副总经理黄松出席赠书仪式。

赠书仪式由张建平主持。白海琴代表北戴河服务局、王家新代表中央文化企业国有资产监督管理领导小组办公室、谭跃代表中国出版集团公司、李岩代表中华书局分别发言。白海琴向李岩面交了捐赠证书和感谢信，并表示已将该批赠书作为固定资产登记在册，将呈送中央领导阅读。最后，张建平总结讲话，对本次赠书的意义给予高度评价，认为中华书局的赠书活动，昭示着中央领导高度重视和自觉学习中华民族发展史，有利于以史资政，也有利于“全民阅读”活动的推广；希望中国出版集团公司和中华书局进一步加强和中央办公厅、中直管理局北戴河服务局的联系，在文化建设方面作出特殊的、更大的贡献。

中直管理局和北戴河服务局多位领导，以及中国出版集团公司许维华、中华书局尹涛等参加了赠书仪式。中华书局还随书赠送了专门印制的精美书签。（梁　彦）

世界图书出版公司北京公司联合诺基亚公司举办读书会

2012年7月31日，世界图书出版公司北京公司联合诺基亚公司，在诺基亚公司总部举办了一场艺术心理分析读书会，这是世图北京“心能量·新生活”心理读书沙龙第一次走出去与外界进行合作。

双方的合作源于出版社沙龙品牌已经在京城享有一定的知名度，吸引了诺基亚公司相关人员的注意，因此他们诚心邀请专家上门讲课。此次受邀嘉宾是康耀南老师，他长期致力于艺术心理分析的推广与教学。这次读书会以艺术心理分析为主题，通过读者绘画与老师分析的形式，达到缓解心理压力的目的。

出版社与诺基亚公司合作，是出版社利用自身的资源进行跨业合作的有益模式。既扩大了作者的影响，也受到了合作单位的好评，也为出版社树立了良好的形象。（吴和松　刘　薇）

《带我走——90 后的抗日纪念碑》新书发布会举行

2012 年 8 月 15 日，在纪念抗日战争胜利 67 周年之际，人民文学出版社和可爱中国搜救犬联盟在北京十三陵水库旁一处人工废墟上共同举办了《带我走——90 后的抗日纪念碑》新书发布会，作者钟声及其《百家讲坛》知名主讲人纪连海参加了发布会。总编辑管士光与会并讲话。

《带我走——90 后的抗日纪念碑》由人民文学出版社 2012 年 8 月出版，作者钟声为北师大二附中的学生，他在书中书写了与父亲两人从北京古北口长城抗战遗址出发，到云南远征军的战场为抗战英雄立碑总计行程两万里的感受。

（宋　强）

《荷衣蕙带：中西方内衣文化》首发式暨鉴售仪式举行

2012 年 8 月 15 日，人民美术出版社在上海展览中心西区隆重举办了《荷衣蕙带：中西方内衣文化》首发式暨签售仪式，中国美术出版总社党委书记汪家明与该书作者潘健华、欧迪芬国际集团董事长王文宗等共同出席了新书首发式并致辞。该书作者上海戏剧学院教授、博士生导师潘健华是首位中国古代内衣文化与艺术的研究者，他提出内衣是两性管理身体的一部文化史，是人体的装束形态，现代社会中，它已经逐渐从私密收藏走向公共时尚。该书填补了一项涉及文化研究、社会学研究、服饰艺术研究等领域的空白。全书文字 20 万，图片 470 幅，大多出自作者十几年的精心收藏，西方部分的内容得到了斯坦福大学和牛津大学文化学者纽约时装学院博物馆主任瓦莱丽·斯蒂尔的支持。该书的设计风格鲜明，雅致精美，别具一格。（汤　锐）

2012 年全国大中专教材公共论坛举行

2012 年 8 月 15 日，由中国出版协会、中国新华书店协会主办，《全国大中专教学用书汇编》编委会承办的 2012 年全国大中专教材公共论坛在北京鸿翔大厦举办。此次论坛的主题为“教育资源数字化”。论坛共有来自全国各地的出版社、经销商的 140 多人参加。

中国新华书店协会会长、中国出版集团公司副总裁王俊国，中国化工教育学会副会长、中国出版协会科技出版工作委员会主任俸培宗致辞。主题演讲包括中国新闻出版研究院副院长张立《从国家科技创新计划看传统出版业的数字化转型》，人民教育出版社党委书记、副社长郭戈《人教版大中专教材概况和教育资源数字化的进展》，电子工业出版社副社长王传臣《利用新技术、新手段做好老业务》，机械工业出版社副总编辑周中华《国内外高教数字化现状与趋势》，高等教育出版社信息管理部总经理张泽《数字化教学资源建设的思考与实践》，天津市高雷图书发行有限公司总经理袁琳《高校教材数字化进程中的困惑与思考》，新华书店总店副总经理赖雪梅《教育信息跨平台传播的思考与实践》。

本次论坛还举办了“2012 年度全国优秀教材经销商”颁奖仪式。“全国优秀教材经销商”评选是目前全国唯一一个教材经销商的行业评选活动，本次评选最终选出“年度优秀教材经销商”16 名、“十佳校园书店”7 名。（张　倩）

《恍如来者》新书签售活动举行

2012 年 8 月 17 日，中国民主法制出版社

《恍如来者》与同名新专辑在上海展览中心友谊会堂举行签售活动。作者萨顶顶曾以《自己美》、《咚巴拉》红遍祖国南北。2006年以《万物生》再次走红，曾以独具民族特色的服装及佛教色彩的音乐风格而著名，获得BBC世界音乐大奖等多项国际奖项，她还是中国首位被格莱美邀请的歌后，独创的自语被赞为“与神交流的语言”，也曾被誉为“梵音天后”。《恍如来者》一书描述了一位顶级乐者的成长故事以及她在国外旅行和参加大型音乐活动中遇到的人和事，其中不乏宝贵的音乐创作经验，语言优美飘逸，充满人生感悟。全书设计精美，充满诗情，版式、颜色亲近自然，特别是书中拥有大量欣赏性极强的珍贵配图，增强了阅读的审美感受。

（邵　力）

“是养孩子，是毁孩子——‘虎妈’、‘鹰爸’的模式能复制吗?”家庭教育讲座举行

2012年8月17日，世界图书出版上海有限公司“是养孩子，还是毁孩子——‘虎妈’‘鹰爸’的模式能复制么?”家庭教育讲座在2012年上海书展期间举行。《妈妈爸爸在线》邀请了上海师范大学教育学教授、博士生导师钱源伟教授作为嘉宾。现场百余位书展读者参加此次讲座并与钱教授积极互动。

钱教授长期从事基础教育的研究工作，在早期教育和家庭教育方面很有建树。讲座中他列举了时下热门的“虎妈战歌”、南京“鹰爸”的家庭教育案例，从实例出发，深入浅出地与父母们分享了自己在家庭教育方面的几个基本理念：认同孩子们的多样性，了解每个孩子特点；把握好家庭教育中自由和规矩的界限；在基础教育领域，学校和家庭的配合技巧等。

钱教授提醒现场的年轻父母，在0～6岁学前教育阶段，家庭教育的重要性远远超过了学校、老师对孩子的影响，这种影响力一直持续到中学。所以，好妈妈（爸爸）一定胜过好老师！找到一个适合你，适合孩子的教育之法，才是每一位聪明父母应该做的。

（章　怡）

《吴孟超传》读者见面会举行

2012年8月18日，由华文出版社举办的“感动中国：吴孟超的医学人生——《吴孟超传》”读者见面会在上海国际展览中心举行。上海市委宣传部副部长朱咏雷、第二军医大学政委陈锦华、中国人民解放军总后勤部政治部宣传部部长冯毅、同济大学党委副书记马锦明出席会议并讲话。

吴孟超系中国科学院院士、第二军医大学东方肝胆外科医院院长，2005年度国家最高科学技术奖获得者，2011年度感动中国人物。该书由军旅作家王宏甲、刘标玖合力创作，讲述了吴孟超一生感人肺腑的故事。在此次读者见面会上，吴孟超因刚做了白内障手术不能到会，特录制了一段视频向广大读者表示深深的歉意。吴孟超表示该书写得非常好，将其人生经历和历史背景相结合，真实反映了抗日战争、国共内战、国家建设的整个历史过程。

（陆虹宇）

《龙泉司法档案选编》（第一辑·晚清时期）发布仪式暨座谈会举行

2012年8月25日，由浙江大学、浙江省社会科学界联合会、浙江省档案局、龙泉市人民政府和中华书局主办，浙江大学地方历史文书编纂与研究中心与龙泉市档案局承办的“《龙泉司法档案选编》（第一辑·晚清时期）发布仪式暨座谈会”在浙江大学举行。

会上，主办单位领导以及多位来自海内外的著名学者共同出席了会议。浙江大学党委副书记周谷平、浙江大学发展委员会主席张曦、浙江省社会科学界联合会党组书记陈荣、中共龙泉市委书记蔡晓春出席并致辞。浙江大学地方历史文书编纂与研究中心主任包伟民和徐俊同志分别发言，向与会同仁介绍了《龙泉司法档案选编》（第一辑·晚清时期）一书整理、编纂及出版等相关情况。国家出版基金规划管理办公室财务总

监祁德树强调了《龙泉司法档案选编》作为国家出版基金项目的重要意义。著名历史学者、华东师范大学教授王家范、香港科技大学教授李伯重等专家代表发言，对《龙泉司法档案选编》的价值给予高度评价。会议期间还举行了《龙泉司法档案选编》（第一辑·晚清时期）一书发布的赠书仪式和龙泉司法档案研究中心揭牌仪式。（梁　彦）

《我最想要的治未病书》新书发布会举行

2012年8月26日，由世界图书出版西安有限公司、华商报社、西安晚报社联合主办的《我最想要的治未病书》新书发布会在西安市北大街国花贵宾楼会议大厅举行。陕西省中医学专家和来自社会各界的中医学爱好者约300人参加了本次活动。中华中医药学会亚健康分会副秘书长、西安养生文化研究会会长常海沧，中国医师协会治未病管理办公室副主任王有志，中华中医药学会亚健康分会委员、西安养生文化研究会理事杜建军，西安秦安自然养生研究所所长季秦安，西安自热疗法研究会荣誉会长刘永奎，西安自热疗法研究会秘书长徐萍，凤凰传媒陕西运营中心主任赵胜堂，《华商报》教育健康部编辑张旺宁，《西安晚报》健康工作室记者王少薇，世界图书出版西安有限公司市场营销部经理王昭，世界图书出版西安有限生活图书事业部经理赵亚强等相关单位负责人和社会知名人士到会祝贺，并参加了交流活动。

《我最想要的治未病书》是一部以“治未病”（即预防疾病）为核心的中医保健科普类图书。是中华中医药学会亚健康分会委员、西安养生文化研究会理事杜建军老师多年讲授中医养生和养生临床实践体会的精粹。为中医治未病的健康发展和国人对中医学的正确认知，起到了强有力的推动作用。（薛春民　赵亚强）

《牛津高阶英语词典》（第8版）发布会举行

2012年8月29日，商务印书馆在第19届北京国际图书博览会上举办了《牛津高阶英语词典》（第8版）发布会。牛津大学出版社中国区总经理Charles Lai先生，商务印书馆总经理于殿利出席活动并发言。《牛津高阶英语词典》（第8版）序言作者、北京大学外国语学院教授胡壮麟，原北京外国语大学教授、副校长庄绎传也受邀参加此次发布会并致辞。

此次发布的《牛津高阶英语词典》（第8版）是商务印书馆与牛津大学出版社在辞书出版领域强强合作的最新产物，是“牛津高阶英语词典”系列辞书的最新成员。（张仲彬）

《潘基文英文演讲集》新书发布会举行

2012年8月29日，世界图书出版公司北京公司《潘基文英文演讲集》新书发布会在第19届北京国际图书博览会上举行。本次发布会由世界图书出版公司北京公司总经理张跃明先生主持，中国出版集团总裁谭跃先生、韩国驻华大使李揆亨先生等嘉宾出席并发表重要讲话。

第19届北京国际图书博览会的主宾国是韩国，而世界图书出版公司北京公司是国内韩国语学习和韩国文化类图书出版的主要出版社之一，其市场占有率多年来名列前三甲。潘基文作为首位担任联合国秘书长的韩国人，在世界范围内享有盛名。世界图书出版公司北京公司正是因为多年来与韩国出版社的良好合作关系，才最终获得了韩国方面的授权，得以在中国出版《潘基文英文演讲集》。此书一经出版，得到了众多专家和媒体的关注，韩国驻华大使李揆亨先生在新书发布会的讲话中还特别感谢了中国出版集团和世界图书出版公司北京公司对中韩文化交流作出的贡献。

本书收录潘基文连任联合国秘书长以来发表过的重要演讲，并提供演讲文的汉语译文。同时，也对演讲文中的重点语句以及背景知识进行了详细说明。是一本学习演讲技巧，提升英语水平的绝佳教材。（吴和松　刘　薇）

中国对外翻译出版公司举办中非文化交流暨《考验》、《渡河》新书发布会

2012 年 8 月 30 日，由中国对外翻译出版公司举办的中非文化交流暨《考验》、《渡河》新书发布会在中国国际展览中心中国出版集团公司活动区举办。刚果共和国林业、环境与可持续发展部长亨利·琼博、刚果共和国林业部部长顾问约瑟夫·巴西、北京语言大学高级翻译学院院长刘和平和中国对外翻译出版公司领导参加。此次出版的两本小说《考验》、《渡河》原文为法语，中文版由北京语言大学高级翻译学院院长刘和平教授组织学生翻译。（郭宇佳）

《我和郎朗 30 年》新书发布会举行

2012 年 8 月 30 日，由中国出版集团公司主办，现代出版社和北京郎朗文化发展有限公司联合承办的《我和郎朗 30 年》新书发布会在北京举行。新闻出版总署副署长阎晓宏，中国出版集团公司总裁谭跃、党组书记王涛、副总裁李岩，中华文化促进委员会副主席曾庆淮，中国对外文化交流协会副会长董俊新，著名主持人杨澜，世界著名指挥家余隆，中央音乐学院院长王次炤，郎朗的恩师朱雅芬教授，中央音乐学院教授赵屏国，中央音乐学院教授张晋，国际著名版权代理商托比·伊迪，法兰克福国际图书博览会副总裁柯乐迪，新加坡大众控股有限公司执行董事、大中华区行政总裁潘志伟，中国出版集团公司所属 17 家图书出版单位负责人等七十余位嘉宾到场。新华社、中央电视台、新浪网等国内外 80 余家媒体积极报道。

《我和郎朗 30 年》是郎朗的父亲郎国任先生用真情讲述了郎朗从一个普通孩子迅速成长为超一流钢琴家背后闻所未闻的故事，首次完整地披露了郎朗从出生到 30 岁的成长历程。书中很多故事，都是我们闻所未闻的，首次为我们解开了郎朗成长和成功的谜团。本书还收录近 100 幅郎朗从出生到现在的珍贵照片，90% 以上为首次公开面世。本书还讲述了"朗爸"郎国任先生从一个琴童的家长成为成功的音乐教育家的传奇经历，首次披露了培养郎朗、教育"郎家兵团"的秘诀。相信朗爸的"为父之道"会给迷雾中的父母们以启示，愿更多献身于事业之中自顾不暇的父亲们能尽快觉醒，承担起教育孩子的重责大任。（李　鹏）

第四届中国图书馆馆长与国际出版社高层对话论坛举行

2012 年 8 月 30 日，由中国图书进出口（集团）总公司、中国图书馆学会专业图书馆分会、中国图书馆学会高校图书馆分会共同主办的第四届"中国图书馆馆长与国际出版社高层对话论坛"在北京举行。本次论坛是第 19 届北京国际图书博览会的重要文化活动之一，论坛主题为"学术出版与科学数据交流"。

国家科技图书文献中心主任袁海波，中国科学院国家科学图书馆馆长张晓林，中国出版集团公司副总裁、中国图书进出口（集团）总公司总经理刘伯根出席了论坛，来自国内外近 200 家公共、大学和专业图书馆的馆长和负责人、国内外出版机构的高管和代表参加了论坛。

论坛期间，与会专家和代表就数字出版在科研过程和出版过程中支持科学数据管理与应用、发现尘封的宝藏——研究数据和数据引文索引、中医药科学文献与中医药科学数据等发表了各自的观点，并就科学数据出版与关联等热点话题开展对话和讨论。

本次论坛通过广大图书馆、出版商和运营商的共同参与，开展深入的对话和交流，针对学术出版与科学数据交流的核心课题进行了深度思考和研讨，对促进我国数字化出版事业的发展将起到重要的推动作用。（朱宝元）

中国图书商报社与上海书展、南国书香节开展深度合作

2012 年 8 月，中国图书商报社与上海书展、

南国书香节开展深度合作系列活动。

2012年8月，中国图书商报社作为上海书展多年的重要合作伙伴，与上海书展暨“书香中国”上海周组委会办公室等单位精心策划，面向全国参展单位人员开展上海书展“营销十佳明星”与“服务十佳明星”评选与奖励活动，共同打造中国重大书业会展专业化、人性化服务品牌。《中国图书商报》在这届展会上的报道被组委会评为2012上海书展好新闻奖。

由于与上海书展合作的示范效应，2012年，广东南国书香节组委会与中国图书商报社合作出版了4开8版的南国书香节特刊。特刊出版之时正值南国书香节举办20年，特刊围绕南国书香节与其他书展的异同，充分展示了南国书香节的与众不同，对提升南国书香节和中国图书商报社的品牌影响力起到了很大作用。（方　菲）

“个体叙事与历史叙事——李洱对话玛丽昂·波施曼”活动举行

2012年9月1日下午，人民文学出版社和德国柏林文学之家（LCB）共同组织了“个体叙事与历史叙事——李洱对话玛丽昂·波施曼”活动。德国柏林文学之家负责人乌里·雅尼茨基，中国人民大学德语系副教授张晏，人民文学出版社副总编辑肖丽媛参加了活动。中、德两国作家李洱、玛丽昂·波施曼就彼此作品的叙事方式、叙事内容、文字风格、男女作家的视角差异、都市与乡村题材等话题进行了对谈。

（宋　强）

《郑泽堰》首发式举行

2012年9月1日下午，生活·读书·新知三联书店在韬奋书店举行了《郑泽堰》首发式。法籍华人作家郑碧贤女士携新书《郑泽堰：民国县长郑献徵传奇》在三联韬奋书店与读者见面。

《郑泽堰》讲述一位民国官员廉洁奉公毁家纾难的尘封往事，再现父女两代尽忠尽孝造福一方的历史传奇。民国时期一位深受传统文化、道德熏染的儒官郑献徵，在盛年完成自己人生使命：他从事过教育，管理过中学乃至大学；他当过四川省建设厅的官员，当过县长、市长、水利局长，却始终两袖清风，而且还卖掉祖产，为一方造福：兴修水利工程“郑泽堰”，将乾隆二十六年（公元1761年）以来，屡建屡废的工程圆满完成并泽被今朝；训练乡民，其中不少人后来参加了中国远征军，为祖国英勇战斗；安置抗战中内迁的东北大学。（鞠晓辉）

《笔尖上的成长》首发式暨互动见面会举行

2012年9月9日，华文出版社在北京中关村图书大厦举行《笔尖上的成长》一书首发式暨互动见面会。本书作者、人大附中陈莲春老师及2012年高考北京文科第一名韩牧岑、理科第一名李泽等众多学生，与读者见面，以别样的方式共度教师节。

人大附中校长刘彭芝和常务副校长翟小宁为《笔尖上的成长》作序。该书全方位展示了人大附中的“立体作文”教学理念，收录了90名学生的132篇作文，以及陈莲春老师的作文指导和人大附中语文组八位老师的逐一点评。所收录文章的作者已考入各知名高校，其中，包括进入北京大学、清华大学、中国人民大学的51人，进入香港大学、香港科技大学等的有11人，进入美国耶鲁大学、康奈尔大学、杜克大学等的12人，进入北京师范大学、北京理工大学等的16人。

陈莲春是人大附中广受学生、家长欢迎的语文高级教师，十多年来她以“播撒幸福的种子，构建春天般的语文课堂”为理念，强调作文要以眼、手、心的协调与统一为目标，打破“平面化”写作思维，在观察、体验、思考、创作等能力综合提高的基础上，实现立意、材料、结构、语言的有机结合，从而使作文呈现“立体化”的态势。（陆虹宇）

2012 年全国图书馆媒体与阅读年会举行

9 月 12 ~ 15 日，2012 年全国图书馆媒体与阅读年会在宁波市鄞州区举办。本次年会由中国图书馆学会阅读推广委员会、新华书店总店《图书馆报》主办，鄞州区图书馆、宁波大学园区图书馆协办，鄞州区文化广电新闻出版局承办。共有代表 204 位出席。

开幕式由浙江省图书馆学会秘书长袁逸主持，宁波市鄞州区人民政府副区长夏素贞、中国图书馆学会阅读推广委员会主任吴晞致辞。开幕式后图书情报工作杂志社社长初景利宣读了“2012 年全国图书馆媒体与阅读年会论文获奖名单”，会议嘉宾为与会的 42 名参会代表颁发了获奖荣誉证书。

年会主旨报告阶段由《图书馆报》总编辑赖雪梅主持，中国图书馆学会阅读推广委员会副主任徐雁向大会作了题为《花香何及书香远，美味怎比诗味长——经典名著与民族文化传承》主题发言，上海图书馆副馆长刘炜向大会作了题为《阅读的祛魅》主题发言。

分会场设在宁波市鄞州区图书馆，第一分会场交流主题为传统阅读，第二分会场交流主题为数字阅读。

全国图书馆媒体与阅读年会于 2012 年 2 月份开始，面向全国图书馆征集论文，共收集征文论文 280 篇，最终评选出一等奖 10 名、二等奖 29 名、三等奖 45 名。（张　倩）

中版教材有限公司举办青海省 2012 年高中历史学科课程标准实验教材及学科教材骨干教师培训活动

9 月 13 日 ~16 日，中版教材有限公司在西宁举办了青海省 2012 年高中历史学科课程标准实验教材及学科教材的骨干教师培训活动。来自全省的高中历史教师及教研员近 100 人参加。活动特邀人民出版版高中《历史》主编朱汉国教授、副主编马世力教授及部分编写组成员、历史学科专家进行了讲座、点评和指导。（星昕昕）

《拾年》新书讲座会举行

2012 年 9 月 15 日，中国国家图书馆和生活·读书·新知三联书店联合举办的《拾年》新书讲座会在中国国家图书馆学津堂举行。《拾年》的作者王军是新华社国际部记者，著有《城记》、《采访本上的城市》等书。

讲座的题目叫作“拾年：北京城的世纪纠葛”——新世纪初的北京获得空前发展的机会与 20 世纪确定的发展理念、申办奥运会、中国加入世贸组织等问题之间的矛盾和冲突。《拾年》的意义恰在于此，让人们在高速发展的时候重新思考。

《拾年》是王军的文章合集，内容源自他长期的观察。他是生活在北京的记者，对这个拥挤而繁华的大都市有着自己的视角，他在调研中发现，很少有人把土地、税收、金融、法治等问题，作为一个规划问题来理解，这在很大程度上模糊了我们对城市的认识。（鞠晓辉）

中国对外翻译出版公司培训中心笔译全能周末班开班

2012 年 9 月 15 日，中国对外翻译出版公司培训中心笔译全能周末班开班，课程针对 2012 年下半年全国翻译资格考试（CATTI），内容涉及英汉笔译技巧，综合翻译能力等考试必备的专业笔译技能和经典法则。英语二级、三级口译班课程针对下半年全国翻译资格英语二级、三级口译考试，内容涉及口译笔记、交传口译技巧、双语互译诀窍和实战演练。培训中心还协助青岛分公司为 CATTI 三级笔译、口译课程做开班准备，并策划联合国翻译资格考试的运营推广方案。

（卜晓艳）

中国图书商报社等联合主办“亲子阅读·书香中国”激励计划

2012 年 9 月 18 日，中国图书商报社联合中国教育学会家庭教育专业委员会、中国学前教育研究会学前社会教育专业委员会主办的第二届“亲子阅读·书香中国”激励计划在北京启动。活动覆盖全国6万个家庭，以及加入中国教育学会“现代学校联盟行动计划”的600多所学校。

“亲子阅读·书香中国”激励计划旨在培养学生浓厚的读书兴趣和良好的读书习惯，努力建设师生的精神家园，活动包括开展“书香校园”读书节活动、举办“名家进校园”活动、开展“教子有方”公益家庭教育讲座、举办亲子经典诵读会、争当“阅读之星”活动、开展“亲子共读”活动，将读书活动延伸至家庭，亲子共读好书，共同营造有益于学生身心健康成长的家庭文化环境。

该活动以单位和个人自我申报、专家组集体评定为主要形式。在对组织推荐或自行申报的单位及个人提交的参评材料审核后，经组委会初审和公示复评，最终评选出全国“书香校园”、“书香班级”、“学习型教师”、“书香家庭”、“优秀出版社”、“优秀读物”、“优秀社会组织”若干名，并于2013年在北京举行表彰大会。

（方　菲）

《父亲的一九四二》新书发布会举行

2012年9月19日上午，人民文学出版社在北京举行了著名作家邓贤《父亲的一九四二》新书发布会，中国出版集团副总裁、党组成员潘凯雄，成都市文联副主席梁红，著名文学评论家雷达、白烨、梁鸿鹰等出席研讨会并发言。

该书以邓贤的父亲为原型，塑造了抗战时期中华民族一群征战印度、缅甸的学生兵的艺术形象，讴歌了“国家兴亡、匹夫有责”的爱国精神。邓贤在书中不仅再现了中国远征军在滇缅战场的惨烈经历，还首次披露了抗战史上中国学生兵在中美盟军中的作战经历。（宋　强）

新版《文坛开卷》发布会暨大佳网、新浪网合作启动仪式举行

2012年9月19日，中版集团数字传媒有限公司新版《文坛开卷》发布会暨大佳网、新浪网合作启动仪式在中国出版集团公司总部11楼多功能厅举行。新版《文坛开卷》是由大佳网与新浪网共同推出的一档读书访谈节目，从9月19日起，该节目将于每周三在大佳网与新浪网同步上线。中国出版集团公司副总裁潘凯雄，新浪执行副总裁、新浪网总编辑陈彤出席并讲话；中版集团数字传媒有限公司总经理周锡培介绍了新版《文坛开卷》的规划与概况，并与陈彤签署了《合作备忘录》。知名作家、茅盾文学奖获得者周大新，知名作家萨苏，财经作家、独立书评人苏小和等约100位出版人、书业人士、媒体人与会。大佳网与新浪网强强联手，通过资源置换等方式进一步拓展节目推广渠道与资源，除在两大合作网站播出外，未来，该节目还将在视频网站、省级/地级卫星电视等多个平台推广，实现网络平台资源和能力的跨渠道及跨平台推送。

（祁兰柱）

《红楼梦新证》（增订本）新书发布会举行

2012年9月22日，《红楼梦新证》（增订本）新书发布会在万圣书园举行。发布会由中华书局副总编辑顾青主持，刘梦溪、周岭等学者及周汝昌的家人出席，大众读物分社人文图书工作室相关人员参加。与会嘉宾纷纷回忆与周汝昌交往的点点滴滴，表达了深切缅怀之情，同时高度评价了他的红学贡献。《新京报》、《中华读书报》等媒体进行了报道。本书主要涵盖三方面内容：一、考证了曹雪芹的籍贯、出身、家世、生平等问题，开创了红学研究中的“曹学”。二、结合“曹学”对《红楼梦》进行考释。三、对脂批、《红楼梦》各版本进行考证，对《红楼梦》流传过程中的读者接受给予评价。

（梁　彦）

“末代皇族纪实系列”新书发布会举行

2012年9月27日上午，人民文学出版社在宋庆龄故居举办了贾英华“末代皇族纪实系列”

新书发布会，中国出版集团副总裁、党组成员潘凯雄，人民文学出版社副社长李春凯，晚清史专家、慈禧曾侄孙、中央书画研究院副院长那根正先生，末代皇妹韫龢的女儿、著名画家郑爽女士，末代皇叔载涛的孙女金霭玼女士以及金霭玼女士的先生李以宏，末代国舅之女溥仪三妹的女儿郭曼若以及本书作者贾英华参加了发布会。

人民文学出版社出版的“末代皇族纪实”系列作品，记述了溥仪、皇妹韫龢、国舅润麒、皇叔载涛等皇室传奇人物，分别从不同的角度折射出中国百年的历史巨变。（宋　强）

《城市·建筑·思想：库哈斯与奥布里斯特中国访谈录》签售活动举行

2012年10月8日，《城市·建筑·思想：库哈斯与奥布里斯特中国访谈录》签售活动在涵芬楼书店举行。该书主编、著名艺术家欧宁向读者介绍了该书的策划与编辑情况，并就城乡互补问题与读者进行了交流，随后进行了签售活动。

本书是中央电视台新大楼的设计者、荷兰建筑师库哈斯与30位中国各界精英的访谈录，访谈内容涉及中国当代社会发展的背景下城市建筑、规划与文化以及城市文化与思想的历史、现状与未来展望。这些探寻与回答的主题，可以凝练为4个字“中国思想”，致力于描绘一幅文化生产和当代思想的集体肖像。（杜　非）

中版教材有限公司举办四川省中小学书法骨干教师省级培训

2012年10月14日～17日，中版教材有限公司在广汉市举行四川省中小学书法骨干教师省级培训，来自全省21个地州市的近300名语文、美术和书法教研员参加了本次培训活动。四川省教育厅、中版教材有限公司、华文出版社相关领导出席了本次培训的开幕式。开幕式由中版教材有限公司总经理、华文出版社社长罗争玉教授主持。开幕式上，华文版中小学《书法》教材副主编叶培贵教授介绍了中小学展开书法教育的意义和中小学《书法》教材的编写思路。中版教材有限公司书法事业部主任、华文出版社书法分社社长尹兴就书法技法和书法教学与参加培训的老师交流了心得体会。

随后，德阳、资阳两地的书法教育实验区老师还与参加培训的老师们进行了经验交流。会后，参加培训的老师们现场观摩了广汉、什邡两地书法教学示范课。参会老师就如何更好的促进书法教学，弘扬中华传统书法文化，以书法教学促进学生综合素质全面提高交换了意见。

（星昕昕）

中国美术出版总社参加中国发行协会美术发行专业委员会年会暨发行工作研讨会

2012年10月18日，中国美术出版总社参加在武汉召开的中国发行协会美术发行专业委员会年会暨发行工作研讨会，此次会议的主题为“在实体书店普遍面临危机的现状下，美术图书发行模式的变革探究以及美联集团的发展与改革措施”。中国美术出版总社社长汪家明主持了研讨会，副总编胡建斌作了《美术技法图书样板分析》的主题发言。（汤　锐）

《偶发空缺》简体中文版首发式举行

2012年10月20日上午，由人民文学出版社与上海九久读书人文化实业有限公司联手引进的英国著名作家、“哈利·波特”系列图书的作者J. K. 罗琳首度为成人创作的小说《偶发空缺》简体中文版在全国书店同步上市，人民文学出版社在上海、北京、成都三地同步举办了新书首发式。

《偶发空缺》的北京新书首发式在北京图书大厦举行，社长管士光，副社长李春凯参加了活动。社长管士光与著名编剧、书评人史航，著名演员张译，“哈利·波特”系列译者、《偶发空缺》责任编辑马爱农和《偶发空缺》译者任战，一起为该书揭开了神秘面纱。

《偶发空缺》是人民文学出版社2012年重点打造的畅销书，首印80万册。它的英文版自2012年9月27日在英国、美国、加拿大、澳大利亚、新西兰同步上市之后，已连续数周占据排行榜前列位置；出版商利特尔－布朗公司以超过200万册的首印数显示了对市场前景的充足信心。 （宋　强）

东方出版中心组织青年编辑参观走访图书库和上海新华书店概念店

2012年10月23日，东方出版中心组织青年编辑参观走访图书库和上海新华书店概念店。在前往书库和书店的车上，总编辑李智平和来自总编辑办公室、编辑部、发行部、资产管理部、计划财务部等部门的员工将车厢当作沙龙，边思考“库房压书”和“书店卖书”，边议论“选题出书”和“营销推书”。

在新书堆场和退书堆场里，编辑们都会发现自己编辑出版的图书，但更大的发现是退书的堆场体量已经“恐怖”地超过了新书的堆场体量。这让大家“触目惊心”地意识到，在现行“退货不商量、结款无期限”的发行模式下，适销不对路的产品非常容易滞销，一不小心，图书印制数就会变成图书库存数。即使离开了库房，库房堆成的座座“书山”的情景还重重压着大家心头、刺激着每个人神经。编辑们感慨地说，预防库存要从选题环节开始。选题论证一定要琢磨市场，充分做好市场调查，慎重确定产品，防止一本书编出来，出了印厂厂房，在市场上兜一圈，就进入退书库房，把钱变成纸，最后造成了人力物力的浪费。上海新华书店概念店，是新近转型开张的一家特色实体书店。大家来到这里感受到书店精致时尚的空间设计，也直观体验了其全新的经营理念：它不再是传统意义上的单一书店，而是集图书销售、数字体验、咖啡餐饮、创意生活、教育培训、影视视听等多种文化一体化服务的新业态。由此，大家领悟了“没有一成不变的服务，只有永远的服务受众的道理。”

（张洁民）

《新华字典》（第11版）纳入国家免费提供教科书范畴

2012年10月26日，财政部、教育部联合下发“财教［2012］334号”文件，将《新华字典》（第11版）纳入“国家免费提供教科书范畴”，要求2012年“为所有农村义务教育阶段学生配齐《新华字典》（第11版）”。

按照财政部、教育部出台的政策和国家新闻出版总署的要求，中国出版集团公司和商务印书馆全力落实这一文化民生工程。第一，安排30多条生产线加紧生产，并专门召开了《新华字典》（第11版）生产协调会。为保证品质，所有字典用纸仍然采用字典纸，小字典事关民生大问题。不管有多大量，在工艺流程设计、装帧材料等方面都将做到最好。第二，与各省承担供货任务的单位积极联络，并专门召开了发行协调会。第三，为使这一文化民生工程惠及更广泛的人民群众，还致力于开发少数民族语言的单语种《新华字典》（第11版）。商务印书馆已免费授权新疆人民出版总社出版维吾尔文、哈萨克文、蒙古文、柯尔克孜文版《新华字典》（第11版）。

（唐　敏）

《记忆的容颜》新书见面会举办

2012年10月27日，生活·读书·新知三联书店在韬奋书店举行了《记忆的容颜》新书见面会。

《记忆的容颜》是李菁在《三联生活周刊》开办的“口述”栏目的第二本精选集。“口述”虽然以第一人称的语气写出，但是绝不意味着记述人只是一个被动的倾听者。话题的选择和谈话方向的把握，最后成文的主线、结构和素材的采用，需要大量阅读背景材料，考验记述者的见识和功力。

活动现场，李菁与抗战史研究者余戈对话，两位作者结合自己的写作实践与读者交流了心得与体会，探讨了语言历史写作的主观与客观、微观与宏观，如何重新发现有价值的历史资料，在新的历史视野下重新评估这些史料的价值，专业历史写作与媒体历史写作的关系等话题。

（鞠晓辉）

《哦嘘，哦嘘》新书发布会举行

2012 年 10 月 29 日，人民文学出版社在北京政协礼堂华宝斋举办艾苓、侈咄长篇小说《哦嘘，哦嘘》新书发布会。社长管士光，副总编辑肖丽媛，副社长李春凯，大连市文联主席、宣传部常务副部长滕贞甫，著名评论家李敬泽、贺绍俊以及小说作者艾苓、侈咄等参加了本次活动。

艾苓、侈咄是大连市的青年作家，长篇小说《哦嘘，哦嘘》由两人共同创作完成。小说以第一人称的口吻、半自传的方式，朴素而不加雕饰地描写了主人公从童年到青年的成长历程，当中涉及高考、考研、北漂等一系列具有时代感且能引起读者共鸣的青春往事。（宋　强）

中版教材有限公司举办湖南省中小学书法骨干教师培训

2012 年 11 月 2 日 ~3 日，中版教材有限公司在中南大学隆重举行湖南省中小学书法骨干教师培训，来自湖南省 14 个地市的 200 多名语文、美术老师和书法教研员参加了本次培训活动。开幕式由中版教材有限公司总经理罗争玉主持，湖南省教育厅副厅长葛建中、中南大学建筑与艺术学院院长蒋涤非、湖南省教育厅基础教育处处长郭荣学出席开幕式。

著名书法教育家、首都师范大学书法教育博士生导师、《写字》教材副主编叶培贵教授、中版教材有限公司书法事业部主任、华文出版社书法分社社长、《写字》教材编写组成员尹兴主持了此次培训。叶教授作了题为《我对中小学书法教育的几点思考》的讲座，尹兴就《关于书法技法和书法文化教学的实施意见》与到会老师交流了心得体会。培训还设计了教师书法示范课环节，开展了现场专家点评、教师探讨及互动式教学研究。

（星昕昕）

赵元任先生 120 周年诞辰纪念暨新书发布会举行

2012 年 11 月 3 日，为纪念赵元任先生诞辰 120 周年，商务印书馆与清华大学国学研究院在清华大学共同举办了赵元任先生 120 周年诞辰纪念暨新书发布会。商务印书馆总经理于殿利，清华大学校党委常务副书记陈旭，赵元任先生的外孙、中南大学教授黄家林以及学术界、文化界陆俭明、蒋绍愚等 30 多位专家学者出席发布会并致辞。

商务印书馆总经理于殿利详细介绍了《赵元任全集》出版的缘起及 2012 年推出的最新卷。黄家林讲解了赵元任先生现存档案的保存与整理情况。清华大学人文学院院长万俊人教授阐述了赵元任先生在近现代历史中的地位。国学院院长陈来教授介绍了作为“四大导师”之一的赵元任先生在清华国学院时期工作与研究的情况。北京大学陆俭明教授从汉语作为第二语言教学的角度对赵元任先生所作出的学术贡献进行了深入分析。美国伯克利加州大学东亚图书馆馆长周欣平教授从 20 世纪中西学术史中的角度评述了赵元任先生的学术成就。其他与会专家分别从汉语语法研究、语言理论、汉语方言等方面进行了交流讨论。

下午，由清华大学国学研究院主办，美国伯克利加州大学图书馆、清华大学图书馆协办的庆祝赵元任先生诞辰 120 周年展览开幕仪式在清华大学人文社科图书馆举行。晚上，举行了纪念赵元任先生音乐会。（陈　洁）

《战国七雄》新书营销宣传活动举行

2012 年 11 月 3 ~ 12 月 2 日，商务印书馆针对《战国七雄》一书的出版举办了“七国并峙　英雄辈出　成败祸福　论说今朝——重走‘七国’路”主题营销活动。邀请该书作者、《百家讲坛》主讲人、北京师范大学教授李山作了题为《战国：一个有关生存与强大的大时代》的系列主题讲座。重走“七国”路从2012年11月3日在北京首都图书馆——燕国首站开始，途经山东、山西、河北、河南、陕西等省，到2012年12月2日在湖北省博物馆——楚国最后一站顺利结束，历时一个月。走进了两家省级图书馆，两家省级博物馆，11所高校，举办了一场媒体访谈，累计邀请了近30家媒体进行了报道，为5000多人近距离讲解了该书内容。（段夏云）

“中小学书法教学示范基地”授牌仪式举行

2012年11月3日，中版教材有限公司“中小学书法教学示范基地”授牌仪式在中南大学举行。此次授牌仪式是中版教材有限公司联合湖南省教育厅、中南大学联合举办的。“中小学书法教学示范基地”的成立，旨在以华文版《写字》教材为媒介，以示范基地为依托，推动湖南省中小学书法教学工作，共建学术平台，共谋学科发展，推进教材建设，为教育主管部门及其他学校提供相关政策、法规、教学指导意见，促进中小学书法教育事业蓬勃发展。（星昕昕）

电影《三角地》首映式举行

2012年11月7日下午，人民文学出版社根据著名作家曹文轩同名小说改编的电影《三角地》在西单大悦城举行首映式，中央电视台电影频道节目中心电视电影部主任董瑞峰，著名摄影师、导演王小列，本片导演陈坤厚、制片人杜又陵和主演谢东裕、杨诚诚，作家曹文轩，人民文学出版社社长管士光，天天出版社副总编辑叶显林等参加了活动。管士光代表人民文学出版社作了嘉宾致辞。

2009年9月，第十届中国国际儿童电影节在青岛举行，人民文学出版社作为唯一参会的出版机构，在电影节上举办了中国原创儿童文学作品推介会，将作家曹文轩的《三角地》和《疲惫的小号》推荐给台湾导演陈坤厚。2009年12月13日，由天天出版社牵线搭桥，台湾皇朝影视公司正式买下曹文轩先生的两部中篇小说的电影改编制作权，并由陈坤厚先生担任导演。《三角地》于2012年11月9日在全国各地正式上映。（宋　强）

中国出版集团公司新版网站上线发布会举行

2012年11月9日，中国出版集团公司新版网站上线发布会举行，集团公司副总裁潘凯雄出席会议并宣布集团网站正式上线运行。总裁谭跃在2012年8月集团网站改版设计方案上作出重要批示，要求集团公司网“应建成推进集团公司工作的重要信息传播和舆论宣传的载体”。经过几个月的努力工作，新版集团公司网已正式上线，较之过去有明显改观。对于新版集团公司网站，潘凯雄副总裁要求把握两个基本问题：第一是怎么看。集团公司网在定位、着力点和侧重点上与“大佳网”有明显差异。第二是怎么办。集团公司有责任有义务给所属单位提供宣传服务，为所属单位提供一个表达声音的阵地，同时各所属单位要主动自觉地参与，及时提供信息源。所属单位要根据新版集团网的供稿要求，适当调整工作办法、人员配置，确保信息反馈及时畅通。

中国出版集团公司网的日常运营由集团公司办公室牵头负责，由中版数字传媒有限公司具体实施。新版集团公司网在内容建设上着力体现集团公司的“三化目标”和“六大战略”，着力展示集团公司和所属单位的工作成就、精神风貌。新版集团公司网共设8个一级栏目、20个二级栏目、5个三级栏目，主要板块包括集团公司概况、新闻中心、精品图书、出版工作、数字出版、“走出去”、经营活动和人才工作等。（祁兰柱）

中国音乐教育杂志社等联合举行“长江钢琴第六届全国中小学音乐教育基本功比赛”

2012年11月10日，由中国教育学会音乐教育分会、中国音乐教育杂志社主办，柏斯音乐集团、长江大学共同协办的“长江钢琴第六届全国中小学音乐教育基本功比赛”在湖北宜昌举行。本次活动共有30个省市的122名选手参赛，观摩教师人数达800多人。选手都是各省经过层层选拔后参加比赛的，比赛围绕声乐、键盘、理论常识、自弹自唱、合唱指挥、舞蹈或器乐六项科目展开激烈的角逐。

选手们经过5天紧张、激烈、有序的比赛以及16位专家严格、公平、公正的评判，分别决出了中学组、小学组全能第一、第二、第三等奖以及声乐、键盘、自弹自唱、合唱指挥、器乐、舞蹈及理论常识的单项奖。（吴明静）

《真实的罗姆尼》首发式举行

2012年11月18日上午，《真实的罗姆尼》首发式在美洲俱乐部举行，社长肖启明、副总编辑刘海涛、副总编辑赵卜慧、发行中心主任陈晗雨、法律一室副主任逯卫光、翟琰萍、刘姝宏等出席。《真实的罗姆尼》是美国畅销书榜年度巨献，它全面破解美国2012大选密码，以时间顺序还原了一个真实的罗姆尼。该书的出版得到了媒体的广泛关注。（邵　力）

“菊生大讲堂”系列讲座举行

2012年11～12月期间，商务印书馆在北京大学、中国人民大学举办了六期“菊生大讲堂”系列讲座。第一讲由北京大学教授李猛主讲“异己的才传统——汉译世界名著与中心体用之争”；第二讲由北京大学教授吴飞主讲“礼乐之理：几位清代移民的思想遗产”；第三讲由美国印第安纳大学历史系教授王希主讲“林肯与美利坚国家与民族的重建”；第四讲由中国人民大学教授孙郁主讲“胡适的困境”；第五讲由中国社会科学院研究员渠敬东主讲“社会的起源——从孟德斯鸠说起”；第六讲由北京航空航天大学教授秋风主讲“儒学、君子与宪政”。

本系列讲座以商务印书馆创始人张元济先生的字“菊生”冠名，延请了在本专业有深厚学术功底并具有较大社会影响的学者，从学术的角度探讨对社会有持续影响力的经典主题，充分契合商务印书馆传播经典、服务学术、引领学术、激动潮流的学术和出版志向。（王　曦）

世界图书出版公司北京公司举办“2012十大心理健康图书评选活动”

2012年11月，世界图书出版公司北京公司策划主办了“2012十大心理健康图书评选活动”。本次活动由心理学专家开具相关候选书单，由“心能量·新生活”心理读书沙龙读者进行投票评选。

候选图书既有本公司重点图书，也有其他社的重点图书及新书。经过2个月的网络评选，最终《发展心理学》、《谁在我家》、《成功的人生》、《简快身心积极疗法》等书获得了“2012年十大心理健康图书”。（吴和松　刘　薇）

《1942：饥饿中国》新书首发式举行

2012年12月4日，《1942：饥饿中国》新书首发式在中国出版集团公司举行。中华书局副总编辑顾青致辞，河南报业集团总经理张建、《河南商报》总编辑孟磊及主创人员等与会，大众读物分社、市场部相关人员参加。本书由《河南商报》7名记者专题报道汇集而成，他们沿1942年难民逃亡路线一路向西，历时半年，行走3000里，搜集第一手的历史细节，重返几经变迁的历史现场，访问历经劫难的灾荒亲历者，力图复原那一段被掩埋的历史。（梁　彦）

歌唱艺术杂志社承办全国高师声乐研究生培养研讨会暨高师声乐学术委员会换届会议

2012年12月7～10日，全国高师声乐研究生培养研讨会暨高师声乐学术委员会换届会议在广西南宁召开，来自全国74所高等院校的160

多位声乐教师和研究生共同参与了此次盛会。本次会议由中国教育学会音乐教育分会主办，广西大学艺术学院、歌唱艺术杂志社承办。12 月 8 日，来自不同省市、地区的高校教师和研究生分成 7 个组别，上、下午两个场次，围绕会议主题对当今高师声乐研究生的招生、培养、就业、艺术实践和学科建设进行了研讨交流。12 月 9 日上午每组推举一名代表，再进行小组总结发言。会议期间，多位与会教师提交了论文。12 月 9 日下午举行高师声乐学术委员会换届会议。73 名与会的高师声乐学术委员严格按照程序，投票选举出第三届高师声乐学术委员会成员。本次会议举办了四场独唱音乐会，由来自全国各地的研究生担纲演出。（吴明静）

荣宝斋（上海）2012 秋季大型艺术品拍卖会举行

2012 年 12 月 8 日，荣宝斋（上海）2012 秋季大型艺术品拍卖会在上海四季酒店圆满落锤，总成交额 3.43 亿元。其中，中国书画成交 2.93 亿元，中国油画雕塑成交 4565.04 万元，新水墨部分成交 349.49 万元。近现代书画部分云集艺坛名家杰作，涵盖不同风格、流派，兼顾名望与品质，取得良好成交业绩。齐白石《多子、大利、大寿三条屏》为白石老人典型的红花墨叶大写意花鸟，题材寓意吉祥，流传有序，以 1207.5 万元成交。本场拍卖会古代书画虽然数量不多，但题材广且精，品质齐整，拍场表现不俗。董其昌《舟泊昇山图》、项圣谟《湖山夕照图》均经吴湖帆、秦通理两位知名藏家收藏，其中项圣谟的《湖山夕照图》以 345 万元高价成交，是估价的 10 倍。从成交结果来看，品质良好且估价合理的拍品最受藏家关注及追捧。

（刘　芳）

“好习惯养成”阅读分享会（第一期）举行

2012 年 12 月 9 日，现代教育出版社与亚运村图书大厦联合举办的“好习惯养成”阅读分享会（第一期）在亚运村图书大厦举行。分享会的主要内容是通过家长与孩子共同赏绘本、读故事、做游戏的方式，帮助孩子们养成好的阅读习惯，获得更多的阅读乐趣。

此次分享的故事是由现代教育出版社出版的少儿绘本《猫咪和她的朋友们》和《奶奶的梨树》。这两个小故事都传达着爱，幽默诙谐的语言以及完美的色彩图画使孩子们在享受国际最优质绘本的同时，也教会他们热爱自己的家人，热爱每一个小动物。（杨　静）

艺术沙龙杂志社等共同主办“非同凡‘享’——人民美术出版社《艺术沙龙》红酒贺岁”活动

2012 年 12 月 14 日，人民美术出版社艺术沙龙杂志社携手山西戎子酒庄有限公司共同主办的“非同凡‘享’——人民美术出版社《艺术沙龙》红酒贺岁”活动在北京朝阳区兰会所隆重举行。中国美术出版总社社长汪家明致辞。中国文联、中国出版集团、中国美术家协会、中国美术馆、中央美术学院、中国国家画院、北京画院等机构的领导到会。与会画家、美术理论家、商界人士及各大媒体工作者共 180 多人，雅聚一堂，以酒论艺。世界著名葡萄酒酿造大师、法国柏图斯酒庄首席酿酒师让·克劳德·柏图父子出席了聚会。柏图先生带来了他亲自酿造并珍藏的 1979 年的陈年葡萄酒，赠送给《艺术沙龙》。《艺术沙龙》主编祁旺进行现场拍卖，拍卖款项捐赠予“人民美术出版社学术图书出版基金”。

（汤　锐）

“汉语盘点 2012”揭晓仪式举行

2012 年 12 月 20 日，“汉语盘点 2012”揭晓仪式在中国网络电视台演播大厅举行，由中央电视台著名主播郎永淳主持，著名作家陈忠实、著名学者刘家和为活动泼墨题字，来自北京市丰台区少年宫的同学们还为现场观众演奏了古筝。

“汉语盘点2012”活动自2012年11月8日启动至12月20日发布，历时42天。经过网民推荐、专家评审、网络票选三个阶段，最终“梦”、“钓鱼岛”、“衡”、“选举”分别当选年度国内字、国内词、国际字、国际词。

“汉语盘点”由商务印书馆和国家语言资源监测与研究中心共同举办，自2006年以来已举办7届，是同类评选中举办最早、延续时间最长、最具权威的活动之一，成为国内颇具影响力的文化品牌活动。它真实记录了中国视野中的世界万象与社会变迁，勾勒出万千世态和百姓民心，更以特殊的方式书写了汉语新词新语、流行词语的编年史，是国人语言生活的真实写照。

本次活动还发布了“2012年度中国媒体十大流行语”、“2012年度中国媒体十大新词语”和“2012年度中国媒体十大网络用语”。

（刘　兰）

“心能量·新生活”心理读书沙龙第24期举行

2012年12月23日，世界图书出版公司北京公司“心能量·新生活”心理读书沙龙第24期举行。

世界图书出版公司北京公司“心能量·新生活”心理读书沙龙创建于2011年3月5日。沙龙创建初衷是搭建一个心理学专业平台，利用世界图书出版公司北京公司的心理学图书的深厚资源，立足于宣传心理学知识，解答广大读者心理学困惑。同时期待实现把作者介绍给读者、听取读者对图书和服务的反馈、通过活动发现更多的选题资源和对外合作资源等目的。

2012年的心理读书沙龙，更倾向于普及性与实用性，如“亲密关系”、“育儿心得”等主题，满足了读者需求。（吴和松　刘　薇）

中国工农红军西路军系列连环画（第一辑）《血战河西》（10种）新书发布会举行

2012年12月25日，连环画出版社联合甘肃省社会科学院，在第22届全国图书交易博览会上举行了中国工农红军西路军系列连环画（第一辑）《血战河西》（10册）新书发布会，中国美术出版总社社长汪家明参加了这次活动并与甘肃社科院专家对谈。多家媒体、书店代表、读者百余人参加了本次活动。该书系向中国共产党第十八次全国代表大会献礼之作，全套书共10种，创作出版历时近两年，全景式再现了红西路军恢弘震撼的悲壮历程。该书的出版不仅有助于西路军历史事件、英雄事迹的传播和普及，而且对于弘扬我党的光荣传统，加强青少年爱国主义教育和公民思想道德建设，都具有重大的现实意义。原兰州军区司令员王国生将军，甘肃省委副书记马西林、宣传部长连辑为该书的出版题词祝贺。

（汤　锐）

《中国经济改革二十讲》首发式举行

2012年12月26日，《中国经济改革二十讲》首发式在生活·读书·新知三联书店韬奋图书馆举行。国务院发展研究中心研究员吴敬琏、原工商联副主席保育钧、中国社会科学院近代史所研究员雷颐以及《财经》杂志主笔、本书作者之一马国川等经济学的专家学者出席发布会并作了精彩发言。参会的著名经济学家张卓元、张维迎、李维森以及著名的人文学者陆南泉、荣剑在发言中表示，他们期待着中国的改革尽快重启，并对中国下一步的改革提出了自己的见解。

生活·读书·新知三联书店总编辑李昕首先介绍了这本书的写作背景和现实意义。本书原是吴敬琏先生应三联书店总经理樊希安和《读书》杂志主编贾宝兰之约写作的一本讨论中国30多年经济改革总体情况的著作。马国川以吴敬琏过去给博士生上课的讲义为基础，又对吴敬琏先生作了多次访谈，经过整理，形成了这本对话体的书稿。书中结合近些年来中国经济改革出现停滞甚至倒退的现象，强调中国如今又重新站在历史的十字路口，必须当机立断重启改革议程。本书全面反映了吴敬琏对中国改革的最新思考。在他看来，为了避免社会危机的发生，必须当机立断，痛下决心，真实地而非口头上推进市场化、法治化的改革，建立包容性的经济体制和政治体制，实现从威权发展模式到民主发展模式的转型。

（鞠晓辉）

“《中学生学习辞典》与名师面对面”暨首发签售仪式举行

2012 年 8 月 16 日，“《中学生学习辞典》与名师面对面”暨首发签售仪式在上海展览中心中央大厅举行。该书总主编秦浩正、副总主编钱源伟以及各分卷主编张长江、陆永刚、樊汉彬、金辉、邹淑君、罗华荣及宋洁莲共九位名师出席此次活动，并就当下高考常见问题以及如何提高学习成绩等热门话题与在场观众进行交流讨论。

作为世界图书出版上海有限公司在 2012 上海书展期间的重点推荐产品，这套由数十位特级教师参与、历时三年编撰而成的《中学生学习辞典》尚未推出就吸引了包括高中师生、教育专家、学生家长等各界人士的广泛关注。

《中学生学习辞典》总主编秦浩正教授表示，“学习方法”是学生在接受课堂教育时最重要的任务，而学会使用工具书则是掌握“学习方法”的技能。《中学生学习辞典》共分为 6 卷，包括物理、化学、生物、政治、历史、地理六门学科。该辞典本着“基于标准又高于标准”的宗旨，以当前中学课程为基础，大力倡导启发式教学，并将相互分离的知识点串联，形成完整体系，从而提升学生的思辨与创新能力。

（章　怡）

“走出去”工作

中国出版集团公司荣获 2011 年“走出去”全国综合排名第一

2012 年 3 月 29 日，“中国图书对外推广计划”小组第八次工作会议在江西南昌举行。大会对 2011 年“走出去”综合表现突出的单位进行了表彰和奖励，中国出版集团公司荣获 2011 年“走出去”全国综合排名第一的荣誉。来自全国百余名出版界人士共聚一堂，共商新闻出版业“走出去”大计。会议总结了“中国图书对外推广计划”工作小组成员单位 2011 年“走出去”工作成绩，对 2012 年“走出去”工作进行了总体部署。

（孙　牧）

《水浒传》（80 年代版、30 册）签订法文版翻译许可合同

2012 年 3 月，连环画出版社与法国 SAS Les Editions Fei 最终在北京签订《水浒传》（80 年代版、30 册）法文版翻译许可合同。这套连环画由人民美术出版社于 1981 ~ 1983 年，重新组织绘画出版的，它沿用 50 ~ 60 年代出版的《水浒》的脚本，并将老版遗留的后四册补齐，共 30 集，该书全部表现了《水浒传》原著 120 回本的内容，使这套画库更臻完美。这套连环画的画家阵容较老版《水浒传》更为强大，汇集了全国各地区的著名画家，如老一代的名家赵宏本、王弘力、刘汉宗、徐正平、徐宏达、王亦秋、刘永凯、戴敦邦等，中青年画家罗中立、施大畏、韩硕、戴红倩、朱光玉、徐有武、罗希贤、高适、晁锡第等，新版《水浒传》在艺术风格上更加丰富多彩。目前此书的法文版已经问世，在法语国家销售看好，并受到当地十几家媒体的关注，同时也受到了中国驻法大使馆大使孔泉的祝贺和法国驻华大使的热情赞扬。

（汤　锐）

人民音乐出版社承办 2012 伦敦书展“出版与音乐”高端对话

2012 年 4 月 17 日，人民音乐出版社承办的“出版与音乐”高端对话在 2012 伦敦书展中国主宾国展台进行。

本次对话是 2012 伦敦书展“市场焦点”中国主宾国系列活动之一，对话的中方嘉宾为中国当代音乐创作的代表人物之一、人民音乐出版社签约作曲家、现任中央音乐学院作曲系主任郭文景，英方嘉宾为荣获不列颠帝国最优秀勋章及“亨利·珀塞尔作曲教授”称号的英国作曲家乔治·本杰明。对话中，两位嘉宾介绍了中英当代音乐创作的成果，探讨音乐传播与音乐出版的相互关系和相互影响，交流音乐版权及作曲家权益保护的现状与问题，展望中英未来在音乐和音乐出版领域的合作与交流。

该对话向世界展示了中国音乐及音乐出版业发展的崭新风貌，提升了主宾国的音乐文化影响力，并以此为契机，增进了中英音乐界的互相了解与友谊，取得巨大成功。

对话由凤凰卫视主持人卢琛主持，中央电视

台进行录播。（吴明静）

《英汉世界中国国学基础知识读本·儒学》（12种）汉英版版权输出签约仪式举行

2012年4月17日，2012伦敦书展期间，现代教育出版社与美国伍德伯里出版公司在英国伯爵宫中国出版集团公司W405展台举行了《英汉世界中国国学基础知识读本·儒学》（12种）汉英版版权输出签约仪式。

《英汉世界中国国学基础知识读本·儒学》（汉英版）共分12册，以儒学为核心，从中选出12个核心命题：仁、义、礼、智、信、诚、孝、恕、廉、忠、中庸、知行。该书对中华文化进行梳理和筛选，凸现了中国国学的完整性、科学性和精华性，该书采用中英对照，图文并茂的形式，以直观和形象的出版方式向海外普及中国国学便于母语非汉语的读者阅读，使世界的读者更好了解和熟悉中国。（杨　静）

《Born to Reform》首发式及海外版权签约仪式举行

2012年4月18日，华文出版社《Born to Reform》首发式暨海外版权输出签约仪式在2012伦敦书展举行。该书作者罗崇敏、华文出版社总编室主任张力慧、法兰克福书展副主席克劳迪娅·凯瑟、埃及大学出版社代表穆斯塔法·利雅得博士、人民文学出版社社长潘凯雄、欧若拉出版有限公司总经理庄定善等出席本次活动。

签约仪式上，华文出版社分别与埃及大学出版社和英国欧若拉出版有限公司签订了海外版权输出协议。穆斯塔法·利雅德博士表示，埃及近年社会发生着巨大的变革，十分需要借鉴中国的政治文化经验，这也是出版该书的主要原因。庄定善表示，通过出版该书可以让更多的西方读者了解中国。

签约仪式结束后，罗崇敏分别向签约的两家海外出版社赠送了“盛天下之理，鉴世间之事”的书法作品，激励读者以理性和广阔的视野去思考和生活，同时寓意着全球文化价值的和谐交融。（陆虹宇）

《三国演义故事》（24种）签订数字版授权协议

2012年4月，连环画出版社与日本株式会社ThirdLine公司就图书《三国演义故事》（24种）数字版签订授权协议。此项目是连环画出版社首次将图书电子版授权海外，也是近年来向日本输出版权的一个突破。《三国演义》由人民美术出版社出版，全套共24种，讲述的是从东汉末年到西晋初年之间近一百年的历史，反映了三国时代的政治军事斗争以及各类社会矛盾的渗透与转化。从影响上来说，这一时期的连环画对普及历史文化知识，提升当时人民的文化起到了不可低估的作用。（汤　锐）

法国格拉塞出版社一行访问人民文学出版社

2012年5月10日上午，法国格拉塞出版社副社长、文学总编辑马纽埃尔·加尔加索那先生一行访问人民文学出版社，人民文学出版社社长潘凯雄携赵萍、王晓、刘乔和黄凌霞等参加了会谈。

加尔加索那先生介绍了格拉塞出版社的基本情况，并详细了解人民文学出版社在中外文学出版方面的做法和经验；潘凯雄向法国客人简要介绍了人民文学出版社的历史与现状，并就中国当代作家的创作出版情况及“走出去”工作进行了详细说明。两位负责人共同希望能创造机会定期会晤，他们还建议召开中法作家之间和出版社之间的圆桌会议，或者互派年轻编辑实习，使两家出版社进一步增进了解，促进合作。

格拉塞出版社是法国几大出版社之一，注重打造经典作品，培养获文学奖的作家，每年出版的200多种新书中，约有100种图书是从外国引进的，但从中国引进的图书较少。加尔加索那先生希望能定期收到人民文学出版社出版的中国作

家新作的英文简介和部分英文样章，以便他们在第一时间考虑引进出版。（宋强）

《达赖喇嘛传》（英文版、阿拉伯文版）、《中国青藏铁路》（英文版）入选2012年"经典中国国际出版工程"资助出版项目

2012年6月1日，华文出版社《达赖喇嘛传》（英文版、阿拉伯文版）、《中国青藏铁路》（英文版）入选新闻出版总署2012年"经典中国国际出版工程"资助出版项目。其中，《达赖喇嘛传》（英文版、阿拉伯文版）获得首批资助金额10万元，截至2012年底，该书处于改编阶段，项目进展顺利；《中国青藏铁路》（英文版）获得首批资助金额4.6万元，该书是华文出版社第一本面向国际市场策划出版的项目，截至2012年底，项目处在创作阶段，进展顺利。

（陆虹宇）

英国剑桥大学出版社一行访问中华书局

2012年6月26日，英国剑桥大学出版社"剑桥中国文库"编辑负责人露西和剑桥大学出版社大中华区高级业务开发经理朱起飞访问中华书局，中华书局顾青、王瑞玲参加了会谈。双方共同商讨中华书局《宅兹中国》等前沿学术图书入选"剑桥中国文库"的情况，以及翻译和出版事宜。（梁　彦）

《甘地：杰出的领袖》中文版出版签约仪式举行

2012年7月30日，印度驻华大使馆、商务印书馆联合举办《甘地：杰出的领袖》一书中文版出版签约仪式。印度驻华大使苏杰生，商务印书馆总经理于殿利、副总编辑陈小文以及有关学者出席了签约仪式。该书作者为印度前外交官帕斯卡尔·艾伦·纳扎里斯，长期的外交生涯，使他对于世界形势有了更为深刻的理解，看到了甘地对于当今世界和人类社会发展的重要意义。该书从历史的角度分析了甘地领导力的构成和成就，更重要的是从现实的角度探讨了甘地思想在20世纪后半叶乃至当今全球背景下的影响，揭示了甘地作为理想型领袖楷模的持久的鼓舞作用。这是迄今第一部，也是唯一一部专门探讨甘地领导力的著作。（杜廷广）

荷兰威科集团总裁率团访问商务印书馆

2012年8月28日，荷兰威科集团总裁率团访问商务印书馆。双方进行了业务洽谈，对进一步的出版合作进行了商讨。威科集团威科中国总经理张莎莎、战略总监王志霆、出版总监Philip、产品经理Anna陪同来访。期间，商务印书馆总经理于殿利向威科集团赠送了双方合作产品、新出版的《威科法律译丛》图书，并向来宾介绍了商务印书馆的出版巨作《文津阁四库全书》。

（张仲彬）

"国宝档案系列"日文版版权输出签约仪式举行

2012年8月29日，中国民主法制出版社与科学出版社东京公司在中国国际展览中心（新馆）W2号馆第二会议室举行"国宝档案系列"日文版版权输出签约仪式。新闻出版总署副署长阎晓宏出席会议。"国宝档案系列"图书曾获第三届中华优秀出版物奖提名奖，其版权已输出到香港、澳门、台湾等地区以及新加坡、马来西亚等国家。"国宝档案系列"共有5部，分别为《国宝档案·青铜器》、《国宝档案·绘画》、《国宝档案·书法、碑刻、石刻》、《国宝档案·玉器、陶器、瓷器、金银器》、《国宝档案·古籍、古建筑、遗址、壁画》。此次日文版签约了其中两本《国宝档案·绘画》和《国宝档案·书法、碑刻、石刻》图书。"国宝档案系列"受到业界高度评价。首先，书中所展示的内容都是国家的经典收藏，为读者获得文物知识提供了一个权威

可靠、简单有效的渠道。其次，该书注重将故事性与知识性相结合，使文物的知识通俗易懂、引人入胜。（邵　力）

韩国文学与知性社访问人民文学出版社

2012年8月30日上午，韩国文学与知性社社长洪延善携总编辑、市场部主任和少儿出版部负责人一行访问人民文学出版社，人民文学出版社总编辑管士光、对外合作部刘乔和编辑王瑞琴、仝保民参加了会谈。

总编辑管士光向客人介绍了人民文学出版社的基本情况及近年来引进的韩国文学图书，并希望与韩国文学与知性社加强交流与合作，为中韩文化交流作出努力。韩国文学与知性社社长洪延善也介绍了该社和韩国文学出版的情况，他介绍说，韩国文学与知性社是韩国唯一一家非营利出版机构，以出版高端纯文学图书为主，已引进出版了许多中国当代著名作家的作品，如莫言、张炜、刘震云等的作品。他希望与人民文学出版社建立紧密联系，互相推介两国的优秀作品。

双方初步达成合作意向：决定在今后每年互相引进对方2~3部优秀文学图书，积极争取相关资金的资助，为两国的文化交流作出自己的贡献。（宋　强）

"文学的技巧与视界——中瑞作家对话"活动举行

2012年8月30日下午，人民文学出版社、天天出版社及瑞典驻华大使馆联合举办的"文学的技巧与视界——中瑞作家对话"活动在中国国际展览中心新馆举行。中国著名作家曹文轩、张之路、冯俊科，插画家沈苑苑与瑞典著名作家扎克·欧耶尔、彼得·里德贝克、马丁·维德马克、乌尔夫·尼尔松，作家兼插画家皮娅·林登鲍姆一同就文学创作灵感、情感表达方式、插画创作的自由与限制以及如何让阅读充分普及到孩子的生活中等理论与实践问题深入进行了探讨与交流。（宋　强）

中国出版集团公司举行驻华大使馆联谊会

2012年8月31日晚，中国出版集团公司举行驻华使馆联谊会，中国出版集团公司总裁谭跃、党组书记王涛、副总裁刘伯根、李岩出席。

联谊会由李岩主持，王涛和俄罗斯驻华大使馆文化处处长分别致辞。欧洲、美洲、亚洲、非洲、大洋洲等十几个国家驻华大使馆的21位外交官、集团公司所属16家出版单位的负责人出席了酒会。

会上，王涛发表了《以合作求共赢，以共赢谋发展》为题目的致辞。王涛说，借北京国际图书博览会举办之际，与驻华大使馆举行联谊会，一是感谢使馆多年来对北京国际图书博览会、对中国图书进出口（集团）总公司的支持；二是希望继续加深与驻华使馆的交流与合作，在驻华大使馆的帮助下，密切与各国出版传媒企业的业务合作，为世界出版业的共同繁荣而努力。俄罗斯驻华大使馆文化处处长列杰别夫·谢尔盖先生作为驻华大使馆代表致辞，认为集团公司组织的联谊会对推动各国出版交流有着积极的推动作用，并对中国图书进出口（集团）总公司承办的北京国际图书博览会给予了充分的肯定，表达了将双方的友谊和文化合作长期进行下去的良好愿望。

联谊会结束后，总裁谭跃作了重要指示。一是要认真研究如何借助外交途径，借助各国政府的力量，传播中华文化。二是要认真总结经验和不足，将此项工作形成常态机制。三是要针对不同地区的文化特点，结合中国出版集团公司不同出版单位的特点，将国际化工作做出特色、做出实效。四是要求各出版单位抓住机会，善于利用这个平台，推进"走出去"工作。

谭跃进一步介绍说，中国对外翻译出版公司在与南非、墨西哥、俄罗斯、巴西、澳大利亚外交官的交流中，挖掘了翻译合作项目。中华书局希望通过俄罗斯使馆的帮助，与俄罗斯出版机构建立合作，将中国传统文化介绍给俄罗斯人民。中国美术出版总社通过越南外交官，联系上多年前的越方合作伙伴金童出版社，希望进一步加强日后的合作。（贾兵伟）

《当代药用植物典》（1～4）韩国版版权输出签约仪式举行

2012年8月31日，世界图书出版上海有限公司在中国国际展览中心（新馆）就《当代药用植物典》（1～4）与韩国学术情报株式会社进行了韩国版版权输出签约仪式。

韩国学术情报株式会社经理蔡钟俊先生首先介绍了公司概况、经营范围、出版理念和合作过程，随后世界图书出版公司副总经理、世界图书出版上海有限公司总经理兼总编辑陆琦女士介绍了世界图书出版上海有限公司的情况。

《当代药用植物典》全书分为3篇共4册，分别为东方篇（第一至第二册）、西方篇（第三册）与岭南篇（第四册）。

《当代药用植物典》是第一部反映最新研究成果的中、英文对照的当代药用植物典著。全书收录了500条目，涉及药用植物约800种，书中不仅介绍生长在中国的草本植物，还介绍许多生长在日本、韩国乃至欧美等国的草本植物。既有草本植物的图谱，又有相关的及临床应用研究，同时还有对草本植物的化学成分、化学结构的分析。本书最有价值的部分是用西方的科学方法来研究中药，做到了中西合璧。

该书已出版简体中文版和英文版。简体中文版荣获第二届中国出版政府奖图书奖。

（章　怡）

《古代建筑壁画艺术》英文版版权签约仪式举行

2012年9月2日，第19届北京国际图书博览会期间，世界图书出版公司与美国瑞影霞多出版社（Rain Shadow Publishing，LLC）举行了《古代建筑壁画艺术》英文版版权输出签约仪式。

《古代建筑壁画艺术》是中国汉画学会会员、陕西省考古学会会员、陕西省收藏家协会理事刘合心教授等历经20多年实地调查和史料整理，从黄河西岸现存的寺院、道观、庙宇、祠堂和其他旧有建筑的数以千计的壁画中选取的精粹，共300多幅，世界图书出版西安有限公司出版。

该书传承了民族文化及当地民风民俗的风采，不仅作为一个历史的载体呈现，也是本地区宋元以来特别是明清时期建筑绘画艺术的宝库。对中国古代建筑壁画艺术的研究有很高的学术研究价值和收藏价值。（薛春民　赵亚强）

"陕西非物质文化遗产名录图典丛书"英文版版权签约仪式举行

2012年9月2日，第19届北京国际图书博览会期间，世界图书出版公司与美国瑞影霞多出版社（Rain Shadow Publishing，LLC）签订了"陕西非物质文化遗产名录图典丛书"英文版版权输出签约仪式。

"陕西非物质文化遗产名录图典丛书"包括《陕西非物质文化遗产名录图典：传统技艺》、《陕西非物质文化遗产名录图典：传统美术》、《陕西非物质文化遗产名录图典：民间文学》、《陕西非物质文化遗产名录图典：民俗》、《陕西非物质文化遗产名录图典：传统音乐、曲艺、歌舞》、《陕西非物质文化遗产名录图典：传统体育、游艺与杂技》等。该丛书由陕西省文化厅陕西省非物质文化遗产保护中心编著，世界图书出版西安有限公司出版。

该丛书按照陕西省第二批非物质文化遗产项目门类编排，包括传统技艺、传统美术、民间文学、民俗、传统音乐、传统曲艺、传统歌舞、传统体育、传统游艺与杂技等，同时逐条按分布地点、主要特征、传承状况等加以介绍，集中反映陕西省第二批非物质文化遗产名录中各个项目的原貌。全套书共有图片近千幅。该丛书为研究陕西省第二批省级非物质文化遗产的地理分布、历史沿革、传承关系及其历史、文化、科学价值等提供了重要的资料。同时对于宣传陕西省非物质文化遗产资源，以及推动陕西省非物质文化遗产保护工作深入开展等方面，都起到了积极的促进作用。（薛春民、赵亚强）

中国出版集团公司国际化工作座谈会召开

2012年9月7日，中国出版集团公司国际化工作座谈会在集团公司10楼会议室召开，集团公司副总裁李岩、人民文学出版社、商务印书馆、中华书局、中国大百科出版社、中国美术出版总社、人民音乐出版社、中国对外翻译出版公司、世界图书出版公司等8家单位分管对外合作工作的领导出席座谈加。与其他集团相比，国际化是中国出版集团公司最突出的特点，也是发展的优势所在。中国出版集团公司国际化战略如何展开，国际化战略推进会如何召开，是当前必须解决的问题。会上大家踊跃发言，集思广益，形成共识。大家认为需要转变思想观念，上下齐心合力；要尽快完成顶层设计，制定合理规划；发挥自身优势，建立完善机制；优化现有资源，投资国际资源；立足海外市场，开拓国际合作；培养自己的人才，引进海外人才。（贾兵伟）

文学传递思想，合作迎接未来——中瑞出版深度合作签约仪式举行

2012年9月11日，中国出版集团公司、瑞典驻华大使馆主办，人民文学出版社、天天出版社与瑞典伯尼尔·卡尔森出版社承办的“文学传递理想，合作迎接未来——中瑞出版深度合作签约仪式”在北京举行。新闻出版总署副署长邬书林，瑞典贸易大臣爱娃·比约林，中国出版集团公司党组书记、副总裁王涛，中国出版集团公司副总裁、党组成员李岩，人民文学出版社总编辑管士光，瑞典驻华大使罗睿德，瑞典作家马丁·维德马克，中国作家曹文轩、瑞典插画家海伦娜·威利斯和中国插画家龚燕翎等中瑞双方嘉宾共同出席了签约仪式。签约仪式由人民文学出版社副总编辑肖丽媛主持。

签约仪式上，人民文学出版社总编辑管士光与瑞典伯尼尔·卡尔森出版社社长爱娃·达林共同签署了《中瑞儿童文学双向出版深度合作意向书》。副署长邬书林在讲话中指出：“这一项目的持续开展意义深远，希望这一项目成为促进中瑞、中欧文化交流合作的引擎与桥梁。”瑞典贸易大臣爱娃·比约林代表瑞典政府对活动表示祝贺，她认为：“这次活动为中瑞两国人民创造了相互深入了解和发展紧密联系的好机会。”

“中外出版深度合作”项目于2010年启动，是中国出版集团公司继版权贸易、建立海外出版分支机构之后，以文学为切入点，创新中外文化交流模式、释放中国文化产业能量的新举措。（宋　强）

中国出版集团公司版权经理及外向型编辑座谈会召开

2012年9月14日，中国出版集团公司版权经理及外向型编辑座谈会在10楼会议室召开。集团公司副总裁李岩出席座谈会，人民文学出版社、商务印书馆、中华书局、中国大百科全书出版社、生活·读书·新知三联书店、荣宝斋、现代出版社、华文出版社、中版国际有限公司等9家单位的相关领导、版权经理和外向型编辑参会。大家就集团公司国际化工作的经验，未来如何发展等方面各抒己见，献计献策。一致认为这些年国际化工作体现在以下几方面：发挥优势借船出海；立足原创以进带出；版权输出有的放矢；借势影视扩大输出；建立中外战略合作；开发艺术投资图书。以后的发展要重视版权开发经营；抓住数字出版机遇；鼓励产品创新创优；版权贸易带动多种合作；尝试国际化运作；建设外向型产品线。（贾兵伟）

中国大百科全书出版社
获评为"国家文化出口重点企业"

2012年9月21日，中国大百科全书出版社获评为"国家文化出口重点企业"。在商务部、中宣部、财政部、新闻出版总署等6部委联合发布的《2011—2012年度国家文化出口重点企业和重点项目目录》中，中国大百科全书出版社入选其中。国家文化出口重点企业入选门槛较高，不仅需要当年版权输出的合同复印件，还需要以当年外汇收入凭单为依据核算企业版权输出实际收益，达到50万元人民币以上才能获评选资格。中国大百科全书出版社最终入选，是中国大百科全书出版社近年来大力推动出版"走出去"战略，不断探索版权经营模式的一次突破。获评为国家文化出口重点企业，意味着中国大百科全书出版社不仅能获得国家商务部等部委给予的资金资助，还能凭借该资质，提高银行授信、创业投资的国家专项资金的申报成功率，有效推动自身的发展。（王　瑜）

中国美术出版总社
接受法国专业漫画记者劳伦特专访

2012年9月26日，中国美术出版总社总编辑林阳在北京东城区北总布胡同32号接受了法国专业漫画记者劳伦特的专访。劳伦特对包括中国连环画在内的各国各时期的连环画发展历程和优秀代表作品均有较深入的研究，曾多次来中国参观考察。劳伦特此行是针对人民美术出版社20世纪80年代版经典连环画《水浒传》的法语版的出版发行专程来京的。林阳就连环画《水浒传》的编创团队、创作过程和时代背景等作了详尽的介绍。此外，对法国受众也广为知晓的《连环画报》杂志的历史发展状况、目前的读者定位和栏目设置及营销情况，林阳也给予一一解答。采访过程中，劳伦特介绍了他作为漫画专栏记者和策划人即将在阿尔及利亚、法国策划的中国主题经典连环画展及论坛的计划，并希望与人民美术出版社在海外共同努力推广经典连环画。（汤　锐）

华文出版社与新西兰玛克威出版社联合出版《Chinese Calligraphy》（试用版）发布会举行

2012年10月20日，在第四届新西兰读书文化节在奥克兰开幕之际，华文出版社和新西兰玛克威出版社联合出版的英文版《书法》教材——《Chinese Calligraphy》（试用版）发布会举行。华文出版社书法分社社长尹兴介绍了该书的出版过程。《Chinese Calligraphy》（试用版）的原型是华文出版社出版的小学1~6年级《书法》教材，作为中国最有影响力的小学生书法教材之一，2012年，该教材年发行量近3000万册。

新西兰议员杨健博士，中国驻奥克兰总领事馆文化领事龙艳萍女士，新西兰中国书法家协会主席韦衍辉先生等出席了发布活动。（陆虹宇）

中华书局与《于丹〈庄子〉心得》新西兰译者举行见面会

2012年10月21日，中华书局顾青、王瑞玲赴上海与《于丹〈庄子〉心得》的新西兰译者David Rockell举行见面会，就文稿中关于文化、修辞、结构等翻译细节和译者的修改补充意见，进行了高效、高强度的解释和翻译，双方基本达到11月底向各国出版商提交翻译定稿的进度意向。（梁　彦）

《广东非物质文化遗产名录图典》英文版版权输出达成协议

2012年11月20日，世界图书出版广东有限公司与美国瑞影霞多出版社就《广东非物质文化遗产名录图典》版权输出达成协议。该书客观、系统地介绍广东省第一、第二批省级、国家级非物质文化遗产名录共182项，包括民间文学、民间音乐、民间舞蹈、传统戏剧、曲艺、杂技与竞技、民间美术、传统手工技艺、传统医药、民俗十个门类。主要介绍各个项目的传承区域、历史渊源、表现形态、文化价值以及濒危状况，兼具学术性、知识性和文献性。以图文并茂的形式集中展示了具有岭南特色的传统文化精品。（卢家彬）

荣宝斋举办“中国美术世界行——中国当代美术精品展”

2012 年 11 月 20 日，荣宝斋与中国美术家协会在柏林中国文化中心共同举行了“中国美术世界行——中国当代美术精品展”。展览汇集中国当代美术名家的 40 余幅精品力作，包括国画、油画、版画、水彩、雕塑，为德国观众展现了中国西部的秀丽山川、多姿多彩的风土人情和丰富悠久的历史文化。展出的画作主题广泛，反映了中国多样的地域文化背景，有助于德国观众更好地了解中国的社会现状。此次画展是 2012 德国“中国文化年”系列活动的重头戏，也是中德两国艺术家很好的一次直接对话，对中德两国文化艺术交流向纵深拓展有积极的推动作用。

（刘　芳）

会展工作

人民文学出版社参加 2012 年北京图书订货会

2012 年 1 月 7 日，北京图书订货会在北京中国国际展览中心举行，人民文学出版社参加了订货会，并重点向经销商推荐了新书《一个孩子的战争》、《西藏的战争》、《囚界无边》和《漂二代》等。

此外，在历史纪实方面，人民文学出版社在军旅作家王树增继《长征》、《朝鲜战争》、《解放战争》出版之后，又推出了《1901》、《1911》"王树增非虚构中国近代史"系列，该系列讲述了 19 ~21 世纪初中国一幕幕恐怖的灾难和悲壮的抗争，深刻描述了中华民族伟大的历史变革如何到来。外国文学方面，人民文学出版社推出《斯蒂芬·金的故事贩卖机》，该书是"现代惊悚小说大师"——斯蒂芬·金短篇集且首次在中国出版。书中收录了作者在 19 年时间里写下的 22 个短篇故事，其中有九成作品曾经获奖。

（宋　强）

商务印书馆参加 2012 年北京图书订货会

2012 年 1 月 10 ~13 日，商务印书馆参加 2012 年北京图书订货会。2012 年北京图书订货会在中国国际展览中心召开。商务印书馆有馆配、零售和主会场 3 个展位。其中，主会场展出 850 多种图书，馆配会场展出 750 多种图书，零售实洋共 6000 多元。于殿利、周洪波、李平、陈小文及相关人员参加。1 月 11 日，商务印书馆在中国出版集团活动区举办"寻城记系列图书读者见面会"活动，作者田飞和商务印书馆相关人员参与了访谈及活动。

（唐　敏）

中国大百科全书出版社参加 2012 年北京图书订货会

2012 年 1 月 8 日，中国大百科全书出版社参加 2012 年北京图书订货会。经过近 2 个月的筹备，中国大百科全书出版社精心准备了逾 1000 种图书参展，其中包括 100 多种新书，30 多种重点图书，涉及百科全书类、学术类、少儿类等等。本次订货会，中国大百科全书出版社推出《科学大爆炸——中国国家地理博物百科丛书》，并于 1 月 9 日召开《科学大爆炸——中国国家地理博物百科丛书》高峰论坛。本次图书订货会，中国大百科全书出版社力争在保持 2011 年展位格局优势基础上，进行了创新，围绕中国大百科全书出版社 4 +1 板块产品进行布展，突出拳头产品、重点产品，使观展者对产品一目了然。另外，制作了重点图书视频，使观展者有直观的认识。

（王　瑜）

人民音乐出版社参加 2012 年北京图书订货会

2012 年 1 月 8 日，人民音乐出版社参加了 2012 年北京图书订货会。人民音乐出版社对订货会作了充分的准备。8 日上午，作为中国音乐出版物发行联合体发起者和理事单位，人民音乐出版社组织召开了2012年中国音乐出版物发行联合体理事会，集中研究了中国音乐出版物发行联合体成员参展2012年订货会的相关事宜。在当日的晚宴上，还举行了240多人共同参与的社店互动活动，中国音乐出版物发行联合体成员单位与客户交换了信息，共谋音乐出版发展，达到了双赢的目的。

人民音乐出版社在订货会上布置了6个展位，展出了300多种产品，包括图书、教材、期刊和音像制品等。2012年的114种新书以及新近开发的教材、期刊和音像制品等成为此次订货会的主打展品。

9日上午，人民音乐出版社组织的“两人两手联弹古琴”表演成为集团公司展位上的首个节目，吸引了众多观众。下午，IPAD四人乐队进行表演，将人民音乐出版社“靠谱系列”书的精华部分立体化地呈现在观众面前。

下午，中国出版集团公司总裁谭跃来到人民音乐出版社展位视察，了解了人民音乐出版社重点图书的出版情况。（吴明静）

生活·读书·新知三联书店参加2012年北京图书订货会

2012年1月9日，北京图书订货会在北京中国国际展览中心举行。在本届订货会上，生活·读书·新知三联书店隆重推出了一批好书，迎接三联书店建店八十周年。此次订货会上三联书店参展面积为近年来最大，整体布展和装饰以烘托八十周年店庆为主题，展区分为前后两个部分，充分展示了三联书店悠久的出版历史和文化的传承创新。展区前半部分以时间为主线，以书影的方式陈列了自成立伊始出版过的有影响力的图书；展区后半部分以书系为主线，既展示了近五年新近出版的畅销书、常销书和新书，又为书店和读者提供了图书预览、订货的便捷。

新书展示部分，有在“深圳读书月”、《光明日报》、《中华读书报》等各大媒体年终盘点评奖中胜出的《中国文化史通释》、《早年毛泽东》、《杨振宁传》、《作为方法的中国》等好书，也有杨照、马家辉、胡宏侠三人联手的新作《对照记@1963》、高居翰的《画家生涯》及黄苗子的《学艺微言》、《姑妄言之》、甘阳的《文明·国家·大学》等新书。大众读物板块既推出了关注社会现实的《话题2011》、《我不原谅》等图书，也推出了“快乐使者乌布斯”绘本系列：《心的胜利》、《照亮心的阳光》、《成长的烦恼》等新作，又有Lonely Planet中国旅行指南系列新书《甘肃和宁夏》、《湖南》等，深得众多书店、读者及参展出版社的好评和喜爱。

会后三联书店即将推出的《三联经典文库》、《钱锺书集》（限量典藏版）、《陈寅恪集》（限量典藏版）、《中国经济体制改革二十讲》等图书，订货会期间也多次被书店、读者询问和关注。另据营销中心订货会发货情况统计，根据书店的订单，发货前十名的图书依次是《目送》、《话题2011》、《学艺微言》、《我不原谅》、《姑言妄之》、《成长的烦恼》、《心的胜利》、《照亮心的阳光》、《美味之旅》、《画家生涯》。除龙应台的《目送》外，其他图书均为北京订货会期间推出的新书。（鞠晓辉）

中国对外翻译出版公司参加2012年北京图书订货会

2012年1月8～11日，北京图书订货会在中国国际会议展览中心举办。中国对外翻译出版公司携300多种图书亮相展会，同时以“爱阅读，共分享，善沟通”呼应大会主题，推出了一批如“朗文经典·读名著学英语”系列、“大学生人文读本”系列、“伟大的思想”系列的高品质双语读物。此外，“读名著学语文”英文版名著、精装名著系列等常销图书纷纷再版上架，显示了其良好的市场表现力；由北京市新闻出版局选定的龙年贺岁书《龙粹》的出版堪称应运而生。（郭宇佳）

中国民主法制出版社参加 2012 年北京图书订货会

2012 年 1 月 10～13 日，中国民主法制出版社参加 2012 年北京图书订货会。订货会期间召开了《王汉斌文集》出版座谈会，开展了五场新书发布活动。订货会期间，订货会期间各编辑部还开展了一系列活动。如编辑部门和发行中心共同参加渠道商开展的活动。综合室参加馆社合作论坛活动；总编室参加中国图书零售市场年度分析报告会；综合室参加当当网年会；法律编辑室参加卓越网年会。一系列新书活动均取得了较好的效果。有关活动新闻的报道一直延续到 2 月下旬。（邵　力）

华文出版社参加 2012 年北京图书订货会

2012 年 1 月 8～11 日，华文出版社参加了 2012 年北京图书订货会。订货会上，华文出版社举办了以“品位阅读，伴你成长；华文传记，启迪人生”为主题的“华文传记”阅读推介会。推介会通过组合科学人文、僧俗两界、古今传主的方式，聚焦于传记与成长以及阅读与教育推动人文精神、道德修养的重建。首轮阅读推介会推荐四部书：《天下为公——孙中山传》、《吴孟超传》、《鲁迅传：会稽耻》、《大唐慈恩寺：玄奘法师传》，并以这四部书为对象，面向全国读者开展读书征文活动。（陆虹宇）

世界图书出版公司参加 2012 年北京图书订货会

2012 年 1 月 9 日～11 日，世界图书出版公司参加了 2012 年北京图书订货会。此次订货会，世界图书出版公司向广大读者推出了近百种新书，其中重点对《完美教养手册——1000 个育儿小提示字典》、东盟对外汉语系列教材、《格调》、《英雄之旅——自我发现的旅程》、《MAYOCLINIC 个人健康指南（第六版）》、《小儿麻醉学进展》等图书进行了推荐，取得了良好的效果，推出的《公司的力量》、《汉字五千年》、《当卢浮宫遇见紫禁城》、《养生堂》、《走向海洋》等音像制品以高品质的内容受到与会经销商的一致好评。

在订货会期间还举办了产品推介活动：2012 年 1 月 9 日下午，世界图书出版公司北京公司创办的《心理悦读》手机杂志亮相 2012 年北京图书订货会。世界图书出版公司北京公司总编辑郭力女士、VIVA 无线新媒体公司内容合作部总监王琳女士及双方公司代表到场，共同为新杂志的上线启动祝贺。（陈　蕾）

现代教育出版社参加 2012 年北京图书订货会

2012 年 1 月 8～11 日，现代教育出版社参加了 2012 年北京图书订货会。社长宋一夫、副社长仇正伟、副总编辑沈悦苓等人参加了此次订货会的有关活动，发行部及各编辑部门人员参加。此次订货会上，现代教育出版社向广大读者推出了重点图书及新书，其中有传统文化的现代诠释类图书《彩色全译本前四史・史记》，有少儿绘本“牛津经典童书系列”（包括《猫咪和她的朋友们》）、“国际大师绘本文库系列丛书”（包括“小象勿忘我系列”、“小奥列弗的大梦想系列”、“爱上不一般的你系列”）和“动物宝宝成长系列丛书”等。这些新书、重点书成为订货会上的亮点，深受广大读者的喜爱，并被发行商一致看好。（杨　静）

中版集团数字传媒有限公司参加 2012 年北京图书订货会

2012 年 1 月，中版集团数字传媒有限公司参加了 2012 年北京图书订货会，在此次图书订货会上，中版集团数字传媒有限公司通过视频宣传、展板与演示等多种方式，对中国数字出版网（大佳网）、中华动漫资源库、中国可供书目数据库、中国图书对外推广网、手机故事报等产品进行推介。会议期间，还与各出版单位人员进行全面合作洽谈，多角度地对公司的各种产品进行宣传和推广，受到与会者关注。大佳网直播访谈活动的成功举办使公司成为这届订货会上唯一一家举办开放式现场访谈活动的单位，业界反响热烈，大佳网也受到了访谈嘉宾的高度肯定。

（祁兰柱）

荣宝斋举办“范扬新年画展”

2012年1月1～7日，“范扬新年画展”在荣宝斋画廊举行。中国国家画院院长杨晓阳等出席了开幕式。展览展出了范扬先生近阶段创作的80余件中国画及书法作品。范扬先生擅长中国画，工写兼备。其山水画作风淳厚，笔法沉雄，水墨华滋。近年来多作实景写生，外师造化，中得心源，绘事画境，更上层楼。偶作花鸟，师法青藤、白阳，清新俊逸，不让前贤。其绘画语言深深扎根于传统之中，对中国画的精神内涵了然于胸，所以他作画尽管纵横肆意，却不违法度，完全符合中国画的文化种性和艺术本质。

（刘　芳）

荣宝斋举办“龙年范曾迎春新作展”

2012年1月11～15日，“龙年范曾迎春新作展”在荣宝斋举行。本次展览是荣宝斋举办的第九届范曾新春书画展，共展出范曾先生精心创作的224件作品，广受社会关注，吸引了来自全国各地的收藏家和书画爱好者。画展题材广泛，笔墨愈加精练，其中《画龙点睛》、《三人行必有吾师焉》、《西畴归牧》等神形兼备，引人入胜。以杜甫的《秋兴八首》以及《和周汝昌先生诗》为代表的书法作品大气磅礴，受到人们喜爱。

荣宝斋出版社出版的《龙年范曾迎春新作》在开幕式上首发，其中100册由范曾先生亲笔签名后现场发售。荣宝斋木版水印制作的100幅《钟馗出林图》和100幅《清奇古怪对弈图》由范曾先生手书落款并加盖印章，也于展览开幕当日限量发售。

（刘　芳）

荣宝斋举办“倪萍国画作品展”

2012年3月2～8日，荣宝斋举办“倪萍国画作品展”。这是倪萍继2012年在深圳美术馆首次开个人画展之后的第二次美术作品个人画展。此次展览的作品近百幅，每件都表达了作者的心境或是所见所感，随性又随笔，极具个性。正式拿起画笔尚不足两年的她，将自己当前的创作状态形容为刚开始蹒跚学步，只有走到一定阶段才会趋向定型，也才能形成自己的所谓风格。一些专家也认为，用信马由缰来形容其绘画并不为过。倪萍认为自己的绘画与曾经的主持、演员等经历都大有关联，是在用画笔释放内心深处的自由。其中的《太阳花》、《喜秋》、《娘俩》、《欢喜中国年》、《自画像》等作品深受观众喜爱，画面充满喜气，色彩丰富亮丽，生活的点滴尽在笔下，自然、唯美、可亲。倪萍在每幅画里都会写上一些文字，或简要介绍画作，或点明绘制时的心境。有评论认为倪萍的画有文人画倾向，即不拘泥于作画时的考究技法，而必须在画外看到文人的所思所想。

（刘　芳）

“中华书局百年历程暨珍贵图书文献展”开幕

2012年3月16日，“中华书局百年历程暨珍贵图书文献展”在国家图书馆举行。此次展览由中华书局、国家图书馆联合主办。展览持续到3月31日结束。

展览分为局史展和民国出版物、名人书札与字画、名家名作书稿档案展等。观众可以赏鉴到近百种珍贵的民国出版物以及梁启超、胡适、顾颉刚、林语堂、徐志摩等大师级人物的书信。这些书信或磋商书稿，探究学问，或谈议时事，兼抒友情，篇幅或有长短，言辞或有深浅，雪泥鸿爪，是近现代文化史、出版史上弥足珍贵的史料。

国家图书馆馆长周和平、中国出版集团公司

总裁谭跃、著名学者安平秋、中华书局总经理李岩等出席开幕式并共同剪彩。开幕式上，中华书局还向国家图书馆捐赠文史哲古籍和学术著作等700余种。中华书局的忠实读者、沈阳收藏名家詹洪阁特向中华书局捐赠了自己珍藏的部分中华书局早期教科书珍贵版本，这些藏品丰富了本次展览内容。（梁　彦）

中国图书进出口（集团）总公司组团参加第32届巴黎图书沙龙

2012年3月16～19日，中国图书进出口（集团）总公司组团参加第32届巴黎图书沙龙。此图书沙龙在法国巴黎凡尔赛门展览馆举行。受新闻出版总署委托，中国图书进出口（集团）总公司组织中国代表团参展。中国代表团由广西新闻出版局、上海世纪出版股份有限公司、江苏凤凰科学技术出版社有限公司、浙江教育出版社有限公司等12家出版机构的19人组成。

此次参展，中国代表团共展出260多种图书，内容涉及中国文化、儿童、中医、当代文学和汉语教学等多个种类。书展期间，中国图书进出口（集团）总公司根据中国代表团参展出版机构的特点，主动与经营中文图书的法国友丰书店联系，共同策划举办“法国汉学家签名售书”活动。经过前期的精心准备，签名售书活动于3月17日下午1点在巴黎图书沙龙中国展台内举办。法国教育部汉语总督学博士生导师白乐桑先生和翻译中国文学作品的翻译作家吕贝卡女士前来签名售书，活动吸引了约十几位法国出版人和众多的读者参加，取得了非常好的交流效果。

（朱宝元）

中国出版集团公司举办庆祝成立十周年书画摄影展览

2012年4月13日，中国出版集团公司庆祝成立十周年书画摄影展览在荣宝斋大厦举行。中宣部出版局副巡视员纪存双、中央直属机关工作委员会群工部部长、中央直属机关工会常务副主席郭洪美、中央直属机关工作委员会组织部副部长马勇明、中史直属机关书画协会主席、原经济日报社社长武春河、中国出版集团公司党组书记王涛、中国出版集团公司副总裁宋晓红、王俊国、林弋出席开幕式并剪彩。集团公司总部各部门负责人，所属各单位领导班子成员、党办和工会的负责同志及作者代表共300多人参加开幕式。林弋主持开幕式。

王涛在致辞中说，2002年4月9日，在党中央和国务院的亲切关怀下，中国出版集团正式成立。十年来，集团公司在中宣部的直接领导下，在新闻出版总署、财政部等有关部门的指导下，坚持正确方向导向，坚持挺拔出版主业，团结一致、锐意进取、开拓创新，改革发展的各项事业取得了丰硕成果：精品力作硕果累累，充分发挥了出版“国家队”的示范作用；产业规模逐步扩大，企业综合实力显著增强；“走出去”工作成效显著，国际传播能力不断增强；队伍建设稳步推进，各类人才数量和质量大幅提升；企业文化建设蓬勃开展，集团公司凝聚力进一步增强。2012年伊始，集团公司提出了“六大战略”和“现代化、大型化、国际化”的发展目标。站在承前启后、继往开来的重要历史节点上，我们要坚定决心、树立信心、持之以恒，在上级有关部门的大力指导和支持下，在全体干部员工的共同努力下，推进集团公司大发展大繁荣，创造更加辉煌的业绩。

王涛最后强调，“新十年、新征程，新发展、新高峰。”这是集团公司踏上新的历史征程的集结号。不仅书画摄影展活动要以此作为新起点，不断创新发展，办成在业界具有一定影响力的文化盛事，集团公司各项事业的发展也要站在新的历史起点上，面向未来、面向世界，创造出属于中国出版集团公司的更加辉煌灿烂的明天。

武春河对集团公司成功举办庆祝成立十周年书画摄影展表示祝贺。他说，中国出版集团公司十年来不断深化改革，加快发展，为促进社会主义文化大发展大繁荣作出了积极贡献。作为文化企业，中国出版集团高度重视自身的文化建设，书画摄影展是其中一个重要的建设平台。从历届书画摄影展来看，参展作品的数量不断增加，质量不断提高，作品的艺术水准达到了一定的高度，中国出版集团公司书画摄影协会在其中发挥了积极作用。书画摄影展活动既是中国出版集团企业公司文化建设的一个重要阵地，也是中直机关文化建设的一个重要组织部分。中直机关书画协会将一如既往地支持中国出版集团公司书画摄影协会进一步加强文化建设，丰富干部职工精神文化生活，为中国出版集团和中直机关的文化建设发挥应有的作用。

荣宝斋美术馆馆长王兴家代表参展作者发言。本次书画摄影展共征集书法、绘画、摄影作品500多幅，经过专家评委认真筛选，入选作品241幅，其中书法作品65幅，绘画作品76幅，摄影作品100幅。（温　存）

中国图书进出口（集团）总公司承办2012伦敦书展中国主宾国活动

2012年4月16~18日，2012伦敦书展在伦敦西区Earls Court展馆举办。应英国政府邀请，中国以主宾国身份参展。受新闻出版总署委托，中国图书进出口（集团）总公司承办了此次中国主宾国活动。

书展期间，中国主宾国以“新概念、新视角”为主题，用300场丰富多彩的文化活动传播中国古老文明与当代文化的魅力。其中，2 019平方米的中国主宾国展台创伦敦书展主宾国展台面积之最，中国古代出版印刷史、中英互译精品图书展、中国重点出版单位的优秀图书、中国数字出版以及丰富多彩的文化活动吸引了大量的英国读者、观众前来参观；郎朗、吕思清等国内一流的艺术家与英国皇家爱乐音乐会乐团、英国新伦敦儿童合唱团及英国两位知名高音歌唱家，共同合作举办的中国主宾国开幕音乐会，在友好、合作的旋律中奏响了中国出版人在伦敦书展国际平台上独特的乐章；汇聚中英两国著名学者、专家，涵盖经济、文化、艺术、文学、创意、音乐、建筑、摄影、版权、数字化、电影等领域的11场高端对话，开创中国主宾国活动的先例，以出版为切入点，扩展到经济与文化的各相关领域，规格高端、领域广泛、话题前瞻、嘉宾权威，大大提升了中国文化的国际传播力和影响力；王蒙、铁凝、莫言、毕飞宇、刘震云等32位中国当代著名作家，在书展、伦敦当地的图书馆和文学机构举办了近百场朗读、对话、演讲等文学活动，受到英国读者们的追捧和喜爱；爱思唯尔、培生、哈珀·柯林斯、兰登书屋、麦克米伦等国际出版巨头出席并作演讲的4场出版高层论坛，进一步拉近了中国与国际出版业的交流与合作；中英出版传媒产业投资论坛的成功举办，更标志着中国出版业的对外交流活动已经在向国际出版传媒资本运作的纵深发展之路拓展。

4月18日下午16时，当中国主宾国组委会副主任、新闻出版总署副署长邬书林在中国主宾国展台将主宾国接力棒正式移交至伦敦书展下届主宾国土耳其手中时，两国代表团不约而同振臂欢呼。欢呼声中，2012伦敦书展的主宾国——中国，用300场丰富多彩的活动成功宣告了主宾国活动的圆满落幕。

中国图书进出口（集团）总公司作为承办单位，在新闻出版总署的领导下，在中国出版集团公司强有力的指挥下，从2011年4月全面考察伦敦书展开始，成立了13个前期筹备工作组和13个现场工作组，既明确各个阶段的工作重点与责任分工，又将前期筹备与现场落实有机结合，兢兢业业、攻坚克难，终于不负使命，圆满完成了主宾国活动的组织实施工作。（朱宝元）

中国出版集团公司参加2012伦敦书展

2012年4月16日~18日，2012伦敦书展在英国伦敦伯爵宫展览中心举行，中国担任本届伦敦书展主宾国。中国出版集团所属14家出版社组成45人的参展团，在总裁谭跃的率领下首次设立独立展台参展。

谭跃在“中英出版传媒产业投资论坛”、“中欧出版论坛”、“出版与数字化对话”、“合作与共赢专业出版论坛”等四场主宾国高端活动上发表演讲，对话来自阿歇特出版集团、牛津大学出版社、爱斯维尔集团、培生集团的全球著名出版人，并出席主宾国开幕式、集团公司战略合作签约、于丹外文版作品成果展示会等活动，与相关领域合作伙伴如荷兰威科集团、法兰克福书展公司、剑桥大学出版社、英国科技出版集团等达成了一系列战略合作和项目合作意向。

2012 年 5 月 22 日下午，新闻出版总署召开 2012 伦敦书展中国主宾国活动总结大会，中国出版集团公司及所属中国图书进出口（集团）总公司、人民音乐出版社、中国图书商报社、三联生活周刊杂志社等五家单位荣获了优秀执行类、优秀创意类、优秀版权输出类、优秀活动类和优秀报道类共计 13 个大奖，位居中国主宾国所有参与单位之首。（孙　牧）

人民文学出版社参加 2012 伦敦书展

2012 年 4 月 16 ~ 18 日，2012 伦敦书展在英国伦敦举行，人民文学出版社社长潘凯雄携天天出版社副总编辑叶显林、对外合作部翟灿参加了书展。书展期间，人民文学出版社重点推出了第八届茅盾文学奖获奖作品《天行者》和《推拿》等原创长篇小说新作，签订了若干对外输出版权合同，取得了良好成效。

人民文学出版社于 4 月 17 日在 2012 伦敦伯爵宫展览中心举办了中英作家、出版人对话会，著名作家迟子建、毕飞宇和英国作家理查德·弗朗西斯等参加了对话，中国出版集团公司总裁谭跃受邀全程出席。社长潘凯雄主持。此次文学对话活动旨在加深中英两国文学作者及出版人之间的相互理解，进一步促进两国的文学出版交流与合作。参与对话的嘉宾结合各自的创作经历或出版过程、作品本身及其在海外市场的表现，围绕“优秀的文学是人类共同的精神财富”这一主题展开了热烈讨论。（宋　强）

商务印书馆参加 2012 伦敦书展

2012 年 4 月 16 ~ 18 日，2012 伦敦书展在英国伦敦伯爵宫展览中心举行，商务印书馆作为中国出版集团的成员单位参与了此次书展。书展上，商务印书馆展示了《新华字典》（第 11 版）（双色本）、《现代汉语词典》（第 5 版）、《牛津高阶英汉双解词典》（第 7 版）、《全球华语词典》等精品工具书，并举办了外国人学汉语工具书 APP 发布会等活动。此外，还展示了“细节中国系列”、《汉画像之美》、《钱锺书手稿集》等重点图书。（郄一帆）

中国对外翻译出版公司参加 2012 伦敦书展

2012 年 4 月 16 ~ 18 日，在 2012 伦敦书展期间，中国对外翻译出版国际公司举办了“中华文明博物馆——苏州沧浪亭数字产品发布会”及“数字时代的国际出版对话”活动。两场活动吸引了很多国外同行和读者，众多学者和嘉宾就共同感兴趣的话题展开了热烈讨论。

中国对外翻译出版公司在伦敦书展前承担的笔译任务有两部分。一是为集团公司翻译的稿件，包括总裁谭跃在中欧出版论坛上的演讲稿、中国出版集团公司数字产品宣传材料等。二是其他翻译稿件共 37 件，如新闻出版总署署长柳斌杰在中国主宾国开幕式上的主持词、中国主宾国活动安排等。

中国对外翻译出版公司在 2012 伦敦书展期间承担了七十余场次交替传译和同声传译任务，并同时提供了多次晚宴陪同翻译。交替传译和同声传译任务有中国主宾国开幕式及参观中国展台（交传）、“百年追寻日——见证中国西部变迁”展览开幕式（交传）、中欧出版论坛（同传）、中英数字论坛（同传）、高端对话：出版与文学（同传）、“中国道路”国际论坛（同传）、“全球化中的中国机遇和挑战”出版论坛（同传）等。（卜晓艳）

现代教育出版社参加 2012 伦敦书展

2012 年 4 月 16 ~ 18 日，现代教育出版社参加了 2012 伦敦书展。中国是此次书展的主宾国。

现代教育出版社高度重视，社长宋一夫携带2012年重点图书《英汉世界中国国学基础知识读本·儒学》（汉英版）、《白话精华二十四史》、《海外学生汉语常用字典》、《我是西单女孩》等优秀图书参展。展会期间，现代教育出版社与美国伍德伯里出版公司就《英汉世界中国国学基础知识读本·儒学》（汉英版）进行了版权输出签约仪式。（杨 静）

中版数字设备有限公司参加2012伦敦书展

2012年4月16～18日，在2012伦敦书展上，“中版闪印王”按需印刷设备与人民文学出版社、商务印书馆、中华书局等众多知名出版单位的470种外向型图书联合参展。利用这一时机，中版数字设备有限公司重点推广了“中版闪印王”按需印刷设备，并进一步提高了产品的影响力，为“中版闪印王”下一步更好的改进提供了良好的机会。（祁兰柱）

中华书局与沈阳市少年儿童图书馆联合举办“庆祝中华书局成立100周年中国近现代教科书珍品展”

2012年4月27日，中华书局与沈阳市少年儿童图书馆在沈阳联合举办“庆祝中华书局成立100周年中国近现代教科书珍品展”，展出清代晚期至中华人民共和国成立初期多种版本教科书近300件。开幕式上，黄松代表中华书局致辞，梁彦代表中华书局向沈阳市少年儿童图书馆、周恩来少年读书旧址纪念馆捐赠图书。（梁 彦）

多语种《中国共产党为什么能》（增订本）亮相2012伦敦书展

2012年4月，在2012伦敦书展上，多语种《中国共产党为什么能》（增订本）引起不小反响。原因有二，其一该书的题材独特，其二出版方一并推出了多语种版本。

中国对外翻译出版公司在翻译方面发挥了重要作用。当中国对外翻译出版公司获知新世界出版社计划出版多语种《中国共产党为什么能》（增订本）并作为2012伦敦书展“文化走出去”重点参展图书项目时，主动联系和积极争取承担书稿的翻译任务，决心以翻译的实力助推中国“文化走出去”战略。中国对外翻译出版公司凭借实力和口碑成功中标后，高度重视，精心组织，20天内完成法语、西班牙语、俄语、意大利语、葡萄牙语、日语共6个语种约20万字的翻译量，为该书多语种版本的出版作出了积极的重大贡献。

多语种《中国共产党为什么能》（增订本）由中央党校教研部副主任谢春涛教授等数位党史研究专家和学者集体编写，围绕国内外读者共同关注的中国共产党历程中的重大问题，用讲故事、讲道理方式，从历史角度作出深入的思考，梳理了中国共产党能够取得成功的历史轨迹和执政理念，揭开了中国共产党为什么能的13个谜底，并对中国共产党在未来可能面临的挑战作出了深刻剖析。书中大量引用外国媒体和中国问题专家的评述作为佐证，使广大党员群众和外国读者能够看得进、读得懂。（卜晓艳）

中国图书进出口（集团）总公司组团参加第19届布达佩斯国际图书节

2012年4月19～22日，中国图书进出口（集团）总公司组团参加第19届布达佩斯国际图书节。本届图书节在布达佩斯新千禧公园展览馆举办。受新闻出版总署委托，中国图书进出口（集团）总公司组织中国代表团参展。中国代表团由中国方正出版社、中国青年出版社等9家单位13人组成。

此次参展，中国代表团共展出图书100多种，包括名人传记、文学、汉语教学、词典、历史、法律与法规等各个类别，展出的图书受到当地读者的喜爱。

书展期间，中国代表团拜访了布达佩斯图书节组委会，匈牙利出版商协会副会长Eszter Szabo女士介绍了布达佩斯图书节的基本情况，对中国代表团前来参展表示欢迎，并表示对双方今后的合作与交流充满希望。中国代表团感谢布达佩斯图书节组委会为代表团顺利出访提供了便利条件，表示将继续为增进中匈两国的文化交流和友谊努力工作。中国代表团向布达佩斯图书节组委会赠送了图书。（朱宝元）

中国图书进出口（集团）总公司组团参加第26届日内瓦国际图书沙龙

2012年4月23日～5月1日，中国图书进出口（集团）总公司组团参加第26届日内瓦国际图书沙龙。此届图书沙龙在日内瓦Palexpo会展中心举行。受新闻出版总署和国务院新闻办公室委托，中国图书进出口（集团）总公司组织中国代表团参展。中国代表团由浙江联合出版集团等11个省市地区17家出版单位、8家地方新闻出版局和对外宣传办公室、1家发行单位共计26家单位38人组成。

作为组织服务商，中国图书进出口（集团）总公司在新闻出版总署和国务院新闻办公室领导下，在参展前与有关出版单位和各省市地区外宣办商议、策划多项文化活动。中国代表团共携带了1 600多册图书参展。书展期间的最大亮点是书法互动和民族风情活动，并在活动中赠送《兵团水与沙》、《漫画兵团》、《兵团故事》（DVD）、《红楼三十六计》、《云南旅游指南》、《东方大峡谷》、《中国民族边疆史简论》、《新疆民族知识读本》、《西藏新闻传播史》、《西藏民主改革50年变迁》、《中国书法艺术和硬笔书法指导》和各地对外宣传品，很受参观者欢迎。

（朱宝元）

连环画出版社等承办第二届架上连环画·插图邀请展

2012年5月1日，由中国美术家协会主办，连环画出版社、中国美术家协会连环画艺委会、中国美术家协会插图装帧艺委会等单位联合承办的第二届架上连环画·插图邀请展在中国美术馆举行。展览向广大观众展示了连环画艺术的独特魅力，为连环画走向架上绘画创造了成功范例，受到了美术界、出版界专家学者的广泛关注和好评，是近年来中国美术界举办的连环画、插图有影响力名家的首次联展。随后该展又赴大连、上海和乌鲁木齐巡展。（汤　锐）

中国图书进出口（集团）总公司组团参加第25届德黑兰国际书展

2012年5月1～11日，中国图书进出口（集团）总公司组团参加第25届德黑兰国际书展。此届书展在伊朗首都德黑兰霍梅尼清真寺举办。受新闻出版总署委托，中国图书进出口（集团）总公司组织中国出版代表团参展。

此次参展在中宣部、新闻出版总署的高度重视和指导下，以推进中波文图书互译、推介新疆民族出版为主题，以中国图书的展览展示与销售、汉语学习推广、文化交流为重点，最大限度的扩大中国文化的对外传播，使交流内容更加丰富，成效更加明显，活动取得了圆满成功。

中国展台位于东馆展厅二层，展台面积72平方米。展品分为参展出版社自带和中国图书进出口（集团）总公司集中采购两部分，展出图书及音像电子出版物1 500多种。展览期间，参观、询问、购书的人员往来不断，据统计，每天到展台的人员至少在3 000人次以上。

在中国展台，中国出版代表团团长王跃平分别接受了凤凰卫视、伊朗国家电视台、阿拉伯语电视台、伊朗“认知之声”广播电台等8家重要媒体的采访，重点介绍了中国出版改革开放成果、本次参展情况以及新疆出版业发展的概况等。采访内容随着上述媒体在当地电视台、电台和报刊的不断播出，中国参展给伊朗民众留下了深刻的印象。（朱宝元）

荣宝斋举办“春润京华——马海方古都风情人物画展”

2012年5月1～7日，荣宝斋举办“春润京华——马海方古都风情人物画展”。展览展出了马海方先生近作150余件。阎崇年、崔永元、袁少海等各界人士出席了开幕式。马海方先生近年来一直致力于京味文化的收集、整理、发掘。他大量写生，勤奋创作，绘画题材由点到面，由浅入深，不间断地充实、发展、提高，作品涵盖老北京风情习俗之方方面面，笔精墨妙，引人入胜。他以没骨法入画，适度勾线，在强调造型准确的基础上对人物作适度夸张，设色巧拙明亮，不拘一格，在继承传统水墨技法表现民俗艺术的同时巧妙融入西画的一些技法，表现富有生活情趣的形象及怀旧境界，形成独树一帜的绘画风格，作品生动而耐人寻味。（刘　芳）

人民音乐出版社主办中国音乐出版物发行联合体第七届图书展示会

2012年5月7～11日，中国音乐出版物发行联合体第七届图书展示会在广西北海市顺利举行。此次会议由中国音乐出版物发行联合体理事长社——人民音乐出版社主办，历时5天，会聚了中国音乐出版物发行联合体9家出版社、全国各地100多家新华书店和图书经销商，与会代表170多人。

中国音乐出版物发行联合体由人民音乐出版社、上海音乐出版社、湖南文艺出版社、上海音乐学院出版社、安徽文艺出版社、四川文艺出版社、西南师范大学出版社、中国文联出版社和中国青年音像出版社9家出版社组成，中国音乐出版物发行联合体于2009年5月成立，9年来在中国音乐出版物发行联合体这个大的平台下，音乐图书的出版发行得到了较大的提升，各社产品得到了充分的展示，出版社与经销商在互惠互利的基础上关系更加融洽。

本次图书展示会人民音乐出版社参展新书品种170多种，涵盖了音乐理论、钢琴、声乐、民乐和吉他等各类新书，副总编辑杜晓十同志为人民音乐出版社的新书做了生动有趣的推介；会议期间隆重举行了为全国30家优秀经销商挂牌仪式，这30家优秀经销商由中国音乐出版物发行联合体9家出版社投票选举产生；挂牌仪式后，中国音乐出版物发行联合体理事长、人民音乐出版社社长吴斌就“财政部拔巨款搭建音乐数字出版平台”这一重大事件给大家描绘出了未来音乐数字出版的美好前景。

会议期间召开了中国音乐出版物发行联合体理事会，中国音乐出版物发行联合体联合网站的搭建、新华书店设立中国音乐出版物发行联合体专区、淘宝网屏蔽盗版书店、中国音乐出版物发行联合体优秀经销商在线发行是中国音乐出版物发行联合体下一步要做或正在进行的工作。会议还讨论通过了接纳环球音像出版社自2012年5月起加入中国音乐出版物发行联合体事宜。

（吴明静）

商务印书馆参加第八届中国（深圳）国际文化产业博览交易会

2012年5月17～21日，商务印书馆参加第八届中国（深圳）国际文化产业博览交易会。根据中国出版集团公司的统一安排设计展区，商务印书馆制作了4块展板，内容分别是企业简介、奋进、荣誉、版权贸易。在图书出版方面，展示了“汉译世界学术名著丛书”（珍藏本）、“中华现代学术名著丛书”（第一批）、《辞源》（纪念版）、《新华字典》等近10年来荣获国家级奖项的图书。在数字出版方面，工具书在线等数字产品在中国出版集团公司数字出版展示区进行了展示。此外，商务印书馆有关图书还被新闻出版总署精品工程和国家出版基金两个展台重点摆放。（刘　兰）

中国大百科全书出版社参加第八届中国（深圳）国际文化产业博览交易会

2012年5月18日上午，中国大百科全书出版社随中国出版集团公司参加了第八届中国（深圳）国际文化产业博览交易会。为期4天的第八届中国（深圳）国际文化产业博览交易会在深圳会展中心举行。共设有文化产业综合馆、创意设计馆、影视动漫游戏馆、非物质文化遗产馆、美术馆、新闻出版馆及工艺美术馆等7个专业展馆。新闻出版馆是面积最大的专业展馆。该馆以“中国出版——传承文化、改革创新、拥抱未来”为主题，重点反映新闻出版业的发展趋势和最新成果，体现出版产业发展的高端和前端，以优秀的出版物和文化产品丰富观众的精神文化生活。在主题为“十年成就”的中国出版集团公司展区，突出展示了中国出版集团公司成立十年来，伴随文化体制改革的步伐，取得的各项辉煌成就，同时也彰显了未来发展的“三化”目标和“六大”战略。中国大百科全书出版社通过文字介绍和图片展览，重点展示了近十年来中国大百科全书出版社在百科全书、产品线建设、“走出去”及数字出版等方面取得的重要成果成就。重点陈列的《中国大百科全书》（第二版）、《中国大百科全书》（第二版简明版）、《不列颠百科全书》、《中国儿童百科全书》、《中国中学生百科全书》等图书，均是获得过国家级奖项的精品力作。以《中国大百科全书》（第二版）为代表的大型百科工具书，印装精美，气势恢宏，成为整个集团展区的亮点，获得广大领导、读者、同行的赞许和认可。（王　瑜）

中版数字设备有限公司参加第八届中国（深圳）国际文化产业博览交易会

2012年5月，在第八届中国（深圳）国际文化产业博览交易在深圳举行。会上，中版数字设备有限公司组织“中版闪印王”参加展览，会展期间由于“中版闪印王”独特的技术和先进的设计理念，得到了国内外嘉宾和客商的青睐。（祁兰柱）

中版数字设备有限公司参加首届中国国际新闻出版技术装备博览会

2012年5月，首届中国国际新闻出版技术装备博览会在天津举行。在新闻出版行业首个以技术设备为主要展示内容的行业博览会上，“中版闪印王”密切配合“新媒体、新技术、新平台”的博览会主题，展出了专业的按需印刷设备。凸显了中国出版集团公司作为出版单位在新闻传播出版行业技术设备的发展的积累，为“中版闪印王”在新闻出版业内树立良好的口碑以及市场拓展奠定了基础。（祁兰柱）

中国出版集团公司参加第22届全国图书交易博览会

2012年6月1~5日，中国出版集团公司参加第22届全国图书交易博览会，并在参展期间举办了第五届“读者大会”和图书捐赠等活动，总裁谭跃担任中国出版集团公司参展代表团团长，副总裁刘伯根担任参展代表团副团长，副总裁宋晓红、王俊国一并出席了相关活动。

在6月1日的展会上，总裁谭跃，副总裁宋晓红、王俊国、刘伯根等巡视了集团公司各出版单位的展台。集团公司共展出6000多种图书，其中新书3000多种，重点书500多种。参展图书着力体现集团公司“内容创新战略”，具有6个鲜明特点：第一，积极迎接党的十八大，推出重点主题图书，如《马克思主义经典著作导读》、《共和国震撼瞬间》、《王汉斌访谈录：亲历新时期社会主义民主法制建设》、《读书》十年系列等。第二，关注文化产业和当下时代热点。如《主流：谁将打赢全球文化战争》，此书是一部最新、最全面的全球文化产业案例大全。《石油大棋局：下一个目标中国》分析了中国在世界石油格局中所面临的复杂变局，提出了一系列关于石油博弈的惊人观点。第三，推出一批文化底蕴厚重的名家新作或名家访谈。如周汝昌的“最后绝唱”《红楼新境》、余秋雨的《伟大作品的隐秘结构》、格非的《隐身衣》、九把刀的《上课不要烤香肠》以及《余英时访谈录》、《生命》等。第四，打造“影视同步书”，继续引领传统文化热潮。商务印书馆和中华书局继续推出“百家讲坛”系列新书《我是人间惆怅客：听杨雨讲纳兰》、《大话西游》。第五，推出美术音乐类新作，持续打造人文艺术高档品牌，如《中国美术研究年度报告2010》、《瞻望张光宇：回忆与研究》、《际之响：秦文琛的音乐》等。第六，推出多版本工具书和系列童书。如《新华字典》（第11版）、《商务国际汉英小词典》、《DK儿童恐龙百科全书》、“小象勿忘我系列”、“莎拉公主认知书系列”等。

集团公司举行了16场宣传活动，如人民文学出版社的“中学语文新课标必读丛书”最新版推介会、商务印书馆的《新华字典》公益座谈会、中华书局的于丹文化沙龙、人民音乐出版社的第十届中国少年儿童歌曲电视大赛选曲现场演唱、现代出版社的九把刀新书发布会及新书签售会。集团公司在本届书博会上的表现引起强烈反响，成为本届书博会的最大亮点之一。新华社、《人民日报》、《光明日报》、《中国新闻出版报》、《银川日报》、新浪网、搜狐网等50多家媒体多角度报道了集团公司的参展情况和各项出版活动。（何　奎）

人民文学出版社参加第22届全国图书交易博览会

2012年6月1日，第22届全国图书交易博览会在银川市开幕，人民文学出版社重点推介了“中学语文新课标必读丛书”、“朝内166人文文库·外国卷”和新书《隐身衣》、《我住宝岛一村》等一批新书。中国出版集团公司在展会期间举办了第五届“读者大会”，人民文学出版社邀请了著名作家王蒙和张贤亮参加大会，他们围绕着阅读、文学创作等话题与现场读者进行了热烈交流。

展会期间，人民文学出版社还在银川召开“中学语文新课标必读丛书”最新版发行工作会，来自全国各地的部分渠道经销商代表30多人与会，会议由副社长李春凯主持。会上，总编辑管士光介绍了“中学语文新课标必读丛书”最新版的改版情况及后续工作规划，社长潘凯雄就人民文学出版社产品线规划及渠道工作与客户进行了交流。（宋　强）

商务印书馆参加第22届全国图书交易博览会

2012年5月31日～6月3日，商务印书馆携600多种新书、重点书参加第22届全国图书交易博览会。6月1日，商务印书馆举办了《新华字典》爱心捐赠仪式暨“《新华字典》与青少年成长”座谈会。新闻出版总署副署长邬书林，原宁夏回族自治区政府副主席、国家教育部总督察顾问刘仲，中国文学艺术基金会副理事长兼秘书长姜昆，宁夏回族自治区党委宣传部原常务副部长张怀武，中国出版集团副总裁刘伯根，宁夏回族自治区教育厅副厅长赵紫霞以及商务印书馆总经理于殿利等参加了本次活动。（唐　敏）

人民音乐出版社参加第22届全国图书交易博览会

2012年6月1日，第22届全国图书交易博览会在银川市国际会展中心隆重开幕。人民音乐出版社作为中国出版集团公司旗下的“精英社”参加了此次盛会，发行一部同志前往银川开展工作，社长吴斌、总编辑莫蕴慧亲临展位指导布展工作。中国出版集团公司总裁谭跃视察所属展位时，认真了解了人民音乐出版社本次参展工作的具体情况，对人民音乐出版社的各项准备工作给予充分的肯定。

开幕式上，人民音乐出版社特邀两位“第十届少年儿童卡拉OK电视大奖赛”获奖小选手在中国出版集团主展区演唱了人民音乐出版社为向十八大献礼隆重出版的《铺满鲜花的路——第10届中国少年儿童歌曲卡拉OK电视大赛歌曲123首》中歌颂中国共产党、歌颂新中国、歌颂改革开放以及歌颂美好生活的歌曲。小选手的演唱吸引了多家媒体的关注，获得了观众阵阵热烈的掌声，为开幕式增添了炫目的亮点。

人民音乐出版社此次参展图书近400种（其中新书150多种、馆配图书200多种、重点图书6种）。人民音乐出版社为迎接党的十八大胜利召开推出的主题出版项目《铺满鲜花的路——第10届中国少年儿童歌曲卡拉OK电视大赛歌曲123首》主题鲜明、形式多样、内容丰富，用纯真的童声，赞美了伟大的党、伟大的祖国和美好的生活。

图书交易博览会期间，各参展代表团在展区内外组织了多种形式的促销活动。人民音乐出版社也在展位上做了让利惠民销售活动，同时进行了多种营销模式的合作洽谈。

此次图书交易博览会上，人民音乐出版社共征订图书350多种、签约18个项目，合同资金总额近20万元。另外，还向当地唐徕回民小学等9家单位捐赠音乐图书共计6.55万码洋。

（吴明静）

生活·读书·新知三联书店参加第22届全国图书交易博览会

2012年6月，生活·读书·新知三联书店参加了在宁夏回族自治区银川市举办的第22届全国图书博览会。此时恰逢三联书店创建八十周年前夕，一向注重人文精神的三联书店在本次展会上格外引人瞩目。三联书店从领导到员工都很重视此次图书交易博览会，由总经理樊希安亲自带队，图书营销中心主任张作珍陪同布展，将三联展位布置得既有独特鲜明的三联特色，又配合了本次书博会主旨。在整个展场布局上，三联书店的展位位置处于开幕式的入口处，格外夺人眼球。

三联书店精心展出了一年来出版的200多种新书和即将出版的重量级图书。特别是前不久出版的《陈寅恪集》（限量典藏版）和《钱锺书集》（限量典藏版）、《李瑞环谈京剧艺术》、《暴风雨的记忆：1965～1970的北京四中》、《朱枫传》等图书新品引起了业界的关注，众多参会领导、业内同仁和广大读者亲临现场参观，给予了无数赞誉。

（鞠晓辉）

中国对外翻译出版公司参加第22届全国图书交易博览会

2012年6月1～4日，第22届全国图书交易博览会在宁夏回族自治区银川市隆重举办。中国对外翻译出版公司准备了近240种图书参展，并与银川市新华书店联合开展了“暑假乐FUN天”文教类图书促销活动，参展图书既有近两年市场表现不俗的常销书“读名著学语文系列”、“魔法新高度系列”、“中译经典文库·世界文学名著系列”，又有2012年新上市便成为销售黑马的“朗文经典·读名著学英语系列”。此次促销活动贯穿整个暑假，参加活动书店将遍布全国。活动期间，凡购买中国对外翻译出版公司图书满一定金额，可获赠中国对外翻译出版公司送出的贴心好礼一件。活动一经开展，立刻受到了广大学生和家长们的欢迎，短短几日，销售数量便节节攀升。

（郭宇佳）

现代教育出版社参加第22届全国图书交易博览会

2012年6月1～4日，现代教育出版社参加第22届全国图书交易博览会。书博会第一天，现代教育出版社举行了国学教材秋季新书推介会。会上，副社长仇正伟致辞，中国出版集团公司出版业务部张贤明应邀参加。该教材由北京大学、中国人民大学、北京师范大学、中国社会科学院等专家学者编写，现代教育出版社出版，对国学知识的普及与推广，对中小学素质的增强具有深远意义。除此之外，现代教育出版社所携带的少儿新书“国际大师绘本文库系列丛书”、“牛津经典童书系列丛书”和《不莱梅城的乐师》等近百种优秀图书，深得宁夏回族自治区广大读者及各书店的喜爱。

（杨　静）

华文出版社参加第22届全国图书交易博览会

2012年6月1～4日，华文出版社参加了第22届全国图书交易博览会。博览会上，华文出版社共展示了8个系列精品图书。其中三部重点图书《文章选读》、《吴孟超传》和《赵朴初文集》得到了中国出版集团公司总裁谭跃等集团公司领导的充分肯定和广大参展人员的一致好评。通过博览会，华文出版社的重点新书向社会各界进行了很好的展示，让广大读者、业内人士、媒体朋友看到了一个全新的华文出版社；同时，华文出版社的图书也获得了一个销售良机，很多书店在看完华文社的展区后，纷纷当场签下订单。（陆虹宇）

中版集团数字传媒有限公司参加第22届全国图书交易博览会

2012年6月1~4日，中版集团数字传媒有限公司参加了第22届全国图书交易博览会。在本届博览会上，中版集团数字传媒有限公司组织和策划了公司优秀数字出版产品参展，并重点利用这一时机作为大佳网“周年阅读季”的总结性推广活动，将大佳网2012年重点产品、工作做进一步的整合联动式推广，将线上、线下活动交互进行，提高了大佳网在各地网友心中的知名度和出版行业里的影响力。（祁兰柱）

中版数字设备有限公司参加第22届全国图书交易博览会

2012年6月，第22届全国图书交易博览在银川举行。会上，中版数字设备有限公司组织和策划了“中版闪印王”按需印刷设备参展，为国内出版社全面展示了这一先进、便利、功能全面的按需印刷设备，并与20余家需求设备企业进行了详细的洽谈，为进一步铺开市场奠定了基础。（祁兰柱）

世界图书出版公司参加第22届全国图书交易博览会

2012年6月1日~4日，世界图书出版公司参加了第22届全国图书交易博览会。书博会期间举办了《中国古代陶瓷文献影印辑刊》新书发布会，中国出版集团公司副总裁刘伯根亲临现场并发表了讲话。活动主要介绍了《中国古代陶瓷文献影印辑刊》的内容与出版过程，并回答了现场观众提出的各种问题，此次活动受到了多家新闻媒体的关注和报道。（陈　蕾）

人民文学出版社参加2012年美国书展

6月5~7日，2012年美国书展在美国纽约国际会议中心举行，人民文学出版社副总编辑肖丽媛、教材出版中心主任包兰英参加了书展。书展期间，人民文学出版社与多家海外出版机构和版权代理机构进行了洽谈，并重点推介了《推拿》、《西藏的战争》、《隐身衣》等图书，国外多家出版社表示了购买版权的意向。（宋　强）

中国图书进出口（集团）总公司组团参加第18届韩国首尔国际图书展

2012年6月20~24日，中国图书进出口（集团）总公司组团参加第18届首尔国际图书展。本届书展在韩国首尔COEX综合贸易会展中心举办。受新闻出版总署委托，中国图书进出口（集团）总公司组织中国代表团参展。中国代表团由上海人民美术出版社、民族出版社、北京大学出版社等国内10家出版单位14人组成。

此次参展，中国展台总面积54平方米，共展出各类图书3 000多种。展品主要为少儿读物、汉语言教学、韩文版工具书、中国文学、旅游、美术类等图书以及各种宣传册和版权目录，展出的图书受到了韩国读者的广泛欢迎。

（朱宝元）

中国美术出版总社参加2012年全国美术图书交易会及2012年全国美术出版社社长年会

2012年7月9~11日，中国美术出版总社组织有关人员赴广州参加由全国美术联合发行集团组织召开的2012年全国美术图书交易会。此次中国美术出版总社携百余种新书亮相2012年全国美术图书交易会。其中，《2011中国艺术品市场年度报告》、“十二五高职高专教材系列”、“范本传真系列”等近50个品种图书订货均过千册，成交码洋共计达到112万元。在交易会期间，社长常汝吉出席了2012年全国美术出版社社长年会，与全国四十余位美术出版社社长齐集一堂，就近年来我国美术出版界在体制、机制上所发生的重大变化等问题进行了深入的研讨。

（汤　锐）

现代教育出版社参加第23届香港书展

2012年7月18～24日，现代教育出版社参加了第23届香港书展。此次书展，现代教育出版社派出总编室副主任吕为为参会。参展图书大部分是现代教育出版社的重点图书，主要有《英汉世界中国国学基础知识读本·儒学》（汉英版）、《白话精华二十四史》、《清·孙温绘全本红楼梦》、《大明嘉靖往事》、《不莱梅城的乐师》等。

（杨　静）

中国出版集团公司参加2012年上海书展暨“书香中国”上海周

2012年8月15～21日，中国出版集团公司参加2012上海书展暨“书香中国”上海周。书展以“我爱读书，我爱生活”为主题，在上海展览中心举办。集团公司组团参加了本届书展，并取得了很好的双效。集团公司副总裁李岩、潘凯雄应邀率20位各单位领导参加书展并出席了开幕式。

书展期间，中共中央政治局委员、上海市委书记俞正声和刘云耕、冯国勤、殷一璀、屠光绍、杨振武、吴幼英、周汉民等上海市领导及新闻出版总署副署长邬书林、阎晓宏等莅临集团公司展区视察指导，与读者共品书香。各级领导都对集团公司的出版业绩和参展工作给予了充分肯定，并表示了对集团公司出版物的喜爱，多位领导选购了《共和国震撼瞬间》、《主流》、《读史阅世六十年》等多种图书。

一、创新参展新模式，压缩成本见实效

从筹备参展工作开始，集团公司副总裁李岩就非常重视谭跃总裁“务必要有成本核算的概念，各项工作都要讲效益”的指示，亲自出席参展预备会，进行动员、落实参展工作，还创立新模式，委托集团公司驻上海办公室承担特装任务，由出版业务部指导，另外，还邀请商务印书馆、中华书局、生活·读书·新知三联书店等单位的发行部负责人及美编人员就特装方案进行了认真论证，选出了性价比最高的方案，力求在压缩成本的基础上，多办事、办大事、求实效。出版业务部认真落实领导指示，努力压缩各个参展环节的费用，经核算，此次参展集团共赢利66万元，真正实现了务实、有效、节俭、有序参展。

二、设立百年文脉展区，放大百年品牌效应

2012年适逢商务印书馆成立115周年、中华书局成立100周年、生活·读书·新知三联书店成立80周年，为回顾和展示三大出版机构与上海的渊源和历史，集团公司与书展组委会协商，新设立了“百年文脉”销售区，集中展示商务印书馆、中华书局、生活·读书·新知三联的精品图书，让读者感受到中国出版的传承和创新，感受到百年文脉绵延不衰的文化魅力。新板块的设立不仅方便了读者、宣传了品牌，还实现了销售码洋30万元，实洋23万元的佳绩。

三、系列活动群星璀璨精彩纷呈，努力为读者打造与名家、名作零距离接触平台。

集团公司所属单位策划举办的二十余场活动且始终贯穿一个理念，就是“服务读者、享受阅读”。这些活动形式多样，名家云集。有文化讲座，有作者访谈，也有新书签售。名人轮番上场，精彩不断，为书展“撑足”场面，也为各位“追星族”创造了和名家巨匠碰面的绝佳机会。

书展第一天，集团公司副总裁李岩出席了现代出版社举行的我国台湾地区漫画家萧言中《爱情谬记》的新书发布会并进行了精彩讲话；由文艺评论家解玺璋主持和著名作家王安忆、陈村等参加的“《生命》恳谈会”，让作者、编者和读者与著名作家史铁生有了一次隔空的精神重逢；我国台湾地区的畅销书作家、导演九把刀携五卷新作现身书展，签售近3 000册，场面火爆而有序；著名旅德艺术家王小慧携新作《东不成西不就》的到来，吸引了众多的读者的关注；《吴孟超传》读者见面会，人气空前，读者为吴孟超高尚的医德和高超的医术所折服，也被他百折不挠的生命历程所震撼。

四、细致的前期市场调研，精准的备货，确保了全方位满足读者阅读需求

集团公司以迎接党的“十八大”为契机，对参展品种进行了认真遴选，严把导向关和质量关，共组织了8 000多种精品出版物参展，其中新书1600多种，重点图书186种。如迎接党的十八大的主题图书有人民文学出版社的《共和国震撼瞬间》、东方出版中心的《中国的位置——胡鞍钢与世界对话之二》、中国民主法制出版社的《〈共产党宣言〉导读》、华文出版社的《吴孟超传》等；另外，商务印书馆的《现代汉语词典》（第六版）、中华书局的《读史阅世六十年》、中国大百科全书出版社的《DK儿童太空百科全书》、中国美术出版社总社的《英汉美术词典》、人民音乐出版社的《民族音乐学概论》（增订版）、生活·读书·新知三联书店的《暴风雨的记忆：1965—1970中的北京四中》、中国对外翻译出版公司的《生命》、现代教育出版社的《动物宝宝成长图画书》、荣宝斋的《荣宝斋书谱》、世界图书出版公司的《中学生学习辞典》等好书让广大读者都能找到自己“悦读”的“大餐”和“小点”。

五、充分利用多元媒体平台，提升集团品牌知名度

书展期间，集团公司通过领导接受采访、发布户外广告、“大佳面对面”的名家访谈及邀请媒体参与营销活动等多种方式进行品牌宣传和重点出版物推广。集团公司副总裁李岩和潘凯雄分别接受了东方网、第一财经等多家媒体的采访，并出席了多项营销推广活动；集团公司还精心组织了新闻通稿两篇，在各大媒体发布；据不完全统计，书展期间涉及集团公司的报道近百篇。高密度、高频率、高质量的报道，使集团公司成为读者关注的文化焦点，让读者多渠道、多形式地深入了解集团的品牌和特色，培育广大读者对集团的品牌忠诚度。

六、坚持以社会效益为引领，推动销售业绩创新高

通过参展，集团公司不仅宣传了品牌，取得了良好的社会效益，也获得了很好的经济效益。人民文学出版社、商务印书馆、中华书局、生活·读书·新知三联书店等4家单位获组委会评选的“最有号召力的十家出版社”称号。另外，受诸多著名品牌的吸引，慕名而至集团公司展区的读者超过30万人次，销售码洋高达346万元，同比增长53%，销售实洋264万元，同比增长59%，销售利润66万元，同比增长53%，为各参展商之首，也创集团公司历年参展新高。

（何　奎）

人民文学出版社参加2012年上海书展

2012年8月15～21日，2012年上海书展在上海展览中心举行，人民文学出版社社长潘凯雄、副社长李春凯携相关部门工作人员参加了书展。

书展期间，人民文学出版社重点展出了《共和国震撼瞬间》、新版《暗算》等重点新书，并分别举办了漫画家黑荔枝《飞禽电台——鸟少年》追梦沙龙暨新书签售会、解嬿嬿新作《拉吉尔之书》读者见面暨签售会和《东不成西不就》新书发布会，各大媒体给予重点报道，取得了良好效果。

（宋　强）

商务印书馆参加2012年上海书展

2012年8月15～21日，商务印书馆参加2012上海书展。商务印书馆参加了包括中国出版集团零售区、馆配图书展区和百年文脉“商务印书馆、三联和中华书局”精品图书联展在内的图书展示活动，共展出一千余种图书。8月18日，商务印书馆新书《夭折的记忆》首发式在中国出版集团展区举行，作者吴亮与上海作家陈村、孙良、孙甘露、李天纲一起，围绕“时

间与记忆”这一主题展开对话。（唐　敏）

中国对外翻译出版公司参加 2012 年上海书展

2012 年 8 月 15 ~ 21 日，中国对外翻译出版公司参加 2012 年上海书展。此次已是中国对外翻译出版公司第五次参加上海书展。特地选择了一批适合当地读者阅读需求的图书。如自上市以来就表现良好的“朗文经典读 · 名著学英语系列”、《中译经典文库 · 世界文学名著》（英文版）、“伟大的思想系列”、“Wee sing 系列”、《生命——民间记忆史铁生》等，这些畅销书亮相申城，读者踊跃购买。另外还举办了一场名家云集、影响深远的图书恳谈会。中国作协副主席铁凝、上海作协主席王安忆、上海知名作家陈村和文艺评论家解玺璋等以及几百名读者一起参加了恳谈会，大家共同缅怀史铁生，回忆史铁生，重逢史铁生。作家们分别回忆了和史铁生共处时的趣事，对史铁生精神进行了深入地剖析。会后还进行了签名售书活动。（郭宇佳）

中国民主法制出版社参加 2012 年上海书展

2012 年 8 月 15 ~ 21 日，中国民主法制出版社参加了 2012 年上海书展。书展期间举办多场宣传活动。大佳网视频专访了《权，为你》作者杨波；举行了主题“你所不知道的法律权利——百姓生活中的维权故事”《权，为你》新书发布会暨读者见面会以及《恍如来者》读者见面会。（邵　力）

现代教育出版社参加 2012 年上海书展

2012 年 8 月 15 ~ 21 日，现代教育出版社参加了 2012 年上海书展。现代教育出版社副社长仇正伟带领发行中心相关人员参加了展会，结合上海特殊的地域文化特点，为申城读者带去百余种图书，主要有传统文化类图书《白话精华二十四史》、《清 · 孙温绘全本红楼梦》等，有文史类图书《大明嘉靖往事》、《北洋往事》等，少儿类图书有“牛津经典童书系列丛书”（“最亲情系列”第 2 季、“淘小虎系列”）、“国际大师绘本文库系列丛书”（“小奥利弗的大梦想系列”、“爱上不一般的你系列”）、《不莱梅城的乐师》等。（杨　静）

世界图书出版公司参加 2012 年上海书展

2012 年 8 月 15 ~ 21 日世界图书出版上海有限公司代表世界图书出版公司组团参加了 2012 年上海书展。书展期间重点推出了《中学生学习辞典》、《带着英语去旅行》、《马克 · 吐温短篇小说选集》（中英对照全译本）、《于右任楹联集锦（上、下）》等外语阅读、书法艺术、生活养生类图书，特别受到读者的欢迎，零售现场异常火爆。在展会期间，世界图书出版上海有限公司还举办了“《中学生学习辞典》签售活动”，“整理明清档案背后的故事”专题讲座、“ibaby：亲子教育”分享课等活动，受到了媒体广泛关注。（陈　蕾）

中版集团数字传媒有限公司参加 2012 年上海书展

2012 年 8 月 15 ~ 21 日，中版集团数字传媒有限公司参加了 2012 年上海书展。此次书展，现场举办了“大佳面对面”系列互动式文化访谈沙龙。大佳网作为 2012 年上海书展上唯一一家组织开放式访谈的媒体，以更为深度的访谈内容、读者与名家的直接互动、丰富的组织形式，从多家现场访谈媒体中脱颖而出，广受作家、出版单位和读者的好评，并受到了媒体普遍关注报道。（祁兰柱）

中国图书进出口广州公司承办 2012 南国书香节暨羊城书展 · 海外华文馆

2012 年 8 月 17 ~ 23 日，2012 南国书香节暨

羊城书展在广州中国进出口商品交易会琶洲展馆举行。中国图书进出口广州公司承办了本届书展的海外华文馆。

2012 年南国书香节·海外华文馆，面积为 1 188 平方米，为便于广大读者获得更愉悦的阅读享受和更顺畅的选购服务，本届海外华文馆突破了以往统一综合展示的模式，整个馆区分成不同的模块进行分类别、分主题展示，共分为香港联合出版集团展区、欧美出版集团展区、原版进口音像展区、中华文化“走出去”专区、亲子天地等五大板块，共展出国内外各类出版物近 2 万种。

海外华文馆以“展馆设计灵动时尚，展区布置主题、层次分明，展品新、丰、精”的鲜明特色吸引大量读者驻足流连，每日有近 8 万人次入场。短短 7 天时间里，广大爱书人徜徉在海外华文馆场的书海里，接受了一次深透心灵的文化洗礼，享受到一场难忘的文化盛宴。同时，海外华文馆以其独有的海外文化特色吸引了主流媒体的高度关注。《羊城晚报》、南方网、广东电视台等均对海外华文馆做了详细报道，社会反响良好。

（叶凯君）

中版集团数字传媒有限公司参加第六届亚洲青年动漫大赛暨中国（贵阳）卡通艺术活动

2012 年 8 月 17～19 日，中版集团数字传媒有限公司参加“第六届亚洲青年动漫大赛暨中国（贵阳）卡通艺术活动”。大赛期间由中版集团数字传媒有限公司组织了首届“漫动画”大赛，标志着公司建设的中华动漫资源库项目迈出了市场化重要的一步。首届“漫动画”大赛通过初评和终评，最终从视觉效果、技术创新、交互体验、数字创意、原创编剧五个角度评出获奖作品。大赛参赛作品创意十足，风格多样，制作精美，符合漫动画的概念，同时具有很强的观赏性和应用性。首届“漫动画”比赛作为第六届亚洲青年动漫大赛的重要组成部分，除了展示已经上线的优秀漫动画产品外，主要目的在于征集富有创意、适合数字出版，兼具传播性和一定制作水准的漫动画作品。“漫动画”比赛将在丰富中华动漫资源库的同时，借助中华动漫资源库的平台，推出更多基于不同终端的动漫数字化产品。还通过与出版社、院校等机构合作，发现培育动漫原创人才、技术人才，研发数字动漫新技术，探索数字动漫新形式，拓展纸媒动漫数字化的新思路，研发漫动画产品专属制作平台，促进中国出版集团公司的动漫产业在新媒体领域的快速发展，切实提高技术实力和核心竞争力。

（祁兰柱）

中国图书进出口（集团）总公司承办 2012 北京国际出版论坛

2012 年 8 月 28 日，由新闻出版总署、国务院新闻办公室和中国民主促进会中央委员会主办，中国图书进出口（集团）总公司承办的 2012 北京国际出版论坛在北京举行。全国人大常委会副委员长、民进中央主席严隽琪出席论坛并致辞。

严隽琪指出，加快传统出版产业结构调整和发展方式转变，大力发展新兴数字出版产业，已成为当前国际出版业的共识。中国政府已经把“积极推动传统出版企业向数字出版转型”作为当前中国出版业改革的核心任务之一。中国政府将加大政策引导和扶持力度，通过足够的政府投入及相应的优惠政策，支持科技研发与应用项目的开发。

本届论坛的主题为“数字环境下出版企业的生存与发展”。2012 北京国际出版论坛是第 19 届北京国际图书博览会的重要活动之一，国内外知名数字出版企业代表、数字出版产业链各领域专家，围绕这一主题，展开了深度思考和研讨。

在本次论坛上，新闻出版总署署长柳斌杰强调，尽管中国数字出版产业取得了较大进步，面临的问题与挑战仍然严峻：传统出版企业数字化步伐较慢、数字出版标准不统一、数字出版人才匮乏等老问题依然存在；主流数字出版产品创新不足、核心技术研发力度不够、数字出版产业过于分散、数字硬件产品同质化竞争等一些新问题逐渐凸显。

爱思唯尔公司高层管理委员会主席、国际出版商协会主席池永硕，英国培生集团董事、企鹅出版集团首席执行官兼董事会主席马金森，亚马逊全球副总裁琼·费恩以及中国出版集团总裁谭跃、中国教育出版传媒集团公司总经理李朋义、中国电信数字阅读产品基地总经理肖伟等在论坛上作了精彩的演讲。（朱宝元）

中国图书进出口（集团）总公司承办第19届北京国际图书博览会

2012年8月29日~9月2日，中国图书进出口（集团）总公司承办的第19届北京国际图书博览会在中国国际展览中心新馆举行。展会面积53 600平方米，展会设立国内出版物展区、海外出版物展区、数字出版展区和图书馆采购、海内外期刊展区。主宾国是韩国，来自75个国家和地区的2 000多家中外出版单位展出了约20万种精品图书，举办逾千场文化交流活动。

据统计，本届展会共达成中外版权贸易协议3 298项，比2011年增长11.68%。其中，达成各类版权输出与合作出版协议1 867项，比2011年同期增长13%；达成引进协议1 431项，引进与输出之比为1∶1.3。

第19届北京国际图书博览会成为十七届六中全会之后生产力、实力和竞争力空前增强的新闻出版业展示成果、加强国际合作、推动中文图书“走出去”的重要平台。为此，主承办单位积极配合“十二五”规划的发展目标，在本届图博会上推陈出新，形成四大展会亮点：一是展示数字出版，继续设立10 000平方米数字出版展区，集中展示数字阅读终端产品、数字出版新技术、数字出版编辑与加工、按需出版等，通过交互式等现代手段，突出展示传统出版与数字出版融合、转型过程中具有代表性的新技术、新成果。二是丰富展会内容，扩大“走出去”平台，新设“主宾城市”展区，以图书为主要媒介，以图书博览会为平台，集中向国外出版人、媒体展示丰富多彩的中国城市文化风貌，帮助国际社会更加客观、全面、深入地了解中国文化。首届主宾城市为首都北京。三是创新展会形式，邀请中国作家和国外作家参与，通过对话、交流，为中国当代文学走向世界创造机会，拉近中国当代文学与世界的距离。四是加强交流合作，做好中外版权贸易服务，通过多层次、多方位的中外出版交流与合作，将图博会逐步打造成为海内外广泛参与的重要的有影响力的国际话语权平台。

为了促进中外出版和文化交流，本届展会期间颁发了第六届中华图书特殊贡献奖，举办2012北京国际出版论坛、2012BIBF版权贸易研讨会、BIBF文学之夜、中外出版人专业交流会等一系列专业论坛和研讨活动，用开放、精品和自信向国际出版业界展现中国书业的实力与风貌。（朱宝元）

中国出版集团公司参加第19届北京国际图书博览会

2012年8月29日~9月2日，中国出版集团公司参加第19届北京国际图书博览会。

中国出版集团公司携所属16家出版单位展出了3000余种图书、期刊、报纸和数字出版产品。参展图书集中荟萃2012年以来外向型拳头产品、庆祝“十八大”主题图书和各出版社重点品牌图书。数字出版展区展出了各类数字出版产品、数字服务产品、数字科技产品。展会期间共达成版权输出合同193个，引进版权309种。同时，组织了多场活动。一是中国出版集团公司举办了与十余个驻华使馆、二十余位外交官的联谊会。二是各单位举办了颇有实效的活动。商务印书馆与国际语言学领域的知名机构德古意特签署了战略合作协议，并与中国国际广播电台举办了“18种小语种汉外分类词典”全媒体出版项目合作签约；生活·读书·新知三联书店与企鹅集团“企鹅人生”传记系列合作项目举行了签约仪式；现代出版社举办了《我和郎朗30年》新书发布会。

图博会期间，中国出版集团公司总裁谭跃还

分别会见了亚马逊全球副总裁、伊士曼柯达公司全球副总裁、威科集团董事长兼首席执行官、东贩株式会社董事长、讲谈社社长、香港联合出版集团董事长、爱斯唯尔董事长、企鹅集团主席兼首席执行官、麦格劳希尔集团国际部总裁等。

（孙　牧）

人民文学出版社参加第19届北京国际图书博览会

2012年8月29日~9月2日，第19届北京国际图书博览会在北京举行，人民文学出版社参加了博览会。在博览会期间，人民文学出版社以“《守夜人》与当代俄罗斯文学”为主题，组织俄罗斯科幻文学之父——卢基扬年科与知名俄语文学研究专家刘文飞进行对话，还与德国柏林文学之家（LCB）共同组织了“个体叙事与历史叙事——李洱对话玛丽昂·波施曼”活动，邀请著名诗人、翻译家、学者90高龄的屠岸先生同著名诗人西川、诗歌评论家唐晓渡参加“中美诗歌理解与交流”活动。

（宋　强）

商务印书馆参加第19届北京国际图书博览会

2012年8月29日~9月2日，商务印书馆参加第19届北京国际图书博览会。第19届北京国际图书博览会（BIBF）在中国国际展览中心新馆举办。商务印书馆在本届图书博览会上参展图书200多种，内容涵盖了汉外语学习、政治、经济、历史、哲学、法律、地理、文学、社会学等各领域。其中既有学术著作，也有大众读物；既有品牌图书，也有新锐产品；既有翻译作品，也有外向型图书。在本届图书博览会上，商务印书馆对新出版的《牛津高阶英语词典》（第8版）作了重点展示。

在本届图书博览会上，商务印书馆与国外出版社进行了20多场次的版权贸易洽谈。与德国德古意特出版社举行了战略合作签约仪式，双方将在学术出版领域展开全方位合作；成功对日、韩、法、泰等国以及中国香港、台湾地区输出了《语序类型学与介词理论》、《古代汉语》、《汉语图解小词典》、《现代汉语学习词典》等作品的其他语言版本。此外，在本届书展上，商务印书馆还与许多出版社达成了交易意向及探讨了业务合作的可能。

（张仲彬）

中国大百科全书出版社参加第19届北京国际图书博览会

2012年8月29日，中国大百科全书出版社参加了第19届北京国际图书博览会。社长龚莉、副总编辑阿去克、副总编辑刘杭到会参加论坛、会谈、观展。各分社、中心、部室的编辑均到会参观并选择适合本部门版权引进的出版物。在本届博览会上，中国大百科全书出版社与美国Rain shadow公司签订“中华文明史话系列”（30本）版权输出协议并进行了交流，交换了版权输出过程中的实质问题，推动了出版“走出去”；此外，与国外其他出版社就《中国儿童立体百科全书》、“中华文明史话系列”、《重现中国历史》、《中国传统故事美绘本》等探讨了合作意向，书展后将进一步跟进。此外，中国大百科全书出版社还参加了教育出版高端论坛、中日出版商务论坛、英国出版商协会代表团访华招待会，与国内外出版同行围绕教育出版、数字出版等领域进行了深入的交流和探讨。

（王　瑜）

生活·读书·新知三联书店参加第19届北京国际图书博览会

2012年8月29日~9月2日，生活·读书·新知三联书店参加了第19届北京国际图书博览会。2012年恰逢三联书店成立80周年，特别推出了《三联经典文库》（第一辑）100种、《朱枫传》、《韬奋：韬奋画传·经历·患难余生记》、《我与三联》、《生活·读书·新知三联书店大事记》（上册1932~1951）等相关题材的图书，弘扬传统、接续文脉。

此次书展，三联书店展出了300余种新书，包含学术、文化、大众读物、综合读物及绘本等内容。这些图书不仅带有鲜明的三联风格，更坚持了三联一贯强调的“书系品牌”。有学术精装书《金克木集》、《钱锺书集》（限量典藏版）、《陈寅恪集》（限量典藏版）等，也有几年前开始陆续出版的“陈来学术论著集”、“傅雷作品系列”、“刘再复作品系列”、“徐铸成作品系列”、“曹聚仁作品”等。

此次特别推荐的重点版权图书有《杨振宁传》、《新论语》、《车记—亲历·轿车中国30年》、《图像中国建筑史》、《百年衣裳》、《中国陶瓷史》、《面人龙》、《水和尚》等。这些书涉及人物传记、文化、现当代中国建筑、陶瓷、绘本等内容。

书展期间，三联书店与科学出版社东京分社就《中国陶瓷史》一书出版日文版签订了协议书。同时，与企鹅出版集团进行深度合作，将“企鹅人生”系列图书（10种）引进中国，并举行了签约仪式。还安排了境外出版社和代理公司多场会见，就多种重点图书商谈了版权输出和引进事宜。（鞠晓辉）

中国对外翻译出版公司参加第19届北京国际图书博览会

2012年8月29~9月2日，中国对外翻译出版公司精心筹备并积极参加了第19届北京国际图书博览会。除精心挑选富有中国对外翻译出版公司特色的“中华传统文化精粹系列”、“伟大的思想”系列、“苏斯博士”系列等两百多种图书参展外，还成功举办了“中非文化交流暨刚果部长新书发布会”，以更为开放的姿态，寻求多方合作。（郭宇佳）

现代教育出版社参加第19届北京国际图书博览会

2012年8月29日~9月2日，现代教育出版社参加了第19届北京国际图书博览会。在本届博览会上，现代教育出版社参展图书200多种，种类涵盖了文学、历史、少儿、社科、教材等，其中既有学术著作，也有大众读物；既有品牌图书，也有新锐产品；既有原创图书，也有外向型图书。对2012年新推出的《英汉世界中国国学基础知识读本·儒学》（汉英版）作了重点展示，该书共12册，从仁、义、礼、智、信、诚、孝、恕、廉、忠、中庸、知行12个命题对中华文化进行梳理和筛选，采用中英对照，图文并茂以向海外普及中国国学，使世界的读者更加了解和熟悉中国。

另外，还有反映中国古代传统的《白话精华二十四史》、《清·孙温绘全本红楼梦》等，有适合少儿阅读的“漫画世界文学名著文库”系列丛书（《不莱梅城的乐师》、“甜甜公主梦”系列）等。展会上所推出的图书得到了国内外业内人士的称赞。（杨　静）

中国民主法制出版社参加第19届北京国际图书博览会

2012年8月29~31日，中国民主法制出版社参加第19届北京国际图书博览会。博览会期间，开展了一系列活动。与台湾好读出版社就“吴蔚系列”图书版权输出等其他合作事宜进行了座谈。举行“国宝档案系列”图书日文版版权输出签约仪式。参加英国出版商协会活动，以及集团公司组织的与驻华使馆联谊活动。

（邵　力）

华文出版社参加第19届北京国际图书博览会

2012年8月29日~9月2日，华文出版社参加了第19届北京国际图书博览会。博览会上，华文出版社展出了近一年内出版的80余种、200余册精品图书。其中“华文传记系列”、“语录系列”图书以及出版以来持续热销的《雷锋全集》和《文章选读》作为主打图书。博览会后，《人民语录Ⅰ》共签署中文繁体、英语、法语、阿拉伯语、越南语、波斯语等6个语种的翻译版

权，形成了一定的品牌优势。《人民语录Ⅱ》中文版印制之前，已有6个语种的翻译版权被海外出版商预定。（陆虹宇）

中版集团数字传媒有限公司参加第19届北京国际图书博览会

2011年8月29日至9月1日，中版集团数字传媒有限公司参加了第19届北京国际图书博览会。博览会上，中版集团数字传媒公司负责中国出版集团公司数字出版展区的宣传、展示和产品推广。中国出版集团公司此次数字出版展区以大佳网为主线，将集团公司所属各单位的数字出版产品汇聚统一展示。展区内容包括大佳网、百科在线、中图 cnplinker 和 psop、中国出版集团公司网站，中国图书对外推广网等网站，手机故事报、红色经典连环画终端、中国美景、上海地图等移动终端产品，并在展区内专门设计大佳网体验区，供参展者上大佳网进行现场体验。现场举办"大佳面对面系列"文化访谈活动，采用深度主题对谈的形式展开，以中国出版集团公司在第19届北京国际图书博览会上的活动亮点为基础，针对集团公司对出版文化的传承，集团公司与主宾国韩国、法国出版机构的文化交流，版权贸易等话题延展开来，凸显集团公司的发展步伐和在"现代化、大型化、国际化"方面的进展，诠释集团公司的数字出版发展战略。

（祁兰柱）

世界图书出版公司参加第19届北京国际图书博览会

2012年8月29日~9月2日，世界图书出版公司参加了第19届北京国际图书博览会。本次博览会主宾国为韩国，世界图书出版公司为主题社。世界图书出版公司针对性的遴选参展图书近300种，涵盖语言学习、医学专业、人文社科、生活艺术等诸多方面，重点推出对外汉语教学、中国传统文化、中国书法艺术、中医养生等优秀产品。这些产品充分体现了世界图书出版公司"把中国介绍给世界，把世界介绍给中国"的出版定位，贴合国际文化交流的需求。同时世界图书出版公司结合自身版权优势，就版权输出、版权引进等合作项目与几十家外商进行了深入的会谈，取得了很好的效果。

本届书博会主宾国是韩国，世界图书出版公司的韩语类品牌产品在市场上有很好的知名度，作为本届书展的主题社，世界图书出版公司抓住机遇，发挥自身优势，安排了四项与韩国版权贸易相关的活动：《潘基文英文演讲集》新书发布会；《韩国外交官谈中韩文化交流》新书发布会；《西安文物精华》版权输出签约仪式；《当代药用植物典》版权签约仪式。（陈　蕾）

荣宝斋举办"苦禅·大课堂——大写意书画宗师李苦禅先生亲授体验展"

2012年9月1~10日，"苦禅·大课堂——大写意书画宗师李苦禅先生亲授体验展"在荣宝斋大厦多功能厅免费向社会公众开放。此次展览由荣宝斋、北京文化发展基金会共同主办。荣宝斋总经理马五一、李苦禅先生之子李燕、徐悲鸿美术馆馆长廖静文、中央美术学院教授侯一民等各界人士参加了开幕式，近千名书画爱好者前来参观。展览以原作展示和影像播放等多媒体技术手段，生动呈现了李苦禅先生不同时期的书画稿130余件。同时在展厅中开辟出"教室"，模拟昔日中央美术学院教室的陈设，邀请李苦禅先生的数十位学生、同行以及当今在书画、文学等领域享有较高声誉的艺术家亲临讲授。广大书画爱好者既能欣赏李苦禅先生的经典作品，追忆和分享其艺术思想与教育理念，同时也领略和感受到了中国传统文化的魅力。（刘　芳）

中国图书进出口（集团）总公司组团参加第25届莫斯科国际书展

2012年9月5~10日，中国图书进出口（集团）总公司组团参加第25届莫斯科国际书展。本届书展在莫斯科全俄展览中心举办。受新闻出版总署委托，中国图书进出口（集团）总公司组成50人的中国代表团参展。

为确保参展效果，中国图书进出口（集团）总公司协同各参展单位精心准备了包括中国传统文化、文学、哲学、医学、美术、经济、教育、工具书等在内的近千种各类图书参展。中国展台位于75号馆中心处，面积36平方米。为了增强展示效果，2012年除了开放式展示外，还设置了精品图书橱窗展示柜。书展期间，中国展台吸引了大量观众，扩大了中文出版和汉语在俄罗斯的影响力，增进了两国人民的友谊，有力地推进了中国出版物面向俄罗斯及东欧地区的“走出去”步伐。（朱宝元）

中国出版集团公司参加第八届海峡两岸图书交易会

2012年9月12～21日，第八届海峡两岸图书交易会在台北举办。中国出版集团公司组织商务印书馆、中华书局、现代教育出版社等相关出版单位统一参展，共展出样书近千册，涉及文学、工具、百科、学术、传统文化、历史古籍等多个类别。

本次图书交易会除了持续深化两岸出版同业的交流，增加了共同打造华文出版的主题，并提供了让大陆出版单位直接面对台湾地区读者以及图书馆等采购机构的代表机会，使两岸出版成果能够与读者直接互动交流。

中国出版集团公司代表团参加了所属单位人民文学出版社出版的长篇纪实文学《承载》作者章剑华与读者见面会。《承载》是一部全景式反映抗日战争期间故宫文物万里大迁徙的作品，填补了对这个重要文化事件进行全面客观记载的空白，具有较高史料和文学价值，这部作品受到了台湾地区读者的热捧。此外，中国出版集团公司代表团还接待了大批台湾地区的出版机构代表和普通读者，向来访的台湾地区同业人员介绍了大陆发行渠道和图书馆采购相关事宜。代表团还就数字出版、图书馆采购市场，以及台湾地区采购大陆图书的状况与台湾地区同行进行了深入仔细的探讨，以期达成更多的合作。（贾兵伟）

现代教育出版社参加第八届海峡两岸图书交易会

2012年9月12～21日，现代教育出版社参加了第八届海峡两岸图书交易会。本届书展现代教育出版社携《英汉世界中国国学基础知识读本·儒学》（汉英版）、《白话精华二十四史》、《清·孙温绘全本红楼梦》、《大明嘉靖往事》、《不莱梅城的乐师》等一批优秀图书参加了展会。（杨　静）

第27届全国古籍出版社社长年会暨2011年度全国优秀古籍图书评奖会举行

2012年9月17～21日，第27届全国古籍出版社社长年会暨2011年度全国优秀古籍图书评奖会在广东举行。本届年会由中国出版协会古籍出版工作委员会主办，广东人民出版社承办。中华书局领导顾青、黄松及总经理总编辑办公室胡彬参加会议。中国出版协会驻会副理事长李宝中，新闻出版总署古籍整理与规划处袁越伦、29家中国出版协会古籍出版工作委员会理事单位以及4家申请加入中国出版协会古籍出版工作委员会的出版社的主要负责同志及媒体朋友等68人参加了会议。

会上进行了2011年度全国优秀古籍图书评奖工作，中华书局获得多个奖项。其中，《中国国家图书馆藏清宫升平署档案集成》、《文献通考》、《书目答问汇补》获一等奖，《刘克庄集笺校》、《中国文化遗产研究院藏西域文献遗珍》、《日本藏西夏文文献》、《说苑校理　新序校理》、《张籍集系年校注》获二等奖，《唐诗排行榜》、“中华生活经典丛书”获普及读物奖。

本届年会共有宁夏人民出版社等4家出版社提出加入中国出版协会古籍出版工作委员会的书面申请。经过29家理事单位的审慎讨论和无记名投票，宁夏人民出版社、广西师范大学出版社、北京燕山出版社3家出版社成为中国出版协会古籍出版工作委员会新的理事单位。

（梁　彦）

中华书局参加2012年全国文史图书订货会

2012年9月18～22日，2012年全国文史图书订货会在广东举行。本次订货会由中国出版协会古籍出版工作委员会主办，中华书局承办，广东人民出版社、广州新华书店企业集团古籍书店有限公司协办，上海古籍出版社、岳麓书社、文物出版社、浙江古籍出版社、国家图书馆出版社等30家古籍出版社和若干相关出版机构参展，人民出版社、商务印书馆作为特邀参展单位也参加了此次订货会。中华书局顾青、黄松及发行部相关人员参加订货会。

在开幕式上，中国出版集团公司副总裁李岩致开幕词，多名古籍出版工作委员会成员单位领导出席开幕式。到会的销售单位有江苏凤凰出版传媒有限公司、浙江新华连锁有限公司、四川新华文轩集团有限公司、山东新华集团连锁有限公司、江西新华集团连锁有限公司、深圳新华出版集团有限公司，以及中国书店等十几家专业销售文史图书的书店。当当网、卓越网也派采购代表到会。随着两岸文化事业的交流越来越频繁，台湾诚品书店、中华书局（香港）有限公司也派代表参加。订货会期间，主办方还邀请北京开卷信息技术有限公司，结合古籍出版社产品在全国图书零售市场的表现做了分析报告。订货会期间，出版单位和销售单位的领导和代表们，针对当前图书市场的变化和发展趋势进行了交流和沟通。

本次订货会各参展单位共展示1 000多种新书，其中包括国家重点出版项目等精品图书。

（梁　彦）

人民文学出版社参加第64届法兰克福国际书展

2012年10月10～15日，第64届法兰克福国际书展在德国法兰克福展览中心举行。人民文学出版社青少读物编辑部副主任付艳霞、计划财务部马国华、对外合作部编辑曾少美参加了书展。书展期间，人民文学出版社与多家海外出版机构和版权代理机构进行了洽谈，并向海外出版机构推介了《隐身衣》、《路上父子》、《父亲的一九四二》等重点新书。

（宋　强）

商务印书馆参加第64届法兰克福国际书展并访问柏林德古意特出版社

2012年10月10～15日，商务印书馆一行4人随中国出版集团组队参加第64届法兰克福书展，之后赴柏林访问了战略合作伙伴德国德古意特出版社。书展期间，商务印书馆先后与牛津大学出版社、兰登书屋、麦格劳希尔出版社、培生出版社、剑桥大学出版社、朗恩沙德出版社、费舍尔出版社、费腾出版社等洽谈了有关版权输出、引进意向。随后，商务印书馆拜访了战略合作伙伴德古意特出版社。在第19届北京国际书展上，商务印书馆与德国德古意特出版社举行了战略合作签约仪式。两家出版社在各自国家都有着悠久的出版历史，并且在哲学、社会科学等领域有着卓越的出版传统，双方的战略合作相得益彰，在生产更多更好的出版物基础上，进一步加强中德学术文化之间的交流。此次在柏林交流，双方就有关合作项目的情况进行了深入细致地探讨，确定了多项出版意向。

（马浩岚）

中华书局参加第64届法兰克福国际书展

2012年10月10～14日，中华书局顾青、王瑞玲赴德国参加第64届法兰克福国际书展，与《于丹〈论语〉心得》的法国Belfond、意大利Longanesi、西班牙Planeta、巴西Record、荷兰Balans、以色列Keter等出版商，沟通出版、销售法语精装本，荷兰、意大利精装本的情况，顾青介绍《于丹〈庄子〉心得》英文版（9月二次修订稿）的内容、形式、插图版权和欧洲图

书出版及宣传计划。（梁 彦）

生活·读书·新知三联书店参加第64届法兰克福国际书展

2012年10月10～14日，生活·读书·新知三联书店派出对外合作部版权主管张惟参加第64届法兰克福国际书展。三联书店此次参会分别和剑桥大学出版社、企鹅出版集团、加州大学出版社、法国迦利玛出版社等国外知名出版社就版权输出及引进等合作进行了深度会谈。在版权输出方面重点与剑桥大学出版社落实茅海建著《天朝的崩溃》英文版权输出的具体事宜；与美国Bridge21出版社就陈来作品的系列出版达成初步合作意向。版权引进方面，重点与欧美出版社探讨合作出版及引进各类优秀新作的可能性，并对个别版权的引进与国外版权方达成了最终的共识。（鞠晓辉）

现代教育出版社参加第64届法兰克福国际书展

2012年10月10～14日，现代教育出版社参加了第64届法兰克福国际书展。此次书展，现代教育出版社共派出两名代表参会，分别是少儿中心主任李颖、高等教育中心主任王春霞。参展图书共40多种，大部分是现代教育出版社的重点图书，涉及传统文化、生活等领域，主要有《英汉世界中国国学基础知识读本·儒学》（汉英版）、《白话精华二十四史》、《清·孙温绘全本红楼梦》、《我是西单女孩》等。（杨 静）

荣宝斋举办“水墨阿尔卑斯——中国当代国画精品展”

2012年10月21～26日，“水墨阿尔卑斯——中国当代国画精品展”在荣宝斋大厦多功能厅举行。此次展览由荣宝斋、中国美术家协会、瑞士阿尔卑斯水墨基金会共同主办。中国文联副主席覃志刚、瑞士驻华大使杜哲巍、中国美术家协会主席刘大为、瑞士联邦前总统帕斯卡尔·库什潘、荣宝斋总经理马五一等出席了展览开幕式。

“水墨阿尔卑斯——中国当代国画精品展”共展出刘大为、覃志刚、崔晓东、吴长江、陈平等12位中国当代著名国画家以瑞士风情为表现主题的59幅精品力作。参展画家借助毛笔、水墨和宣纸等传统绘画材料表现了积雪皑皑、古堡耸峙的欧陆风情。作品风格各异，但都传承并发展了中国画的精神内涵，其意象、境界清新而不失幽邃古雅，构建出独具特色的审美体验。展览期间，每天前来参观的书画爱好者络绎不绝。精彩的展览在提供艺术鉴赏的同时，也推动了中瑞两国间的文化交流。（刘 芳）

人民音乐出版社参加第十届“Music China——中国（上海）国际乐器展览会”

2012年10月11～14日，中国乐器协会、上海国际展览中心有限公司、法兰克福展览（香港）有限公司联合主办的第十届“Music China——中国（上海）国际乐器展览会”，在上海新国际博览中心举办。人民音乐出版社由3位社领导带队，派出了包括发行部、期刊中心、图书中心、教材中心及国际合作与版权中心的相关人员共19人参加了本届展会。

在展场，人民音乐出版社分别与德国的亨乐出版社、哈格出版社、彼得斯出版社、思考斯基出版社、Artist Ahead出版社；美国的海伦德出版公司、艾弗瑞出版社、美尔贝出版社；纽伊斯顿音乐出版有限公司；奥地利的环球出版社、多普林格出版社、芬兰的GEHRMAN出版社；比利时Metropolis音乐出版社；波兰EUTERPE出版社等在版权贸易、合作出版、人民音乐出版社出版的本版图书到国外销售、引进版图书宣传等事项进行了会谈，取得了很好的效果，签订了13本图书的版权输出合同，达成了4本书的版权引进意向。（吴明静）

中版数字设备有限公司参加第五届海峡两岸（厦门）文化产业博览交易会

2012年10月，第五届海峡两岸（厦门）文化产业博览交易在厦门举行。会上，中版数字设备有限公司组织“中版闪印王”参加展览，为产品的市场推广开辟了新的机会，并于二十余家企业进行了业务以及产品技术等方面的交流。

（祁兰柱）

中国图书进出口上海公司主办2012上海国际音响大展暨第四届国际音响格兰披治颁奖盛会

2012年11月2～4日，中国图书进出口上海公司主办的2012上海国际音响大展暨第四届国际音响格兰披治颁奖盛会在上海展览中心举行。相比往届，本届盛会规模更大、展厅试听效果更佳、参加的品牌更多，香港升和影音有限公司、丹拿亚洲有限公司、台湾零极限等近40多家大陆以及香港、台湾地区音响代理商，将80多个顶尖的音响器材品牌带来参展，还有来自日本的多个Hi-End音响器材新品牌以及2012年5月德国慕尼黑Hi-End音响展上的众多器材。

（朱宝元）

中国图书进出口（集团）总公司承办2012年澳大利亚、新西兰中文书刊巡回展

2012年11月14～23日，中国图书进出口（集团）总公司承办了2012年澳大利亚、新西兰中文书刊巡回展。巡回展由新闻出版总署主办，澳洲中国书店、新西兰国际文化交流中心协办，来自全国33家出版单位的63位优秀出版人参展。

澳洲书刊展览地点位于悉尼华人区的澳洲中国书店，展厅面积约300平方米，设立大大小小的展架近30个，陈列了各出版门类的中文图书、音像制品等3万余册；新西兰书刊展览地点位于奥克兰市的华文书店，展览面积约80平方米，设展架约20个，展出包括本届新参展图书在内约2万余册。此次巡回展展出图书种类齐全，涉及汉语教学、工具书、历史、文学、艺术、科技、旅游等各个门类，基本能够满足两国读者对中文原版图书的阅读需求。巡回展期间，中国出版人积极与澳新两国出版人进行接触，就彼此感兴趣的出版领域进行交流，探讨进行出版合作的方式、领域和渠道，现场气氛热烈，收效显著。

同时，还组织举办了中澳出版交流研讨会，双方出版人结合数字环境下出版业发展趋势与挑战、儿童教育出版等话题进行了深入的交流与探讨，并就彼此感兴趣的出版领域开展了版权贸易洽谈与合作，为未来数字时代中澳、中新出版界构建了交流、合作与共赢的桥梁。（朱宝元）

中版教材有限公司参加2012年澳大利亚、新西兰中文书刊巡回展

2012年11月14日～17日，中版教材有限公司参加2012年澳大利亚、新西兰中文书刊巡回展。此次参展，中版教材公司主要推出了初、中级两册《书法》教材。教材公司一行3人与中国驻悉尼总领馆文化参赞翟德玉、悉尼市副市长郭耀文就中澳文化交流尤其是中国传统文化在澳大利亚的传播进行了会谈。参加了由新闻出版总署和澳大利亚出版协会主办的以“构建中澳出版合作的桥梁”为主题的出版交流对话会。此次参展加强了与澳洲国家的文化交流，找到与新西兰、澳大利亚战略性版权合作突破口。认为，未来与澳大利亚、新西兰可以不限于版权贸易方面的合作，还可以在建立海外出版分支机构之后，以中华文化为切入点，创新中外文化交流模式、释放中国文化产业能量。（星昕昕）

生活·读书·新知三联书店参加第三届京沪港大三联高层年会

2012年12月4～5日，第三届京沪港大三

联高层年会在上海举行。总经理樊希安、总编辑李昕、副总经理潘振平、副总经理翟德芳，香港三联副总编辑叶佩珠、李安和高管何建平，上海三联书店董事长兼总经理陈启甸、副总编辑黄韬、总经理助理陈逸凌，上海三联文化传播有限公司总经理钱沛霖等出席了此次年会。在三联书店创建八十周年之际，京、沪、港三联书店高层汇聚上海，回顾过去，展望未来，就进一步加强战略合作，携手共进，打造大三联格局，进行了深入探讨和交流。会议由上海三联书店有限公司主办，主办方对会议做了细致准备。会议内容丰富实在，与会同志对八十年店庆工作进行了回顾，对三联书店店史的定稿、出版作了研究，讨论了三联时空国际文化传播（北京）有限公司的发展战略，开展了业务交流，展望了合作前景。会议活动丰富多彩，组织与会人员参观了韬奋纪念馆，重温韬奋精神和三联传统。精心准备的一场高水准的“三联之夜交响音乐会”，广受好评。年会为三联书店八十年店庆画上了圆满的句号。（鞠晓辉）

中版数字设备有限公司参加 2012 年中国图书馆年会

2012 年 11 月，2012 年中国图书馆会年在东莞举行，展览会上，中版数字设备有限公司围绕本届展会“文化强国——图书馆的责任与使命”的主题，展出了“中版闪印王”按需印刷设备。作为“中版闪印王”最有潜在价值的客户——图书馆，产生了良好的反响，并与众多的图书馆谈成了合作意向。（祁兰柱）

中国图书进出口（集团）总公司联合承办首届国际动漫博览会（北京 2012）

2012 年 12 月 1 ~ 9 日，中国图书进出口（集团）总公司联合承办的首届国际动漫博览会（北京 2012）在北京蟹岛国际会展中心举办。动漫博览会由中华人民共和国文化部、北京市人民政府和中国人民对外友好协会携手主办，北京蟹岛集团、中国图书进出口（集团）总公司、中国智慧工程研究会、时代和信国际文化（北京）有限公司、北京金螃蟹文化传播有限公司联合承办。

展会期间，来自美国、日本、法国、韩国等 30 多个国家的动漫出版社、20 多部动漫电影及 50 部短片、3 000 种以上动漫衍生产品精彩亮相，20 多位国际知名动漫画家、动画电影编剧、导演、声优、歌手及动漫项目市场运营专家参加了多场主题讲演和交流活动，此次博览会为国内外动漫企业和从业人员搭建一个展览展销、交流互动、洽谈合作的平台，为广大动漫迷构建一个享受动漫的欢乐嘉年华。（朱宝元）

人力资源工作

华文出版社召开2011年度领导班子述职会

2012年1月5日，华文出版社召开2011年度领导班子述职会。中国出版集团公司人力资源部主任周伟，直属机关党委副书记、干部处处长姜红新，人力资源部干部朱建伟、袁法周、贾涛等出席会议，华文出版社全体员工参加会议。

会上，华文出版社社长罗争玉代表社领导班子作述职报告、华文出版社中层干部选拔任用工作情况报告和个人述职报告；华文出版社副社长、副总编辑李红强作述职报告。华文社全体员工填写了《华文社领导班子年度考核测评表》、《华文社领导干部年度考核测评表（正职）》、《华文社领导干部年度考核测评表（副职）》、《干部选拔任用工作民主评议表》和《新选拔任用干部民主评议表》等表格，并进行投票。会后，中国出版集团公司领导与华文出版社中层干部分别进行谈话。（陆虹宇）

华文出版社召开2011年度考核大会

2012年1月12日，华文出版社召开2011年度考核大会，全体员工参加会议。会议分为两个阶段，一阶段是各部室分别进行述职；二阶段是推举考核优秀者。

会上，华文出版社12个部门，按照文史学术编辑部、学术文化编辑部、艺术教育编辑部、宗教文化编辑部、统战文化编辑部、传记文学编辑部、传统文化编辑部、人文教育编辑部、国际合作部、总编室（办公室）、资产财务部、市场营销部的顺序，分别汇报了2011年度的工作情况。整个述职过程务实诚恳、气氛和谐。

会议最后，华文出版社全体员工分A、B、C票以无记名投票方式推举考核优秀者。会后，社领导根据投票结果，确定考核优秀者名单，并从考核优秀者中同比例推选先进个人。（陆虹宇）

中国图书商报社召开干部述职大会

2012年2月3日，中国图书商报社召开中层干部及部分相关分管领导干部述职大会。17位发言者回顾2011年工作，畅谈经验和体会，规划新一年的各项工作。述职中，亮点迭出，气氛热烈，与会者时时报以会心的微笑和热烈的掌声。

截至2012年，中国图书商报社全员述职已经进行了三年。全员述职包括领导班子述职、中层干部述职和员工述职。

这次17位述职者都是报社中层干部或关键岗位领导。他们一致认为，报社领导班子总结的“十二种力量”，是大家的智慧结晶，是鼓舞鞭策企业持续突破的思想基础。述职中，他们有的重在揭示认同企业文化的心灵碰撞，有的重在总结完成重大项目中团队精神的奇异效果，有的重在倡导一以贯之的“无中生有”、“小中做大”的精神力量。每个发言者都经过精心准备，言之有据，受到全体与会者赞赏。

社长、总编辑、党委书记孙月沐在总结讲话

中高度评价这次述职的重要意义。孙月沐分析形势认为，2011年国内外平面媒体经营继续下滑，媒体间竞争更趋激烈。在中国出版集团公司领导和支持下，报社领导班子带领全体员工开拓创新，攻坚克难，办报、经营都取得创刊以来最好成绩。孙月沐指出，2011年11月25日，总裁谭跃带领集团公司领导班子和集团机关各部门负责人亲临考察调研时提出的“商报要建设成出版行业的全国性公共平台、中版集团传媒整合平台、集团总部行业性咨询平台”的定位要求，指明了商报持续发展的目标。当此大好形势，急需突破满足现状的精神状态，突破单一办报的发展瓶颈，突破多年如一的经营方式。在新的一年，一定要在多媒体经营、多元化发展上强力突破，持续突进。（方 菲）

中国对外翻译出版公司“语言文字规范问题及编校质量差错辨析”培训讲座举办

2012年3月9日和3月28日，中国对外翻译出版公司邀请教育部语言文字应用研究所研究员厉兵老师为全体编辑、翻译人员分别进行了“语言文字规范问题及编校质量差错辨析”和“标点符号规范问题”的培训讲座，讲座深入浅出，语言生动风趣，现场气氛活跃，受到员工们热烈欢迎。总经理林国夫、副总经理张高里参加讲座。（卜晓艳）

中国民主法制出版社进行岗位竞聘

2012年3月，中国民主法制出版社进行岗位竞聘，打破了原有的人员聘用方式。

本着公平、公开、公正；双向选择、德才兼备、任人唯贤、择优聘用；能上能下、能进能出的岗位竞聘原则，中国民主法制出版社出台《中国民主法制出版社岗位竞聘方案》，明确了拟聘岗位、竞聘要求、参加竞聘人员范围、竞聘考评机构、竞聘工作流程、落聘人员的安置等细则。

此次试行竞聘上岗的目的，一是优化人、岗配置；二是在企业深化竞争机制、增强员工的竞争意识和危机意识；三是通过岗位竞聘这种方式，发掘适合企业发展需要的人才，同时在员工中建立起爱岗敬业、努力学习业务知识、增强业务技能的良好氛围。（邵 力）

华文出版社参加中国出版集团公司后备干部选拔工作

2012年4～9月，华文出版社参加了由中国出版集团公司组织的中层管理岗位后备干部选拔工作。经报名、笔试、面试、考察等公开、公平、公正的选拔环节，华文出版社张力慧同志入选中国出版集团公司后备干部。

2012年9月，中国出版集团公司任命张力慧同志为华文出版社副总编辑，任命李庆同志为华文出版社副社长。（陆虹宇）

中国出版集团公司人才工作大会召开

4月9日，中国出版集团公司在北京召开人才工作大会，专题研究集团公司的人才工作，提出未来几年集团公司人才发展目标和工作重点，部署公开选拔集团公司中层管理岗位后备干部工作。集团公司总裁谭跃作了人才工作报告，党组书记王涛主持会议并对公开选拔后备干部进行部署。集团公司总裁班子，各所属单位领导班子成员及中层干部，部分离退休老同志和青年员工代表，集团公司总部全体人员参加了大会。

谭跃回顾了我党历代领导人对人才工作高度重视的历史，总结了集团公司人才工作取得的成绩，明确了未来几年集团人才工作发展思路。集团公司人才工作的指导思想是为“六大战略”点将，为“三化目标”选人。着力点是创新6个人才工作机制，即人才培养机制、人才选用机制、人才评价机制、人才交流机制、人才激励机制和人才引进机制。着眼点是建设三支队伍，即管理人才队伍、经营人才队伍和专业技术人才队伍。主要抓手是实施六项重大人才工程，即领导干部素质提升工程、后备干部百人培养工程、出版创意人才激励工程、特殊人才引进工程、教育培训千人工程和人才信息化管理工程。谭跃强调，要做好人才工作，需要处理好两个突出问题，一是发挥老同志作用的问题，二是大胆起用年轻人的问题。要做好人才工作，关键是要加强领导。各级领导要优先在人才问题上谋篇布局，优先在队伍建设上打好基础，

王涛对公开选拔集团公司中层管理岗位后备干部工作进行了部署。他指出，这是集团第一次大规模公开选拔中层管理岗位后备干部，是创新集团后备干部选拔方式，加强领导班子和干部队伍建设，提高后备干部队伍整体素质的重大举措。公开选拔的总体目标是建立具有较为合理的专业知识结构和年龄结构的百人后备干部库。为此他提出三点要求：一是要高度重视，充分认识公开选拔后备干部的重要意义。二是要广泛动员，努力形成公开选拔后备干部的良好氛围。三是要精心组织，确保公开选拔后备干部工作的顺利进行。（张　雁）

中国出版集团公司启动公开选拔后备干部工作

2012 年 4 月 9 日，在中国出版集团公司成立十周年庆典上，启动了公开选拔集团公司中层管理岗位后备干部工作。这项工作历时半年，共有 223 人报名，208 人通过资格审核，194 人参加统一笔试，159 人进行面试，120 人列入考察对象，最终 103 人入选。这是中国出版集团公司成立十年以来第一次大规模地在集团范围内公开选拔后备干部，受到上上下下的极大关注。集团领导高度重视。总裁谭跃特别提出，后备干部选拔要以公开透明为重点，要将公正性和公信度作为选拔工作的生命线。要通过选拔，在集团公司上下营造有利于人才脱颖而出的氛围与环境，在全集团树立正确的用人导向。党组书记王涛主持召开党组会议，专题研究和部署集团公司后备干部选拔工作，多次亲自主持召开集团干部大会，进行工作部署、考试动员和情况说明，并对各单位做好组织动员工作提出了具体要求。为了确保选拔工作的公开、公平、公正，集团公司党组制定了严密的工作程序并严格执行，选拔工作按照公布方案、报名、资格审查、笔试、面试、组织考察、讨论决定、公示等程序进行，每一重大节点上都开会通报情况，确保干部群众知情权，自觉接受群众监督。选拔过程中，通过加大竞争性选拔力度，扩大公开选拔范围，实行大评委制面试等举措，不断创新完善干部选拔方式，整个选拔过程稳妥有序，注重质量。

历时半年的公开选拔，使 103 名优秀的基层干部脱颖而出，这支后备干部队伍年轻化、知识化、专业化的特点比较突出：他们平均年龄 40.4 岁，以 36～45 岁为主体（约占 63%）、35 岁以下和 45 岁以上干部占一定比例；从文化程度上讲，103 人中，博士、硕士超过一半，专业性强，学历和知识层次普遍较高；从专业技术上讲，103 人中，具有高级职称人数接近 50%；从人才类型上讲，管理人员 39 人，经营人员 16 人，专业技术人员 48 人，经营管理队伍得到加强。（张　雁）

中国大百科全书出版社召开青年职工业务研讨会

2012 年 5 月 30 日上午，中国大百科全书出版社召开青年职工业务研讨会。研讨会由人力资源部和总编室共同组织。副总编辑阿去克、主任陈琦、任其忻以及青年职工代表们参加了此次研讨会。会上，来自 9 个业务部门的青年职工代表们相继发言，交流了各自的工作体会和心得，分享了各自在工作岗位上的点点滴滴，并对青年工作建言献策。与会领导认真听取了每位同志的发言，对此次活动给予充分肯定。该研讨会旨在加强中国大百科全书出版社青年职工业务素质的提升，增进相互间的业务交流和学习，促进本职工作，在广大青年职工中形成钻研业务、创新争优的良好风气。（王　瑜）

中版教材有限公司举办 2012 年员工培训

2012 年 7 月 8 日～12 日，中版教材有限公

司、华文出版社联合以“抓培训、强素质、促交流、求发展”为主题，在北京昌平举办了为期5天的2012年员工培训。会议邀请了来自知名高校的专家学者进行授课。中国出版集团公司副总裁、中版教材公司董事长王俊国出席。中版教材公司与华文出版社全体员工参加。

北京大学哲学系终身教授、北京大学文化产业研究院院长叶朗，国家教材专家工作委员会秘书长朱慕菊，北京大学哲学系教授、北京大学文化产业研究所副所长陈少峰，中国人民大学国际关系学院外交系主任、教授金正昆，北京工业大学文化创意产业研究所所长、教育部文化产业重大项目评审专家王国华，中国大百科全书出版社社长龚莉等担任了此次培训讲师。培训主要围绕提升出版人的审美情趣、如何开发上档次图书、教育改革与发展、企业文化与企业管理、职业经理人的成长、商务礼仪与沟通技巧、出版环境分析和中国出版业的未来、如何成为合格的岗位人才、如何开展营销工作等八个主题展开。

培训期间最有创意的是营销情景模拟培训与演练。该课堂分市场营销策划、情景模拟、专家评点三个环节进行。大家结合两家单位的市场情况进行实战演练，将培训所学的知识活学活用，反应机智、幽默，加上专家点评到位，使整个课堂生动活泼，具有启示意义。

会议期间，为增进友谊，培养默契，加强出版上下游的互动，中版教材公司还与华文社的员工进行了破冰活动，开展了激烈的团队抢答、竞技游戏比拼。（星昕昕）

华文出版社举办2012年员工培训

2012年7月9～11日，华文出版社2012年员工培训工作在北京昌平举行。会议邀请到了北京大学哲学社会科学资深教授叶朗，北京大学哲学系教授、文化产业研究所副所长、国家文化产业创新与发展研究基地副主任陈少峰，北京工业大学文化创意产业研究所所长、教育部文化产业重大项目评审专家王国华，知名礼仪与公共关系专家、中国人民大学国际关系学院外交学系主任、礼仪与公共研究中心主任金正昆，中小学基础教育专家、教育部基础教育司副司长朱慕菊，中国大百科全书出版社社长龚莉等专家给学员授课。华文出版社和中版教材有限公司全体员工参加培训。

整个培训，大师云集，精彩纷呈，让学员真切地得到了精神滋养和灵魂享受。本次培训，可谓是破冰之旅，既增长了职业知识，提升了职业道德，又增进了员工之间的交流，培养了团队精神。大家一致认为受益匪浅，既有专业知识的增长，又有综合能力的提升，不虚此行；纷纷表示会把培训所学应用到实际工作中去，同心同德、再创佳绩。（陆虹宇）

人民文学出版社实施青年编辑导师制

2012年7月11日下午，在人民文学出版社半年总结大会上，总编辑管士光宣布了《关于对新编辑实行导师制的暂行办法》和《关于聘任周绚隆等七位同志为青年编辑导师的通知》（人文人字〔2012〕02号）文件，聘任周绚隆、王培元、杨柳、刘稚、马爱农、周昌义、叶显林等七位同志为青年编辑导师，社长潘凯雄为他们分别颁发了聘书。

实行导师制的目的是为帮助新编辑提高编辑业务素质，新编辑主要是指在出版社编辑部从事编辑工作不足三年的人员。青年编辑导师的主要职责是全面指导新编辑熟悉国家出版方针政策、严格执行图书编辑加工技术规范、策划图书选题等。对新编辑的指导期一般不少于两年、出版图书不低于80万字，以编辑质量为考核标准，由导师考评确定是否合格。（宋　强）

中国对外翻译出版公司开展新员工培训工作

2012年7月25～27日，中国对外翻译出版公司开展新员工培训工作。培训分别由公司领导和部门主要负责人主讲，内容涉及《中译公司发展历史、现状及发展目标》、《中译公司的翻译业务范围及翻译的基本要求》、《中译公司的翻译流程管理》、《中译公司的图书出版》《中译公司关于国标〈翻译服务规范〉的运作、中译公司实施 ISO9001 质量体系情况》、《中译公司计算机设备使用规范》《中译公司翻译市场概览》以及《中译公司的规章制度和管理条例》。

（卜晓艳）

新华联合发行有限公司员工参加江西蓝海物流中心业务培训

2012 年 7 月 29 日至 8 月 12 日，新华联合发行有限公司安排物流事业部及信息中心两名新入职员工赴江西蓝海物流中心参加岗前业务培训。在江西新华发行集团有限公司的精心安排下，参加培训的员工对图书收货验收、图书数据录入、上架、分拣出库等各个流程进行了细致的观摩和亲身实践，体会到了一线工人的辛苦与努力，感到受益匪浅。在座谈会上，两名员工认真听取了蓝海物流中心的建设经验，并分别就信息系统设计规划、系统数据对接方式、物流系统整体集成等问题与蓝海物流中心业务人员进行了深入研讨和交流。

（吴　挺）

《中国出版集团公司中长期人才发展规划纲要（2012～2020）》颁布实施

2012 年 7 月 30 日，《中国出版集团公司中长期人才发展规划纲要（2012～2020）》（以下简称《规划纲要》）正式颁布实施。作为集团公司成立十年来第一个人才工作纲领性文件，《规划纲要》的出台具有里程碑式的意义，为开创人才工作新局面奠定了坚实的基础。

《规划纲要》认真分析了集团公司人才工作现状明确提出未来十年人才工作的指导思想是为“六大战略”点将，为“三化目标”选才，着力点是人才工作六个方面的机制创新，着眼点是建设三支队伍，并进一步明确了为建设三支队伍，要扎实推进六项重大人才工程。

建设三支队伍，就是要着力抓好管理人才、经营人才和专业技术人才三支队伍建设；大力开发急需紧缺人才，重点培养数字化人才、国际化人才和创新型人才；根据业务发展需要培养引进法律、金融、证券、战略规划、资本运作和急需的新产业新媒体新业态人才。创新六个机制就是要创新人才培养机制、人才选用机制、人才评价机制、人才交流机制、人才激励机制和人才引进机制，让人才工作在有效的机制中运行，让机制成为选人用人的可靠保障。实施六项工程包括领导干部素质提升工程、后备干部培养工程、出版创意人才激励工程、特殊人才引进工程、教育培训千人工程、人才信息化管理工程。

《规划纲要》进一步明确，集团公司成立人才工作领导小组，定期听取人才工作汇报，研究解决重大问题。建立年度人才工作报告制度，各单位领导班子每年度向集团公司人才工作领导小组和本单位员工专题报告人才工作，集团公司领导班子在年度工作会议上专题报告人才工作。集团公司每年人才专项资金投入不低于 2000 万元，其中集团总部每年列支不低于 500 万元，用于重大人才政策和人才工程的实施。

（张　雁）

中国大百科全书出版社导师制第三期学员毕业仪式举行

2012 年 8 月 11 日，中国大百科全书出版社举行导师制第三期学员毕业仪式。共有 8 名学员结业，他们均为中国大百科全书出版社 2011 年接收的应届毕业生。一年多的时间里，来自不同部门的年轻同志在导师们的精心指导下，收获并成长。8 名学员按照导师制的要求认真参与了一项出版物的出版、印刷、发行过程，并顺利完成了专业论文的写作。8 名学员依次在会上发言，分享了他们的经验和感悟，表达了对社领导和各位导师同事们的感激之情。大家纷纷表示，导师们不仅在业务上言传身教，为学生的编辑、选题策划和市场营销等业务技能指点迷津，更是成为学生们的心灵导师、良师益友，在做人、工作态度、职业规划、宏观视野、思维能力等方面为年轻人打开了一扇窗，使年轻人少走弯路，顺利成长。

（王　瑜）

中国出版集团公司举办 2012 年度新员工培训班

2012 年 9 月 16～21 日，中国出版集团公司在北京举办 2012 年度新员工培训班。培训班围绕帮助新员工开阔视野、提升素质、掌握技能、融入团队等方面展开。课程设置分为宏观形势分析、专业领域介绍、职业生涯规划 3 个板块，授课主题分别是编辑的素质和修养、数字出版形势与任务、中国图书市场的演变与未来、国内外经济形势与热点问题、文化强国与中国文化创新、成长的快乐。培训期间还组织学员围绕“对集团公司的认识”、“如何做一个合格的出版人”等 6 个专题进行了两次分组讨论，举办了一次联欢晚会。集团公司党组书记、副总裁王涛与全体学员座谈并讲话，集团公司人力资源部主任周伟主持座谈会。近 100 名新员工参加了培训。（张　雁）

中国出版集团公司举办首期后备干部培训班

2012 年 10 月 8～13 日，中国出版集团公司首期中层管理岗位后备干部培训班在中国浦东干部学院举办。集团公司总裁谭跃与全体学员座谈并作重要讲话，党组书记王涛作“中国出版产业战略重组”专题报告。座谈会由副总裁林弋主持，副总裁李岩、潘凯雄出席座谈会，入选集团公司中层管理岗位后备干部库的 87 名学员参加了本次培训。

8 月 13 日上午，集团公司总裁谭跃在培训班结束之际与学员座谈，在听取了 8 位学员代表的发言后作了重要讲话。谭跃将自己对中国出版产业格局的认识和把握与集团公司实际情况相结合，一语中的地指出，集团公司和其他兄弟集团之间的竞争“关键在人，关键在思想，关键在精神”，并围绕这一观点作了精辟论述，对大家提出了 6 个方面的要求：一是要学会忧患；二是要学会理想；三是要学会学习；四是要学会合作；五是要学会坚韧；六是要学会修身。

集团公司党组书记王涛在“中国出版产业的战略重组”的报告中提出，中国出版业在组织结构、市场结构、产品结构、资本结构等方面存在的结构性弊端决定着出版业必然要进行结构重组，并强调，在所有的体制改革和结构调整中，最重要的一条是企业内部经营机制的改革是否到位，是否建立了科学有效的激励机制和竞争机制。如果企业内部经营机制没有质的变化，很难适应未来的竞争。

本期培训班课程设置科学合理，日程安排紧凑高效，内容丰富，针对性强。教学内容既有理论分析，又有一线实践案例；既有他山之石，又有本土经验。精彩纷呈的课堂讲授之外，还安排了一次现场教学，组织了两次分组讨论，编发了 8 期简报，进一步增强了培训效果。（张　雁）

世界图书出版公司北京公司举办 2012 年青年员工业务论坛与“周四分享课”

2012 年 11 月 27～28 日，世界图书出版公司北京公司举办了 2012 年青年员工业务论坛。公司要求每位青年员工从自己的工作角度出发，撰写一篇演讲稿进行演讲评比。这次活动的举办让领导和员工之间增强了沟通，增强了大家对公司的归属感，增强了部门之间的凝聚力，为公司再创佳绩打下了坚实的基础。

世界图书出版公司北京公司一直重视人才队伍建设，2012 年进一步加大了人力资源培训工作。一方面加强延续多年的新员工入职培训，这些课程以社领导对业务的介绍以及各部门主管对本部门业务介绍为主体，目的在于让新员工更好地融入公司文化更易于上手；另一方面，于 2012 年开拓了新的培训平台，即“周四分享课”，分享课一般定于每周四下午，邀请外界资深专家担当嘉宾。邀请的嘉宾既有行业报社资深编辑，著名经营公司担当策划人的产品经理、畅销书幕后推手以及多年从事出版工作的版权精英。“周四分享课”的举办，不仅扩展了编辑的视野，还提升了编辑自身的业务能力。（吴和松　刘　薇）

经营管理

荣宝斋建立木版水印、装裱修复和商品营业员等3个职业技能考核平台

2012年初，经北京市职业技能鉴定中心审批，荣宝斋建立了木版水印、装裱修复和商品营业员3个考核平台，解决了长期以来荣宝斋职工技能考核评定需要挂靠的难题。

2012年1~3月，荣宝斋组织木版水印、装裱修复、商品营业3个工种的职业技能等级考试，参加考试的职工共98人，通过考试晋级76人。4~9月，组织职工参加“北京市第三次职业技能大赛”，参赛的商品营业员共33人，晋级16人。职工技能考核平台建立之后荣宝斋已有类技术人才195人，占在职职工总数的60%，形成一支较完备的技术人才队伍。技能考核平台提高了专业技术人才的薪酬福利待遇，也有利于企业从战略发展角度加强专业技术人才的培养建设。（刘　芳）

新华联合物流中心完成项目立项备案

2012年1月12日，新华联合发行有限公司在北京市顺义区发展和改革委员会完成项目立项备案，取得项目备案通知书（京顺义发改（备）[2012] 1号）。完成项目立项备案，这是新华联合物流中心建设迈出的第一步，为办理建设工程规划许可证、施工许可证等后续手续做好了前期准备工作。（吴　挺）

中国对外翻译出版公司2012年目标责任书签订大会召开

2012年3月1日，中国对外翻译出版公司召开2012年目标责任书签订大会，会议传达了2011年11月集团公司总裁谭跃和书记王涛到公司考察时的讲话精神、2012年集团公司工作会议上新闻出版总署副署长邬书林讲话精神和谭跃总裁工作报告的主要精神。会议要求，深入贯彻落实上级领导部门一系列重要精神，紧紧围绕集团公司提出的“三化目标”和“六大战略”，推进《中译公司十二五发展规划》，强化落实当年各项工作任务，为实现国内语言服务行业的一流企业的战略定位，不断夯实牢固的基础。最后，总经理林国夫与经营（工作）目标管理单位负责人现场签订责任书。（卜晓艳）

生活·读书·新知三联书店分社建设现场会召开

2012年3月29日，生活·读书·新知三联书店在上海分公司召开了分社建设现场会。三联书店领导班子和有关中层干部出席会议。会期一天时间，但别开生面，收获颇丰。这次现场会是在分社制基本建立但是一些具体任务和权责尚不清晰的节点召开的。会议采用现场研讨的形式，围绕分社建设这一主要议题，针对分社社长负责制、分社的权利和责任、各分社选题板块规划、上海公司的运作等新课题展开了深入全面的讨论，达成了共识。（鞠晓辉）

新华联合物流中心奠基典礼举行

2012年4月8日，新华联合物流中心奠基典礼在北京举行。新闻出版总署副署长阎晓宏、中国出版集团公司总裁谭跃出席奠基典礼并讲话，奠基典礼由中国出版集团公司党组书记王涛主持。阎晓宏表示，新华联合物流中心要建设成国内一流、运营高效的现代化物流企业，打造成为贯通出版产业链、面向全国、有市场影响力的出版发行平台，要让新华联合发行有限公司成为出版业跨地区、跨行业成功合作的典范。

新华联合物流中心坐落于北京市顺义区北小营镇宏大二三产业基地，由中国出版传媒股份有限公司和江西新华发行集团共同投资兴建，总占地面积340亩，建筑面积20.5万平方米，计划分两期建设，一期建设的图书物流中心年发货设计能力为80亿码洋。（吴　挺）

中国出版集团公司召开2012年经营管理工作会议

2012年4月27～28日，中国出版集团公司召开2012年经营管理工作会议。集团公司总裁谭跃、党组书记王涛、副总裁王俊国出席会议，所属企业主要负责人、分管财务领导、财务部门负责人及集团公司总部各部门负责人及人力资源部有关人员参加会议。会议由王涛主持，王俊国通报了集团公司第一季度经营和财务情况，15家企业主要负责人作了大会发言，谭跃代表集团公司与17家企业主要负责人签订了2012年度暨2012～2014年三年任期“双效”业绩考核责任书，并作了重要讲话。谭跃在讲话中，充分肯定了2009～2011年第一个三年任期、2011年度、2012年第一季度集团公司在经营管理方面所取得的业绩，分析了存在的问题，提出五个要求：一是肯定成绩，分析差距，高度关注经营情况；二是研究措施，落实任务，完善“双效”业绩考核；三是提高认识，改革创新，全面加强经营管理；四是保证重点，依法开支，加强专项资金管理；五是积极稳妥，加快推进，继续加强财务管理。（徐凤君　凌　燕）

中国出版集团公司修订完善经营业绩考核指标体系

2012年4月，中国出版集团公司完善经营业绩考核指标体系。在对2011年度经济效益情况和2009～2011年第一轮三年任期经济效益指标完成情况进行分析和确认的同时，中国出版集团公司计划财务部配合人力资源部修订“双效”业绩考核办法中的经济效益考核指标体系；测算、核定了2012年度收入、利润指标及其他7项比率指标的三年平均值，以作为2012年度经济效益考核依据；测算、核定了2012～2014年任期7项考核指标的考核值，作为2012～2014年三年任期考核目标值。在测算过程中，整理了2006年以来的主要财务数据，研究了以前未纳入考核范围企业的双效考核办法及指标，配合人力资源部制定印发了特别贡献奖励办法。通过这些工作，使集团公司“双效”业绩考核制度更加完善，参与考核的单位基本事项全覆盖，有利地促进了经营型增长。（徐凤君　凌　燕）

审计署赴中国出版集团公司召开审计进点会议

5月17日，审计署赴中国出版集团公司召开审计进点会议。会议由审计署沈阳特派办副特派员李志民主持，审计署企业审计司副司长周树大宣读了审计署对中国出版集团公司原法定代表人聂震宁同志任职期间经济责任履行情况的审计通知书，审计署沈阳特派办特派员张炳功进行了全面部署并提出要求。集团公司总裁谭跃出席会议并讲话，原集团公司总裁聂震宁作了述职报告，集团公司副总裁王俊国、刘伯根、林弋出席了会议。各所属企业主要负责人、分管财务领导和办公室、财务部门负责人，集团公司各部门主任参加了会议。（徐凤君　凌　燕）

中国美术出版总社与华润置地（北京）股份有限公司举行中国美术出版大厦项目规划发布会

2012 年 6 月 19 日，中国美术出版总社与华润置地（北京）股份有限公司在北京东城区美洲俱乐部举行中国美术出版大厦项目规划发布会，中国美术出版总社领导常汝吉、林阳、胡建斌以及中国出版集团公司有关部门领导和华润置地（北京）股份有限公司领导出席。华润置地于 6 月 12 日取得北京市规划委员会《关于朝阳区优士阁二期项目规划方案设计审查意见的复函》，标志着人民美术出版社新址—中国美术出版大厦的规划设计方案正式获得相关政府部门的批准，中国美术出版大厦项目启动建设。

（汤　锐）

中国出版集团公司副总裁王俊国带队调研 2012 年上半年经营情况

2012 年 6 月 26 日 ~7 月 2 日，中国出版集团公司副总裁王俊国带领计划财务部有关人员，对集团公司所属 20 家企业（东方出版中心采用电话和书面材料方式），就 2012 年上半年经营情况、存在问题以及完成全年经营任务所拟采取的措施进行了调研。调研中，充分肯定了各单位选题、造货、销售和回款普遍抓得早、抓得紧，特别是 4 月下旬集团公司召开经营管理工作会议后，各单位认真领会总裁谭跃在经营管理工作会议上的讲话精神，积极行动，具体落实，卓有成效，营业收入和利润总额都有较好的增长。调研中也发生，部分单位还没有适应集团公司对营业收入的考核，各项指标的完成还存在一定差距，需要在下半年的经营工作中统筹安排，确保双增 10% 的目标实现。（徐凤君　凌　燕）

中华书局成立薪酬考核管理委员会

2012 年 7 月 10 日，根据转制后企业发展的需要，中华书局现行薪酬考核体系进行调整改革。经局务会研究，决定成立中华书局薪酬考核管理委员会，下设办公室，负责具体工作。

（梁　彦）

人民文学出版社脚印工作室、王瑞琴工作室成立

2012 年 7 月 11 日下午，在人民文学出版社半年工作总结大会上，社长潘凯雄与脚印、王瑞琴分别签订了《中国出版集团公司骨干编辑人员选题创新计划补充协议》，脚印工作室、王瑞琴工作室成立。

中国出版集团公司组织的骨干编辑人员创新计划，目的是为了加快体制机制创新、鼓励骨干编辑人员充分发挥创新潜能和专业技能，在收益共享、风险共担原则下，支持各单位骨干编辑设立出版工作室、选题策划公司等实体机构，依托所在单位开展选题创新业务。在自愿申请的基础上，经集团公司批准，人民文学出版社骨干编辑脚印、王瑞琴工作室正式成立并开始运营，《光明日报》在头版对脚印工作室作了重点报道。

（宋　强）

中国对外翻译出版公司 2012 年上半年工作总结会议召开

2012 年 7 月 13 日，中国对外翻译出版公司召开 2012 年上半年工作总结会议，总经理林国夫主持会议，副总经理陈炳发、张高里以及各部门负责人三十余人参加会议。会上，财务部负责人作财务数据分析，总调度室、翻译市场部、会议口译部、培训中心、总编室和图书市场部负责人分别汇报业务工作情况，林国夫作总结讲话并部署下半年工作。

2012 上半年中国对外翻译出版公司总部营业收入 3 681 万元，同比增长 15.4%。其中，翻译收入 1 850 万元，同比减少 2%；图书出版收入 1 711 万元，同比增长 38.8%；其他收入 120 万元，同比增长 87%。实现利润 377 万元，同

比增长11%。（卜晓艳）

中国出版集团公司召开 2012年上半年经营工作会议

7月23～24日，中国出版集团公司召开2012年上半年经营工作会议。会上通报了集团公司2012年上半年的经营、财务运行状况和各企业预算指标完成情况，并安排26家二级企业进行了大会交流。集团公司总裁谭跃出席会议并作重要讲话，党组书记王涛、副总裁王俊国分别主持会议，集团公司副总裁刘伯根、李岩、潘凯雄出席会议。集团公司各二级企业领导班子成员、财务部门负责人、人事部门负责人及总部各部门负责人共140多人参加了会议。会议还举行了2012年及2012～2014年三年任期“双效”业绩考核责任书（第二批）签约仪式；人力资源部讲解了《中国出版集团公司所属企业营业收入和利润总额增长特别奖励办法（征求意见稿）》；计划财务部通报了审计机构出具的2011年决算审计管理建议书内容，并提出整改要求。

（徐凤君　凌　燕）

荣宝斋呼和浩特分店开业

2012年8月21日，荣宝斋呼和浩特分店在呼和浩特民族美术馆开业。开业当天举办了“以文会友 荣名为宝——荣宝斋百年名家原作精品展”。展览展出了吴昌硕、齐白石、张大千、黄胄、李可染、黄苗子、叶浅予、黄永玉、许麟庐、林散之、魏紫熙、宋文治、范曾、刘大为、史国良、崔子范等近现代及当代名家近百幅原作精品。内蒙古自治区副主席刘新乐等参观了开业展。呼和浩特分店总面积1600平方米，分上下两层，一层设有文房用品厅、木版水印厅、名家精品厅和画廊；二层是书画家活动室，定期举办沙龙、茶聚、笔会，为书画家提供创作交流的平台。呼和浩特分店是继天津分店后，荣宝斋投资设立的第二家控股分店，标志着荣宝斋营销网络建设又有了进一步的发展。（刘　芳）

中国出版集团公司召开 2012年度财务工作会议

10月30～31日，中国出版集团公司召开2012年度财务工作会议。会议总结了前三季度经营任务的完成情况，分析了存在的问题，有针对性地提出2012年年底以前需要采取的措施。集团公司党组书记王涛、副总裁王俊国出席会议并作重要讲话。所属企业分管财务领导和财务部门负责人参加了会议，并安排了21家企业进行大会交流。会议期间，布置了2013年度预算编制，安排了年度决算审计机构，研究了财务信息质量存在的问题及改善措施。

（徐凤君　凌　燕）

中版教材有限公司上线运行 “财务业务一体化”ERP系统

2012年10月，中版教材公司上线运行“财务业务一体化”ERP系统。新的系统彻底改变了公司只能按照传统会计管理模式管理、会计信息滞后的状况，造成公司财务、发行业务数据库独立运行，不利于经营班子及时掌握公司经营管理情况，抑制了公司快速反应和决策能力。“财务业务一体化”ERP系统的上线运行，实现了财务、业务数据同步更新，使公司印制发行工作更加流畅，将印制、发行的各方面，如印厂、各省新华书店等的库存等经营资源紧密结合起来，形成供应链，并准确及时地反应各方面的动态信息，监控经营成本和资金流向，提高企业对市场反应的灵活性和财务效率，科学决策，规避风险。

（星昕昕）

人民文学出版社召开 出版印制工作会

2012年11月22日，人民文学出版社组织23家合作印刷厂召开出版印制工作会。副社长李春凯，出版部全体人员和其他部门相关人员参加了会议。

会上，出版部通报了人民文学出版社2012年的图书生产情况，就其中存在的一些问题与印刷厂进行了深入交流。出版部以一些重点书为例，从印刷装订质量和生产周期上进行了总结，表示要与印刷厂加强合作，并希望印刷厂进一步明确定位、落实要求，用优秀的印刷装订质量和严格的生产周期满足人民文学出版社日益增长的生产需求。

李春凯在会上作了发言，他分析总结了人民文学出版社图书的整体品质，对美术编辑设计、排版校对以及具体生产环节中的一些问题进行了分析，建议借鉴其他出版社的成功做法，充分考虑利用印刷实际操作过程中总结出的成熟经验，进一步提升排版、封面设计的质量和水平。

（宋　强）

荣宝斋书法馆开业

2012年12月25日，荣宝斋书法馆于开业。书法馆位于北京琉璃厂西街53号，面积400多平方米。展厅内宽敞明亮，氛围高雅、古朴，集展览、销售等功能于一体。荣宝斋书法馆以经营明清、近现代、当代书法名家作品为主，包括历代状元、翰林、进士等文人墨客的作品，现当代书画名家、文化学者、社会名流的精品力作，如齐白石、张大千、徐悲鸿、郭沫若、启功、徐邦达、赵朴初、沙孟海、林散之、沈鹏等大家的作品；兼营篆刻、碑帖、匾额、堂号等与书法密切相关的艺术品。经营作品楷、行、草、隶、篆诸体皆有，形式多样，质量上乘，充分展现了中国书法艺术的魅力。荣宝斋书法馆的开业，突显了荣宝斋的创新经营能力和高端经营理念，将进一步提高荣宝斋弘扬传统文化艺术，为书画家和大众服务的能力、质量与水平。（刘　芳）

荣宝斋完成职工工资改革

2012年底，荣宝斋完成职工工资改革，新的《荣宝斋职工工资管理办法》经职工代表大会讨论通过，自2013年1月1日起执行。2012年以前荣宝斋实行岗位、技能和奖金相结合的工资制度，过去曾对荣宝斋的发展起到了积极的作用，但随着荣宝斋的快速发展，原有的工资制度已不能适应企业发展的需要。2012年初，职工技能考核平台的建立为荣宝斋的工资制度改革奠定了基础。2012年7月，荣宝斋成立了工资改革专项工作领导小组，下设办公室具体负责职工岗位的设计、职称的核定和工资改革方案的拟定等事宜。此次工资改革坚持以人为本、重在管理、便于操作、利于发展、责权对应、逐步完善的原则，坚持按劳分配、兼顾公平的原则，合理拉开分配差距，反对平均主义。工资调整涉及人员共计319人。新的工资制度大幅提高了专业技术人员的薪酬待遇，客观上促使干部职工加强专业知识的学习，积极参加社会职称或职业等级考试，有利于企业的可持续发展。

（刘　芳）

荣宝斋完成荣宝斋（香港）有限公司重组工作

2012年，荣宝斋完成对荣宝斋（香港）有限公司的重组工作。荣宝斋（香港）有限公司是1987年荣宝斋与香港博雅艺术有限公司共同投资成立的。20世纪90年代末，香港博雅方面出任董事长、总经理，由于经营不善，连年亏损。2000年，荣宝斋（香港）有限公司董事会决定保留品牌，暂时停止经营活动。

此次重组之后，公司注册资本从200万港元增加到5000万港元，荣宝斋占51%股份，绝对控股，荣宝斋追加认购的新增注册资本2410万港元由其他股东无偿提供。此次重组，给荣宝斋带来了2410万港元的品牌收益，是品牌经营的重要成果。荣宝斋（香港）有限公司预计在2013年重新开业，选址香港皇后大道长江集团中心。荣宝斋（香港）有限公司将成为荣宝斋在香港地区的旗舰分店、示范分店，作为荣宝斋向海外发展的第一步。（刘　芳）

荣宝斋“中国艺术品数字服务与交易平台——空中荣宝斋”建设工作正式启动

2012年12月，月荣宝斋“中国艺术品数字服务与交易平台——空中荣宝斋”建设工作正式启动。该平台运用数字技术、网络技术等现代信息技术，拓展基于互联网及移动互联网的各种新型业务，旨在建立以荣宝斋线下资源优势为基础、以数字化网络为营销渠道及服务手段，为整个艺术品市场服务的立体式、数字化、综合性艺术品运营平台。“空中荣宝斋”包括电子商务平台、艺术服务平台、数字出版平台、艺术品数据资源库等四个平台，其中艺术服务平台还包括在线拍卖、艺术家推介、书画认证管理、书画艺术鉴赏、在线培训、书画爱好者互动论坛、非物质文化遗产保护、艺术银行（在线典当）等子服务平台。截至2012年年底，电子商务平台的调研工作已结束，荣宝斋大部分产品的拍摄工作和荣宝斋全部商品的ERP管理系统建设均已完成，制定了电子商务平台的建设思路，并组建了专业运营团队和实体。

（刘　芳）

文体活动

生活·读书·新知三联书店
2011年“大家庭、大团圆、大发展”
总结表彰联欢会举行

2012年1月11日下午，生活·读书·新知三联书店在北京举行以“大家庭、大团圆、大发展”为主题的2011年全店工作总结暨表彰联欢大会。将店本部、《三联生活周刊》、韬奋书店的三方员工聚集起来，总结、表彰、联欢，1986年1月三联书店独立建制以来这还是第一次聚会。会议由总编辑李昕主持，总经理樊希安、副总经理潘振平、副总经理翟德芳、原总经理董秀玉等离退休同志及全体员工二百多人参加了这次大会。

总经理樊希安全面总结了三联书店2011年取得的突出成绩，明确了2012年的总体工作思路，针对以往工作的不足，提出了六点工作要求。并将2012年确定为三联书店“创新发展年”。会前，与会人员二百多人合照了“全家福”，拉开了三联书店八十年店庆活动的序幕。

（鞠晓辉）

中国对外翻译出版公司2011年总结
表彰会暨2012年春节团拜会举行

2012年1月11日，中国对外翻译出版公司举办2011年总结表彰会暨2012年春节团拜会。总结表彰大会由副总经理张高里主持，副总经理、党委副书记陈炳发受总经理、党委书记林国夫委托，代表公司领导班子作公司2011年工作总结及2012年工作展望，并宣读《关于表彰中译公司2011年度先进集体和优秀个人以及先进基层党团组织和优秀党团员的决定》；春节团拜会在北京金都假日酒店隆重举行，总经理林国夫主持，新老员工齐聚一堂，辞旧迎新，共庆龙年到来。

（卜晓艳）

中国美术出版总社举行2011年总结
表彰大会暨2012年新春团拜会

1月13～14日，中国美术出版总社在北京怀柔区雁栖湖华审度假村举行2011年总结表彰大会暨2012年新春团拜会。社领导常汝吉、汪家明、林阳、欧京海、胡建斌及总社干部、职工170多人参加。

社长常汝吉在会上作2011年总社工作总结。常汝吉、汪家明、林阳、欧京海、胡建斌等分别为在2011年“中国出版政府奖”、“中华优秀出版物奖”、“三个一百原创出版工程奖”等获奖图书、“中国编辑学会图书”、期刊的编辑以及获得总社文明部室、文明职工标兵、特殊贡献奖、工会工作先进集体、先进个人奖的有关部门和人员进行了颁奖表彰。

晚上，举行了2012年新春团拜联欢会。各出版经营单位、各职能部室工会小组献上异彩纷呈的节目，京剧、舞蹈、小合唱、独奏等悉数登台。其间，社领导为职工抽奖互动，联欢晚会精彩纷呈。

（汤　锐）

华文出版社2012年新春团拜会举行

2012年1月13日，华文出版社全体员工在北京举行2012年新春团拜会。李岩伶、吴修书等老领导受邀参加会议。

会上，华文出版社社长罗争玉首先发表了新春贺词，向大家致以节日的问候。随后，华文出版社员工进行文艺表演，演唱了《蓝莲花》、《鼓浪屿之波》、《传奇》、《明天也要作伴》、《海芋恋》、《真的爱你》、《爱拼才会赢》等歌曲；表演了吉他弹奏、魔术、书法和诗朗诵等节目；在职员工纪希萱和特邀嘉宾王文祥分别进行了书法表演；特邀嘉宾郭雪波清唱了蒙古族歌曲。表演中间穿插了4次抽奖环节，共抽出特等奖2名，一等奖、二等奖和三等奖各10名。

会议最后，罗争玉宣布了对考核优秀者和先进个人的表彰决定并为获奖者颁奖。（陆虹宇）

商务印书馆2012年新春团拜会举行

2012年1月17日，商务印书馆2012年新春团拜会举行。中国出版集团公司党组书记、副总裁王涛、商务印书馆领导班子成员与全体员工欢聚一堂，辞旧迎新，喜迎龙年新春。团拜会在馆领导和中层干部高唱商务印书馆馆歌《千丈之松》的高亢旋律中开场。王涛代表集团公司向商务印书馆全体员工致辞，总经理于殿利代表馆务会向大家致以节日的问候。团拜会上，各部门表演了精彩的文艺节目，阵阵掌声把团拜会的热烈气氛推向了高潮。经过票选，相声《学聋哑》、歌伴舞《南海姑娘》、舞蹈《呼伦贝尔大草原》分别获得最受员工喜爱的节目。

（冯　雪）

中国民主法制出版社2012年新春团拜会举行

2012年1月17日晚，中国民主法制出版社举行2012年新春团拜会，出版社领导和全体职工参加，并邀请了原出版社部分领导、合作单位中版国际传媒有限公司领导以及玉林生活小区的同志参加。团拜会上社长（代）肖启明致祝酒辞，感谢老领导为出版社的发展作出的贡献，对出版社全体员工和相关单位的领导表示慰问和致以节日的祝福。团拜会期间举行职工文艺表演和抽奖活动。（邵　力）

世界图书出版广东有限公司2011年总结大会暨2012年新春联欢会举行

2012年1月30日，世界图书出版广东有限公司在广东省韶关市新丰温泉度假村会议室举行2011年总结大会暨2012年新春联欢会。会议由总经理助理卢家彬主持，总经理陈岩代表公司领导班子作了2011年工作总结，重点部署了2012年的工作。总编辑萧宿荼、副总编辑陈洁及全体员工参加了会议。总结会后，举行了新春联欢活动，公司员工表演了丰富多彩的文艺节目，营造了欢乐祥和的节日气氛。（卢家彬）

中版教材有限公司2012年度工作总结会议举行

2012年1月31日~2月2日，中版教材有限公司2012年度工作总结会议在北京顺义举行。中国出版集团副总裁、中版教材有限公司董事长王俊国出席了会议。会议由中版教材有限公司总经理罗争玉主持，全体员工参加。

王俊国在总结会上作重要讲话。他认为，中版教材成立以来，从无到有，由弱变强，是拼搏奋斗的四年，是成长壮大的四年，也是鲜花和掌声伴随的四年；中版教材四年来努力践行集团公司“做开教育出版”理念，在国家教材、教辅市场及多渠道营销方面积极探索，成功打造中版教育出版品牌，现已成长为集团公司利润创造第一梯队成员，在集团公司未来战略发展中处于重要地位。他深情地说，教材公司当年11人创业的艰辛与今天取得6个亿的成绩一样让他难以忘怀。同时也提出了希望。

总经理罗争玉着重强调“企”去“人”则“止”，团队建设、制度建设和文化建设是公司进一步发展的关键。会议现场气氛热烈，所有员工纷纷发言。

（星昕昕）

荣宝斋举办壬辰新春书画家联谊会

2012年2月4日，“荣宝斋壬辰新春书画家联谊会”在荣宝斋大厦举行。中国文联副主席、中国美术家协会副主席冯远，中国美术家协会副主席、国家画院院长杨晓阳，国家博物馆馆长吕章申，以及邵大箴、杨力舟、王迎春、尼玛泽仁、邵秉仁、郭怡孮、史国良、卢禹舜、杜滋龄等全国80余位书画名家参加了联谊会。

荣宝斋总经理马五一在致辞中表示，荣宝斋近几年取得了跨越式的发展，与广大艺术家的厚爱和支持密不可分。她还说，荣宝斋作为“书画家之家”，今后会进一步整合资源，创新经营服务方式，做好人民群众与艺术家之间的桥梁、纽带，为文化艺术的大发展、大繁荣架设最顺畅的通道。联谊会为艺术家们呈上了一台荣宝斋员工精心编排的节目，席间高朋满座，欢声笑语。艺术家们兴之所至，也登台献唱，气氛欢乐详和。

（刘　芳）

中国大百科全书出版社组织女职工参观首都博物馆

3月8日，中国大百科全书出版社工会组织女职工参观首都博物馆。大家观看了北京的精品文物、古代的瓷器、艺术精品、老北京的民俗展等等，领略了中华民族的祖先在近200百万年的漫长岁月中创造的辉煌灿烂的历史文化，并参观了由首都博物馆和北京十三陵共同举办的“回望大明——走进万历朝”主题展览。此次活动不仅丰富了女职工的业余生活，缓解了紧张繁忙的工作压力，放松了心情，更重要的是促进了友谊，加深了感情，增强了凝聚力，使各位女职工充分感受到了节日带给她们的喜悦和快乐。

（王　瑜）

人民文学出版社召开女职工代表座谈会

2012年3月8日上午，人民文学出版社工会召开女职工代表座谈会。出版社领导管士光、肖丽媛和李春凯参加座谈会，并与十余位女职工代表进行了对话交流。女职工代表踊跃发言，从员工生活、业务培训和企业文化建设等方面对出版社的发展提出了建设性的意见和建议。

（宋　强）

“亲近自然，与美同行——庆祝三八妇女节”主题活动举行

2012年3月8日，世界图书出版广东有限公司开展了“亲近自然，与美同行——庆祝三八妇女节”主题活动，公司组织女职工参观了广州南沙百万葵园。

位于广州郊区的百万葵园是我国著名的鲜花天堂，这里有国内第一家全部采用进口种子种植的观赏性向日葵乐园，更有五彩缤纷的玫瑰花海和深邃浪漫、原产于地中海的薰衣草花田，是观赏自然植物与稀有花草的理想去处。大家徜徉在花的海洋里，感受着美丽自然与幸福生活。

（卢家彬）

生活·读书·新知三联书店工会迎店庆扑克拖拉机比赛举行

2012年3月下旬到5月中旬，生活·读书·新知三联书店举行迎店庆扑克拖拉机比赛。扑克牌比赛贴出了“迎三联书店八十年，打扑克比赛八十分”的主题海报，拖拉机（升级）扑克比赛的八十分与三联店庆的时间出现喜庆的巧合。职工报名踊跃，共有48人报名，组成24支队伍，初赛为小组赛，分为8个小组，每个小组3支队伍，进行了激烈的淘汰赛；决出八强后，开始了更为精彩的复赛；决赛在比分靠前的四强队伍中进行，一时杀得难分难解。由于比赛是利用工作之余进行，战线拉得比较长，经过将

近两个月的艰苦而快乐的鏖战，同时经过组委会耐心细致、公正公开公平的裁判，潘健、薛宇获得冠军，苑爱国、曾诚惜败获得亚军。工会为获奖和参赛的人员颁发了奖金、纪念品，总经理樊希安亲笔为冠亚军题写了获奖证书。（鞠晓辉）

中华书局参加“庆祝中国出版集团公司成立10周年书法绘画摄影作品展览”

2012年4月13日，中华书局参加中国出版集团公司在荣宝斋荣宝大厦展厅举办“庆祝中国出版集团公司成立10周年书法绘画摄影作品展览”，党群工作部组织参展职工及部分爱好者参加开幕式并参观展览。（梁　彦）

中华书局参加北京市丰台区太平桥街道第六届和谐杯乒乓球赛

2012年5月，中华书局参加了太平桥街道办事处组织了第六届和谐杯乒乓球赛，辖区共有18个代表队参加了本次比赛。中华书局组织了由王敬仁为领队，洪涛为队长，高俊江、赵春生、何平、何连玉四人为队员的代表队。经过激烈的角逐，中华书局代表队获得团体赛第三名的好成绩。（梁　彦）

生活·读书·新知三联书店、大佳网联合主办“三联人说三联”主题访谈

2012年8月28日下午，由生活·读书·新知三联书店、大佳网联合主办的“三联人说三联”主题访谈在韬奋图书馆举行，活动由中版集团数字传媒有限公司总编辑姚文坛主持。每个爱书人都有自己心目中的三联，三联人又是怎么看待自己？沈昌文、潘振平、郑勇、卫纯分别生于20世纪30、50、60、80年代的四代“三联人”聚首，通过对话的形式，在互动中风趣生动描绘出自己心目中的三联，叙述自己与三联结缘，三联那些好看的书、难忘的事、有趣的人。活动吸引了店内外数十人参加，与会人员分享了新老三联人心中的“三联”。（鞠晓辉）

中国对外翻译出版公司开展“中译企业文化知识竞答活动”

2012年8月，中国对外翻译出版公司开展了“中译企业文化知识竞答活动”。竞答试卷包含四种题型：填空题、判断题、简答题和论述题。内容涉及中译的核心理念、企业使命、企业宗旨、企业愿景、企业精神、企业作风、企业价值观等知识点，中译的企业视觉识别系统及企业标识与集团公司标志的组合应用以及阐述个人对企业文化的认识和见解。经企业文化建设领导小组办公室组织专人进行评分，评选出一、二、三等奖共25人。竞答活动主要在以下两个方面起到了积极的推动作用，一是让职工参与和认同企业文化，二是让职工凝聚在共同的愿景目标下。活动结束后，公司主要领导阅读了竞答试卷，管理层从一个侧面了解到职工的想法和认知，促进了沟通和交流。（卜晓艳）

人民文学出版社参加北京市朝阳门地区第七届运动会

2012年9月11日上午，北京市朝阳门地区第七届运动会在地坛体育场隆重举行。人民文学出版社共有36名员工报名参加了运动会，参与了青年组、中年组、老年组和残疾组的31个比赛项目的角逐，在多个项目中均有所斩获，最终荣获了团体第三名的好成绩。（宋　强）

商务印书馆第一届职工运动会举行

2012年9月15日，商务印书馆第一届职工运动会在景山学校体育场隆重举行。运动会在员工代表队表演的广播体操中开场，总经理于殿利致辞并宣布运动会开幕。商务印书馆及下属子公司的参赛职工约200人，分为编辑室代表队、出版营销代表队、职能部门代表队、二级公司代表队等4支代表队，参加了跳绳、踢毽、沙包掷准

等4个组别共15个项目的角逐。员工们积极踊跃，赛场上生龙活虎，展现出了商务人的运动风采。最后，职能部门代表队荣获团体第一名，编辑室代表队、二级公司代表队和出版营销代表队分获第二、第三、第四名。（冯　雪）

东方出版中心工会开展“喜迎十八大”职工摄影作品展评活动

2012年9月25日，东方出版中心工会、团总支联合开展的“喜迎十八大”职工摄影作品展评活动。举办此次展评是为迎接党的十八大胜利召开，展示当代中国的巨大进步与个人生活的幸福美满，反映员工在“振兴东方，争创一流”新征途上奋勇前行的精神面貌，2012年9月份，东方出版中心组织员工赴延安等地参观学习，开展了一次富有意义的企业文化建设活动。本次职工摄影作品展评还特设了赴延安参观学习专栏。参加展评的摄影作品均由职工自己创作，立意新颖，角度各异，充分展现广大职工赞美改革开放的情怀和高雅文化艺术修养。一些参展作品技术娴熟、构图巧妙，不乏精彩之作。

广大职工热情参与本次活动，共39人投稿，从群众到领导，纷纷拿出自己的得意之作，征集到作品128幅。工会和团总支的工作人员精心布展，十八大召开前夕，三大块精彩纷呈的展板“闪亮登场”。为贯彻“群众全程参与”的精神，规则规定由广大职工自主评选出心目中的优秀作品，经大家投票并按得票数统计，12人获人气奖。整个展评活动历时两月余，引起了大家的关注，参加人数和投稿数都创下新纪录，收到了良好效果。（张洁民）

人民文学出版社举行“追忆光辉岁月，畅谈人文精神”座谈会

2012年9月26日上午，人民文学出版社在四楼会议室举行“追忆激情岁月，畅谈人文精神”——人民文学出版社外国文学编辑部老同志座谈会。孙绳武、屠岸、陈早春、任吉生、秦顺新、姚民友、卢永福、夏玟等20位老同志参加了活动，他们就人民文学出版社外国文学出版的光荣传统与宝贵经验及今后发展畅所欲言。社长管士光参加活动并讲话。活动由副总编辑肖丽媛主持。

管士光社长在讲话中对为人民文学出版社的发展作出重要贡献的离退休老同志们给予高度赞扬，还向他们通报了出版社当前工作情况和未来工作思路，希望他们一如既往地关注和支持出版社的发展，并提出宝贵的意见和建议。

（宋　强）

中国对外翻译出版公司“迎接十八大羽毛球比赛”举行

2012年10月，中国对外翻译出版公司工会举办了“迎接十八大羽毛球比赛”，经过一周激烈的比赛，共角逐产生男子组和女子组冠亚季军6人。本届羽毛球比赛赛况精彩迭出，广大职工踊跃观赛，丰富了员工的业余文化生活；全体参赛选手、裁判、工作人员在比赛中体现出了良好的运动品格和精神风貌。（卜晓艳）

人民文学出版社为离退休老同志集体祝寿

2012年10月23日，在重阳节到来之际，人民文学出版社在娃哈哈大酒店为70周岁、80周岁和90岁以上的离退休老同志集体祝寿，近10位老同志欢聚一堂，其乐融融，共同庆祝属于自己的节日。

社长管士光代表社党委和社务会，对他们表示衷心的祝愿。他说，“家有一老，如有一宝”，离退休老同志既是家中的宝，更是人民文学出版社的宝，人民文学出版社61年的深厚文化底蕴，正是依靠一辈又一辈的“人文人”得以积累和传承下来的。他希望离退休老同志健康长寿，并一如既往地关心和支持出版社的工作。

活动当天，正值人民文学出版社老同志、著名诗人牛汉先生90大寿，社长管士光还专程和

《新文学史料》主编郭娟等人到其家中看望慰问，带去了出版社的祝福和问候。 （宋　强）

中华书局举办“爱我中华”有奖竞猜活动

2012年11月12日，为了庆祝中华书局100周年局庆的活动，增强员工的文化素质，增强职工热爱中华的观念，搞好企业文化建设，中华书局党群工作部组织员工开展“爱我中华”有奖竞猜活动。活动共收到答卷211份，答卷成绩普遍较好。通过这次活动，员工对中华书局局史有了更深入的了解，提升了凝聚力。 （梁　彦）

中国大百科全书出版社举行数字助力发展，绿色引领未来——庆祝建社34周年纪念活动

2012年11月16日，中国大百科全书出版社举行了以“数字助力发展，绿色引领未来”庆祝建社34周年纪念活动，200名干部员工参加了纪念活动。大家首先来到北京华联印刷有限公司。举行了简短而又热烈的纪念日庆祝仪式。社长龚莉做了深情而又振奋人心的讲话。随后，龚社长向合作了10年的伙伴——华联印刷有限公司赠送了“最佳合作伙伴”牌匾，华联印刷有限公司总经理朱敏也向中国大百科全书出版社赠送了“基业长青”牌匾，祝贺中国大百科全书出版社成立34周年。讲座结束后，大家前往印刷车间参观，亲身领略数字技术给印刷业带来的深刻变革。第二站来到北京金福艺农农业科技集团有限公司，参观数字化农业。

（王　瑜）

人民音乐出版社举办“珍爱生命，共享平安”专题讲座

11月26日下午，人民音乐出版社邀请北京市火灾防治中心主任、北京市安监局优秀讲师郑智斌作了“珍爱生命，共享平安”专题讲座。社领导莫蕴慧、郭文山、杜晓十、杨伯勋及全社130多名员工参加了讲座。

郑智斌结合大量的典型案例，系统讲授了防火、逃生、应急预案、应急演练和加强员工安全教育、法制教育和心理健康教育等知识，全面讲解了在写字楼、居民楼以及商场等公共场合的防灾、自救、逃生常识。讲课内容生动，案例突出，受到大家的欢迎。 （吴明静）

公益活动

荣宝斋建立“爱心助困基金”

2012 年 1 月，中国出版集团公司为表彰荣宝斋的出色工作，授予荣宝斋总经理马五一特殊贡献奖，并奖励 5 万元人民币。马五一将 5 万元奖金全部捐出，并倡议建立荣宝斋“爱心助困基金”。这 5 万元成为基金成立后的第一笔捐款和启动基金。随后也掀起了职工踊跃参与、互助互惠的热情。截至 2012 年 3 月底，“荣宝斋爱心助困基金”共收到捐款 147 170 元。

该项基金旨在帮助离退休和在职职工克服生活中遇到的重大困难，并以此增进全体职工间的友爱互助精神，提高企业凝聚力。基金委托工会委员会办理助困对象的审批，当职工遇到严重疾病等特殊困难时，除享受国家规定的有关待遇、补助外，此基金将实行补充性经济援助。

（刘　芳）

华文出版社
向北京育才学校赠送《雷锋全集》

2012 年 3 月 1 日，华文出版社向北京育才学校捐赠《雷锋全集》200 册。捐赠活动分 6 个单元：展示雷锋生平，了解雷锋故事；朗读雷锋格言，认识雷锋思想；介绍学校小“雷锋”们的事迹，讲述学习雷锋的硕果；朗诵《雷锋之歌》，表达对雷锋精神的歌颂；捐赠《雷锋全集》，希望雷锋精神传承；宣读倡议书，争做新时代的雷锋。

北京育才学校是一所创建于延安，有着 75 年光荣历史，具有优良革命传统的红色学校。她既是传承延安精神的阵地，也是培养雷锋精神的田园。华文出版社希望能借捐赠活动宣扬雷锋精神，让更多的少年儿童了解雷锋、认识雷锋、学习雷锋，将雷锋精神传承下去。（陆虹宇）

中华书局开展“送温暖　献爱心”及“春雨行动”捐助活动

2012 年 4 月，为响应北京市丰台区太平桥办事处的号召，中华书局开展以“送温暖　献爱心”及“春雨行动”为主题的大病募捐月捐助活动，共募捐款项千余元。（梁　彦）

中华书局向宁夏回族自治区捐赠图书

2012 年 5 月 18 日，根据中国出版集团公司指示要求，中华书局向宁夏回族自治区 8 个单位共计捐赠近 7 万元码洋图书。（梁　彦）

中国大百科全书出版社
爱心助学七彩学校小学生

2012 年 5 月 31 日下午，中国大百科全书出版社少儿百科分社全体编辑一行 8 人，来到北京市打工子弟学校——通州七彩学校，向该校师生捐赠了二百余册少儿百科类图书以及价值上千元的教师教具和学生文体用品。北京通州七彩学校是一所打工子弟学校，该校成立于 2001 年，现有在校学生1 000多人，教职工48人，是北京市通州区规模最大的打工子弟学校。自2004年，少儿百科分社便与该校建立起深厚的友谊，邀请七彩学校的学生参与本社的各种读书活动，同时发动本部门员工，不定期捐赠《中国儿童百科全书》，以帮助一届又一届的孩子们健康成长。

（王　瑜）

华文出版社向宁夏回族自治区部分学校、部队捐赠图书

2012年5月，响应中国出版集团公司号召，华文出版社向宁夏回族自治区唐徕回民小学、固原官厅镇官厅小学、西吉基层文学艺术协会、宁夏大学人文学院、唐徕回民中学、中国人民武装警察部队宁夏总队、中国人民解放军68 232部队102分队、神华宁煤集团等8家单位捐赠图书1 010册，码洋共计34 605.6元。（陆虹宇）

世界图书出版公司向宁夏地区8个单位捐赠图书

2012年6月1日~4日，在第22届全国图书交易博览会期间，世界图书出版公司参与中国出版集团公司向宁夏回族自治区捐赠图书的活动，共计码洋6.5万元。（陈　蕾）

现代教育出版社向汇佳幼儿园捐赠图书

2012年7月，为了培养孩子良好的阅读习惯，现代教育出版社与国内知名连锁幼儿园汇佳幼儿园强强联手拟成立幼儿园内图书馆。其间，现代教育出版社向该幼儿园捐赠幼儿图书2 407册，码洋达到37 526元。（杨　静）

中国大百科全书出版社向7·21特大自然灾害灾区捐款

2012年7月26日，中国大百科全书出版社向7·21特大自然灾害灾区捐款。7月21日，北京市出现了61年一遇的大面积强降雨天气，部分地区山体滑坡、道路被水淹没，造成人民群众生命财产的严重损失。中国大百科全书出版社员工践行2012年年初社党委发出的“学习雷锋精神，做文明百科人”的倡议，社领导干部带头，职工自愿捐款，以实际行动参与到救灾工作中。短短的一天时间，中国大百科全书出版社干部群众共捐款12 985元；另外，为表达中国大百科全书出版社党员对灾区的爱心，社里从党费中拨出37 015元一并捐给灾区。合计捐款5万元，27日上午该款汇往了北京市红十字会。

（王　瑜）

生活·读书·新知三联书店与新疆维吾尔自治区塔县新华书店结成帮扶对子

2012年8月，生活·读书·新知三联书店与新疆维吾尔自治区塔什库尔干塔吉克自治县新华书店建立了帮扶对子，帮扶的主要内容有：（1）塔县新华书店全体员工来首都北京学习交流，三联书店承担全部费用；（2）捐助塔县新华书店一批三联版图书，销售收入归塔县新华书店所有，以解决其资金困难；（3）定期开展交流活动，互通信息，交流经验；（4）临时议定的其他援助项目。

三联书店的援疆活动是从2011年5月开始的，最初是和新疆科学技术出版社建立了战略合作关系，决定共同开展出版项目合作和版权互惠以及其他领域合作。三联书店将出版由新疆科学技术出版社提供版权的11世纪维吾尔族著名思想家玉素甫·哈斯·哈吉甫所著的《福乐智慧》一书，此外《千年龟兹》和《木卡姆》两书也在具体商议中。新疆科学技术出版社两次派社领导到三联书店学习交流，还派遣其美术编辑阿拉提到三联书店美编室任职半年，受到了热情接待和妥善安排。

三联书店还向新疆人民出版社免费提供《鲁迅箴言》一书的版权，著名的维吾尔族翻译

家翻译成维吾尔语文字向国内外发行。《三联生活周刊》积极配合第二届欧亚博览会出版《新疆好地方》专刊，向海内外深入介绍新疆政治、经济、文化和民族风情，受到新疆区委、区政府的高度肯定。（鞠晓辉）

生活·读书·新知三联书店捐建江西省余江县韬奋祖居和韬奋书屋

2012年8月，生活·读书·新知三联书店组织“走基层、转作风、改文风”小分队赴江西省余江县，捐建江西省余江县韬奋祖居和韬奋书屋。在隆重的捐赠仪式上，三联书店总经理樊希安代表全店员工，向江西省余江县捐献价值30万元的图书用于在全县建立7个韬奋书屋，捐献15.8万元现金用于援建韬奋祖居。韬奋祖居建成后将成为韬奋精神教育基地和沙塘村村民文化科技活动场所。（鞠晓辉）

生活·读书·新知三联书店捐资重建云南省彝良县角奎镇云落小学

2012年9月7日，云南省彝良县发生地震，角奎镇云落小学校舍整体坍塌。在紧急征求员工意见后，三联书店领导班子决定出资重建被地震摧毁的云落小学，彻底改善办学条件，使失去校舍的孩子们尽早在安全、明亮、宽敞的教室里上课。

9月10日下午，三联书店总经理樊希安等一行五人，奔赴彝良地震灾区。他们昼夜兼程来到彝良县城，得到了彝良县教育局领导支持，双方很快达成了捐助建校意向。9月13日上午10时，三联书店捐建云落小学仪式在县示范小学举行，三联书店与彝良县教育局签订了捐建协议。三联书店出资30万元重建被地震摧毁的云落小学，彝良县教育局监督校舍建设质量和进度，确保2013年2月竣工并投入使用。

在落实捐建云落小学事宜的同时，总经理樊希安还带领《三联生活周刊》记者，冒着大雨和余震落石的危险，穿过被地震和泥石流严重损坏的道路，到震中洛泽河镇等地采访，深入了解地震造成的破坏和灾区人民抗灾自救的感人事迹，对当地的抗震救灾工作做深度宣传报道。

（鞠晓辉）

中国大百科全书出版社少儿百科分社向陕西省榆林市绥德县崔家湾中学捐赠图书仪式举行

2012年9月10日，中国大百科全书出版社少儿百科分社向陕西省榆林市绥德县崔家湾中学捐赠图书仪式举行。仪式是在早上升旗仪式上举行的。仪式上，中国大百科全书出版社分别向崔家湾中学捐赠了《中国儿童百科全书》、《中国中学生百科全书》、《中国儿童好问题百科全书》等100多册优秀图书，受到全校师生的热烈欢迎。（王　瑜）

“思想·广场——三联生活周刊—UCCA文化节”公益活动举行

2012年9月15日，《三联生活周刊》主创、尤伦斯当代艺术中心合作主办的“思想·广场——三联生活周刊—UCCA文化节”，在北京市朝阳区798艺术区的尤伦斯当代艺术中心（UCCA）盛大开幕。

本次文化节围绕“思想·广场”主题，邀请到60位学者、作家、艺术家、设计师、电影人、音乐家、剧场表演者，通过25场讲座和对话、3场电影分享、6场艺术跨界、以及长达10小时的露天音乐演出的精彩呈现，造就成多重思想碰撞、智慧交锋、艺术体验的“人文广场”。这次艺术节基于公益性、开放性考虑，所有的活动都是免费的，参与者可以通过网上预订等方式获取相关场次门票。（鞠晓辉）

荣宝斋赴汶川地震灾区捐赠图书并开展“艺术润泽童心、爱心成就未来”主题交流活动

2012年9月，荣宝斋艺术总监雷振芳一行

赴四川，向2008年汶川地震后荣宝斋援建的三所学校捐赠图书。此次捐赠的图书由荣宝斋出版社出版，约40个品种，价值30万元，主要包括《荣宝斋画谱》、《荣宝斋国画技法丛书》、《徐悲鸿课徒画稿》和《北京高校美术高考指南》等适合学校阅读的图书。捐赠仪式后，荣宝斋一行与师生开展了“艺术润泽童心、爱心成就未来”主题交流活动。艺术总监雷振芳给师生们介绍了荣宝斋的概况、与书画家的交往轶事，鼓励同学们好好学习，感受中国传统文化艺术之美。雷振芳表示，对将来有志于从事书画创作的同学，荣宝斋会进一步提供相关的引导和帮助。荣宝斋出版社总编辑张建平还为同学们讲解了书法知识并现场题写“百年树人”、“勤能补拙”条幅赠与校方，受到师生们的热烈欢迎。

（刘　芳）

《新华字典》（第11版）纳入国家免费提供教科书范畴

2012年10月26日，财政部、教育部联合下发“财教［2012］334号”文件，将《新华字典》（第11版）纳入“国家免费提供教科书范畴”，要求2012年“为所有农村义务教育阶段学生配齐《新华字典》（第11版）”。

按照财政部、教育部出台的政策和国家新闻出版总署的要求，中国出版集团公司和商务印书馆全力落实这一文化民生工程。第一，安排30多条生产线加紧生产，并专门召开了《新华字典》（第11版）生产协调会。为保证品质，所有字典用纸仍然采用字典纸，小字典事关民生大问题。不管有多大量，在工艺流程设计、装帧材料等方面都将做到最好。第二，与各省承担供货任务的单位积极联络，并专门召开了发行协调会。第三，为使这一文化民生工程惠及更广泛的人民群众，还致力于开发少数民族语言的单语种《新华字典》（第11版）。商务印书馆已免费授权新疆人民出版总社出版维吾尔文、哈萨克文、蒙古文、柯尔克孜文版《新华字典》（第11版）。

（唐　敏）

中版教材有限公司向云南省昭通市巧家县中寨乡贫困中小学改造捐赠资金

2012年12月20日，中版教材有限公司向云南省昭通市巧家县中寨乡贫困中小学改造捐赠资金2万元。昭通市巧家县是国家级重点扶贫县，受云南省昭通市教育局的委托，中版教材有限公司对口支援昭通市巧家县中寨乡，重点是帮助乡中心校加强教学管理，提高教学效率。在对中寨乡的学校教育教学现状进行了全面细致的调研后，针对学校教学设备落后，教师课堂教学手段单一的现状，中版教材公司决定首先从改善中寨乡学校的教学手段和方法入手，提高课堂的教学效率。为此公司向中寨乡中小学改造捐赠教学设备购置专款2万元整。

（星昕昕）

党群工作

中国出版集团公司党组召开理论学习中心组扩大会议

2012年1月11日，中国出版集团公司党组召开理论学习中心组扩大会议，传达学习全国宣传部长会议和全国新闻出版工作会议精神，结合工作实际研究贯彻落实措施。集团公司党组书记、副总裁王涛主持会议，集团公司党组成员和集团公司所属各单位主要领导参加了会议。

会议认为，全国宣传部长会议和全国新闻出版工作会议是在深入贯彻落实党的十七届六中全会精神，加快掀起社会主义文化建设新高潮、加快进入文化繁荣发展黄金期的大背景下召开的，充分体现了建设社会主义文化强国对宣传思想文化战线的全新要求和全面部署，为集团公司改革发展进一步指明了方向。李长春的讲话对党的十六大特别是十七大以来宣传思想文化工作呈现的良好态势和取得的宝贵经验作了充分肯定，从6个方面进行了精辟概括，进一步深化了宣传思想文化工作的规律性认识，对面临的新形势、新机遇、新特点、新任务和新挑战作了深刻分析，对2012年工作作了全面部署，为做好今后一个时期的宣传思想文化工作提供了基本原则。刘云山在对全国宣传部长会议进行总结时，就贯彻会议精神、做好2012年宣传思想文化工作提出了明确的要求，强调要增强使命感，把握总思路，唱响主旋律，突出着力点，善于抓管理，深化"走转改"。同时，对2011年的文化工作进行了盘点和总结，对2012年的重点工作进行了安排和部署，就抓工作重点和关键环节、开创2012年文化工作的新局面提出了明确的要求，是一个内涵丰富、求真务实，理论性与实践性非常强，振奋人心、鼓舞干劲的好报告。

王涛就深入学习、全面贯彻落实十七届六中全会以及全国宣传部长会议、全国新闻出版工作会议精神提出了4点要求：一要深入学习、准确把握会议精神；二要把握关键、找准抓手，继续深入开展"走转改"活动；三要突出重点、加快发展，切实做好集团公司5个方面的工作；四要振奋精神、营造氛围，为做好集团公司当前和今后一个时期的工作提供组织保证和精神动力。

（温　存）

中华书局参加中国出版集团公司新春团拜会

2012年1月12日，中华书局参加中国出版集团公司举行的新春团拜会，李岩、徐俊、余喆及人力资源部、党群工作部等部门代表参加。会上张露、杨一、朱兆虎、陈小远、梁五童表演歌舞《美丽的草原我的家》，并获优秀奖。

（梁　彦）

商务印书馆召开2011年度工作总结暨表彰大会

2012年1月16～18日，商务印书馆召开2011年度工作总结暨表彰大会。商务印书馆本部员工、各子公司员工450多人参加了大会。总经理于殿利代表馆务会作了2011年度工作总结。

1月17日，商务印书馆2011年度工作总结暨表彰大会召开。总经理于殿利总结了2011年所取得的成绩，分析了存在的问题和不足，并对2012年的工作进行了总体部署。2011年商务印书馆在中宣部和中国出版集团的领导下，经过全体同仁的共同努力，各项工作都取得了进步，社会效益和经济效益再上新台阶。在政治思想建设和精神文明建设常抓不懈；坚持正确的出版导向，实现高度的文化自觉；明确树立品牌管理新思维；基于战略的组织结构调整；重大项目出色完成任务；丰富产品结构，深化图书产品线建设；分馆业务发展态势良好，战略意义初显；创新管理手段，坚持不懈抓好生产经营；全媒体出版迈出重要一步；以科学管理谋发展；继续推进企业文化建设，进一步强化对企业核心价值观和核心经营理念的学习等方面取得了成绩。于殿利指出，在取得成绩的同时，还应看到在发展的过程中仍然存在着一些问题，并对2012年工作的重点和目标进行了部署。2012年要力争实现出版图书1 500种，发货码洋突破9个亿，利润总额突破8 000万元的经营目标；继续贯彻以大项目带动发展的战略；清理选题，狠抓落实；狠抓专项资金项目的落实；继续推进分馆和分公司建设；完善机构调整和制度建设；进一步强化编辑的市场意识和选题策划能力；加大人才培养、引进和使用力度；继续加强企业文化建设；加快ERP系统改造工程；把网站作为重要官方媒体、品牌形象和业务手段来建设；进一步提高经营管理水平，提高工作效率；做好馆庆115周年工作。在总结大会之后召开的表彰大会上，表彰了“从事出版工作30年”的老员工和优秀中层干部、优秀员工。此外，商务印书馆“2011年度最佳编辑”等13个奖项也在大会上揭晓。1月18日，各部门就总经理于殿利2011年度工作总结的要点，结合自己本部门本岗位的工作情况进行了分组讨论。（冯　雪）

生活·读书·新知三联书店党委与北京市顺义区北小营镇前礼务村联合举办“为民服务、共建文化新农村”活动

2013年1月16日，生活·读书·新知三联书店党委组织部分党员干部代表来到北京市顺义区北小营镇前礼务村，开展为民服务、共建“文化新农村”、“一助一”活动。三联书店党委委员潘健，支部书记曹永平、程进宝，党办副主任白杨等一行受到了北小营镇党委副书记朱新生、前礼务村支部书记张保山的热情接待。

朱新生、张保山简要介绍了前礼务村的概况，并重点介绍了该村以“百合家园”为依托，全力打造农村社区服务站的先进事迹。前礼务村面积近4平方千米，共有人口二千六百余人。近年来，村委会以构建和谐社区为目标，扎实开展各项工作，建成文化小广场，设立了“益民书屋”，大大丰富了村民精神文化生活，村民整体精神面貌有很大改观。

三联书店的党员代表认真倾听了相关介绍，并细心询问了环境保护、周边企业、人民文化生活等相关问题，对社会主义文化新农村有了切身认识和接地气的了解，同时介绍了三联书店近年来通过实施品牌、人才、企业文化三大战略所取得的突出成绩，讲述了三联书店竭诚服务读者、热心公益事业、关心普通读者的优良传统和实际做法，表示愿意在中国出版集团公司的统一组织下，和前礼务村结成建设社会主义文化新农村“一助一”的友好对子，加强交流，携手共进，共同为建设和谐社会、建成社会主义文化强国贡献力量。之后，三联书店向前礼务村捐献了价值万元的图书，用于丰富充实“益民书屋”。

（鞠晓辉）

中国对外翻译出版公司召开主题民主生活会

2012年1月17日，中国对外翻译出版公司召开主题为“对照党的十七届六中全会精神，结合本单位改革发展的实际，检查个人在思想认识和工作实践中存在的问题”的民主生活会。集团工会联合会副主席杭连生、人力资源部干部朱建伟参加了会议。会议结合本单位改革发展的实际，检查公司和个人在思想认识和工作实践中存在的问题，开展批评与自我批评，提出改正

措施。

总经理、党委书记林国夫在讲话中指出，人才短缺问题成为制约公司发展的因素之一，必须进一步解放思想，增强紧迫感，以较好的待遇留住人才，以可预期的事业发展吸引人才，以奋发进取的企业文化凝聚人才。

副总经理、党委副书记陈炳发，副总经理张高里结合翻译和出版分别进行了发言。

参加民主生活会的其他同志均表示要深入学习贯彻党的十七届六中全会精神，结合工作实际，主动实践“正作风、做表率、促发展”，团结带领广大员工为实现中国对外翻译出版公司美好未来努力奋斗。（王祺昊）

中华书局召开党支部委员大会

2012年2月1日，中华书局召开党支部委员大会，李岩、黄松出席，全体党支部委员参加。与会人员讨论了党支部改选、推荐十八大代表和中直机关代表候选人两项议程。之后，各支部分别召开支部会，推选十八大代表和中直代表代表候选人。大家一致推选谭跃、王涛、李岩为十八大代表候选人，李岩为中直机关代表候选人。此外，各支部还进行了改选，产生了新一届支委。（梁　彦）

生活·读书·新知三联书店召开2011年度领导班子考核述职会

2012年2月7日上午，生活·读书·新知三联书店在中国出版协会会议室召开了2011年度领导班子考核述职会，会议由总经理樊希安主持。中宣部干部局副调研员柳杰，中国出版集团公司人力资源部主任周伟，中国出版集团直属机关党委副书记、人力资源部干部处处长姜红新和三联书店总经理、党委书记樊希安，总编辑李昕，副总经理、副总编辑潘振平，副总经理、副总编辑翟德芳，总经理助理刘高源，总编辑助理郑勇、舒炜，党委和纪委成员、中层干部、工会和共青团组织负责人及部分职工代表共48人参加了会议。

樊希安总经理代表店领导班子作述职报告，报告全面总结了2011年店领导班子带领全店员工奋力拼搏取得的突出成绩——品牌、人才、企业文化三大战略收效明显，圆满完成全年工作任务，社会效益和经济效益取得双丰收。报告还阐述了促进三联事业发展的基本经验，同时也指出了店领导班子工作的不足。樊希安还就2011年干部选拔任用情况作了专题报告。在个人述职中，他从德、能、勤、绩、廉5个方面阐述了自己在2011年取得的业绩，也认真指出了有待改进之处。李昕总编辑、潘振平副总经理、翟德芳副总经理分别就自己分管的工作进行了详尽、全面、客观的总结。领导班子述职后，与会人员认真填写了《领导干部年度考核测评表》和《新选拔任用干部民主评议表》，评述一年来店领导班子的工作、个人表现和干部选拔任用使用情况。（鞠晓辉）

华文出版社传达、学习中国出版集团公司2012年度工作会议精神

2012年2月10日，华文出版社召开全社大会，传达、学习中国出版集团公司2012年度工作会议精神。

会议详细介绍了集团公司2012年度工作会议情况，全面传达了会议精神，集中学习了中国出版集团公司谭跃总裁题为《实施六大战略，加强六个建设，为打造现代化、大型化、国际化出版传媒集团而努力奋斗》的工作报告。与会员工群情激奋，一致认为主题报告高屋建瓴，立意深远，催人奋进——战略思考有新高度，战略目标有新格局，战略思路有新突破，谋划长远，狠抓当年，凸显出版“国家队”的器局、眼界和担当，表现出了高度的文化自觉和强烈的文化自信。

华文出版社社长罗争玉要求全社上下要肩负起集团公司的使命和责任，以高度的政治感、责任感、使命感做好各项工作，积极响应谭跃总裁提出的5个“实”——全神贯注，脚踏实地；

咬定目标，狠抓落实；沉下心来，多办实务；团结奋斗，苦干实干；不图虚名，但求实效，为实现集团公司宏大的战略目标作出贡献。

（陆虹宇）

中国出版集团公司2012年党和工会有关工作会议召开

2012年2月16～17日，中国出版集团公司召开2012年党和工会有关工作会议，传达贯彻中央直属机关2012年党的工作、纪检工作和工会、妇女工作及集团公司年度工作会议精神，传达中央直属机关工作委员会关于基层组织建设年的工作部署，总结2011年集团公司党群工作，安排部署2012年工作。集团公司党组书记、副总裁王涛传达中央领导同志重要批示精神并作重要讲话。集团公司党组成员、副总裁、直属机关党委书记林弋作党的工作报告，集团公司直属机关党委常务副书记、纪委书记、工会联合会主席王云武作纪检工作报告和工会工作报告，集团公司女职工委员会副主任权舆作女工工作报告。集团公司直属机关党委委员、集团工会联合会委员，集团下属各单位行政主要领导、党委书记、副书记、工会主席、副主席、党办主任、工会办主任、女工委负责人共一百余人参加会议。

王涛传达了中央书记处书记、中央政治局委员、中央宣传部部长刘云山对集团公司工作报告和6个单位的典型发言材料的重要批示：“谭跃同志报告好，视野开阔，思考深邃，符合六中全会精神。形势分析深刻透彻，抓住要点；发展战略清晰，符合时代要求；今年工作安排也可操作，希望抓好落实，争取今年的各项工作有大的进步。”“从几份发言可以看出几个单位改革发展的成绩，也可以看出大家的精神状态，请转达对同志们的问候和敬意。”王涛指出，刘云山的重要批示，既是对集团公司全体同志的巨大鼓舞，也是巨大鞭策，各单位要认真组织学习传达。

王涛要求各单位以“新十年、新征程、新发展、新高峰”为主题，组织干部员工围绕“三化目标”、“六大战略”，结合工作实际开展“解放思想”大讨论，使干部员工对“三化目标”和“六大战略”能够了解之、熟悉之、实践之。王涛还就如何理解把握“三化目标”、“六大战略”谈了自己的思考。

王涛总结了集团公司成立10年以来党的工作和工会工作取得的主要成绩和基本经验。6个方面的主要成绩是：一是坚持不懈地抓好理论武装工作；二是坚持不懈地加强基层党组织和工会组织建设；三是坚持不懈地加强党风廉政建设；四是坚持不懈地加强精神文明和企业文化建设；五是坚持不懈地加强工青妇组织作用；六是坚持不懈地加强党群组织干部队伍建设。6个基本经验是：一是围绕中心、服务大局，党群工作才能充满活力；二是解放思想、开拓创新，党群工作才能开创新局面；三是以人为本，凝聚人心，党群工作才能抓住根本；四是团结一致，创先争优，党群工作才能不断扩大影响力；五是发挥群众组织桥梁纽带作用，党群工作才能形成整体合力；六是大力推进企业文化建设，党群工作才能有广泛的群众基础。

关于2012年党的工作和工会工作，王涛提出要紧紧围绕迎接、学习贯彻党的十八大精神这一主线展开：一是大力开展“解放思想”大讨论，营造加快集团公司改革发展步伐的思想环境；二是大力加强企业文化建设，努力营造风清气正、开拓奋进的良好氛围；三是牢固树立群众观点，切实发挥工会组织的桥梁纽带作用；四是切实加强青年工作，为青年人成长成才搭建广阔平台；五是加强党群组织建设和党群干部队伍建设，切实保障党组织发挥政治核心作用。王涛强调，只要党群组织围绕集团的中心工作来谋篇布局，开展工作，就一定能够实现刘云山提出的“今年工作有较大的进步”的要求。

林弋总结了2011年集团公司党的工作，并对2012年党的工作作了部署。王云武总结了2011年的工会工作，并对2012年工会工作进行了部署。

会上，商务印书馆、中国大百科全书出版

社、人民音乐出版社、中国对外翻译出版公司、荣宝斋、中国图书商报社分别介绍了开展“创先争优”活动的情况；人民文学出版社、中国美术出版总社、中国图书进出口（集团）总公司分别介绍了工会工作情况。与会同志分组讨论了工作报告，交流了工作情况。

大家一致认为，这次会议开得有特色，取得了预期成果。（温　存）

东方出版中心学习中国出版集团公司2012年度工作会议精神

2012年2月17日下午，东方出版中心召开党委中心组学习（扩大）会，传达学习中国出版集团公司2012年度工作会议精神。中心领导、总编辑宋焕起传达了谭跃在中国出版集团公司2012年度工作会议上作的工作报告。党委副书记、纪委书记、副总经理董玲传达了中宣部副部长蔡名照、新闻出版总署副署长邬书林、中国出版集团公司党组书记王涛在中国出版集团公司2012年度工作会议上的讲话精神。副总编辑祝新刚主持学习会。

宋焕起代表东方出版中心领导班子就认真学习贯彻集团公司工作会议精神进行了部署。他说，2012年的集团工作会议非常重要，是对集团公司新的十年征程的战略谋划和布局，对集团公司乃至今后的发展有着重要和深远的指导意义。工作报告既是集团宏观层面的谋篇布局，又是具体任务的指导和要求，更是今后工作的十分重要的依据和依托，中心的工作必须纳入、融入其中，不可须臾游离出去，要成为集团发展战略和工作大局的一个组成部分。他强调，2012年适逢中心领导班子调整的特殊年景，是变化也是机遇，看我们能不能把握和利用。东方出版中心的事业也进入一个十分重要的发展期。中心应当比以往任何时候都更加重视本次集团工作会议所包含的重要意义，应当比以往任何时候都更加认清本次会议的现实指导性，扎实、稳健地推进各项工作，圆满完成年度各项任务。中心各部门、各单位负责人，中心工会、团总支委员，处级干部和副高以上职称专业人员共四十余人参加了学习会。（张洁民）

中国出版集团公司工会对所属单位进行财务检查工作

2012年2月21～24日，中国出版集团公司工会联合会派出财务检查工作小组对集团公司所属12家单位工会的财务工作进行了检查。检查小组对各单位工会的会计凭证、财务报表、经费收支预决算表进行了认真审查，并提出指导性意见。各单位工会主席或副主席，工会财务干部参加。

检查中发现，各单位对工会财务工作比较重视，工会经费的“收、管、用”基本符合工会财务管理的规定，经费足额上解，开支基本合理，大部分能达到经费“收支平衡、略有结余”的要求。但也存在一些问题，主要有以下几个方面：一是会计科目设置比较混乱，亟待规范；二是会计科目使用不规范，无法反映真实支出情况；三是审批手续不当，没有很好地坚持“一支笔”审批的要求；四是费用开支结构不合理，用于职工福利开支过大。

工会财务出现上述问题的原因，主要有以下几个方面：一是对工会经费特殊性的认识有偏差；二是对工会经费管理的重要性认识不足；三是工会财务干部的业务素质和能力还要进一步提高；四是集团工会对财务工作的指导不够。

（温　存）

生活·读书·新知三联书店召开2012年度党委民主生活会

2012年2月28日下午，生活·读书·新知三联书店召开2012年度党委民主生活会，店党委委员、店领导班子成员共8人参加会议，集团党群工作部群众工作处副处长汪武、店总经理（党委）办公室人员列席会议。三联书店总经理、党委书记樊希安主持会议。

首先，樊希安传达了中宣部部长刘云山对中

国出版集团公司年度工作报告及其下属单位领导发言的批示，强调批示是对集团和三联工作的高度肯定和莫大鼓舞。樊希安指出，要继续深入学习党的十七届六中全会精神；要认真贯彻谭跃总裁的年度工作报告，把它作为引领三联书店创新发展的指导方针。接着，樊希安就“明确目标，查找不足，大力推动三联飞跃发展”的会议议题，布置了3个发言讨论方向：一是围绕三联的发展奋斗目标和集团的要求，查找改进不足；二是对照党的建设，查找并改进党委工作的不足；三是按照店党委和领导班子要求，就发挥党员模范带头作用找差距。

与会人员表示要继续认真学习党的十七届六中全会精神，提高对社会主义文化大发展大繁荣的重要性认识，贯彻落实谭跃总裁的年度工作报告，一切工作从维护三联根本利益和促进三联飞跃发展出发。（鞠晓辉）

中国出版集团公司召开2012年团工作会议

2012年2月29日至3月1日，中国出版集团公司召开2012年团工作会议。集团公司直属机关党委常务副书记、纪委书记、工会联合会主席王云武出席会议并讲话。集团公司团委书记温存主持会议，集团公司团委副书记刘波、牛怿出席会议，集团公司下属各单位团组织书记、副书记、委员共43人参加会议。会议传达了中直机关2012年团工作会议精神，集团公司2012年度工作会议精神、党的工作和工会工作会议精神，总结了团委2011年的工作，紧紧围绕2012年集团公司“大力加强六个建设”工作任务，对团工作进行了安排部署。会上，邀请集团公司出版业务部主任张贤明、战略发展部主任茅院生作了专题讲座。

王云武对2011年集团公司各级团组织、团干部和团员青年作出的突出贡献和取得的成绩给予充分肯定。他说，中央政治局委员、书记处书记、中央宣传部部长刘云山最近给集团公司做了重要批示，既是对集团过去十年工作的充分肯定，也是对集团新十年新发展提出的新要求和新期望，也是对集团青年提出的新希望和新要求。谭跃总裁的年度工作报告，科学地分析了国内国际出版产业形势和未来发展趋势，结合集团实际，提出了“三化目标”和“六大战略”，也为集团公司广大团员青年干事创业、成长成才提供了更为宽广的空间和舞台。

关于如何围绕集团公司的中心工作，做好今年的共青团工作，王云武提出5点要求：一是加强理论学习和业务学习，努力提高团员青年的综合素质；二是围绕中心、服务中心，在为集团做贡献过程中成长成才；三是发挥团组织的桥梁纽带作用，竭诚为团员青年成长进步服务；四是抓好基层组织建设和队伍建设，提高服务青年的工作水平；五是各级党组织要高度重视青年工作，支持团组织独立负责地开展工作。

张贤明就青年人如何融入中心，在大力加强出版主业建设、做强出版主业的工作任务中，以一颗炙热的童心，不断锤炼意志和本领，发挥青年人年富力强、思维活跃、敢闯敢为、不畏困难的拼搏精神，立足岗位、创造新业绩，尽快成长成才进行了讲解。茅院生介绍了集团公司“六大战略”、“三化目标”的战略和今年“大力加强六个建设”工作任务产生的背景和形成过程，深刻分析了国际国内出版产业现状和未来发展形势，对集团公司新十年发展战略和未来发展规划进行了解读。

温存传达了中直机关工委副书记杨金永《在中直机关2012团的工作会议上的讲话》精神和集团公司党组书记王涛《在集团公司2012年党的工作、纪检工作、工会工作和女工工作会议上的讲话》精神。对如何落实会议精神进行了部署。就如何推进共青团工作，温存强调，一是加强学习，突出思想引导；二是集合众力，办好香山论坛；三是创先争优，迎建团90周年；四是围绕中心，绽放青春活力；五是细致工作，破解团建难题；六是联合青年，贡献集团发展。

刘波传达了中直机关团工委2011年工作要点。牛怿对集团团委2011年工作进行了总结。

（温　存）

中国出版集团公司举办工会干部培训班研讨贯彻《企业民主管理规定》的工作思路

2012年2月，中共中央纪律检查委员会、中共中央组织部、国务院国有资产监督管理委员会、监察部、中华全国总工会、中华全国工商业联合会六部委联合制定下发了《企业民主管理规定》。为了贯彻落实好该规定，做好企业民主管理工作，6月15~16日中国出版集团公司工会举办工会干部培训班。集团公司直属机关党委常务副书记、纪委书记、工会联合会主席王云武，集团公司工会联合会副主席杭连生，集团公司下属各单位工会主席、副主席、工会委员、工会办主任共40多人参加培训班。

培训班首先请北京市工会理论研究所张宝刚教授作辅导报告，重点讲解了《企业民主管理规定》的主要内容。与会同志紧密结合集团实际，围绕贯彻落实《企业民主管理规定》，加强企业民主建设，创新工会工作进行了研讨。

王云武作培训班总结讲话。他指出，举办这次培训班，目的是在完成转企改制的新形势下，加强企业的民主管理工作，调动广大员工的积极性，更好地为集团公司健康快速发展服务。他强调，《企业民主管理规定》对企业民主管理的基本形式作了概括性描述和框架式规定，是集团公司及下属各单位工会加强企业民主管理建设的指导性文件，要认真贯彻落实，提高企业民主管理水平。自2004年集团整体转企改制以来，集团公司工会一直在探索加强企业民主管理的基本形式和工作方式。到2012年，已基本建立职代会制度，工作逐步规范，工作方法实现多样化，职代会工作取得了显著成效，初步起到了民主管理、民主参与、民主监督的作用，对各单位民主决策、民主管理发挥了导向、引领和警示作用。企务公开制度是集团公司贯彻落实《企业民主管理规定》的一个难点，可以积极进行探索，如把企务公开与党务公开结合起来进行，切实把企务公开制度落到实处。

王云武指出，职工之家是工会组织开展活动的重要载体。近几年来，集团公司开展了职工书画摄影展、春节团拜会、歌咏比赛、乒乓球比赛、羽毛球比赛等各种文体活动；采取多种方式帮助职工解决生活困难，如集团公司工会、中国美术出版总社、荣宝斋建立了送温暖基金等，在职工之家建设方面做了大量工作，发挥了工会组织的桥梁纽带作用，增强了工会组织的凝聚力，提高了工会组织服务中心、服务职工的能力和水平。企业民主管理也是职工之家建设的一项重要内容，各单位要认真贯彻落实，稳步推进，真正把工会建成组织健全、维权到位、工作规范、作用明显、职工信赖的职工之家。（温　存）

中国出版集团公司女工委庆祝“三八”国际劳动妇女节“学先进、赶先进、争当先进”表彰座谈会召开

2012年3月6日，中国出版集团公司女工委员会在集团总部11楼多功能厅召开庆祝“三八”国际劳动妇女节“学先进、赶先进、争当先进”表彰座谈会。集团公司党组书记王涛，中直工委工会副主席、女工委主任崔钦华，集团公司直属机关党委常务副书记、工会主席王云武以及受表彰的先进集体、个人和女工负责人五十余人参加座谈会。集团公司女职工委员会副主任权舆主持座谈会。

集团公司党组书记王涛表达了对女同志节日的问候，同时肯定了女同志在集团公司改革发展中所作的贡献。他说，集团公司走过的10年历程，取得的成绩离不开集团公司女职工的艰苦奋斗和无私奉献。现在集团公司女职工人数占全集团人数的51%，女同胞们成为真正意义上的半边天，发挥了重要作用。2012年是集团公司成立10周年，集团提出“新十年、新征程、新发展、新高峰”的口号以及“三化目标”和“六大战略”，为女同志更好地发挥作用提供了广阔的舞台。希望女同胞姐妹们大有作为，在集团公司新一轮的改革发展中施展才华，作出更大贡献。

集团公司工会副主席柏万良代表集团公司工会宣读了《关于表彰中国出版集团2012年优秀女工集体优秀女职工和优秀女工干部的通报》。到会的各级领导为获得表彰的集体代表和先进个人颁发了奖牌和奖状。 （温　存）

中央直属机关团工委领导到中国大百科全书出版社调研

2012年3月7日下午，中央直属团工委书记王晓锋、中央直属团工委办公室主任陈利明、集团公司团委书记温存到中国大百科全书出版社，就学雷锋活动进行调研。会上，中国大百科全书出版社副社长刘晓东、党办主任宋梅娟、团支部书记及委员分别介绍了中国大百科全书出版社多年来开展学雷锋活动的情况。3月2日，中国大百科全书出版社举行了学雷锋——文明乘车志愿者服务活动启动仪式，副社长刘晓东代表中国大百科全书出版社党委宣读了《中国大百科全书出版社学雷锋活动倡议书》，号召中国大百科全书出版社党员、团员及全社职工把学雷锋活动融入到日常生活、学习和工作之中，自觉做中华民族传统美德的传承者、社会主义道德规范的实践者、良好社会风尚的创造者，将雷锋精神发扬光大！会后，王晓锋一行到阜成门北公交站台对中国大百科全书出版社文明乘车志愿者服务活动进行了实地调研，慰问了中国大百科全书出版社参与志愿活动的员工。 （王　瑜）

东方出版中心工会纪念“三八”妇女节座谈会举行

2012年3月8日上午，中心工会在第二会议室举行纪念“三八”妇女节座谈会，纪念国际劳动妇女节102周年。女职工们聚集一堂，共庆妇女姐妹们的共同节日，共话学习贯彻中国出版集团公司2012年度工作会议精神，解放思想、转变观念、创新发展，积极努力地做好中心各项工作。座谈会由中心党委副书记、纪委书记、副总经理、工会主席董玲主持。

会上，董玲首先代表领导向女同胞表示节日祝贺。她说，集团及东方出版中心现在正处在一个新的发展时期，我们要解放思想、转变观念、创新思维，增强信心，不断提升自己的素质和能力，更好地发挥女性特有的作用，为中心各项事业发展做出新的成绩。

会上，女职工们结合中心发展目标及本职工作踊跃发言。大家一致表示，要在实践中加强自我修炼、提升自身素养。面对平凡的工作、琐碎的生活，要用女性细腻的情感、细致的态度用心地去做，用激情和快乐伴随我们去战胜各种困难。女职工们还肯定了工会在保障女职工权益、发挥女职工作用方面所作的工作，并对搞好企业文化建设提出了很好的建议。中心工会常务副主席孙志坚出席了座谈会。四十余位女职工参加了座谈会。 （张洁民）

世界图书出版广东有限公司“亲近自然，与美同行——庆祝‘三八’妇女节主题活动”举行

2012年3月8日，世界图书出版广东有限公司开展了“亲近自然，与美同行——庆祝‘三八’妇女节主题活动”，组织公司女职工参观了广州南沙百万葵园。

位于广州郊区的百万葵园是我国著名的鲜花天堂，这里有国内第一家全部采用进口种子种植的观赏性向日葵乐园，更有五彩缤纷的玫瑰花海和深邃浪漫、原产于地中海的薰衣草花田，是观赏自然植物与稀有花草的理想去处。大家徜徉在花的海洋里，感受着美丽自然与幸福生活。

（卢家彬）

中央直属机关工作委员会组织部领导到人民音乐出版社检查指导“创先争优”工作

2012年3月14日，中央直属机关工作委员会组织部副部长马勇明率舒家鑫处长、关飞同志在中国出版集团公司机关党委常务副书记、纪委书记、工会主席王云武，党群工作部徐静陪同下

来人民音乐出版社检查指导“创先争优”活动开展情况。社长、社党委书记吴斌，总编辑、副社长莫蕴慧，党委副书记、工会主席郭文山，副社长杨伯勋汇报了人民音乐出版社“创先争优”活动开展情况，并陪同参观。

吴斌首先向中直工委和集团领导汇报了人民音乐出版社近年来的发展情况，领导团队和干部队伍的建设情况，介绍了人民音乐出版社在经济效益、品牌建设、党的建设、企业文化建设等各项工作上进行“创先争优”的措施和成果。郭文山介绍了人民音乐出版社基层组织建设、“创先争优”工作的具体实施情况。郭文山表示，未来几年党群工作将更好围绕中心、努力把人民音乐出版社打造成为专业音乐工作者和业余音乐工作者的文化家园，全社员工的和谐之家，不断创新的活力团队，国内乃至国际上的行业标杆。

中直机关工委和集团领导对人民音乐出版社“创先争优”工作取得的成绩给予了充分肯定。马勇明代表检查组谈了感受。他认为人民音乐出版社在“创先争优”工作方面表现出3个特色：一是抓住了班子建设这个核心，继承和发挥了党的优良传统和组织优势；二是重视党的基层建设，为企业党建工作创造了好的经验；三是重视企业文化的塑造并使企业文化成为核心竞争力。中直工委领导还参观了人民音乐出版社贵宾室、咖啡厅、健身房、录音室、社史陈列室、资料室等，对人民音乐出版社办公环境和人文氛围表示赞赏。

（吴明静）

中国出版集团公司举办“学习贯彻两会精神，加强企业文化建设”学习讲坛

2012年3月19日，中国出版集团公司在总部11楼大会议室举办“学习贯彻两会精神，加强企业文化建设”学习讲坛，这也是集团公司党组（党委）中心组的一次集体学习。集团公司党组成员、副总裁宋晓红、王俊国、林弋，集团公司各部门负责同志，下属各单位党政班子、党办主任、企业文化办负责人，集团公司总部员工共一百余人参会。林弋主持会议。

集团公司企业文化顾问、中国企业文化管理专业委员会副理事长、中国企业文化测评专家委员会主任解云天教授首先解读了两会精神。接着，解云天教授从理念识别系统、行为识别系统、视觉识别系统和案例故事解读等几个方面重点宣讲了《中国出版集团公司企业文化手册》。解教授还从管理视角和社会视角阐释了为什么要建设企业文化，他认为企业文化就是企业的DNA，企业文化理念就像遗传基因控制生命周期一样决定着企业生存和发展进程。企业文化建设从广义上看集中体现在提升企业软实力上，从狭义上看则集中体现在核心价值观的培育、企业精神的凝炼和团队精神的打造上。

集团公司副总裁、直属机关党委书记林弋最后强调，两会的召开是我国人民政治生活中的一件大事，政府工作报告关于深化文化体制改革，促进文化大发展大繁荣的工作部署对集团公司改革发展具有重要的指导意义。各单位要认真学习贯彻两会精神，积极推进改革发展，尽快实现集团公司确立的“三化目标”。同时，他指出，企业文化建设是集团公司今年制定的“六个建设”之一，加强企业文化建设，要结合集团公司成立10周年，举办“解放思想大讨论”、“香山论坛”等一系列活动，统一思想，凝聚力量，把干部职工的积极性和创造性充分调动起来、激发出来，为促进集团公司又好又快发展营造良好的思想和文化氛围。

（温　存）

中国出版集团公司宣布调整东方出版中心领导班子决定

2013年3月20日上午，中国出版集团公司在东方出版中心召开中心干部大会，宣布调整东方出版中心领导班子决定。集团公司党组书记王涛出席会议并讲话。大会由集团公司人力资源部主任周伟主持。东方出版中心新老班子成员宋焕起、李智平、祝新刚、董玲、祝君波等出席大会。

会上，周伟分别宣读了中国出版集团公司和中国出版集团公司党组关于东方出版中心有关领

导任免的决定。经中共中央宣传部批准，宋焕起任东方出版中心党委书记、总经理，李智平任东方出版中心总编辑，免去祝君波东方出版中心党委书记、总经理职务，免去宋焕起东方出版中心总编辑职务。

王涛代表集团公司总裁班子和党组在会上讲话。他指出，东方出版中心领导班子的调整是集团公司在认真考察测评、广泛征求意见的基础上，慎重考虑，认真研究作出的决定。他代表集团公司向祝君波表示诚挚的谢意和美好的祝愿。同时，希望祝君波继续关心东方出版中心的发展。王涛还分别介绍了宋焕起和李智平的情况。祝君波、宋焕起和李智平也分别作了发言，一致表示服从组织决定，在新的岗位继续努力学习、勤奋工作，不辜负组织的信任和同志们的期望。中心各部门、单位负责人参加了大会。

（张洁民）

中国民主法制出版社举行“牢记两个务必，重温入党誓词”主题活动

2012 年 4 月 1 ~ 2 日，中国民主法制出版社党支部全体党员和 7 名入党积极分子前往革命圣地河北省西柏坡，举行“牢记两个务必，重温入党誓词”的主题活动。在七届二中全会旧址，党支部书记肖启明号召全体党员，进一步了解党史，坚定理想信念，充分发挥党员的先锋模范作用，弘扬奉献精神，树立党员的新形象。在庄严的氛围下，全体党员面对鲜艳的党旗举起右手宣誓，重温自己忠于党的誓言，表达了为党的事业奋斗终身的决心和愿望。

活动中还就“两个务必”在新时期工作中的现实指导意义展开了深入的讨论，对加强自身作风建设的必要性有了更进一步的体会。

为了使这次党史教育活动更丰富，在返程途中还举行了党史知识讲解和红色歌曲演唱比赛。此次活动进一步加深了入党积极分子对党的了解和认识，更加坚定了他们通过自身不懈的努力争取早日加入党组织的迫切愿望。（邵　力）

人民文学出版社赴航天城参观学习

2012 年 4 月 12 日下午，人民文学出版社全体在职党员和职工走进了中国航天员成长的摇篮——北京航天城的航天员科研训练中心，在那里举行了生动的党组织生活和全社员工参观学习活动。

这次活动得到了解放军总装备部政治部的大力支持，曾随神舟六号飞船踏入太空的中国航天员大队大队长费俊龙与人民文学出版社全体参观人员合影留念。神舟九号飞船将于 2012 年 6 ~ 8 月择机发射，航天员大队正在进行紧张的训练，费俊龙能在百忙之中与大家合影，大家非常感动，以热烈的掌声表示感谢。解放军总装备部原副政委朱增泉和政治部宣传部部长强勇会见了全体员工。（宋　强）

中国出版集团公司举办基层党支部书记培训班

2012 年 4 月 17 ~ 20 日，中国出版集团公司直属机关党委分两期举办党支部书记培训班，对全集团 130 多个基层党支部书记进行了轮训。集团公司党组书记王涛，集团公司副总裁、直属机关党委书记林弋出席培训班并讲话。集团公司直属机关党委常务副书记、纪委书记、工会联合会主席王云武作开班动员。集团公司及所属各单位党支部书记共一百三十余人参加培训。

王涛就围绕集团公司改革发展中心工作，切实加强基层党组织建设作重要讲话。王涛在讲话中指出：一要深刻认识集团公司改革发展面临的新形势，切实加强党支部建设的工作力度；二要深刻认识党支部的重要地位，充分发挥党支部的战斗堡垒作用；三要深刻认识党员的主体地位，充分发挥党员的先锋和模范作用；四要深刻认识党支部书记肩负的重要责任，扎扎实实抓好党支部各项工作；五要认真总结集团党建工作的基本经验，努力开创基层组织建设的新局面。

林弋总结了培训班的特点和学习收获，还就

运用学习成果，加强党支部建设提出了4点要求。一是完善和修订工作计划，理清工作思路。二是紧密配合单位中心工作，发挥党员的积极性。三是继续扎实开展“建立学习型党组织，培养学习型党员”活动。四是既要善于学习别人的经验，又要善于总结自己的经验，在学习和总结中不断提高。

王云武从党支部的地位和作用，党支部书记的地位和作用、工作范畴、素质修养、基本工作方法、工作能力的提高以及领导艺术等7个方面讲解了如何当一个合格的党支部书记。中国文化管理学会常务理事、中国企业文化测评专家委员会主任解云天教授结合当前形势，从思想政治工作的研究对象、理论依据、工作规律、方式方法等几个方面讲解了如何加强思想政治工作，提高基层党支部的吸引力、凝聚力和战斗力。中国思想政治工作研究会、中宣部思想政治工作研究室研究员范希春就贯彻落实《中央宣传部、国务院国资委关于加强和改进新形势下国有及国有控股企业思想政治工作的意见》，作了全面深入的解读。

中国大百科全书出版社对外合作中心党支部、人民音乐出版社第二党支部、中国对外翻译出版公司第一党支部、中国图书进出口（集团）总公司图书文献党支部、荣宝斋职能科室党支部分别介绍了支部开展工作的经验体会。各单位党支部书记就本支部开展工作的情况进行了交流讨论。（温　存）

东方出版中心党委召开党员大会总结部署2012年度工作

2013年4月19日，中心党委召开全体党员大会，总结部署2012年度工作，就深入开展“创新发展思路，加强经营管理，不断提升核心竞争力”为主题的创先争优活动进行动员。中心总经理、党委书记宋焕起出席大会并作讲话。中心总编辑李智平、副总编辑祝新刚出席会议。中心党委副书记、纪委书记、副总经理董玲主持大会，并代表中心党委作2011年党委工作总结报告和2012年党委工作要点报告。

董玲从5个方面回顾总结了中心党委2011年度主要工作，并从4个方面提出了2012年中心党建工作的主要任务。

宋焕起在讲话中说，一年一度的党员报告工作大会是一次总动员和总集结的大会。党员要从新的起点集结出发，为实现新一年的工作目标而启航。他要求党员振奋精神，以良好的精神状态带领全体职工努力开创中心事业发展的新局面。他指出，我们正进入一个新的发展时期，既面临着机遇，也面临着不少困难和问题。在这样一个时刻，我们更要振奋精神，发扬“大百科”艰苦创业精神，充分发挥中心现有的优势去克服困难，人心齐才能泰山移。党员要树立与中心同呼吸共命运，企业盛我盛，企业衰我衰的理念，通过自身的模范带头作用，团结带领广大员工立足岗位，努力工作，积极奉献，推进中心新发展，努力完成今年各项工作任务。最后他以“风清气正，爱岗敬业；勇于成才，奋发有为；既当火车头，又作动车组；任重道远，只争朝夕”的4句话与党员们共勉。出席大会的全体党员对党委2011年工作进行了民主评议。（张洁民）

东方出版中心召开党风廉政建设大会

2012年4月19日，东方出版中心纪委召开党风廉政建设大会，总结2011年党风廉政建设工作，部署2012年党风廉政建设工作。党委书记、总经理宋焕起出席并作讲话。总编辑李智平、副总编辑祝新刚参加会议。中心党委副书记、纪委书记、副总经理董玲主持会议。

董玲代表纪委总结了2011年党风廉政建设工作，并部署了2012年党风廉政建设工作。

宋焕起在讲话中充分肯定了2011年党风廉政建设工作取得的成绩。他指出，在新的一年中，党风廉政建设的任务依然十分繁重，我作为党风廉政建设的第一责任人，希望与党员、干部一起，继续抓好落实党风廉政建设责任。他要求各级领导干部要认真学习中纪委十七届七次全会精神，切实承担起“一岗双责”，在履行行政职责的同时，认真履行党风廉政建设责任，把党风廉政建设落实到具体工作中。要进一步加强和完善制度建设，增强政治意识、大局意识、责任意识，紧紧围绕中心改革发展稳定工作，推进中心各项事业的创新发展。董玲要求大家要进一步增强责任意识，充分认识抓好党风廉政建设的重要意义和积极作用，认真履行职责，严格管好自身，切实带好队伍，推进中心党风廉政建设，促进中心各项事业健康发展。

各部门、单位负责人参加了会议。会上，中心领导班子成员分别与自己分管部门、单位的主要负责人签订了《2012 年度党风廉政建设责任书》。（张洁民）

中国对外翻译出版公司党委积极推进开展党的基层组织建设年活动

2012 年 4 月，中国对外翻译出版公司党委开展党的基层组织建设年活动，以“领导班子好、党员队伍好、工作机制好、工作业绩好、群众反映好”为要求，对党支部进行分类定级，同时，按照上级有关要求，对推荐党的十八大代表候选人预备人选再次征求党员意见。

为贯彻落实集团《关于开展基层组织建设年的实施办法》，公司党委积极推进开展党的基层组织建设年活动。活动共分 5 个阶段：一是安排会议，制订计划；二是调查摸底，分类定级；三是整改提高，晋位升级；四是树立典型，评选表彰；五是健全制度，完善机制。（王祺昊）

中国出版集团公司召开纪念五四青年节座谈会

2012 年 5 月 4 日，中国出版集团公司在总部 11 楼多功能厅召开纪念五四青年节座谈会。集团公司总裁谭跃、党组书记王涛出席并作重要讲话。集团公司直属机关党委、集团公司团委领导和各单位分管青年工作的领导出席会议，各单位党委办公室、人事部门、团组织负责人，优秀共青团员、团干部和“五四”红旗团组织代表，青年员工代表共 130 人参加会议。

谭跃在讲话中指出，我们一定要有这样的认识：我们非常看重集团公司的经济增长和做强做大，但是我们更加看重人才培养和人才集聚。我们应该有这样的理念：我们要在造就企业的同时造就人才，在造福社会的同时造福员工。更重要的是，要在造就人才的同时造就“三化目标”。我们要有这样的硬功夫，就是要把人才工作真正做起来。人才工作里面第一个是领导干部，第二个就是青年人才。集团的未来关键在年轻人，“三化目标”的实现，关键也在年轻人。

关于青年人如何成长成才，谭跃联系实际，着重讲了 6 个方面：一是学会理想；二是学会学习；三是学会总结；四是学会做人；五是学会合作；六是学会坚忍。

谭跃最后强调，青年人如果真的想成才，至少要在这“六个学会”方面花一点工夫。如果你今天总想舒服，那么你的明天一定不舒服。如果你吃了今天的苦，明天一定会比较甜。这就是辩证法，这就是生活规律。集团公司的希望在年轻人身上，在有理想，又坚忍，又善于学习，又善于合作的青年人身上。有一批这样的人才，集团公司才会真正有希望。

王涛在讲话中指出，这次座谈会形式新颖，11 位同志紧紧围绕谭跃在 2012 年年初工作会议上提出的“三化目标”和“六大战略”发言。这个切入点非常好，符合党组的要求。谭跃提出“三化目标”和“六大战略”之后，中央领导同志给予了高度认可，要求我们认真地贯彻落实。这次座谈会也是贯彻落实的一个具体措施，整个会议秩序、氛围很好。11 位同志的发言，充满热情，充满真知灼见，都是青年同志发自内心的思考，而且文风清新。

王涛对青年工作提出两点要求：一是集团青年应该树立远大理想和文化担当；二是全集团要加大对青年人才和青年同志的培养，使用和关爱。

集团公司直属机关党委常务副书记、纪委书记、工会主席王云武主持座谈会。集团公司直属机关党委副书记姜红新宣读了《关于表彰中国出版集团2011～2012年度优秀共青团员、优秀团干部、“五四”红旗团组织的决定》，集团公司团委书记温存宣读了《中国出版集团团委“学习胡锦涛‘七一’重要讲话，促进中版集团大发展”专题征文获奖情况通报》。人民文学出版社王一珂、商务印书馆叶军、中华书局李天飞、中国大百科全书出版社郎序菲、中国美术出版总社赵丹、人民音乐出版社刘沐粟、生活·读书·新知三联书店邵慧敏、中国对外翻译出版公司梁绪、中国图书进出口（集团）总公司牛怿、荣宝斋戴婉嘉、中国图书商报社王茜分别发言。

（温　存）

中国出版集团公司召开第二届第二次党员代表大会

2012年5月11日，中国出版集团公司召开第二届第二次党员代表大会，选举出席中央直属机关党代会代表。集团公司党组成员、副总裁、直属机关党委书记林弋主持大会，集团公司直属机关党委常务副书记、纪委书记王云武作《出席中直机关党代会代表候选人预备人选推荐和考察情况》的报告，并介绍代表候选人的基本情况。集团公司直属机关党委副书记姜红新宣读《大会选举办法》。集团公司直属机关党委委员在主席台就座，全集团104名党代表参加会议。

根据选举办法，大会采取差额选举，在12名候选人中选举产生9名代表。经过无记名投票，李岩、马五一、龚莉、汪家明、林国夫、潘凯雄、樊希安、孟传良、吴伟等9人当选中直机关党代会代表，大会确认林弋和王云武为中直工委指定的出席中直机关党代表会议的代表。

与会代表围绕集团公司“三化目标、六大战略”，充分发挥各级党组织作用进行了分组讨论，审议通过了《关于充分发挥党组织的战斗堡垒作用和党员先锋模范作用，为推进“三化目标”和“六大战略”作出新贡献的决议》。

决议认为，谭跃在2012年度工作会议上提出的“三化目标”、“六大战略”，为集团公司改革发展指明了前进的方向，对推动集团公司实现又好又快发展具有十分重要的指导作用，得到了中央领导同志的高度评价和充分肯定。各级党组织要把“三化目标”、“六大战略”作为党的工作的着力点和落脚点，充分发挥党组织的战斗堡垒作用和党员的先锋模范作用。

决议指出，各级党组织和广大党员要以高度的政治自觉来深刻认识“三化目标”和“六大战略”的重要性、必要性和紧迫性，增强责任感、使命感，增强自觉性、自信心，紧紧围绕“三化目标”和“六大战略”，加强党的组织建设、思想建设、作风建设和反腐倡廉建设，提高党建工作科学化水平，为改革发展提供坚强的思想动力、组织保障、智力支持和文化支撑。

决议指出，党建工作要紧紧围绕“三化目标”和“六大战略”去思考、去定位、去谋划、去落实，以最有效的方式和最直接的途径为“三化目标”和“六大战略”服务，使党建工作与中心工作目标同向、方法同拍、工作同步，把党组织和党员作用体现在为完成中心工作提供精神动力和组织保证上，体现在提高工作质量和水平上。

决议指出，各级党组织要大力开展“创先争优”和学习型党组织建设活动，把实现“三化目标”和“六大战略”的难点重点作为“创先争优”活动的着力点，用服务“三化目标”和“六大战略”的成果，检验创先争优活动的效果。要健全党组（党委）中心组的理论学习制度，建立述学、评学、考学制度，努力把学习成果转化为实现“三化目标”和“六大战略”的精神动力和思想武器。

决议强调，要把贯彻落实“三化目标”和“六大战略”与深化“解放思想大讨论”活动结合起来，与企业文化建设结合起来，与加强党的政治纪律、组织纪律和廉政纪律教育结合起来，大力营造有利于实现“三化目标”和“六大战略”的风清气正的思想文化氛围。

决议要求，要按照党建带工建、带团建、带妇建的要求，促使党群组织形成合力，更好地为实现“三化目标”和“六大战略”贡献智慧和力量。要坚持以人为本，开展深入细致的思想政治工作，把思想政治工作与解决实际问题结合起来，充分调动广大党员干部、群众的积极性、创造性，为实现“三化目标”和“六大战略”，建设国际一流出版传媒企业而努力奋斗，以优异成绩向党的十八大献礼。（温　存）

九三学社商务印书馆支社举行业务交流活动

2012年5月11日，在九三学社商务印书馆支社的组织下，商务印书馆与清华大学出版社两社“九三人”聚集在一起，对两社的出版现状和业务流程进行交流和对比，举办了一次具有深远意义的组织活动。

商务印书馆以辞书和人文思想、学术著译作为主要品牌，清华大学出版社以IT图书和科技图书为主要品牌，两家产品都获得了相关行业的较高知名度和读者的青睐。活动中，清华大学出版社九三学社成员柴文强介绍了该社的出版特色和出版流程，两社九三学社成员对清华大学出版社进行了实地观摩。随后两社九三成员进行了深入的交流和讨论。两社九三学社成员还参观了清华大学核能与新能源技术研究院，了解核能开发与运用方面的科技动态。（冯华英）

中国出版集团公司举办入党积极分子培训班

2012年5月15～31日，中国出版集团公司举办入党积极分子培训班，119名入党积极分子参加了培训学习，集团公司直属机关党委常务副书记、纪委书记、工会联合会主席王云武出席培训班总结会并讲话。

这次培训班分为3个阶段进行：第一个阶段5月15日上午进行开班动员，上了第一课《中国共产党的性质及指导思想》；第二阶段5月15日下午至29日为个人自学，主要学习《入党培训实用教材》和《新编预备党员培训教材》两本书；第三阶段5月30～31日集中培训，观看了《党的最高理想与现阶段奋斗目标》、《中国共产党的条件、义务和权利》和《以实际行动争取做一名合格的共产党员》3个辅导报告录像，之后对参加培训的人员进行了综合考试。

培训总结会上，王云武指出，集团公司一直非常重视党的建设工作，重视入党积极分子培训工作。大家一致反映这次培训班办得很好，很及时。比较系统地了解了党的知识，为从思想上、行动上和组织上入党打下了一个好基础。

（温　存）

世界图书出版上海有限公司参观城市新印象（2007～2012）大型主题展览

2012年5月31日，世界图书出版上海有限公司党员代表到上海展览馆，参观城市新印象（2007～2012）大型主题展览，并组织进行了上海城市新印象（2007～2012）大型主题展览的网上投票。（章　怡）

中国图书商报社到平谷新华书店调研

2012年6月1日，中国图书商报社第三党支部全体党员和要求入党的积极分子一行前往北京市平谷区新华书店调研。行前他们做了充分的准备，一是设计了读者调查提纲，向读者了解郊区群众阅读取向、购买能力和购买习惯、对书店服务的建议与要求；二是设计了对书店领导的采访提纲，了解在网络书店冲击下京郊区县新华书店经营消长规律。按照设计，一到平谷区新华书店，党员群众就开始在店内随机向读者做现场调查；少部分人在门店办公室与书店经理和店长座谈。经过大半天的调查了解，大家对平谷区新华书店经营情况有了全新的了解。

大家在调查中发现：①调查当天书店销售的图书，一半以上都是少儿和教辅类图书。政治、大众、艺术品读物的销售数几乎为零；②文化部门在平谷城区和各乡镇所在地，陆续建成二十来个城镇图书室，每个图书室也有一两千册图书。有了这些书，城区乡镇读者购书热情被消解；③近年农村拆迁，城镇扩容，很多家长带着子女进城务工，农村学校和在校学生人数锐减，平谷区每年入学新生，由最高点两万多人减少到现在不足万人。这使教材教辅的需求量大为减少；④在教辅发行上，平谷区新华书店面临全区20多家个体书店的激烈竞争，销售额由10多年前的1 300多万元，跌至2012年的600多万元。截至2012年年底，该店总共40多名员工，平均月收入在两三千元之间，比北京市城区职工平均收入少三分之一至二分之一。

"走基层"使大家受到深刻教育。大家一致认为，身为新闻记者，平时只是通过打电话做采访，是不能了解行业真相的；深藏于行业底层的真相，只有亲历亲为才能看得见，摸得着，理解得准确，报道得正确。（方　菲）

胡实声百岁寿辰庆贺会举行

2012年6月6日上午，胡实声百岁寿辰庆贺会在东方出版中心第二会议室举行。东方出版中心领导和离退休老同志共聚一堂，总经理、党委书记宋焕起、副总编辑祝新刚出席庆贺会。党委副书记、纪委书记、副总经理董玲主持庆贺会。

参加庆贺会的老同志们尽管大多已是耄耋之年，但他们还是一大早就赶来为胡老祝寿。席间，离退休干部党支部书记杨秉岩率先发言，他称赞胡老一直紧跟时代，是百岁青年。离休老干部鲁传熙和解树民分别为胡老百岁华诞激情赋诗，解树民还送上了"福如东海"的条幅祝寿。青年代表于欣在发言中，表示要以胡老为自己的人生楷模，为社会努力工作。祝新刚代表领导班子，将精心准备的钧窑瓷器寿桃赠送给胡老。宋焕起也发表感言，他说，在我们单位，在我们的同事同仁同道之中有胡老这样一位百岁寿星，是胡老本人的福祉，是胡老家人的福祉，也是我们大家的福祉。他托胡老之福，祝愿在座的各位老同志们幸福安康，长寿年高，万事顺遂。在欢快的《生日快乐》音乐声中，举行了切蛋糕仪式，大家一起分享了寿星的生日蛋糕，同声祝愿胡实声同志福如东海，寿比南山。（张洁民）

世界图书出版西安有限公司组织党员、干部和入党积极分子收看纪录片《信仰》

2012年6月18日，世界图书出版西安有限公司组织党员、干部和入党积极分子100多人收看中央电视台纪录片《信仰》。观看这部纪录片，让公司党员、干部和入党积极分子再次感受到了坚守信仰的重要性，对党员、干部和入党积极分子起到了很好的教育作用。观看后召开了座谈会，会上大家一致认为，《信仰》是一部党性教育的好教材，对我们坚定信念，不畏艰险，完成先烈的未尽事业意义重大，公司党委书记张栓财、副书记陈建西在座谈会上作了重要发言。

（张建军）

中国图书商报社开展"创先争优"暨"党员承诺制"评议工作

2012年6月21日，中国图书商报社开展"创先争优"暨"党员承诺制"评议工作。按照中国出版集团直属机关党委的部署和中国图书商报社党委"创先争优"和"基层组织建设年"活动的实施方案，中国图书商报社开展了"创先争优"暨"党员承诺制"民主评议工作，重点监督检查党委的工作和党员个人承诺制的实施情况。

针对党员设立了大局意识、工作作风、模范作用、团队精神和总体表现5项；针对党委工作设立了领导重视、措施规划、业绩成效和总体评价4项。每项分优、良、中、差4个等级，采取群众自愿无记名投票的形式评价党员和党委"创先争优"和"党员承诺制"实施情况。全社90%以上的员工（不包括新入职的3名员工）投了票。评价结果：党委会工作总体评价：优占90.91%，良占9.09%，中和差没有。党员总体表现：优占91.00%，良占8.80%，中占0.20%，差没有。

投票评议后，召开了由党委委员、支部书记、普通党员、普通员工四方共同参与的评议座谈会。会上大家畅所欲言，非党同志充分肯定了党委在“创先争优”活动中的工作和党员的先锋模范作用，又为今后党的工作的开展提出了很好的建议。党员同志也深感全社“创先争优”的氛围和周围群众的敬业精神对自己履行“党员承诺”的鞭策。党委副书记伍旭升总结时指出：尽管这次民主评议“优”占90%以上，但仍有9%左右为“良”。要求党员认真做好“党员承诺”的自查，为下一步的整改做好准备。

（方　菲）

中国民主法制出版社举行“庆七一，我是党员我承诺”座谈会

2012年6月28日，中国民主法制出版社党支部举行“庆七一，我是党员我承诺”座谈会，庆祝中国共产党91岁华诞。社长肖启明，副总编刘海涛、赵卜慧出席会议，党支部组织委员石松主持会议。

参加会议的党员同志和入党积极分子，真诚地交流了自己在工作中存在的不足以及对今后工作的承诺。赵卜慧讲述了她从业领路人——老编辑陈三省本分做人、踏实做事的工作往事。刘海涛承诺自己将以党员的标准严格要求自己，坚定信仰、树立正确的人生观，认真负责、承担应该担当的责任，弘扬正气，廉洁奉公，为出版社的发展贡献力量。其他党员同志在发言中，实事求是找自己在工作中的不足与差距，并作出郑重承诺。入党积极分子也都表示，要以共产党员的标准严格要求自己，接受党的考验，争取早日成为组织的一员。

肖启明对党员提出要求：服从工作大局，保证出版社正确的政治方向；学习新知识，提高经营管理水平，提高出版社效益；下大力气加强企业文化建设；加强自身的政治理论修养；学习贯彻集团“三六构想”的战略部署；自觉遵守社里的规章制度；加强廉政建设；多与员工沟通，关心员工成长。这些承诺都与出版社的发展紧密相连。

（邵　力）

中国大百科全书出版社开展以庆祝建党91周年为主题的系列活动

6月，中国大百科全书出版社开展以庆祝建党91周年为主题的系列活动。围绕建党91周年，结合“创先争优”和基层组织建设年活动，各党支部就如何贯彻党的十七届六中全会精神，充分发挥党员的先锋模范作用，更好地为集团和中国大百科全书出版社作贡献等内容，举行主题党日活动。举行了新党员入党宣誓仪式。一起观看了中央国家机关青年“百村调研”实践活动录像。同时，就如何“争创一流党支部”进行座谈。还在社讯网设立“庆祝建党91周年专题”，以文字、图片的形式介绍党的历史、传统、精神。

（王　瑜）

中国图书商报社求真务实贯彻十八大精神

11月8日，十八大召开当天，商报党委、社委会、编委会就联合发出《关于认真学习落实十八大文件和十八大精神的通知》，要求各支部、各版面和各部门在收听收看胡锦涛所作十八大报告的基础上，组织本支部、本版面和本部门的全体党员和全体员工，认真学习、领会和研讨十八大报告和十八大精神，联系集团的“三六构想”和商报的转型发展，深入理解精髓，谋划各项工作。11月15日、11月19日，报社两次召开党委中心学习组专题学习会和党政联席会，党委书记、社长、总编辑孙月沐传达中国出版集团关于学习宣传贯彻十八大精神专题会议，传达学习党的十八大代表、总裁谭跃的讲话和部署，并提出贯彻落实的若干具体要求。孙月沐强调，党、政、工、青、妇及各业务板块、部门，都要认真研读十八大文件和精神，扎扎实实，学以致用，拿出方案，制定措施，对照检查，务求实效。报社决定，将于8月底召开的全社工作会主题确定为“乘十八大东风，迈新商报征程”，并进行专门安排，明确提出2012年年底商报社总结、班子成员总结和全员述职总结以及所有下

一年工作规划，都要以十八大精神为指导，在学习中加深领会，在领会中部署方案，在领会中推进工作。工会已派员前往对口单位顺义区北小营镇榆林村，与当地干部座谈共同互帮共促双赢的具体合作意向。（方　菲）

中华书局组织复转军人赴延庆参观

2012年7月31日~8月1日，中华书局党群工作部组织中华书局复转军人11人赴延庆玉皇庙民俗村及北京空军导弹六师，参观部队现代化设备以及地空导弹发射演练，并与官兵进行了联欢活动。（梁　彦）

人民文学出版社纪念八一建军节活动举行

2012年7月底，人民文学出版社工会组织全体在职复员军人赴中国北方工业公司参观学习。中国北方工业公司党委书记李勇介绍了公司的发展历史和现状。之后，大家参观了公司内设的产品展览，包括精确打击、两栖突击、防空反导、反恐防暴、轻武器和军需品等展厅。这次参观学习，使大家了解了我国军事现代化和高科技产品研发的现状。（宋　强）

中国民主法制出版社组织职工赴云南学习考察

2012年8月6~11日，中国民主法制出版社组织部分职工赴云南学习、考察，社长（代）肖启明，副总编辑刘海涛、赵卜慧参加了学习、考察活动。活动期间，与云南财经大学科研处处长周文以及科研处相关人员进行了交流，探讨了当前学术专著出版的困境和扶持学术专著出版一些方式和路径。领导班子还带领人大图书出版分社编辑专程拜会了云南省人大，并与云南省人大办公厅和研究室领导围绕出版社服务人大工作进行了座谈，征求对人大图书出版的意见和建议，并就今后的合作达成意向。出版社还向云南省人大赠送部分工作用书。为了使考察与业务工作联系更紧密，社领导和相关编辑与当地新华书店和民营书店的业务人员进行了对口交流。工作之余，大家参观了西南联合大学旧址和“一二·九”运动纪念馆。（邵　力）

生活·读书·新知三联书店80周年店庆总结表彰大会召开

2012年8月7日上午，生活·读书·新知三联书店在韬奋图书馆大厅召开80周年店庆总结表彰大会，三联书店领导班子、中层干部和全店员工参加了会议。会议由总编辑李昕主持，总经理樊希安代表店领导班子作《三联书店80周年店庆工作总结报告》，对中央领导同志的高度重视和上级单位的大力支持表示了深切谢意，报告全面总结了三联书店成功举办80周年系列活动的成功经验和主要收获，对全店员工在店庆活动中体现出的高度的责任感、良好的执行力、密切的合作精神和爱店敬业的工作精神予以肯定和表扬。副总经理潘振平宣读了《三联书店关于嘉奖与表扬店庆活动中表现突出人员的决定》，对在店庆中表现突出的同志进行了表彰和表扬。（鞠晓辉）

中国图书进出口（集团）总公司（本部）第十届职工代表大会第二次全体会议召开

2012年8月8~9日，中国图书进出口（集团）总公司（本部）第十届职工代表大会第二次全体会议在北京召开。与会正式代表82名，实到代表72名，列席代表18名。全体职工代表围绕“加快公司改革、促进跨越发展”的大会主题，认真履行职责，听取审议报告，热烈深入讨论，踊跃建言献策，圆满完成了大会任务。

8月8日下午，职工代表大会预备会召开。会议听取了《关于本次大会筹备情况和上次职代会提案处理情况的报告》、《2011年工会经费审查报告》，表决通过了本届职工代表大会增补主席团成员名单以及大会议程和日程安排。

8月9日上午，职工代表大会正式开幕。开幕式上，中国出版集团公司副总裁、中国图书进出口（集团）总公司总经理刘伯根作了《中国图书进出口（集团）总公司工作报告》，听取有关人员所作的《中国图书进出口（集团）总公司2011年财务决算及2012年财务预算的报告》和《中国图书进出口（集团）总公司2011年福利费使用情况及2012年职工福利报告》。

刘伯根向大会报告了中国图书进出口（集团）总公司2011年主要工作、2012年上半年工作情况和下半年重点工作，重点报告了“56119”改革发展思路的制定背景、主要内容和实施路径。

报告会后，与会全体职工代表、列席代表进行了分组讨论。讨论会上，大家围绕“加快公司改革、促进跨越发展”的大会主题以及刘伯根的报告进行了热烈的讨论。代表们认为，公司过去一年半的工作取得了成效，并顺利完成了领导班子交接工作，新的领导班子团结、有力，增强了干部员工的发展信心。代表们普遍认为，刘伯根与公司领导班子提出的“56119”发展思路非常必要而且及时。中国出版集团公司领导班子对“56119”改革发展思路的充分肯定，特别是，总裁谭跃的讲话对公司干部员工是极大的鼓舞。“56119”发展思路对中国图书进出口（集团）总公司的现状和形势分析深入透彻，战略定位符合公司实际、符合中国出版集团公司要求，更符合行业和国家发展趋势，发展目标的制定客观实际，发展战略切实可行，保障措施全面周详，为公司未来发展指明了方向、明确了目标、制定了任务，具有极强的指导意义和可操作性。

讨论会上，代表们认真履行职责，反映群众呼声，踊跃建言献策，为加快公司改革、促进跨越发展提出了很多有益的意见和建议。（朱宝元）

中国出版集团公司党组理论学习中心组联系实际学习领会胡锦涛“7·23”重要讲话

2012年8月10日，中国出版集团公司党组理论学习中心组集体学习领会胡锦涛总书记于2012年7月23日在省部级主要领导干部专题研讨班上的重要讲话。集团公司党组成员和总部各部门主任、副主任参加会议。集团公司党组书记王涛主持会议。

集团公司总裁谭跃指出，总书记的讲话对过去10年我国政治建设、经济建设、社会建设、文化建设、生态文明建设、党的建设等方面作了全面深刻的总结，高屋建瓴，立意深远，总揽全局，对党的十八大以后我们党的执政理念作了精辟阐述和全面部署。聆听总书记的讲话，有4点重要体会：一是关于旗帜的问题。中国特色社会主义是一个旗帜问题，也是一个方向问题。坚持中国特色社会主义，不仅是我们党的执政理念，也是我们党和全国各族人民对中国历史和现实、政治经济与文化以及当今世界潮流多方面进行思考后得出的科学结论，是中国社会发展的必然趋势。二是关于道路问题。中国的发展道路和西方发展道路不同，我们的道路既是社会主义的，同时又具有中国特色。确定这样的发展道路既有中国国情的特殊性，也有市场经济这一全球范围内人类社会发展的共性。事实证明，中国特色社会主义道路是一条成功的道路，也是我们必须长期坚持的道路。三是关于全面建成小康社会问题。建成小康社会有多项指标，与出版业紧密相关的有文化、产业、教育等项指标，对此我们要结合实际认真思考和谋划。四是关于精神状态问题。精神状态问题从本质说是一个解放思想的问题。我们国家处于社会转型期，我们集团处在发展转型期，在某些领域我们的思想是解放的，但在一些领域还是保守的。要集中精力研究解放哪些思想，转变哪些观念，确立哪些意识。通过解决阻碍发展的思想观念，推动集团公司深化改革和持续发展。

谭跃指出，中国出版集团公司作为出版业的“国家队”，在2012年度工作会议上提出了“六大战略”，这既是对集团公司未来5年发展战略的谋划，也是推动集团公司又好又快发展的六大动力机制，好比是“六缸发动机”。集团公司的发展定位是传统出版和新型业态，要专注于专业化，在做好专业化的基础上实现规模化。要按照中央提出的稳中求进的要求，既要注重眼前的发展，也要注重长远的发展，通过打造六个动力机制，实现较快、良性、持续的发展，为集团公司今后的发展打好基础。

集团公司党组书记王涛说，总书记重要讲话强调的“四个必须”，最根本的是旗帜和道路问题，这是“定海神针”，是不可动摇的。改革开放30年的经验告诉我们，中国的发展成就在于我们始终坚持高举中国特色社会主义旗帜，坚持走中国特色社会主义道路。总书记的重要讲话核心问题是“解放思想，改革开放，凝聚力量，攻坚克难”。总书记提出这“十六字”总要求也是个知与行的关系问题，“解放思想”是知，“改革开放，凝聚力量，攻坚克难”是行，我们党是坚持知与行统一的典范，越是深化改革、加快发展，越要坚持知行统一，坚定不移地沿着中国特色社会主义道路前进。实事求是、解放思想是我们党的优良传统，改革开放是我们党始终坚持的原则。现在强调这个传统和原则具有特殊的重要意义，我们集团也面临着解放思想和改革发展的问题。我们和国际、国内一些出版集团相比还存在较大差距，如果不加快发展、迎头赶上，就会有被边缘化的危险，所以我们要解放思想、转变观念，认真检讨我们的体制机制是否符合科学发展观的要求，对不符合科学发展观要求的体制机制要进行改革。2012年，集团公司股改上市的步伐在加快，股改上市不仅仅是募投资金，更主要的是通过股改上市完成体制机制改革，包括管理机制、运行机制、激励机制等等，建立现代企业制度，推动集团公司科学发展。中央提出要建设社会主义文化强国，集团公司提出的“三六构想”是符合中央关于建设文化强国的总体部署的，我们作为“国家队”，国家对我们要求很高，我们要做有影响力的项目，抓有影响力的产品，以实际行动回报国家、回报社会。

与会党组成员分别谈了自己的学习体会。大家认为，通过认真深入学习总书记讲话，进一步加深了对坚持和发展中国特色社会主义道路、坚持和完善中国特色社会主义制度的认识，增强了对国家未来发展的信心和对党中央的信赖。大家表示，一定要用总书记讲话精神统一思想、指导工作，进一步解放思想、振奋精神，牢记“国家队”使命，大力推进集团“三六构想”，加快改革发展步伐，尽快把中国出版集团公司做强做大。

（温　存）

生活·读书·新知三联书店组织全国出版社首支小分队开展“走基层、转作风、改文风”活动

2012年8月21～25日，生活·读书·新知三联书店组织全国出版社首支小分队赴江西省余江县开展“走基层、转作风、改文风”活动，调查基层读者阅读需求，增进与农民群众的感情，学习弘扬韬奋精神。由此拉开了出版界深入开展“走基层、转作风、改文风”活动的序幕。

三联书店这支“走基层、转作风、改文风”小分队共由33人组成，其中包括店领导班子成员、编辑、记者、管理人员，由总经理樊希安带队。在余江县期间，“走基层、转作风、改文风”小分队深入韬奋故里余江县沙塘村，走村串户，深入群众，和乡亲们亲切攀谈接触，感受改革开放尤其是新世纪以来农村发生的巨大深刻变化，积极了解乡亲们的文化渴求，参观了韬奋展览馆、送瘟神纪念馆（中国最大的血吸虫防治纪念馆）、当地乡镇企业、县图书馆等。在余江县委宣传部组织的“建设先进文化，弘扬韬奋精神”座谈会上，小分队成员和余江县文化广电新闻出版局等单位人员进行了深入交流，从不同方面了解、接触到基层情况，感受到了一个立体的真实的基层，思想上受到了多方面的深刻触动和教育，更加坚定了弘扬韬奋精神、竭诚为读者服务、努力出版好书好刊、致力把三联做强做开的信心。

“走基层、转作风、改文风”期间举行了隆重的捐赠仪式。三联书店全体员工捐献了价值30万元的图书，用于在全县建立7个韬奋书屋；捐献15.8万元现金，用于援建韬奋祖居，建成后将成为韬奋精神教育基地和沙塘村村民文化科技活动场所。目前韬奋祖居已经完成了一半工程

量，预计2012年年底可以投入使用。（鞠晓辉）

东方出版中心
第一届十一次职代会召开

2012年8月22日上午，东方出版中心第一届十一次职代会在第二会议室召开。本次会议主要议题是审议并表决东方世纪宾馆实施经营转型。党委副书记、纪委书记、副总经理、工会主席董玲主持会议。

会上，职工代表们认真听取了总经理、东方世纪宾馆法人代表宋焕起所作的关于东方世纪宾馆实施经营转型的情况说明。宋焕起简要陈述了宾馆实施经营转型的理由：一是宾馆设施、设备老化。自建成起至今未进行过大修，安全性、可靠性都存在着较大隐患。如要进行整修则耗费较大，宾馆和东方出版中心都难以承受。此外，宾馆间竞争激烈，客源分流加快，宾馆免税优惠已无，营业收入逐年减少。宾馆对东方出版中心经济发展的增量作用已难以担当。二是宾馆经营转型为房产租赁经营，可提升房产租赁增量和层次，为东方出版中心建设国际创意出版产业园区做好服务。三是彻底解决重复缴纳营业税的问题，减少财务费用支出。领导班子认为，东方世纪宾馆经营转型后，所形成的预期收入大于宾馆现在的营业收入，转型是必要的，可行的。

职工代表们对东方世纪宾馆实施经营转型方案进行了认真的审议，并进行了举手表决，一致同意东方世纪宾馆经营转型。（张洁民）

东方出版中心组织中层干部参观上海文化信息产业园区和嘉定新城区规划馆

2012年8月27日，中心党委组织班子成员，部门、单位负责人，工会、团总支负责人前往嘉定区参观上海文化信息产业园区和嘉定新城规划馆。这是中心领导班子为认真学习贯彻集团公司中心现场办公会议精神，加快推进中心出版创意产业园区建设而组织的一次专题学习参观活动。

在嘉定区马陆镇领导和产业园区负责人的陪同下，东方出版中心的同志们首先参观了东方慧谷——上海文化信息产业园区。园区由上海市委宣传部批准成立。园区占地近600亩，总建筑面积为50万平方米，总投资达30亿元，以文化创意产业、信息产业为特色，重点发展文化创意、动漫设计、影视制作、数字广告和软件开发等产业，致力于打造上海文化信息产业名片与国际级文化信息产业基地，已获得“上海市文化信息产业基地”专业认证，成为上海市具有强大辐射能力和带动效应的文化信息产业示范基地之一。参观过程中，大家对园区把传统的江南园林元素与现代建筑形态相融合的“新江南”建筑风格、自然水系和永久性绿化带所构成的独特的天然氧吧和水岸景观生动地展现出江南文化的气韵赞叹不已。在参观嘉定新城规划馆时，大家对嘉定区政府把历史人文沿袭和未来发展特色相结合，打造现代化的新城区留下了深刻的印象。（张洁民）

中版教材有限公司组织全体党员、团员参加“文化之旅”等活动

2012年8月31日~9月9日，中版教材公司党总支、团总支以“关爱员工，凝聚心力，更谋发展”为主题，联合组织了全体党员、团员开展员工体检、营销会议、人文之旅等系列活动。中国出版集团公司副总裁、中版教材公司董事长王俊国出席营销工作会议并发表重要讲话。

8月31日上午的全体员工体检拉开了系列活动的序幕。

8月31日下午，营销工作会议召开。董事长王俊国出席并作重要讲话。他认为，教材公司这4年，是风风雨雨的4年，是硕果累累的4年。公司在4周年，以营销工作会议为重点进行交流总结，是一种有效的纪念形式。同时也总结了经验，指出了问题。总经理罗争玉提出了下一阶段的工作要点。

9月3日至9月9日，公司组织了“人文之旅”。这次行程安排了参观九华山、黄山、奉化溪口等。行程结束，总经理罗争玉点出了此次行

程的意义：我们从事教育出版，一定要如金乔觉执着于信仰，不惧砺炼，不怕困难。市场开拓如逆水行舟，不进则退。如果满足4年来取得的业绩，相互攀比，不思进取，就会如当年蒋介石八年抗战胜利后仅三年就兵败台湾。经历了4年风雨历程，大家理当有这样的忧患意识，努力站在更高的高度上，开拓视野，开放思维，进一步做开教育出版。

通过这次活动，公司还培养了一批能够迅速融入公司文化、具有团队精神、服务意识的新人。如果说公司8月份组织的全体员工培训是一次理论性教育，这次人文之旅无疑提供了实践检验的平台。大家纷纷表示，将珍惜公司创造的良好机遇，以更加昂扬的精神投入到工作中去，为公司发展贡献积极的力量。（星昕昕）

中国大百科全书出版社党委中心组认真学习胡锦涛同志7·23重要讲话

2012年9月3日，中国大百科全书出版社党委书记、社长龚莉主持召开党委中心组（扩大）学习会议，深入学习贯彻胡锦涛7·23重要讲话精神，并结合中国大百科全书出版社工作实际，落实内容创新工作的思路和建议。党委中心组全体成员出席，社长助理、总编室主任等相关人员列席，大家分别结合各自工作进行发言。经过学习探讨，大家表示，一定要贯彻落实胡锦涛重要讲话精神，坚持与时俱进，推动科学发展，立足中国大百科全书出版社实际，充分发挥现有资源优势，加大内容创新力度，把各项工作抓紧、抓实、抓好，取得实实在在的工作成效，努力促进集团“三六构想”各项工作的贯彻落实，迎接党的十八大胜利召开，为文化大发展大繁荣作出我们应有的贡献。（王　瑜）

中国出版集团公司工会召开“企业文化建设与工会工作”研讨会

2012年9月7日，中国出版集团公司工会联合会召开“企业文化建设与工会工作”研讨会。集团公司直属机关党委常务副书记、纪委书记、工会联合会主席王云武出席会议并讲话。集团公司工会联合会副主席杭连生和集团公司下属各单位工会主席、副主席、工会办主任、女工委主任共40人参加会议。集团公司直属机关纪委副书记、集团公司工会联合会副主席柏万良主持会议。

王云武在讲话中总结回顾了2010～2012年集团公司企业文化建设的基本情况。集团企业文化建设经历了3个阶段：第一阶段，全面启动阶段；第二阶段，深化提升阶段；第三阶段，巩固发展阶段。

王云武谈了做好企业文化建设工作的5点体会：一是领导重视，是做好企业文化建设的重要保障；二是员工广泛参与，是做好企业文化建设的坚实基础；三是精心组织实施，是做好企业文化建设的关键环节；四是形成齐抓共管合力，是做好企业文化建设的重要推手；五是紧紧围绕中心工作，是做好企业文化建设的基本前提。

关于进一步发挥工会组织作用，更好地为加强企业文化建设服务，王云武强调，要在5个方面继续发挥工会组织在企业文化建设中的作用，更好地为集团改革发展服务。一是要进一步提高对工会组织在企业文化建设中的重要作用的认识；二是要发挥工会组织的独特优势，引导员工积极参与企业文化建设；三是要进一步拓宽工会参与企业文化建设的途径和方式；四是要正确处理员工主体作用与企业领导者主导作用的关系，坚持以员工为本的理念；五是要正确处理企业文化建设与思想政治工作的关系，形成企业文化与思想政治工作互动共赢的良好局面。

会上，中国文化管理学会常务理事、中国企业文化管理专业委员会副理事长、中国企业文化测评专家委员会主任、集团公司企业文化顾问解云天教授作了《工会在企业文化建设中的责任与作用》专题讲座。（温　存）

新华联合发行有限公司组织职工赴红旗渠接受革命历史教育

2012年9月13日，新华联合发行有限公司组织职工赴河南省安阳市开展“感受红旗渠精神”革命历史教育活动。大家先后参观了太行山大峡谷和爱国主义教育示范基地红旗渠纪念馆。

仰望太行绝壁，远眺滚滚漳河，大家深深感受到林县人民“重新安排山河”的豪情壮志，他们一锤一钎地艰苦开凿，历经10年，在太行山的悬崖绝壁上劈山修渠，建成一条“人工天河”——红旗渠，结束了林县水源匮乏、十年九旱的历史。

学习结束后，大家纷纷表示，接受了一次彻底的、全方位的革命精神洗礼，今后要把红旗渠精神体现在本职工作中，迎难而上、团结协作、自强不息、奋斗不已地干事创业。（吴　挺）

中国出版集团公司党组书记王涛出席中国图书进出口（集团）总公司“全国创新争优先进基层党组织”奖牌揭牌仪式

2012年9月19日上午，中国图书进出口（集团）总公司召开图书文献事业部支部荣获中共中央组织部“全国创先争优先进基层党组织”荣誉称号奖牌揭牌仪式。中国出版集团公司党组书记、副总裁王涛，中直机关工委组织部副巡视员崔志江，中国出版集团直属机关党委常务副书记、纪委书记、工会主席王云武出席了揭牌仪式。中国图书进出口（集团）总公司部分领导班子成员、党委委员、各党支部委员和图书文献事业部领导和全体党员共70多人参加了揭牌仪式。揭牌仪式由中国图书进出口（集团）总公司党委书记、副总经理吴伟主持。

王云武首先宣读了中共中央组织部的表彰决定。图书文献事业部党支部书记牛怿代表支部作了发言。她表示，仪式是对过往工作的总结，过去的成绩和辉煌已然过去，图书文献事业部将以此为起点，再接再厉，开启新的征程；支部将继承和发扬党支部的优良传统，以党员团队为核心带动部门全体员工以专业的角度、整合的资源，为客户提供一流的个性化服务，为中国图书进出口（集团）总公司的改革发展添砖加瓦。

吴伟书记宣读了中国图书进出口（集团）总公司给予图书文献事业部支部物质奖励的决定，并希望图书文献事业部支部全体党员戒骄戒躁、再接再厉，更好地发挥支部战斗堡垒和党员的先锋模范作用，为部门和公司的改革发展作出新的贡献。

王涛作了重要讲话。他首先对中国图书进出口（集团）总公司、图书文献事业部党支部、支部全体党员同志表示感谢。他说，图书文献事业部党支部是中直机关10个先进基层党组织之一，能够在中直机关5 000多个支部中获得“全国创先争优先进基层党组织”荣誉称号非常不容易，为中国出版集团公司争取了荣誉、树立了光辉榜样。他指出，中国出版集团公司将作出相应安排，择机在基层党组织中广泛开展学习图书文献事业部党支部典型经验的活动，认真学习身边的先进事迹。他强调，图书文献事业部党支部积累的经验、获得的殊荣是全集团公司的财富，希望以此为契机更好地开展党的基层组织建设。他进一步指出，党建工作与经济工作相辅相成、相互促进，中国出版集团公司基层党组织工作做好了会对整个集团公司的事业和改革发展发挥积极促进作用。党建工作开展好的单位，单位一定风气好、干劲足、人心齐，因此，要把基层组织建设与经济业务工作放在同等重要位置抓好。只有在全集团基层党组织中形成创先争优的格局，才能使集团的各项工作脚踏实地开展，才能使集团的改革发展顺利进行，才能使集团的事业走向辉煌。他最后说道，获得“全国创先争优先进基层党组织”的殊荣不易，保持荣誉更难，现在图书文献部党支部已经成为全集团公司学习的榜样，希望图书文献事业部党支部继续开拓创新，以改革的思路、进取的心态继续争先创优。

仪式最后，王涛和崔志江共同为图书文献部支部“全国创先争优先进基层党组织”奖牌揭牌。

（朱宝元）

中国出版集团公司承办“新时代　新女性　新知识”健康讲座

2012年9月20日，由中央直属机关妇女工作委员会主办、中国出版集团公司女职工委员会承办的“新知识 新时代 新女性”健康讲座在集团公司总部11楼多功能厅举行。中直工委工会联合会副主席、妇工委、女工委主任崔钦华，集团公司直属机关党委书记林弋、常务副书记兼工会联合会主席王云武、集团公司女工委各位委员和集团各单位一百余名职工饶有兴致地听了这堂讲座。集团女工委副主任权舆主持讲座。

讲座的主题为“改善健康的十条黄金法则”。作为北京营养师俱乐部理事长、中国营养联盟副秘书长、国家高级营养师培训师、中国营养师网十佳营养讲师的王旭峰，经常作为嘉宾做客中央电视台、北京电视台及中央人民广播电台、北京交通台等大众传媒。他通过鲜活的实例，简洁的文字，活泼的形式把健康的理念带给听讲的每一个人。在这次讲座中，他从十个方面总结出适合中国人的膳食法则。

讲座结束后，大家反映讲座内容很好，很贴近生活，把膳食对健康的作用很直观地带给大家，极具现实指导意义。大家认为这种活动既体现了集团公司对职工的关爱，也切实提高了大家对营养健康的认知，提出希望多搞这种活动。

（温　存）

中国图书商报社以专刊形式迎接和宣传十八大精神

2012年9月25日，《中国图书商报》以40个版的篇幅，编辑出版了《一五一十数说中国出版发展轨迹》专刊，对十六大特别是十七大以来的中国书业改革发展成就、典型进行全景式宽领域的报道，为十八大召开营造良好舆论氛围。进入11月，《中国图书商报》倾全社之力，策划了60个版篇幅的“打造新实力，献礼十八大”为题的大型专刊“中国书业2012实力版图”，于11月9日出版发行。

十八大会议期间，《商报》组织精兵强将，第一时间采访出版业十八大代表以及业界人士，从出版产业改革发展角度，畅谈“十八大将给书业带来什么”主题。十八大代表、中国出版集团公司总裁谭跃围绕“增强全民族文化创造活力”的十八大精神，就思想观念创新、体制机制创新、出版内容创新、管理模式创新、出版业态创新、发展方式创新、文化“走出去”创新等关乎出版业发展前途的话题，发表了深刻见解。出版业十八大代表周明伟、于殿利、丁一平，业界知名人士王亚非、童健、龚次敏、钟制宪、管士光、李学谦等就文化强国战略、建成小康社会、五位一体布局等十八大精神推动出版业快速发展的趋势作了分析。

11月23日，《商报》又拿出一、二、三版篇幅，详细报道中宣部、新闻出版总署学习宣传贯彻十八大精神专题会，报道11月16日中国出版集团公司召开的，由十八大代表、集团总裁谭跃传达十八大会议精神、集团领导部署落实的会议，报道11月20日中国出版集团领导以及部分成员单位领导参加的集团学习宣传贯彻十八大精神座谈会，浓墨重彩地反映中国出版集团作为国家级大型出版传媒集团学习宣传贯彻十八大精神动手快、力度大、措施实、求实效的真实情况，特别是报道其着眼于理论联系实际，求真务实，指导和推动当前年终总结和部署明年工作的显著特点，以期对整个出版界形成带动之势。同时，《中国图书商报》还将进一步密切关注整个出版界学习宣传贯彻十八大会议精神的情况，随时调整版面予以报道。

（方　菲）

中华书局党委组织各党支部开展向周恩义同志学习活动

2012年9月，根据中国出版集团直属机关党委下发的《关于认真组织开展向周恩义同志学习活动的通知》要求，中华书局党委组织各党支部积极、认真准备，通过座谈会等形式组织广大党员深入学习周恩义同志的先进事迹，对照

周恩义同志先进事迹，查找日常工作中在围绕中心、服务大局、联系群众、开拓创新等方面的差距，切实提升工作水平。（梁　彦）

中国出版集团公司召开“创先争优”活动总结大会暨向周恩义学习座谈会

2012年10月17日，中国出版集团公司召开“创先争优”活动总结大会暨向周恩义学习座谈会。集团公司党组书记王涛到会并讲话，集团公司副总裁、中国图书进出口（集团）总公司总经理刘伯根出席会议。集团公司副总裁、集团公司直属机关党委书记林弋主持会议。集团公司直属机关党委常务副书记、纪委书记王云武代表集团公司直属机关党委作开展“创先争优”活动情况工作报告。集团下属各单位党委书记、支部书记、党办主任共130多人参加会议，并参观了中国图书进出口（集团）总公司图书文献事业部党支部开展“创先争优”活动的成果。

王涛在会上传达了中央“创先争优”活动总结大会精神，对进一步加强集团公司基层党组织建设，推动“创先争优”活动常态化、长效化提出了5点要求：一是要把“创先争优”活动与开展向周恩义同志学习活动结合起来；二是要推动“创先争优”成为全集团广大党员的价值理念和自觉行动；三是要坚持围绕中心、服务大局，为集团“三六构想”的实现继续争创佳绩；四是要坚持群众满意的导向，在为群众办实事中密切党群关系；五是要坚持党内带党外，党员带群众，增强基层党组织的影响力、凝聚力和带动力。

王涛强调，各级党组织和党员干部职工要以“创先争优”常态化为契机，以周恩义同志为榜样，立足岗位，扎实工作，勤于奉献，团结一致，坚持不懈地开展“创先争优”活动，以优异成绩迎接党的十八大胜利召开。

王云武谈了“创先争优”活动取得的成效和经验体会，并提出要抓好4个方面工作，推动“创先争优”活动常态化、长效化，引导党员永远“创先争优”。一要深化“创先争优”价值理念的宣传教育工作，提高长期“创先争优”的自觉性；二要开展党员喜闻乐见的主题实践活动，提高党建科学化水平；三要紧紧围绕集团公司“三六构想”开展党建工作，重点抓好“党员承诺制”的落实；四要把“创先争优”与学习周恩义同志先进事迹结合起来，形成学习先进、争当先进的良好氛围。

会上，中国图书进出口（集团）总公司党委书记吴伟、原中国图书进出口（集团）公司图书文献事业部党支部书记牛怿、人民音乐出版社第二党支部书记张伯平、荣宝斋出版社党支部宣传委员刘芳分别介绍了开展“创先争优”活动的基本情况和经验做法。人民文学出版社老干部处处长谢施基、商务印书馆汉语中心党支部委员余桂林、三联书店《生活周刊》记者葛维樱分别谈了学习周恩义同志先进事迹的体会。

林弋最后强调，要贯彻中组部有关文件精神，按照王涛书记提出的要求和直属机关党委的工作部署，高度重视，周密计划，认真抓好“创先争优”活动的常态化、长效化的各项工作，为集团公司改革发展提供有效的思想保证和组织保证。（温　存）

中国出版集团公司与北小营镇举行开展“为民服务，共建文化新农村”活动签字仪式

2012年10月19日，中国出版集团公司与北京市顺义区北小营镇在北京怡生园国际会议中心隆重举行开展“为民服务，共建文化新农村”活动签字仪式。中国出版集团公司党组成员、副总裁，集团直属机关党委书记林弋代表集团直属机关党委与北小营镇党委书记王泽分别在共建计划书上签字，标志着“为民服务，共建文化新农村”活动正式启动。签字仪式由北小营镇镇长卞云鹏主持。出席活动的人员包括：中国出版集团公司党群工作部群工处处长汪武、团委书记温存，所属各单位党组织书记（或副书记）、党办主任，顺义区区委常委、办公室主任朱家亮，区直机关工委书记、一

助一办公室主任胡明才，区直机关工委副书记、一助一办公室副主任张世海，北小营镇人大主席团主席孙福林、党委副书记朱新生，北小营镇科级以上干部、17个村党支部书记约120人。

中国出版集团公司直属机关党委常务副书记、纪委书记、工会联合会主席王云武在活动上发表讲话，他指出，集团公司直属机关党委与北小营镇党委共同开展“为民服务、共建文化新农村”主题实践活动是集团公司作为国有大型出版传媒企业，履行“国家队”职责、服务人民群众的一项具体举措，也是引导各级党组织和党员干部走进基层、了解基层、向基层学习、为民服务、为民办实事的具体措施，更是改进党员干部作风、提升能力素质的有效办法。集团各单位党组织要以开展共建活动为契机，切实做好服务基层工作，采取党组织定期座谈交流、充实“益民书屋”、提供特价图书、党员干部与困难村民结对等多种形式，共建文化新农村。

（温　存）

中国出版集团公司对中国民主法制出版社企业文化建设进行综合考评

2012年11月6日，集团公司党群部处长汪武、集团公司企业文化建设顾问解云天教授等，到中国民主法制出版社对企业文化建设进行综合考评。社长肖启明、副总编辑刘海涛等出版社企业文化建设领导小组成员和部分职工代表参加了会议。考评会由汪武主持。他简要地介绍了集团公司企业文化建设的情况以及本次考评的内容和要求。中国民主法制出版社党群部副主任王福荣汇报了出版社企业文化建设情况，按照集团公司考评内容和要求，出版社参加考评的同志分别回答了考评组的提问，然后进行考评组与职工代表座谈和答卷，座谈中出版社的同志希望今后集团公司加大对基层单位企业文化建设的辅导和帮助的建议。考评组还了解了出版社办公条件并参观了出版社办公室，对出版社企业文化建设给予高度评价，并提出了一些加强企业文化建设的建议和要求。

（邵　力）

华文出版社召开企业文化建设工作座谈会

2012年11月6日，中国出版集团公司企业文化建设办公室综合考评小组一行5人，赴华文出版社检查企业文化建设工作。华文出版社组织召开了座谈会，受罗争玉社长委托，副社长、副总编辑李红强作了汇报，副总编辑张力慧主持会议，各部室的员工代表参加会议。

李红强重点汇报了4个方面的情况：一是华文出版社并入中国出版集团公司以来企业文化的几大变化；二是华文出版社企业文化建设过程中的心得体会；三是华文出版社企业文化建设工作存在的问题；四是华文出版社下一步企业文化建设的构想。整个汇报较为全面地展示了出版社企业文化建设的工作概况和生产经营的发展成果。

考评小组认为整个汇报非常精彩，有论有据，很有说服力；认为华文出版社企业文化建设工作有机构、有规划、有目标、有特色，进步很快，亮点很多；充分认可了华文出版社用文化力引导生产力的工作思路，高度肯定了将企业文化建设工作与生产经营相结合的发展理念，对华文出版社勇于承担社会责任提出了特别表扬，对华文出版社下一步的企业文化建设工作提出了建设性的意见和建议。

（陆虹宇）

商务印书馆组织全体员工及离退休支部党员学习贯彻中国共产党第十八次全国代表大会精神

2012年11月8日，举世瞩目的中国共产党第十八次全国代表大会在北京人民大会堂隆重召开，商务印书馆总经理、党委副书记于殿利作为十八大代表出席大会。商务印书馆全体员工收看了大会开幕式盛况，认真听取了胡锦涛在大会上作的报告。

11月23日，商务印书馆召开全体员工大会，组织全体员工及离退休支部党员学习贯彻党的十八大精神。商务印书馆总经理、党委副书记、十八大代表于殿利同志传达了十八大精神，并要求全体员工认真学习贯彻。

于殿利总经理围绕如何学习贯彻十八大精神作了报告。报告中，于殿利结合十八大参会的基本情况，畅谈了参加十八大的感受和体会，并对十八大精神进行了深入的解读。于殿利强调，学习好、贯彻好党的十八大精神，是当前和今后一个时期的首要政治任务。要求全体员工自觉主动地学习贯彻落实十八大精神，并将学习的动力最终转化为生产力。十八大的胜利召开意味着我国社会主义建设全面进入了新时代。在经济高速发展、全面建成小康社会的大好背景下，我国文化事业的发展也进入了关键时期。在将文化产业建设成为我国支柱产业的新形势下，对于出版产业的文化工作者来说，更加意味着责任和机遇。因此，首先，要充分利用好文化产业发展的大好时代，用好品牌，利用一切社会资源为商务总体的发展服务；其次，选题开发要体现大时代、大思想、大作品，产品开发要与大时代的发展相吻合，以时代发展趋势为依据；再次，要充分利用和拓展以时代发展趋势为核心内容的图书出版产业链，形成多元化、综合性的产品开发模式。

于殿利强调，学习党的十八大精神为了更好的生产和经营，要将十八大精神学习好、领会好，并且认真贯彻到每天的工作中，切实用十八大精神指导工作，为商务印书馆更好更快的发展而努力。

（冯　雪）

世界图书出版公司收听收看中国共产党第十八次全国代表大会开幕式

2012 年 11 月 8 日，世界图书出版公司组织全体党员、群众、干部收听收看中国共产党第十八次全国代表大会开幕式，并下发《坚定不移沿着中国特色社会主义道路前进，为全面建成小康社会而奋斗——在中国共产党第十八次全国代表大会上的报告》，组织大家共同学习。

（章　怡）

中国大百科全书出版社党委中心组召开认真学习十八大报告精神会议

2012 年 11 月 12 日，中国大百科全书出版社党委中心组召开认真学习十八大报告精神会议，社长龚莉主持。大家深入学习贯彻十八大报告精神，并结合中国大百科全书出版社工作实际展开讨论和探讨。党委中心组全体成员出席，社长助理等相关人员列席，大家分别结合各自工作进行发言。与会人员结合中国大百科全书出版社实际，围绕内容创新和生产发展，结合 2013 年选题规划提出了意见和建议；结合《中国大百科全书》（第三版）工作，就出版社体制机制、管理模式改革和创新，展开了探讨，进一步梳理和明确了中国大百科全书出版社的发展战略思路。

（王　瑜）

中国出版集团公司召开领导班子专题学习会议和干部大会

2012 年 11 月 16 日上午，中国出版集团公司召开领导班子专题学习会议，十八大代表、集团公司总裁谭跃传达了党的十八大报告的主要内容，传达了刘云山在全国宣传部长会议上的重要讲话和会议的主要精神。当日下午，集团公司召开全体干部大会，谭跃再次作了全面传达，十八大代表、商务印书馆总经理于殿利传达了党的十八关于《中国共产党章程（修正案）》的决议的主要精神，集团公司领导班子及集团所属单位领导班子、集团总部各部门负责人和处级干部共一百二十余人参加会议。

会议认真学习了刘云山在 11 月 15 日晚召开的全国宣传部长座谈会上的重要讲话和中宣部 20 号文件的精神。谭跃就集团公司学习贯彻党的十八精神提出了 5 点希望。第一，要按照刘云山的讲话要求，高度重视，认认真真组织专门学习，原原本本学习会议文件，领会好精神实质。第二，各单位领导班子要带头学习，主要领导要亲自抓，分管领导要安排好，以领导班子的学习带动中层干部和业务骨干的学习。第三，要结合企业的发展实际和干部的思想实际，学以致用，把学习转化为促进企业自身发展的精神动力。第四，要坚持围绕中心，服务大局，做好选题策划、新闻宣传和热点问题的报道。第五，要将2012年的工作总结与学习贯彻十八大精神结合好，将2013年的工作部署与学习贯彻十八精神结合好，特别要将十八大关于文化强国的各项要求转化为2013年的工作思想指导和具体安排。

（温 存）

中国出版集团公司召开学习贯彻党的十八精神座谈会

2012年11月19日，集团公司在总部11楼会议室召开学习贯彻党的十八精神座谈会。集团公司总裁、党组副书记谭跃出席会议并讲话，集团公司党组书记、副总裁王涛主持会议，集团公司党组成员、副总裁、直属机关党委书记林弋，集团下属各单位主要领导、党办主任、中层干部和业务骨干代表，集团公司总部各支部书记近80人参加会议。

谭跃就如何学习贯彻党的十八大精神，推动集团公司创新发展提出4点意见。

一是我们需要什么样的学习。学习贯彻党的十八大精神既不能应景式、表态式的学习，也不能机械式、教条式的学习，而是要既务虚又务实、富有成效的学习。只有把学习当作我们企业发展的内在需要，才能在思想和工作中释放出学习的效果。

二是学习的要点是什么。要把握好五个方面：深刻领会中国特色社会主义是党和人民长期实践取得的根本成就；深刻领会中国特色社会主义是由道路、理论体系、制度三位一体构成的；深刻领会建设中国特色社会主义的总依据、总布局、总任务；深刻领会夺取中国特色社会主义新胜利的基本要求；深刻领会确保党始终成为中国特色社会主义事业的坚强领导核心。

三是学习的结合点是什么。既要原原本本地学，深刻领会党的十八大的精神实质，又要结合思想和工作实际学，把十八大精神转化为解放思想、指导工作、推动发展的实效。

四是当前学习的重点是什么。一要认真抓好学习，始终不要偏离企业自身的发展，要把学习成果转化为推动发展的实际举措。二要总结好今年工作。既要总结成绩，也要找准发展中存在的问题，为此要抓好调研工作，为谋划明年工作打下扎实基础。三要计划好明年工作。

谭跃最后强调，学习贯彻十八大精神，一定要是生动的、深刻的、务实的、富有实效的学习，这样的学习，我们的干部才欢迎，我们的群众才接受。

王涛指出，十八大报告提出了一系列新思想、新观点、新论断，是纲领性的重要文献和科学发展的行动指南。学习贯彻党的十八大精神要作为集团公司当前和今后一个时期的首要政治任务抓紧、抓好、抓出成效，周密安排，精心组织，迅速兴起学习贯彻党的十八大精神的热潮。王涛强调，谭跃的讲话，是集团公司学习领会掌握十八大精神的一次破题，“六个创新”的提出具有纲举目张的作用，特别是内容创新，不仅对精品图书的生产，而且对企业的生产机制、运行机制、经济活动提出了更高的要求。集团公司全体干部职工要结合学习贯彻十八大精神，总结好今年工作，谋划好明年工作，全力推进集团公司创新发展。

座谈会上，人民文学出版社曹剑、商务印书馆于殿利、中华书局黄松、中国大百科全书出版社龚莉、中国美术出版总社胡建斌、人民音乐出版社莫蕴慧、生活·读书·新知三联书店樊希安、中国图书进出口（集团）总公司梁建瑞、荣宝斋孔繁勇、中国图书商报社孙月沐等结合单位实际，谈了学习十八大精神的体会。

（温 存）

中国出版集团公司学习贯彻十八大精神座谈会召开

2012年11月21日，中国出版集团公司召开了学习贯彻党的十八大精神座谈会。集团公司总裁谭跃，党组书记王涛，党组成员、副总裁王俊国、刘伯根、潘凯雄出席，集团公司党组成员、副总裁、直属机关党委书记林弋主持会议。谭跃、王涛先后讲话，对学习贯彻党的十八大精神，加强集团公司总部建设，提高服务水平提出要求。

谭跃说，总部机关集体学习这种形式好，这是一种民主学习、民主讨论、民主研究的方式，体现了党的优良传统，也体现了现代企业的优良品质，要把它经常化。

谭跃指出，学习贯彻党的十八大精神，从总部的层面看有一个中心话题，这就是要贯彻落实好党的十八大精神，把中国出版集团公司建设推向一个新的阶段，这就需要切实加强集团公司总部建设。

关于如何加强集团总部建设，谭跃特别从3个方面进行了强调：一是建设什么样的集团总部；二是总部建设的主要任务；三是总部建设的核心问题。

谭跃指出，加强总部建设一定要建设一支高素质的队伍。集团公司需要这样的一批人：第一是踏踏实实，默默无闻的老实人；第二是吃苦耐劳，勤奋工作的实在人；第三是刻苦学习，甘于寂寞，有定力的人；第四是耐得委屈，乐于奉献的有境界的人；第五是严于律己，宽以待人的厚道人；第六是谦虚谨慎，克勤克俭的有格调的人。事实证明，只有做一个好人，才能做一个好党员，做一个好干部，才能做好企业。

王涛在讲话时，首先传达了谭跃总裁在2012年11月20日在全集团学习贯彻党的十八大精神座谈会上的讲话精神。他说，谭跃总裁的讲话对集团公司学习贯彻党的十八大精神具有很强的指导性。集团公司提出的“三六构想”，即“三化目标”和“六大战略”符合党的十八大精神，全体员工要在学习贯彻党的十八大精神过程中，结合实际深入思考，不断充实集团公司“三六构想”的内涵，推动集团公司科学发展。

王涛指出，党的十八大报告是全党的智慧结晶，是党领导社会主义建设的经验总结，是一部马克思主义的经典文献，是全党和全国人民的行动纲领。学习党的十八大报告一定要深入到字里行间去，要深刻领会报告的精神实质。

王涛还说，要从集团公司承担的历史责任中，来学习领会中央关于文化强国的战略部署和具体任务。出版工作者是社会主义核心价值体系的传播者，在价值体系的建设过程中，集团公司一定要彰显出版“国家队”的作用。内容创新是集团公司的安身立命之本，也是党的十八大对集团公司提出的要求，全体职工要按照谭跃总裁提出的“六个创新”的要求，找准学习贯彻党的十八大精神的结合点。党的十八大强调，要建设服务型政党，这是具有重大意义的。集团公司总部要建设服务型总部，要想为一线所想，急为一线所急，帮为一线所需，真正成为一线同志的贴心人。

座谈会上，集团公司总部办公室主任路英勇、计划财务部主任徐凤君、出版业务部综合处处长乔先彪、资产经营部主任王朝东、战略发展部主任茅院生、对外合作部副主任周群、科技与数字出版部主任周清华、人力资源部主任周伟、党群工作部群工处处长汪武等9位同志结合工作实际，谈了学习贯彻党的十八大精神的体会。集团公司总部六十余人参加了会议。　（温　存）

人民文学出版社学习贯彻党的十八大精神中层干部会召开

2012年11月22日上午，人民文学出版社召开中层干部会，组织学习贯彻党的十八大精神。会上，社长管士光首先传达了中国出版集团公司总裁谭跃在集团学习贯彻党的十八大精神座谈会上的讲话，要求各部室组织员工认真学习，并与实际工作相结合，真抓实干，以会议精神为指导，重点做好2012年年终总结和2013年开局工作。

（宋　强）

人民文学出版社学习贯彻党的十八大精神党支部书记会召开

2012年11月22日，人民文学出版社召开党支部书记会议，部署安排学习贯彻党的十八大精神工作，要求各支部组织党员迅速开展学习，积极落实中国出版集团直属机关党委的各项工作安排，采取集中学习与专题辅导相结合、支部学习与个人学习相结合、学习与交流相结合的方式，并坚持学习与实践相结合的方式，将学习活动贯彻到各支部年终总结、评选先进党支部和党员活动中去，贯彻到全社年终和2013年开局重点工作中去，争取取得实效，促进出版社的健康发展。（宋　强）

中国对外翻译出版公司召开党委中心组学习贯彻十八大精神专题座谈会

2012年11月26日，中国对外翻译出版公司党委中心组召开主题为“全面认真学习贯彻十八大精神，结合实际落实2012年工作、研究2013年工作”专题座谈会。党委书记、总经理林国夫主持会议，党委委员及总经理办公会成员参加座谈会。

林国夫指出，坚持走中国特色社会主义文化发展道路，扎实推进社会主义文化强国建设，加强社会主义核心价值观体系的建设，坚持贴近实际、贴近生活、贴近群众的原则，对于我们文化单位做好当前和长远的各项工作都具有重要的现实指导意义。

大家一致表示要认真学习、深刻领会，以推进中国对外翻译出版公司科学发展、跨越式发展的实际行动来体现全面学习贯彻十八大精神的成效。

座谈会上，还通报了“智慧语联网”项目建设工作，强调该项目是公司做大做强的重大机遇，必须采用新机制创造性地开展工作，全力以赴抓落实，进而突破传统翻译的瓶颈，实现跨越式发展。（王祺昊）

中国出版集团公司工会委员研讨学习贯彻党的十八大精神，加强工会建设扩大会议召开

2012年11月27日，中国出版集团公司工会召开委员扩大会议，研讨学习贯彻党的十八大精神，加强工会建设的问题。集团公司工会联合会主席王云武、副主席杭连生，集团公司工会委员、下属各单位工会办主任共三十余人参加会议。

王云武首先传达了全国总工会“学习党的十八大精神座谈会”精神，传达了集团公司两次“学习贯彻党的十八大精神”座谈会精神。

王云武就学习贯彻党的十八大精神，加强工会组织建设谈了5点意见：一是要在提高学习贯彻十八大精神的认识上下工夫；二是要在突出学习重点、理论联系实际上下工夫；三是要在工会工作的创新上下工夫；四是要在维护职工合法权益上下工夫；五是要在提高工会建设科学化水平上下工夫。（温　存）

华文出版社召开学习贯彻党的十八大精神座谈会

2012年11月28日，华文出版社召开学习贯彻党的十八大精神座谈会。副社长、副总编辑李红强出席会议，副总编辑张力慧主持会议，全体青年员工参加会议。

会议集中学习了党的十八大报告中“扎实推进社会主义文化强国建设”精神，重点传达了中国出版集团公司学习贯彻党的十八精神座谈会精神，特别是谭跃总裁的重要讲话。会议就学习心得进行了交流。

大家一致表示，以党的十八大为精神引领，抓住机遇，迎接挑战，以集团公司的“六个创新”为行动指南，锐意进取，务实创新，扎实做好本职工作，为推动集团公司的“三六构想”添砖加瓦，为社会主义文化大发展大繁荣献计献策。（陆虹宇）

现代教育出版社组织学习党的十八大报告精神

2012年11月，现代教育出版社党委组织全社职工通过自学和集中学习方式，专题学习党的

十八大报告精神。学习贯彻好十八大精神，一要全面领会，从而把握宏观、围绕中心、服务大局；二要结合实际，找准结合点，从而指引企业发展。（杨　静）

人民音乐出版社党委中心组学习贯彻十八大会议精神

2012年12月6日，人民音乐出版社进行党委中心组学习，党委委员、社长莫蕴慧，党委副书记郭文山，党委委员、副总编辑杜晓十，副社长杨伯勋参加学习并分别发言谈学习体会。会议由郭文山主持。

此次党委中心组学习十八大精神，重点学习胡锦涛《坚定不移沿着中国特色社会主义道路前进，为全面建成小康社会而奋斗》报告，目的是深刻领会报告的精神实质，深入研究报告提出的建设社会主义文化强国的要求。结合中国出版集团“三六构想”的战略部署，在总结人民音乐出版社2012年工作成绩和不足的基础上，党委中心组对如何将十八大精神贯彻落实到人民音乐出版社音乐出版事业发展进行一次深入的讨论和研究，并对2013年的工作进行统筹安排和规划。

大家围绕十八报告的主要精神，结合总裁谭跃在集团公司学习贯彻十八大精神座谈会上的讲话以及人民音乐出版社工作实际，谈认识、谈体会，进行广泛讨论、热烈发言。

会议认为，十八大报告中对于全党忧患意识、创新意识、宗旨意识和使命意识的强调和阐述值得深刻领会。人民音乐出版社领导班子一定要率领全社职工，紧紧抓住十八大的历史契机，全社上下统一思想、统一认识，将忧患意识和创新意识作为人民音乐出版社解决问题和促进发展的基本态度，只有这样才能在新形势下树立新的风气，在新的发展阶段中有新的精神面貌，面对新问题时有新的思路。（吴明静）

东方出版中心2012年度精神文明创建工作推进会召开

2012年12月7日，东方出版中心召开精神文明创建工作推进大会。大会的主题是深入学习贯彻落实党的十八大精神，认真总结中心精神文明建设工作，结合推进“两个建设”发展规划，广泛深入开展精神文明创建活动，认真践行“三个倡导”为主要内容的社会主义核心价值体系和中心“传承、创新、严谨、求实”的企业核心理念，扎实提高全体员工素质，推进中心各项事业健康发展。

东方出版中心党委书记、总经理宋焕起出席会议并讲话。大会由总编辑李智平主持。中心党委副书记、纪委书记、副总经理董玲通报了本年度精神文明创建工作检查情况，并总结了五年来精神文明建设工作。副总编辑祝新刚宣读了《关于授予总编办等五部门（单位）精神文明创建工作流动红旗的决定》，中心领导向获得本年度精神文明创建工作流动红旗的总编办公室、第三编辑部、计划财务部、东昊物业管理有限公司、东怡房地产经纪有限公司的代表授旗并颁发奖金。获得流动红旗部门的代表在会上作了交流发言。

会上，各部门（单位）主要负责人与东方出版中心签订了《2013～2014年精神文明创建工作责任书》。与会同志还观看了反映东方出版中心5年来开展精神文明建设成果的视频短片《精神文明建设集锦》。各部门、单位负责人，各党支部委员、工会委员、团总支委员共四十余人参加了会议。（张洁民）

东方出版中心团总支第四届团员大会召开

2012年12月12日，东方出版中心团总支第四届团员大会召开，会议选举产生了中心新一届团总支。党委副书记、副总经理、纪委书记、工会主席董玲出席大会并讲话。大会由朱丹主持。

此次中心团总支换届选举，是在进入“两个建设”新的发展时期举行的，对进一步加强中心共青团组织建设，更好地发挥团员青年生力军的作用，推进中心事业不断发展具有重要意义。

会上，唐丽芳代表第三届团总支部委员会作了题为《高举旗帜，创先争优，团结和带领团员青年为“振兴东方，打造一流”贡献青春和力量》的工作报告。

董玲在大会上作了讲话。她首先代表党委对团总支第四次团员大会的胜利召开表示祝贺。她充分肯定了本届团总支所作的工作。她殷切希望新一届团总支委员不辜负党委信任和团员青年的期望，继承发扬光荣传统、团结凝聚团员青年、勇于担当时代重任，积极推进中心团组织和团员青年队伍建设，不断取得新的胜利。最后，她预祝大会取得圆满成功。

大会经过无记名投票，选举新一届团总支部委员会委员。大会在《中国共产主义青年团团歌》声中胜利结束。（张洁民）

东方出版中心召开基层党支部工作专题研讨会

2012年12月27日，东方出版中心党委召开基层党支部工作专题研讨会。这次会议的主旨是认真学习贯彻党的十八大精神，加强中心基层党组织建设，创新党支部工作，更好地发挥党支部在中心实施“两个建设”发展规划，实现“振兴东方，打造一流”发展目标中的战斗堡垒作用。党委副书记、纪委书记、副总经理董玲主持会议并作讲话。

研讨会围绕在创新发展中如何加强党支部思想、组织、作风建设，在创新转型过程中面对新情况、新问题，如何发挥党支部战斗堡垒作用，提高党支部解决各种问题的能力，如何加强党员的管理和教育，提高党员队伍的战斗力3个专题展开研讨。

研讨会上，各党支部委员结合支部特点、工作实际畅所欲言，各抒己见。大家充分肯定了中心党委坚持抓好基层党支部建设和党员队伍建设，围绕工作大局，积极发挥党支部和党员队伍作用，推进事业的发展所取得的成绩，并对进一步加强基层党支部建设和党员队伍建设提出了不少有益的建议和意见。（张洁民）

重大项目

ZHONGDAXIANGMU

国家级重大项目

《杜甫全集校注》

2012年度国家出版基金项目。新闻出版总署“十二五”重点项目。2012年立项，人民文学出版社编辑出版。

《杜甫全集校注》是“中国古代大作家集”之一，整理内容包括杜甫的全部作品（二十卷诗、二卷文赋），每首诗（文）又分题解、注释、集评、备考、校记5项内容。该书以商务印书馆影印之“续古逸丛书”第四十七种《宋本杜工部集》为底本，校以14种宋元刻本及明抄本《新定杜工部古诗近体诗先后并解》，又以《太平御览》（商务印书馆影宋本）、《文苑英华》（中华书局影宋本一百四十卷、影明刊本八百六十卷）、《乐府诗集》（文学古籍刊行社影宋本）、《永乐大典》（中华书局影印本）中所征引者参校。附录杜甫年谱简编、传记序跋选录、诸家咏杜、诸家论杜、重要杜集评注本简介。力求编写出一部编录谨严、校勘审慎、注释详明、评论切当的带有集注集评性质的新校注本，既要集大成，又要成一家言，把集众说与树己见很好地统一起来。2012年，该项目处于编辑加工过程中。

（宋　强）

《中国近代小说编年史》

2012年度国家出版基金项目。2012年立项，人民文学出版社编辑出版。

此书系根据文学博士陈大康10多年来积累的资料，特别是从境内外图书馆拍摄的有关近代小说作品和资料的约40万张照片综合而成，绝大部分资料均为目前研究界所未知，包括从未被著录或论及的小说千余种。为使这些资料有机、有序地排列，较直观地显示近代小说发展的盛衰起伏，本书采用介于年谱与文学史之间的一种史料编排体例，按时序汇总各种资料（据资料尽可能地准确到日或月）。时间跨度为道光二十年（1840）至宣统三年（1911）共72年。介入的层面较多，如新作品问世、已有作品再版、作家概况、重要理论观点、清政府及租界关于小说的政策、出版小说的书局与期刊、创作地域分布等，同时又有必要的摘录，显示出规模上的系统性与时间上的连贯性，从而提供了一个较开阔的读者可各取所需的史料空间，并伴以必要的考辨与评述，以帮助研究者更准确地把握史实或其间的联系。2012年，该项目处于编辑加工过程中。

（宋　强）

点校本“二十四史”及《清史稿》修订工程

国家“十一五”重点图书出版规划项目。国家古籍整理出版“十一五”重点规划项目。中华书局编辑出版。

针对中华书局1959～1977年间出版的点校本“二十四史”及《清史稿》而开展的一项修订工程。由中华书局立项并组织全国十余所高校和研究机构的三百余位学者进行修订。

自1959年《史记》出版，到1977年《宋史》面世，点校本“二十四史”及《清史稿》全部出齐，至今已有30多年。由于当时政治、经济、意识形态等客观条件的制约，整体学术水平的限制，各史均存在不同程度的缺点和遗憾。为适应新时代学术发展和读者使用的需求，亟须全面修订。2005年年初，中华书局开始着手点校本“二十四史”及《清史稿》修订的前期调研工作，引起史学界、文献学界的广泛而积极的响应。党和政府对修订工作十分重视和支持。2005年11月，温家宝总理和陈至立国务委员分别对修订工作作出重要批示，要求重视和支持古籍整理出版事业，解决资金和人力问题。2006年4月，点校本“二十四史”及《清史稿》修订工程正式启动，并获得国家专项资金支持。

项目内容包括三个阶段：第一阶段，即前期准备阶段。2005年，完成内部调研工作；2006年及2007年上半年，完成立项申报、专家论证，组建修订工程组织机构，基本完成各史修订承担单位、修订主持人的遴选工作。第二阶段，即修订工作实施阶段。自2007年6月起，至2014年6月止，用7年时间陆续完成点校本“二十四史”及《清史稿》的修订定稿工作。第三阶段，即编辑出版阶段。自2010年起，已完成修订并定稿的各史，陆续进入编校出版环节，自2012年开始分史出版，争取在2015年年底完成全部出版工作。

2012年，点校本“二十四史”及《清史稿》修订工程稳步推进，坚持抓好进度管理、资金管理、信息交流、资料积累各项工作，已正式进入编辑审稿阶段，《史记》等首批修订版图书将于2013年出版。

（梁　彦）

《全元诗》

2011年度国家出版基金项目。中华书局2013年编辑出版。

元诗因为元代特殊的历史特点，而别具特色。诗人的代表性更广泛，今存的元诗作者包括蒙古、色目等二十几个民族，也有来自印度加尔各答、叙利亚十字军领地的诗人。诗的题材也远远超出唐宋，诗坛涵盖了释、道、也里可温（基督教）、答失蛮（伊斯兰教）等多种信仰。这都是中国文学史上所罕见的。

全书收入5 189位元代诗人流传至今的13.7万余首诗，共1 800卷，2 500万字，精装68册，由杨镰担任主编。全书基本按诗人世次先后排序，世次不明者，按文献出处分列在全书之末。全书以人系诗，先列作者小传，除生平、著述与资料来源外，还包括相关考证说明。有诗文集传世者，在小传最后说明编录其诗所依据的版本与校勘的版本；对所采用底本的卷帙编次，不作变更删改；集外诗，则依文献来源，编在底本之后；据文献辑录的诗篇，除通行本之外一般均在注明出处的同时，注明版本。对原始文献中的个别重出、误收诗篇，凡作了相应的取舍判断的，均在相应的位置略作说明。根据总集整理原则和要求，凡底本文字通畅，不校他本；凡遇有歧误，则据他本校勘，以“校”或“按”的形式，出校说明；凡异文较多者，则全文附录，以作参考。对重出互见诗较多、归属判断较复杂者，分别注明互见所在。全书第一册编有《全元诗总目》，最后一册附录有《全元诗诗人笔画索引》、《全元诗诗人音序索引》、《全元诗诗人字号别称索引》、《直接征引文献目录》等四种索引。2012年，《全元诗》已进入编辑加工阶段。

（梁　彦）

《龙泉司法档案选编》

2011年度国家出版基金项目。2012年中华书局编辑出版。

本书收入龙泉地区所藏晚清至民国时期司法档案。上自咸丰元年（1851），下至1949年，共计一万七千余卷，多达八十八万页，数量极为庞大，多侧面地折射出清代民国时期地方社会的世相百态，是研究清代特别是民国时期的地方司法、日常生活、社会变迁等诸多侧面的珍贵史料。为方便学者查询利用，浙江大学地方历史文书编纂与研究中心将这批档案重新整理，以档案起始时间为序编排，编写提要，附入档案原件。

这批档案具有资料独占、内容翔实和整理细致三大特点。首先，这批档案是目前所知民国时期保存最完整、数量最大的地方司法档案。其次，这批档案一方面清晰记录了中国法律制度和司法实践，从传统到近代变革的完整过程；另一方面也记录了近代地方社会结构、经济形态、家庭婚姻、民众观念等方面的变迁，实际涉及民众生活所有内容。最后，选编工作依据新编的索引目录，将散布于不同卷宗中同一案件的文书集中起来，按时间顺序重新编排，然后从中选取典型案例，以分辑出版。2012 年，《龙泉司法档案选编·第一辑·晚清时期》出版。（梁　彦）

《中国地域文化通览》

2011 年度国家出版基金项目。中华书局编辑出版。

《中国地域文化通览》是为响应“十七大”提出的推动社会主义文化大发展、大繁荣的号召，为弘扬中华民族优秀传统文化，于 2007 年由中央文史研究馆牵头、举全国文史馆之力编撰的一套大型文化丛书，是共和国成立以来组织全国各地专家学者编撰的第一部地域文化丛书。袁行霈担任主编。

该丛书作为分行政区撰绘的“文化地图”，共分 34 卷，1 800 万字，概要展示了中华文化的基本面貌与内涵以及各地域文化的发展脉络和文化特色。该丛书以文为主，适当配图，年代上限自有文字记载开始，下限原则上截至辛亥革命。各卷的编撰工作要求理论性和史料性相结合，文风简约，图文并茂，史笔、议论、才情三者交融，充分体现当前学术研究水平，使之具有涵盖性、学术性、可读性。

该丛书自 2007 年开始各分卷的编写工作。经过编委会与分卷作者三上三下的反复修改，2010 年进入各分卷书稿评审阶段，2011 年起陆续出版。2012 年，该丛书出版《吉林卷》、《广西卷》、《福建卷》、《安徽卷》。（梁　彦）

《王力全集》

2012 年度国家出版基金项目。中华书局编辑出版。

王力是我国著名语言学家，其著作涉及汉语研究的多个领域，在汉语发展史、汉语语法学、汉语音韵学、汉语词汇学、古代汉语教学、文字改革、汉语规范化、推广现代汉语普通话和汉语诗律学等领域取得了杰出成就，在诗歌、散文创作和翻译领域也卓有建树。

《王力全集》完整收录王力的学术专著三十余种，包括《汉语史稿》、《汉语语音史》、《汉语语法史》、《汉语词汇史》、《中国语言学史》、《清代古音学》、《中国现代语法》、《中国语法理论》、《汉语语法纲要》、《汉语音韵学》、《同源字典》、《诗经韵读》、《楚辞韵读》、《康熙字典音读订误》、《博白方音实验录》、《汉语音韵》、《音韵学初步》、《汉语诗律学》、《广东人怎样学习普通话》、《江浙人怎样学习普通话》、《诗词格律》、《诗词格律概要》、《王力古汉语字典》、《词类》、《虚词的用法》、《有关人物和行为的虚词》、《字的写法、读音和意义》、《谈谈汉语规范化》、《汉字改革》、《观念与语言》等以及学术论文 200 余篇、译文 20 余种和各类文学创作作品。

2012 年，《王力全集》第四、第五、第六卷已编辑加工完毕，第一卷正在提取索引，第二、第三卷已发稿，第七至十九卷在编辑加工过程中，第二十至二十五卷在补充收集资料和编辑审读过程中。（梁　彦）

《商周金文辞类纂》

2012 年度国家出版基金项目。中华书局编辑出版。

《商周金文辞类纂》是商周金文的研究类工具书，充分吸收前贤时哲的金文考释成果，借鉴前人编写甲骨文、金文等古文字类纂以及其他传世文献类纂的经验，汇集 2011 年之前公布的商周铭文材料，以单字为经，以释文为纬，并配以摹本，穷尽搜集金文单字在铭文当中所有文例的一部著作。字头以《说文》部首为序排列，摹本与释文则先按义类，后按时代排列，然后辅以多种检索手段，以方便学界查检。

《商周金文辞类纂》汇集了学界考释金文字词的研究成果，在字形释定、词义训诂等方面反映商周金文研究的新进展。同时，作为一项基础性的工作，类纂的编写，对日后金文字典、词典、诂林编写工作的开展，必将起到有力的推动作用。

全书共分十六卷。2012 年，前十卷已经完成审稿、加工整理工作，进入付型阶段。（梁　彦）

《中国南海史料文献集》

2012 年度国家出版基金项目。中华书局编辑出版。

《中国南海史料文献集》是包括涉及南海问题的一千八百余份史料、文件、地（舆）图等有关主权属我的证据资料，计六千余幅影印图的史料集成。全书共分为“中国有关南海诸岛主权属我的文献”、“外国及国际社会承认南海诸岛主权属我的文献”、“中国有关南海诸岛主权属我的地图”和“外国有关南海诸岛主权属我的地图”等 4 部分，按照年代排序。全部资料均采集于方志、文电、地（舆）图、图书、报纸、期刊等多种载体，采用原件影印图形式，以确保其原始面貌，凸显其真实性。每件文献前撰写题要。2012 年，该项目正在编纂阶段。（梁　彦）

《中国钓鱼岛主权文献集》

2012 年度国家出版基金项目。中华书局编辑出版。

《中国钓鱼岛主权文献集》是系统地证明有关我国钓鱼岛主权的文献、舆图等资料的史料集成，共六十余万字，收录二百余幅图片。全书分为“从中日史籍看钓鱼岛主权归属”、“钓鱼岛相关地图考释”、“钓鱼岛与国际法理”三部分内容，提供钓鱼岛主权属于我国的历史证据。2012 年，该项目正在编纂阶段。（梁　彦）

《中国大百科全书》（第二版简明版）

国家“十二五”出版规划项目。中国大百科全书出版社编辑出版。

是以《中国大百科全书》（第二版）为基础，浓缩、改编、增补而成的一部综合性百科全书。全书设计规模 10 卷，其中正文 9 卷，索引、附录 1 卷，每卷 2 000 千字，共 2 万千字，收条目近 3 万条，图表、地图三千余幅，全彩、精装印制。全书重要资料和数据一般收录到 2010 年。（王　瑜）

《中印文化交流百科全书》

国家“十二五”出版规划项目。中国大百科全书出版社编辑出版。

中印两国领导人确定的纪念两国建交 60 周年重要文化交流项目。全面、客观反映中印文化交流的历史和现状及其对亚洲和世界文化的贡献。本项目以学术界普遍认可的文化概念为基础，侧重反映中印两国在物质文化和精神文化方面的交流与合作；以史实为依据，客观、准确地反映中印双方在历史上的双向文化交流。主要收入自古以来中印两国在物质文化交流和精神文化交流方面的条目，包括中印物质文化交流、中印科学技术交流、中印佛教交流、中印哲学交流、中印语言学交流、中印文学交流、中印艺术交流、中印民俗养生交流、中印交通、中印外交、中印现代学术交流及其他。全书规模为 1 卷本，以条目为主体，另设置大事记等附录和多种检索系统。条目共约 1 100 条，字数约 120 万 ~ 150 万字，配图2 000 ~ 2 500 幅。该书预计 2014 年 6 月出版。（王　瑜）

中国数字音乐出版与发行平台

财政部国有资本经营与预算项目。人民音乐

出版社开发完成。

为广大热爱音乐、关心音乐、学习音乐的国内外人群，提供一个“在线看音乐、在线学音乐、在线买音乐”网络平台，更好地推进中国音乐艺术和音乐产业的发展。平台主要业务包括音乐资讯、电子商务、网络教学、数字音乐图书馆等4个模块。2012年该项目被列为集团重点扶持项目，列入集团“十二五”规划。2012年项目完成调研，编写完成项目需求说明书；完成项目的演示版设计与制作；完成第一批中国民族音乐唱片版权的收购；完成对人民音乐出版社1 000多张光盘的图书资源的收集与整理工作，共收集图书数字资源1 220本；基本确定了项目招标方案。（吴明静）

《中国音乐作品百年典藏》

2012年度国家出版基金项目。人民音乐出版社编辑出版。

涵盖20世纪初至2010年间，由华人作曲家创作的最具代表性的音乐作品。本项目将通过甄别、遴选、加工、整理，将散见于不同时间、不同出版地、不同出版机构出版物中的精品力作辑结成集，以国际通行的五线谱形式系统出版。作品按体裁划分包括歌曲、合唱、歌剧、舞剧、器乐独奏与重奏、民族管弦乐、交响乐等，共分20卷。每一类作品或按创作时间编排，或按乐器种类分类，或按作者区分。项目总体目标是为社会奉献一部内容可靠、质量上乘、能够全面反映中国近现代和当代音乐作品面貌的最具权威性的中国音乐曲谱集。一方面丰富馆藏，另一方面数字化加工后，经新媒体传播使中国音乐走向世界，让更多的人受益。（吴明静）

《“四个一批”人才作品文库》

国家级人才培养工程专项计划项目。“文化名家”工程项目。人民音乐出版社编辑出版。

国家级人才培养工程计划目的是加强领军人物和各类高层次专门人才培养，重点是加强理论、新闻、出版、文艺4个领域的中青年人才和高层次经营管理人才、专门技术人才的培养。“文化名家工程”则是近年新启动的项目，通过每年重点扶持和资助一批哲学社会科学、新闻出版、广播影视、文化艺术、文物保护的名家承担重点课题、重点项目、重要演出，开展创作研究、展演交流、出版专著等活动，遴选扶持一批造诣高深、成就突出、影响广泛的宣传思想文化领域杰出人才。2009年起至2012年，人民音乐出版社先后完成了三批次，共完成文艺界和新闻界12人次的个人作品专辑，包括：冯小宁、黄宏、韩再芬、山翀、刘劲、沈铁梅、吴玉霞、邓敏、查明哲、茅善玉、王芳等。（吴明静）

《辞源》（第三版）

国家“十二五”出版规划项目。国家出版基金资助项目。商务印书馆组织修订并编辑出版。

《辞源》（第三版）修订的重点是探求词语来源、加强古代百科、充实参见系统，篇幅由二版的1 000万字增加到1 200万字。《辞源》（第三版）2007年成立项目组，筹备修订工作。2010~2011年组建了120人的修订队伍，人员主要来自中国社会科学院、北京大学、北京师范大学等十余所高校和科研机构。主编何九盈、王宁、董琨，统一指挥，总体负责；分主编18人，主持12个语词组和4个百科组的具体修订工作。采用全程大流水的修订模式。2012年，完成《辞源第三版修订手册续编》的编写工作，组织召开主编、分主编、修订专家、审稿专家等各种会议30多次。截至2012年年底，百科部分的修订、审稿、定稿工作已完成；语词部分完成总修订任务的74.8%，一审完成63.3%，二审、三审完成23.8%，主编定稿完成11.6%。全部修订工作计划于2015年《辞源》出版100周年之际完成。（包诗林）

“18 种小语种汉外分类词典全媒体出版”项目

2012 年度国家出版基金项目。商务印书馆编辑出版。

包括阿尔巴尼亚、保加利亚、波兰、波斯、菲律宾、豪萨、克罗地亚、罗马尼亚、缅甸、尼泊尔、僧伽罗、泰、泰米尔、乌尔都、匈牙利、意大利、印地、印度尼西亚 18 个语种，并首次在立项之初即确定了全媒体出版的方略。本系列词典汉语词条统一编写，收词 3.2 万余条，涉及日常生活、社会生活、公共事务、经济活动、社会及自然科学五大门类，包括住房租赁、休闲娱乐、公共安全、环境保护、社会保障、金融证券、市场营销等 44 个主题。词汇按所属范畴排列，既便于查找，也为读者提供了一个较为全面的知识系统。汉语词条全部加注汉语拼音，方便外国读者。词典后附有全部汉语词条按音序排列的页码索引，兼备汉外双语辞书的功能。编者皆为活跃在中国国际广播电台各语种节目的骨干记者，是集翻译、采访、主持、播音等才能于一身的全方位人才。

截至 2012 年年底完成 18 个语种的编写、编辑加工、发稿工作，大部分进行了两次以上的校对工作。预计 2013 年 6 月完成全部的纸质和全媒体出版工作。 （张文英）

“汉译世界学术名著丛书”（第十三、十四辑）

国家出版基金资助项目。商务印书馆编辑出版。

“汉译世界学术名著丛书”自 20 世纪 80 年代出版以来，哺育滋养了数代学人，为中国的现代化进程作出了重要贡献。“汉译世界学术名著丛书”（第十三、十四辑）是“汉译世界学术名著丛书”前十二辑的延续和继承，收书共计 100 种。在内容上，本项目涵盖的书目均是古典名著和现当代最富盛名的各学科大师之作；在体例结构上，第十三、十四辑仍旧采用了政治、经济学、历史地理学、哲学、语言学五大分类方法，但同时也根据学术界和高校教学的发展趋势，对学科做了进一步的细化，拓展出法学、社会学、人类学、伦理学、心理学、美学等细分学科，并以商务其他丛书为“汉译名著”的选题后备库，实现梯度开发。该项目 100 种图书计划于 2013 年年底全部出齐。 （王　曦）

《微观西藏》

2012 年度国家出版基金项目。商务印书馆 2012 年 9 月出版。

一本以“微博体”形式展示真实西藏的书。在形式和内容上皆有创新。该书在追求新媒体环境下最佳阅读体验，用最短的文字还原了那些最了解西藏的人心中最真实的西藏。全书中英对照、图文并茂，共收录 520 多条精彩微博，150 多张精美图片。内容包括大量鲜活的一手的见闻，深入浅出、客观中肯的涉藏言论、语录和访谈以及有趣、独到的细节和图景，展现了西藏人的日常生活和内心世界。 （储丹丹）

《中国设计全集》（全 20 卷）

国家出版基金项目。“十二五”国家重点出版规划图书项目。由商务印书馆、海天出版社联合推出，2012 年年底正式出版。

由国内设计学研究领域数百位知名学者，历时 8 年完成，是国内第一部体系完整、容量大、注重学术性的中国设计史学专著。该套书从时间上涵盖了华夏民族从新石器时期到民国时期的8 000年文明发展历史。根据中国设计史的具体特点和现代设计学的新观念，分为建筑类编（4 卷）、服饰类编（4 卷）、餐饮类编（3 卷）、工具类编（3 卷）、用具类编（3 卷）、文具类编（3 卷）等，囊括了中国历史上 3 000 个经典设计案例和约18 000幅图像资料，涉及了与中国社会生产方式及生活方式密切相关的方方面面，填补了中国设计学史的空白。该套书无论在编撰规模、研究深度，还是学术高度等方面，均为国内学术界之首创。其权威性、前沿性、创新性，唯一性以及规模的宏大都在中国设计学术研究史上具有标志性意义。

（朱　丹）

《中国报告》（英文版）（第一辑）

国家出版基金资助项目。中国对外翻译出版公司编辑出版。

遴选了近10年以来，由我国当代著名报告文学作家创作的反映当代中国各个方面巨大变化的13部优秀报告文学作品进行翻译、出版。这些优秀报告文学作品从多个视角反映了中国的发展变化，既有反映中国巨大变化的大事件、大背景、大变迁的题材，也有通过个人投身时代大潮，由个人成长和个人命运的变化来反映时代变迁的精心之作。

第一辑拟翻译的图书有《为了那渴望的目光：希望工程20年记事》、《生命的呐喊》、《百万大裁军》、《用胸膛行走西藏》、《国运——南方记事》、《根本利益》、《新生代农民工》、《阿里阿里》、《毛乌素绿色传奇》、《寻找巴金的黛莉》、《中山路：追寻代近中国的现代化脚印》、《国家负荷——国家电网科技创新实录》、《东方哈达——中国青藏铁路全景实录》13册，总字数约3 980千字，首印3 000册，计划2015年出版。

（卜晓艳）

“阅读中国·五彩霓裳系列”（英文版）

“中国文化著作翻译出版工程”资助项目。中国对外翻译出版公司编辑出版。

是少数民族女作家的自选集，她们用自己细腻而优美、清新而凝重的笔触反映了我们这个剧烈变革中的伟大时代多民族人民绚烂多彩的文化与时代变迁中的心灵成长和情感纠葛。这些作品是《歌棒》、《叙述者说》、《僧舞》、《远离严寒》、《睡前书》。

本项目的目标群体为汉语学习者和海外华人的后裔。本项目共5本，总字数约600千字，首印3000册；采用图文混排的方式，全彩印刷。

（卜晓艳）

“阅读中国·藏族青年作家丛书”（英文版）

“中国文化著作翻译出版工程”资助项目。中国对外翻译出版公司编辑出版。

本项目推荐的8位作家和作品均为近些年在文坛崭露头角、获得好评的获奖作家和作品。作品真实地反映了西藏历史和当代的发展，翻译成英文介绍到海外，让海外读者感受中华多民族文化的独特魅力，深刻认知西藏已经发生和正在经历的伟大变革，必将极大地消除西方的妖魔化宣传，有助于人们了解真实的西藏。这些作品是《布隆德誓言》、《界》、《康巴方式》、《康巴：一部藏人的心灵史诗》、《拉萨红尘》、《紫青稞》、《隐蔽的脸》、《纸飞机》。

本项目共8册，平装本，图文混排；计划发行量3 000册，2015年出版。（卜晓艳）

《大中华文库·金瓶梅》（汉阿对照版）

国家出版基金资助项目。中国对外翻译出版公司编辑出版。

《金瓶梅》是我国明代长篇世情小说，成书约在隆庆至万历年间，作者署名兰陵笑笑生。它是明代“四大奇书”之首，也是我国文学史上最伟大的小说之一；在中国文学史上具有开拓性意义，是我国古典小说的分水岭，是中国文学史上第一部由文人独立创作的长篇小说名著。

本项目是史上首次邀请阿拉伯语界知名专家学者将此巨著译成阿拉伯语，并在海外推广发行。这对重新评估《金瓶梅》的价值和中华文化“走出去”有着重要意义，也是中国古典文学爱好者、中华文化爱好者以及阿拉伯语爱好者的收藏佳品。

（卜晓艳）

《阅读中国》（第二辑）（英文版）

“经典中国国际出版工程”资助项目。中国对外翻译出版公司编辑出版。

遴选国内知名作家的5部作品作为首批译入英文出版的项目。随着国家整体实力的上升以及莫言获得2012年诺贝尔文学奖，国际国内对译介中国当代优秀文学作品的热情空前高涨，国家会进一步出台有关的政策和鼓励措施。

本项目的目标群体为汉语学习者和海外华人的后裔以及对中国文化（特别是传统文化）有所了解但又了解不多的国内青少年读者。该书约120千字，大16开，15印张；图文混排，平装锁线，全彩印刷，首印5 000册。（卜晓艳）

东方虹桥国际创意出版产业基地、中国出版集团数字影像出版拓展中心建设规划

国家新闻出版总署“改革与发展重大项目库”项目。

打造中国第一个具有国际水准的创意出版基地和都市高端楼宇产业集聚园区。1年完成园区概念形态和基础定位功能，3～5年形成全国同比第一规模效能，对集团产能效益贡献率名列前茅，通过该产业基地和新业态的创新建设、运营和拓展，使之成为：（1）服务中国出版集团的跨区域、跨媒介、跨主体的合作出版创新平台；（2）中国出版集团以数字为载体、影像为特色、创意为特征、国际为标准的新媒介复合出版拓展中心；（3）中国出版集团对接“走出去”战略，结合“引进来”资源，利用上海已经设立的文化产权交易市场和对外文化贸易平台政策，开发国际图书及创意出版版权交易的合作交流文化贸易新平台；（4）成为中国出版集团运用上海地区三网融合、智慧城市建设先行资源，推进内容创新、打造数字创意出版、影像出版、个性化出版战略发展竞争力的一个创新示范基地；（5）成为中国出版集团在上海通过推进东方出版中心建设东方虹桥产业园进而与中图上海分公司及蓝桥产业园互动互补互联，共同打造集团副中心的重要资源和力量。

（张洁民）

“影像中国”复合出版工程

新闻出版总署国家“改革发展重大项目库”项目。

以塑造中国形象、体现中国气派、承载中国梦想的数字影像为主要内容，既涵盖专业的影像产品和媒体性的影像热点，又海纳中国数以亿计的影像爱好者作品。在移动互联网和影像阅读时代发展浪潮下，“影像中国”将成为世界了解中国的一个渠道，成为见证中国梦的一个平台。

“影像中国”将建立综合立体的复合出版体系，利用OMS内容统一管理发布平台，建立动态数字影像数据库，跨系统、跨介质向用户推送专业级影像作品，输出终端将涵盖手机、平板电脑、PC电脑、传统图书、传统音像介质等；“影像中国”将成为中国各个地区、各行各业的数字影像百科数据库，拥有深厚的产业基础和广阔的市场前景。（张洁民）

《中华民族道德生活史》

国家“十二五”出版规划项目。国家社会科学基金重点研究项目。东方出版中心编辑出版。

以不同历史时期中华民族的道德生活为载体，以民族道德传统的形成、发展、演变和弘扬为基本线索，研究民族精神的传承、演变和弘扬，为把社会主义核心价值体系的建设更好地落实到现实生活提供切实可行的途径和方法，为社会主义精神文明建设特别是公民道德建设提供重要的思想资源。全书共9卷，约400万字。该丛书2012年完成全部初稿，正在进一步修改、统纂和编辑加工之中，计划于2013年6月出版。

（张洁民）

《中国民族百科全书》

国家“十二五”出版规划项目。国家出版基金资助项目。新闻出版总署“十二五”少数民族出版物重点出版规划项目。世界图书出版公司编辑出版。

我国唯一一部涵盖中国56个民族历史与文化传承与融合、继承与发展的民族学科巨著。全书史料翔实新颖、客观公正、内容丰富、全面系统，全方位多角度展示了中国各民族的历史风貌和发展情况，是对中国各民族情况记述、研究的一个总汇性成果。

全套书共分为15卷，约1 900万字，35 000个条目，7 000多幅彩图（其中包括56张民族分布图）。内容包括中国56个民族有史以来在各个领域创建的物质文明和精神文明，是中国各民族形象与内涵全面生动的再现，旨在反映中国各民族的历史、文化、经济诸方面的发展状况，特别是中华人民共和国成立以来在各民族经济、文化诸领域所取得的巨大成就，揭示中国各民族之间不可分割的血肉联系，对弘扬民族文化、促进民族大团结有着重要而深远的意义。

2011年已出版3卷，2012年先后出版《中国民族百科全书·彝族、哈尼族、羌族、普米族卷》、《中国民族百科全书·壮族、黎族、仫佬族、毛南族卷》和《中国民族百科全书·白族、傈僳族、纳西族、怒族、独龙族卷》，对于国内外了解和掌握彝族、哈尼族、羌族、普米族、壮族、黎族、仫佬族、毛南族、白族、傈僳族、纳西族、怒族、独龙族等的历史和文化，了解和掌握党和国家的民族政策，促进各民族和睦相处、和衷共济、和谐发展，具有重要的现实意义。

（薛春民、赵亚强）

《中古文学研究》

国家“十二五”出版规划项目。国家出版基金资助项目。世界图书出版公司编辑出版。

一部中古文学与文化研究的新成果集大成之作。全书汇集了汉末魏晋南北朝及隋唐时期的文学、文化、诗词、地理、宗教、艺术等各方面的研究成果，具有很高的学术价值和重大文化积累价值。

全套书共12卷，约7 000千字。内容极其丰富，囊括了中古作家年谱辑要、东晋南朝的谢氏文学集团、中古诗歌语言研究、世族与六朝文学、魏晋风度的传神写照——《世说新语》研究、南朝文学与佛教、六朝辞赋史、中古文学地理与文化地理研究、文选诗研究、门阀世族与永明文学诸方面的最新研究成果。

2012年已完成初稿，并召开了3次丛书主编会议，在对初稿进行充分的讨论的基础上制订了2013年的项目推进计划，预计2014年6月正式出版。

（薛春民、赵亚强）

海洋文化记录片《走向海洋》（8集）

国家“十二五”出版规划增补项目。中国科学文化音像出版社有限公司出版发行。

站在国家海洋发展的战略高度上，系统梳理了中华民族5 000多年的海洋史，抒发了中华民族对海洋眷恋的情感，以期引发中华民族伟大复兴与走向海洋的深邃思考。该片集思想性、艺术性、可看性为一体，是中国第一部弘扬中华海洋文明，强化全民海洋意识的文化佳品。《走向海洋》从2012年2月6日开始在央视纪录片频道、财经频道陆续播出，发行数量达到三千余套。

（李　娟）

全球数字资源聚合与服务工程

2012年中央文化企业国有资本经营预算支出项目。中国出版集团公司和中国图书进出口（集团）总公司的重点数字化、国际化项目。

项目基于中国图书进出口（集团）总公司在我国出版物进出口行业的龙头地位以及市场份额大、资源聚集多等基础和出版资源进口的渠道优势，在国家政策和资金的支持下，运用云计算的理念和技术，构建我国全球数字资源战略保障和服务体系，打造国际先进、国内一流的集聚合、存储、加工、管理、运营为一体的全球数字资源云服务平台，实现对国外数字资源的有效聚集、长期安全存储、标准化加工、国际化管理以及针对我国图书馆、科研院所等机构用户和个人用户的个性化、专业化服务，从而解决我国对国外进口数字资源的长期保存和长效利用问题，确保我国使用国外进口数字资源的技术安全、存储安全、使用安全和文化安全，从而为提高我国全球数字资源的国内投送水平作出贡献。项目于2012年立项，预计2015年年底完成。（朱宝元）

北京国际图书博览会（BIBF）

“十一五”、“十二五”时期大力扶持的一项重要会展事业。1986年9月5日，经国务院正式批准，由中国图书进出口（集团）总公司创办。1996～2012年，主办单位为新闻出版总署（国家版权局）、国务院新闻办公室、教育部、科学技术部、文化部、北京市人民政府、中国出版工作者协会、中国作家协会，中国图书进出口（集团）总公司成为承办单位。

“把世界的图书引进中国，让中国的图书走向世界”，已成为BIBF的办会宗旨；用国际理念打造书展品牌，用专业精神弘扬民族文化，是BIBF的理念。26年来，北京国际图书博览会一步一个脚印，踏踏实实地一路走来，在历练中不断成长壮大。无论从办展规模、版权贸易项目还是社会影响来看，北京国际图书博览会的成长可喜可贺。首届北京国际图书博览会的展场面积只有7 800平方米，参展国家和地区35个，展台总数348个，展商总数228家，版权贸易97项；2012年第19届北京国际图书博览会的展场面积扩展到了5.36万平方米，参展国家和地区达到75个，展商总数超过2 000家，举办场内外活动1 000多场，参观者总数达到20万人次，实现中文图书版权输出1 867项，达成中外版权贸易协议3 298项，引进与输出之比为1∶1.3。

2005年起，北京国际图书博览会每年设立一个主宾国。2005年第12届北京国际图书博览会到2012年第19届北京国际图书博览会的主宾国先后为法国、俄罗斯、德国、希腊、西班牙、印度、荷兰、韩国。

经过26年的发展，北京国际图书博览会作为中国国际图书综合交易平台、中国图书“走出去”重要平台的地位日益稳固，并在跻身世界四大书展之列后，展览规模和参展商数已仅次于法兰克福书展，排名世界第二；达成版权贸易数量已仅次于法兰克福书展和伦敦书展，排名世界第三。在展览展示国际化、专业化、现代化功能不断增强的同时，北京国际图书博览会还成功打造了北京国际版权贸易研讨会、北京国际出版论坛、中华图书特殊贡献奖等名牌活动，为提高中华文化的国际影响力作出了贡献。（朱宝元）

中国出版蓝桥创意产业园暨国家数字出版基地（虹口园区）二期工程建设

中国图书进出口（集团）总公司、中国图书进出口上海公司和虹口区政府倾力打造的一个以内容产业和新媒体为目标定位，以数字出版为特色的创意产业园。2010年5月，获新闻出版总署和上海市新闻出版局批准，成为国家数字出版基地（虹口园区）。2011年，经授牌成为上海市创意产业集聚区和上海市文化产业园区。2012年10月，成为首批7个“上海市知名品牌示范区”创建区域之一。

园区位于上海市虹口区大柏树知识创新圈，占地面积1.5万平方米，总建筑面积3万余平方米。园区由中国图书进出口上海公司所属印刷厂规划改造而成，拥有数字动漫大楼、数字出版大楼、数字设计大楼、综合服务大楼主体建筑4幢。其中，数字动漫大楼建筑面积13 000平方米，以游戏和多媒体制作公司为主，入驻的企业主要有上海兴汉数字出版技术有限公司、上海风之云网络科技有限公司等；数字出版大楼建筑面积6 000平方米，由中国出版集团公司所属单位商务印书馆、生活·读书·

新知三联书店、人民音乐出版社、荣宝斋等共同投资建设；数字设计大楼建筑面积10 000平方米，中版集团数字出版传媒有限公司相关数字出版项目落地数字设计大楼，同时配有数字出版展示中心、图书会展中心、人才培训中心；综合服务大楼建筑面积4 000平方米，规划有文化印刷、餐饮、咖啡、精品公寓等服务设施，以解决园区企业工作生活的需求。2012年商务印书馆、生活·读书·新知三联书店、人民音乐出版社、荣宝斋四大发源于上海的品牌正式入驻园区，提升了园区的影响力。

园区以打造数字出版基地为己任，立足于数字出版产业链的上端，以内容资源为抓手，通过搭建专业数字出版对接平台的方式，实现传统内容提供方、数字内容加工方与数字内容运营方之间的协同，从而整合内容、技术和市场的资源，共同实现经济价值。

为打造完整的数字出版产业链，园区规划将吸纳30%以内容产业为主导的传统出版及文化单位，30%以数字出版为特色的数字、网络、新媒体企业，20%的展览展示、会议培训等创意创新业务；20%的相关配套企业。（朱宝元）

“中华字库”工程第10包“古代行书、草书的搜集与整理”项目

新闻出版总署重大科技工程项目。先后列入《国家“十一五”时期文化发展规划纲要》和国家《文化产业振兴规划》。工程第10包“古代行书、草书的搜集与整理”项目由荣宝斋和首都师范大学联合承担，2011年7月正式进入全面研发建设阶段。2012年，荣宝斋完成了所承担的“古代行书草书资源目录库”，并向总体组评审会提交了成果物。总体组审阅了资源目录库，认为实际提交成果物基本符合合同要求，同意展开下一阶段工作。下一阶段的工作计划包括：增补新发现的文献资源，建立释文文本库，扫描行书草书文献资源图像，形成图像数据库。该阶段的实施计划文档已经提交总体组，等待评审。（刘　芳）

中国数字出版网（大佳网）

中版集团数字传媒有限公司承建的国家级大型数字出版项目。

2009年8月国家发展和改革委员会批准立项。2012年项目取得重大进展：日均浏览量（PV）较2011年提升67.8%；日均访客数提升11.5%；Alexa排名则由2011年的国内4 161名，提升至国内2 230名；“页读数”——即PV与UV之比，也在逐渐增加，这反映的是单个用户在大佳网上浏览的页面数增加，一定程度上反映用户黏度在提升；新增7万用户；原创作者数量也在逐渐增加。2012年10月，大佳网通过考察期，以原创精品中短篇基地的定位正式成为中国作家协会网络文学联席会议的成员单位。

（祁兰柱）

“中华字库”工程第1包工作平台项目

新闻出版总署重大科技工程项目。先后列入《国家“十一五”时期文化发展规划纲要》和国家《文化产业振兴规划》。中版集团数字传媒有限公司牵头，联合中国科学院软件研究所和无锡中科方德软件有限公司，以公开投标方式获得该项目的建设权。项目合同签订后，按照合同约定成立了项目组，并于2011年8月召开项目启动大会。2012年，项目顺利完成了需求调研、调研资料的整理、需求分析、需求规格说明书的编写及修改完善、需求内审、总体组组织的专家评审工作；完成了系统总体架构设计、系统单元设计和数据库设计工作；完成了说明书的编写和完善等工作。其中，概要设计阶段文档已经提交总体组，等待评审。2012年，项目还完成了开发环境硬件的采购和软/硬环境的搭建工作和部分开发工作。

（祁兰柱）

中国图书对外推广网（CBI）

中国第一个以推荐中国图书为主要形式，以

促进版权贸易和实物出口为主要目的的中英文网站，简称CBI，是“中国图书对外推广计划”的主要组成部分。由国务院新闻办公室和新闻出版总署主办，中版集团数字传媒有限公司承担建设。截至2012年底，CBI网站共建成四大板块：新闻板块、人物板块、书目信息板块、服务板块。中文版共有16个一级栏目，13个子栏目；英文版共有15个一级栏目，11个子栏目。

2012年CBI中文版内容新增数量：新闻类共计5 567篇，人物类398篇，书目信息4 498种，新闻专题4个。2012年CBI英文版内容新增数量：新闻类共计677篇，人物类315篇，书目信息4 498种，还包括对部分出版社的信息进行的修改。截至2012年年底，CBI中文版内容总量为：新闻类共计27 810篇，人物类11 520篇，书目信息12 276种，版权成果图书310种，专题18个。截至2012年年底，CBI英文版内容总量为：新闻类共计4 846篇，人物类1 701篇，书目信息12 276种，版权成果图书310种。

2012年12月，全国新闻出版业网站年会上中国图书对外推广网以其丰富的内容资源，广泛的行业影响力，中英文双语的特色继2010年后再次荣获“全国出版业最佳服务网站”称号。

（祁兰柱）

“中华字库”工程第23包应用平台项目

新闻出版总署重大科技工程项目。先后列入《国家“十一五”时期文化发展规划纲要》和国家《文化产业振兴规划》。该项目由中国科学院软件研究所牵头，中版集团数字传媒有限公司和北大方正电子有限公司联合承担。2011年项目启动。2012年中版集团数字传媒有限公司配合项目牵头单位顺利完成了所承担部分的需求分析、需求规格说明书的编写及修改完善、需求内审、总体组组织的专家评审工作；完成了系统总体架构设计、系统单元设计和数据库设计工作；完成了说明书的编写和完善等工作。其中，概要设计阶段文档已经提交总体组，等待评审。2012年，项目还完成了开发环境硬件的采购和软/硬环境的搭建工作和部分开发工作。

（严　可）

“数字版权保护技术研发工程”项目第11包移动出版版权保护应用系统开发及应用示范项目

新闻出版总署重大科技工程项目。先后列入《国家“十一五”时期文化发展规划纲要》和国家《文化产业振兴规划》。项目第11包移动出版版权保护应用系统开发及应用示范项目由北京中文在线文化发展有限公司牵头，北京邮电大学和中版集团数字传媒有限公司联合承担。2011年7月项目启动，标志着该工程正式进入到全面研发建设阶段。2012年，中版集团数字传媒有限公司完成了承担部分的需求分析、需求规格说明书的编写及修改完善、需求内审、总体组组织的专家评审工作；完成了系统总体架构设计、系统单元设计和数据库设计工作；完成了说明书的编写和完善等工作。其中，概要设计阶段文档已经提交总体组，等待评审。

（严　可）

集团公司重大项目

"21 世纪年度最佳外国小说·2012 丛书"

中国出版集团专项资金项目。2012 年立项，人民文学出版社编辑出版。

"21 世纪年度最佳外国小说"以中国学者和出版人的视角，从当年世界范围内出版的优秀长篇小说中评选，旨在打造具有广泛国际影响的文学奖和中国出版集团的品牌产品。"21 世纪年度最佳外国小说·2012 丛书"包括西班牙作家哈维尔·莫罗的《帝国之王》、美国作家莉迪亚·米列特丽《鬼火》、英国作家格雷厄姆·斯威夫特的《唯愿你在此》、瑞典作家谢什婷·埃克曼的《骗局的辉煌落幕》、法国作家安娜-杜芬妮·朱利安的《沙滩上的小脚印》等优秀长篇小说。

（宋　强）

《韦君宜文集》

中国出版集团公司专项资金项目。2012 年立项，人民文学出版社编辑出版。

韦君宜是新中国出版事业的元老之一，是成绩卓著的出版家，她的出版工作从延安开始，延安时期编辑《中国青年》，建国初期主编《中国青年》、《文艺学习》，任《人民文学》副主编，在新时期任人民文学出版社总编辑、社长。同时，她又是中国文坛上有特色、有成就的作家，小说、散文、回忆录等不同体裁的创作均有可以传世的名篇佳作，如《洗礼》、《露沙的路》、《思痛录》等。本项目拟分 5 卷，第一卷长篇小说《母与子》，第二卷长篇小说暨长篇回忆录《思痛录》、《露莎的路》，第三卷中短篇小说《老干部别传》、《旧梦难温》、《女人集》，第四卷散文《似水流年》、《故国情》、《我对年轻人说》等，第五卷日记、诗歌等其他作品。

2012 年，该项目处于编辑加工过程中。

（宋　强）

《国朝闺秀诗柳絮集》

中国出版集团公司专项资金项目。2012 年人民文学出版社编辑出版。

《国朝闺秀诗柳絮集》是现存规模最大的清代女性诗歌总集，具有重要的文献价值。共 50 卷（后附补遗 1 卷、续编 1 卷、又续编 1 卷），收清代女诗人 1 949 家，诗 8 216 首。目前为人熟知的清代女性诗歌总集如汪启淑的《撷芳集》（乾隆三十八年刻本）80 卷、蔡殿齐所辑《国朝闺阁诗钞》（道光二十四年刻本）100 卷，所收诗人分别为1 853和 100 家，收诗分别为 6 029 和 1 382 首，皆少于《国朝闺秀诗柳絮集》。然而，《续修四库全书》、《四库未收书辑刊》等均未收此书，目前也无影印本或点校本问世。该项目以三百余种清代女性诗歌别集和数十种清代诗歌总集为据，对《国朝闺秀诗柳絮集》作了细致的校阅，出校语 3 000 条；《国朝闺秀诗柳絮集》原书所选诗人下各有小传，叙其籍里生平，但这些小传往往过于简率，多以男性为坐标对女诗人的社会关系加以罗列，至于其生卒年、经历、诗集版本情况则付之阙如，本项目从清代女诗人别集、清代诗歌总集和方志中辑出诗人生平和诗集版本方面的材料近20万字，系于原诗人小传之后，作为“辑补”；附录中新增的《诗人姓名索引》，为读者翻阅和检索提供了方便。（宋　强）

《列夫·托尔斯泰文集》

中国出版集团公司专项资金项目。2012年立项，人民文学出版社编辑出版。

列夫·托尔斯泰（1828～1910），是19世纪末20世纪初俄国伟大的文学家和思想家，世界文学史上最杰出的作家之一，在小说、戏剧乃至童话、政论等各个领域都卓有建树。文集共有17卷，收录了列夫·托尔斯泰最具代表性的各类体裁和题材的作品，包括中短篇小说、长篇小说、戏剧、文论、政论、书信、日记等，力求客观全面地反映列夫·托尔斯泰的创作思想和艺术特征。2012年，该项目处于编辑加工过程中。

（宋　强）

《中国话剧百年典藏》

中国出版集团公司专项资金项目。2012年立项，人民文学出版社编辑出版。

本项目拟分为创作卷、理论卷、话剧纪事卷。总体规模为15卷，总字数约400万字。其中，创作卷占主要篇幅，大概10卷，主要遴选在话剧发展史上占有重要位置、引起巨大反响的剧本。理论卷次之，大概3卷，主要遴选在话剧研究理论方面占有重要位置的文章。话剧纪事卷，大概2卷，主要遴选著名演员、导演、话剧舞台艺术参与者的回忆文章。本项目汇集了经典话剧作品和经典研究论文以及经典的话剧纪事，全面整理话剧的百年发展成果，系统普及话剧相关知识的方方面面，是一项具有文献性意义的工程，填补了出版和研究的空白，对于话剧的教学和研究以及文学文化知识的传承都具有非常重要的作用和价值。

在2012年，该项目处于编辑加工过程中。

（宋　强）

《武义南宋徐谓礼文书》

中国出版集团公司2012年度出版企业发展专项资金项目。中华书局2012年11月出版。

《武义南宋徐谓礼文书》，现存共十五个卷子，包括三个部分：“录白告身”两卷、“录白敕黄”一卷、“录白印纸”十二卷。“告身”是阶官的任命状，“敕黄”是差遣的任命敕牒，“印纸”则相当于考核表格，而“录白”是指抄录这些官方文书的副本。《徐谓礼文书》完整记录了徐谓礼从嘉定十四年（1221）以承务郎任监临安府粮料院起，至淳祐十二年（1252）以朝散大夫知信州，三十年间的仕宦履历。尤其是“录白印纸”部分记录了徐谓礼自任京官后历任的考课内容，包括各类保状、荐状、任满交割批书、任内功过记录等，反映了一个南宋中级官员从中央到地方、从低级到中级的历官过程。《徐谓礼文书》是近代史学创立以来，首次从墓葬中发现的宋代文书，对研究宋代官制、葬制、纸张制造等意义重大。

本项目对武义南宋徐谓礼文书进行精心整理和研究，介绍了这批文书重现人间的过程，展示了徐谓礼墓葬的发掘情况，对文书的形式、内容和价值进行了深入的探究，使读者全面了解武义南宋徐谓礼文书的文物、学术价值。（梁　彦）

《月读》

中国出版集团公司2012年度出版企业发展专项资金项目。

2010年年初，为贯彻落实党的十七届四中全会精神和建设马克思主义学习型政党的要求，响应中宣部、新闻出版总署关于编辑出版适合领导干部阅读的好书的号召，配合各地深入开展的领导干部读书活动，中华书局策划出版干部经典读本《月读》。2011年9月，新闻出版总署批准刊号（CN10—1037/C），同意创办《月读》杂志。每月一期。推出后，受到了各级领导的重视。中宣部出版局《出版阅评》对《月读》的编辑思路、内容、形式等予以高度评价。多家新闻媒体对《月读》进行了专题报道。2012 年，《月读》正式创刊，紧扣时政热点，萃选经典篇章，力求“学”、“用”结合，旨在成为一本帮助党员干部提高文化修养、综合素质和施政能力的经典普及刊物。（梁　彦）

《宋元学案补遗》

中国出版集团公司 2012 年度出版企业发展专项资金项目。中华书局 2012 年 1 月出版。

《宋元学案补遗》为清代学者王梓材、冯云濠所编，专为补《宋元学案》而作。书成于清代道光年间，凡正文 100 卷，附考 3 卷，序录 1 卷。缕述北宋、南宋、金代、元代 400 多年间的学术思想流派和代表人物之著述，提炼其学术要旨，揭示其师承渊源，备举前人之评述案断，提纲挈领，高屋建瓴，极具学术价值和资料价值。其体例与《宋元学案》完全相同，卷目与之一一对应，学术和资料价值也与之完全相当，而其篇幅约为《宋元学案》的 2 倍。中华书局整理本是自该书问世以来的首个整理排印本，包含校勘记、索引，使用方便。全套 10 册，其中第 10 册为索引册，附多种检字法。（梁　彦）

《现代汉语词典》（第 6 版）

中国出版集团公司“十二五”规划重点项目。商务印书馆 2012 年 6 月出版。

《现代汉语词典》是由国务院下达指示编写，以推广普通话、促进现代汉语规范化为宗旨的工具书，是我国第一部规范型现代汉语词典。自 1978 年正式出版以来，发行量超过 5 000 万册，深受广大读者的欢迎。《现代汉语词典》（第 6 版）由中国社会科学院语言研究所词典编辑室修订，著名语言学家、中国社会科学院学部委员、中国辞书学会会长江蓝生主持修订。《现代汉语词典》（第 6 版）共收各类单字 13 000 多个，共收条目 6.9 万余条。修订坚持以学术研究为先导，注重修订工作的科学性、系统性。从收字、收词、释义、配例等各个环节设立了相关的十几个专题，并逐一进行调查研究。修订时充分利用各类语料库选收或检验新词、新义和新的用法，力求反映近些年来词汇发展的新面貌和相关研究的新成果。遵循促进现代汉语规范化的一贯宗旨，除全面正确贯彻以往国家有关语言文字和科学技术等方面的规范和标准外，还注意吸收和反映近些年来国家语言文字工作委员会组织专家学者制定、修订的有关字形、字音等方面的规范标准的最新成果。（余桂林）

《卢梭全集》

中国出版集团公司“十二五”规划重点项目。商务印书馆编辑出版。

2012 年 6 月 28 日是伟大的启蒙思想家卢梭诞辰三百周年纪念日，为纪念这位对世界各国民主政治进程有着深刻影响的伟人，商务印书馆自 2006 年开始，即约请我国卢梭问题研究专家、资深译者李平沤先生着手进行《卢梭全集》单行本的翻译工作。2012 年年初，《卢梭全集》的单行本陆续出版，按计划在单行本的基础上开始《卢梭全集》的出版工作，并于 2012 年 6 月全部出齐。全集采用以重点著作为主干，同类主题的短篇文章为补充的模式，共分 9 卷出版。第 1 卷至第 3 卷是卢梭的自传类作品；第 4 卷、第 5 卷是政治经济类作品；第 6 卷、第 7 卷是教育文化类作品；第 8 卷、第 9 卷是文学艺术类作品。此次出版的《卢梭全集》，涵盖了卢梭在政治、经济、思想、教育、文学、艺术领域取得的所有重要成就，是目前国内出版界和学界有关卢梭著作规模最大、品种最全的一次结集出版。

（王　曦）

《大卫·李嘉图全集》

中国出版集团公司专项资金项目。2012 年 6 月立项，2012 年 12 月商务印书馆出版。

全集据英国经济学家彼罗·斯拉法主编的权威版本整理而成，共10卷，约270万字。第1卷“政治经济学及赋税原理”，系统阐述李氏经济思想；第2卷“马尔萨斯《政治经济学原理》评注”，是李氏对马尔萨斯《政治经济学原理》的评注；第3卷、第4卷“论文集”，收录李氏就货币问题的论述和他在谷物法、课税、劳动价值论等领域的经济思想；第5卷“讲演集”，收录李氏任英国议会下议院议员期间就经济问题发表的演说；第6卷至第9卷“通信集”，收录李氏就利润、效用、经济停滞、生产过剩、价值、人口、《政治经济学及赋税原理》等问题及与马尔萨斯、穆勒、边沁、萨伊等的往来书信；第10卷“杂著”，收录李氏学术思想背景的生活经历、与家人的通信、欧洲大陆游记等。

（范海燕）

《中国大百科全书·电工与电子技术》

中国出版集团公司专项资金项目。中国大百科全书出版社编辑出版。

这是一部以经典电子理论为基础，全面阐述电工技术、电子学及计算机科学、自动控制知识的专业百科全书。在科学技术迅猛发展的今天，引领社会进步的一个重要方面，主要依赖于能源的电力化，信息传输的数字化。而前者即是电力工程，后者则指电子技术。为此，全面总结并出版这方面的专著是文化事业和科技发展的需要。《中国大百科全书·电工与电子技术》的内容，一半是提取《中国大百科全书》（第二版）相关的条目，另一半则是最近几年几个学科新进展的相关知识。仍邀请《中国大百科全书》（第二版）的原作者撰写，故内容阐述的延续性、连续性以及学术水平能得到保证。（王　瑜）

《昆虫记》（实物拍摄版）（10册）

中国出版集团公司专项资金项目。中国大百科全书出版社2012年1月出版。

这套实物拍摄版《昆虫记》，从法布尔先生的原著中选取了10种极具代表性的小生物，配有它们真实的图片，使全书生动形象、栩栩如生。又以童话的形式活泼、有趣地呈现给大家，故事情节跌宕起伏，扣人心弦，使这些小昆虫成为能够站出来说话、唱歌、跳舞、欢笑和哭泣的丰满形象，从而激发小读者的阅读兴趣，尤其引导儿童充分发挥自己的想象力。本项目将科普性、人文性、可读性有机统一于一体，有助于儿童认识和感知相关的小昆虫，并培养他们对大自然的热爱之情。

（王　瑜）

“口述历史”系列丛书

中国出版集团公司的重点项目。中国大百科全书出版社自2007年开始规划并陆续出版。

丛书依据的底本是台湾地区学者四十余年的成果集成。其口述者多为20世纪30～40年代的国民党军政要员，或是重大历史事件的当事人，资料珍贵，历史价值高。所访人物的口径一般代表国民党的官方观点，同时又有个人所见所闻，对于中国近现代历史研究和大陆历史研究界多有裨益。《口述历史丛书》主要依据台湾“中央研究院”三十余种完整底本，计划分四辑陆续出齐。第一辑已经出版的书目有《蒋纬国口述自传》、《郭廷以口述自传》、《白崇禧口述自传》、《马超俊、傅秉常口述自传》、《钟伯毅、邓家彦口述自传》、《万耀煌口述自传》、《齐世英口述自传》、《黄通口述自传》。第一辑在史学界产生了良好反响。第二辑即将出版的书目有《石觉口述自传》、《杭立武口述自传》、《刘清扬口述自传》、《蒋孝玉口述自传》、《楚崧秋口述自传》。

（王　瑜）

《走进中国回族》

中国出版集团公司专项资金项目。中国大百科全书出版社2012年6月出版。

该书是一部回族民族知识普及读物。在历史的长河中，回族是一个独具特色的逐渐形成的人类共同体，既非华夏古国土生土长的民族，又非纯粹移植赤县神州的外来民族，亦非毗邻边疆的跨界民族，而是凭借着伊斯兰文化的凝聚力，将来自不同国度、不同语言的穆斯林凝聚于一体。作者以严谨的治学态度，较为宽阔的学术视野，通过通俗易懂的文字、精彩生动的故事，使古老而年轻的回族历史变得更加鲜活亲切，是知识性、故事性融于一体的通俗读物。通过简明的体例、精练的文字、新颖的版式、精美的图片等多种要素的有机结合，展示回族文化元素丰富的内涵和特色，再现回族历史文化对祖国历史文化的贡献。（王　瑜）

连环画《血战河西》

中国出版集团公司迎接“十八大”重点出版项目。连环画出版社2012年6月出版。

本项目共包括《靖远渡河·鏖战景泰》、《浴血古浪》、《坚守永昌》、《保卫山丹》、《血战高台》、《苦战临泽》、《西洞堡大捷》、《血染倪家营子》、《喋血梨园口》、《从梨园口到红石窝》等10种，是红西路军系列连环画的第一辑。本项目为甘肃省社会科学重大项目，同时被甘肃省委宣传部批准为全省重点文艺创作资助项目。本项目由甘肃省社会科学院魏胜文研究员策划并主持，中国出版业协会连环画艺委会主任姜维朴先生担任顾问，西路军研究专家、甘肃省社会科学院二级研究员董汉河担任脚本统筹，中国美术家协会连环画艺委会主任沈尧伊担任绘画艺术指导。姜维朴先生和中国人民解放军国防大学政委刘亚洲上将分别为该连环画作序。（汤　锐）

《从延安走来——纪念毛泽东同志“延安文艺座谈会上的讲话”发表70周年美术作品集》

中国出版集团公司重点出版项目。人民美术出版社2012年5月出版。

该书收录了中国美术馆馆藏的500多幅从《延安文艺座谈会上的讲话》发表至今由我国艺术家创作的画作，包括吴冠中的《春雪》、罗中立的《父亲》、年画《拔萝卜》等广大美术爱好者耳熟能详的美术作品，较为全面地反映了《延安文艺座谈会上的讲话》发表70年我国美术的发展历程，体现了《延安文艺座谈会上的讲话》精神对我国美术事业发展的深远影响，特别是对当代美术创作的重要意义与价值。范迪安、董伟担任主编。（汤　锐）

数字影像美术作品阅读终端器2.0项目

中国出版集团数字影像出版拓展工程重点支撑项目。东方出版中心承担。

项目包括平台和产品两个部分。项目平台由以下功能模块构成：用户系统模块、内容阅读和检索模块、在线留言模式、在线预定复制模块、专家在线咨询、后台管理模块等。项目产品是“书画赏析与鉴定实录多媒体产品”，是一款以书画赏析与鉴定为内容依托，功能兼具论坛、社区、排名、搜索、电子商务等多个方面的综合性多媒体产品。该项目已获得中国出版集团资助。

（张洁民）

全国高校教材目录信息建设系统工程

中国出版集团公司专项资金项目。新华书店总店承担。

本项目旨在依托《全国大中专教学用书汇编》强大的信息资源优势，大力发展全国大中专教材网，构建核心数据库，逐渐搭建起纸媒、光盘、网络的立体传播体系，并充分发挥行业影响力，通过发布数据分析报告、举办品牌论坛等活动为行业提供个性化专业信息服务，推动大中专教材出版发行市场信息化建设。本项目主要内容包含《全国大中专教学用书汇编》、全国大中专教材网www. jiaocaichina. com、《全国大中专教学用书汇编》光盘（info CD）系统、《全国大中专教学用书汇编》（网络版）、教材导刊、全国大中专教材公共论坛、《大中专教材出版情况年度分析报告》及全国优秀教材经销商评选。

（张　倩）

《国学百家讲坛·儒学》

中国出版集团公司专项资金项目。现代教育出版社2012年11月出版。

全书共12册，全彩色印刷。该书以儒学为核心，选出仁、义、礼、智、信、诚、孝、恕、廉、忠、中庸、知行12个核心命题，对中华儒家文化的思想精髓进行梳理和筛选，以直观、形象的阅读形式，便于广大读者对中国国学文化的基础知识有进一步熟悉与认识。该书主编为张传玺、宋一夫，强大的作者团队保证了高水准的图书质量。书中采用图文结合的形式专设言论解析、历史事例和国学百科3个部分，深化国学的知识厚度和广度，对于国学传统文化具有普及启蒙的意义。 （杨　静）

“千书工程”

中国出版集团公司“十一五”规划重点项目。世界图书出版公司北京公司编辑出版。

本项目通过购权重印的方式，出版国外优秀科研专著和高校教材。计划再出版图书400～500种，累计码洋4 000万～5 000万元。选题将主要涉及数学、物理学、化学化工、力学、材料以及金融经济等6大学科，每个学科的选题又细分为研究生教材、本科生教材和经典科研专著三大系列。 （高　蓉）

《语言学文选》

中国出版集团公司“十二五”规划重点项目。世界图书出版公司北京公司编辑出版。

精选近年来出版于《中国语文》、《汉藏语学报》、《藏缅语族语言研究》、《中国社会科学》等国内语言学核心期刊的优秀语言学论文，译为英语出版，目的是向国外的语言学者介绍中国传统的语言学研究。文章的选择基于原创性、创新性、理论重要性和对普通语言学研究的启示性等原则。该项目共5册，每册约30万字，2012年出版了第2册。 （夏　丹）

《语言学译林》

中国出版集团公司“十二五”规划重点项目。世界图书出版公司北京公司编辑出版。

精选国外已经出版的优秀语言学论文，译为中文出版，目的是使国内的语言学者能够更好地研究国外的语言学研究成果。文章的选择基于原创性、创新性、理论重要性和对普通语言学研究的启示性等原则。该项目共5册，每册约30万字，2012年出版了第2册。 （夏　丹）

“百种世界医学经典名著译丛”

中国出版集团公司2012年学术著作、重点图书和报刊专项补贴项目。世界图书出版西安有限公司编辑出版。

本项目包括《临床运动营养学》、《检验医学：基础理论与常规检测技术》、《腹腔镜外科手术图谱》、《血管局部解剖及手术入路》等近百种。这些著作都是相关领域的权威专著，具有很高的权威性、实用性和指导参考价值，其翻译出版可以更好地指导我国的医学实践，洞悉当前世界相关学科的发展动向，深入了解相关领域的发展。

2012年出版了《临床运动营养学》、《检验医学：基础理论与常规检测技术》、《腹腔镜外科手术图谱》、《血管局部解剖及手术入路》。

（薛春民、赵亚强）

“现代口腔诊疗丛书”

中国出版集团公司“十二五”规划重点项目。世界图书出版西安有限公司编辑出版。

本项目包括口腔颌面外科学、口腔修复学、口腔正畸学、口腔材料学、口腔种植学、口腔生物学、口腔修复工艺学等方面图书共10册，约10 000千字，近10 000幅图片。主要介绍了近年来口腔颌面相关学科的最新成果与发展方向。

2012 年出版《口腔种植彩色图谱》、《实用牙髓病学》、《实用口腔解剖学图谱》。

（薛春民　赵亚强）

“节能环保技术研究丛书”（第一辑）

中国出版集团公司 2012 年度出版企业发展专项资金项目。世界图书出版广东有限公司 2012 年 11 月出版。

节能环保技术专业研究成果的集成之作，包括《变革中的中国能源法制》、《国际能源合作与国际能源法》、《欧洲能源法》、《美洲国家能源法》和《非欧佩克国家能源法》共 5 种，由中国工程院院士、南京工业大学校长欧阳平凯教授为编委顾问，广东外语外贸大学法学院博士生导师、法学博士杨解君教授任主编，还有南京大学、同济大学、华东政法大学以及德国哥廷根大学和克劳斯塔尔工业大学的专家参与编写。内容广泛吸收近年来能源法领域的国内外最新研究成果，从能源法的体系入手，运用比较法和经济法学分析等研究方法，探讨了能源法的基础理论和基本制度，主要论述了能源法律体系、法律关系、基本制度、基本原则和法律责任以及石油法、天然气法、煤炭法、电力法、核能源法、替代能源法等个别法的现况和最新发展趋势研究，同时提出了许多适合于中国国情的独特而可资借鉴的建议，为中国特色的社会主义能源法体系建设和节能环保政策决策支撑作出重要贡献。（卢家彬）

《现代骨科手术学》

中国出版集团公司专项资金项目。世界图书出版上海有限公司 2012 年 5 月出版。

全书共八卷一百余章，约 700 余万字，8 000余幅精美图片。由我国骨科泰斗赵定麟教授组织国内骨科著名专家、骨科各专业的带头人分章撰写。它是一本关于矫形外科各种手术的专著，详细地阐述了各种相关手术的原理、适应症、手术入路、手术技巧以及手术的麻醉和围手术期问题。同时，客观地比较各种治疗方法，使读者能根据患者具体情况进行选择。作者们既阐述国内外骨科手术学的基本理论、方法和新进展，又对大量的临床手术案例进行分析，总结自己的宝贵经验，并配以翔实的图解，清晰明了，强调科学性、先进性和实用性，是当代骨科手术学先进技术、先进材料与实践经验的反映。为矫形外科医学院学生、实习医师、住院医师及低年资主治医师必读之书，也是各相关学科如神经外科、康复医学、运动医学工作者的主要参考书。

（章　怡）

中版教材有限公司电子课本开发推广项目

中国出版集团公司专项资金项目。中版教材有限公司编辑出版。

依托中国出版集团公司优势，整合人民出版社、中华书局、华文出版社、未来出版社等多家优秀出版社的资源，以中版教材有限公司现有的 4 个完整系列的国家教材、两个系列的地方教材和一个实验教材为基础，设计制作功能涉及重点信息批注、摘录、字典查询、资料采集整理、备课、制作课件、互动演示、资源共享、全程录制、电子课本复习、电子作业批改等，本项目是贯穿于整体教学活动过程的功能性软件，软件适用于基于 Android 操作系统及苹果操作系统的平板电脑或电子阅读器。本项目的实施，有利于进一步提升公司品牌知名度和教材产品影响力，有利于学生减负和创新教学模式。（星昕昕）

大佳移动出版平台

中国出版集团公司数字出版领域的重点项目。由中版集团数字传媒有限公司承担。

根据大佳移动出版平台项目的最终需求说明书，确立了项目建设单位，开始建设项目。2012 年 10 月，项目承建方根据项目需求进行产品设计和系统研发，平台端完成电子书业务流程、短彩信业务流程、Wap 自助建站流程、系统后台及部分接口的开发工作。电子书业务流程、短彩信业务流程、Wap 建站流程的三条产品线由内容中心、素材管理、内容审查、渠道管理、信息下发、客户服务、统计查询、系统管理八大频道。随着客户端“大佳书城”上线，项目进入试运营阶段。（祁兰柱）

中版传媒集团数字资源建设及管理信息系统

中国出版集团公司重点数字出版项目。该项目由中版集团数字传媒有限公司承担。2012 年已结项。

2012 年 8 月 31 日，中版集团数字传媒有限公司组织召开中版传媒集团数字资源建设及管理信息系统项目验收会，经专家组评审项目符合项目需求书中的功能需求，通过验收。集团公司科数部主任周清华、处长周辉副、副处长孙竞以及数字传媒公司领导和项目组成员参加了验收会。项目的验收，标志着数字传媒公司支撑大佳网、大佳移动出版平台等核心应用的综合资源管理系统已经初步建成。项目包括版权业务系统、运营管理系统、基础资源存储等系统，对接了大佳网、移动复合出版平台、动漫资源库等应用系统，实现了数字资源的采集、整理、转换、存储、组织与输出管理，实现了原始资源库向基础资源库和产品库的全流程管理。资源管理平台项目还将应用到集团公司数字资源管理中，对集团公司数字资源的存储、管理和应用奠定了基础。

（祁兰柱）

集团公司所属单位重大项目

《新时代俄汉详解大词典》

商务印书馆重点出版项目。2004年7月立项。

本词典是在《俄汉详解大词典》（黑龙江人民出版社，1998年版）基础上，由李锡胤、郑述谱、潘国民等53位俄语权威专家学者组成的超强团队历时十余载倾力精心打造、编纂而成的大型综合性俄汉双语工具书。全书共分4卷，约2 950万字。

本项目有6个特色。（1）收词30万余条（其中包括体现俄语近20年变化的新词达5万余条），内容涵盖面广。（2）释义手段丰富，解释详尽细致，包含译解、详解、派生关系、同义词、反义词、拉丁文学名、使用范围、修辞特征、专业属性等。（3）词义划分深入严谨，区分意义、意味和特用三个层次。（4）例证丰富贴切，大量援引书证。（5）适量收录专名术语，从多学科、多视角展示俄语的现状，针对中国读者实际需要提供百科性释疑。（6）附有《名词变格表》、《动词变位表》等实用附录22种。《新时代俄汉详解大词典》于2009年8月底作者交稿。首次尝试采取独特的审读、编辑加工、校对、设计、排版、分期分批滚动交叉进行的运作方式，实现了编辑流程的无缝对接，以缩短出版周期，提升产品质量。（王立新）

《剑桥英语用法词典》

商务印书馆2011年度重点出版项目，2012年1月出版。

本词典精装大32开，正文共778页，计150余万字。作者帕姆·彼得斯，是澳大利亚著名语言学家。本词典收录四千余个条目，详解1.2万余个单词和短语，其中包括60多个语法术语；剖析单词在各种英语变体中的不同用法，辅以地道的用法实例；展现词形和词义的历史演变，揭示词的文化内涵；辨析易混淆的单词，为读者指点迷津；提供可供借鉴的写作指导等。本词典所收词条的内容涵盖英语词汇的词义、用法、历史、文化等诸多方面。以多个英美大型语料库为依托，统计出可靠翔实的英语文体和用法数据，以事实说明规范用法。

本书写作眼光开阔，并不限于英美两地，还关注到奥大利亚新西兰、加拿大、南非等地的英语；语言简明易懂又不失诙谐。查阅方便，例证充实，解说详尽。（邢三洲）

"英语语言文化辞典系列"

商务印书馆重点出版项目。

本项目共10种。其中《英语体育比喻辞典》、《英语动物比喻辞典》、《英语人名比喻辞典》、《英语地名比喻辞典》已于2012年出版，《世界著名品牌辞典》将于2013年出版。本系列辞典是由南京大学教授刘纯豹领衔为英语学习者精心打造的系列英语语言文化知识类辞典。其编纂理念是建立在语言与文化的密切联系之上。这一辞典系列能够帮助使用者洞察英语词语中的文化内涵，关注英汉语言文化的深层的对比，在内容上以文化内涵分项归类，有助于使用者在查阅某个词语的文化及语用信息的同时，获取相邻词条的相关信息，掌握较全的概念。这套辞典的作者团队精心编制的书后索引部分更是方便了使用者的信息查找路径。（顾晓军）

《罗素文集》

商务印书馆重点出版项目，2012 年 9 月由商务印书馆出版。

《罗素文集》共 15 卷，收录了罗素的主要著作，内容包括其哲学、政治学、宗教等方面的专著，其中学术著作 12 部，演讲集和自传各 1 部。整部文集共 400 余万字，是目前国内规模最大、学术性最强的一部罗素著作集。第 1 卷为《对莱布尼茨哲学的批评性解释》。第 2 卷收录《哲学问题》和《宗教与科学》。第 3 卷收录《数理哲学导论》。第 4 卷收录《心的分析》。第 5 卷收录《权力论》和《权威与个人》。第 6 卷收录《意义与真理的探究》。第 7 卷、第 8 卷收录《西方哲学史》。第 9 卷收录《人类的知识》。第 10 卷收录《逻辑与知识》。第 11 卷收录《为什么我不是基督教徒》。第 12 卷收录《我的哲学的发展》。第 13 卷、第 14 卷和第 15 卷是《罗素自传》。（徐奕春）

《赵元任全集》（第 4、7 卷）

商务印书馆重点出版项目。1999 年立项，2012 年 12 月出版。

本项目资料散失海内外，搜集工作十分繁难，编委会从实际出发，提出成熟一批，出版一批的方针。从 2002 年开始陆续出版。

《赵元任全集》卷帙浩繁，共二十卷，凡两千余万字，全面反映赵元任先生在语言学、方言学、音乐学、科普工作等方面的重要成就和他的人生历程。商务印书馆 2012 年推出《赵元任全集》第 4 卷和第 7 卷。其中，《赵元任全集》第 4 卷，分上下两册，收录赵元任撰写的语言学西文论文七十余篇，以发表时间先后为次，个别未发表作品则以写作时间为序，全面反映赵元任长达半个多世纪的研究历程。这些论文先后涉及作者在国语教学、方言调查、中国语言问题、中西语言比较、对外汉语教学等领域的实践与探索，其中诸多富有创见性的成果都得到了实验证实和国际公认。本次出版以 *Linguisttic Essays by Yuen Ren Chao*（吴宗济、赵新那编，商务印书馆 2006 年版）为底本，增补部分篇目。《赵元任全集》第 7 卷，分为上下两册，收录赵元任等著《湖北方言调查报告》（第一二分册）。该报告是 20 世纪三四十年代汉语方言地区性调查研究的代表性著作，包括分地报告和结合报告两大部分。其内容丰富、编排合理，一直以来都是我国方言调查工作和方言调查报告编写的指导性著作。1936 年 4 ~5 月旬，赵元任带领 3 位助理丁声树、杨时逢、吴宗济进行了这次大规模的湖北方言调查。调查材料后由赵元任、丁声树、杨时逢、吴宗济、董同龢整理成书，1948 年由商务印书馆正式出版。本卷仅就原版排印中出现的个别文字问题加以订正，其他一仍其旧。

（陈　洁）

商务印书馆百种精品工具书数据库（第一期）

商务印书馆重点出版项目。2012 年 9 月，通过专家组的评审验收。商务印书馆依托自身独具特色的优质出版资源倾力打造的权威、专业、创新的大型数字工具书产品。

该数据库荟萃商务印书馆一百余种现代精品中外文工具书，涵盖汉、英、俄、德、法等 20 多个语种；内容权威，品种齐全，规模巨大；总字数 3.5 亿余字，词目 360 余万条。一期产品收入《新华字典》、《现代汉语词典》、《新华词典》、《现代汉语学习词典》等 29 种经典汉语工具书，涵盖字典、词典、成语词典、语典、专科词典，集字、词、成语、俗语、谚语、歇后语、惯用语、名言及专科词语等多类型词汇于一体，共收词目约 35 万条，约 6000 万文字量，10G 数据量。

在建设中也吸收了最新的数字出版理念，创建了数字工具书内容新模式，开发了“一键通览、据意查词”等先进功能，动态重组内容资源，全新整合文字与音频、视频等多媒体（65000个词目真人标准发音音频、2500个汉字笔顺flash），成功构建了国内首个极具权威性的词语查询与知识学习数字平台。

该数据库在内容上保有纸质工具书的准确性、权威性、科学性，为用户提供精准、规范的信息；在功能上开发了强大的全文检索工具，构建了具有关联性、立体性和动态性的知识系统；在选题、内容、功能、成果等方面实现了创新和突破；填补了国内权威性、规范性数字工具书的空白，对工具书数字出版具有重要的理论和实践意义，对信息化时代传递知识文化正能量、提升大众语文素养具有重要的现实意义和战略意义。

2012年9月一期产品通过了北京大学、中国人民大学、中国国家图书馆、新华社等单位的权威学者和教育专家组成的专家组的评审验收，并荣获第五届中国数字出版博览会“2012～2013年度数字出版·优秀品牌”奖。（王永耀）

《欧阳修诗编年笺注》

中华书局2012年度重点出版项目。中华书局2012年7月出版。

欧阳修是北宋中期杰出的文学家、史学家与政治家，著名的“唐宋古文八大家”之一。在宋诗发展史上，欧阳修以其创作理论与实践，引领诗风转变，为宋诗形成作出了重大贡献，是“宋调”的重要开拓者之一。此次整理，以《四部丛刊》初编影印元刻本《欧阳文忠公文集》为底本，参校众本。“题解”部分简要考述诗歌写作年月、创作背景，介绍有关人物与相关事件。对全部诗歌作重新编年编排，凡有辩正，皆作说明；暂不能准确系时者，附于某年、某年代之后。“注释”部分主要诠释诗句中的人名、地名、深奥词语及生僻典故。“附录”部分参列古代诗歌选本的欧诗选目，辑录历代诗话、诗评及散见于浩瀚文献当中与本诗有关的资料。

（梁　彦）

《余英时访谈录》

中华书局2012年度重点出版项目。中华书局2012年3月出版。

《余英时访谈录》是由作者陈致应《明报月刊》、《国学新视野》之约对学者余英时的采访整理而成，首次在大陆整体出版。该书以余英时《我走过的路》为序、刘梦溪为余英时做的访谈《为了中国文化与社会的重建》为附录，丰富读者对余英时的认识。

余英时身处海外，对中华文明、中国社会怀抱真诚的关切，访谈录中袒露对学术与人生的追求。他对思想史的梳理切中中华文化研究的肯綮，于变动中发现思想的联系，既洞察入微，又通达宏观。访谈真切地反映了余英时的学术养成脉络，包括他对钱锺书、钱穆、陈垣、陈独秀等人的评价都涵括在他对中华文化的整体观察中。

（梁　彦）

《读书十年》

中华书局2012年度重点出版项目。中华书局2012年3月出版。

1986～1996年是中国社会非同寻常的关键十年，是中国思想学术界历尽了兴奋、挫折与彷徨的十年。《读书》作为近30年来影响最为深远的人文思想杂志，见证了20世纪80年代思想启蒙、思想解放的历程，与90年代以后中国社会转型带来的深刻变化。本书内容为作者供职《读书》杂志的日记，记述了编辑部里的年轻人和作者的交往往事。（梁　彦）

《江南明清建筑木雕》

中华书局2012年度重点出版项目。中华书局2012年7月出版。

《江南明清建筑木雕》收录了数百品建筑木

雕，是从作者数以万计和十万计的藏品中遴选出来的精品。这些木雕来自于江南的广泛地区，出自不同的工匠之手，体现了不同的风格和审美理念。本书不仅是明清时代江南建筑木雕艺术的经典资料；对于现当代的木雕工匠而言，可谓是最鲜活生动的木雕技艺教科书。 （梁 彦）

《启功三绝》（线装本）

中华书局2012年度重点出版项目。中华书局2012年7月出版。

2012年是著名书画家、文物鉴定家、红学家、诗人启功诞辰100周年。启功生前认为自己在画、书、诗三个领域有所建树，并题诗为证："一生三绝画书诗，万里千年事可知。"本书正是秉承此意而精心策划、设计、搜集、编选的，宣纸全彩印制，不仅使其绘画作品得以高品质重现，而且其印鉴、用纸、用笔等都以原貌展示，令读者在得见启功精美作品的同时，亦可想见其人当时生活工作场景。本书除选取启功精美画作、书法作品外，也选入了他亲笔手书、修改的论著、随笔、题跋稿本与书信，其中大部分作品如名著《诗文声律论稿》（修改稿）以及部分书信等，均为第一次原貌出版。 （梁 彦）

《庆祝中国共产党成立90周年美术作品集》

人民美术出版社重点出版项目。人民美术出版社2012年5月出版。

该书系中国美术家协会为庆祝中国共产党成立90周年而面向全国美术创作者约稿，结集成书，作品涵盖了当代各种绘画门类。 （汤 锐）

"中国近现代名家"、"中国当代名家"系列画集

人民美术出版社重点出版项目。

这是人民美术出版社自1993年开始出版的两套大型系列画集，至今仍在陆续出版。2012年"中国近现代名家"系列画集出版了郑正、莫建成、孔小瑜、萧龙士等16卷；2012年"中国当代名家"出版了许信容、施江城、梁世雄、王天一等11卷。这两套画集以宏大的选题规模、严整的出版规制以及精湛的编印和设计水准，20年来，持续而系统地推出了近现代至当代中国画坛各时期重要艺术家的代表作品系列，为推动中国艺术的传承、创新、发展作出了贡献，成为人民美术出版社的标志性图书品牌。其以庄重的"中国红"烫金函套为装帧风貌，久而久之，被画界和出版界约定俗成地美誉为"大红袍"。 （汤 锐）

《月光和影子》

人民音乐出版社重点出版项目。

《月光和影子》是1936年由美国词曲作家Leo Robin和Frederick Hollander为电影*Jungle Princess*创作的一首电影插曲，20世纪三四十年代在中国校园内流行。2012年4月16日，原中共中央政治局常委、国务院副总理李岚清撰文介绍这首曲子，由唐建平教授整理记谱和配器，歌唱家顾欣、成方圆演唱，恢复并整理出了当年在校园中传唱而后来失传的版本。人民音乐出版社承担了这个项目的制作工作，共制作了12 000套，除送往中央部分单位外，大部分分别发往全国各级宣传系统、教育系统和文化系统。

（吴明静）

《菲伯尔钢琴基础教程》

人民音乐出版社重点出版项目。

《菲伯尔钢琴基础教程》是在世界范围内广受赞誉的"钢琴之旅"系列出版物中的核心钢琴教材。这套教程引入了新的教学理念，它让孩子带着更多的探索性、创造性以及丰富的音乐表达性去学习钢琴。此次全套共八级的《菲伯尔钢琴基础教程》由人民音乐出版社出版，在中国属首次。每级教程都分为《课程和乐理》、《技巧和演奏》两册。《课程和乐理》分册随书

的光盘中不仅有极富想象力的管弦乐配乐伴奏，而且有各种可供训练音乐表现力、节奏感的实践性乐曲素材。《技巧和演奏》分册通过极富成效的“技巧秘诀”，使钢琴技巧和音乐表现力很好地结合；对手臂、手腕、手指之间姿势协调性的特殊强调，使学生能逐步胜任练习曲、独奏乐曲、节日演出以及各种愉快的场景演奏。两册内容相互对应，结合使用。整套教程极富实用性。（吴明静）

《声乐曲选集》（修订版）

人民音乐出版社重点出版项目。

本项目是人民音乐出版社2012年在1984年受教育部委托编选的经典高等师范院校教材《声乐曲选集》基础上进行修订的。包括中国作品6册，收入百年来中国经典艺术歌曲、歌剧、民歌、影视歌曲、诗词歌曲等作品近300首；外国作品6册，收入古今优秀艺术歌曲、民歌、歌剧选曲、音乐剧选取等作品近300首。此次修订版的每本书根据多年来教学的发展而新增、删减、调整了一半以上的曲目，使其更适合当下高等师范院校声乐教学的现状。修订版每册附一张MP3光盘，以尽可能满足教师学生教学、课后练习、演出多方面的需求。（吴明静）

《中国经济改革二十讲》

生活·读书·新知三联书店重点出版项目。

《中国经济改革二十讲》作者是著名经济学家吴敬琏和青年学者马国川，主题是“重启改革议程”。在社会各界呼吁改革的热烈氛围里，这本新书直面当下中国的社会经济问题，回顾了中国经济改革的艰难历程，剖析了当前中国各种问题的深刻原因，回答了“中国向何处去”的问题，发出了重启改革的最强音。目前中国改革如箭在弦上，呼吁重启改革议程的《中国经济改革二十讲》将产生巨大的社会影响，有力地推动改革进程。首印5万册，推出后引起强烈社会反响。（鞠晓辉）

三联书店移动数字出版发行平台

生活·读书·新知三联书店重点出版项目。

本项目核心目标是整合各类出版资源，搭建一个具备数字版权保护技术（DRM）的无线网络出版平台，提供基于智能手机、手持阅读器等移动终端的数字出版平台整体应用方案。通过平台，准备逐步推出的产品包括：专为Ipad用户定制的移动媒体应用程序——“三联生活周刊HD”、为iPhone/Andriod/Windows系统手机用户定制的移动媒体应用程序——三联生活周刊手机客户端、三联生活周刊新媒体团队完全原创的Ipad互动电子杂志——《三联生活节气》、引领高品质时尚生活模式的互动电子杂志《三联生活时尚》。（鞠晓辉）

中国图书进出口西安公司西郊文化产业园

中国图书进出口（集团）总公司“十二五”战略规划的重大项目。

中国图书进出口西安公司西郊文化产业园位于西（西安市）咸（咸阳市）一体化的建设开发区域，占地面积12 967.87平方米，总建筑面积57 000平方米。产业园建设将有效的带动中国图书进出口（集团）总公司对西部地区的资源整合和文化产业有关项目的建设，为陕西文化产业、传统印刷、数字化印刷、出版业、旅游业、影视、动漫等产业提供集中展示、推广、销售的平台，促进西部文化产业的繁荣和发展。

（朱宝元）

中小学国学教材

现代教育出版社中小学教材重点出版项目。2012年12月出版。

教材涵盖从小学一年级至高中二年级，按年级、按学期划分，全套共22册。教材中对儒、道、兵、法、墨等各家学术学说进行阐述，还撰写了近千个历史事例，对国学知识的普及与推广，对中小学素质的增强具有深远意义。另外，为便于教师教学，每个年级还配有相应的教师用书。该套教材为2011年新选题。

（杨　静）

“朗文快乐学习与成长系列”教材

现代教育出版社幼儿园教材重点出版项目。2012年6月出版。

该系列是培生集团旗下朗文出版社邀请多位国际国内幼儿学前教育专家，经多年潜心研究，深入幼儿园教育实际，编写的一套适合幼儿心理特点的教材，并经过香港地区各级各类幼儿园实际教学使用了5年后，由现代教育出版社2012年引进出版。

该套教材依据主题编写，共100种，同时有学生活动工作纸、教学资源手册、教具、挂图及完整立体的评估体系等配套产品。2012年2月，现代教育出版社与培生教育出版亚洲有限公司签订正式出版合同。引进后，现代教育出版社又组织国内专家和一线幼儿教师依据教育部《幼儿园教育指导纲要（试行）》和《3～6岁儿童学习与发展指南》为依据，进行了本土化重新编写。　（杨　静）

“牛津经典童书系列丛书”

现代教育出版社重点出版项目。2012年确定的新选题共4种，其中已出版3种。该系列图书主要将牛津大学出版社出版的优秀少儿绘本，按其类别集中成系列引进出版。

“最亲情系列”（第2季），共两种图书，包括《挑食的小蔷薇》和《我要过生日啦》。适合2～4岁的孩子阅读。2011年立项，2012年3月出版。

“淘小虎系列”，共3种图书，即《最勇敢的小老虎》、《最吵闹的夜晚》和《最响亮的吼声》。作者托马斯·泰勒是英国著名的童书作家和插画家，曾为首版《哈利波特与魔法石》做过封面设计。该系列通过淘气的小老虎克洛斯与周边朋友之间所发生的故事，告诉家长要多鼓励孩子勇敢地尝试做自己能做到的事情。适合3～6岁的孩子阅读。2012年1月，现代教育出版社与牛津出版社签订正式出版合同（英文），2012年6月出版。

《猫咪和她的朋友们》（双语版），作者布里恩·韦德史密斯曾获凯特格林威大奖，是当今英国最出色的绘本画师之一。该书通过华丽的图画、富有童趣的小故事，让孩子在尽享大师级色彩盛宴的同时，还能学到纯正的英语和简单的数字。适合3～6岁的孩子阅读。2012年1月，现代教育出版社与牛津出版社签订正式出版合同（英文），至2012年12月，出版社对所来稿件进行翻译和编辑加工，翻译完成100%，初审完成100%，复审完成80%，计划2013年1月出版。　（杨　静）

“国际大师绘本文库系列丛书”

现代教育出版社重点出版项目。

2012年确定的新选题主要有3种。该丛书主要将获得国际大奖的优秀作者、插画者的图书汇集起来，按类别集中成系列引进出版。

“小奥利弗的大梦想系列”，共4种图书，包括《我要变强大》、《寻找泰迪熊》、《我不想睡觉》和《爱哭的宝宝》。适合2～4岁的孩子阅读。2011年立项，2012年1月出版。

“爱上不一般的你系列”，共4种图书，包括《王子熊和乞丐熊》、《生锈的摇马》、《不一样的泰迪熊》和《找回自己的邦尼兔》。适合3～6岁的孩子阅读。2011年立项，2012年1月出版。

“小狗瓦格船长系列”，共3种图书，包括《瓦格船长和藏宝图》、《瓦格船长和大蓝鲸》和《瓦格船长和北极熊》。书中机智勇敢的小狗瓦格船长和它的同伴们一次次地战胜狡猾阴险的海盗汤姆猫，最后不计前嫌到北极营救对手。该系列故事情节紧张刺激，图画色彩斑斓，激发小读者去联想、去思考。适合3～6岁的孩子阅读。2012年5月，现代教育出版社与英国布鲁姆斯伯里出版公司签订正式出版合同。至2012年12月，出版社对所来稿件进行翻译，翻译完成

50%，计划 2013 年 6 月出版。（杨　静）

“漫画世界文学名著文库系列丛书”

现代教育出版社重点出版项目。2012 年确定的新选题共 7 种。该丛书主要由国内手绘作家通过多格漫画的形式所呈现的中外世界名著故事。

《不莱梅城的乐师》是一本游戏和故事相结合的绘本。该书通过风趣幽默的语言，生动诙谐的画面，别具风格的设计，让孩子在游戏中爱上阅读，享受阅读。适合 3 ~ 6 岁的孩子阅读。2012 年 6 月出版。

“甜甜公主梦系列”，共 6 种图书，包括《白雪公主》、《拇指姑娘》、《雪白与红玫瑰》、《小红帽》、《灰姑娘》、《海的女儿》。该系列选取了 6 个著名的世界经典童话故事，由国内知名漫画家通过多格漫画的诠释，让孩子在轻松愉悦下阅读世界经典童话故事，与童话中的公主相约零距离。适合 4 ~ 10 岁的孩子阅读。2012 年 9 月出版。（杨　静）

“萤火虫绘本系列丛书”

现代教育出版社重点出版项目。2012 年 7 月出版。2012 年确定的选题有 1 种。该系列图书反映了亲人之间、陌生人之间淳朴的爱。

“爱的魔力系列”，共 3 种图书，包括《直到圣诞节才能打开》、《三只流浪狗》、《宝贝，我知道你想要什么》。适合 2 ~ 5 岁的孩子阅读。2011 年立项，2012 年 1 月出版。

《我是独特的，我就是我》是现代教育出版社打造的精装儿童书。作者安・米克曾获英国“新秀作者奖”。书中通过小主人公米罗所发生的故事，告诉家长每个孩子都不是完美小孩，要学会用赏识的眼光看待孩子，帮助孩子萌发自信。适合 4 ~ 7 岁的孩子阅读。（杨　静）

“新概念科学系列丛书”

现代教育出版社重点出版的引进版图书。

该丛书作者辛妊珉曾获韩国“儿童文艺文学奖”，李爰美曾获“三星文学奖”，边慧媛曾获“MBC 创作童话大奖”、金卿兰曾获“启蒙儿童文学奖”。

该系列共 4 种图书，包括《小熊宇航员》、《天气变啦》、《地球诞生了》、《谁住在月亮上呢》，主要以讲故事的方法讲科学，让儿童轻松掌握基础、简单的科学原理，图画生动、富有想象力，语言通俗易懂、妙趣横生。2012 年 5 月，现代教育出版社与韩国 HermannHesse 出版社签订正式出版合同。至 2012 年 12 月，出版社对所来稿件进行翻译，翻译完成 100%，计划 2013 年 1 月出版。（杨　静）

《百年雄才》

荣宝斋出版社重点项目。2012 年 8 月出版。

本项目主要包括黎雄才研究、年谱、山水、花鸟草虫、人物、书法等黎雄才艺术实践的方方面面。书中作品从十几岁习作到晚年巨制，包括摹、临、写生、创作等，全方位地展现了一个全新的黎雄才。它是迄今第一套系统、深入的岭南画派代表画家个案研究的专著，通过全面展现和研究岭南画派的代表性人物——黎雄才的艺术成就，展现了岭南画派的艺术特点和时代风尚，揭示出地域传统文化、自然地理环境和域外文化交流、时代变迁等因素影响下的岭南美术的发展和成就。更为重要的是，本项目的出版把很多散遗民间的珍贵资料以文献形式系统传续下来，具有深远的文化意义。（刘　芳）

《老一辈革命家书法艺术精选》

荣宝斋出版社重点项目。2012 年 11 月出版。

本项目共收录毛泽东、周恩来、刘少奇、朱德、任弼时、邓小平、陈云的作品 63 件。所选作品是从他们浩瀚的书稿和书信等手迹中精选出来的，全部依据真迹刊印，其中十余件系首次公开发表。这些作品，不仅思想蕴涵丰富，具有极高的文献价值，而且形神兼备，异彩纷呈，体现了鲜明的时代风貌和个人的书法风格，堪称书法艺术的瑰宝。该书组稿时曾深入中共中央文献研究室、中央档案馆、中国人民解放军档案馆等中央级档案机构。作品选编角度独特，提升和加深了人们对老一辈革命家在人文艺术情怀素养方面的认识，满足了广大读者、书法爱好者对老一辈革命家书法作品鉴赏的需要。（刘　芳）

“海峡两岸最佳文学作品年选系列丛书”

华文出版社重点出版项目。2012 年立项。

本项目以海峡两岸名家年度最佳作品的评选、合编出版为载体，旨在搭建海峡两岸中青年作家相互交流阅读的平台：通过两岸作品的“对照”性展示，反映两岸作品各自的视角、所反映的现实生活和所思所想；通过两岸诸多作家作品在同册图书的呈现，增进两岸中青年作家的思想交流；通过两岸年度“最佳作品”的选评和图书的出版，举办两岸作家、评论家的对话座谈，以构建“两岸阅读汇”这一有效平台和长效机制。（陆虹宇）

“世界名人成长传记系列丛书”

华文出版社重点出版项目。2012 年出版 8 种。

本项目选取青少年熟知的世界名人诺贝尔、牛顿、爱迪生、拿破仑等，用轻松诙谐的文笔刻画他们孩提时的淘气、不安分中所包含的可贵的创造力和优秀品质，又以曲折的情节描写他们如何重新认识自我，改弦更张，终于成就事业的心路历程。区别于史料堆砌的传记，该丛书具有质量高、观念新、写法新、适合青少年快乐阅读等四大优势，也由此受到北京大学教授、著名成长文学作家曹文轩以及北京师范大学中国语文与海外华文教育中心的推荐，被教育部语文教材编写组专家评为五星级课外成长读物。（陆虹宇）

“华文语录多语种 IPAD 版”数字产品项目

华文出版社重点出版项目。2012 年立项。

该项目根据出版产业国际化和数字化的发展背景，按照中国出版集团公司国际化和数字化的战略部署，核心思路是建造“三个层次”：实施出版社国际化、数字化战略，开发多语种、多媒体的 IPAD 版数字产品；以语录类图书为重点，建立“华文语录多语种 IPAD 版”数据库；以大佳网为主要发布平台，建立多元化的传播系统。

（陆虹宇）

《语言科技文库》

世界图书出版公司北京公司重点出版项目。2012 年出版了 30 种。

本项目是南京师范大学国家“211 工程”三期重点学科建设项目“语言科技创新及工作平台建设”的三大主要成果之一，该文库为第一个冠以“语言科技”之名的丛书，也是迄今国内出版界规模最大的语言学丛书。主要内容包括五个系列：计算语言学研究系列、语义语法学研究系列、汉语方言学研究系列、语言教学与研究系列、语言新专题研究系列。

（夏　丹）

人事任免

RENSHIRENMIAN

中央宣传部审批干部人事情况

2012年6月18日，经征得中央组织部同意，李岩、潘凯雄同志任中国出版集团公司副总裁、党组成员，免去宋晓红同志中国出版集团公司副总裁、党组成员职务，退休。

2012年3月14日，任命刘伯根同志兼任中国图书进出口（集团）总公司总经理，免去吴江江同志中国图书进出口（集团）总公司总经理职务，退休。

2012年3月16日，任命宋焕起同志为东方出版中心总经理，免去祝君波同志东方出版中心总经理职务。

2012年3月16日，任命李智平同志为东方出版中心总编辑，免去宋焕起同志东方出版中心总编辑职务。

2012年3月19日，任命宋焕起同志为东方出版中心党委书记，免去祝君波同志东方出版中心党委书记职务。

2012年9月11日，任命管士光同志为人民文学出版社社长，免去其人民文学出版社总编辑职务，免去潘凯雄同志人民文学出版社社长职务。

2012年9月11日，任命徐俊同志为中华书局总经理，免去其中华书局总编辑职务，免去李岩同志中华书局总经理、党委书记职务。

2012年9月11日，任命汪家明同志为中国美术出版总社社长，免去常汝吉同志中国美术出版总社社长职务，退休。

2012年9月11日，任命莫蕴慧同志为人民音乐出版社社长，免去其人民音乐出版社总编辑职务，免去吴斌同志人民音乐出版社社长、党委书记职务，退休。

2012年9月11日，任命肖启明同志为中国民主法制出版社社长。

2012年10月30日，免去孟传良同志商务印书馆党委书记职务，退休。

中国出版集团公司管理干部人事任免情况

2012年1月9日，免去戴作福同志中国图书进出口（集团）总公司党委副书记职务，退休。

2012年3月14日，任命张纪臣同志为中国图书进出口（集团）总公司常务副总经理（列吴伟同志之后），免去吴江江同志党委副书记职务。

2012年9月11日，免去常汝吉同志中国美术出版总社党委副书记职务。

2012年9月27日，任命陈小文同志为商务印书馆副总编辑。

2012年9月27日，任命沈致金同志为新华联合发行有限公司总经理，免去其中华书局副总经理职务。任命叶冰同志为新华联合发行有限公司副总经理。

2012年9月27日，任命常绍民同志为生活·读书·新知三联书店副总编辑，张作珍同志为生活·读书·新知三联书店副总经理。

2012年9月27日，任命张晶晶、于洋同志为中国对外翻译出版公司副总经理，吴良柱同志为中国对外翻译出版公司副总编辑。

2012 年 9 月 27 日，任命张力慧同志为华文出版社副总编辑，李庆同志为华文出版社副社长。

2012 年 9 月 27 日，任命张晶同志为现代出版社副总编辑，陆青同志为现代出版社副社长。

2012 年 11 月 5 日，任命赵东同志为中国出版传媒股份有限公司财务部主任。

2012 年 11 月 5 日，任命范存刚、张大卫同志为荣宝斋副总经理。

其他任免情况

2012 年 8 月 31 日，任命李岩同志为中国出版集团公司出版阅评小组组长，汪季贤、张贤明同志为副组长。

调配情况

2012 年 6 月，中国出版集团公司科技与数字出版部副主任、中版集团数字设备有限公司总经理何骏同志调离中国出版集团公司。

2012 年 7 月，中国民主法制出版社副社长刘明清同志调离中国出版集团公司。

2012 年 9 月，中国出版集团公司办公室副主任王丹石同志调离中国出版集团公司。　　（张　雁）

规章制度

GUIZHANGZHIDU

集团公司部分重要规章制度

中国出版集团公司
修订外事工作管理规定

中国出版集团公司2012年4月颁布施行。根据中共中央办公厅、国务院办公厅关于转发中央纪委等部门《因公出国人员审批管理规定》的通知（中办发［2012］5号）以及中央有关因公出访的文件精神，为切实加强和改进集团公司因公出国人员审批管理工作，提高开展国际合作的成效和质量，按照集团公司总裁办公室会的要求，集团公司修订了《中国出版集团外事工作管理规定》，对出国（境）审批原则、审批程序、年度出国（境）次数、国（境）外停留时间、出访评估和项目追踪等方面作了明确严格的规定。

（贾兵伟）

集团公司所属单位部分重要规章制度

商务印书馆差旅费管理规定

商务印书馆2012年4月10日颁布执行。为了规范和加强差旅费开支的管理，节约费用，提高工作效率，经商务印书馆馆务会讨论通过，制定本规定。管理规定共12条内容，对商务印书馆员工因公出差过程中的交通工具及费用、住宿标准及费用、伙食补贴包干标准、出差地市内交通费、电话邮寄费用、报销审批流程及手续等方面进行了详细的规定。（冯　雪）

商务印书馆业务招待费管理规定

商务印书馆2012年4月10日颁布执行。为了进一步明确业务招待费的开支范围和开支标准，明确业务招待费开支的审批手续，有效使用和控制业务招待费，经商务印书馆馆务会讨论通过，制定本规定。管理规定共9条内容，对业务招待费的范围、招待费用开支标准、陪同人员标准、审批规定、报销流程等进行了规定。

（冯　雪）

商务印书馆会计委派（暂行）办法

商务印书馆2012年12月28日颁布，自2013年1月1日起执行。为规范和加强子公司的财务管理，提高会计信息质量，完善会计监督机制，依据财政部、监察部联合印发的《关于试行会计委派制度工作的意见》（财会［2000］12号）等有关规定，结合商务印书馆实际情况制定。办法包含会计委派的定义、设置子公司财务总监、对委派会计主管的待遇实行备案管理、被委派会计主管的要求和职责等共计9条规定。

（冯　雪）

商务印书馆公文处理细则

商务印书馆2012年1月6日颁布执行。为使商务印书馆的公文处理工作规范化、制度化、科学化，提高公文处理工作的质量和效率，参照国务院发布的《国家行政机关公文处理办法》（国发〔2000〕23号）和中国出版集团公司相关公文处理办法，结合商务印书馆工作实际制定。该细则分为总则、公文种类、公文格式、行文规则、发文办理、收文办理、公文归档、公文管理及附则等9个章节共计88条，对于公文的种类及要点、行文的具体格式和要求、签发文件的规则、收文办理的程序、公文归档的方法和管理规定等制定了详细的规范。附录中还针对公文格式的字体、字号、尺寸、排版等进行了细致的规定和图示举例。该细则实施以来，确保了商务印书馆的公文处理工作规范有序、有条不紊。

（冯　雪）

商务印书馆下属公司财务管理暂行规定

商务印书馆2012年9月24日颁布执行。为加强对商务印书馆投资的全资或控股子公司财务状况进行监督管理，依据中国出版集团公司

《关于加强中国出版集团公司三级企业监督管理的通知》（中版［2009］176号）文件的有关规定，经商务印书馆馆务会研究决定，制定并执行此规定。规定要求各下属公司制定财务管理制度、定期报送各类财务报表、实行会计主管委派制等总计11条内容。（冯　雪）

中华书局颁布《中华书局产品发展战略规划（2013—2015）》

中华书局2012年12月3日颁布，2013年1月1日起实施。该战略规划是在《中华书局有限公司“十二五”规划》的基础上，对其中“中华书局产品线发展战略规划”部分的修订与完善。执行年份为“十二五”期间的后三年（2013～2015）。至“十二五”末，再根据实际执行情况进行调整。规划中包括中华书局的形势和背景、现有产品线分析、中华书局产品发展战略、中华书局产品线发展思路、实施措施五个方面的内容。从出版业和中华书局整体现状和现有的产品线分析，找出自身的优势和问题，坚持中华书局的学术传统、专业优势的基础上，系列开发以中国优秀传统文化为核心的优质产品，全面、立体、规模、多元地打造适应市场需要、符合读者需求的多层次、全媒体产品格局，满足读者的多样性需求。同时，扩大中华书局的市场占有率，提升品牌影响力，壮大经济实力。根据中华书局产品发展总体战略和指导思想，对现有的各类产品线区分轻重缓急，明确目标重点和发展思路，规划出支柱性产品线、特色性产品线、突破性产品线三类产品板块。（梁　彦）

中国大百科全书出版社办公楼门禁卡使用管理规定

中国大百科全书出版社2012年4月1日颁布执行。为加强办公楼的管理工作，保证单位及个人的财产安全，根据中国大百科全书出版社治安保卫责任制规定，并经社委会研究决定，自2012年4月1日起，办公楼实行智能门禁管理系统，并制定门禁卡使用管理规定。该管理规定对门禁卡的发放、使用、转借、责任人、保管及挂失等各方面作出相应的规定，旨在完善保卫工作的相关环节，做好中国大百科全书出版社的安全保卫工作。（王　瑜）

人民美术出版社、连环画出版社选题申报和生产流程规定（暂行）

中国美术出版总社2012年11月26日颁布执行。《选题申报和生产流程规定（暂行）》梳理和规范了以往社内的选题申报和生产流程，共分选题申报审批程序、编辑制作流程、出书和入库、稿费、书稿档案五大部分，涵盖了从选题申报到书稿归档一系列完整的编辑出版生产流程。规定还包括选题报告流程简要和选题申报单样表两个附件。（汤　锐）

人民音乐出版社信息工作管理办法

人民音乐出版社2012年12月起施行。按照中国出版集团公司对各成员单位信息报送工作制度化、规范化、科学化的要求，结合人民音乐出版社经营管理、品牌宣传的实际需要，为进一步加强人民音乐出版社信息收集、交流、宣传工作而修订的办法。对信息工作的组织机构、信息报送办法和时间、质量要求以及信息工作考核都做了明确的规定。（吴明静）

生活·读书·新知三联书店图书出版分社管理办法（暂行）

生活·读书·新知三联书店2012年1月1日颁布。共6章26条。为规范图书编辑部门分社化管理模式，创新体制机制，激发编辑人员工作积极性、创造性，增强市场竞争力，特制定本办法。办法分为总则、生产经营管理、人事管理、财务管理、奖惩与考核、附则六部分，明确了分社的权责范围和考核标准，为扩大出版规模、增强市

场竞争力、实行公司化管理打下良好基础，标志着三联书店分社制的正式实施。（鞠晓辉）

生活·读书·新知三联书店学术著作出版规范（试行）

生活·读书·新知三联书店2012年6月1日颁布。共9个部分，对学术著作出版的标准、书稿学术质量的论证、作者和译者的选择、交稿的标准和程序、编辑工作、译作的正文与注释、索引、参考文献、适用范围都做了详尽的规定和说明。规范不仅力求体现国际标准、国家标准，而且具有三联特色，同时有很强的操作性，非常便于编辑在出版流程中操作和把握。规范的颁布是为扭转目前学术著作质量下滑趋势，确保三联版学术著作高品质而采取的重要措施。（鞠晓辉）

中国对外翻译出版公司信息报送工作办法

中国对外翻译出版公司2012年1月1日施行。该办法结合工作实际，为了更加及时全面收集、反映公司各方面工作信息，进一步做好向集团公司报送舆情信息工作而制定的工作办法。工作办法详细制定了组织机构和职责、信息报送范围、信息报送程序、信息报送要求等内容。（卜晓艳）

中国对外翻译出版公司经济合同管理规定

中国对外翻译出版公司2012年6月20日施行。该办法规定为规范公司合同管理工作，防范经营风险，维护公司合法权益，根据《中华人民共和国合同法》及其他有关法规的规定，并结合工作实际情况而编制的。该规定对经济合同的签订、经济合同的审查批准、经济合同的履行、经济合同的变更和解除、经济合同的管理等方面作了具体的要求，全面涵盖了日常工作中与经济合同有关的内容。（卜晓艳）

中国对外翻译出版公司移动电话管理办法

中国对外翻译出版公司2012年10月1日施行。该办法是为了提高移动电话通读讯效率，严格控制电话费用支出，而研究制定的。该办法明确了纳入管理和享受补贴的人员，细化了补贴办法，规定了移动电话畅通、移动电话使用保密等管理要求。（卜晓艳）

现代教育出版社编校中心管理办法

现代教育出版社2012年3月16日颁布实施。总计6条，分为工作任务、岗位设置及职责、工作标准及质量要求、奖惩措施等部分，目的是为了提高图书编校质量，强化图书质量管理。（杨　静）

现代教育出版社预算管理暂行办法

现代教育出版社2012年6月4日颁布实施。共八部分，主要对资金预算、选题项目预算、物品购买预算、办公费用预算、宣传活动经费预算、图书生产成本预算等进行了明确规定。

（杨　静）

现代教育出版社关于进一步规范书号实名申领工作的通知

现代教育出版社2012年10月25日颁布。共4个部分。根据新闻出版总署的相关文件要求制定，分为选题申报、书号申领等部分。目的是为了规范出版社选题申报、书号申领程序，做好书号实名核发工作，保障书号及时办理、及时申领。（杨　静）

世界图书出版广东有限公司发行部目标管理考核方案

世界图书出版世图广东有限公司2012年1

月1日实施。方案详细规定了发行部的机构设置、费用管理、各片区任务指标、薪酬体系及奖惩机制，充分体现了兼顾公平，绩效考核的原则，形成了规范管理、科学考核的激励机制，为实现目标管理奠定了制度基础。

（卢家彬）

中国科学文化音像出版社有限公司关于出版监制等费用标准的规定

中国科学文化音像出版社有限公司2012年3月8日颁布实施。根据新闻出版总署关于下发《〈中国标准录音制品编码〉国家标准实施办法》和《音像电子出版物专用书号管理办法》的通知，结合实际制定。该规定从中国科学文化音像出版社有限公司良性经营和长远发展考虑，切实解决了收取出版监制等费用存在的问题。（李　娟）

中国图书进出口（集团）总公司总经理班子工作规程

中国图书进出口（集团）总公司2012年6月26日颁布。为规范中国图书进出口（集团）总公司管理层的工作秩序和行为方式，保证公司经营管理层依法行使权利、履行职责、承担义务，保障公司各项决策的民主化、规范化、科学化，依据《关于进一步推进国有企业贯彻落实"三重一大"决策制度的意见》、《中国出版集团公司工作规则》、《中国图书进出口（集团）总公司章程》、《中国图书进出口（集团）总公司议事规则》有关规章制度制定。该规程包括分工负责制度、重要决策制度、总经理办公会议制度、专项专题会议制度、对外（含外事）会谈或会见制度、报告制度、检查督促制度等21条内容。（朱宝元）

华文出版社2012～2014年绩效考核与薪酬管理办法

华文出版社2012年8月施行。《华文出版社2012～2014年绩效考核与薪酬管理办法》包括基本原则、员工构成与薪酬结构、固定薪酬分配办法、编辑部门绩效考核及绩效工资分配办法、发行部门绩效考核及绩效工资分配办法、管理部门绩效考核及绩效工资分配办法、社委会成员绩效考核及绩效工资分配办法、附则等8个部分。该办法基于出版社发展战略，结合市场现状、行业特点、出版社创造价值指标而设计，采取动态的薪酬政策，保证员工的基本薪酬，适当形成岗位薪酬阶梯，充分拉开绩效薪酬差距，形成出版社核心层和骨干队伍，使出版社重要岗位薪酬水平在人才市场上有较强的竞争力。其原则是绩效优先、兼顾公平，最大限度地发挥薪酬的激励作用。

（陆虹宇）

华文出版社考勤管理规定

华文出版社2012年8月施行。《华文出版社考勤管理规定》包括考勤、请假、处罚和特殊情况4个部分。该规定详细说明了华文出版社的工作时间、请假流程以及违反规定应受的处罚，保证了出版社正常的工作秩序。（陆虹宇）

华文出版社编辑出版流程及要求细则

华文出版社2012年8月施行。《华文出版社编辑出版流程及要求细则》包括流程、要求和其他3个部分。该规定详细说明了签订出版合同、开具印刷委托书、开具发行委托书、结算等流程，以及相应流程的具体要求，并对特殊情况做了特别说明，提高了效率、规范了管理，确保了出版社的工作有条不紊地进行。

（陆虹宇）

中版教材有限公司合同管理办法

中版教材有限公司2012年8月1日颁布。该办法为维护公司合法权益，加强公司合同管理而制定。包括总则、合同条款的拟定、合同的审查和批准、合同的履行、合同的管理、奖惩、附则7个部分。对合同的谈判、起草、签订、监督履行、管理、存档等方面进行了规定，有利于防范经营风险，规范签约行为。

（星昕昕）

中版教材有限公司
绩效考核与薪酬管理办法

中版教材有限公司2012年12月5日颁布。该办法基于公司发展战略，结合市场现状和行业特点而制定。办法包括基本原则、员工构成和薪酬结构、固定薪酬分配办法、绩效考核办法及分配原则等共八个方面的内容。该办法采用动态薪酬政策，形成岗位薪酬阶梯，充分拉开绩效薪酬差距，贯彻绩效优先，兼顾公平的原则，最大限度的发挥薪酬的激励作用。

（星昕昕）

中版教材有限公司
员工教育培训补贴办法

中版教材有限公司2012年12月17日颁布。该办法为鼓励员工加强继续教育学习，结合公司实际制定。办法提出公司每年提供带薪脱产全员培训，鼓励员工利用工余时间加强继续教育，要求相关专业人员根据工作需要获得专业技术资格认证，对获得相关学历及资格认证的员工提供相关教育培训补贴，努力创建学习型组织。

（星昕昕）

媒体关注

MEITIGUANZHU

部分重要媒体对集团公司的报道

中国出版集团
召开《中国文库·第五辑》座谈会

2012年1月13日人民网发表的电文。电文称，中国出版集团公司在北京召开《中国文库·第五辑》出版座谈会。新闻出版总署副署长邬书林出席座谈会并发言，他对《中国文库·第五辑》的出版给予高度评价，认为这套丛书立意高远、选录得当、内容权威、印制精美。《中国文库·第五辑》是为纪念辛亥革命100周年专门推出的，所遴选的102种图书，基本都是中国近现代社会转型和文化转型过程中涌现出的历史经典，不仅在当时具有非常突出的思想启蒙和教化社会的作用，而且还是举世瞩目的中国道路和中国模式形成的重要思想资源。中国图书评论学会名誉会长高明光认为《中国文库·第五辑》的出版展现了中国当代出版人的博大胸怀，有了这种胸怀，才能广泛吸取中华文化中对我们有用的知识。中国作家协会副主席高洪波认为它是承载百年文明的一条大河，是一座绿色的文化森林，是一道屹立在精神山脉上的长城。人民出版社社长黄书元作为文库加盟单位代表作了发言，他表示，人民出版社历来倡导精品立社、精品强社，《中国文库》是中国出版业的三峡大坝，收录的每一部著作都是专家学者的荣耀，而阅读、收藏《中国文库》也是读者的渴盼，作为出版社，有书收录在《中国文库》是一种自豪。

（张　婧）

中国出版集团
四大品牌企业重返上海

2012年1月18日《中华读书报》发表的报道。报道称，中国出版集团所属商务印书馆、人民音乐出版社、生活·读书·新知三联书店和荣宝斋4家品牌企业近日重返上海。中国出版集团在中国出版蓝桥创意产业园区举办了以“回家”为主题的系列庆典活动，包括入驻新家仪式、“我们与上海”图片展以及“回家真好”座谈会。中国出版集团公司所属商务印书馆、生活·读书·新知三联书店、人民音乐出版社、荣宝斋等单位都发源于上海或与上海有着密切的联系，是承载着中国出版业发展历史的著名品牌。中国出版集团副总裁刘伯根表示，为展示文化体制改革成果，充分发挥品牌优势，实现跨地区经营，上述单位分别在上海设置了分支机构和出版中心，入驻中国出版蓝桥创意产业园，这也是集团跨地域跨行业发展的一项重要布局。本次“回家”将进一步明确聚焦书业、聚焦传媒、聚焦文化产业的投资方向，进一步探索跨国、跨地区、跨媒体、跨行业、跨所有制的发展之路。（张　婧）

中国出版集团
工作会议确定“六大战略”

2012年2月10日《中国新闻出版报》发表的报道。报道称，中国出版集团公司2012年度工作会议2月8~9日在北京召开。新的一年里，集团公司将以高度的文化自觉和文化自信，全面组织实施集团“六大战略”，认真扎实推进“六个建设”，以改革发展的新成就迎接党的十八大胜利召开。中宣部副部长蔡名照、新闻出版总署副署长邬书林出席会议并讲话。集团公司总裁谭跃作了题为“为打造现代化、大型化、国际化出版传媒集团而努力奋斗”的工作报告，总结了2011年工作，分析了当前形势，并对2012年工作作出了部署。集团公司党委书记、副总裁王涛主持会议并作大会总结。2011年，中国出版集团公司主营业务效益显著提高。2012年，中国出版集团公司将围绕“三化（现代化、大型化、国际化）目标”，实施“六大战略（内容创新战略、品牌经营战略、集团化战略、数字化战略、国际化战略、人才强企战略）”，加强“六个建设（出版主业建设、集团化建设、数字化建设、国际传播能力建设、队伍建设、企业文化建设）”，推进“十二五”规划，谋划长远，强化落实，为实现国际一流大型出版传媒集团的战略定位，不断夯实牢固基础。（张　婧）

中国出版集团称
正为上市做准备计划年内IPO

2012年2月17日《证券日报》发表的报道。报道称，新发布的《文化产业十二五规划纲要》明确提出要加快文化企业上市。被赋予了很高期望的中国出版集团，上市呼声也是与日俱增。中国出版集团公司总裁、党组副书记谭跃在公司2012年度工作会议上明确提出“努力成为国际一流的出版传媒集团”的长远战略定位，未来十年“努力成为现代化、大型化、国际化出版传媒集团”的“三化”战略目标。对于上市计划，接受《证券日报》记者采访的中国出版集团相关负责人表示，中国出版集团在2011年12月底就成立了股份公司，目前正在为上市做准备。报道称，集团公司2012年度工作报告战略思考有新高度，战略目标有新格局，战略思路有新突破，谋划长远，狠抓当年。可以看出，中国出版集团有要做大做强的决心和长远战略，凸显了出版“国家队”的器局、眼界和担当，但是要完成这些，资本的力量是不可或缺的。（张　婧）

中国出版集团
推出雷锋精神系列重点图书

2012年2月22日新华网发表的电文。电文称，为配合深入开展学雷锋活动，中国出版集团近期组织策划出版了《雷锋全集》、《雷锋》、《雷锋精神读本》、《雷锋1940~1962》、《漫画中华英雄——雷锋》、《向雷锋叔叔学习》等系列读物。迄今为止最完整的雷锋个人文集是《雷锋全集》，内容涵盖雷锋生前的日记、诗歌、小说、讲话、书信、散文、赠言等，该书由长期从事雷锋资料征集、整理与研究的70多位雷锋生前部队战友、雷锋照片摄影人以及从事雷锋研究的专家学者编著，以雷锋手迹为底本，历经数十年整理而成；由著名作家、湖南省作协主席谭仲池创作的长篇小说《雷锋》结合时代价值观，塑造了一个血肉更加丰满的雷锋形象；专门面向青少年读者的《雷锋精神读本》，分为小学低年级版、小学高年级版、初中生版、高中生版等4个版本，配以大量的图片和照片，通俗易懂；《雷锋1940~1962》由作家师永刚编撰、讲述雷锋短暂而伟大的一生的事迹。此外，中国出版集团旗下现代出版社将组织出版《漫画中华英雄——雷锋》，知识出版社也将再版推出20世纪60年代由两位《中国少年报》记者实地采访后撰写而成的《向雷锋叔叔学习》。（张　婧）

中国出版集团十年铸造六大成就

2012年4月10日《中国新闻出版报》发表的报道。报道称，4月9日，在中国出版集团公司十周年庆典上，集团公司通过授予“编辑名家”荣誉称号和表彰优秀干部职工，拉开了十周年庆典序幕。中国出版集团公司是我国首家中央大型国有出版集团，经过十年的发展，集团在体制改革和现代企业制度建设上实现了新跨越，在文化创造和文化导向上作出了新贡献，在产业规模和综合实力上实现了新发展，在经营管理和内部建设上开创了新局面，用六大成就为中国出版业写下了浓墨重彩的一笔。一是顺利实现体制转换，成功组建全国大众和专业出版实力最强、规模最大、最具影响的出版产业集团。二是精品力作硕果累累，充分发挥了出版“国家队”的示范作用。三是产业规模逐步扩大，企业综合实力显著增强。四是“走出去”工作成效显著，国际传播能力不断增强。五是“三支队伍”建设稳步推进，人才工作水平不断提高。六是企业文化建设蓬勃开展，基层组织的凝聚力战斗力进一步增强。集团公司总裁谭跃表示，面向新十年的发展，要认真学习贯彻中央精神，坚持做到“三个力争”：力争推出更多代表国家最高水准的优秀出版物；力争做到“四个示范”；力争实现“五点希望”。新十年，集团公司将通过内容创新战略、品牌经营战略、集团化战略、数字化战略、国际化战略、人才强企战略六大战略支撑集团公司“现代化、大型化、国际化”的目标。

（张　婧）

IPO 在即，中国出版集团急觅“出海口”

2012 年 4 月 19 日《21 世纪经济报道》发表的报道。在 2012 伦敦书展上记者就中国出版集团上市计划采访了集团公司总裁谭跃。谭跃称，中国正积极寻求持股欧洲出版公司的机会。中国出版集团公司希望通过直接购买编辑、印刷和发行业务，或持股拥有这些业务的公司，抑或成立合资企业，来满足业务拓展需求。谭跃提出海外并购的底气，来自于中国出版集团年内完成旗下股份公司国内 A 股 IPO 上市工作的计划。2011 年年底，中国出版集团完成旗下中国出版传媒股份有限公司的工商注册工作，并对外宣布股份公司正式成立。中国出版传媒股份公司拥有中国出版集团公司旗下二十余家出版相关业务的子公司，涵盖其国内出版和发行等主要资产，包括人民文学出版社有限公司、商务印书馆有限公司、中华书局有限公司、中国大百科全书出版社有限公司等，净资产规模约 12 亿元。按照中国出版集团的既定规划，中国出版传媒股份有限公司争取在 2012 年上市。在中国出版集团旗下的艺术品板块，将以荣宝斋、中国美术出版总社为主要内容，进行整合实现上市。此外，以中国图书进出口（集团）总公司为核心的资产，将单独上市。虽然谭跃并未透露具体的收购目标，但是，中国出版集团一直在寻求海外拓展。4 月 17 日，中国出版集团和荷兰威科集团签订战略协议。按照约定，中国出版集团将与威科集团围绕纸质出版和数字出版等开展项目合作，并在产品研发、人员培训等方面进行合作。　（张　婧）

中国出版集团国际战略添新伙伴

2012 年 4 月 19 日《中国新闻出版报》发表的报道。报道称，在 2012 伦敦书展期间，中国出版集团公司及所属中国图书进出口（集团）总公司与荷兰威科集团、英国出版科技集团签署战略合作协议。中国出版集团将与威科集团围绕纸质出版和数字出版等开展项目合作，并在产品研发、人员培训等方面进行战略合作。通过战略合作，威科集团全球领先的专业内容和解决方案将被引入中国，服务于专业人士；同时，中国出版集团公司将把中国领先的出版内容及时通过威科集团的国际网络向全球发布。中国图书进出口（集团）总公司将与英国出版科技集团共同建设“国际渠道合作与拓展项目”，利用英方先进的科技和技术优势，打造中国领先的电子出版物进出口平台，利用各自渠道优势，促进中国优秀出版物走向海外。中国出版集团公司总裁谭跃表示，国际化是中国出版集团公司的重要使命，集团公司非常重视在战略层面对此进行设计和谋划，同时注重把战略意图转化成业务、项目和资

本层面的合作。（张 婧）

中国出版集团与吉林出版集团战略联手

2012年5月10日《光明日报》发表的通讯。通讯称，在全国图书零售市场占有率排名前两位的中国出版集团公司与吉林出版集团有限责任公司日前宣布，双方将在内容资源整合、数字出版、人才培训等6个领域进行战略合作。中国出版集团公司总裁谭跃说，这是中国出版集团首次与国内出版集团进行资本层面的合作，以后还将在中国和世界出版业内选择合作伙伴。两集团将为对方在北京和东北发展提供必要支持，在激烈的市场竞争和行业变革中实现共同成长，共同繁荣。在内容资源上，中国出版集团所属的现代出版社与吉林出版集团所属的吉林人民出版社，共同发起设立中吉联合文化传媒（北京）有限公司，将着力开发高端图书与大众图书。其中，中国出版集团方面占51%股份，吉林出版集团占49%股份。在数字出版上，双方确定以中国出版集团公司大佳网为平台进行数字出版、图书宣传和网络销售的合作，推进传统出版向数字出版的转型升级。在物流合作上，以中国出版集团顺义物流基地为平台进行仓储、分发、物流等方面的合作，努力创造物流这一第三方利润。在“走出去”方面，以集团公司所属的中国图书进出口（集团）总公司为载体，加强双方之间出版物进出口业务和海外业务的合作。在印刷材料购销上，以北京中版联印刷物资有限公司为平台，开展纸张等印刷材料的统一购买合作，提高市场话语权和定价能力。此外，双方还将实行管理干部、编辑骨干的相互挂职，开展交流与相关培训。（张 婧）

中国出版集团等三大出版集团拟IPO

2012年5月30日《北京商报》发表的报道。报道称，在首届数字出版大会上，中国出版集团、中国教育出版传媒集团、中国科技出版传媒集团三大出版集团透露了上市进程和未来集团“走出去”的部署。中国出版集团正在为数字出版“走出去”搭建平台。中国出版集团副总裁宋晓红表示，“我们的核心想法是要搭建一个大平台，促进国内出版机构通过这一平台走出去。”集团公司所属中国图书进出口（集团）总公司正在致力于打造这一平台。未来，平台将成为连接国内外数字出版、传统出版的最大平台之一。（张 婧）

中国出版集团在银川书博会举办第五届“读者大会”

2012年6月7日《中华读书报》发表的报道。报道称，中国出版集团在第22届全国图书交易博览会会期间举行了第五届“读者大会”，本着“读者至上，享受阅读”的主题，吸引多位中外著名作家和知名学者到场，600多名读者与他们互动交流，场面热烈。“读者大会”作家交流环节，王蒙结合他在本届图书博览会上首发的新书《中国天机》与读者交流了创作感想，就如何对待网络阅读和传统阅读谈了自己的观点。于丹谈到《于丹〈论语〉心得》受西方读者欢迎的原因以及她个人对“黄河文化”的理解。叶永烈介绍了他为本届图书博览会带来的“叶永烈看世界丛书”，就“如何写好作文”给现场的小读者提出宝贵建议。畅销书作家九把刀根据畅销书《那些年，我们一起追的女孩》以及刚刚推出的《上课不要烤香肠》，介绍了他创作灵感的来源以及对纯美感情的理解。美国作家依兰·斯塔文斯结合新作《加西亚·马尔克斯传：早年生活（1927～1970）》，话说此次中国之行和“文学大爆炸”现象，并围绕《百年孤独》与现场读者作了交流。宁夏女作家阿舍讲述了长篇历史小说《乌孙》的创作过程，总结了独到的创作心得和体验。（张 婧）

中国出版集团建资源总库走集约化运营

2012年6月28日《出版商务周报》发表的

报道。报道称，中国出版集团公司会同其他省市出版集团联合发起建设的“大佳网”一期提供了一万多部电子书的在线阅读和200万书目搜索，“大佳网”二期也正在验收阶段。集团公司自成立以来不断加大对重点信息化、数字化的投入力度，在信息化、数字化方面总计投入2.3亿元专项资金，其中大部分资金用于数字的资源建设和数字产品研发上。集团公司的数字化战略分三部分，即管理数字化、内容数字化、传播方式数字化。目前集团公司的重点工作一是对传统出版资源进行数字化存储和管理；二是继续推进“大佳网”的建设；三是开展移动终端阅读平台建设。尽管国内的数字出版大潮已起，但还存在诸多不足之处。集团公司总裁谭跃指出了国内数字出版的四大问题。首先，版权问题已经成为制约数字出版发展的瓶颈；其次，电子书定价机制不清，价格严重偏低；再次，数字出版服务平台的集约化运营力度普遍偏小，各平台资源共享、信息交换程度不高；最后，数字出版标准化建设相对滞后。

（张　婧）

中国出版集团
将数字化列入发展战略

2012年8月31日《中国新闻出版报》发表的报道。报道称，8月23日，中国出版集团公司召开数字化战略推进会，对集团公司数字化战略发展进行定位，确定了发展思路，并对集团公司数字化重点实施项目作了进一步部署。在会上，中国出版集团正式将数字化列入集团发展的“六大战略”。集团公司总裁谭跃认为，目前集团公司自身拥有资源优势、平台优势、项目优势、品牌优势及资金优势等五大优势。这些既是实施数字化战略的信心和动力，也是争取成功的物质基础。谭跃说，集团公司数字化战略发展的基本定位是，建设以集团公司优势内容资源为基础，开放式、国际化、延展性的内容集聚、传播、交易和服务功能的综合平台。工作的基本思路是，以综合平台建设为基本定位和战略目标，以体制机制和业态创新为基本动力，以内容资源库建设为基础，以内容投送和交易平台为突破，逐步实现传统出版的内容集聚数字化，流程管理数字化和传播方式数字化。就落实集团的规划和项目，谭跃要求：一是将数字化工作真正作为“一把手工程”；二是探索“聚分有序”的数字出版格局；三是切实发挥资金扶持的杠杆作用，推动重点项目建设；四是切实加强和改进人才培养引进工作。

（张　婧）

中国出版集团：“1+1大于2”

2012年9月20日《中国新闻出版报》发表的报道。报道称，中国出版集团公司历来重视“走出去”工作，一直都在尝试通过资源整合、创新体制机制，加强与海外机构的深度战略合作，独辟蹊径，开创“1+1大于2的出版合作模式”——“中外出版深度合作”项目，以文学为切入点，创新中外文化交流模式、释放中国文化产业能量。“中外出版深度合作”是一项整合中外作家、插图画家、译者和顶级出版机构等优质资源的综合合作计划。项目是由人民文学出版社和外国顶级出版社牵头，邀请两国最优秀的作家在同一题材、同一体裁之下进行创作，同时约请两国优秀翻译家与插图画家为对方国家作家的作品进行翻译和配图，最后两部作品将被装订成一本完整的图书，分别以两个国家的语言在各自国家出版发行，实现跨语种、跨国界、跨艺术形式的立体演绎。这一设想率先在儿童文学领域得到实践并结出丰硕果实。项目首次启动于2010年，第一个合作方是希腊，2012年在第19届北京国际图书博览会上，瑞典也加入其中。

（张　婧）

中国出版集团公司
推出80种重点图书喜迎党的十八大

2012年9月26日新华网发表的电文。电文称，为迎接党的十八大，中国出版集团公司已推出60种重点图书，还将推出20种重点图书。这些图书涵盖理论、文学、历史、音乐等多个门类。这些图书有4个突出特点：围绕主题，真情颂党，着重反映党的执政理念，表达对党的热爱之情；名家领衔，彰显成就，多部图书由国内知名学者撰写，着力反映党的十六大以来我国经济社会各领域的辉煌成就和成功经验；关注基层，凸显民生，从不同侧面讴歌扎根基层的模范人物，反映党在保障和改善民生方面的重要成就；重现经典，回眸历史，重新解读马列经典文献，再现党的光辉历史和优良传统。（张　婧）

中国出版集团：出版业航母破浪前行

2012年10月29日《经济日报》刊发的专题文章。文章全面回顾了党的十六大以来中国出版集团在体制改革、经营管理和产业实力等方面取得的跨越式发展。在体制机制改革方面，中国出版集团公司顺利实现体制转换，重塑市场主体，成功组建了全国唯一的中央级出版产业集团。与此同时，不断完善两级法人治理结构，不断深化机制创新，建立了包括“双效”业绩考核办法在内的一整套经营管理制度，在集团公司内部初步形成了产权明晰、权责明确、运转流畅、管理科学的经营管理体系，建立起企业化、公司化的基本体制。此外，中国出版集团还不断创新人才选拔、使用、管理、培养机制。10年间，中国出版集团的二级单位由13家增长到27家；营业收入从24.34亿元增长到59.34亿元，增幅143.8%；利润总额从1.64亿元增长到4.16亿元，增幅153.7%；资产总额从46.15亿元增长到96.29亿元，增幅108.6%；所有者权益从13.01亿元增长到36.87亿元，增幅183.4%。在内容建设方面，坚持做强出版主业，把内容生产作为立身之本，中国出版集团公司精心打造出一批高水准的精品力作，实现了社会效益和经济效益的有机统一。10年间，集团公司出版规模不断增加，始终以7%左右的市场占有率名列全国图书零售市场第一。精心组织了一大批具有重大文化积累和传承价值的国家级大型出版工程，为弘扬民族优秀传统、坚守中华文化之根、促进中外文化交融做出了重要贡献。10年间，版权输出总量增长近6倍，海外分支机构数量由23家增加到29家，初步形成了跨国、跨所有制海外出版发行网络。10年来，中国出版集团公司遵循做大做强的发展之道，通过内部裂变和外部扩张发展相结合，持续创新发展路径，不断优化产业结构，延伸相关产业链条，形成了内容生产、文化产品进出口、文化艺术品经营三大主营业务，着力构建主业突出的多元发展格局，实现了经济总量大幅增长，综合实力显著增强。当前，集团公司新一届领导班子还提出了以“三化目标”和“六大战略”为主体的集团公司未来10年发展规划。（张　婧）

中国出版集团公司
总裁谭跃：以产业之体铸文化之魂

2012年10月29日《经济日报》发表的专访文章。文章谈到，中国的文化产业将迎来一个前所未有的黄金机遇期，也面临着一个深化改革的攻坚突破期。在“十二五”期间，中国出版集团公司将正确把握文化产业和出版企业的内在本质，始终遵循出版产业化、企业市场化的发展路径，努力打造现代化、大型化、国际化的一流出版传媒集团。谭跃认为，文化产业的本质是文化，而不是产业。我们要把产业做大，但我们的战略眼光是把文化做强；我们要把企业做强，但我们的根本追求是把出版做优。正确导向第一、社会责任第一、国家使命第一，成为中国出版集团始终不渝的主流意识、主导方向和主要追求。传播文化首先要鉴别文化，宣传理论关键在理论武装，而顺应时代、服务大众根本的是引领潮流、引导大众。文以载道，商以传道，是出版企业自身壮大，进而服务社会、推动发展、引导读者的根本之道。（张　婧）

中国出版集团公司
总裁谭跃：出版更多扛鼎之作

2012年10月31日《中国新闻出版报》发表的专访文章。文章称，集团公司总裁谭跃着重谈了集团公司围绕党的十八大的出版工作以及贯彻落实十八大精神的举措。2011 年 10 月以来，集团公司积极谋划、精心组织十八大主题出版工作，共推出 80 种主题鲜明、内涵深刻的精品力作。其中《微观西藏》（汉英版）、《铸法》、《国家救援》、《赞歌献给党》等入选中宣部、新闻出版总署迎接党的十八大主题出版重点选题，并获得 2012 年度国家出版基金资助。谭跃认为，“无论是迎接十八大，还是贯彻十八大精神，最直接、最有效的形式还是按照中央关于推动文化产业大发展大繁荣的指导方针，做好具体的出版工作，将中国出版集团公司打造成为现代化、大型化、国际化的一流出版传媒集团。”2012 年年初，集团公司确定了未来十年发展战略。在产业发展方面，集团公司将全面推动集团出版业务转型和产业升级，着力建构全集团主业突出的多元化产业发展格局。在走出去方面，集团公司即将召开国际化战略推进会，出台《中国出版集团公司国际化战略实施意见》，不断提升集团公司海外影响力、文化传播力和国际竞争力。在精品出版方面，集团公司将组织召开内容创新战略推进会，出台《中国出版集团公司内容创新战略实施意见》，深化集团产品线建设，设立原创著作出版基金，创新生产机制、管理机制和绩效考核机制。

（张　婧）

部分重要媒体对集团公司所属单位的报道

《中国诗歌通史》出版贯通古今总字数817万

2012年11月2日中国新闻网的报道。报道称，国家社会科学基金重点项目《中国诗歌通史》由首都师范大学赵敏俐、吴思敬教授主持，国内十余位著名学者参加，经过近8年的精心结撰，由人民文学出版社正式出版。该成果共计11卷，分别是先秦卷、汉代卷、魏晋南北朝卷、唐五代卷、宋代卷、辽金元卷、明代卷、清代卷、现代卷、当代卷和少数民族卷，每卷70多万字，总字数817万。它贯通古今，包容汉民族诗歌和各少数民族诗歌，是迄今为止规模最大的一部名副其实的"中国诗歌通史"，它的研究和完成，具有重要的学术意义和文化意义。

（宋　强）

罗琳新书《偶发空缺》简体中文版全国同步首发

2012年10月27日《中华读书报》的报道。报道称，10月20日，由人民文学出版社出版的《偶发空缺》简体中文版在全国书店同步上市，并于上海、北京、成都三地举办首发揭幕仪式。编剧史航、演员张译、译者兼《偶发空缺》责任编辑马爱农、《偶发空缺》译者任战都抵达现场，众多渴望先睹为快的罗琳书迷不仅早早预购了此书，更是排队等候在书店门外，共同见证这一时刻的到来。该书由人民文学出版社与上海九久读书人文化实业有限公司联合引进。人民文学出版社总编辑管士光表示，罗琳新作是一本现实主义的成人文学作品，《时代周刊》认为它"感人肺腑"，罗琳是一位"对人性与小说都有极其深刻理解"的作家，他很认可这个评价。作为最早的中文版本的读者之一，管士光认为该书在可读性、故事性和思想性上都无愧于罗琳今日的地位和影响。

（宋　强）

严隽琪：主流文化决定文化发展方向

2012年5月8日新华社刊发的消息。消息称，"主流文化与文化之争"高层论坛8日在北京大学隆重举办。此次论坛由北京大学新闻与传播学院、北京大学文化产业研究院、商务印书馆和《英才》杂志共同主办。全国人大常委会副委员长、民进中央主席严隽琪在论坛上指出，主流文化决定着文化发展的方向，将真正影响着广大国民的思维方式和生活方式，而优秀的文化之所以能成为主流文化，还必须走出精英的殿堂，为大多数人所接受，在大众中广为传播。与会专家一致认为，国与国之间的竞争，民族与民族之间的竞争，归根结底上升为文化之争。这一观点已经成为国际学术界的共识。文化发展的根本任务就是树立和传播价值观，文化之争从根本上说是价值观之争。这是文化产业发展的根本性规律。《主流——谁将打赢全球文化战争》一书出版以来，引起了世界范围内的广泛关注，文化之争、文化战争、软实力成为全球持续热议的话题。该书的中文版，由商务印书馆引进出版，并

已经引发了学术界、产业界的广泛关注和热烈讨论。（冯　雪）

《现代汉语词典》（第6版）正式出版发行

2012年7月15日人民网发表的电文。电文称，《现代汉语词典》（第6版）正式出版发行。新版词典共收各类单字1.3万多个，条目6.9万余条。新版词典的修订充分利用了各类词料库选收或检验新词、新义和新的用法，力求反映近些年来词汇发展的新面貌和相关研究的新成果。遵循促进现代汉语规范化的一贯宗旨，新版词典除全面正确贯彻以往国家有关语言文字和科学技术等方面的规范和标准外，还注意吸收和反映近些年来国家语言文字工作委员会组织专家学者制定、修订的有关字形、字音等方面的规范标准的最新成果。新版词典共做了9项修订。《现代汉语词典》是按照国务院指示编写，以确定词汇规范为目的，以推广普通话、促进汉语规范化为宗旨的中型词典，始编于1958年初，编写完和修订完后曾先后印出“试印本”和“试用本”送审稿，直至1978年正式出版。随着社会的发展，语言的演变，词典多次进行了修订。（冯　雪）

新书推荐：《微观西藏》（汉英版）

2012年11月25日，北京电视台“北京您早”栏目播发的报道。报道称，围绕十八大报告提出的“美丽中国”的主题，商务印书馆出版了一本关注西藏人生活的《微观西藏》（汉英版）。该书以新媒体面貌出现，也是一本适应新媒体环境下追求阅读体验的书。全书收录520多条微博，150多张图片，包括大量藏地采访的一手见闻、独到的西藏细节和图景，通过见闻、细节和故事构建一个更加细腻的西藏。（冯　雪）

胡锦涛总书记致信祝贺中华书局成立100周年　温家宝表示祝贺　李长春会见与会代表并讲话

2012年3月23日《光明日报》、《解放日报》发表的报道。报道称，在中华书局成立100周年之际，中共中央总书记、国家主席、中央军委主席胡锦涛致信中华书局，向全体员工和离退休同志表示热烈的祝贺和诚挚的问候。中共中央政治局常委、国务院总理温家宝也向中华书局成立100周年表示祝贺。中共中央政治局常委李长春会见中华书局成立100周年庆祝大会与会代表并讲话。

胡锦涛在贺信中指出，百年来，中华书局恪守传承文明职责，秉持守正出新宗旨，在一代又一代员工的不懈努力下，整理、出版了一大批古籍经典和学术新著，受到广大读者的普遍赞誉和充分信任，为弘扬中华文化、促进学术繁荣、提高民族素质、推动社会进步作出了重要贡献。

胡锦涛表示，我也是中华书局的一名忠实读者。中华书局出版的许多书籍，都给了我有益熏陶和深刻启迪。

胡锦涛强调，优秀传统文化是中华民族的宝贵精神财富，是发展社会主义先进文化的深厚基础。希望中华书局以成立百年为新的起点，认真贯彻党的十七届六中全会精神，大力推进体制和机制创新，始终坚持古为今用、推陈出新的出版方向，继续保持笃实谨严、精审细校的科学态度，不断推出更多代表国家最高水准的优秀出版物，在传播中华民族优秀传统文化、建设社会主义文化强国的进程中再创新的辉煌。

22日下午，中华书局成立100周年庆祝大会在北京人民大会堂举行。李长春在会见与会代表时指出，胡锦涛总书记的贺信充分肯定了中华书局长期以来作出的重要贡献，殷切希望中华书局进一步做好新形势下的出版工作，体现了党中央对中华书局的高度重视和亲切关怀。这也是对全国出版战线的巨大鼓舞和鞭策。李长春希望全国出版界，特别是中国出版集团公司和中华书局以学习贯彻胡锦涛总书记贺信为契机，兴起深入贯彻落实党的十七届六中全会精神新热潮，高举旗帜、围绕大局、服务人民、改革创新，坚持先进文化前进方向，不断创新体制机制，推进文化与科技相融合，进一步增强整体实力和市场竞争力，出版更多思想性、知识性、可读性相统一的优秀作品，更好地弘扬中华优秀文化，增强时代感和吸引力，推动中华文化走出去，在新的起点上再接再厉，以优异成绩迎接党的十八大胜利召开。

中共中央政治局委员、中央书记处书记、中央宣传部部长刘云山，中共中央政治局委员、国务委员刘延东出席大会。刘云山在会上讲话时希望中华书局和出版界按照胡锦涛总书记贺信提出的要求，认真贯彻党的十七届六中全会精神，树立高度的文化自觉和文化自信，以强烈的责任感、使命感，推动出版业实现新的发展、新的跨越。要坚守民族文化立场，珍视厚重的文化传统，更好地肩负起传播和弘扬中华优秀传统文化的历史责任。要把推进社会主义核心价值体系建设作为根本任务，塑造兴国之魂，礼赞高尚情操，更好地发挥引领社会发展进步的独特作用。要坚持以人民为中心的出版导向，推出更多思想性、知识性、可读性相统一的优秀出版物，更好地满足人民群众多样化的需求。要大力推进体制机制改革创新，加快转变发展方式，优化出版结构、合理配置资源，拓展发展优势和发展空间，不断增强出版业可持续发展能力。要进一步深化“走基层、转作风、改文风”活动，引导出版工作者在深入基层、深入群众中不断开阔视野、汲取营养、提升境界，弘扬职业精神和职业道德，为人民做出版、为社会出好书。

李瑞环同志对中华书局成立100周年表示祝贺。

会上，全国人大常委会副委员长周铁农，全国政协副主席、中国社科院院长陈奎元出席大会。新闻出版总署署长柳斌杰、中国出版集团公司总裁谭跃、中华书局总经理李岩、中华书局作者代表袁行霈、中华书局合作单位代表陈万雄作了发言。中央宣传思想工作领导小组成员、中央和国家机关有关部门负责人参加了大会。

（梁　彦）

《龙泉司法档案选编》（第一辑·晚清时期）发布仪式举行

2012年9月2日《光明日报》发表的报道。报道称，由浙江大学、中华书局、浙江省社会科学界联合会、浙江省档案局、龙泉市人民政府主办的“《龙泉司法档案选编》（第一辑·晚清时期）发布仪式暨座谈会”在浙江大学隆重举行。

龙泉司法档案于2007年在龙泉市档案馆被发现，其规模巨大，年代完整，从晚清至民国时期，共计17333个卷宗，88万余页，是国内迄今所见这一时期保存最完整的地方司法档案。它清晰记录了中国法律制度和司法实践从传统到近代变革的完整过程，见证了近代地方社会结构、经济形态、家庭婚姻、民众观念等方面的变迁，几乎涉及民众生活的所有内容，对研究区域社会史具有重要价值。浙江大学地方历史文书编纂与研究中心历经数年对这项重大历史发现进行整理编纂，采用原案卷影印的方式，印行出版。《龙泉司法档案选编》（第一辑·晚清时期）由中华书局出版发行，收录晚清时期28个典型案件，受到与会专家学者的高度评价。会议期间还举行了《龙泉司法档案选编》（第一辑·晚清时期）一书的赠书仪式和龙泉司法档案研究中心揭牌仪式。

（梁　彦）

《文史》喜迎五十华诞

2012年9月2日《光明日报》发表的报道。报道称，由中华书局主办的“《文史》创办五十年出刊百辑纪念座谈会”日前在京举行，《文史》主编裘锡圭以及蔡美彪、李学勤、楼宇烈、安平秋、葛兆光、李零等专家学者出席会议。

《文史》创刊于1962年，最初由中华书局和《新建设》编辑部合作，以集刊形式不定期出版。随着学术环境和出版环境的变化，《文史》经历了多次调整，2002年起确定为季刊定期出版，由著名学者裘锡圭先生担任主编。50年来，《文史》一直坚持创立之初确立的“崇尚实学、去绝浮言”的办刊宗旨，以及偏重于资料和考据的学术风格，发表了大量高质量的学术精品。与会专家对《文史》创办五十年出刊百辑始终坚持扎实厚重的风格，弘扬传统、服务学术的学术追求给予充分肯定，并就如何进一步严格规范、提升品位，更好地引领学术潮流、争做一流学术期刊提出意见和建议。（梁　彦）

《中国大百科全书》：平衡在纸质版与数字版的天平上

2012 年 4 月 12 日《中国图书商报》发表文章。文章称，以不列颠百科全书公司宣布纸质版的百科全书今后将不再发行为缘起，对纸质版百科全书的销售历史成绩进行了总结梳理，认为纸质版百科全书仍然有比较好的市场前景，市场空间依然存在。对《中国大百科全书》的数字化进程进行了较为全面的总结，对新一代百科全书——《中国大百科全书》（第三版）进行了重点的介绍。新一代的中国大百科全书，将以全面数字化、网络化的新形态，带给读者全新的阅读盛宴。在互联网高度发达的时代，在我国特殊的国情下，市场对于百科全书存在多样化需求，纸质百科全书在一段时间内不会退出历史舞台，而将继续发挥其应有的作用。顺应时代的发展，《中国大百科全书》（第三版）将两条腿走路，坚持中国大百科全书科学、精准的本质，编纂出富有时代特色的网络百科全书和满足不同读者需求的纸质百科全书。（王　瑜）

《中国大百科全书》探求“两条腿走路”

2012 年 4 月 13 日《中国新闻出版报》发表的报道。报道称，《中国大百科全书》（第三版）将“两条腿走路”：坚持《中国大百科全书》科学、精准的本质，将编纂出富有时代特色的网络百科全书，同时继续出版纸质版，满足不同读者的多种需求。报道对新一代《中国大百科全书》全面数字化、网络化的新形态进行了介绍，并对《中国大百科全书》（第三版）的产品形式等方面进行了介绍。报道还指出，在信息呈海量增长的情况下，人们对于知识的准确性和权威性的要求只会越来越高，中国大百科全书出版社将继续努力，坚持精准、权威的高标准，编纂出更多体现数字化时代特点，符合广大读者需求的百科全书。（王　瑜）

不仅多样化　还要网络化——《中国大百科全书》（第三版）引人关注

2012 年 5 月 16 日《光明日报》发表的报道。报道称，《中国大百科全书》（第三版）的编辑出版将进行全面创新。全面更新各类数据和资料，全面反映世界科学文化的新成就、新发展，产品形态和出版形式发生多样化和网络化全新变化。《中国大百科全书》（第三版）将采用先进的信息技术和网络技术，把专家编纂的权威性和大众参与的开放性紧密结合起来，构建云计算和大规模跨平台编纂方式以及云知识服务模式。第三版将极大地扩展知识容量和规模，搭建完整的知识服务体系，实现知识内容多样化，实现文字、图片、音频、视频等内容形式的有机结合。同时，将实现产品形态和出版形式的多样化和网络化。网络版的中国大百科全书检索便捷，将给读者提供更多的方便。第三版将继续出版纸质版，满足不同读者的多种需求。（王　瑜）

《中国大百科全书》之父姜椿芳百年诞辰座谈会举行

2012 年 7 月 29 日《光明日报》发表的报道。报道称，7 月 28 日是我国著名翻译家姜椿芳 100 周年诞辰纪念日。为纪念这位中国现代百科全书事业的奠基人，纪念姜椿芳百年诞辰暨《姜椿芳文集》出版座谈会在北京举行。全国政协副主席郑万通出席会议。中共中央编译局局长衣俊卿、中国大百科全书出版社社长龚莉、中共黑龙江省委宣传部副部长赵德信、常州市市长姚晓东、上海外国语大学校长曹德明等代表主办方致辞。（王　瑜）

大百科全书出版社开拓江南市场

2012年5月22日《中国新闻出版报》发表的报道。报道称，经过近两年的筹备，5月18日，中国大百科全书出版社与无锡广播电视集团达成战略合作，在无锡设立了分支机构，并邀请有关专家学者就中国大百科全书出版社立项实施的大型文化出版工程“江南文库”系列进行了座谈。中国大百科全书出版社社长龚莉表示，此次活动迈出了中国大百科全书出版社跨行业合作、跨区域发展战略的重要一步。与无锡广播电视集团的合作，是中国大百科全书出版社贯彻落实国家关于加快出版业改革发展的指导精神，开拓出版社业务发展更大格局的重要战略部署。无锡广播电视集团将参与中国大百科全书出版社的“江南文库”系列以及地方大百科项目。

（王　瑜）

寒中忆师心犹热——写在王叔晖诞辰百年座谈会

2012年12月30日《光明日报》刊发的报道。报道称，王叔晖与人民美术出版社暨纪念王叔晖百年诞辰座谈会在京举行。王叔晖生于1912年，是人民美术出版社连环画创作和出版辉煌历史中具有代表性的人物。王叔晖1951年进入人民美术出版社从事美术创作，主要致力于古典题材连环画创作，同时创作一些现代题材的连环画的作品，她既是中国传统连环画艺术的传承者，也是新时代连环画事业的开拓者，其主要作品有《木兰从军》、《梁山伯与祝英台》、《孔雀东南飞》、《生死牌》、《西厢记》等。其中《西厢记》除单线的普及本外，还以工笔重彩绘成短篇彩色连环画年画条屏，是中国工笔人物画在群众中流行最广、影响最大的作品之一。12月26日，人民美术出版社在北京东城区北京布胡同32号的旧址召开了纪念王叔晖百年诞辰座谈会。“这里条件简陋，昨晚暖气泵坏了，今天连暖气都没有。但这是王叔晖先生工作了一生的地方，是人民美术出版社所有老画家、老编辑最为留恋的地方，也是新中国连环画的诞生之地，新中国美术出版事业开始的地方。今天，我们就在这里开会纪念王叔晖先生。”人民美术出版社社长汪家明作了这样的开场白。与会的王叔晖学生、画家任梦龙，中国歌剧院创作室主任蒋力等人，忆及王叔晖先生不禁流泪。娓娓诉说中，王叔晖仿佛又回到了大家中间。（汤　锐）

人民音乐出版社奏响网络维权“进行曲”

2012年10月《中国新闻出版报》在“版权周刊”专栏刊文，就人民音乐出版社如何遏制网络销售盗版图书情况进行了报道。报道说：“调研结果显示，除以往发现的盗版情况外，目前网络销售盗版图书情况十分严重，主要体现在销售人民音乐出版社的畅销书，其中尤以“钢琴曲谱系列”、“小提琴曲谱系列”以及“乐器考级系列”图书为主，约有50多种。”“对于调研结果……该社根据不同情况，对网络销售盗版的行为采取了多种应对措施，目前比较常用的是通过网站公开的申诉渠道直接与网站经营者表达诉求。由于目前知识产权的保护意识都在加强，在接到手续齐全的维权请求时，大部分网站经营者都会删除相关链接。对于那些依托某一购物网站或自建网站开设店铺的盗版图书经营者，他们会根据销售的规模采取不同的维权方式。如果销售量不是很多，就与行政执法部门联系，争取约谈实际经营者以遏制其销售行为。但对于那些销售量较大的卖家，则会直接向公安机关报案。”“据介绍，在这场集中打击网络销售盗版音乐图书的战役中，人民音乐出版社配合公安机关，采取以网络销售盗版音乐图书为线索，结合地面实体打击，追查上游犯罪，共查封网上店铺、印刷厂房十余家，查获音乐类盗版图书近50万册，总价值千万余元，涉嫌犯罪嫌疑人数十人。通过这段时间的努力，目前人民音乐出版社已有十几种畅销书的网络销售量约有5%的增长。”报道最后说，虽然人民音乐出版社网络维权取得了一

点成果，但由于网络自身的特点维权的难度还很大。（吴明静）

80 岁三联与时代同行

2012 年 7 月 25 日《人民日报》刊发的报道。报道称，今年 7 月，三联书店将迎来她的八十华诞。80 年来，三联书店薪火相传，不断发展壮大，早已成为中国著名的出版社之一。

在 20 世纪三四十年代，三联书店出版了许多影响深远的“红色经典”文学作品，如王季愚译高尔基的《在人间》、曹靖华译绥拉菲摩维支的《铁流》、鲁迅译法捷耶夫的《毁灭》、郭沫若的《屈原》、鲁迅的《阿 Q 正传》、丁玲的《太阳照在桑干河上》等。1986 年三联书店恢复独立建制以后，策划了一些关于重大政治题材方面的选题，出版了《毛泽东的读书生活》、《西藏今昔》、《早年毛泽东》、《人民共和国六十年与中国模式》等一批图书，在广大读者中产生了积极的影响，也成为三联书店不可磨灭的历史贡献之一。20 世纪 70 年代末，三联旗下的《读书》创刊，开篇登载《读书无禁区》。这个标题后来成为新启蒙时代标志性的口号和文化知识界的集体记忆，《读书》杂志也成为几代读书人共同的精神家园。三联以《读书》为平台，聚集起了一大批优秀的出版家与作者，形成了一种浓厚的人文气息，为三联书店此后三十余年在出版与文化领域的作为培育了一块丰厚的土壤。

进入 21 世纪，三联书店加入了中国出版集团，从此开始了新的征程。《我们仨》、《目送》等一批名家名作的推出，既叫好又叫座，延续了三联图书的一贯品质；而新版《新知文库》、《中学图书馆文库》则是三联在继承人文关怀的出版理念上进行的开拓和尝试，取得了很好的社会反响。近几年，在推动社会主义文化大发展大繁荣的时代背景下，三联书店提出了“做强做开”的发展理念。通过发展，经济效益得到了显著提高。多年来，三联书店探索实践，与时俱进，逐步形成了以“人文精神，思想智慧”为核心的出版定位，发展成了一家独具特色与品位、不可代替的出版社。三联走过的 80 年，是追求光明、追求进步的 80 年，是改造社会、开启民智的 80 年，也是薪火相传、成绩斐然的 80 年。在未来的日子里，三联书店一定能够百尺竿头，更进一步。（鞠晓辉）

三联书店创建 80 周年庆祝大会举行

2012 年 7 月 26 日中央电视台《新闻联播》头条报道。报道称，在三联书店创建 80 周年之际，中共中央总书记、国家主席、中央军委主席胡锦涛致信三联书店，向全体员工和离退休老同志表示热烈的祝贺和诚挚的问候。党和国家领导人吴邦国、温家宝、李长春、习近平、李克强分别向三联书店创建 80 周年表示祝贺。

26 日下午，三联书店创建 80 周年庆祝大会在北京人民大会堂举行。会前，李长春亲切会见了与会人员，并同大家合影留念。中共中央政治局委员、中央书记处书记、中央宣传部部长刘云山出席庆祝大会并讲话。中共中央政治局委员、国务委员刘延东致信祝贺三联书店创建 80 周年并出席庆祝大会。（鞠晓辉）

“三联经典文库”再现三联出版风貌

2012 年 3 月 8 日《光明日报》刊发的报道。报道称，在知识界有广泛影响的三联书店将出版“三联经典文库”纪念自己的 80 华诞。收入文库的是 1932 年 7 月生活书店创办至今三联曾经出版的优秀图书，如许涤新《三民主义读本》、张健甫《近六十年来的中日关系》、立波《晋察冀边区印象记》、艾思奇《大众哲学》、吴晗《朱元璋传》、李立《四十八天》、郭沫若《苏联五十天》等，分为五辑，每辑百种。

“三联经典文库”带给读者的将是对三联书店历史与出版物的全新的感知。三联书店总编辑李昕介绍说，这些书在它出版的年代，具有鲜明的时代性和现实性，体现了学术上的开创性与思想上的启蒙意义。许多著作具有珍贵的文献与史料价值，即使在今天仍然可以提供可贵的历史借鉴。由于此次出版是在尽可能保持原貌的前提下重新推出，将当年中国出版史、也是文化史上的一道动人的风景予以恢复，所以，其珍贵的版本价值也不容忽视。

第一辑、第二辑为国家出版基金项目，所选图书始于1932年，截至1951年，涉及政治、经济、社会、军事、思想文化诸领域，涵盖专著、文集、散文、小说、诗歌、传记、报道等体裁。第一辑2012年6月出版。（鞠晓辉）

《生命——民间记忆中的史铁生》亮相上海书展

2012年8月18日上海《新闻晚报》发表的报道。报道称，中国对外翻译出版公司在上海书展期间举办了《生命——民间记忆中的史铁生》新书发布会。文中提到，在展览中心中央大厅，一场汇集了王安忆等作家的“重逢史铁生”恳谈会举行后已过20时，中央大厅从楼下到楼上排起了长队，整整环绕楼梯近一圈。原来，读者手中都捧着一本《生命——民间记忆中的史铁生》，希望能让现场作家签名。在队伍中，记者还看到一位外国友人手捧《生命——民间记忆中的史铁生》等待王安忆签名，这位中文名字叫馥荔的意大利读者读大学时就在学校图书馆里迷上了史铁生的作品，“那时我就开始学习中文了，史铁生的中文版在外面根本买不到，我只在我们图书馆发现了一本”，她用流畅的中文告诉记者。而对于现场的王安忆等作家的作品，她也如数家珍，算是个典型的“中国通”了。（卜晓艳）

刚果“部长作家”告诉你一个真实的非洲

2012年9月4日《中国图书商报》发表的文章。文章称，非洲的国企改革是什么样子？让刚果的“部长作家”告诉你。8月30日，由中国对外翻译出版公司引进出版的直面非洲企业体制改革之艰的政治小说《考验》亮相第19届北京国际图书博览会。中国对外翻译出版公司总经理林国夫，刚果共和国林业、环境与可持续发展部长亨利·琼博，刚果共和国林业部部长顾问约瑟夫·巴西，北京语言大学高级翻译学院院长刘和平等嘉宾，围绕亨利·琼博的两部新作《考验》、《渡河》，同与会者进行了一次“中非文化交流之旅”。中国对外翻译出版公司副总经理张高里主持发布会。亨利·琼博是一位具有传奇色彩的政治家、外交家和经济学家，他以犀利的笔锋、幽默的语言展现了举步维艰的非洲国家国企改革，书中提及的很多问题都颇具普遍性。《渡河》则通过非洲内战为读者呈现出非洲大陆所遇到的阻碍、承受的压力与受到的创伤。（卜晓艳）

从权利到尊严，宪政需要建稳根基民主法制

2012年6月21日，《南方周末》评论版刊登文章的文章。文章称，《为了人的尊严——中国古典政治哲学批判与重构》作者张千帆历经十余年严肃理论反思与逻辑重构的政治哲学作品，以“尊严”为核心概念拓展并深化了宪法学的伦理基础，将宪法学的正当性关注从“权利”推延至“尊严”。该书挖掘中国古典哲学传统中的人格尊严思想，并以此为核心构建新的道德与政治理论，阐发了儒家道德思想的内在精髓，批判了儒家政治传统的先天不足，论证了礼治与宪政在形式上的共通之处，梳理并评价了墨家与道家思想对尊严理念的独到贡献。作为新的话语体系核心，尊严理念不仅是建造中国宪政大厦的起点，也是沟通中国与世界文明的桥梁。该书可以看作是作者试图赋予中国宪法学以文明论基础和伦理学内核的长期理论努力的重要结晶。

（邵　力）

现代教育出版社签约美国伍德伯里出版公司（伦敦书展）

2012年4月17日大佳网发表的报道。报道称，在2012伦敦书展召开期间，现代教育出版社与美国伍德伯里出版公司就《英汉世界中国

国学基础知识读本·儒学》签署了汉英版版权输出合同。该书共分12册，以儒学为核心，从中选出12个核心命题：仁、义、礼、智、信、诚、孝、恕、廉、忠、中庸、知行。书中对中华文化进行梳理和筛选，凸显了中国国学的完整性、科学性和精华性，采用中英对照，故事和图画匹配，以向海外普及中国国学，以直观和形象的出版方式便于母语非汉语的读者阅读，为展示中华博大精深的国学打开一扇窗口，使世界的读者更加了解和熟悉中国。（杨　静）

揭秘《生活大爆炸》科学元素：弦理论怎么回事

2012年12月28日中新网、新华报业网、中国日报网等网站刊登的文章。文章称：《〈生活大爆炸〉之科学揭秘》日前由世界图书出版公司推出。该书对流行美剧《生活大爆炸》进行“深度解密”，重点在解读剧中涉及的流行文化及科学元素。正如我们所知，《生活大爆炸》是一部“技术含量很高”的肥皂剧。不光是普通观众，科学家也爱《生活大爆炸》。本书中，科学家详尽解释了电视剧中出现的科学道理和典故。包括谢尔顿的高深弦理论、霍华德的花生过敏是怎么回事、如果你和谢尔顿的妈妈有同样的信仰该如何看待宇宙爆炸理论等等……这本书以一种最深入浅出的方式，带领大家重温电视剧中一带而过的只言片语所载的科学的重量，同时告诉人们，科学不是唯一的知识。极客（GEEK）文化、粉丝文化等亚文化体系的介绍，也都包含其中。这是一本真正有大家小书意味的科普读本。（吴和松　刘　薇）

打造知名展会　构筑交流平台

——访北京国际图书博览会组委会副主席、中国出版集团公司副总裁、中国图书进出口（集团）总公司总经理刘伯根

2012年8月29日《中国新闻出版报》发表的报道。报道称，8月24日，第19届北京国际图书博览会开幕前夕，《中国新闻出版报》记者专门采访了北京国际图书博览会组委会副主席、中国出版集团公司副总裁、中国图书进出口（集团）总公司总经理刘伯根。刘伯根介绍了本届展会的整体情况和特点。他首先介绍了本届展会的五大特点：规模扩大、参与度高，总共有2 000多家参展单位；布局设计便于沟通交流；展品丰富，预期交易活跃；活动众多，交流频繁；文化平台，名人荟萃。他表示，作为综合性的文化盛会和世界四大书展之一的北京国际图书博览会，体现为国际化、产业转型、开放的国际性舞台，这与我们国家坚持改革开放总的政策是吻合的。在亚洲同类展会中，北京国际图书博览会的规模是最大的。作为一个平台，以书展的名义连续不断地周期性地举办，有演出，有作者和作家，有民间力量也有政府机构，有专业人士也有业余人士。图书博览会实际上是一个糅合了多种要素的综合性平台，是产业的风向标。因此，从规模、影响、层次的丰富程度来看，北京国际图书博览会是中国最大的持续的一张文化名片。（朱宝元）

用好香港桥头堡　打造世界荣宝斋

——专访荣宝斋总经理马五一

2012年1月30日香港《大公报》发表的新闻专访报道。报道称，荣宝斋总经理马五一在接受《大公报》采访时透露，已于近期完成了荣宝斋（香港）有限公司的股权变更工作，拟于2012年开展业务。马五一指出，中国共产党十七届六中全会重视中国文化“走出去”，提倡“创新文化走出去模式”，把它作为增强“软实力”和文化大发展、大繁荣的重要内容和标志。而荣宝斋有丰富的“走出去”的实践经验。改革开放之初，就曾多次在日本、韩国、新加坡、欧洲、美洲等地举办书画展、图书展，向世界展示中华文化魅力，下一步要把中国的荣宝斋建成世界的荣宝斋。

初步设想是分三步走：第一，借鉴孔子学院的办学模式和经验，在海外华人聚居区如东京、首尔、纽约、伦敦、柏林等城市，开设荣宝斋分

支机构；第二，与海外收藏中国书画作品丰赡的美术馆、博物馆和藏家合作，出版图书，举办巡回画展，开辟国际论坛；第三，在荣宝斋官网开辟双语版块，与上星卫视合作开辟荣宝斋频道，系统传播中华传统文化，开展国际交流、贸易。

马五一特别指出，港澳台地区是荣宝斋“走出去”的“桥头堡”和“中转站”。荣宝斋于20世纪90年代初就在香港地区设立了荣宝斋（香港）有限公司，现在荣宝斋要在香港地区扩大已有品牌影响，将书画交易、拍卖、典当等业务延伸过去。 （刘　芳）

荣宝斋木版水印——创新让传统特色印刷走向大众

2012年7月31日《中国图书商报》发表的评论文章。文章称，若干年前仅位于荣宝斋东斋一隅，作为小众化商品的木版水印作品，如今已成为家喻户晓的大众化品牌产品，这得益于荣宝斋对木版水印这项传统印刷技术的不断传承与创新。据荣宝斋木版水印工艺坊经理高文英介绍，目前荣宝斋的木版水印产品推出了绝版印刷、定版定制、签字产品等多种高端产品。同时，木版水印的生产流程也在进行创新，以前是在勾描、雕刻之后再进行印刷，一幅作品需要很长时间才能完成。现在是勾描、雕刻、印刷同时进行，并且勾、刻可以由多人同时操作，再由一个人完成印刷，提高了生产效率。

在创新的同时，荣宝斋对木版水印技艺的宣传推广力度也在不断加强。尤其是2008年8月，荣宝斋设立了集表演、展示与销售于一体的“木版水印工艺坊”后，这项技艺更是以最直观的形式呈现在慕名而来的观众面前，平均每天都有数百人来店选购产品或参观。除了社会影响，“木版水印工艺坊”也实现了较好的经济效益，木版水印产品的销售额，从2007年的319.3万元增长到2008年开业后的642.7万元，2011年更是超过2000万元，实现了木版水印从政策性保护到“以发展促传承”的根本性转变。

（刘　芳）

《雷锋全集》出版座谈会暨向三家雷锋纪念馆赠书仪式举行

2012年2月22日人民网的报道。报道称，2月22日，《雷锋全集》出版座谈会暨向三家雷锋纪念馆赠书仪式在京举行，中国出版集团公司、华文出版社向辽宁省抚顺市雷锋纪念馆、湖南省长沙市雷锋纪念馆和沈阳军区雷锋纪念馆各赠送500册《雷锋全集》。报道指出，《雷锋全集》是一部汇集雷锋个人文稿，忠实记载雷锋工作、学习、生活情况和思想道德情操的文集。它汇集了雷锋生前所写的全部文字，包括日记、诗歌、小说、讲话、书信、散文、赠言等，近20万字，是迄今为止一部最完整的雷锋个人文集。书中内容全部自雷锋手记整理，史料真实，内容翔实，许多珍贵资料还是首次面世。参与该书编辑工作的是长期从事雷锋资料征集、整理、收藏与研究的70多位雷锋的战友、同学、同事、领导以及从事雷锋研究的专家学者。 （陆虹宇）

文化心灵的养成——读叶朗先生选编《文章选读》

2012年8月1日《中华读书报》的评论。文章指出，《文章选读》新意迭出、特色独具：一是选文视角的综合性而非单一性令人好奇，将语言表达、思想立意、学术渲染交融于一体；二是选文标准上的以文选文而非以人选文引人关注，大胆选入一些当代“无名”新人之文，产生超越此前不少选本而独具胆识及慧眼之妙；三是着眼于当今学子的批判中建构需求而非单纯批判性需求，实现了从批判性立场到批判中建构立场的转变，可以满足各类读者在批判中重新建构中华文化的特殊需要。写文章就是写人，也就是书写高素养文化公民。《文章选读》是一部从教人写文章上升到教人书写文化心灵的选本，为文化公民的心灵养成绘制了高清晰的地图——明净而宽厚的文化心灵的养成图。 （陆虹宇）

《留学人员与辛亥革命》正式出版

2012年12月17日中国新闻网发表的报道。报道称，12月17日下午《留学人员与辛亥革命》首发式在欧美同学会·中国留学人员联谊会会所举行。该书汇集了2011年由欧美同学会·中国留学人员联谊会举办的“留学人员与辛亥革命暨第二届中国留学文化国际学术研讨会”的优秀成果，收录了来自北京大学、中国人民大学、中国社会科学院、复旦大学、南开大学、暨南大学、中山大学、徐州师范大学等专家学者的50篇高质量文章。

报道指出，书中文章围绕留学人员与辛亥革命及中国留学文化，从社会科学不同学科出发，多角度、多方面论述了留学人员对辛亥革命、对近代中国发展作出的杰出贡献，还以开阔的思路、新颖的方法研讨了留学史和留学文化研究方面的一些问题。其中大部分文章为首次发表的最新研究成果，具有很高的学术价值和实践意义。

报道介绍，来自留学史、留学文化研究领域的专家学者，活动主办方、图书出版方及主要媒体记者近50人参加了首发式。欧美同学会·中国留学人员联谊会党组成员、副会长马文普出席首发式，副会长王林昌、端木美出席首发式并致辞，华文出版社副社长李庆、欧美同学会·中国留学人员联谊会副秘书长陈泉、副巡视员马静出席首发式，副秘书长许睢宁主持首发式。

（陆虹宇）

大佳网与新浪网合推新版《文坛开卷》

2012年9月21日《中国新闻出版报》发表报道。报道称，新版《文坛开卷》是由大佳网与新浪网共同推出的一档读书访谈节目，近日已在北京和上海录制。中国出版集团公司副总裁潘凯雄在致辞中指出，新版《文坛开卷》要发挥好引导精品阅读的作用，不仅要谈书、谈作家，更要挖掘书背后的故事；不仅要聚集优质内容、传播文化价值，也要实现商业效益，最终为读者以及整个产业链条提供最佳服务，形成栏目和大佳网的品牌。报道称，大佳网加强了对新版《文坛开卷》的策划，通过对节目形式和内容的调整与创新，把它打造成好看、有启迪、有影响、有趣味性的文化读书类节目。中版集团数字传媒有限公司总经理周锡培表示，大佳网将以打造这一读书视频产品为契机，提高自有业务中的精品阅读引导能力，通过节目对各行业阅读精英的挖掘，树立全行业阅读的榜样，推动阅读的推广，做好阅读的服务，最终在精英力量的支撑下，引导大众优质阅读，促进全面阅读的发展。

（祁兰柱）

大佳网联手山东卫视打造订货会精品节目

2012年1月10日《中国新闻出版报》发表的报道。报道称，在2012北京图书订货会举办之际，大佳网重磅策划直播访谈节目，邀请名家、出版人与书业人士，聚焦文化与书业重点、热点话题，把脉文化动态。这次大佳网直播访谈节目与山东卫视品牌文化栏目《新杏坛》合作策划，按照不同主题邀请名家加入对谈。双方所制作的电视节目将于春节后在山东卫视播放，同时录制的精彩视频片段首先在2012北京图书订货会现场和大佳网播放。大佳网与山东卫视合作实现了网络媒体与电视媒体在北京图书订货会媒体报道上的首次联姻。有关人士认为，这种合作有利于实现内容、渠道和资源的共同有效发力，提高文化产业的核心竞争力。（祁兰柱）

亚洲青年动漫大赛：专家首次提出“漫动画”概念

2012年8月18日中国新闻网发表电文。电文称，在第六届亚洲青年动漫大赛动漫数字创意产业高峰论坛上“漫动画”成为关注焦点，“漫动画”的概念首次被提出。报道称“漫动画”是此次亚洲青年动漫大赛的亮点之一，此次为该概念首次被提出和倡导。漫动画指的是在数字媒体承载下，把纸质化的静态漫画、插画、连环画，用数字技术解决，达到交互式的动画、游戏效果等。漫动画区别于传统形式的动画、漫画，交互地融合了文字、图片、音频、视频等多种元素，是数字产业技术发展下的数字内容动漫产品，能充分发挥现代智能终端的优势，对传统动漫出版产业的提升和转轨有着重要的意义。电文概括了“漫动画”的价值，“传统的动漫产业处于被动的状态去接受和欣赏，参与度不高，且制作周期长、成本较高。而‘漫动画’是视听与视觉的交互体验，图文交互、人机交互、人人交互，参与度较高，且制作门槛低、投资小、收益快，具有广泛的应用前景。”（祁兰柱）

书法教育不应成为短板

2012 年 1 月 13 日《人民日报》发表的专题评论。评论称，书法以汉字为艺术创造对象。汉字充满智慧，成为中国人认识自然、组织社会、创造文化的工具。因此，书法与汉字也就同时承担着文化传承的责任和功能。

近代以来，由于书法自身功能的变化和科学技术的进步，汉字的书写越来越少，过去中小学曾开设的书法课已基本退出课堂，书法的群众基础也在日益萎缩。

社会各界有识之士，充分认识到这个问题的重要性。在全国人大、全国政协会议上，欧阳中石、沈鹏、邵秉仁等先生，多次呼吁中小学开设书法课。教育部于 2011 年 8 月份，下发了《关于中小学开展书法教育的意见》，明确了书法课程在义务教育阶段具有“国家课程”的性质，为书法全面回归教育，提高学生汉字的书写能力奠定了制度基础。

在这种背景下，以欧阳中石教授为主编、叶培贵教授为副主编、北京多名高校教授和一线书法骨干教师参与编写、中国出版集团华文出版社出版的小学《书法》教材，适时推出，很好地缓解了教材问题。这套教材采用三个编写原则：识字和写字结合，书法与生活结合，学习与应用结合，很好地处理了“硬笔与毛笔”、“知识与技能”等关系，构建了一个科学而又系统的书法学习和认知体系。（星昕昕）

传承和弘扬书法文化

2012 年 2 月 5 日《经济日报》刊发的报道。报道称，作为中国文化的重要构件之一，书法是以汉字为艺术创造对象，与汉字同时担负着文化传承的功能。

由于以计算机为代表的数字技术的发展，汉字的书写越来越少，过去中小学曾开设的书法课已基本退出课堂，书法的群众基础日益萎缩。长此下去，必然影响国人对汉字和书法的熟知和掌握运用，进而影响到文化的传承。

社会各界有识之士已充分认识到这个问题的重要性。在 2011 年的全国人大、全国政协有关会议上，欧阳中石、沈鹏、邵秉仁等先生就多次呼吁中小学开设书法课。教育部《关于在中小学开展书法教育的意见》，明确了书法课程在义务教育阶段具有“国家课程”的性质，必须开设，为书法全面回归教育、提高学生汉字的书写能力奠定了制度基础。

但是，由于书法教育的长期缺失，目前书法基础教育研究薄弱，教材缺乏，师资严重不足……凡此种种，已成为教育部《意见》能否真正可持续施行的关键问题。

在这种背景下，以欧阳中石教授为主编、叶培贵教授为副主编、在京多名高校教授和一线书法骨干教师参与编写、中国出版集团华文出版社出版的小学《书法》教材适时推出，很好地解决了教材问题。本套教材以重点提高学生对汉字的读写能力为宗旨，很好地处理了“硬笔—毛笔”、“知识—技能”等关系。（星昕昕）

第一套分年级、成系统的《国学》教材正式发行

2012 年 12 月 26 日新华社、人民网、新浪网、中国广播电台网、腾讯网发表的报道。报道称，由北京大学历史系教授、著名历史学家张传

玺，北京大学哲学系教授、著名哲学家施德福等任主编，国内百余位国学研究领域的专家学者共同策划、研究、编纂的第一套分年级、成系统的中小学国学教材，由现代教育出版社正式在北京发行。该套教材的编写严格依照了新课标的各项规范要求，打破语文、历史、思想品德等课程界限，形成一套全新的学科体系。教材中涵盖了儒、道、兵、法等各家学术学说，目的在于通过博大精深的国学文化的核心思想，将文、史、哲知识融于一体，帮助中小学生了解和懂得传统文化的精髓。（星昕昕）

中国出版传媒股份有限公司、江西新华发行集团有限公司注资4亿元打造跨区域发行平台

2012年1月10日《中国新闻出版报》发表的报道。报道称，1月7日，中国出版传媒股份有限公司与江西新华发行集团有限公司在京签署战略合作协议，双方将重组中国出版传媒旗下的出版发行业务平台——新华联合发行有限公司。重组后的新华联合发行有限公司由中国出版集团公司所属的中国出版传媒股份有限公司控股51%，江西新华发行集团持股49%，公司注册资本将增至4亿元。据双方负责人介绍，通过资本联姻战略重组中国出版集团公司所属的新华联合发行有限公司，借力资本联姻实现优势互补、打通上下游产业链、壮大产业、突破地域以及行业局限，是双方为建立全国统一开放的出版物流通体系进行的积极探索和尝试。据透露，重组后的新华联合发行有限公司第一个重大项目是建设大型现代化物流中心。物流中心落户于北京顺义，建筑面积20.5万平方米，总投资约10亿元，图书年发货设计能力为80亿码洋。（吴　挺）

新华联合物流中心在京奠基　阎晓宏出席奠基典礼

2012年4月9日《中国新闻出版报》发表的报道。报道称，4月8日，新华联合物流中心奠基典礼在北京举行。新闻出版总署副署长阎晓宏、中国出版集团公司总裁谭跃出席奠基典礼并讲话，奠基典礼由中国出版集团公司党组书记王涛主持。阎晓宏表示，新华联合物流中心要建设成国内一流、运营高效的现代化物流企业，打造成为贯通出版产业链、面向全国、有市场影响力的出版发行平台，要让新华联合发行有限公司成为出版业跨地区、跨行业成功合作的典范。

新华联合物流中心坐落于顺义区北小营镇宏大二三产业基地，由中国出版集团和江西新华发行集团共同投资兴建，总占地面积340亩，建筑面积20.5万平方米，计划分两期建设，一期建设的图书物流中心年发货设计能力为80亿码洋。

阎晓宏指出，《新闻出版业“十二五”时期发展规划》特别强调加快实现跨地区、跨部门、跨行业联合重组的步伐。目前各出版发行单位正在密切联系实际，围绕科学发展这个主题，调整产业结构、转变发展方式，积极探索推动出版产业快速发展的途径。中国出版集团公司与江西新华发行集团有限公司这种跨地区发展、强强联合的形式就是很好的证明。

谭跃表示，物流中心建设将立足高起点，谋求高效益，努力建设成国内出版业功能第一、效益第一、规模第一、形象第一的现代化大型出版物流中心，打造贯通出版上下游，具有规模化和市场影响力的出版物大中盘。

据介绍，以建设大型化、现代化的专业仓储中心为目标，新华联合物流中心建成后，将实现商流、物流、信息流、资金流的全面整合，实现作业的自动化和运营管理的信息化、现代化，不仅能够满足中国出版集团所属各出版机构的图书仓储物流服务，还将面向行业内外提供第三方仓储物流服务。

中国出版集团公司是国家级出版龙头企业，江西新华发行集团有限公司是在江西省新华书店及全省93家区（市、县）新华书店的基础上组建的大型发行企业集团。两家企业结合自身实际发展需求和出版物物流市场的现状，共同筹建新华联合物流中心，以实现规模化、集约化运营和产业链的拓展。未来双方将借助彼此品牌、市场

及渠道等方面的优势，共同培育具有比较优势的现代出版流通企业，构建统一、开放的流通和信息交换平台。

据了解，该项目得到中宣部、新闻出版总署、财政部以及北京市和顺义区委、区政府等各级部门的大力支持，引起诸多国内外同业、上下游企业的广泛关注。

江西省出版集团董事长周文、顺义区区长王刚分别致辞。中宣部出版局副局长刘建生、新闻出版总署印刷发行管理司副司长谭汶、中国出版集团公司领导班子全体成员出席奠基典礼。（吴　挺）

一书一印中版闪印王亮相中国图书馆展览会

2012 年 12 月 3 日《中国图书商报》报道。报道称，几个简单的电脑操作，一杯咖啡的时间，一本热腾腾的彩色书就制作完成了，这是出版行业中最新、最受瞩目的集成式按需出版印刷设备“一书一印中版闪印王”。在第九届中国图书馆展览会上，中版数字设备有限公司出品的这台被称为图书 ATM 机的设备吸引了众人的目光。“我见过这台设备，可以把彩印、胶装、裁切整合到一体化操作，制书过程快捷，成书质量很高，我很感兴趣。”来自图书馆的张主任说：“馆藏书的缺藏、补缺图书是图书馆一直以来难以解决的问题，如果图书馆有了这台设备，就能解决随要随印的按需出版印刷的难题。”一书一印中版闪印王设备已经得到了一些出版社和图书馆的认可和采购，并获得了良好的反响。（祁兰柱）

公司荣誉

GONGSIRONGYU

CPGC

获奖（荣誉）名单

2012年度获奖（荣誉）单位

获奖单位	获奖名称	颁奖单位	颁奖时间
中国出版集团公司	“中国图书对外推广计划”2011年综合考评优秀奖第一名	国务院新闻办公室、新闻出版总署	2012年3月
商务印书馆	全国新闻出版系统先进集体	人力资源和社会保障部、新闻出版总署	2012年2月
商务印书馆	2011年首都文明单位标兵	首都精神文明建设委员会	2012年4月
商务印书馆	2011～2012年度国家文化出口重点企业	商务部、中宣部、财政部、文化部、广电总局、新闻出版总署	2012年9月
商务印书馆	首届华文出版物艺术设计大赛优秀组织奖	中国新闻文化促进会、中国新闻出版研究院	2012年1月
商务印书馆党委	中国出版集团先进基层党组织	中国出版集团直属机关党委	2012年
商务印书馆营销中心策划部	2011～2012年集团青年文明号	中国出版集团公司	2012年12月
中华活页文选杂志社	“巾帼文明岗”	中华全国妇女联会	2012年1月
中华书局羽毛球队	第三届职工羽毛球赛中蝉联团体冠军	中国出版集团公司	2012年1月
中华书局基础图书分社	优秀女工集体	中国出版集团公司	2012年2月
营销中心市场部	2011～2012年度青年文明号	中国出版集团公司	2012年12月
中华书局	2011年度全国新闻出版系统先进集体	人力资源和社会保障部、新闻出版总署	2012年2月
中华书局活页文选杂志社	中直机关岗位建功标兵	中共中央直属机关妇工委	2012年3月
中华书局	中直机关精神文明单位	中共中央直属机关工作委员会	2012年6月
中华书局	“2011～2012年度国家文化出口重点企业”名录	商务部、中宣部、文化部、国家广播电影电视总局、新闻出版总署	2012年9月
中国大百科全书出版社公司	2011～2012年度国家文化出口重点企业	商务部、宣传部、财政部、文化部、国家广播电影电视总局、新闻出版总署	2012年9月

续表

获奖单位	获奖名称	颁奖单位	颁奖时间
中国大百科全书出版社团支部	中直机关五四红旗团组织	中共中央直属机关团工委	2012 年 5 月
中国大百科全书出版社市场部销售部	中直机关青年文明号	中共中央直属机关青年联合会	2012 年 11 月
中国美术出版总社	2009～2011 年度中央直属机关文明单位	中共中央直属机关精神文明建设委员会	2012 年 2 月
中国美术出版总社教材中心	中直机关青年文明号	中共中央直属机关青年联合会	2012 年 11 月
人民美术出版社 连环画出版社	《中国美术分类全集》出版所做出突出贡献的单位	中宣部与新闻出版总署	2012 年 3 月
生活·读书·新知三联书店	全国新闻出版系统先进集体荣誉称号	人力资源与社会保障部、新闻出版总署	2012 年 1 月
生活·读书·新知三联书店	2009～2011 年度中央直属机关文明单位	中共中央直属机关精神文明建设委员会	2012 年 2 月
中国对外翻译出版公司	中国翻译协会优秀单位会员	中国翻译协会	2012 年 12 月
中国对外翻译出版公司	2009～2011 年度中央直属机关文明单位	中共中央直属机关精神文明建设委员会	2012 年 2 月
中国对外翻译出版公司团委	2012 年度五四红旗团组织	中国出版集团公司	2012 年 5 月
中国对外翻译出版公司	“新十年、新征程、新发展、新高峰”征文活动优秀组织奖	中国出版集团公司	2012 年 6 月
东方出版中心团总支	上海市青年五四奖章集体	上海市共青团市委、上海市市人力资源和社会保障局、上海市市公务员局	2012 年 5 月
东方出版中心编辑部党支部	上海宣传系统创先争优先进党支部	上海市委宣传部	2012 年 6 月
中国图书进出口（集团）总公司、中国图书进出口上海公司、中国图书进出口广州公司	2011～2012 年度国家文化出口重点企业	商务部、中宣部、财政部、文化部、国家广播电影电视总局和新闻出版总署	2012 年 9 月
北京国际图书博览会	2011～2012 年度国家文化出口重点企业	商务部、中宣部、财政部、文化部、国家广播电影电视总局和新闻出版总署	2012 年 9 月
中国图书进出口（集团）总公司图书文献事业部党支部	全国创新争优先进基层党组织	中共中央中直机关工作委员会	2012 年 9 月

续表

获奖单位	获奖名称	颁奖单位	颁奖时间
中国图书进出口上海公司	上海市文明单位	上海市人民政府	
中国出版蓝桥创意产业园	上海市知名品牌示范区创建区域	上海市人民政府	2012 年 10 月
中国图书进出口广州公司	广州市音像批发行业首届（2010～2011）年度诚信经营、优质服务单位	广州市文化广电新闻出版局、广州市文化娱乐业协会	2012 年 12 月
全球数字资源聚合与服务工程	中央文化企业国有资本经营预算	财政部中央文化企业国有资本经营预算	2012 年 12 月
荣宝斋	中华老字号传承创新先进单位	中国商业联合会、中华老字号工作委员会	2012 年 8 月
荣宝斋团委	中直机关五四红旗团组织	中共中央直属机关团工委	2012 年 5 月
荣宝斋	最受欢迎的中华老字号品牌奖	中国中华老字号博览会（2012・北京）评审委员会	2012 年 12 月
荣宝斋	企业信用等级证书 AAA	中国商业联合会	2012 年 2 月
荣宝斋	中国企业品牌文化管理十佳单位	中国文化管理学会、企业文化管理专业委员会	2012 年 11 月
中版教材有限公司	2012 年度五四红旗团组织	中国出版集团公司	2012 年 5 月
中版教材有限公司	中直机关青年文明号	中共中央直属机关青年联合会	2012 年 11 月
中版集团数字传媒有限公司	2011～2012 年度中国出版集团青年文明号	中国出版集团公司	2012 年 12 月
中国图书商报社	2009～2011 年度中央直属机关文明单位	中共中央直属机关精神文明建设委员会	2012 年 2 月
中国图书商报社	新闻报道优异成绩奖	伦敦书展中国主宾国活动组委会	2012 年 5 月
中国图书商报	2011～2012 中国品牌媒体百强・行业报品牌十强	北京大学等全国十所高校新闻学院主办的第五届中国品牌媒体高峰论坛	2012 年 10 月
中国图书商报社	上海书展新闻宣传优秀组织奖	上海书展组委会	2012 年 9 月
中国图书商报社	“新十年、新征程、新发展、新高峰”征文活动优秀组织奖	中国出版集团公司	2012 年 6 月

2012 年度获奖项目

获奖项目	获奖名称	所属单位	颁奖单位	颁发时间
《解放战争》	第十二届精神文明建设“五个一工程”奖	人民文学出版社	中共中央宣传部	2012 年 9 月
《武昌城》	第十二届精神文明建设“五个一工程”奖	人民文学出版社	中共中央宣传部	2012 年 9 月
《智的教育》	新闻出版总署向全国青少年推荐百种优秀图书	人民文学出版社	新闻出版总署	2012 年 8 月
《雨雨的桃花源》	新闻出版总署向全国青少年推荐百种优秀图书	天天出版社有限责任公司（人民文学出版社）	新闻出版总署	2012 年 8 月
《曾祖母的来信》	新闻出版总署向全国青少年推荐百种优秀图书	天天出版社有限责任公司（人民文学出版社）	新闻出版总署	2012 年 8 月
《温暖的龙卷风》	新闻出版总署向全国青少年推荐百种优秀图书	天天出版社有限责任公司（人民文学出版社）	新闻出版总署	2012 年 8 月
《谁是小偷》	新闻出版总署向全国青少年推荐百种优秀图书	天天出版社有限责任公司（人民文学出版社）	新闻出版总署	2012 年 8 月
《老师的秘密》	新闻出版总署向全国青少年推荐百种优秀图书	天天出版社有限责任公司（人民文学出版社）	新闻出版总署	2012 年 8 月
《爸爸失踪了》	新闻出版总署向全国青少年推荐百种优秀图书	天天出版社有限责任公司（人民文学出版社）	新闻出版总署	2012 年 8 月
《意外的奖章》	新闻出版总署向全国青少年推荐百种优秀图书	天天出版社有限责任公司（人民文学出版社）	新闻出版总署	2012 年 8 月
《泥太阳》	第十届全国少数民族文学创作“骏马奖”	人民文学出版社	中国作家协会	2012 年 9 月
《沈德潜诗文集》	2011 年度全国优秀古籍图书奖一等奖	人民文学出版社	中国出版协会古籍出版工作委员会	2012 年 9 月
《陈子龙全集》	2011 年度全国优秀古籍图书奖二等奖	人民文学出版社	中国出版协会古籍出版工作委员会	2012 年 9 月

续表

获奖项目	获奖名称	所属单位	颁奖单位	颁发时间
《国朝闺秀诗柳絮集》	2011 年度全国优秀古籍图书奖二等奖	人民文学出版社	中国出版协会古籍出版工作委员会	2012 年 9 月
《姚燧集》	2011 年度全国优秀古籍图书奖二等奖	人民文学出版社	中国出版协会古籍出版工作委员会	2012 年 9 月
《星期天》	傅雷翻译出版奖	人民文学出版社	法国驻华大使	2012 年 11 月
《非洲人》	傅雷翻译出版奖	人民文学出版社	法国驻华大使	2012 年 11 月
《天香》	第四届红楼梦奖	人民文学出版社	香港浸会大学	2012 年 7 月
《古炉》	第四届“红楼梦奖”决审团奖	人民文学出版社	香港浸会大学	2012 年 7 月
《鸽子花开》	第三届乌江文学奖	人民文学出版社	贵州省作家协会	2012 年 7 月
《精选西汉汉西词典》	2011 年度第十一届输出版优秀图书奖	商务印书馆	中国出版协会、国际合作出版工作委员会、中国新闻出版研究所、出版参考杂志社	2012 年 8 月
《人权的发明：一部历史》	2011 年度第十一届引进版优秀图书奖	商务印书馆	中国出版协会、国际合作出版工作委员会、中国新闻出版研究所、出版参考杂志社	2012 年 8 月
《牛津初阶英汉双解词典》（第三版）	2011 年度第十一届引进版优秀图书奖	商务印书馆	中国出版协会、国际合作出版工作委员会、中国新闻出版研究所、出版参考杂志社	2012 年 8 月
《罗马—拜占庭经济史》（上下编）	第六届吴玉章人文社会科学奖特等奖	商务印书馆	中国人民大学吴玉章基金会	2012 年 10 月
《中国城市化道路新论》	第六届吴玉章人文社会科学优秀成果奖优秀奖	商务印书馆	中国人民大学吴玉章基金会	2012 年 10 月
《简明汉语史》（修订本）	第六届吴玉章人文社会科学优秀成果奖优秀奖	商务印书馆	中国人民大学吴玉章基金会	2012 年 10 月
《国家、市民社会与法治》	第六届吴玉章人文社会科学优秀成果奖著作提名奖	商务印书馆	中国人民大学吴玉章基金会	2012 年 10 月
《景洪市嘎洒镇傣族语言文字使用现状及其演变》	国家民委第二届民族问题研究优秀成果三等奖	商务印书馆	国家民族事务委员会	2012 年 10 月
《中古汉语词汇史》（上、下）	浙江省第十六届哲学社会科学优秀成果奖基础理论研究类一等奖	商务印书馆	浙江省人民政府	2012 年 1 月

续表

获奖项目	获奖名称	所属单位	颁奖单位	颁发时间
《发现之旅——历史上最伟大的十次自然探险》	中国出版集团公司2012年度优秀畅销书	商务印书馆	中国出版集团公司	2012年1月
《信仰的力量——红岩英烈纪实》	入选“2012年向全国青少年推荐百种优秀图书”	商务印书馆	新闻出版总署	2012年5月
《元江县因远镇语言使用现状及其演变》	云南省第十五次哲学社会科学优秀成果二等奖	商务印书馆	云南省人民政府	2012年12月
《汉唐籍帐制度研究》	北京市第十二届哲学社会科学优秀成果奖二等奖	商务印书馆	北京市哲学社会科学优秀成果奖评奖委员会	2012年10月
《新出简帛与古文字古文献研究》	北京市第十二届哲学社会科学优秀成果奖二等奖	商务印书馆	北京市哲学社会科学优秀成果奖评奖委员会	2012年3月
《邓恩诗歌研究——兼议英国文艺复兴诗歌发展历程》	第十三届河北省社科优秀成果一等奖	商务印书馆	河北省教育厅	2012年7月
《洪承畴与明清易代研究》	第四届郭沫若中国历史学奖提名奖	商务印书馆	中国社会科学院	2012年11月
《往年纪事》	国家图书馆第七届文津图书奖“文津图书推荐阅读图书”	商务印书馆	国家图书馆	2012年4月
《现代汉语语气成分用法词典》	上海市第十一届哲学社会科学优秀成果奖著作类三等奖	商务印书馆	上海市邓小平理论研究基金理事会、上海市哲学社会科学优秀成果评奖委员会	2012年12月
《现代汉语描写语法》	上海市第十一届哲学社会科学优秀成果著作类一等奖	商务印书馆	上海市邓小平理论研究基金理事会、上海市哲学社会科学优秀成果评奖委员会	2012年12月
《旧制度与大革命》	中国出版集团公司2012年度优秀常销书奖	商务印书馆	中国出版集团公司	2012年1月
《主流——谁将打赢全球文化战争》	中国出版集团公司2012年度优秀常销书奖	商务印书馆	中国出版集团公司	2012年1月
	《中华读书报》年度图书十佳	商务印书馆	中华读书报社	2012年12月
《小国城市》	2012创意两岸城市设计双年展中“两岸最美的书”称号	商务印书馆	创意两岸城市设计双年展组委会海峡两岸（厦门）视觉创意基地	2012年10月

续表

获奖项目	获奖名称	所属单位	颁奖单位	颁发时间
《现代汉语词典》（第6版）	中国出版集团公司2012年度优秀畅销书	商务印书馆	中国出版集团公司	2012年1月
《卡耐基写给女人的幸福密码全集》	中国出版集团公司2011年度常销书奖	商务印书馆	中国出版集团公司	2012年1月
《新华大字典》（最新修订版）	中国出版集团公司2011年度常销书奖	商务印书馆	中国出版集团公司	2012年1月
《汉画像之美》	江苏省第十二届哲学社会科学优秀成果二等奖	商务印书馆	江苏省政府	2012年11月
《市民社会基础读本》	《中华读书报》年度百佳图书	商务印书馆	中华读书报社	2012年12月
《庆阳通史》	庆阳市第一届社会科学优秀成果奖特等奖 2012年甘肃省高等学校科技进步奖暨社科成果奖一等奖	商务印书馆	庆阳市社科优秀成果奖评审办公室、甘肃省教育厅	2012年6月 2012年8月
《文史通义校注》	2011年度输出版优秀图书奖	中华书局	中国出版协会	2012年8月
《印顺法师佛学著作》	2011年度引进版社科类优秀图书奖	中华书局	中国出版协会	2012年8月
《文史》	2012年版“复印报刊资料”重要转载来源期刊	中华书局	中国人民大学人文社会科学学术成果评价研究中心和书报资料中心	2012年11月
《中国的早期近代经济——1820年代华亭娄县地区GDP研究》	第四届郭沫若中国历史学奖三等奖	中华书局	中国文学艺术界联合会、中国人民对外友好协会联合主办，郭沫若纪念馆承办	2012年11月
《天一阁藏明钞本天圣令校证》	第四届郭沫若中国历史学奖三等奖	中华书局	中国文学艺术界联合会、中国人民对外友好协会联合主办，郭沫若纪念馆承办	2012年11月
《民间文书与明清东南族商研究》	第四届郭沫若中国历史学奖提名奖	中华书局	中国文学艺术界联合会、中国人民对外友好协会联合主办，郭沫若纪念馆承办	2012年11月
《俄藏黑水城所出宋西北边境军政文书整理与研究》	第四届郭沫若中国历史学奖提名奖	中华书局	中国文学艺术界联合会、中国人民对外友好协会联合主办，郭沫若纪念馆承办	2012年11月

续表

获奖项目	获奖名称	所属单位	颁奖单位	颁发时间
《于丹〈论语〉心得》	世界知识产权组织版权金奖	中华书局	新闻出版总署、国家版权局、世界知识产权组织	2012 年 6 月
《陶渊明影像》	韩国文化观光部优秀图书	中华书局	韩国文化观光部	2012 年 7 月
《姥姥语录》	2011 年度“大众喜爱的 50 种图书”	中华书局	新闻出版总署出版管理司	2012 年 1 月
《中国国家图书馆藏清宫升平署档案集成》	2011 年度全国优秀古籍图书一等奖	中华书局	中国出版协会古籍出版工作委员会	2012 年 9 月
《文献通考》	2011 年度全国优秀古籍图书一等奖	中华书局	中国出版协会古籍出版工作委员会	2012 年 9 月
《书目答问汇补》	2011 年度全国优秀古籍图书一等奖	中华书局	中国出版协会古籍出版工作委员会	2012 年 9 月
《刘克庄集笺校》	2011 年度全国优秀古籍图书一等奖	中华书局	中国出版协会古籍出版工作委员会	2012 年 9 月
《中国文化遗产研究院藏西域文献遗珍》	2011 年度全国优秀古籍图书二等奖	中华书局	中国出版协会古籍出版工作委员会	2012 年 9 月
《日本藏西夏文文献》	2011 年度全国优秀古籍图书二等奖	中华书局	中国出版协会古籍出版工作委员会	2012 年 9 月
《说苑校理　新序校理》	2011 年度全国优秀古籍图书二等奖	中华书局	中国出版协会古籍出版工作委员会	2012 年 9 月
《张籍集系年校注》	2011 年度全国优秀古籍图书二等奖	中华书局	中国出版协会古籍出版工作委员会	2012 年 9 月
《唐诗排行榜》	2011 年度全国优秀古籍图书普及读物奖	中华书局	中国出版协会古籍出版工作委员会	2012 年 9 月
《中华生活经典》丛书	2011 年度全国优秀古籍图书普及读物奖	中华书局	中国出版协会古籍出版工作委员会	2012 年 9 月
《我最喜欢的经典童话故事精绘本》（6 册）	2011 年度第十一届输出版优秀图书奖	中国大百科全书出版社	中国出版工作者协会、中国新闻出版研究院、出版参考杂志社	2012 年 1 月
《中国幼儿百科全书》	2011 年度第十一届输出版优秀图书奖	中国大百科全书出版社	中国出版工作者协会、中国新闻出版研究院、出版参考杂志社	2012 年 1 月
《中国国家地理自然百科系列——海洋》	2011 年度第十一届引进版科技类优秀图书奖	中国大百科全书出版社	中国出版工作者协会、中国新闻出版研究院、出版参考杂志社	2012 年 1 月

续表

获奖项目	获奖名称	所属单位	颁奖单位	颁发时间
《DK 儿童百科百问百答》	2011 年度第十一届引进版社科类优秀图书奖	中国大百科全书出版社	中国出版工作者协会、中国新闻出版研究院、出版参考杂志社	2012 年 1 月
《中国贸易龟类检索图鉴》	第二届“中国科普作家协会优秀科普作品奖”提名奖	中国大百科全书出版社	中国科普作家协会	2012 年 10 月
《杜月笙传》	中国出版集团公司 2011 年度优秀常销书奖	中国大百科全书出版社	中国出版集团公司	2012 年 1 月
《中国大百科全书》（第二版简明版）	中国出版集团公司 2011 年度优秀常销书奖	中国大百科全书出版社	中国出版集团公司	2012 年 1 月
《DK 儿童百科百问百答》	中国出版集团公司 2012 年度优秀常销书奖	中国大百科全书出版社	中国出版集团公司	2012 年 1 月
《科学大爆炸——国家地理博物百科丛书》	2012 年度读书盛典年度影响力图书	中国大百科全书出版社	河北卫视、中国图书商报社	2012 年 4 月
《DK 儿童恐龙百科全书》	2011 年度桂冠童书精美奖	中国大百科全书出版社	中国出版协会少年儿童读物工作委员会出版商务周报社	2012 年 12 月
《黄慕兰自传》	“2012 年度中国影响力图书”	中国大百科全书出版社	新华社新华网、中国图书商报社	2012 年 12 月
《中国碑刻全集》（6 卷）	第四届中华优秀出版物奖图书奖	人民美术出版社	中国出版协会	2012 年 12 月
《任伯年全集》（6 卷）	第四届中华优秀出版物奖图书奖	人民美术出版社天津人民美术出版社	中国出版协会	2012 年 12 月
《剪纸的故事》	2011 年度“世界最美的书”评选银奖	人民美术出版社	德国莱比锡国际图书博览会	2012 年 2 月
《中国现代美术理论批评文丛》（10 卷）	第二十一届优秀美术图书“金牛奖”金奖	人民美术出版社	中国编辑学会	2012 年 9 月
《东方既白·中国国家画院建院 30 周年美术作品集》	第二十一届优秀美术图书“金牛奖”银奖	人民美术出版社	中国编辑学会	2012 年 9 月
《荷衣蕙带—中西方内衣文化》	第二十一届优秀美术图书“金牛奖”铜奖	人民美术出版社	中国编辑学会	2012 年 9 月
“中国重点丛书美术学院—《西方美术史》”（10 册）	第二十一届优秀美术图书“金牛奖”铜奖	人民美术出版社	中国编辑学会	2012 年 9 月

续表

获奖项目	获奖名称	所属单位	颁奖单位	颁发时间
《中国美术》	首届华文出版物艺术设计大赛银奖	人民美术出版社	中国新闻文化促进会、中国新闻出版研究院 中国编辑学会	2012 年 9 月
《连环画报》	首届华文出版物艺术设计大赛铜奖	人民美术出版社	中国新闻文化促进会、中国新闻出版研究院	2012 年 1 月
《艺术沙龙》	首届华文出版物艺术设计大赛铜奖	人民美术出版社	中国新闻文化促进会、中国新闻出版研究院	2012 年 1 月
《情系中华——都本基奥运书法》	首届华文出版物艺术设计大赛优秀奖	人民美术出版社	中国新闻文化促进会、中国新闻出版研究院	2012 年 1 月
《范本传真·石涛小品山水画》	中国出版集团 2011 年度优秀常销书奖	人民美术出版社	中国出版集团公司	2012 年 1 月
《魔力小帅》	入选“首届北京阅读季青少年快乐阅读系列活动—最受青少年喜欢的100 本图书推荐书目”	连环画出版社	中国作家协会	2012 年 1 月
《儿童漫画》	首届北京国际图书博览会全国十佳动漫报刊奖	连环画出版社	北京国际图书博览会组织委员会	2012 年 1 月
《漫画中国历史》	“2011 年度输出版优秀图书奖”	连环画出版社	中国出版协会等	2012 年 8 月
《唱响中国——群众最喜爱的新创作歌曲 36 首集锦》(2 张 CD)	中国出版集团公司 2011 年度优秀畅销书奖	人民音乐出版社	中国出版集团公司	2012 年 1 月
《蒋勋的卢浮宫》	“大众读者奖·我最喜爱的图书奖”	生活·读书·新知三联书店	北京图书订货会组织委员会	2012 年 1 月
《罗摩桥》	中国出版集团公司 2011 年度优秀常销书奖	生活·读书·新知三联书店	中国出版集团公司	2012 年 1 月
《万水朝东》	中国出版集团公司 2011 年度优秀常销书奖	生活·读书·新知三联书店	中国出版集团公司	2012 年 1 月
《一路走来一路读》	中国出版集团公司 2011 年度优秀畅销书奖	生活·读书·新知三联书店	中国出版集团公司	2012 年 1 月
《巨流河》	第七届国家图书馆文津图书奖	生活·读书·新知三联书店	国家图书馆	2012 年 4 月
《城门开》	第七届国家图书馆文津图书奖推荐图书	生活·读书·新知三联书店	国家图书馆	2012 年 4 月
《中国文化史通释》	第七届国家图书馆文津图书奖推荐图书	生活·读书·新知三联书店	国家图书馆	2012 年 4 月

续表

获奖项目	获奖名称	所属单位	颁奖单位	颁发时间
《大背叛：科学中的欺诈》	第七届国家图书馆文津图书奖推荐图书	生活·读书·新知三联书店	国家图书馆	2012 年 4 月
《鲁迅箴言》（中日双语版）	日本第 46 届装帧印制大赛日本书籍出版协会理事长奖	生活·读书·新知三联书店	日本书籍出版协会	2012 年 6 月
《鲁迅箴言》（中日双语版）	18 届“亚太出版商联合会图书奖”金奖	生活·读书·新知三联书店	亚太出版商联合会	2012 年 11 月
《文化苦旅》	2011 年度中国图书榜中榜十佳畅销图书奖	东方出版中心	中国书业营销创新论坛组委会	2012 年 1 月
《中国共产党反腐倡廉文化史》	首届廉政文化优秀出版物奖	东方出版中心	中纪委、中宣部、新闻出版总署	2012 年 10 月
全球数字资源聚合与服务工程	中央文化企业国有资本经营预算	中国图书进出口（集团）总公司	财政部	2012 年 12 月
《牛津经典童书》	中国出版集团公司 2011 年度优秀常销书奖	现代教育出版社	中国出版集团公司	2012 年 1 月
《白话精华二十四史》	中国出版集团公司 2011 年度优秀常销书奖	现代教育出版社	中国出版集团公司	2012 年 1 月
荣宝斋传统艺术图书出口项目	2011～2012 年度国家文化出口重点项目	荣宝斋	商务部、中宣部、文化部、国家广播电影电视总局新闻出版总局	2012 年 10 月
《荣宝斋珍藏》丛书（2 册）	2011 年度第十一届输出版优秀图书奖	荣宝斋	中国出版工作者协会国际合作出版工作委员会、中国新闻出版研究院、出版参考杂志社	2012 年 1 月
《荣宝斋册页选》丛书（14 册）	2011 年度第十一届输出版优秀图书奖	荣宝斋	中国出版工作者协会国际合作出版工作委员会、中国新闻出版研究院、出版参考杂志社	2012 年 1 月
《水墨中国——中国当代国画名家精品集》	第二十一届优秀美术图书“金牛杯”银奖	荣宝斋	中国编辑学会	2012 年 9 月
《人民语录 I》	中国出版集团公司 2012 年度优秀畅销书奖	华文出版社	中国出版集团公司	2012 年 1 月
《吴孟超传》	新闻出版总署社会主义核心价值体系建设“双百”出版工程重点出版物	华文出版社	新闻出版总署	2012 年 5 月

续表

获奖项目	获奖名称	所属单位	颁奖单位	颁发时间
《党政干部统一战线知识读本》	新闻出版总署社会主义核心价值体系建设“双百”出版工程重点出版物	华文出版社	新闻出版总署	2012 年 5 月
《雷锋全集》	2012 年中宣部、中央文明办、新闻出版总署 100 种优秀思想道德读物	华文出版社	中宣部 中央文明办 新闻出版总署	2012 年 5 月
《统一战线 100 个由来》	2012 年中宣部第四届优秀通俗理论读物	华文出版社	中宣部	2012 年 5 月
《为何家会伤人》	中国出版集团公司 2011 年度优秀常销书奖	世界图书出版公司	中国出版集团公司	2012 年 1 月
《中华饮食智慧：调元・体质・食养》	2011 年度全行业畅销品种	世界图书出版公司	中国书刊发行业协会	2012 年 1 月
《初学者开口说日语（口袋本）》	2011 年度全行业畅销品种	世界图书出版公司	中国书刊发行业协会	2012 年 1 月
《功夫熊猫就是我》	2012 年度新闻出版总署向全国青少年推荐百种优秀图书	世界图书出版公司	新闻出版总署	2012 年 6 月
《拾贝集》	国家图书馆“第七届文津图书奖”	世界图书出版公司	国家图书馆	2012 年 4 月
中国出版集团公司网站	新闻出版业网站百强——出版发行集团十强	中版集团数字传媒有限公司	中国出版工作者协会 中国出版科学研究所	2012 年 12 月
大佳网	最具商业价值网站	中版集团数字传媒有限公司	中国出版工作者协会 中国出版科学研究所	2012 年 12 月
中国可供书目网	优秀网站	中版集团数字传媒有限公司	中国出版工作者协会 中国出版科学研究所	2012 年 12 月
中国图书对外推广网	最佳服务网站	中版集团数字传媒有限公司	中国出版工作者协会 中国出版科学研究所	2012 年 12 月
第二届民生漫画作品展	最佳设计奖	中版集团数字传媒有限公司	中国出版协会和中国编辑学会	2012 年 6 月

2012 年度获奖（荣誉）人物

获奖个人	获奖名称	所属单位	颁奖单位	颁奖时间
温　存	中直机关优秀团干部	中国出版集团公司	中共中央直属机关团工委	2012 年 5 月
朱美凤	中直机关青年岗位能手	人民文学出版社	中共中央直属机关青年联合会	2012 年 11 月
文洁若	翻译文化终身成就奖	人民文学出版社	中国外文局、中国翻译协会	2012 年 12 月
于殿利	中国出版集团公司“2011 年度特别贡献奖”	商务印书馆	中国出版集团公司	2012 年 12 月
于殿利	优秀工会之友	商务印书馆	中国出版集团公司	2012 年 4 月
于殿利	“庆祝中国出版集团公司成立 10 周年书法绘画摄影展览”摄影一等奖	商务印书馆	中国出版集团公司	2012 年 4 月
蔡长虹	中直机关青年岗位能手	商务印书馆	中共中央直属机关青年联合会	2012 年 11 月
张华斌	优秀工会积极分子	商务印书馆	中国出版集团公司	2012 年 4 月
冯华英	“创优争先活动优秀社务干部奖”和“调研工作突出贡献奖”	商务印书馆	九三学社北京市委员会	2012 年 5 月
朱谱萱	中国出版集团首批“编辑名家”	商务印书馆	中国出版集团公司	2012 年 4 月
徐式谷	中国出版集团首批“编辑名家”	商务印书馆	中国出版集团公司	2012 年 4 月
何宛萍	中国出版集团“十佳编辑”	商务印书馆	中国出版集团公司	2012 年 4 月
叶　冰	中国出版集团“十佳营销”	商务印书馆	中国出版集团公司	2012 年 4 月
于汝文	中国出版集团“十佳党群工作者”	商务印书馆	中国出版集团公司	2012 年 4 月
于汝文	“解放思想、转变观念、创新发展”征文三等奖	商务印书馆	中国出版集团公司	2012 年 7 月
刘玥妍	“解放思想、转变观念、创新发展”征文二等奖	商务印书馆	中国出版集团公司	2012 年 7 月
刘　兰	“解放思想、转变观念、创新发展”征文三等奖	商务印书馆	中国出版集团公司	2012 年 7 月
卢　娟	“解放思想、转变观念、创新发展”征文优秀奖	商务印书馆	中国出版集团公司	2012 年 7 月

续表

获奖个人	获奖名称	所属单位	颁奖单位	颁奖时间
谷忌叔	“庆祝中国出版集团公司成立10周年书法绘画摄影展览”摄影二等奖	商务印书馆	中国出版集团公司	2012年4月
王振华	“庆祝中国出版集团公司成立10周年书法绘画摄影展览”摄影二等奖	商务印书馆	中国出版集团公司	2012年4月
朱　绛	“庆祝中国出版集团公司成立10周年书法绘画摄影展览”摄影三等奖	商务印书馆	中国出版集团公司	2012年4月
李有良	“庆祝中国出版集团公司成立10周年书法绘画摄影展览”绘画二等奖	商务印书馆	中国出版集团公司	2012年4月
任允正	2012年北京市万名孝星命名活动中命为“孝星”	商务印书馆	北京市人民政府	2012年10月
刘玥妍	中国出版集团“香山论坛”选拔赛二等奖	商务印书馆	中国出版集团公司	2012年6月
何光宇	中国出版集团公司“香山论坛”演讲选拔赛二等奖	商务印书馆	中国出版集团公司	2012年6月
金　鸥	集团公司“香山论坛”演讲选拔赛优秀奖	商务印书馆	中国出版集团公司	2012年6月
蔡长虹	第三届青年岗位能手	商务印书馆	中国出版集团公司	2012年12月
王　航	2011～2012年度优秀发行员	商务印书馆	武汉新华书店股份有限公司图书批销中心	2012年12月
刘　波	中国出版集团优秀团干部	商务印书馆	中国出版集团公司	2012年5月
杨　硕	中国出版集团优秀团员	商务印书馆	中国出版集团公司	2012年5月
李　岩	第二届中国政府出版奖优秀出版人物奖	中华书局	新闻出版总署	2012年1月
李　岩	2009—2011年度中国出版集团精神文明建设先进个人	中华书局	中国出版集团公司	2012年4月
宋志军	中直机关优秀共产党员称号	中华书局	中共中央直属机关工作委员会	2012年1月
傅璇琮	中国出版集团公司首批“编辑名家”	中华书局	中国出版集团公司	2012年4月
程毅中	中国出版集团公司首批“编辑名家”	中华书局	中国出版集团公司	2012年4月
张　宇	十佳管理工作者	中华书局	中国出版集团公司	2012年4月

续表

获奖个人	获奖名称	所属单位	颁奖单位	颁奖时间
阎晋鲁	荣获 2009—2011 年度中国出版集团精神文明建设先进个人	中华书局	中国出版集团公司	2012 年 4 月
马　峥	2011—2012 年度优秀共青团干部	中华书局	中国出版集团公司	2012 年 5 月
马　峥	“新十年、新征程、新发展、新高峰”征文二等奖	中华书局	中国出版集团公司	2012 年 6 月
高俊江	中国出版集团公司成立 10 周年书法绘画摄影展览二等奖	中华书局	中国出版集团公司	2012 年 5 月
杨　帆	“新十年、新征程、新发展、新高峰”征文一等奖	中华书局	中国出版集团公司	2012 年 6 月
高俊江	首届“莲花杯”摄影、书画、手工制作展摄影作品三等奖	中华书局	丰台区太平桥街道办事处	2012 年 6 月
李忠良	上海书展暨“书香中国”上海周“最有成效的十佳营销明星”	中华书局	上海书展	2012 年 8 月
俞国林	第三届青年岗位能手	中华书局	中国出版集团公司	2012 年 12 月
郭银星	“全国新闻出版系统劳动模范”	中国大百科全书出版社	人力资源社会保障部、新闻出版总署	2012 年 1 月
金常政	中国出版集团公司首批“编辑名家”	中国大百科全书出版社	中国出版集团公司	2012 年 4 月
黄鸿森	中国出版集团公司首批“编辑名家”	中国大百科全书出版社	中国出版集团公司	2012 年 4 月
刘晓东	中国出版集团公司“十佳党群工作者”	中国大百科全书出版社	中国出版集团公司	2012 年 4 月
滕振微	中国出版集团公司“十佳编辑”	中国大百科全书出版社	中国出版集团公司	2012 年 4 月
姜　燕	中国出版集团公司“十佳管理工作者”	中国大百科全书出版社	中国出版集团公司	2012 年 4 月
乔　赫	中国出版集团公司“香山论坛”选拔赛三等奖	中国大百科全书出版社	中国出版集团公司	2012 年 6 月
冯　蕙	“新十年、新征程、新发展、新高峰”征文优秀奖	中国大百科全书出版社	中国出版集团公司	2012 年 6 月
乔　赫	“新十年、新征程、新发展、新高峰”征文优秀奖	中国大百科全书出版社	中国出版集团公司	2012 年 6 月
贾跃荣	2012 年北京市万名孝星命名活动中命名为“孝星”	中国大百科全书出版社	北京市人民政府	2012 年 7 月

续表

获奖个人	获奖名称	所属单位	颁奖单位	颁奖时间
蒋丽君	2012年度北京市新闻出版和版权工作先进个人	中国大百科全书出版社	北京市人力资源、社会保障局	2012年12月
金旭华	2012年度北京市新闻出版和版权工作先进个人	中国大百科全书出版社	北京市新闻出版（版权）局、北京市人力资源和社会保障局	2012年12月
马丽娜	2011年度输出版、引进版优秀版权经理人奖	中国大百科全书出版社	中国出版工作者协会、中国新闻出版研究院、出版参考杂志社	2012年12月
刘　泽	中直机关优秀共青团员	中国美术出版总社	中共中央直属机关团工委	2012年5月
王　远、李　滢、管　丹	2012年度北京市新闻出版和版权工作先进个人	中国美术出版总社	北京市人力资源和社会保障局、市新闻出版（版权）局	2012年11月
邵　宇、陈允鹤、沈　鹏、姜维朴、陈惠冠、邹宗远、迟乃义、刘玉山、程大利、费声福、吴传麟、吴兆修、李　飚、王靖宪、王裕安、许征云、刘汝阳、谷　谿、陈振新、徐震时、于名川、于瀛波、张克让、周林生、常汝吉、林　阳、胡建斌、王玉山、刘普生、郝莉莉、刘继明、刘士忠、雒三桂	《中国美术分类全集》出版所做出突出贡献的个人	中国美术出版总社	中共中央宣传部、新闻出版总署	2012年3月
沈　鹏、姜维朴	中国出版集团公司首批“编辑名家”	中国美术出版总社	中国出版集团公司	2012年4月
刘继明	中国出版集团公司“十佳编辑”	中国美术出版总社	中国出版集团公司	2012年4月
沈行止	中国出版集团公司“十佳管理工作者”	中国美术出版总社	中国出版集团公司	2012年4月
文永利	中国出版集团公司“十佳党群工作者”	中国美术出版总社	中国出版集团公司	2012年4月

续表

获奖个人	获奖名称	所属单位	颁奖单位	颁奖时间
李　响	中直机关青年岗位能手	人民音乐出版社	中共中央直属机关青年联合会	2012 年 11 月
李黎东	2010～2012 年度北京市新闻出版和版权工作先进个人	人民音乐出版社	北京市新闻出版（版权）局、北京市人力资源和社会保障局	2012 年 12 月
樊希安	第十一届韬奋出版奖	生活·读书·新知三联书店	新闻出版总署	2012 年 3 月
樊希安	《中国新闻出版报》出版业年度人物	生活·读书·新知三联书店	《中国新闻出版报》	2012. 12
徐国强	中直机关青年岗位能手	生活·读书·新知三联书店	中共中央直属机关青年联合会	2012 年 11 月
李东昊	2012 年度中直机关优秀团干部	中国对外翻译出版公司	中央直属机关团委	2012 年 5 月
王新善	中国出版集团公司首批“编辑名家”	中国对外翻译出版公司	中国出版集团公司	2012 年 4 月
高　宏	中国出版集团公司“十佳营销”	中国对外翻译出版公司	中国出版集团公司	2012 年 4 月
侯海强	中国出版集团公司2012 年优秀女职工	中国对外翻译出版公司	中国出版集团公司	2012 年 4 月
王祺昊	中国出版集团公司2012 年度优秀团员	中国对外翻译出版公司	中国出版集团公司	2012 年 12 月
郭宇佳	中国出版集团公司2012 年度优秀团员	中国对外翻译出版公司	中国出版集团公司	2012 年 9 月
雷雪楠	中国出版集团公司2012 年度优秀团员	中国对外翻译出版公司	中国出版集团公司	2012 年 9 月
王崇正	中国出版集团公司2012 年度优秀团干部	中国对外翻译出版公司	中国出版集团公司	2012 年 9 月
李东昊	“学习胡锦涛讲话，促进中版集团大发展”征文一等奖	中国对外翻译出版公司	中国出版集团公司	2012 年 12 月
卜晓艳	“学习胡锦涛讲话，促进中版集团大发展”征文二等奖	中国对外翻译出版公司	中国出版集团公司	2012 年 5 月
王崇正	“学习胡锦涛讲话，促进中版集团大发展”征文三等奖	中国对外翻译出版公司	中国出版集团公司	2012 年 5 月
卜晓艳	中国出版集团公司“香山论坛”演讲比赛三等奖	中国对外翻译出版公司	中国出版集团公司	2012 年 6 月

续表

获奖个人	获奖名称	所属单位	颁奖单位	颁奖时间
梁　绪	中国出版集团公司“香山论坛”演讲比赛优秀奖	中国对外翻译出版公司	中国出版集团公司	2012 年 6 月
李东昊	“新十年、新征程，新发展、新高峰”征文三等奖	中国对外翻译出版公司	中国出版集团公司	2012 年 6 月
张高里	“新十年、新征程、新发展、新高峰”征文特别奖	中国对外翻译出版公司	中国出版集团公司	2012 年 6 月
夏建军	“新十年、新征程、新发展、新高峰”征文二等奖	中国对外翻译出版公司	中国出版集团公司	2012 年 6 月
刘黎黎	“新十年、新征程、新发展、新高峰”征文二等奖	中国对外翻译出版公司	中国出版集团公司	2012 年 6 月
卜晓艳	“新十年、新征程、新发展、新高峰”征文二等奖	中国对外翻译出版公司	中国出版集团公司	2012 年 12 月
吴良柱	“新十年、新征程、新发展、新高峰”征文二等奖	中国对外翻译出版公司	中国出版集团公司	2012 年 12 月
任经霞	“新十年、新征程、新发展、新高峰”征文三等奖	中国对外翻译出版公司	中国出版集团公司	2012 年 4 月
李晓前	“新十年、新征程、新发展、新高峰”征文三等奖	中国对外翻译出版公司	中国出版集团公司	2012 年 12 月
张晶晶	“新十年、新征程、新发展、新高峰”征文三等奖	中国对外翻译出版公司	中国出版集团公司	2012 年 6 月
张绍耕	“新十年、新征程、新发展、新高峰”征文三等奖	中国对外翻译出版公司	中国出版集团公司	2012 年 6 月
郭宇佳	“新十年、新征程、新发展、新高峰”征文三等奖	中国对外翻译出版公司	中国出版集团公司	2012 年 6 月
王玉玲	“韬奋出版人才论坛”论文二等奖	中国对外翻译出版公司	新闻出版总署、韬奋基金会	2012 年 10 月
刘香玲	2011 年度北京市版权局版权先进个人	中国对外翻译出版公司	北京市版权局	2012 年 12 月
董　玲	全国“三八”红旗手	东方出版中心	中华全国妇女联合会	2012 年 3 月 7 日
梁　惠	中国出版集团公司“十佳编辑”	东方出版中心	中国出版集团公司	2012 年 4 月 9 日
张洁民	中国出版集团公司“十佳党群工作者”	东方出版中心	中国出版集团公司	2012 年 4 月 9 日
宋伟峰	上海宣传系统创先争优优秀共产党员	东方出版中心	上海市委宣传部	2012 年 6 月 25 日

续表

获奖个人	获奖名称	所属单位	颁奖单位	颁奖时间
王　佳	全国新华书店业务技能大赛计算机中英文录入排版技能竞赛二等奖	新华书店总店	新闻出版总署发行管理司，中国新华书店协会	2012 年 6 月
赵　亮	全国新华书店业务技能大赛手绘 POP 制作项目三等奖	新华书店总店	新闻出版总署发行管理司，中国新华书店协会	2012 年 6 月
刘　洋	中直机关优秀共青团员	中国图书进出口（集团）总公司	中共中央直属机关团工委	2012 年 5 月
杨　静	中国出版集团公司优秀团干部	现代教育出版社	中国出版集团团委	2012 年 5 月
马五一	中国企业文化领军人物	荣宝斋	中国文化管理学会、企业文化管理专业委员会	2012 年 11 月
唐　辉	全国新闻出版系统劳动模范	荣宝斋	人力资源和社会保障部、新闻出版总署	2012 年 2 月 16 日
孙月沐	全国新闻出版系统劳动模范	中国图书商报社	人社部、新闻出版总署	2012 年 2 月
孙月沐	“庆祝中国出版集团公司成立 10 周年书法绘画摄影展览”书法比赛一等奖	中国图书商报社	中国出版集团	2012 年 6 月
孙月沐	“新十年、新征程、新发展、新高峰”征文特别奖	中国图书商报社	中国出版集团	2012 年 7 月
伍旭升	“新十年、新征程、新发展、新高峰”征文一等奖	中国图书商报社	中国出版集团	2012 年 7 月
李际平	“新十年、新征程、新发展、新高峰”征文一等奖	中国图书商报社	中国出版集团	2012 年 7 月
陈　斌	中国出版集团“十佳编辑”	中国图书商报社	中国出版集团	2012 年 4 月
李际平	中国出版集团“十佳营销”	中国图书商报社	中国出版集团	2012 年 4 月
孟　叶、马　莹	2012 伦敦书展中国主宾国优秀报道奖	中国图书商报社	新闻出版总署伦敦书展组委会	2012 年 5 月
金　霞　潘启雯	上海书展好新闻评选一等奖	中国图书商报社	上海书展组委会	2012 年 9 月
郭是海	摄影比赛人物类铜奖	中国图书商报社	中国新闻摄影学会	2012 年 3 月
郭是海	摄影比赛文化活动类铜奖	中国图书商报社	中国新闻摄影学会	2012 年 3 月
王　颖	中国出版集团 2010 ~ 2011 年度优秀女工干部	中国图书商报社	中国出版集团	2012 年 3 月
倪　成	中国出版集团 2011 ~ 2012 年度优秀共青团员	中国图书商报社	中国出版集团	2012 年 5 月
徐　华	中国出版集团第三届青年岗位能手	中国图书商报社	中国出版集团	2012 年 12 月

续表

获奖个人	获奖名称	所属单位	颁奖单位	颁奖时间
田丽丽	中国出版集团公司 “香山论坛”选拔赛三等奖	中国图书商报社	中国出版集团	2012 年 7 月
张立坤	中国出版集团公司 2012 年优秀女职工	华文出版社	中国出版集团公司	2012 年 3 月
张力慧	中国出版集团公司 “十佳编辑”	华文出版社	中国出版集团公司	2012 年 4 月
魏　燎	中国出版集团公司 优秀共青团员	华文出版社	中国出版集团公司	2012 年 5 月
李　庆	中国出版集团公司 “香山论坛”选拔赛优秀奖	华文出版社	中国出版集团公司	2012 年 6 月
张立坤	中国出版集团公司 第三届青年岗位能手	华文出版社	中国出版集团公司	2012 年 12 月
罗争玉	2011 年度特别贡献奖	中版教材有限公司	中国出版集团公司	2012 年 2 月
刘　茜	中国出版集团公司 “优秀女职工”	中版教材有限公司	中国出版集团公司	2012 年 2 月
郭德生	中国出版集团公司 “十佳管理工作者”	中版教材有限公司	中国出版集团公司	2012 年 4 月
刘君红	中国出版集团公司 “十佳营销”	中版教材有限公司	中国出版集团公司	2012 年 4 月
张　博	“2011—2012 年度优秀团干部”	中版教材有限公司	中国出版集团公司	2012 年 5 月
周　磊	中国出版集团公司 “香山论坛”选拔赛三等奖	中版教材有限公司	中国出版集团公司	2012 年 6 月
蒋志臻	中国出版集团公司 青年岗位能手	中版教材有限公司	中国出版集团公司	2012 年 12 月

部分获奖（荣誉）人物简介

郭银星

（1959～　）　辽宁人。编审。现为中国大百科全书出版社学术著作分社社长。1983 年，获辽宁大学文学学士学位。1983～1996 年在辽宁社会科学院从事中国现当代文学专业研究，历任助理研究员、副研究员。1996 年，考入中国社会科学院文学研究所就读文学博士。1999 年，获博士学位。1999 年 8 月入中国大百科全书出版社，历任副编审、编审。曾任中国大百科全书出版社普及读物编辑部主任、学术著作编辑部主任。主要策划、主持出版过《中国儿童百科全书》、《中国教师百科全书》、《百科史学·口述历史》丛书、《百科史学·回忆录丛书》、《中国中间阶层研究丛书》、《欧洲一体化研究丛书》、《圆明园丛书》、《传播学百科文库》等大型专业工具书和学术著作丛书，创建学术著作分社，其中《百科史学·口述历史丛书》一百余种图书在国内出版业影响较大。2012 年，荣获“全国新闻出版系统劳动模范”称号。（王　瑜）

唐　辉

（1965～　）　北京人。编审。1992 年毕业于中央美术学院中国画人物专业；同年，进入荣宝斋出版社，任第一编辑部副主任。1998～2000 年，任中国美术出版总社古典美术编辑室副主任。2000 年，任《荣宝斋》期刊主编。2010 年，任荣宝斋出版社社长、荣宝斋画院院长。2011 年，任荣宝斋副总经理。出版《唐辉画集》、《唐辉专刊》、《唐辉速写》等个人作品集多种。

唐辉是中国美术家协会中国画艺术委员会委员，中国美术家协会会员，中国书法家协会会员，中国画学会副秘书长，文化部青年美术工作委员会副主任，中国编辑学会美术读物专业委员会副主任，北京美术家协会理事。

2009 年，唐辉编辑的《吴冠中画作诞生记》荣获第 18 届“金牛杯”优秀美术图书铜奖。同年，入选中国出版集团公司第一批人才梯队编辑出版业务人才，其担任主编的《荣宝斋》期刊荣获由中国期刊协会、中国出版科学研究所颁发的“新中国 60 年有影响力的期刊”称号。2011 年，《荣宝斋》期刊荣获第五届中国出版集团出版奖·优秀印制奖、第五届中国出版集团出版奖·优秀校对奖。他领导的荣宝斋出版社签约输出图书 68 种，名列集团公司第一；出版的《范曾庚寅新作》荣获中国出版集团公司 2011 年度优秀常销书奖，《中国印论类编》荣获第 20 届“金牛杯”优秀美术图书金奖。2012 年，荣获“全国新闻出版系统劳动模范”称号。（刘　芳）

樊希安

（1955～　）　河南温县人，编审。1972 年参加工作，曾任吉林人民出版社总编辑、吉林省新闻出版局副局长。2005 年 8 月调入生活·读书·新知三联书店担任副总经理、副总编辑。2009 年 1 月任三联书店总经理、党委书记。他紧密团结其他店领导班子成员，充分发挥领导把握全局与战略决策作用，率领三联书店全体员工抓住出版业改革发展的历史机遇，在弘扬三联传统文化、提升三联品牌影响力、整合优势出版资源、创新经营管理模式、打造优秀企业文化等方面取得了令人瞩目的优异成绩，2012 年，他将三联 80 周年店庆打造成国家层面的文化庆典，使品牌影响力空前彰显。创新机制体制，大力实施“分社制”，相继成立学术、文化、综合、大众四个分社，上海公司投入运营、三联时空国际文化传播（北京）有限公司挂牌成立。两个效益明显提升，经济实力显著增强。2010 ~ 2012 年，营业收入和利润年平均分别增长 16% 和 45%。2012 年营业收入达到 2.25 亿元，利润达到 4 500 万元，同比分别增长 14% 和 36%。2012 年获第十一届韬奋出版奖。（鞠晓辉）

孙月沐

（1956 ~ ）江苏阜宁人，中国图书商报社社长、总编辑、党委书记，兼任中国出版协会常务理事、中国书刊发行业协会副会长、中国图书评论学会常务理事、中国编辑学会理事、中国期刊协会理事、中国环境记协常务理事、中国新闻摄影学会常务理事、国务院学位教育指导委员会全国新闻与传播专业学位教育指导委员会委员、中国传媒大学兼职博士生导师暨特约研究员、中国新闻出版研究院特约研究员、北京杂文学会副会长等职。享受国务院特殊津贴，为中组部“中央直接联系的专家”，为新闻出版总署第一批“全国新闻出版领军人才”。中国作家协会会员。出版新闻、出版、文学专著有《名编辑随笔丛书·孙月沐卷·情思诱惑》、《叩问传媒》、《中国社会兴奋点探访录》、《人生风铃》、《思路花雨》、《世情档案》、《浮世拷贝》、《一读三叹》、《北京杂文选粹·朽木卷·好大的粉脸》、《我眼里的百姓民生》以及《中国记者十人谈·21 世纪大眺望》（与人合著）等多部著作。获中国记者协会中国新闻奖一等奖、全国人大好新闻一等奖、中国记者协会中国新闻奖全国报纸副刊银奖、中国新闻摄影学会优秀论文奖二等奖等多种国家级奖项。

2005 年孙月沐主持中国图书商报社工作以来，在政治导向、办报质量、社会影响、经济效益、报社企业文化建设等各方面都取得了令人瞩目的成绩，受到业界充分肯定和业内外广泛好评。2009 年，《中国图书商报》与《中国汽车报》一道，获誉由新闻出版总署国新出版物数据中心联合中国期刊协会、中国报业协会主办的“最受广告主广告商青睐的行业报”。2011 年，《中国图书商报》在中国传媒论坛学术委员会、史坦国际等机构举办的中国传媒投资年会上，与《理财周报》等 3 家行业报刊一道，被评为“2011 中国最具影响力行业媒体品牌”。同年 10 月，《中国图书商报》又在中国人民大学、复旦大学、北京大学、清华大学、中国传媒大学等 10 所顶级新闻学院主办的中国品牌媒体高峰论坛上，获誉“2010 ~ 2011 中国品牌媒体百强”、“全国商报媒体十强”。2012 年 2 月，孙月沐荣获“全国新闻出版系统劳动模范”称号。

（方　菲）

出版人

CHUBANREN

2012 年获得编审资格人员名单

姓名	工作单位
刘　静（美术编审）	人民文学出版社
吕海春、王仲涛、范海燕	商务印书馆
刘淑丽	中华书局
朱显亮	中国大百科全书出版社
李　航	音乐人民出版
余佐赞	东方出版中心
曲　刚	荣宝斋

2012 年去世编审简介

潘安荣（1934～2012），浙江人。商务印书馆外语工具书编辑室副主任、编审，中国作家协会、中国翻译工作者协会会员。

从 1953 年起先后任中华书局、时代出版社和商务印书馆俄语编辑。多年来潜心钻研编辑业务，造诣较深，成绩显著。早在 1961 年就被我国俄语界权威刘泽荣先生选定为助手，并参加《俄汉大词典》的编写工作，该词典水平很高，在国内外具有重要影响。40 多年来，担任责任编辑及译著的书稿有大小词典、各种语法专著、俄语文学读物等数十种。如编辑“林译小说”丛书等 11 种。译著中篇小说《地下堡垒》、《森林的故事》，长篇小说《州委书记》（合译）、《决斗》、《遗产继承人》，诗体随笔集《林中水滴》、《大自然的日历》、《列夫·托尔斯泰文集》（第 2 卷）、《追寻——帕斯捷尔纳克回忆录》、《巴乌斯托夫斯基散文新译》等，均为成功之作，得到译界好评。中国首批获得俄罗斯作家协会颁发的“马克西姆·高尔基奖状”的翻译家之一。于 2012 年 7 月 14 日因病在北京逝世，享年 77 岁。（李宝德）

王增寅（1938～2012） 河北易县人。著名装帧设计家。中华书局编审。1962 年毕业于北京艺术学院美术系油画专业，大学本科学历。1962 年参加工作。1982 年进入中华书局美术编辑室工作，任美术编辑。1998 年 2 月取得编审（美术）任职资格。1999 年退休。曾为《说文解字》、《管锥编》等多部书担任封面设计。2012 年因病在北京逝世。（梁 彦）

黄锡桥（1923～2012） 上海人。中共党员。1948 年毕业于浙江大学机械工程系，1951 年获哈尔滨工业大学研究生学历。1952～1979 年，先后在东北工业部设计处，北京重工业部设计司、北京冶金工业部、北京冶金工业出版社、中国科学技术情报研究所工作，1979 年调至中国大百科全书出版社工作，先后担任《中国大百科全书·天文学卷》、《中国大百科全书·机械工程卷》编辑工作。2012 年因病在北京逝世。（王 瑜）

邓 茂（1938～2012） 广东人。中共党员，中国大百科全书出版社编审。1965 年毕业于北京大学地球物理专业，1965～1968 年在中国科学院工作，1968～1982 年在国防科工委工作。1982 年调至中国大百科全书出版社工作，主要从事大型辞书的编辑工作。曾在该社科学技术第一编辑部工作，后又调至不列颠百科全书编辑部工作。先后担任了《中国大百科全书·地质学》、《中国材料科学技术百科全书》、《中国少年百科全书》、《中国大百科全书青少年版》、《简明中国大百科全书》、《题海·中学物理》、《不列颠百科全书》等大型辞书工具书的编辑工作。并为《21 世纪不列颠百科词典》、《简明不列颠百科全书》等书翻译条目。具有扎实的数理化基础知识和较高的编辑业务水平。1987 年被评为副编审，1995 年被评为编审。1998 年 12 月退休。2012 年因病在北京逝世。（王 瑜）

黄苗子（1913～2012） 广东中山人。当代知名漫画家、美术史家、美术评论家、书法家、作家。早年就读于香港中华中学，8岁师从邓尔雅先生学书法。1949年后曾在华北革命大学政治研究院学习，后任政务院秘书厅秘书、《新民报》副总经理、贸促会展览部副主任、人民美术出版社编辑。曾担任过中国美术家协会理事、中国书法家协会常务理事、民革中央监察委会常委、全国文联委员，第五、第六、第七届全国政治协商委员会委员。2012年1月8日因病在北京朝阳医院逝世。 （汤 锐）

杨 恩（1943～2012） 广东人。大专学历。人民美术出版社摄影编辑室主任，编审。曾参与编辑摄影《苏联》画册（苏联解体前一年）、参加与日本讲谈社合作的《中国之旅》丛书、与美乃美合作的彩色文库、与台湾锦绣出版社合作的旅游丛书等。所编辑的“中国摄影家丛书”在社会上产生了较大影响。2012年因病在北京逝世。 （汤 锐）

资料统计

ZILIAOTONGJI

编辑、出版、发行

2012 年度图书编辑指标统计表

项目 单位	发稿种数（种）		发稿字数（千字）	
	2012 年	比上年增长（%）	2012 年	比上年增长（%）
人民文学出版社	514	8.00	15 736.70	18.00
商务印书馆	900	-28.00	351 069.00	-32.00
中华书局	644	-5.00	306 696.00	-88.00
中国大百科全书出版社	2 282	62.77	630 569.00	15.82
中国美术出版总社	643	-64.30	32 150.00	-55.00
人民音乐出版社	191	18.63	36 115.00	-5.48
生活·读书·新知三联书店	363	6.00	77 076.00	-12.00
中国对外翻译出版公司	589	28.01	132 891.00	54.50
东方出版中心	92	-44.00	26 712.00	-46.00
现代教育出版社	812	12.56	422.45	16.51
中国民主法制出版社	300	42.86	80 526.00	27.43
荣宝斋出版社	174	5.45	9 461.00	30.16
世界图书出版公司	2027	51.95	312 342.18	38.60
华文出版社	392	23.00	85 064.00	33.00
现代出版社	532	24.40	96 560.90	27.00
商务印书馆国际有限公司	120	7.10	91 029.00	-2.32
天天出版社	343	24.28	32 074.00	18.44

2012 年度出版总规模统计表

单位		出版总种数（种）			总印制册数（万册）			总印制码洋（万元）			总印张数（千印张）			总用纸量（吨）		
		2012 年	2011 年	比上年增长（%）	2012 年	2011 年	比上年增长（%）	2012 年	2011 年	比上年增长（%）	2012 年	2011 年	比上年增长（%）	2012 年	2011 年	比上年增长（%）
人民文学出版社	人民文学出版社	1131	878	29.00	1937.72	1490.33	30.00	55962.05	45355.00	23.00	284533.86	263345.00	8.00	8925.09	7435.00	20.04
	天天出版社	231	287	-19.51	228.12	224.70	1.52	3957.74	3911.00	1.20	16046.32	16134.00	-0.54	838.60	841.00	-0.29
商务印书馆		1348	1542	-12.58	2894.57	2878.52	0.55	116802.17	96965.98	20.45	65939.25	61082.25	7.95	18009.41	15434.23	16.68
中华书局		1467	1358	8.03	902.28	980.50	-7.98	45084.55	43214.00	4.54	183780.00	198505.00	-7.42	5743.00	6203.00	-7.42
中国大百科全书出版社		1758	1356	30.00	2481.04	1839.98	35.00	67740.44	39314.03	72.00	288050.50	210242.31	37.00	9601.68	6570.00	46.00
中国美术出版总社		947	1236	-23.38	925.60	793.90	16.51	26764.45	23382.90	14.47	47653.42	62830.88	-24.16	2322.00	1820.00	27.00
人民音乐出版社		954	952	0.21	1427.21	1442.87	-1.09	20526.70	19961.45	2.83	60451.00	68173.07	-11.33	1726.00	1653.00	4.42
生活·读书·新知三联书店		701	520	34.80	543.40	416.60	30.44	21129.60	16265.30	29.91	81529.00	64204.00	26.98	3649.00	2785.00	31.00
中国对外翻译出版公司		589	424	28.01	799.81	624.20	21.95	12530.22	7387.50	41.04	40842.33	32569.41	20.55	2179.48	2028.50	6.92
东方出版中心		161	218	-26.00	133.43	146.60	-9.00	2743.99	5036.30	-45.00	11407.74	17155.00	-33.00	573.00	573.00	0.00
现代教育出版社		812	1006	-23.90	369.42	383.39	-3.78	9026.71	10754.01	-17.94	36571.78	48419.71	-32.40	730.95	1117.03	-52.82
中国民主法制出版社		276	247	11.74	152.81	179.21	-14.73	5517.34	4877.33	13.12	20679.45	21963.99	-5.85	493.50	446.00	10.65
世界图书出版公司		2544	2640	-3.64	1403.16	1375.35	2.02	37280.89	30366.75	22.77	178147.80	140289.66	26.99	5917.00	4986.28	18.67
荣宝斋出版社		177	160	10.63	46.83	39.00	20.07	5684.10	3882.00	46.42	4975.68	3996.00	24.52	424.11	340.00	24.74
现代出版社		611	539	13.36	382.89	325.10	17.78	9863.76	10723.56	-0.80	33817.94	38679.54	-12.57	1021.30	1167.00	-12.49
华文出版社		319	260	23.00	1526.51	349.48	337.00	13338.12	9194.33	45.00	87347.26	42593.43	105.00	3492.72	1587.92	120.00
商务印书馆国际有限公司		183	175	4.57	171.434	172.09	-0.38	8256.46	7148.12	15.51	47750.49	46716	2.21	1501.88	1457.5	3.04
总计		14209	13798	2.89	16326.23	13661.82	16.32	449679.07	377739.56	16.00	1489523.82	1336899.25	10.25	67148.72	56444.46	15.94

2012 年度新书出版指标统计表

单位＼项目		出版总种数（种）			总印制册数（万册）			总印制码洋（万元）			总印张数（千印张）			总用纸量（吨）		
		2012 年	2011 年	比上年增长（%）	2012 年	2011 年	比上年增长（%）	2012 年	2011 年	比上年增长（%）	2012 年	2011 年	比上年增长（%）	2012 年	2011 年	比上年增长（%）
人民文学出版社	人民文学出版社	552	394	40.00	694.95	423.08	64.00	22499.95	14113.36	59.00	98142.13	69462.00	41.00	3489.42	2602.00	34.11
	天天出版社	123	197	-37.56	136.39	172.59	-20.97	2250.26	2889.00	-22.11	8704.54	11511.00	-24.38	469.60	577.30	-18.66
商务印书馆		690	1117	-38.22	414.71	458.36	-9.52	17487.37	17393.49	-0.53	5947.60	9657.92	-38.41	1731.00	1927.98	-10.21
中华书局		482	487	-1.04	286.53	547.75	-47.69	18771.00	23767.70	-21.03	49660.00	93297.35	-47.78	1552.00	2915.00	-46.76
中国大百科全书出版社		861	409	111.00	1387.31	634.78	119.00	37311.29	15725.61	137.00	171589.67	87400.69	96.00	5719.66	2716.00	111.00
中国美术出版总社		630	892	-29.37	406.71	306.82	32.56	20681.15	17762.21	16.43	23328	31222.58	-25.29	729	700.00	4.00
人民音乐出版社		160	249	-35.74	90.48	173.18	-47.75	2944.21	2342.60	25.68	10484.00	20347.07	-48.47	116.00	220.00	-47.27
生活·读书·新知三联书店		391	235	66.00	256.70	169.80	51.18	10444.20	7688.40	35.84	36913.00	26939.00	37.02	1872.00	1170.00	60.00
中国对外翻译出版公司		298	156	47.65	190.10	106.10	44.18	4665.18	2624.00	43.75	26884.14	8332.61	69.00	993.30	693.50	30.18
东方出版中心		84	160	-47.00	24.38	46.72	-47.00	1364.53	3108.65	-56.00	4606.89	9093.00	-49.00	300.00	304.00	-1.00
现代教育出版社		587	617	-5.11	214.64	228.08	-6.26	4757.70	6033.11	-26.81	19731.07	27812.81	-40.96	388.59	442.38	-13.84
中国民主法制出版社		214	204	4.90	87.50	119.73	-26.92	3883.55	3616.29	7.39	14123.26	16141.45	-12.50	340.90	377.00	-9.58
世界图书出版公司		1050	964	8.92	582.20	453.61	28.35	21319.86	12840.10	66.04	82184.88	48663.10	68.89	2603.24	1728.06	50.65
荣宝斋出版社		147	141	4.26	38.91	33.00	17.91	5378.50	3595.00	49.61	4396.42	3622.00	21.38	389.30	314.00	23.98
现代出版社		340	379	-10.29	174.36	225.07	-22.53	5087.35	7068.99	-28.03	18310.99	29589.47	-38.12	552.99	807.95	-31.56
华文出版社		224	192	17.00	1325.52	256.04	418.00	10564.44	7150.15	48.00	67918.61	31934.05	113.00	2786.94	1172.62	138.00
商务印书馆国际有限公司		92	63	46.03	91.083	73.91	23.24	4008.95	3481.63	15.15	21668.92	22407	-3.29	711.47	725	-1.90
总计		6925	6856	1.00	6402.48	4428.62	30.83	193419.49	151200.29	21.83	664593.71	547433.10	17.63	24745.41	19392.79	21.63

2012 年度重印书出版指标统计表

单位		出版总种数（种）			总印制册数（万册）			总印制码洋（万元）			总印张数（千印张）			总用纸量（吨）		
	项目	2012 年	2011 年	比上年增长（%）	2012 年	2011 年	比上年增长（%）	2012 年	2011 年	比上年增长（%）	2012 年	2011 年	比上年增长（%）	2012 年	2011 年	比上年增长（%）
人民文学出版社	人民文学出版社	579	484	20. 00	1242. 77	1067. 25	16. 00	33462. 10	31241. 64	7. 00	186391. 73	193883. 00	-4. 00	5435. 67	4833. 00	12. 47
	天天出版社	108	90	20. 00	91. 73	52. 11	76. 03	1707. 48	1022. 00	67. 07	7341. 78	4623. 00	58. 81	369. 00	263. 70	39. 93
商务印书馆		658	425	54. 82	2479. 86	2420. 16	2. 46	99314. 80	79572. 49	24. 81	59991. 65	51424. 33	16. 66	16278. 41	13506. 25	20. 52
中华书局		985	871	13. 09	615. 75	432. 75	42. 29	26314. 00	19446. 30	35. 32	134120. 00	105207. 65	27. 50	4192. 00	3288. 00	27. 50
中国大百科全书出版社		897	947	-5. 00	1093. 73	1205. 20	-9. 00	30429. 15	23588. 42	29. 00	116460. 83	122841. 62	-5. 00	3882. 02	3854. 00	0. 70
中国美术出版总社		317	344	-7. 85	1369. 70	487. 68	180. 86	3565. 50	5620. 30	-36. 56	24326. 84	29684. 10	-18. 05	1093	1120. 00	-2. 00
人民音乐出版社		794	544	45. 96	1336. 73	1269. 69	5. 28	17582. 49	12102. 00	45. 29	49967. 00	31220. 23	60. 05	1610. 00	1023. 00	57. 38
生活·读书·新知三联书店		310	285	8. 70	286. 70	246. 80	16. 17	10685. 40	8576. 90	24. 58	44616. 00	37265. 00	19. 73	1777. 00	1615. 00	10. 00
中国对外翻译出版公司		275	268	2. 54	609. 71	518. 10	16. 67	7865. 04	4763. 50	39. 44	13958. 19	6004. 26	56. 98	1186. 18	1335. 00	-12. 50
东方出版中心		77	58	32. 00	109. 05	99. 92	10. 00	1379. 46	1927. 62	-28. 00	6800. 85	8062. 00	-15. 00	273. 00	269. 00	1. 00
现代教育出版社		225	389	-72. 89	154. 78	155. 31	-0. 34	4269. 01	4720. 90	-10. 59	16840. 71	20606. 90	-22. 36	342. 36	674. 65	-97. 06
中国民主法制出版社		62	43	44. 19	65. 31	59. 48	9. 80	1633. 88	1261. 04	29. 57	6556. 19	5822. 54	12. 60	152. 60	69. 00	121. 60
世界图书出版公司		1494	1676	-10. 86	820. 96	921. 74	-10. 93	15961. 03	17526. 65	-8. 93	95962. 92	91626. 56	4. 73	3313. 76	3258. 22	1. 70
荣宝斋出版社		30	19	57. 89	7. 92	6. 00	32. 00	305. 60	187. 00	63. 10	579. 26	374. 00	54. 88	15. 00	34. 81	33. 88
现代出版社		271	160	69. 38	208. 53	100. 03	108. 47	4776. 41	3654. 50	30. 70	15506. 95	9090. 07	70. 59	468. 31	359. 08	30. 42
华文出版社		95	68	40. 00	200. 99	93. 44	115. 00	2773. 68	2044. 18	36. 00	19428. 65	10659. 38	82. 00	705. 78	415. 30	70. 00
商务印书馆国际有限公司		91	112	-18. 75	80. 351	98. 18	-18. 16	4247. 51	3666. 49	15. 85	26081. 57	24309	7. 29	790. 41	732. 5	7. 91
总计		7268	6783	6. 67	10774. 57	9233. 84	14. 30	266272. 53	220921. 93	17. 03	824931. 12	752703. 64	8. 76	41884. 50	36650. 51	12. 50

2012 年度报纸出版指标统计表

单位＼项目	出版种数（种）			平均期印数（万份）			年总印数（万份）			年总定价（万元）			年总印张（千印张）			年用纸量（吨）		
	2012 年	2011 年	比上年增长（%）	2012 年	2011 年	比上年增长（%）	2012 年	2011 年	比上年增长（%）	2012 年	2011 年	比上年增长（%）	2012 年	2011 年	比上年增长（%）	2012 年	2011 年	比上年增长（%）
人民文学出版社	1	1	0.00	12.67	8.52	48.71	545.15	442.84	23.10	695.48	531.41	30.87	4346.45	3500.38	24.17	152	99.64	52.55
中国图书商报社	1	1	0.00	4.12	4.62	-12.14	404.56	439.26	-8.58	1086.81	1212.98	-11.61	16182.54	17570.40	-8.58	380.29	421.69	-10.89
新华书目报	3	3	0.00	0.53	0.58	-8.62	77.50	83.00	-6.63	155.00	166.00	-6.63	3373.75	4070.78	-17.12	78.28	94.44	-17.11
总计	5	5	0.00	17.32	13.72	20.79	1027.21	965.10	6.05	1937.29	1910.39	1.40	23902.74	25141.56	-5.20	610.57	615.77	-0.85

2012 年度期刊出版指标统计表

单位＼项目	出版种数（种）			平均期印数（万份）			年总印数（万份）			年总定价（万元）			年总印张（千印张）			年用纸量（吨）		
	2012 年	2011 年	比上年增长（%）	2012 年	2011 年	比上年增长（%）	2012 年	2011 年	比上年增长（%）	2012 年	2011 年	比上年增长（%）	2012 年	2011 年	比上年增长（%）	2012 年	2011 年	比上年增长（%）
人民文学出版社	4	4	0.00	3.99	3.97	0.50	255.40	254.60	0.31	1764.00	1752.00	0.68	13921.00	14334.80	-2.89	250.60	236.50	5.96
商务印书馆	2	2	0.00	4.45	4.30	3.49	47.62	47.60	0.04	445.04	384.40	15.78	2074.38	2116.80	-2.00	70.24	71.00	-1.07
中华书局	6	22	-266.70	5.50	2.54	53.82	549.63	54.18	90.14	2773.37	236.86	902.90	18647.61	3201.34	82.83	590.42	98.00	83.40
中国大百科全书出版社	4	4	0.00	13.67	18.35	-25.50	438.94	505.60	-13.18	2137.64	2934.32	-27.15	33218.20	21440.51	54.93	709.00	742.00	-4.44

续表

项目/单位	出版种数（种）			平均期印数（万份）			年总印数（万份）			年总定价（万元）			年总印张（千印张）			年用纸量（吨）		
	2012 年	2011 年	比上年增长（%）	2012 年	2011 年	比上年增长（%）	2012 年	2011 年	比上年增长（%）	2012 年	2011 年	比上年增长（%）	2012 年	2011 年	比上年增长（%）	2012 年	2011 年	比上年增长（%）
中国美术出版总社	134	140	-4.00	1.29	1.84	-29	214.83	238.84	-10.00	1772.07	1525.57	16.00	9260.20	5396.79	71.00	500.00	200.00	150.00
人民音乐出版社	4	3	33.33	0.58	1.16	-50.00	31.38	27.64	13.53	405.67	337.27	20.28	1305.00	1247.74	4.59	57.00	34.00	67.65
生活·读书·新知三联书店	3	3	0.00	34.00	33.00	3.03	1399.00	1343.00	4.16	16455.00	15809.00	4.08	13972.00	13681.00	2.12	4429.13	4333.55	2.21
中国对外翻译出版公司	3	3	0.00	2.42	2.37	2.10	172.16	177.90	-3.20	1002.60	1199.00	-16.30	27554.70	59860.00	-53.96	49.14	86.25	-43.03
东方出版中心	2	2	0.00	4.80	4.80	0.00	122.00	122.20	-0.16	4200.00	4200.00	0.00	9200.00	9290.50	-0.98	200.00	210.00	-5.00
世界图书出版公司	3	3	0	1.2	1.28	-6.25	14.44	15.36	-5.99	503.60	500.4	0.64	1004	847.2	18.50	111.7	97.1	15.04
荣宝斋	2	2	0.00	1.45	0.83	74.70	17.40	9.90	75.76	487.00	277.88	75.26	1962.00	1453.00	35.00	140.16	94.60	92.00
现代阅读	1	1	0.00	2.00	2.00	0.00	24.00	24.00	0.00	144.00	144.00	0.00	1636.80	1636.80	0.00	15.00	15.00	0.00
总计	168	189	-12.50	75.35	76.44	-1.45	3286.80	2820.82	14.18	32089.99	29300.70	8.69	133755.89	134506.48	-0.56	7122.39	6218.00	12.70

2012 年度音像制品出版指标统计表

项目/单位	出版品种（种）			数量（万张/盒）			定价总额（万元）		
	2012 年	2011 年	比上年增长（%）	2012 年	2011 年	比上年增长（%）	2012 年	2011 年	比上年增长（%）
商务印书馆	8	21	-61.90	9.40	25.60	-63.28	0.00	0.00	/
中华书局	12	0.00	100.00	4.98	0.00	100.00	书配盘	/	/

续表

项目 单位	出版品种（种）			数量（万张/盒）			定价总额（万元）		
	2012 年	2011 年	比上年增长（%）	2012 年	2011 年	比上年增长（%）	2012 年	2011 年	比上年增长（%）
中国大百科全书出版社	2	12	-83.00	1.00	214.90	-99.00	0.00	16.80	-100.00
人民音乐电子音像出版社	79	132	-40	133.53	148.11	-9.84	1573.65	2088.00	-24.63
生活·读书·新知三联书店	3	4	-25.00	0.65	0.92	-29.00	书配盘赠送	18.00	0.00
中国对外翻译出版公司	34	19	44.11	18.40	14.60	20.65	书配盘	书配盘	/
东方出版中心	0	25	-100.00	0.00	6.22	-100.00	0.00	31.25	-100.00
现代教育出版社	9	1	88.89	0.90	0.60	33.33	0.00	0.00	
中国民主法制出版社	12	12	0.00	4.80	9.60	-50.00	480.00	960.00	-50.00
世界图书出版公司	91	105	-13.33	38.00	41.83	-9.16	/	/	/
世图音像电子出版社	147	150	-2.00	59.17	62.15	-4.79	书配盘	621.45	/
中国科学文化音像出版社	553	611	-9.00	1424.78	641.87	122.00	30663.40	37223.23	-18.00
总计	950	1092	-14.95	1562.08	1166.39	25.33	32717.05	40958.73	-25.19

2012 年度电子出版物出版指标统计表

项目 单位	出版品种（种）			数量（万张/盒）			定价总额（万元）		
	2012 年	2011 年	比上年增长（%）	2012 年	2011 年	比上年增长（%）	2012 年	2011 年	比上年增长（%）
商务印书馆	39	31	25.81	29.00	29.10	-0.34	0.00	0.00	
中国大百科全书出版社	0	2	-100.00	0.00	2.00	-100.00	0.00	2406000.00	-100.00
人民音乐电子音像出版社	5	4	25.00	2.11	0.80	164.00	148.63	212.00	-30.00

续表

项目 / 单位	出版品种（种）			数量（万张/盒）			定价总额（万元）		
	2012 年	2011 年	比上年增长（%）	2012 年	2011 年	比上年增长（%）	2012 年	2011 年	比上年增长（%）
生活·读书·新知三联书店	0	2	-100.00	0.00	0.13	-100.00	/	/	
世界图书出版公司	5	3	66.67	0.65	1.67	-61.08		/	
世图音像电子出版社	27	44	-38.64	9.78	44.00	-77.27	书配盘	1294.60	
中国科学文化音像出版社	109	123	-11.00	144.88	57.35	153.00	7775.25	6525.59	19.00
新华书目报	0	2	-100.00	0.00	4.71	-100.00	0.00	1168.08	-100.00
银冠电子	15	32	-113.33	20.00	20.00	0.00	/	/	
金版电子	14	38	-37.00	12.00	38.00	-32.00	0.10	0.36	-28.00
中国对外翻译出版公司	8	0	100.00	4.00	0.00	100.00	书配盘销售	书配盘销售	
现代教育出版社	2	0	100.00	104.00	0.00	100.00	/	/	
总计	224	281	-25.45	324.31	197.76	39.02	7923.98	2415200.63	-30379.64

2012 年度网络出版物出版指标统计表

项目 / 单位	出版品种（种）		
	2012 年	2011 年	比上年增长（%）
中国大百科全书出版社	0	2	-100.00
银冠电子	1	2	-50.00
金版电子	0	2	-50.00
合计	1	6	-500.00

2012年度图书发行指标统计表-1

项目／单位	入库									发货								
	出版总种数（种）			总印制册数（万册）			总印制码洋（万元）			出版总种数（种）			总印制册数（万册）			总印制码洋（万元）		
	2012年	2011年	比上年增长（%）	2012年	2011年	比上年增长（%）	2012年	2011年	比上年增长（%）	2012年	2011年	比上年增长（%）	2012年	2011年	比上年增长（%）	2012年	2011年	比上年增长（%）
人民文学出版社	1197	948	26.27	1857.87	1566.13	18.63	52744.33	47511.54	11.01	3680	3174	15.94	1764.91	1496.61	17.93	50296.59	44305.50	13.52
天天出版社	198	226	14.14	212.66	241.53	-11.92	3767.86	4216.00	-10.62	419	279	50.17	194.70	167.40	16.30	3369.80	2926.00	16.30
商务印书馆	1672	1983	-15.68	1918.00	2341.00	-18.07	88185.00	92936.00	-5.11	5194	4527	-14.73	1881.00	2141.00	-12.14	87649.00	80145.00	9.36
中华书局	1781	1358	31.15	893.41	752.40	18.75	43401.55	38088.78	13.95	4065	3488	16.55	639.44	733.55	-12.83	36129.30	33409.36	8.15
中国大百科全书出版社	1403	1219	15.00	2126.96	1792.45	19.00	68217.60	52238.93	31.00	3165	2542	25.00	2101.58	1750.73	20.00	64610.49	52231.12	24.00
中国美术出版总社	1211	791	53.00	694.74	407.31	70.00	13714.89	9724.13	41.00	3547	3990	-11.00	713.82	2260.66	-68.00	13511.30	19793.74	-31.00
人民音乐出版社	1511	1351	11.84	800.85	749.98	6.78	17026.20	14147.59	20.35	2393	3029	-21.00	706.53	771.75	-8.45	15115.54	14243.53	6.12
生活·读书·新知三联书店	660	520	26.92	504.70	424.30	18.95	20929.95	16790.00	24.66	2739	1800	52.17	517.87	477.80	8.39	21252.28	18367.00	15.71
中国对外翻译出版公司	589	424	28.01	741.48	681.57	8.07	10158.64	8376.94	17.53	1674	1310	21.74	1052.47	721.12	31.48	10117.23	9115.61	9.90
东方出版中心	175	168	4.00	130.00	171.00	-24.00	3507.00	4920.10	-29.00	889	837	6.00	145.00	175.00	-17.00	3448.00	5085.00	-32.00
现代教育出版社	516	361	42.00	317.00	302.00	5.00	8510.00	7329.00	16.00	806	852	-5.00	336.00	360.00	-6.00	9768.00	7631.00	28.00
中国民主法制出版社	276	247	11.74	152.03	179.21	-15.17	4127.19	4877.33	-15.38	1012	1473	-31.30	147.23	168.10	-12.42	3955.74	4865.90	-18.70
世界图书出版公司	2041	2640	-22.69	1326.10	1375.00	-3.56	30999.96	30367.00	2.08	6734	5874	14.64	1591.28	1368.00	16.32	33156.63	30393.00	9.09

续表

项目/单位	入库									发货								
	出版总种数（种）			总印制册数（万册）			总印制码洋（万元）			出版总种数（种）			总印制册数（万册）			总印制码洋（万元）		
	2012 年	2011 年	比上年增长（%）	2012 年	2011 年	比上年增长（%）	2012 年	2011 年	比上年增长（%）	2012 年	2011 年	比上年增长（%）	2012 年	2011 年	比上年增长（%）	2012 年	2011 年	比上年增长（%）
荣宝斋出版社	177	160	10.63	40.00	38.70	3.36	5028.90	3881.40	29.00	1543	1500	2.00	22.12	20.80	6.00	1500.00	1200.00	25.00
现代出版社	508	379	34.00	305.06	267.39	14.09	8981.50	9120.20	-1.52	1599	1486	7.60	354.36	278.51	27.23	10071.80	8884.62	13.36
华文出版社	99	86	15.00	84.05	83.90	0.10	2733.21	934.02	193.00	319	622	-44.00	62.63	82.91	-25.00	1920.63	899.42	114.00
商务印书馆国际有限公司	189	582	-67.53	172.83	192.72	-10.32	8963.73	8716.50	2.84	809	870	-7.01%	161.15	196.25	-17.89	7592.44	7709.40	-1.52
总计	14014	12861	8.23	12104.91	11373.87	6.04	390997.51	354175.46	9.42	39778	36783	7.53	12230.94	12973.94	-6.07	373464.77	341205.20	8.64

2012 年度图书发行指标统计表 -2

项目/单位	销售									库存								
	动销品种			册数（万册）			销售实洋（万元）			品种数（种）			册数（万册）			码洋（万元）		
	2012 年	2011 年	比上年增长（%）	2012 年	2011 年	比上年增长（%）	2012 年	2011 年	比上年增长（%）	2012 年	2011 年	比上年增长（%）	2012 年	2011 年	比上年增长（%）	2012 年	2011 年	比上年增长（%）
人民文学出版社	4856	5409	11.39	1297.67	1051.15	23.45	20717.73	17737.23	16.80	2901	3167	-8.40	946.68	742.93	27.43	26775.55	21140.26	26.66
天天出版社	279	388	39.06	141.26	122.92	14.92	1296.80	1128.48	14.91	415	301	37.80	227.60	163.05	39.58	3731.85	2532.10	47.60
商务印书馆	5646	6301	11.60	1834.00	1732.00	5.89	48241.00	42900.00	12.45	5224	4303	21.40	654.00	559.00	16.99	30287.00	25883.00	17.02
中华书局	3108	4065	30.80	408.40	514.23	-20.58	15119.30	11822.83	27.89	2701	3218	-16.07	672.50	513.45	30.98	34274.70	17542.16	95.39
中国大百科全书出版社	4158	4032	-3.00	1996.67	1787.30	12.00	15023.81	14043.35	7.00	2126	2001	6.00	413.09	352.37	17.00	16157.92	12265.03	32.00

续表

项目 / 单位	销售									库存								
	动销品种			册数（万册）			销售实洋（万元）			品种数（种）			册数（万册）			码洋（万元）		
	2012 年	2011 年	比上年增长（%）	2012 年	2011 年	比上年增长（%）	2012 年	2011 年	比上年增长（%）	2012 年	2011 年	比上年增长（%）	2012 年	2011 年	比上年增长（%）	2012 年	2011 年	比上年增长（%）
中国美术出版总社	4178	4686	12.00	632.30	2094.20	-69.00	5978.91	9952.41	-39.00	5920	2993	97.00	307.81	40.81	654.00	14442.41	2003.53	620.00
人民音乐出版社	2978	3565	19.71	755.58	769.76	-1.84	9416.17	8737.03	7.77	2564	2404	6.66	289.72	189.08	53.23	8688.70	6540.03	32.85
生活·读书·新知三联书店	1800	2739	52.17	517.87	477.80	8.39	12065.30	11040.00	9.29	1885	1800	4.72	421.67	417.00	1.12	16233.74	15000.00	8.22
中国对外翻译出版公司	1310	1674	21.74	819.95	721.13	12.05	3935.04	3772.97	4.11	2023	1778	12.11	194.92	170.09	12.73	4583.35	3774.08	17.65
东方出版中心	1114	1184	6.00	136.00	136.00	0.00	1762.00	2065.00	-14.67	1140	976	17.00	86.00	78.00	10.00	4038.00	3700.00	9.00
现代教育出版社	814	907	11.00	237.00	345.00	-31.00	2738.00	2317.00	18.00	709	596	19.00	111.00	69.00	60.00	2497.00	1992.00	25.00
中国民主法制出版社	1617	1730	-6.99	140.65	124.66	12.83	3937.00	2971.00	32.51	1172	1050	11.62	337.87	328.58	2.83	7984.34	7744.50	3.10
世界图书出版公司	6176	5937	-3.87	1253.36	1424.00	-11.98	12590.75	13917.00	-9.52	6878	6540	5.17	655.16	851.00	-23.01	21315.64	22905.00	-6.94
荣宝斋出版社	1300	1320	1.50	18.00	15.00	20.00	1280.00	1200.00	6.60	1230	1000	23.00	120.00	105.22	14.00	4300.00	4032.32	6.60
现代出版社	2254	1261	79.00	314.81	264.00	19.00	4722.00	3414.00	38.31	1669	1686	-1.01	207.98	243.00	-14.41	5231.41	5551.90	-5.77
华文出版社	543	319	-41.00	62.63	71.28	-12.00	1196.83	543.03	120.00	21	28	-25.00	21.31	3.76	467.00	799.58	136.06	488.00
商务印书馆国际有限公司	872	909	4.24	157.43	155.60	1.18	2819.92	2558.10	10.23	947	547	13.13	178.37	147.12	21.24	7912.97	5717.67	38.40
总计	43003	46426	-7.97	10723.58	11806.03	-10.09	162840.56	150119.43	7.81	39525	34388	13.00	5845.68	4973.46	14.92	209254.16	158459.64	24.27

2012 年度报纸发行指标统计表

项目 单位	发行份数（万份）			发行码洋（万元）			发行实洋（万元）		
	2012 年	2011 年	比上年增长（%）	2012 年	2011 年	比上年增长（%）	2012 年	2011 年	比上年增长（%）
人民文学出版社	666.92	374.24	78.21	800.30	449.08	78.21	375.78	206.58	81.9
中国图书商报社	396.23	428.69	-81.92	1086.81	1212.98	-11.61	194.70	160.50	17.57
新华书目报	55.43	62.00	-10.60	110.86	124.00	-10.60	66.52	74.40	-10.60
总计	1118.58	864.93	22.68	1997.97	1786.06	10.61	637.00	441.48	30.69

2012 年度期刊发行指标统计表

项目 单位	发行册数（万册）			发行码洋（万元）			发行实洋（万元）		
	2012 年	2011 年	比上年增长（%）	2012 年	2011 年	比上年增长（%）	2012 年	2011 年	比上年增长（%）
人民文学出版社	245.96	249.49	-1.41	1621.80	1674.99	-3.18	661.80	688.49	-3.88
商务印书馆	45.95	45.20	1.59	415.04	308.80	34.40	219.05	201.50	8.71
中华书局	508.18	558.00	-9.80	2562.81	2480.00	3.23	1178.36	949.84	19.40
中国大百科全书出版社	438.94	505.60	-13.18	2137.64	2934.32	-27.15	1444.54	1123.70	28.55
中国美术出版总社	171.23	219.23	-21.00	1758.07	1392.91	26.00	837.99	630.00	33.00
人民音乐出版社	28.60	25.87	10.55	355.73	318.62	11.65	211.90	186.57	13.58
生活·读书·新知三联书店	1226.58	1287.83	-4.75	14685.41	15112.00	-2.82	5407.11	4510.00	19.89

续表

项目 单位	发行册数（万册）			发行码洋（万元）			发行实洋（万元）		
	2012 年	2011 年	比上年增长（%）	2012 年	2011 年	比上年增长（%）	2012 年	2011 年	比上年增长（%）
中国对外翻译出版公司	164.70	170.40	-3.30	1002.60	767.05	30.70	702.00	780.00	-10.00
东方出版中心	122.00	122.20	-0.16	3800.00	3870.40	-1.85	1400.00	1465.70	-4.69
世界图书出版公司	11.90	11.82	0.68	426.00	409.00	4.16	179.00	188.00	-4.79
荣宝斋	14.50	7.30	98.63	406.00	204.00	99.00	252.00	122.40	105.88
现代阅读	24.00	24.00	0.00	144.00	144.00	0.00	72.00	72.00	0.00
总计	3002.54	3226.94	-7.47	29315.10	29616.09	-1.03	12565.75	10918.20	13.11

2012 年度音像制品发行指标统计表

项目 单位	发行数量（万盒/张）			发行码洋（万元）			发行实洋（万元）		
	2012 年	2011 年	比上年增长（%）	2012 年	2011 年	比上年增长（%）	2012 年	2011 年	比上年增长（%）
商务印书馆国际有限公司	0.00	0.62	-100.00	0.00	11.40	-100.00	0.00	3.00	-100.00
中华书局	4.98	/		书配盘	/		书配盘		
中国大百科全书出版社	2.00	0.10	190.00	0.00	15.00	-100.00	0.00	3.10	-100.00
人民音乐电子音像出版社	135.33	130.83	3.44	1635.28	1908.00	-14.29	797.46	751.00	6.19
生活·读书·新知三联书店	0.65	0.92	-29.00	书配盘	18.00	0	书配盘	9.00	0.00
中国对外翻译出版公司	18.40	14.60	20.65	书配盘	书配盘		书配盘	书配盘	
东方出版中心	0.00	13.73		0.00	97.20		0.00	68.04	-100.00
中国民主法制出版社	4.80	9.60	-50.00	192.00	288.00	-33.30	96.00	172.80	-44.44

续表

项目 单位	发行数量（万盒/张）			发行码洋（万元）			发行实洋（万元）		
	2012 年	2011 年	比上年增长（%）	2012 年	2011 年	比上年增长（%）	2012 年	2011 年	比上年增长（%）
世图音像电子出版社	59.17	62.15	-2.00	书配盘	/		书配盘	/	
中国科学文化音像出版社	188.38	130.95	44.00	/	/		622.40	443.90	40.00
总计	413.71	363.50	12.14	1827.28	2337.60	-27.93	1515.86	1450.84	28.68

2012 年度电子出版物发行指标统计表

项目 单位	发行数量（万盒/张）			发行码洋（万元）			发行实洋（万元）		
	2012 年	2011 年	比上年增长（%）	2012 年	2011 年	比上年增长（%）	2012 年	2011 年	比上年增长（%）
中国大百科全书出版社	0.00	1.03	-100.00	0.00	30.58	-100.00	0.00	30.33	-100.00
人民音乐电子音像出版社	0.10	0.80	-0.88	32.04	19.00	68.63	22.60	12.00	88.33
生活·读书·新知三联书店	0.00	0.13	-100.00	0.00	0.00	0.00	0.00	0.00	0.00
中国对外翻译出版公司	4.00	0.00	100.00	书配盘	书配盘		书配盘	书配盘	
世图音像电子出版社	9.78	39.00	-74.92	645.80	1294.00	-50.09	193.74	581.80	-66.70
中国科学文化音像出版社	47.12	23.50	101.00		/		155.60	78.30	99.00
新华书目报	0.00	4.71	-100.00	0.00	1168.08	-100.00	0.00	8.00	--100.00
银冠电子	20.00	20.00	0.00	184.00	62.00	66.30		/	
金版电子	3.30	9.75	-34.00	13.00	35.00	-37.00	4.50	10.00	-45.00
总计	84.30	98.92	-17.35	874.84	2608.66	-198.19	376.44	720.43	-91.38

财　　务

2012年度财务指标统计表

项目＼单位	2011年资产总计（万元）	比上年增长（%）	2011年营业总收入（万元）	比上年增长（%）	2011年营业收入（万元）	比上年增长（%）
中国出版集团公司（合并）	1 008 629.68	8.76	681 560.70	20.83	676 789.29	20.96
中国出版集团公司（本部）	355 511.07	0.09	3 908.59	1 237.96	3 908.59	1 237.96
人民文学出版社	27 112.34	14.78	19 958.21	11.99	19 958.21	11.99
商务印书馆	92 770.26	11.33	48 423.37	12.82	48 423.37	12.82
中华书局	56 009.82	9.76	19 771.39	24.38	19 771.39	24.38
中国大百科全书出版社	42 928.64	11.30	16 952.30	23.07	16 952.30	23.07
中国美术出版总社	23 755.35	8.60	15 441.08	9.63	15 441.08	9.63
人民音乐出版社	35 403.96	32.93	17 157.59	-2.92	17 157.59	-2.92
生活·读书·新知三联书店	29 901.81	33.58	22 535.23	13.31	22 535.23	13.31
中国对外翻译出版	14 865.89	21.75	8 917.69	11.93	8 917.69	11.93
东方出版中心	38 055.35	12.22	5 700.10	-17.68	5 700.10	-17.68
新华书店总店	72 069.21	-5.67	11 333.04	-12.63	11 333.04	-12.63
中国图书进出口（集团）总公司	297 810.04	9.57	277 875.93	15.14	277 875.93	15.14
现代教育出版社	2 593.56	13.26	3 035.54	47.10	3 035.54	47.10
荣宝斋	117 222.75	5.95	84 096.42	9.21	79 325.01	9.50
中国图书商报社	1 205.36	21.00	1 701.01	5.02	1 701.01	5.02
中国民主法制出版社	3 451.73	20.16	3 974.19	29.47	3 974.19	29.47
华文出版社	4 875.28	53.79	4 574.76	40.79	4 574.76	40.79

续表

项目 \ 单位	2011年资产总计（万元）	比上年增长（%）	2011年营业总收入（万元）	比上年增长（%）	2011年营业收入（万元）	比上年增长（%）
世界图书出版	38 369.38	0.02	24 617.62	7.02	24 617.62	7.02
现代出版社	8 180.02	20.77	4 741.39	34.18	4 741.39	34.18
北京中新联数码科技股份有限公司	6 578.55	1.78	4 168.77	-1.63	4 168.77	-1.63
北京中版联印刷物资有限公司	15 017.82	-17.87	84 989.79	111.86	84 989.79	111.86
中版集团数字传媒有限公司	12 274.72	30.02	353.11	-37.72	353.11	-37.72
中版教材有限公司	20 381.66	69.85	26 554.48	51.00	26 554.48	51.00
新华联合发行有限公司	26 998.63	25.40	271.88	/	271.88	/
中版国际传媒有限公司	839.72	83.13	423.97	159.15	423.97	159.15
中版数字设备有限公司	2 866.24	-6.81	502.05	307.91	502.05	307.91
北京中新华国际旅行社有限责任公司	347.58	-0.17	1 188.17	1.41	1 188.17	1.41
中版（北京）科贸有限公司	523.94	20.03	534.44	20.58	534.44	20.58
上海东昊物业管理有限公司	394.59	-34.12	731.47	-1.03	731.47	-1.03
上海东方世纪宾馆有限公司	35.34	-68.87	596.05	-38.47	596.05	-38.47
中版泉生文化发展（北京）有限公司	45.13	/	6.05	/	6.05	/
中华书局古籍印刷厂	11 113.27	-2.96	465.96	229.79	465.96	229.79
北京乐群房地产开发有限公司	288.28	-5.53	155.37	288.43	155.37	288.43
中国出版传媒股份有限公司（合并）	485 171.94	4.69	305 325.49	32.94	305 325.49	32.94
中国出版传媒股份有限公司（本部）	220 137.80	-10.67	0.00	-100.00	0.00	-100.00
天天出版社有限责任公司	2 184.81	30.53	1 121.92	0.75	1 121.92	0.75

对外贸易

2012 年度版权贸易指标统计表

单位＼项目	图书				音像制品		电子出版物	
	引进		输出		引进	输出	引进	输出
	2012 年	比上年增长（%）	2012 年	比上年增长（%）	2012 年	2012 年	2012 年	2012 年
人民文学出版社	169	1.20	29	52.63	0	0	0	0
商务印书馆	246	127.78	33	-21.43	0	0	0	0
中华书局	7	-46.15	40	-36.51	0	0	0	0
中国大百科全书出版社	24	-11.11	52	26.83	0	0	0	0
中国美术出版总社	152	176.36	54	-1.82	0	0	0	0
人民音乐出版社	24	-22.58	103	267.86	0	0	0	0
生活·读书·新知三联书店	121	59.21	22	4.76	0	0	0	0
中国对外翻译出版公司	13	-81.69	45	21.62	0	0	0	0
东方出版中心	4	-71.43	0	0	0	0	0	0
现代教育出版社	33	94.12	1	/	0	0	0	0
荣宝斋出版社	0	/	111	26.14	0	0	0	0
中国民主法制出版社	4	300	8	-33.33	0	0	0	0
华文出版社	5	-68.75	31	106.67	0	0	0	0
世界图书出版公司	107	-20.74	65	58.54	0	0	0	0
现代出版社	47	-72.99	26	-3.70	0	0	0	0
商务印书馆国际有限公司	1	/	3	-25.00	0	0	0	0
总计	957	5.75	623	26.37	0	0	0	0

著作、论文、书评

2012 年个人著作

书名	作（译）者	作者单位	出版单位	出版时间
校订《国富论》上下册	焦雅君	中华书局	中华书局	2012 年
《一本书读懂中国书法》	陈虎	中华书局	中华书局	2012 年 6 月第 1 版，2012 年 10 月第 2 次印刷
《企业的智慧》	罗争玉	中版材料有限公司	人民出版社	2012 年 1 月

2012 年发表论文

论文名	作者	作者单位	发表刊物	发表时间
《文化产业的六种最佳融资模式》	何奎	中国出版集团公司	《北大商业评论》	2012 年第 1 期
《曹操的阅读特色及阅读对其的影响》	仝冠军	中国出版集团公司	《出版广角》	2012 年第 1 期
《未来十年的出版产业》	仝冠军	中国出版集团公司	《中国图书商报》	2012 年 1 月 20 日第 5 版
《出版繁荣 = “加法” VS “减法”?》	仝冠军	中国出版集团公司	《出版广角》	2012 年第 3 期
《前诸子时代的传播思想探析》	仝冠军	中国出版集团公司	《陕西师范大学学报》（哲学社会科学版）	2012 年第 1 期
《孔子传播思想研究》	仝冠军	中国出版集团公司	《山东理工大学学报》（社会科学版）	2012 年第 1 期
《孔子的传播观》	仝冠军	中国出版集团公司	《北京日报》	2012 年 7 月 2 日第 24 版

续表

论文名	作者	作者单位	发表刊物	发表时间
《对出版新业态的几点认识》	仝冠军	中国出版集团公司	《出版广角》	2012 年第 9 期
民间的战争记忆 ——评龚晓虹《鸽子花开》	安静	人民文学出版社	铜仁职业技术学院学报	2012 年第 4 期
《山楂树之恋》如何感动世界	翟灿	人民文学出版社	出版参考	2012 年第 7 期
对新形势下编辑定位的再思考	于殿利	商务印书馆	中国编辑	2012 年第 3 期
教育：培养人性，以文化人	于殿利	商务印书馆	文化育人 （商务印书馆 2012 年版）	2012 年第 1 辑
主持编写中华人民共和国国家标准《出版物发行术语》	于殿利	商务印书馆	中华人民共和国国家质量监督检验检疫总局、中国国家标准化管理委员会发布	2012 年 3 月 1 日
文化产业发展与文化竞争地位	于殿利	商务印书馆	深圳职业技术学院学报	2012 年第 4 期
学术著作编辑出版基本规范刍议 ——以中西文图书比较为视角	陈小文	商务印书馆	中国编辑	2012 年第 5 期
《河鲀命名小考》	周杨	中华书局	《中国科技术语》	2012 年第 5 期
《唐宋时期乐府诗曲子词分际的探讨》	马婧	中华书局	《文学遗产》	2012 年第 2 期
《贵在倡导读书之风》	余佐赞	中华书局	《人民日报》	2012 年 5 月 15 日
《书业三论》	余佐赞	中华书局	连环画出版社	2012 年 6 月
“酌奇而不失其真，玩华而不坠其实” ——巴罗克通则视角中的李商隐与约翰·但恩艳情诗比较	刘晗	中华书局	《文化与诗学》	2012 年第 1 期
关于日本出版业的现状考察及启示	盛力	中国大百科全书出版社	中国出版	2012 年 7 月
数字出版与术语规范	田野、王渝丽	中国大百科全书出版社	中国科技术语	2012 年 3 月
谈百科全书配图的专业特征 ——以《中国大百科全书》（第二版）配图体例的制定为例	武丹	中国大百科全书出版社	中国出版	2012 年 2 月
Excel 软件在百科全书后期成书工作中的具体应用——以编辑《中国大百科全书·电工与电子技术》为例	王慧霖	中国大百科全书出版社	中国编辑	2012 年 7 月

续表

论文名	作者	作者单位	发表刊物	发表时间
网络条件下的校对工作与校对人员素质	王丽	中国大百科全书出版社	出版科学	2012 年 5 月
大型工具书应该如何校对——校对《中国大百科全书》（二版简明版）的体会	王丽	中国大百科全书出版社	中国出版	2012 年 12 月
中国辞书学会百科全书专业委员会 2011 年年会暨学术讨论会召开	马汝军	中国大百科全书出版社	辞书研究	2012 年 4 月
范用的书籍设计——书卷气	汪家明	人民美术出版社	百道网	2012 年 10 月
中国小说插图的起起落落	汪家明	人民美术出版社	百道网	2012 年 10 月
难忘的书与插图	汪家明	人民美术出版社	百道网	2012 年 6 月
浅谈美术文化类图书的出版	汪家明	人民美术出版社	百道网	2012 年 5 月
《美联集团的前世今生》	汪家明	人民美术出版社	百道网	2012 年 7 月
《中国小说插图的起起落落》	汪家明	人民美术出版社	《北京晚报》	2012 年 12 月
《范用的书卷气》	汪家明	人民美术出版社	《书籍设计》	2012 年 1 月
《卢梭先生》	汪家明	人民美术出版社	《悦读》杂志专栏	2012 年 1 月
《冰岛渔夫》	汪家明	人民美术出版社	《悦读》杂志专栏	2012 年 1 月
《悲剧的诞生》	汪家明	人民美术出版社	《悦读》杂志专栏	2012 年第 5 期
《张光宇的意义》	汪家明	人民美术出版社	《中国美术》	2012 年 5 月
《只不过是一个爱书人》	汪家明	人民美术出版社	《中国图书商报》	2012 年 5 月
创新服务理念 提升责任担当——对“美育最基层　全国中小学美术教师作品展”的策划探析	赵国瑞	人民美术出版社	《中国中小学美术》	2012 年 12 月
找到历史与漫画的契合点	金萌萌	人民美术出版社	《少年漫画》	2012 年 8 月
浅析漫画的多元化营销与新媒体的应用	金萌萌	人民美术出版社	《艺术与设计》	2012 年 5 月
潘伯鹰与沈尹默	徐见	人民美术出版社	《艺术品》	2012 年第 10 期
人民美术出版社六十周年感言——沈鹏访谈录	祁旺	人民美术出版社	《艺术沙龙》	2011 年 3 月
寄语红酒品鉴之旅	祁旺	人民美术出版社	《艺术沙龙》	2012 年 11 月
中外出版机构版权贸易合作的几种方式	李黎东	人民音乐出版社	《出版参考》杂志	2012 年 9 月
三联书店向学术文化出版重镇成功转型的思考	樊希安	生活·图书·新知三联书店	《中国编辑》	2012 年 9 月
品牌出版单位的人才强企方略	樊希安	生活·图书·新知三联书店	《中国新闻出版报》	2012 年 12 月 6 日
张扬书装设计的中国精神	宋焕起	东方出版中心	编辑学刊	2012 年第 1 期
中国书装的诗情画意美	宋焕起	东方出版中心	编辑学刊	2012 年第 6 期
“独体社”的勇气	李红强	华文出版社	出版广角	2012 年 1 月

2012 年发表书评

书评名	作者	作者单位	发表刊物	发表时间
《鱼肠剑》：身在学院，心在江湖	安静	人民文学出版社	新华书目报	2012 年 4 月 16 日
解读不为人知的曹操	安静	人民文学出版社	新华书目报	2012 年 6 月 4 日
《重视多重比较：日本汉语音韵学研究的特色》	王丽艳	商务印书馆	《中华读书报》	2012 年 6 月 13 日
在苍凉中走向光明——读《文化名人的最后时光》	肖占国	商务印书馆	《文汇读书周报》	2012 年 1 月 20 日
《中国经典古籍的文本价值挖掘——谈谈“中外交通史籍丛刊”的编辑出版》	孙文颖	中华书局	《出版广角》	2012 年第 2 期
《“董桥年”的压轴之作——〈旧日红〉》	焦雅君	中华书局	《中国艺术报》	2012 年 11 月 28 日
《是民主的先觉者还是“摧残自由的暴君”——读〈马骏点将：拿破仑〉》	陈虎	中华书局	《光明日报》	2012 年 7 月 10 日第 13 版《光明书榜》
《活色生香看历史》	陈虎	中华书局	《中华读书报》	2012 年 7 月 25 日第 15 版《文化周刊》
《且登临且放飞的双重魅力》	余佐赞	中华书局	《出版广角》（核心期刊）	2012 年第 3 期
《八十年的回望》	余佐赞	中华书局	《文汇读书周报》	2012 年 4 月 13 日
《一本有思想厚度的书》	余佐赞	中华书局	《文汇读书周报》	2012 年 7 月 20 日
清幽雅洁出新意——写在《中国景德镇当代艺术陶瓷作品集》出版之际	刘士忠	人民美术出版社	《中国景德镇当代艺术陶瓷作品集》	2012 年 12 月
彩墨写尽富贵花——朗卡卓玛·李明牡丹绘画初论》	刘士忠	人民美术出版社	《朗卡卓玛·李明中国画集》	2012 年 12 月
连艺人生“速写大王”——钱贵荪	何玉麟	人民美术出版社	《连环画报》	6 期（总第 684 期）
“以画为娱”——赵仁年	何玉麟	人民美术出版社	《连环画报》	7 期（总第 685 期）
“风格高古的线描高手”——黄全昌	何玉麟	人民美术出版社	《连环画报》	8 期（总第 686 期）
名副其实的连环画“获奖专业户”	何玉麟	人民美术出版社	《连环画报》	9 期（总第 687 期）
“生活的寻梦者”——丁宁原	何玉麟	人民美术出版社	《连环画报》	10 期（总第 688 期）
方案之方案——《方案——2011 威尼斯国际艺术双年展中国馆》的策划与编辑	左筱榛	人民美术出版社	《中国美术》	2012 年第 5 期
《读和风艺志》	刘继明	人民美术出版社	《中国美术》	2012 年 7 月
《爱漫画，读历史》	李滢	人民美术出版社	《中国图书商报》	2012 年 1 月 6 日
连艺人生——耄耋中流	何玉麟	人民美术出版社	连环画报	2012 年 1 月
许勇和他的连环画及主题画创作	何玉麟	人民美术出版社	连环画报	2012 年 2 月
一位连环画专业的巨匠——贺友直	何玉麟	人民美术出版社	连环画报	2012 年 3 月

续表

书评名	作者	作者单位	发表刊物	发表时间
钢笔画翘楚——孙愚	何玉麟	人民美术出版社	连环画报	2012 年 4 月
从连环画家到丹青妙手——杨文仁	何玉麟	人民美术出版社	连环画报	2012 年 5 月
连艺人生“速写大土”——钱贵荪	何玉麟	人民美术出版社	连环画报	2012 年 6 月
“以画为娱”——赵仁年	何玉麟	人民美术出版社	连环画报	2012 年 7 月
“风格高古的线描高手”——黄全昌	何玉麟	人民美术出版社	连环画报	2012 年 8 月
名副其实的连环画“获奖专业户”	何玉麟	人民美术出版社	连环画报	2012 年 9 月
“生活的寻梦者”——丁宁原	何玉麟	人民美术出版社	连环画报	2012 年 10 月
豫章才子——丁世弼	何玉麟	人民美术出版社	连环画报	2012 年 11 月
从连坛名家到艺术大家——冯远	何玉麟	人民美术出版社	连环画报	2012 年 12 月
对照记@ 1963	詹那达	生活·图书·新知三联书店	楚天都市报	2012 年 3 月 12 日
走过死亡幽谷	詹那达	生活·图书·新知三联书店	深圳晚报	2012 年 5 月 27 日
记录历史 传承文明——有感《三联经典文库》(第一辑)	朱利国	生活·图书·新知三联书店	人民日报	2012 年 7 月 17 日
故事真感人	刘杨	生活·图书·新知三联书店	北京青年报	2012 年 8 月 10 日
父亲与《西行漫记》	唐思东	生活·图书·新知三联书店	《读书》杂志	2012 年 8 月
首部彩色插图本《托尔斯泰小说全集》诞生记	朱宝元	中国图书进出口(集团)总公司	中国新闻出版报	2012 年 2 月 27 日
《我是独特的，我就是我》参加入围年度童书榜	郝娜	现代教育出版社	父母必读杂志	2012 年 10 月

大事记

DASHIJI

CPGC

2012 大事记

1月

1 日，人民音乐出版社首家音乐专业直营店落户深圳郎朗音乐世界。

1 日，世界图书出版公司北京公司策划编辑手机杂志《心理悦读》在“VIVA 畅读”首次上线。

3 日，《中国图书商报》发表元旦社论《拓展二元书业时代的现实空间》。

5 日，生活·读书·新知三联书店在上海市蓝桥创意产业园成立分支机构，三联书店（上海）公司正式挂牌。

5 日，华文出版社召开 2011 年度领导班子述职会。

6 日，中国出版集团公司、中版集团数字传媒有限公司联合举办“共建、共享、共赢——2011 年度大佳网合作伙伴答谢会”。

7 日，中国出版传媒股份有限公司与江西新华发行集团有限公司重组新华联合发行有限公司签约仪式在京举行，张高丽副总经理和总经理助理吴良柱出席仪式。

7 日，中国辞书学会会长办公（扩大）会议在商务印书馆召开，于殿利向会议报告了编写《中国民族大辞典》的草拟方案。

7 日，生活·读书·新知三联书店在北京金台饭店隆重举行了 2012 年社店新春联谊会。

8 日，商务印书馆举办“2012 中青年语言学者沙龙”。

8～11 日，中华书局参加 2012 年北京图书订货会。期间除正常订货和图书馆采购外，发行部相关人员参加颁奖仪式，市场部相关人员参加北京市开卷信息技术有限公司年度报告会。

8 日，中国大百科全书出版社参加 2012 年北京图书订货会

9 日，中国大百科全书出版社召开《科学大爆炸——中国国家地理博物百科丛书》高峰论坛。

9 日，人民美术出版社、连环画出版社参加 2012 年春季北京图书订货会及相关活动，近千种图书参展。

9 日下午，新华书店总店举办 2012 年北京图书订货会馆社合作论坛。

9 日，中国民主法制出版社与中央电视合作系列新书发布会举行。

9 日晚，中央电视台综合频道《新闻联播》报道中国民主法制出版社新书《旗帜，是这样树立的》出版情况。

10 日，“中华现代学术名著丛书”出版座谈会在人民大会堂隆重举行，正式宣告该丛书第一批 100 种全部按计划出版。

11 日下午，生活·读书·新知三联书店召开以“大家庭、大团圆、大发展”为主题的 2011 年全店工作总结暨表彰联欢大会。

11～15 日，荣宝斋举办“龙年范曾迎春新作展”。

12 日，中国美术出版总社离退休老同志、职工代表参加中国出版集团公司 2012 年新春团拜会。

12 日，现代教育出版社召开 2011 年编辑工

作总结大会暨2012年编辑工作会议。

12日，中国民主法制出版社参加全国人大新春团拜活动。

12日，中国民主法制出版社参加集团公司新春团拜会，并表演小合唱《明天会更好》。

12日，华文出版社召开2011年度考核大会。

12日，新华联合物流中心完成项目立项备案。

13日，华文出版社召开2012年新春团拜会。

14日，中国美术出版总社在北京市怀柔区雁栖湖华审度假村举行2011年总结表彰大会暨2012年新春团拜会。

16日，商务印书馆举行2012年老干部新春团拜会。

16~18日，商务印书馆召开2011年度工作总结暨表彰大会。

17日，集团公司所属单位人民文学出版社6种图书入选“2011大众喜爱的50种图书”，成为入选图书最多的出版社。

17日，商务印书馆举行2012年新春团拜会。

17日，中国美术出版总社举办离退休老干部2012年春节团拜会，领导班子成员及近130位离退休同志参加。

17日晚，中国民主法制出版社举行2012年新春团拜会，并邀请原出版社部分领导、合作单位中版国际传媒有限公司领导以及玉林生活小区的同志参加。

17日，新华联合发行有限公司取得《北京市国有建设用地使用权挂牌出让成交确认书》。

18日，中国美术出版总社举行黄苗子先生追思会暨《黄苗子集》启动仪式。中共中央政治局委员、中央书记处书记、中宣部部长刘云山送来花篮，国务委员兼国务院秘书长马凯发表书面讲话。中宣部副部长蔡名照、新闻出版总署副署长邬书林与中国出版集团公司总裁谭跃、副总裁刘伯根、林弋及文化艺术界、出版界代表、黄苗子先生生前的亲朋好友八十余人出席。集团公司党组书记王涛主持会议。

19日，中国出版集团公司总裁谭跃看望原中华书局离休干部、总经理陈之向，李岩、徐俊、王小平陪同看望。

19日，中国大百科全书出版社召开2012年离退休人员新春团拜会。

20日，世界图书出版西安有限公司举办“2012年迎春联欢会”。

26日，中国大百科全书出版社举办2012年新春联欢会。

31日，文化部为荣宝斋等41家第一批“国家级非物质文化遗产生产性保护示范基地”举行颁牌仪式。

1月，中国出版集团公司推出《中国文库·第五辑》。文库遴选102种图书，旨在纪念辛亥革命100周年。

2月

1~21日，中国出版集团公司计划财务部就出版发行板块股改剥离资产信息与相关企业进行书面核对，以确保各企业剥离资产账务处理准确。核对后的数据将作为集团公司总部入账的依据。

2日，中国出版集团公司计划财务部约请决算审计主审会计事务所大信会计师事务所、参审会计事务所信永中和会计师事务所和北京中新会计师事务所有关负责人，就中国出版集团公司2011年度财务决算合并架构、集团公司本部上市分账、上市剥离资产接收及后续处理及决算审计完成时间等问题进行研究。

3日，荷兰威科集团中国分部总裁张莎莎一行到商务印书馆访问，商谈合作出版事宜。

4日，荣宝斋举行壬辰新春书画家联谊会。

6日，现代教育出版社召开评选集团公司十八大候选人的全体党员会议。

7日上午，生活·读书·新知三联书店在中国出版协会会议室召开了2011年度领导班子考核述职会。

8日，中国出版集团公司召开2012年度工作会议。会议提出“三化目标”和“六大战略”。中宣部副部长蔡名照、新闻出版总署副署长邬书林出席会议并作重要讲话。

8日，中国出版协会连环画艺委会在中国美术出版总社召开座谈会，姜维朴、沈尧伊等出席。姜维朴宣读了中宣部副部长蔡名照的来信，并布置了2012年中国出版协会连环画艺委会的具体工作安排。

9日，中国出版集团公司向财政部监督检查局报送小金库专项治理重点检查整改情况及移送问题调查处理结果的报告。

10日，商务印书馆辞书研究中心召开《2011汉语新词语》审定会。

14日，中央文化企业资产监督管理领导小组办公室举行中央文化企业负责人述职会。会议由中央文化企业资产监督管理领导小组办公室常务副主任王家新主持，财政部副部长、中央文化企业资产监督管理领导小组副组长兼办公室主任张少春出席会议并讲话。中国出版集团公司总裁谭跃等企业主要负责人进行了述职。

14日，人民音乐出版社召开专题会议，传达学习集团公司2012年度工作会议精神。

15日，中国出版集团向财政部提交《关于申请中国大百科全书出版社编纂业务楼修缮经费的报告》。

15日，中国出版集团公司召开2012年度主题出版工作会议，重点布置迎接党的十八大出版工作。

16~20日，中国出版集团公司部分单位收到财政部针对小金库重点检查下达的行政处罚告知书。

16~17日，中国出版集团公司2012年党委工作和工会工作会议召开。

17日，中国出版集团公司计划财务部、科技与数字出版部就财务信息平台建设数据采集、资金管理、统计分析等功能需求问题，与云因公司进行了详细沟通。

20日，现代教育出版社召开学习贯彻“中国出版集团公司2011年度总结工作会议”精神专题会议。

21~23日，商务印书馆召开2012年编辑大会。

22日，《雷锋全集》出版座谈会暨向抚顺、长沙、沈阳军区等三家雷锋纪念馆赠书仪式举行。

23日，中国邮政发行《中华书局》特种邮票1套1枚，面值1.2元。同时，中国集邮总公司发行《中华书局》邮票首日封一枚，上有中华书局大楼及线装书图案，贴《中华书局》邮票一枚，销首日戳。

23日，18名通过中国出版集团公司初试合格线的应届毕业生参加了中华书局应届笔试、面试。

23日，中国图书商报社员工全员述职工作结束。

24日，中国出版集团公司荣获新闻出版总署“2011年出版物质量管理年活动先进单位”荣誉称号。

24日，商务印书馆召开《图说中国古代社会》选题论证会。

24日，中国大百科全书出版社《台湾百科全书》第一次编纂工作会议召开。

29日，商务印书馆辞书研究中心召开《全球华语大词典》工作会议。

29日，华文出版社在北京龙泉寺举行《和尚·微博——北京龙泉寺的365天》新书发布会。

2月，集团公司在全国率先组织策划了《雷锋全集》等一批学雷锋活动重点图书。

3月

1日，华文出版社向北京育才学校捐赠200册《雷锋全集》。

2日，中国出版集团公司计划财务部转发《财政部关于印发〈加强企业财务信息管理暂行规定〉的通知》（财企［2012］23号）。

2日，中国美术出版总社举办编辑业务讲座。

2~8日，荣宝斋举办倪萍国画作品展。

3日，现代教育出版社举行“朗文快乐学习与成长”系列幼儿园教材揭牌仪式。

5日，中国出版集团公司计划财务部下发了《关于填报2009～2011年三年任期及2011年“双效”业绩考核经济效益指标基础数据申报表的通知》。

5日，集团公司召开总裁办公会议，研究计划财务部对“双效”业绩考核经营业绩指标设置及核定办法的修改意见。

5日，中国美术出版总社工会委员会召开工作会，评选10名中国美术出版总社“三八红旗手”。

5日，中版集团数字传媒有限公司召开移动复合出版平台项目启动会。

7日，商务印书馆召开规章制度修订工作会议。

7日，华润置地（北京）股份有限公司向中国美术出版总社移交相关材料共9件（含《履约保函》、《董事会决议》、《股东决定》、《房产证》、《土地证》等），至此《拆迁安置框架协议》正式生效。

7日，东方出版中心董玲被授予全国“三八”红旗手称号，并参加在北京人民大会堂举行的创先争优巾帼建功全国三八红旗手（集体）表彰大会。

8日，商务印书馆在成都分馆举行著名女作家洁尘《生活就是秘密》新书发布会。

8日，中国大百科全书出版社组织女职工参观首都博物馆。

9日，国务院新闻办公室七局副局长刘萱、中央文明办巡视员钟声到商务印书馆调研，就《汉语世界》杂志的办刊理念、外国人视角等作了重要讲话。

13日，中国大百科全书出版社召开数字出版工作专题会议。

13日，中国美术出版总社召开帮扶互助基金理事会工作会，会议通过了《中国美术出版总社帮扶基金实施细则》。

14日，中国出版集团网刊登十一届全国人大第五次会议秘书处给集团公司的感谢信，感谢中国民主法制出版社参加大会服务的10名同志所作出的贡献。

14日，德国德古意特公司人文出版部副总监白安珂女士、北京代表处史行果女士到商务印书馆访问，商谈德古意特公司与商务印书馆的战略合作事宜。

14日，中共中央中直机关工委组织部一行到人民音乐出版社检查指导“创先争优”活动开展情况。

16日，中国出版集团公司向新华联合发行有限公司下发将原人民出版社等12家股东持有的31%股权（股权转让金730.84万元）转让给集团公司的通知，同时拨付专项资金。

16～19日，中国图书进出口（集团）总公司组团参加第32届巴黎图书沙龙。

18～21日，中华书局发行部相关人员赴浙江杭州参加浙江省第七届馆藏图书展示会。

19日，中国出版集团公司组织“学习两会精神，加强企业文化建设”讲坛，中华书局参加此次讲坛。

19～31日，中国对外翻译出版公司与北京语言大学高级翻译学院联合举办了首届口译精英培训班，此次联合办班是校企合作形式方面新的探索。

19日，现代教育出版社召开“关于评选集团十佳编辑、营销、经理和党群工作者”党员代表大会。

20日，中国出版集团公司在东方出版中心召开干部大会，宣布东方出版中心领导班子调整决定。

20日，商务印书馆（香港）有限公司一行到商务印书馆访问。

20日，中国美术出版总社总编辑林阳及老领导刘玉山、程大利等参加由中宣部、新闻出版总署召开的《中国美术分类全集》出版座谈会，会上对承担该书编辑出版工作的有关专家与编辑人员颁发了荣誉证书。

21日，商务印书馆举行《把情商当回事——卓越人生必备的元技能》新书发布会。

22日下午，中共中央政治局委员、国务委

员刘延东出席中华书局成立100周年庆祝大会，并宣读胡锦涛贺信。

22日下午，全国人大常委会副委员长周铁农出席中华书局成立100周年庆祝大会。

22日下午，全国政协副主席、中国社会科学院院长陈奎元出席中华书局成立100周年庆祝大会。

22日，《中国大百科全书·电工与电子技术》出版座谈会召开。

23日，中国出版集团公司向财政部报送2011年度部门决算。

23日，中国出版集团公司召开党组理论中心组学习扩大会议，传达学习贯彻落实中央领导同志关于中华书局成立100周年的贺信、题词和讲话精神。

23日，中国对外翻译出版公司总经理林国夫和副总经理陈炳发应邀参加中国翻译协会在国务院新闻办公室发布厅举行的大型文化系列纪录片《翻译人生》开机新闻发布会，这是我国第一部反映翻译事业的大型纪录片。

23日，搜狐网微博访谈中国民主法制出版社《为了人的尊严》作者、北京大学法学院教授张千帆。

24日，第二届"中译杯全国口译大赛"举行复赛选拔。大赛分为22个复赛区，每个复赛区选拔前6名进入大区决赛。

29日，集团公司荣获"中国图书对外推广计划"2011年综合考评优秀奖第一名。

29日，英国菲登出版公司CEO大卫·戴维斯一行访问，中国美术出版总社，中国出版集团公司总裁谭跃出席并讲话。

29日，生活·读书·新知三联书店在上海分公司召开了分社建设现场会。

29日，新华联合物流中心召开设计招标会议。

30日，商务印书馆召开《中国语言生活状况报告（2012）》审稿会。

30日，商务印书馆召开"历代诗词名家名作选"选题论证会。

30日上午，生活·读书·新知三联书店、上海三联书店、三联书店（香港）有限公司的领导及部分员工代表冒雨前往上海龙华烈士公墓祭扫三联书店主要创办人之一、著名出版家邹韬奋烈士墓。

30日，中国图书商报社专刊《印业中国周报》创刊。

31日，连环画出版社在中国人民大学举行日本漫画故事《银魂》中文版新闻发布会，日本集英社、中国人民大学艺术学院的相关负责人、编辑人员以及媒体记者参加。

3月，集团公司13个项目入选2012年国家出版基金资助项目，入选数量名列全国出版集团第一。

3月，由荣宝斋总经理马五一倡议设立的"爱心助困基金"共收到捐款147 170元。

3月，《中国图商报》发表的专题报道《各方研判书企"十二五"发展趋势》入选中宣部、中国记者协会联合评选的"回顾'十一五'、展望'十二五'重大主题宣传优秀作品选"。

3月，北京中新联科技股份有限公司参与由北京大学主持的国家863计划"基于通信基站的高比能长寿命锂离子电池及关键材料研发"课题。

3月《石油大棋局——下一个目标中国》获和讯网年度财经大奖封面奖。

4月

1日，现代教育出版社召开党委民主生活会，增设了1个党支部。

6日，集团公司下发核对2009～2011年任期及2011年度"双效"业绩考核指标确认的通知。

6日，集团公司下达2012～2014年任期及2012年度"双效"业绩考核指标建议书。

6～7日，商务印书馆汉语出版中心与中国社会科学院语言所词典编辑室举行2012年度联谊会。

6日，中国美术出版总社召开《中国美术研究年度报告2010》新书发布会暨研讨会。

8日，新华联合物流中心奠基典礼在北京举行。

9日，中国出版集团公司召开成立十周年庆祝大会，回顾总结集团成立十年来的发展历程和主要经验，表彰集团首批“编辑名家”和为集团公司发展作出突出贡献的优秀员工，全面部署集团公司未来改革发展六大战略。

9日，中国出版集团公司接到《审计署办公厅关于告知2012年度企业领导人员经济责任审计项目计划的函》。4月18日，审计署安排审计部分人员进驻集团公司并开始前期工作。

9日，中国出版集团公司召开人才工作大会。

10日，中国出版集团计划财务部对所属企业银行账户及金融资产情况进行统计调查。

10日，商务印书馆“编辑沙龙”第一期活动在涵芬楼举行。

10日，商务印书馆参加中央电视台“2012书香中国”节目录制。于殿利现场为贫困地区代表捐书。

10~15日，商务印书馆参加法国助飞公司举办的国际数字出版高峰论坛。

10日，《铺满鲜花的路——第10届中国少年儿童歌曲卡拉OK电视大赛歌曲123首》出版暨电视大赛新闻发布会在人民音乐出版社举行。

10日，现代教育出版社召开贯彻《中国出版集团中层管理岗位后备干部通知》精神专题会议。

11日，中国对外翻译出版公司派出工作人员赴青岛筹建培训中心青岛分部，以拓展山东地区翻译培训市场。

13日，中国出版集团计划财务部向所属企业转发《关于进一步落实防治小金库长效机制建设任务的通知》。

13日，中华书局参加庆祝中国出版集团公司成立10周年书法绘画摄影作品展览。

13日，中国美术出版总社工会组织干部职工到北京市怀柔区的北京市植树造林基地参加义务植树。

13日，现代教育出版社召开《工资改革办法》全社职工大会。

14日，商务印书馆“中华现代学术名著丛书”专家论证会（文学部分）召开。

14~24日，商务印书馆总经理于殿利陪同中国出版集团公司总裁谭跃赴英国参加2012伦敦书展主宾国活动并访问荷兰威科总部。

15日，商务印书馆《设计信仰——职业的力量》举行新书发布会。

16~18日，2012伦敦书展在伦敦西区Earls Court展馆举办，中国以主宾国身份参展，中国图书进出口（集团）总公司承办了此次中国主宾国活动。

16~18日，中国出版集团公司参加2012伦敦书展共输出版权162项，名列国内各参展单位第二位。所属4家单位荣获主宾国活动先进单位13个大奖，位居活动参与单位之首。

16日，现代教育出版社获得出版政治、语文、历史、地理、英语、数学、物理、化学、生物学科的中小学教辅材料资质。

17~18日，中华书局参加中国出版集团直属机关党委党支部书记培训班。

17日，人民音乐出版社承办的“出版与音乐”高端对话在2012伦敦书展中国主宾国展台举行。

17日，现代教育出版社与美国伍德伯里出版社就《英汉世界中国国学基础知识读本·儒学》（汉英版）签署了版权输出合同。

18~25日，中国大百科全书出版社举办《中国大百科全书》（第二版简明版）营销培训班。

18日，全国哲学社会科学规划办公室副主任杨庆存一行来生活·读书·新知三联书店调研。

19日，人民美术出版社教材出版中心召开北京版“九年义务教育美术教材欣赏课”专题研究工作会，会议邀请中央美术学院、中国艺术研究院、日本国际美术教育学会等相关编委出席。

19~22日，中国图书进出口（集团）总公司组团参加第19届布达佩斯国际图书节。

20日，东方出版中心召开2012年东方版《多元整合幼儿园教育活动资源包》业务发行交流会。

21日，商务印书馆召开“国外语言学译丛”座谈会。

21日，商务印书馆“中华现代学术名著丛书”专家论证会（历史部分）召开。

22日，中国图书商报社和河北卫视联合录制的“2012读书盛典”大型电视晚会播出。

23日，经中央文化企业国有资产监督管理领导小组办公室审定的集团公司2012年部门预算，在中国出版集团公司官方网站上公布。

23日，中国出版集团公司副总裁王俊国分别召集总部各部门负责人、所属企业主要负责人召开会议，布置配合审计工作。同时，集团公司总部成立审计工作协调联络组，各所属企业办公室主任为联系人。

23日，《拾贝集》获国家图书馆第七届“文津图书奖”。

23日~5月1日，中国图书进出口（集团）总公司组团参加第26届日内瓦国际图书沙龙。

24日，集团公司向财政部报送2011年度企业财务决算。

24日，《中国图书商报》用4版篇幅推出其与河北卫视联合主办的大型电视晚会“2012读书盛典”报道，并出版“世界阅读日”专刊。

25日，集团公司总裁办公会审议所属企业2012年度、2012~2014年第二个三年任期经济效益考核指标。

25~27日，商务印书馆与上海市文史研究馆、中国社会科学报社、海盐县人民政府联合召开《张元济全集》出版座谈暨第四届张元济学术思想研讨会。

25日，生活·读书·新知三联书店、江苏凤凰出版传媒股份有限公司等10家出版发行单位共同在无锡市举办了社店战略合作联席会。

26日，中国美术出版总社举办编辑、发行业务讲座，当当网出版物销售总经理王曦应邀主讲了“关于图书的网络销售诸问题”。

27日，集团公司召开2012年经营管理工作会议。

27日，由北京涵芬楼文化传播有限公司策划、商务印书馆出版的《最新天文图志》、《最新地文图志》、《世界名人传略》首发仪式举行。

27日，中华书局与沈阳市少年儿童图书馆在沈阳联合举办庆祝中华书局成立100周年中国近现代教科书珍品展，展出清代晚期至共和国成立初期多种版本教科书近300件。

4月，中华书局成立篮球队。

4~5月，生活·读书·新知三联书店举办“青年编辑与新入店员工业务培训班”。

4月，中国图书商报社与山东世纪金榜书业有限公司在山东济南联合主办新闻出版业创新发展座谈会。

5月

1日~7月20日，英语世界杂志社举办第三届“《英语世界》杯”翻译大赛。

1~11日，中国图书进出口（集团）总公司组团参加第25届德黑兰国际书展。

1~7日，荣宝斋举办“春润京华——马海方古都风情人物画展”。

4日，集团公司召开纪念五四青年节座谈会，探讨如何围绕“三化目标”和“六大战略”努力工作，成长成才。

4日，《像画一样美丽》读者见面会在时尚廊书店举行，作者刘墉出席，中华书局大众读物分社人文图书工作室、市场部相关同志参加。

4日，中国对外翻译出版公司独家中标2014年青岛世界园艺博览会翻译项目。

5日，《我是人间惆怅客——听杨雨讲纳兰》签售活动在北京图书大厦举行，作者杨雨出席，读者亲切交流。

5日，中国图书商报社第一党支部党员和入党积极分子参观了没有共产党就没有新中国纪念馆，开展红色教育活动。

5~6月《我是人间惆怅客——听杨雨讲纳兰》签售活动举行。

7日下午，人民音乐出版社举行“提升企业

竞争力全员培训班暨香山分论坛”。

7～11日，中国音乐出版物发行联合体第七届图书展示会在广西北海市举行。

7日，上海中版翻译有限公司（中译华东分公司）与上海国际主题乐园有限公司签署《上海迪士尼项目翻译服务合同》。

7日，华文出版社召开中国出版集团公司2012年“香山论坛”。

8日，集团公司与吉林出版集团有限公司签署战略合作协议。双方投资成立中吉联合文化传媒（北京）有限公司。

8日，由商务印书馆和北京大学新闻与传播学院、北京大学文化产业研究院、英才杂志社共同主办的“主流文化与文化之争”高层论坛举办。

9日，中国大百科全书出版社举办中国出版集团2012“香山论坛”分论坛。

9日，东方出版中心赴浙江长兴开展赠书活动。

9日，中版集团数字传媒有限公司举办中国出版集团公司2012年“香山论坛”分论坛。

10日，商务印书馆召开“中华字库”项目第16包工作组工作会议。

10日，东方出版中心召开中国出版集团公司2012年“香山论坛”分论坛。

10日，中国美术出版总社党委举办了“新十年、新征程、新发展、新高峰”演讲。

10日，中国对外翻译出版公司“图说马克思主义经典系列丛书”、《中国阳光工程——世界最大规模的农村劳动力转移培训》、“中华传统美德与当代青少年系列丛书”入选北京市新闻出版局·首都出版发行联盟“三个一百”重点出版项目。

11日，商务印书馆召开《全球华语大词典》工作会议。

11日，中华书局召开中国出版集团公司2012年“香山论坛”分论坛。

11日，中国对外翻译出版公司总经理林国夫参加并主持中国翻译协会翻译服务委员会三届三次主任秘书长联席会议。

13日，华文出版社在北京蓬蒿剧场举办《赛纳河少女的面模》首发式和交流会。

14日，现代教育出版社召开《图书全译本前四史》编辑专题会议。

15日，商务印书馆举办2012年辞书语料库与辞书编辑编纂系统研发筹备会。

15日，《现代汉语词典》（第6版）印制成品下线仪式在河北新华第一印刷有限责任公司举行。

15日，中国图书商报社召开全社大会，明确与中国出版集团公司签订新三年目标考核责任书任务。

15日，中国图书商报社举办中国出版集团2012年“香山论坛”分论坛。

16日，中国出版集团公司与英国诺丁汉商学院签订战略合作备忘录，标志着集团公司正式涉足教育领域，开展国际合作办学。这也是中国出版行业首次进军海外教育产业。

16日，商务印书馆举行中国出版集团公司2012年“香山论坛”分论坛。

17～21日，商务印书馆参加第八届中国（深圳）国际文化产业博览交易会。

17～24日，人民音乐出版社组织员工参观第八届中国（深圳）文化产业博览会及中国移动南方基地。

17日，中国外文出版发行事业局翻译资格考评中心领导一行走访中国对外翻译出版公司，就翻译考试教材出版、翻译培训等项目合作进行深入洽谈。

17日，现代教育出版社召开中国出版集团公司2012“香山论坛”分论坛。

18～27日，中华书局参加春季地坛书市。

18～21日，中华书局随中国出版集团公司参加中国（深圳）国际文化产业博览交易会。

18日，中国大百科全书出版社江南分社揭牌仪式暨《江南文库》座谈会举行。

18日，中国大百科全书出版社参加第八届中国（深圳）国际文化产业博览交易会。

18日～21日，中版集团数字传媒有限公司参加第八届中国（深圳）国际文化产业博览交易会，并在新闻出版馆数字出版展区亮相。

19日，中国出版集团公司总裁谭跃、中国出版集团公司副总裁兼中国图书进出口（集团）总公司总经理刘伯根到中国图书进出口深圳公司、中国图书进出口广州公司和世界图书出版广东公司进行视察。

19日，《我是人间惆怅客——听杨雨讲纳兰》签售活动在沈阳北方图书城举行。

20日，《我是人间惆怅客——听杨雨讲纳兰》签售活动在大连市新华书店举行。

21日，世界图书出版西安有限公司参加陕西出版业协会举办的职工运动会。

23日，商务印书馆召开“18种小语种汉外分类词典全媒体出版”项目研讨会。

23~24日，东方出版中心总编辑李智平带领有关人员赴京，考察调研数字出版。

24日，“中华现代学术名著丛书”专家论证会（教育学部分）在商务印书馆召开。

26日，《马骏点将：拿破仑》新书发布暨签售活动在地坛公园举行，作者马骏出席。

29日，中国大百科全书出版社举办第一届《中国儿童百科全书》知识竞赛。

30日，集团公司向财政部、国家税务总局申请重组改制上市税收优惠。

30日，集团公司批复各所属企业2012年宣传文化发展专项资金预算。

30日，中国大百科全书出版社召开青年职工业务研讨会。

31日~6月3日，商务印书馆参加第22届全国图书交易博览会。

31日，世界图书出版上海有限公司党员代表到上海展览馆，参观“城市新印象（2007~2012）大型主题展览。

5月，国家审计署进入中国出版集团公司，开展离任法人任职期内经济责任审计工作。

5月，由中国教育学会音乐教育分会、中国音乐教育杂志社共同举办的全国中小学歌唱教学优秀教案评选活动圆满结束。

5月，华文出版社向宁夏回族自治区部分学校、部队捐赠1 010册图书，码洋共计34 605.6元。

6月

1日，《功夫熊猫就是我》入选“2012年新闻出版总署向全国青少年推荐百种优秀图书”。

1~5日，集团公司参加第22届全国图书交易博览会，参展期间成功举办第五届“读者大会”和图书捐赠等活动。

2日，《我是人间惆怅客——听杨雨讲纳兰》签售活动在长沙市新华书店举行，作者杨雨出席，与读者亲切交流。

2日，第二届中“译杯全国口译大赛”全国总决赛在北京语言大学举行，中国对外翻译出版公司副总经理陈炳发出席。

2日，中国图书商报社第三党支部党员和入党积极分子到北京市平谷区新华书店调研。

4日，集团公司向财政部申报2012年国有资本收益，按照上缴5%的比例计算，应上缴国有资本收益1 513.13万元。

4日，现代教育出版社召开学习贯彻“《2012年度文化产业发展专项资金一般项目的通知》、《集团公司4月27日召开的经营工作会议》和《现代教育出版社预算管理暂行办法》”精神专题会议。

5日，商务印书馆（杭州）有限公司揭牌仪式在杭州举行。

6日上午，中国出版集团公司总裁谭跃，党组书记、副总裁王涛听取了生活·读书·新知三联书店总经理樊希安等关于店庆80周年工作的汇报。

6日，东方出版中心举行离休干部胡实声百岁华诞庆祝活动。

7日，中宣部副部长蔡名照考察集团公司新华联合物流中心建设用地，听取了集团公司关于物流中心建设背景、功能定位、发展目标、总体布局、投资收益及项目进度等有关情况的汇报。

12日，现代教育出版社与盐城市润德国际文化交流有限公司签订《国学》教材销售合同。

13日，集团公司计划财务部印发《关于编

报2013年专项资金预算的通知》，就专项资金预算的编制原则、应注意的事项、编制要求等进行了布置。

13日，中央文化企业国有资产监督管理领导小组办公室常务副主任王家新召集专题会议，听取《中国大百科全书》（第三版）经费预算情况。

13日，商务印书馆召开中国出版集团2013年度重点科技项目（商务印书馆部分）内部评审会。

13日，商务印书馆举办员工业务培训系列讲座第十三讲，原中国社会科学院副院长、中国辞书学会会长江蓝生主讲"《现代汉语词典》（第6版）概述"。

14日，"阅读中国丛书"（第一辑）获得新闻出版总署2012年"经典中国国际出版工程"资助，并与新闻出版总署签订资助协议。

15日，世界图书出版公司北京公司首个网络课程《16天搞定留美申请文》在沪江网上线。

16日，《我是人间惆怅客——听杨雨讲纳兰》签售活动在青岛市新华书店举行，作者杨雨出席，与读者亲切交流。

16日上午，中国民主法制出版社参加第三届中国法制文学原创作品获奖书系出版座谈会。

17日，商务印书馆辞书研究中心召开《商务馆小学生笔画结构部首全笔顺字典》审稿会。

19日，华润置地（北京）股份有限公司在北京市东城区美洲俱乐部举行中国美术出版大厦项目规划发布会。

19日，中译"智慧语联网——下一代文化沟通的智慧网络"和《多媒体中国通史（古代史4卷本）》入选新闻出版总署2012年新闻出版改革发展项目库。

20日，人民美术出版社召开《2011中国美术研究年度报告》论文评审会。

20～24日，中国图书进出口（集团）总公司组团参加第18届首尔国际图书展。

20日，现代教育出版社公开选拔1名社长助理、1名总编助理。

20～24日，北京荣宝2012春季艺术品拍卖会举行。

21日，中国美术出版总社在工会礼堂召开干部大会，对中国美术出版总社通过集团公司中层后备干部面试的有关人员进行了民主测评。

22～24日，商务印书馆联合主办全国应用语言学研究暨《新时代大俄汉词典》编纂研讨会。

23日～7月21日，商务印书馆和首都图书馆合作举办"百年学脉——中华现代学术名著系列讲座"。

25日，集团公司总裁办公会听取计划财务部关于2011年财务决算审计管理建议书情况的汇报，并提出整改要求。

25日，现代教育出版社配合集团考查组对后备干部王春霞进行考查。

26日～7月2日，集团公司副总裁王俊国带领计划财务部有关人员，对集团公司所属20家企业（东方出版中心采用电话和书面材料方式），就上半年经营情况、存在问题以及完成全年经营任务所拟采取的措施进行了调研。

26日，英国剑桥大学出版社代表团访问中华书局。

26日，现代教育出版社召开《彩色全译本前四史》专家编辑专题座谈会。

27日，中国出版集团公司到中国民主法制出版社进行上半年经营状况调研。

28日，商务印书馆召开《卢梭全集》出版座谈会。

28日，中华书局接待德国柏林图书馆一行，洽谈数字出版产品需求与相关合作事宜。

29日，集团公司召开庆祝中国共产党成立91周年暨2012年"香山论坛"大会。

29日上午，由中国出版集团主办，生活·读书·新知三联书店承办的《三联经典文库》（第一辑）出版座谈会在京召开。新闻出版总署署长柳斌杰、中国出版集团总裁谭跃等领导同志出席会议并发表讲话。

29日，中国美术出版总社参加中国出版集团公司庆祝中国共产党成立91周年暨2012年"香山论坛"大会。白凤鹍在会上作了题为《图书品牌再认识》的演讲。

29日，人民音乐出版社党委召开庆祝“七一”座谈会。

29日~7月2日，中国对外翻译出版公司副总经理陈炳发及公司8位翻译和审校参加了人力资源和社会保障部与中国外文出版发行事业局考评中心举办的2012上半年度全国翻译资格考试一、二、三级笔试的阅卷工作。

30日，商务印书馆召开《辞源》（第三版）修订二审工作专家会议。

30日，商务印书馆“百年学脉系列讲座”第二讲举行。

30日，由中国图书进出口（集团）总公司、中国图书馆学会专业图书馆分会、中国图书馆学会高校图书馆分会共同主办的第四届“中国图书馆馆长与国际出版社高层对话论坛”在北京举行。

30日，华文出版社在北京大学举行“品味《文章选读》向往高远境界”文化沙龙。

6月，中国出版集团公司正式启动成立十年以来第一个大规模公开选拔后备干部工程。

6月，新华联合物流中心进入北京市政府扩大内需重大项目绿色审批通道。

7月

2日，集团公司向财政部申请《中国大百科全书》（第三版）编纂经费。

2日，世界图书出版西安有限公司党支部荣获中共陕西省委科技工委“先进党支部”荣誉称号。

3日，中央文化企业国有资产监督管理领导小组办公室常务副主任王家新、副主任董德刚等到中国大百科全书出版社，就《中国大百科全书》（第三版）经费等问题进行座谈调研。

4日，集团公司召开国际化发展战略座谈会，探讨适合集团公司国际化发展的战略方向、实现路径和解决方案。

5~9日，商务印书馆与星球地图出版社共同举办商务版地理教科书培训研讨会。

6日，蔡美彪《辽金元史考索》和《学林旧事》新书出版座谈会在中华书局召开。

7日，商务印书馆“百年学脉系列讲座”第三讲举办。

9日~10日，中国美术出版总社常汝吉社长及相关人员参加由全国美术联合发行集团组织召开的2012年全国美术图书交易会，并出席了2012年全国美术出版社社长年会。

9日，中国对外翻译出版公司总经理林国夫参加中国翻译协会翻译服务委员会三届四次全体委员会议。

9~19日，中国图书进出口（集团）总公司组团参加第23届巴西圣保罗国际图书双年展。

10日，中华书局成立薪酬考核管理委员会。

11日，德国德古意特出版社一行访问商务印书馆，商讨战略合作事宜。

11日，中国图书商报社长、总编辑孙月沐与法兰克福书展主席岳根·博斯在北京签署“2012中国创意工业创新奖”合作框架协议。

12~14日，集团公司领导班子及总部各部门负责人一行16人，到上海进行学习考察。

12~13日，商务印书馆召开“2012上半年经济分析会”。

13日，上海市长宁区人民政府和中国出版集团公司、东方出版中心在长宁区人民政府机关大厦，举行《上海市长宁区人民政府与中国出版集团公司东方出版中心关于联手推进东方虹桥——国际创意出版产业基地、中国出版集团数字影像出版拓展中心建设的战略合作框架协议》签约仪式。

14日，中国出版集团公司总裁班子在东方出版中心召开现场办公会。

15日，《现代汉语词典》（第6版）出版座谈会在商务印书馆隆重举行。

16日上午，生活·读书·新知三联书店举办了韬奋图书馆开馆仪式。原中共中央政治局委员、国务院副总理、九届全国人大副委员长邹家华、中宣部副部长蔡名照、新闻出版总署副署长邬书林、中国出版集团党组书记王涛等出席了开馆仪式，并为开馆揭牌。

17～23 日，2012 南国书香节暨羊城书展在广州中国进出口商品交易会琶洲展馆举行，中国图书进出口广州公司承办了本届书展的海外华文馆。

17 日，中国图书商报社召开工会会员大会，选举产生了第一届工会委员会。

19 日，商务印书馆与中国教育学会中学语文教学专业委员会联合建立中国教育学会中学语文教学专业委员会阅读推广中心。

19～21 日，第三届“商务印书馆·中语杯”中青年教师课堂教学观摩研讨会举行。

20 日，中国对外翻译出版公司翻译参加 2014 南京青年奥林匹克运动会语言服务项目投标，总经理助理于洋现场介绍了公司的基本情况以及对 2014 年南京青年奥林匹克运动会的项目策划。

20 日，世界图书出版上海有限公司的《在中国把经验化为利润》首发式举行。

21 日，商务印书馆“百年学脉系列讲座”第四讲举办。

26 日，台湾诚品股份有限公司总经理特别助理郎正中、大陆事业群项目经理唐先凯访问中华书局，就在台举办局庆展览及图书展销事宜进行交流沟通。

26 日，中国大百科全书出版社为 7·21 特大自然灾害捐款。

26 日下午，生活·读书·新知三联书店创建 80 周年庆祝大会在人民大会堂小礼堂隆重召开。胡锦涛等党和国家领导人致信祝贺，李长春会见了与会代表并合影，刘云山出席庆祝大会并讲话。

27 日，中国出版集团公司总裁现场办公会在中国图书进出口（集团）总公司召开。

27～29 日，首届东方骨科大会在上海国际会议中心举行。世界图书出版上海有限公司应邀在会议期间开设展台，展出并销售专业医科书籍。

28 日，《微观西藏》（汉英版）项目组召开专家审稿座谈会。

28 日，由新闻出版总署、国务院新闻办公室和中国民主促进会中央委员会主办，中国图书进出口（集团）总公司承办的 2012 北京国际出版论坛在北京举行。

30 日，《甘地：杰出的领袖》中文版出版签约仪式在北京印度驻华大使馆举行。

31 日，《综合英汉科技大词典》修订启动研讨会在商务印书馆召开。

31 日，世界图书出版公司北京公司联合诺基亚公司在诺基亚公司总部举办艺术心理分析读书会。

7 月，中国音乐教育杂志社、中国教育学会音乐教育分会在北京举办“第三届名师大讲堂”活动。

7 月，现代教育出版社财务中心、管理中心等部门配合审计署进行审计工作。

7 月，现代教育出版社成立幼儿园教育服务中心。

7 月，现代教育出版社向汇佳幼儿园捐赠幼儿图书 2 407 册，码洋近 4 万元。

7 月，中版集团数字传媒有限公司完成韬奋基金会网站开发建设工作。

7 月，中版集团数字传媒有限公司完成新址搬迁。

8 月

1 日，正略钧策咨询公司项目小组进驻中华书局，开始为期两个半月的人力资源管理咨询工作。

2 日，中国图书商报社在贵阳召开 2012 年全国记者站工作会议。

3 日，东方出版中心成立推进财金经管图书产品线和产业园区建设领导小组。

6 日，中国美术出版总社与北京华夏运通科技有限公司签订《中国美术出版总社网络通信机房建设项目合同》，即日起中国美术出版总社网络通信机房项目正式施工。

7～9 日，集团公司计划财务部组织所属企业相关人员参加中央国家机关高级会计人员继续教育培训班。

7日，商务印书馆召开《全球华语大词典》港澳编写组工作会。

7日上午，生活·读书·新知三联书店在韬奋图书馆隆重召开三联书店80周年店庆总结表彰大会，樊希安代表店领导班子作《三联书店80周年店庆工作总结报告》。

8~9日，中国图书进出口（集团）总公司（本部）第十届职工代表大会第二次全体会议在北京召开。

10日，集团公司党组理论学习中心组集体学习领会胡锦涛总书记7月23日在省部级主要领导干部专题研讨班上的重要讲话，交流学习体会，探讨集团改革发展。

10日，现代教育出版社召开“中小学《国学》教材”编辑印制专题会议。

11日，商务印书馆、北京语言大学、中国语言学书院联合举办“2012海内外中国语言学者联谊会——第三届学术论坛”。

11日，中国大百科全书出版社举办新职工拜师会

12日，中版集团数字传媒有限公司参加基于协同服务及评价体系的数字出版服务平台与示范项目组织与实施项目启动会。

13~15日，商务印书馆召开商务印书馆分馆工作会议。

13日，中国图书商报社与新东方教育集团等单位共同举办“儿童教育品牌与儿童文学的交融创新”研讨会。

14日，中国出版传媒股份有限公司（中版传媒｛2012｝9号）批复同意注销上海东方世纪宾馆有限公司。

14日，中国图书商报社出版《2012上海书展特刊》和《2012南国书香节特刊》。

15日，中国出版集团公司副总裁潘凯雄在东方出版中心听取中心领导班子工作汇报。

15日，新华书店总店举办全国大中专教材公共论坛。

15~21日，中国图商报社与上海书展组委会在上海书展期间联合主办“双十佳”评选活动。

15~21日，华文出版社参加2012年上海书展。

16日，中国出版集团公司副总裁李岩在东方出版中心听取东方出版中心领导班子关于出版主业发展工作汇报。

16日，世界图书出版上海有限公司的“《中学生学习辞典》·与名师面对面”暨首发签售仪式在上海展览中心中央大厅隆重举行。

17~23日，商务印书馆参加2012年上海书展。

17日，世界图书出版上海有限公司在上海书展期间举行“是养孩子，还是毁孩子——‘虎妈’‘鹰爸’的模式能复制吗?”家庭教育讲座。

17~19日，中版集团数字传媒有限公司参加第六届亚洲青年动漫大赛，并在大赛期间举办首届“漫动画”大赛。

18日，《鱼挂到臭　猫叫到瘦》出版座谈会举行。

21~25日，生活·读书·新知三联书店组织全国出版社首支小分队赴江西省余江县开展“走转改”活动，捐建韬奋书屋和韬奋祖居。

21日，荣宝斋呼和浩特分店开业。

23日，集团公司召开《中国出版集团公司数字化战略推进会》，就集团公司数字化战略的进一步推进实施、发展规划和有关重点项目建设进行了安排和部署。

24日，集团公司计划财务部下发《关于所属企业对外借款审批权限的补充通知》。

27日~9月1日，商务印书馆（香港）有限公司教图出版统筹经理罗海玲等一行到商务印书馆访问。

28日，商务印书馆联合编写的《2011年全国31个省市自治区公共文化服务指数蓝皮书》出版座谈会在人民大会堂召开。

28日~9月2日，商务印书馆参加第19届北京国际图书博览会。

28日，荷兰威科集团总裁Nancy女士一行访问商务印书馆。

28日，台湾诚品股份有限公司总经理特别

助理郎正中、大陆事业群项目经理唐先凯等访问中华书局。

28日，中国图书商报社召开首届全国出版集团出版部负责人联谊座谈会。

29日，商务印书馆与德国德古意特出版社在第19届北京国际图书博览会上举行战略合作签约仪式。

29日，商务印书馆在第19届北京国际图书博览会上举行《牛津高阶英语词典》（第8版）发布会。

29日，中国大百科全书出版社参加2012年第19届北京国际图书博览会。

29日~9月2日，中国美术出版总社参加了第19届北京国际图书博览会。

29日，中国对外翻译出版公司副总经理陈炳发、张高里以及编辑部门的相关人员在第19届北京图书博览会上会见了联合国教科文组织出版部门负责人伊恩·丹尼森先生。双方就联合国教科文组织出版物《全民教育全球监测报告》的翻译和印制、《非洲通史》、《中亚文明史》的印制以及《拉美通史》的翻译进展情况进行了交流。

29日~9月2日，中国图书进出口（集团）总公司承办的第19届北京国际图书博览会在中国国际展览中心新馆举行。

29日，世界图书出版公司北京公司举行《潘基文英文演讲集》新书发布会。

30日，中国出版集团公司副总裁王俊国主持专题会议，通报集团公司总部2012年专项资金预算执行进度，要求相关部门研究制定加快项目实施、加快预算执行的措施，力争按照序时进度和计划进度执行预算。

30日，台湾联经出版事业公司发行人林载爵、商管丛书主编邹恒月、生活丛书主编林芳瑜、图文书主编李佳姗访问中华书局，与编辑座谈。

30日，中华书局（香港）有限公司总经理赵东晓、总编辑李占领等访问中华书局。

30日，日本东方书店客人访问中华书局。

30日上午，在第19届北京国际图书博览会现场，生活·读书·新知三联书店与企鹅出版集团就双方合作出版“企鹅人生”系列图书举行了合作备忘录签字仪式。

30日，世界图书出版公司北京公司举行《韩国外交官谈中韩文化交流》出版交流会。

31日，商务印书馆在第19届北京国际图书博览会上举办了“18种小语种汉外分类词典全媒体出版”项目合作签约仪式。

31日，中国美术出版总社参加由中国出版协会等相关部门联合举办的第11届输出版、引进版优秀图书颁奖典礼。《漫画中国历史》荣获2011年度输出版优秀图书奖。

31日，东方出版中心一行访问中华书局，与领导班子座谈。

31日上午，世界图书出版上海有限公司在中国国际展览中心（新馆）就《当代药用植物典》（1~4）进行了韩国版版权输出签约仪式。

31日，中版集团数字传媒有限公司承建的中版传媒集团数字资源建设及管理信息系统项目通过验收。

8月，上海书展暨“书香中国”上海周举行，生活·读书·新知三联书店被推举为“最有号召力的十家出版社”之首。

9月

1日，集团公司向中央宣传部报送关于重组改制上市税收优惠事宜的请示。

1~9日，中国图书进出口（集团）总公司组团参加第18届印度新德里国际书展。

1~10日，荣宝斋举办“苦禅·大课堂——大写意书画宗师李苦禅先生亲授体验展”。

4日，集团公司计划财务部、科数部与云因公司就集团公司总部财务系统实施提出时间、配置及数据转换要求。

5日，集团公司向中央宣传部报送新华出版物流通有限公司北礼士路135号院库房库存图书全部报损处理的报告。

5日，商务印书馆和光明日报社国学版联合召开国学系列公开课教材研发会。

5～10日，中国图书进出口（集团）总公司组团参加第25届莫斯科国际书展。

11日，商务印书馆举办“编辑沙龙”第三期活动。

11日，中国对外翻译出版公司副总经理陈炳发会见了到访的联合国维也纳办事处中文科科长刘军凯先生，并就人员派遣、文件翻译质量等问题进行了交流。

12日，中国美术出版总社召开中层以上干部大会，中国出版集团公司党组书记王涛、副总裁林弋等一行参加会议并宣布干部任命。

12～15日，新华书店总店举办全国图书馆媒体与阅读年会。

13日，中华书局人力资源部组织2010、2011年度新进员工培训。

13～17日，中国美术出版总社组织职工赴安徽黄山、西递、宏村、歙县进行文化之旅，102名职工参加了本次活动。

13日上午，生活·读书·新知三联书店捐建云南省彝良县角奎镇云落小学仪式在县示范小学举行，三联书店出资30万元重建被地震摧毁的云落小学。

14日，商务印书馆——亚马逊内容合作签约仪式在商务印书馆举行。

15日，商务印书馆在景山学校运动场举办了商务印书馆第一届职工运动会。

15日，由《三联生活周刊》主创、尤伦斯当代艺术中心合作主办“思想·广场——三联生活周刊—UCCA文化节”，在北京市朝阳区798艺术区的尤伦斯当代艺术中心开幕。

18日，集团公司计划财务部、“中华字库”办公室研究“中华字库”项目经费管理审计意见书提出的问题。

18日，商务印书馆精品工具书数据库专家评审会举行。

18～25日，荣宝斋艺术总监雷振芳一行6人赴四川汶川向荣宝斋援建的3所学校捐赠图书，并开展主题交流活动。

19日上午，中国出版集团公司在中国图书进出口（集团）总公司召开了公司图书文献事业部支部荣获中组部“全国创先争优先进基层党组织”荣誉称号奖牌揭牌仪式。

19日，大佳网和新浪网联合推出读书访谈节目《文坛开卷》。

19～24日，新华书店总店举办2012年全国少儿阅读峰会。

20日，商务印书馆在北京师范大学召开《辞源》部首字形会议。

20～24日，商务印书馆组织党员赴湖南、湖北参观爱国主义教育基地。

20日，新华书店总店所属公司新华出版物流通有限公司股权转让，由外资企业变更为内资企业。

21日，商务印书馆召开《古俄语读本》专题研讨会。

21日，中国大百科全书出版社获评“国家文化出口重点企业”。

22日，《红楼梦新证》（增订本）新书发布会在万圣书园举行。

24、26日，集团公司向财政部报送2012、2013年度国有资本经营预算。

24日，商务印书馆召开子公司专项工作会议。

25日，中国美术出版总社举行第一届职代会第八次会议，大会以不记名投票方式对单位搬迁工作和工资调整原则进行了表决。

25日，《中国图书商报》推出40版《一五一十数说中国出版发展轨迹》专刊。

26日，中国出版集团公司召开迎接党的十八大主题出版工作新闻发布会，推出喜迎党的十八大80种重点图书。

26日，商务印书馆与上海市文史研究馆、海盐县人民政府共同主办纪念张元济先生诞辰145周年座谈会。

26日，中国美术出版总社总编辑林阳就连环画名著《水浒传》版权成功输出法国，接受了法国专业漫画记者劳亨特的采访。

27日，商务印书馆参加2012年东华门地区第九届社区运动会，荣获团体第二名。

27日，中国图书商报社联合中国印刷及设

备器材工业协会等单位主办“首届中国按需出版论坛”。

28日，商务印书馆召开《全球华语大词典》编委会第一次会议。

28日，现代教育出版社召开全社职工聘任大会。

10月

8日，《城市·建筑·思想：库哈斯与奥布里斯特中国访谈录》签售活动在涵芬楼书店举办。

9日，中国出版集团公司（中版〔2012〕178号）批复同意设立中国出版集团数字出版影像拓展中心，由东方出版中心代管，东方出版中心总编辑李智平兼任拓展中心总经理。

9日、17日，中华书局组织员工分两批前往书局创始人陆费逵的家乡浙江桐乡参观考察。

9～12日，中华书局顾青、王瑞玲赴德国参加法兰克福书展，与《于丹〈论语〉心得》的出版商法国Belfond、意大利Longanesi、西班牙Planeta、巴西Record、荷兰Balans、以色列Keter等，沟通出版、销售法语精装本，荷兰、意大利精装本的情况，并介绍《于丹〈庄子〉心得》英文稿（9月二次修订稿）的内容、形式、插图版权和欧洲图书出版及宣传计划。

9～17日，中国民主法制出版社参加第64届法兰克福书展。

10日，华文出版社向“光华公益书海工程”捐赠52 000元码洋图书。

10日，首届“诗词中国”传统诗词创作大赛网络、手机征稿平台正式开放，手机格律检测软件在中国移动商城正式上线。

10～15日，商务印书馆派员参加第64届法兰克福书展并前往柏林德古意特出版社访问。

11～14日，人民音乐出版社参加第十届“Music China——中国（上海）国际乐器展览会”。

11日，联合国日内瓦办事处中文科长赵立平访问中国对外翻译出版公司，并向公司转交了联合国副秘书长、联合国日内瓦办事处总干事托卡耶夫先生为公司40周年庆典撰写的贺词。

12日，集团公司向财政部报送国际传播能力项目建设工程预算。

12～15日，由山东大学主办、商务印书馆协办的第九届全国汉语词汇学学术研讨会在济南召开。

12日，浙江博库书城有限公司总经理徐冲访问中华书局，顾青接待。

15日，集团公司向财政部报送大百科出版社编辑业务楼修缮经费申请报告。

16日下午，全国人大常委会副委员长、民进中央主席严隽琪，全国人大常委、民进中央副主席兼秘书长朱永新等一行视察了生活·读书·新知三联书店。

16日，集团公司工会到中国民主法制出版社考察改选工会主席人选。

17日，中国出版集团公司总裁谭跃、党组书记王涛、副总裁兼中国图书进出口（集团）总公司总经理刘伯根一行实地视察了中国图书进出口（集团）总公司通州基建项目。

17～18日，中国美术出版总社参加中国发行协会美术发行专业委员会暨全国美联集团举行的发行业务研讨会。

18日上午，生活·读书·新知三联书店召开《三联经典文库》（第一辑）出版工作总结会。

19日，由集团直属机关党委和北京市顺义区北小营镇党委共同举办的“为民服务，共建文化新农村”启动仪式在顺义区怡生园国际会议中心隆重举行。中国对外翻译出版公司副总经理、党委副书记陈炳发和党办主任夏建军出席仪式。

20日，人民美术出版社在四川成都举行高职高专艺术类教材研讨会，来自四川各高职高专院校的八十余位老师参加会议。

20～21日，中国民主法制出版社工会举办“登箭扣长城”活动。

21～26日，荣宝斋举办“水墨阿尔卑斯——中国当代国画精品展”。

24 日，由清华大学国学院主办，中华书局和北京匡时国际拍卖公司协办的“梁启超与现代中国”新书研讨会在清华园隆重举行。

25 日，商务印书馆举行员工业务培训系列讲座第十四讲。

25 日，中华书局《书品》改版座谈会召开。

25 日，中国图书商报社举办第五期编客学堂——“畅销书的选题策划及运作”。

26 日，财政部、教育部联合下发“财教［2012］334 号”文件，将《新华字典》纳入“国家免费提供教科书范畴”。

26 日，中国出版集团所属单位东方出版中心出版的《中国共产党反腐倡廉建设史》入选首届全国优秀廉政文化出版物。

26 日，中版集团数字传媒有限公司参加第五届海峡两岸文博会。

27 日 ~11 月 3 日，中国美术出版总社开始进行从北京市东城区北总布胡同 32 号办公地点向朝阳区富力中心周转搬迁工作。

28 日，由商务印书馆承办的“中国辞书高层论坛——纪念中国辞书学会成立 20 周年”在商务印书馆召开。

29 日，集团公司分别印发《关于进一步加强财务信息质量管理工作的通知》和《关于做好 2013 年度企业财务预算编制工作的通知》。

29 日，中国大百科全书出版社举办专科词典编纂讲座。

30 日，中国对外翻译出版公司与联合国训练研究所亚太地区唯一机构——上海亚太地区经济和信息化人才培训中心签署“国际语言培训认证项目”战略合作协议，成为联合国训练研究所国际语言专业人才认证单位。

30 ~31 日，中国大百科全书出版社举办内容创新暨 2013 年度选题工作会议。

10 月，北京中新联科技股份有限公司光盘板块全部搬迁至通州马驹桥厂区。

11 月

1 日，商务印书馆召开《微观西藏》（汉英版）出版座谈会。

1 日，现代教育出版社召开集团公司企业文化建设评后工作会议。

1 ~30 日，世界图书出版公司北京公司策划举办“2012 十大心理健康图书评选活动”。

2 日，中国出版集团公司王云武、柏万良、解云天、刘军、汪武、徐静到中华书局检查考评企业文化建设工作。

2 日，中国出版集团公司直属机关党委常务副书记、纪委书记、工会联合会主席王云武带领集团公司企业文化建设考评小组，到中国图书商报社检查验收企业文化三年建设项目。

2 日，商务印书馆学术论坛——海德格尔《哲学论稿》（中文版）专题研讨会在北京召开。

2 ~4 日，中国图书进出口上海公司主办的 2012 上海国际音响大展暨第四届国际音响格兰披治颁奖盛会在上海展览中心举行。

3 日，商务印书馆与清华国学院在清华大学共同举办赵元任先生 120 周年诞辰纪念暨新书发布会。

3 日 ~12 月 2 日，商务印书馆举行《战国七雄》新书营销宣传活动。

4 日，中国美术出版总社完成办公地点周转搬迁第一期工作。

6 日，集团公司到中国民主法制出版社进行企业文化建设综合考评。

6 日，华文出版社召开企业文化建设工作座谈会。

7 日、16 日、20 日、30 日、12 月 7 日，商务印书馆在北京大学、人民大学举办“菊生大讲堂”系列讲座。

8 日，中国出版集团公司印发《关于上海东方虹桥国际创意出版产业基地改建项目的批复》中版（2012）202 号。

8 日，中国民主法制出版社赴顺义北小营上辇村开展“共建文化新农村”活动。

8 ~10 日，生活 · 读书 · 新知三联书店在河北省三河市燕龙生态度假酒店召开了 2013 年度选题研讨会。中国出版集团公司副总裁李岩出席会议并作讲话。

8～15日，商务印书馆总经理于殿利参加中国共产党第十八次全国代表大会。

9日，中国出版集团公司新版官网正式上线运营。

9日，中国图书商报社推出《中国书业2012实力版图》专刊。

10日，由中国教育学会音乐教育分会、《中国音乐教育》杂志主办的长江钢琴第六届全国中小学音乐教育基本功比赛在湖北宜昌举行。

12日，中国大百科全书出版社党委中心组认真学习十八大报告精神。

12日，华文出版社召开2013年度选题计划工作会。

14日，集团公司召开中国出版集团公司数字化标准建设启动会，成立数字化标准领导小组和编制专家组，正式启动集团公司数字化标准的编制工作。

14～16日，中央文化企业国有资产监督管理领导小组办公室召开国有资本经营预算项目评审会议，集团公司战略发展部、计划财务部、资产经营部及中国图书进出口（集团）总公司、荣宝斋有关负责人参加了项目答辩会。

14～23日，中国图书进出口（集团）总公司承办2012年澳大利亚、新西兰中文书刊巡回展。

15日，集团公司计划财务部会同承担集团公司2012年财务决算主审任务的大信会计事务所，整理了2012年财务决算需解决的事项。

15日，正略钧策管理顾问有限公司项目组正式结项，公司向中华书局薪酬考核管理委员会提交薪酬、绩效、岗位3个模块300多页的方案报告。方案报告获得委员会的通过。

15日，中华书局新员工培训总结、座谈、拜师会在中华书局举行。中华书局为2011年下半年以来入职的18名新员工配备14名导师，向导师颁发聘书，并举行拜师仪式。

15日，华文出版社与埃及大学出版社签订《雷锋全集》阿拉伯语版权输出协议。

16日，集团公司召开领导班子专题学习会议和全体干部大会，传达学习党的十八大报告的主要内容，传达刘云山在全国宣传部长会议上的重要讲话和会议的主要精神。

16日，数字助力发展，绿色引领未来——中国大百科全书出版社举行建社34周年纪念活动。

16日，中国图书商报社推出《十八大专刊》。

19日，台湾诚品股份有限公司总经理特别助理郎正中、全球供应链采购总监周钰庭、亚太区商品采购总监周如芬、大陆事业群项目经理唐先凯等访问中华书局。

20日，根据财政部、国务院国有资产监督管理委员会2012年度财务决算编报要求，集团公司计划财务部召开2012年度财务决算布置会议。各所属企业财务部门负责人、负责决算编制工作的人员及中介机构审计人员参加。

20日，国家语言资源监测与研究中心、商务印书馆、中国网络电视台联合主办的“汉语盘点2012”启动仪式在商务印书馆礼堂举行。

20～30日，根据局务会部署，中华书局各编辑部门相继召开图书选题研讨会。

20～23日，中国美术出版总社在北京温都水城召开2013年选题研讨会。中国出版集团公司副总裁李岩与对外合作部副主任周群、出版工作部杜宇出席了会议。

21日，《红豆馆拍正词曲遗存》出版座谈会在商务印书馆召开。

21日，中版集团数字传媒有限公司推出的十八大重要文件出版物电子书在大佳网与纸质版图书同步上线。

22～23日，中国图书商报社召开主题为“乘十八大东风　迈新商报征程”的全社工作会议。

22～24日，中国民主法制出版社召开出版社2013年度选题论证会，集团公司相关业务部门负责人参加。

23日，中国出版集团公司党群工作部一行到东方出版中心检查企业文化建设情况。

23日～12月1日，第13届祖国大陆书展暨新疆地区主题展在台北市世贸一馆成功举办。

23日，中国图书商报社与新华网跨媒体联手推荐评选“2012年度中国影响力图书”活动启动。

23日，商务印书馆召开全体员工大会，组织全体员工及离退休支部党员学习贯彻党的十八大精神。

23日，人民美术出版社在山东济南召开人美版教材代理工作会议。

23日，第二届南京青年奥林匹克运动会组织委员会与中国出版集团公司中国对外翻译出版公司签署协议，公司正式成为2014年南京青年奥林匹克运动会语言服务供应商。

23日，中国对外翻译出版公司总经理林国夫参加中国译协企业会员翻译服务产业沙龙交流活动。

26日，中国美术出版总社决定成立中国美术出版总社物品清理工作领导小组，全面负责中国美术出版总社北总布32号办公区的办理物品样书登记造册入库、清点确认报废物品、处理报废物品化浆等搬迁后续清理工作。

26日，人民音乐出版社举办“珍爱生命，共享平安”专题讲座。

27~28日，世界图书出版公司北京公司举办青年员工业务论坛。

28日，荣宝斋工会组织召开2012年荣宝斋第三次职工代表大会，会议审议通过了《荣宝斋职工工资管理办法》。

28日，华文出版社召开学习贯彻党的十八大精神座谈会。

29日上午，由京、沪、港三家三联书店合资成立的三联时空国际文化传播（北京）有限公司揭牌仪式在北京隆重举行。

30日，商务印书馆与上海外国语大学共同主办“《新时代汉西大词典》研讨会”。

12月

1~9日，中国图书进出口（集团）总公司联合承办的首届国际动漫博览会（北京2012）在北京蟹岛国际会展中心举办。

3日，中宣部改革办副局长朱涛带队到国家税务总局所得税司、法规司汇报集团公司财税优惠政策事项。

3日，中国对外翻译出版公司副总经理张晶晶参加全国人民代表大会教科文卫委员会会议。

4日，傅璇琮先生八十寿庆座谈会在中华书局举行。

4日，中版集团数字传媒有限公司召开中层以上干部学习十八大会议精神座谈会。

5日，中国对外翻译出版公司收到上海世博会善后办公室的感谢信，感谢中国对外翻译出版公司对世博会相关工作的大力支持。

5~8日，荣宝斋在上海举行2012秋季大型艺术品拍卖会。

6日，中国出版集团公司向财政部、国家税务总局、海关总署申请2013年度中国图书进出口（集团）总公司销售海外书刊资料免征进口环节增值税额度。

6日，中国出版集团公司向中组部请示变更重组改制上市免税单位名称，涉及所属13家下属企业单位，由全民所有制企业法人改制为公司制法人。

6日，人民音乐出版社党委中心组认真学习十八大会议精神。

6日，中国对外翻译出版公司总经理林国夫、原总经理吴希曾、副总经理陈炳发应邀参加由中国外文出版发行事业局和中国翻译协会主办的“全国翻译工作座谈会暨中国翻译协会成立30周年纪念大会”。会上，中国对外翻译出版公司被表彰为“中国译协优秀单位会员”；汪仕贤被表彰为“资深翻译家”。

6日，东方出版中心与维维集团股份有限公司达成双方在上海东方维京文化发展有限公司股比变更意向，维维集团将持有的50%股份中的7%股份无偿转让给东方出版中心。转让后，东方出版中心在上海东方维京文化发展有限公司股份中占有57%，维维集团占有43%。

6日，中国民主法制出版社和全国人大常委会新闻局共同召开《韦国清画册》出版研讨会。

7日，商务印书馆召开《辞源》（第三版）

修订三审工作专家会议。

7日，华文出版社在北京举行《台湾村纪事》出版座谈会。

8日，在第六届全国新闻出版业网站年会上，中国出版集团公司网站荣获“新闻出版业网站百强——出版发行集团十强”，大佳网荣获“最具商业价值网站”，中国可供书目网荣获“优秀网站”、中国图书对外推广网荣获“最佳服务网站”。

8日，商务印书馆召开《当代汉语学习词典》编写工作会。

9日，现代教育出版社举办“好习惯养成”阅读分享会（第一期）。

10日，现代教育出版社社长宋一夫提出编辑、发行“433”出版经营理念。

11日，中国出版集团公司收到审计署关于前任法人任期经济责任审计报告的征求意见稿。

11~12日，商务印书馆2013年度选题论证会召开。

11日，中华书局举行，学习十八大精神座谈会党委中心组及各支部委员、部分职工代表参加学习。

12日，中国美术出版总社召开编校质量大会，会上通报了2011年中国美术出版总社书刊编校质量检查情况。

13日，现代教育出版社召开2013年选题工作研讨会。

14日，《艺术沙龙》举办“非同凡‘享’——《艺术沙龙》红酒贺岁”沙龙活动。

14日，中国出版传媒股份有限公司（中版传媒〔2012〕12号）下发关于同意接受上海维京恒朝投资有限公司无偿转让上海东方维京文化发展有限公司股权的批复。

16~31日，荣宝斋举办国家级非物质文化遗产“星航钧瓷”艺术作品展。

18日，中国出版集团公司召开中国出版传媒股份有限公司实体运营会议，财务部门开始正式分账运行。

18日，汪家明主持召开中国美术出版总社党委扩大会会议，党委委员与各党支部书记参加。会议主要对中国共产党第十八次全国代表大会精神进行学习。

18日，人民美术出版社教材中心与北京教育科学研究院所属振兴书店全体人员进行新年联欢会。

18日，中国对外翻译出版公司副总经理陈炳发参加中国联合国协会第五届会员大会。

19日上午，由全国政协京昆室和中国出版集团公司联合举办、生活·读书·新知三联书店承办的《李瑞环谈京剧艺术》出版暨京剧艺术发展座谈会在全国政协礼堂举行。

20日，“汉语盘点2012”揭晓仪式在中国网络电视台演播大厅举行。

20日，由人民音乐出版社及北京市新华书店共同举办的关于北京地区教材版本使用情况的座谈会在北京市丰台区南宫宾馆举行。

20日，新华书店总店《新华书目报数据分析项目》验收完毕。

21日，共青团上海市委印发《关于同意组成共青团东方出版中心第四届总支部委员会批复》（沪团委法〔2012〕311号），同意于欣、毛伟、张驰为共青团东方出版中心第四届委员会委员，毛伟任书记。

24日，集团公司批复新华书店总店对新华物流通有限公司北礼士路135号院盘存图书进行报废处理。

25日，《人民日报》读书专栏文章《知识照亮中国梦——盘点2012中国出版十件大事》中将生活·读书·新知三联书店80年店庆列入“2012年中国出版十大事件”。

25日，荣宝斋书法馆开业，主营明清、近现代、当代书法名家作品。

25日，荣宝斋“十一五”规划重点工程——荣宝斋大厦通过综合验收。

26日，中国出版集团公司、中国出版传媒股份有限公司召开纳入上市范围企业财务负责人座谈会，通报有关情况，布置近期工作。集团公司副总裁王俊国、股份公司副总经理潘凯雄出席会议。

26日，人民美术出版社、连环画出版社在

中国美术出版总社原址联合举办王叔晖与人民美术出版社暨纪念王叔晖百年诞辰座谈会，中国版协连环画艺委会主任姜维朴、中国美协连环画艺委会主任沈尧伊等出席。

28 日，中华书局与中盛融安公司签订 2013 年职工补充医疗保险合同。

31 日，商务印书馆召开上市尽职调查工作会议。

31 日，中国美术出版总社召开党政联席会。

条目汉语音序索引

A

ài

B

bā

bǎ

bái

bǎi

běi

bǐ

bù

C

D

dì

diǎn

diàn

dōng

dú

dù

duì

duō

F

G

H

J

K

L

M

N

O

P

Q

qǐ

qiān

qīn

qìng

quán

R

rén

róng

S

shí

shì

shǒu

shū

shù

T

W

X

zhèng

zhī

zhì

zhōng

字母及数字